Die Welt im leeren Raum

Otto von Guericke 1602–1686

Deutscher Kunstverlag

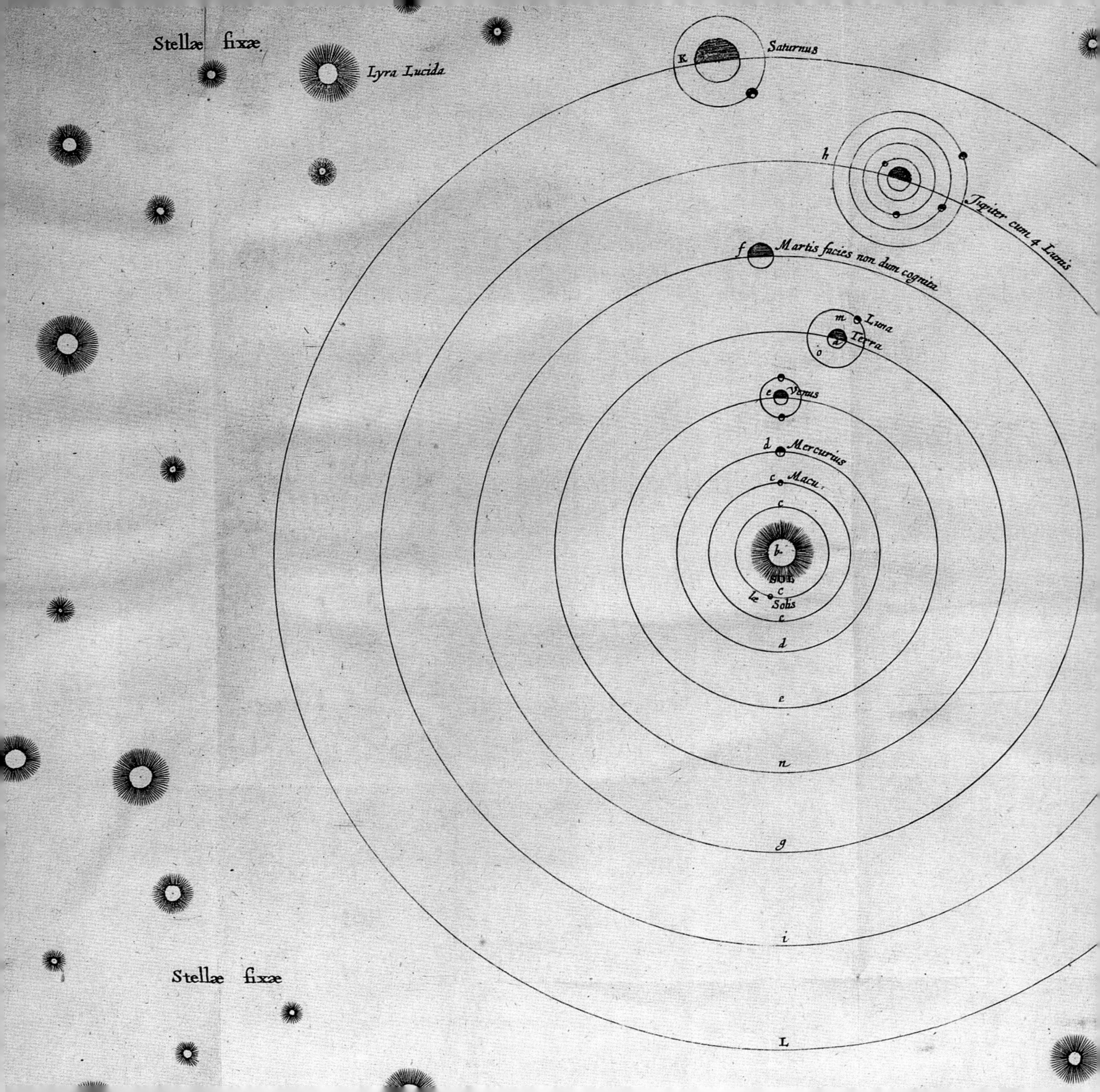
Stellæ fixæ
Lyra Lucida
K
Saturnus
h
Jupiter cum 4 Lunis
f
Martis facies non dum cognita
m
Luna
Terra
o
e
Venus
d
Mercurius
c
Macu.
c
b
SOL
c
Solis
c
d
e
n
g
i
L
Stellæ fixæ

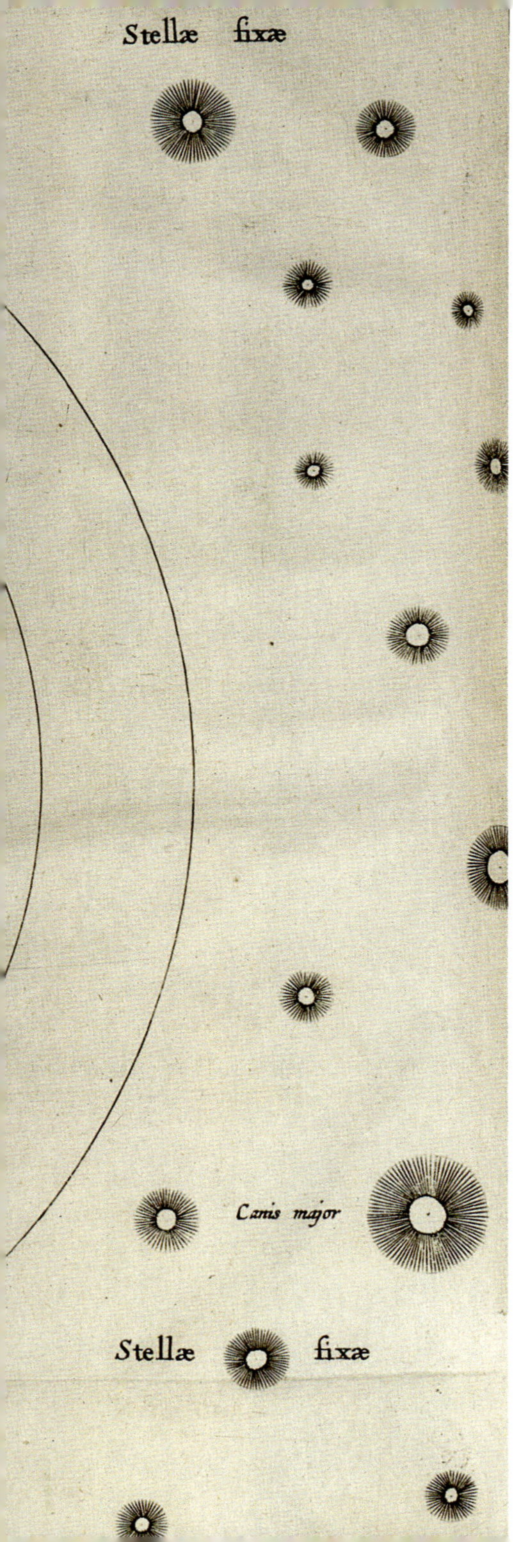

Die Welt im leeren Raum

Otto von Guericke 1602–1686

Deutscher Kunstverlag

Die Welt im leeren Raum
Otto von Guericke 1602–1686

Eine Ausstellung des Kulturhistorischen Museums in Verbindung mit der Otto-von-Guericke-Gesellschaft e.V. und dem Museum für Naturkunde anläßlich des 400. Geburttages von Otto von Guericke

Kulturhistorisches Museum Magdeburg

6. September 2002 – 5. Januar 2003

Katalog zur Ausstellung,
hg. von Matthias Puhle

Magdeburger Museumsschriften Nr. 7

Träger der Ausstellung:

MAGDEBURG

Landeshauptstadt Magdeburg

Förderer:

Land Sachsen-Anhalt
Stadtsparkasse Magdeburg
Lotto-Toto GmbH Sachsen-Anhalt
Förderverein der Magdeburger Museen
Wilhelm und Else Heraeus-Stiftung, Hanau
Deutsches Elektronensynchrotron (DESY), Hamburg, »physik.begreifen@desy.de«

Die Deutsche Bibliothek – CIP-Einheitsaufnahme

Die Welt im leeren Raum : Otto von Guericke 1602–1686 ; eine Ausstellung des Kulturhistorischen Museums in Verbindung mit der Otto-von-Guericke-Gesellschaft e.V. und dem Museum für Naturkunde anläßlich des 400. Geburtstags von Otto von Guericke / Hg. Matthias Puhle. – München ; Berlin : Dt. Kunstverl. 2002
(Magdeburger Museumsschriften ; 7)
ISBN 3-422-06374-9

Frontispiz: vgl. Kat. 1

Umschlagentwurf: und.Agentur, Magdeburg, vgl. Kat. 1, Kat. 246
Lektorat: Kerstin Seydel-Franz
Gesetzt aus Bembo und Franklin Gothic
Reproduktionen: Grafisches Centrum Cuno, Calbe
Druck: Grafisches Centrum Cuno, Calbe
Bindung: Kunst- und Verlagsbuchbinderei, Leipzig

ISBN 3-422-06374-9

Inhalt

Katalog

Grußwort

»Aber wer soll das verstehen! Etwas, was nicht ist, soll Widerstand leisten können und eine Natur haben, widerstehen zu können!« schreibt Otto von Guericke unter der Überschrift »Das Seiende und das sogenannte Nichtseiende«. Auf diese Frage sucht er Antworten.

Magdeburg wird im Guericke-Jahr 2002 die Zeit, in der der leere Raum sein Geheimnis verliert, in einer Ausstellung lebendig werden lassen und dem Wirken des Otto von Guericke bis in die Gegenwart nachgehen.

Otto von Guericke begründet seine Erkenntnisse mit dem Experiment. In der Ausstellung über sein Leben und das Denken seiner Zeit bilden deshalb auch seine Versuche und technischen Geräte einen Schwerpunkt. Guericke kann jedoch nur auf so geniale Weise experimentieren, weil er ein universeller Denker ist. Die Magdeburger Ausstellung heißt nicht ohne Grund »Die Welt im leeren Raum«. Mit Otto von Guericke ist auch die philosophische Debatte »Über den leeren Raum« in seiner Zeit verbunden. Zwischen ausgehendem Mittelalter und Neuzeit, zwischen Dreißigjährigem Krieg und der politischen Neuordnung Europas, zwischen Alchimie und wissenschaftlichem Experiment entwickelt sich ein modernes, bis heute die Fundamente unserer Wissenschaften stützendes Weltbild.

Als Guericke mit seinem Magdeburger Halbkugelversuch in der Mitte des 17. Jahrhunderts das Vakuum auf spektakuläre Weise erlebbar macht, hat die Inquisition Galileo Galilei zum zweitenmal als Ketzer verurteilt. Die Entwicklung des modernen Denkens kann das nicht aufhalten. Der Magdeburger Otto von Guericke trägt als einer der Begründer der experimentellen Physik ganz wesentlich zur Entwicklung dieses Denkens bei. Seine Korrespondenzen mit führenden Wissenschaftlern seiner Zeit, die Begegnungen mit Fürsten und Kaisern und die unermüdliche Arbeit für den Wiederaufbau der zerstörten Vaterstadt Magdeburg machen ihn zu einem ganz besonderen Bürger und Bürgermeister unserer Stadt.

Die Ausstellung des Kulturhistorischen Museums wird jenen Entwicklungen nachspüren. Das »Museum zum Anfassen« gehört wiederum zum Ausstellungskonzept. Handschriften, Bücher und Kupferstiche sowie technische Gerätschaften als überlieferte Zeugnisse zeigen die Einbettung Guerickes in seine Zeit an der Schwelle zur modernen Naturwissenschaft.

Die Originale der Magdeburger Halbkugeln werden erstmals in unserer Stadt ausgestellt und sind die bedeutendsten Exponate dieser Schau.

Magdeburg lädt Sie ein, den vielfältigen Gedanken- und Lebenswegen des genialen Wissenschaftlers, Erfinders, Technikers, Diplomaten und Stadtpolitikers zu folgen. Entdecken Sie »Die Welt im leeren Raum«.

Dr. Lutz Trümper
Oberbürgermeister

Vorwort

Im Jahre 2002 jährt sich der Geburtstag von Otto von Guericke zum 400sten Mal. Aus diesem Grund finden zahlreiche Veranstaltungen in Magdeburg statt. Unter diesem Vorzeichen steht auch die Ausstellung »Die Welt im leeren Raum - Otto von Guericke 1602–1686«, die vom 6. September 2002 bis 5. Januar 2003 zu sehen ist. Das Kulturhistorische Museum ehrt damit den großen Sohn der Stadt Magdeburg, der sich im Laufe seines langen Lebens nicht nur um seine Vaterstadt auf vielfache Weise verdient gemacht hat, sondern auch als Ingenieur, Naturphilosoph und Entdecker naturwissenschaftlicher Phänomene seinen Platz im Olymp der großen Forscher und Wissenschaftler schon lange eingenommen hat. Das Kulturhistorische Museum verfolgt seit vielen Jahren das Konzept, wichtige Epochen, Ereignisse und Persönlichkeiten der Magdeburger Geschichte in Ausstellung und Katalog zu präsentieren. Damit soll der Bevölkerung Magdeburgs die Möglichkeit eröffnet werden, vertiefte Einblicke in die Geschichte ihrer Stadt zu gewinnen.

Im Vordergrund der Jubiläumsausstellung 2002 steht der Naturwissenschaftler und Entdecker Guericke. Das erklärt den Haupttitel »Die Welt im leeren Raum«. Das 17. Jahrhundert war das Jahrhundert des Umbruchs der Weltbilder. Guerickes Beteiligung sowie seine universelle Gelehrtheit und sein Forscherdrang werden untersucht und dargestellt. Natürlich werden die Stationen seines Lebens, seine Funktionen und Aufgaben, seine familiäre Situation, die Rolle, die Guericke für seine Heimatstadt Magdeburg spielte, sein ganzes Leben beleuchtet.

Die Ausstellung spiegelt Guerickes Leben und Werk in über 500 überlieferten Bildern und Objekten. Dazu gehören die Originale seiner Pumpen und Halbkugeln, Instrumente aus Schatz- und Wunderkammern sowie wissenschaftliche Bücher aus der Frühen Neuzeit. Faszinierende Kupferstiche zeigen den damaligen Wissensstand und erhellen zugleich, wie Guericke mit seinen Forschungen die Grundlagen für die moderne Vakuumtechnik und Kosmologie gelegt hat.

Die Ausstellung und der Katalog konnten nur verwirklicht werden, weil sich viele bereitgefunden haben mitzuhelfen. Die Landeshauptstadt Magdeburg und das Land Sachsen-Anhalt haben erhebliche Mittel bereitgestellt. Die Stadtsparkasse Magdeburg und die Lotto-Toto GmbH Sachsen-Anhalt haben sich ebenfalls maßgeblich beteiligt. Zu danken haben wir für materielle und immaterielle Hilfe dem Förderverein der Magdeburger Museen und dem Arbeitsamt Magdeburg sowie dem Deutschen Elektronen-Synchrotron in Hamburg und der Wilhelm und Else Heraeus-Stiftung in Hanau, die unser museumspädagogisches Begleitprogramm gefördert haben. Den Autoren unseres Ausstellungskataloges danken wir ebenso herzlich wie den vielen Leihgebern im In- und Ausland, die unsere Ausstellung mit hervorragenden Objekten entscheidend bereichert haben.

Die Ausstellung »Die Welt im leeren Raum« hat stark von der Zusammenarbeit zwischen dem Kulturhistorischen Museum, dem Museum für Naturkunde, der Otto von Guericke-Gesellschaft, der Otto-von-Guericke-Universität und anderen Hochschulen im Land Sachsen-Anhalt sowie einer Reihe von Einzelpersönlichkeiten profitiert.

Abschließend möchte ich ganz herzlich dem Projektteam danken, das unter der umsichtigen und bewährten Leitung von Dr. Tobias von Elsner die Ausstellung und den Katalog weit über das normale Maß hinaus engagiert erarbeitet hat.

Dr. Matthias Puhle
Direktor der Magdeburger Museen

Leihgeber

Bautzen
Museum Stadt Bautzen, Regionalmuseum der Sächsischen Oberlausitz
Stadtbibliothek Bautzen

Berlin
Archenhold-Sternwarte Berlin-Treptow
Geheimes Staatsarchiv - Preußischer Kulturbesitz
Museum für Naturkunde der Humboldt Universität zu Berlin
Staatsbibliothek zu Berlin – Preußischer Kulturbesitz

Bielefeld
Kunstgewerbesammlung der Stadt Bielefeld, Stiftung Huelsmann

Bonn
Max-Planck-Institut für Radioastronomie
Professor Dr. George Comsa

Braunschweig
Braunschweigisches Landesmuseum
Herzog Anton Ulrich-Museum
Universitätsbibliothek der Technischen Universität Braunschweig

Dortmund
Förderkreis Vermessungstechnisches Museum e.V., Ausstellung im Museum für Kunst und Kulturgeschichte

Dresden
Mathematisch-Physikalischer Salon, Staatliche Kunstsammlungen Dresden
Militärhistorisches Museum der Bundeswehr Dresden
Sammelstiftung des Bezirkes Dresden, Gersdorff-Weichaische Stiftung
Staatliche Schlösser und Gärten Dresden

Erfurt
Stadtmuseum »Haus zum Stockfisch«
Stadtverwaltung Erfurt, Stadt- und Verwaltungsarchiv

Garching
European Southern Observatory (ESO)

Gotha
Thüringisches Staatsarchiv Gotha, Schloß Friedenstein

Göttingen
Niedersächsische Staats- und Universitätsbibliothek Göttingen

Halle (Saale)
Deutsche Akademie der Naturforscher Leopoldina
Landesamt für Archäologie Sachsen-Anhalt, Landesmuseum für Vorgeschichte
Martin-Luther-Universität Halle-Wittenberg, Institut für Zoologie
Martin-Luther-Universität Halle-Wittenberg, Universitäts- und Landesbibliothek Sachsen-Anhalt in Halle (Saale)
Stadtmuseum Halle

Hamburg
Altonaer Museum in Hamburg, Norddeutsches Landesmuseum
Hans Schimank-Gedächtnis-Stiftung
Staatsarchiv Hamburg
Universität Hamburg, Fachbereich Mathematik – Bibliothek – Mathematik und Geschichte der Naturwissenschaften (BMGN)

Hannover
Niedersächsische Landesbibliothek
Niedersächsisches Münzkabinett der Deutschen Bank Hannover

Helmstedt
Kreis- und Universitätsmuseum Helmstedt
Landkreis Helmstedt

Hildesheim
Dom-Museum Hildesheim

Jena
Städtische Museen Jena

Kassel
Staatliche Museen Kassel, Museum für Astronomie und Technikgeschichte mit Planetarium

Langenweddingen
Ulrich Patze

Leiden
Academisch Historisch Museum
Universiteit Leiden, Universiteitsbibliotheek

Leipzig
Stadtgeschichtliches Museum Leipzig

Magdeburg
Archiv der Evangelischen Kirche der Kirchenprovinz Sachsen
Astronomische Gesellschaft Magdeburg e.V.
Jens Briesemeister
Eckbert Busch
Dr. Christiane Heinemann
Joachim Hoppe
Kulturhistorisches Museum Magdeburg
Kunsthaus Magdeburg, Karl-Heinz und Torsten Kölling
Kunstmuseum Kloster Unser Lieben Frauen
Landeshauptarchiv Sachsen-Anhalt
Landeshauptstadt Magdeburg
Museum für Naturkunde Magdeburg
Harald Müller

Otto-von-Guericke-Museum, Lukasklause
Otto-von-Guericke-Universität Magdeburg
Stadtarchiv
Stadtbibliothek Magdeburg
Stadtsparkasse Magdeburg
Thomas Uibel
Dr. Dietrich Vogt
Christian Wennmacher
Klaus Werner

Marburg
Marburger Universitätsmuseum für Kunst und Kulturgeschichte

Morgenröthe-Rautenkranz
Deutsche Raumfahrtausstellung Morgenröthe-Rautenkranz e.V.

München
Deutsches Museum München
Museum Mensch und Natur, Schloß Nymphenburg

Münster
Westfälisches Landesmuseum für Kunst und Kulturgeschichte

Noordwijk
European Space Agency (esa) – ESTEC

Nürnberg
Germanisches Nationalmuseum Nürnberg
Stadtbibliothek Nürnberg

Oschersleben
Thomas Heising

Osnabrück
Kulturgeschichtliches Museum / Felix-Nussbaum-Haus Osnabrück

Potsdam
Astrophysikalisches Institut Potsdam
Stiftung Preußische Schlösser und Gärten Berlin-Brandenburg

Rastatt
Wehrgeschichtliches Museum Rastatt GmbH

Schönebeck
Kreismuseum Schönebeck
Uwe Wohlrab

Schwerin
Landeshauptarchiv Schwerin

Stade
Niedersächsisches Staatsarchiv in Stade

Staufenberg-Speele
Gerhard Weber

Vaihingen/Enz
Werner Mergelsberg

Weimar
Thüringisches Hauptstaatsarchiv Weimar

Wien
Österreichisches Staatsarchiv, Allgemeines Verwaltungsarchiv
Österreichisches Staatsarchiv, Haus-, Hof- und Staatsarchiv

Wolfenbüttel
Herzog August Bibliothek Wolfenbüttel
Museum im Schloß Wolfenbüttel
Niedersächsisches Staatsarchiv in Wolfenbüttel

Würzburg
Mainfränkisches Museum Würzburg
Bayerische Schlösserverwaltung, Festung Marienberg, Würzburg

Weitere Leihgaben aus Privatbesitz

Planung und Realisierung

Ausstellung

Gesamtleitung:
Matthias Puhle

Projektleitung:
Tobias von Elsner

Ausstellungssekretariat Kulturhistorisches Museum:
Tobias von Elsner
Gaby Kuper
Gudrun Pape
Verena Pluskal
Uta Siebrecht

Otto-von-Guericke-Gesellschaft e.V.:
Ditmar Schneider

Museum für Naturkunde:
Christiane Heinemann
Hans Pellmann

Mitarbeit:
Eckbert Busch
Manfred Lücke
Hella Meyer
Harald Müller
Ulrich Patze
Gisela Pösges
Rolf Rathke
Brigitte Tappe
Klaus Werner
sowie
Dieter B. Herrmann und Mitarbeiter der Archenhold-Sternwarte, Berlin
Eckhart Seiffert und Mitarbeiter der Hochschule Anhalt (FH), Köthen

Objektverwaltung:
Verena Pluskal

Bibliothek:
Helga Schettge

Konservatorische Betreuung:
Tilman Krause

Ausstellungsgestaltung:
und.Agentur Magdeburg

Aufbau und Technik:
Jürgen Haldemann
Jens Kutzner
Jörg Mysliwiec
Kurt Schäfer

Presse- und Öffentlichkeitsarbeit:
Ausstellungssekretariat Kulturhistorisches Museum
Karlheinz Kärgling

Führungsprogramm:
Uta Siebrecht

Koordination Schüler-Projekttage:
Gaby Kuper
Uta Langenbuch

Praktika:
Susann Schlemmer
Falko Leonhardt
Nadine Neubauer
Kevin Tietz

Katalog

Katalogvorbereitung und Redaktion:
Ausstellungssekretariat Kulturhistorisches Museum

Leitung Katalogredaktion Kulturhistorisches Museum:
Gaby Kuper

Leitung Aufsatzredaktion Kulturhistorisches Museum:
Karlheinz Kärgling

Bildverwaltung:
Gudrun Pape

Aufsätze

Joseph Wright, Ein Gelehrter erklärt das Planetarium, Gemälde um 1766.

Abb. 1 Der römische Planetengott Jupiter (griechisch Zeus, babylonisch Marduk). Die Babylonier schlossen aus den Erscheinungen der Planeten (etwa Helligkeit, Bewegung, Farbe) auf ihren Charakter und ordneten sie ihren Göttern zu. Diese Verbindung übernahmen die Griechen und Römer. In der Astrologie und im Kalender finden sich diese Spuren bis heute. So erhielt der Donnerstag seinen Namen von Jupiter, denn er wurde im Germanischen mit Donar (oder Thor) gleichgesetzt. Deutlicher behielten die Wochentage in den romanischen Sprachen ihren planetaren Ursprung bei (bis auf Sonntag, der zum Tag des Herrn wurde).

Rahlf Hansen

Die Sterneninseln im Ozean

Der Wandel des Weltbildes in der Geschichte der Menschheit

Schon in vorgeschichtlicher Zeit haben die Menschen zum Sternenhimmel geschaut. Steinzeitliche Wandmalereien mit astronomischen Motiven, Mondkalender und eine Vielzahl von Peilhilfen, wie Stonehenge, die man als steinzeitliche Observatorien betrachten kann, zeugen davon. Über die Weltbilder dieser Sternbeobachter wissen wir nichts.

Erst die schriftlichen Kulturen gewähren uns Einblick in ihre Weltvorstellungen. Bei den Ägyptern und Babyloniern waren die Sterne Wohnstätten der Götter. Man verehrte sie wegen der scheinbaren Unvergänglichkeit und ihrer Macht über unser Leben. Der tägliche und jährliche Lauf der Sonne bestimmt das Leben auf der Erde, der Gestaltwandel und Lauf des Mondes findet die irdische Entsprechung im Zyklus der Frau. Die Planeten hielt man für wichtige Götter, deren Namen wir heute noch verwenden, und die Macht aller Gestirne findet ihren Ausdruck in der Sternreligion der Babylonier, aus der später die Astrologie erwuchs (Abb. 1). Die Woche mit ihren sieben Tagen, benannt nach den Planetengöttern, erinnert an diese Epoche.

Praktischen Nutzen zog man aus der Beobachtung des Sternenhimmels für die Zeiteinteilung: Die zwölf Monate des Jahres (nach den zwölf Vollmonden im Jahr), die 24 Stunden des Tages (zwölf für den Tag und zwölf für die Nacht, unabhängig von der Jahreszeit) und die 360-Gradteilung des Kreises nach dem jährlichen Sonnenlauf (ein Jahr hat grob gerechnet 360 Tage) führte man ein. Zur Orientierung im Gewimmel der Sterne dienten die Sternbilder. Sie wurden von den Griechen übernommen, aber die Namen ihrer Sagenwelt angepaßt.

Soweit wir wissen, waren die Griechen auch die ersten, die sich den Himmel anschaulich in Form eines geometrischen Modells vorstellten. Die Babylonier hatten den Sternenlauf bewundernswert beobachtet und mathematisch beschrieben, aber nicht im eigentlichen Sinne zu erklären versucht. Ihre griechischen Erben wagten mit der Naturphilosophie einen ungeheuren Schritt: die rationale Welterklärung, in der die Götter einen Platz haben konnten, aber nicht mußten. Für den ersten Philosophen, Thales von Milet, schwamm die Erde als Scheibe auf dem Ozean. Bald erdachte man abstraktere Modelle, die Kugelgestalt der Erde wurde nachgewiesen und ihre Größe und der Abstand zu Mond und Sonne wurden vermessen. Die Atomisten vermuteten in den Sternen ferne Sonnen, die Milchstraße sollte ein Band unaufgelöster Sterne sein. In ihrer Physik spielt sich das Drama der Welt und unserer Seele in verschieden gestalteten Atomen ab. Eine Zitterbewegung der runden Seelenatome, die an die Heisenbergsche Unschärferelation erinnert, sicherte die Willensfreiheit. Das Spiel der Atombewegung in einem Vakuum verursachte den Wandel der Welt. Die Planeten erhielten demnach bereits ihr Licht wie der Mond von der Sonne. Von dieser Physik inspiriert, entwarf Aristarch von Samos seinen Kosmos: Die Planeten kreisen um sich selbst und umrunden die Sonne. Diese Erdbewegungen ver-

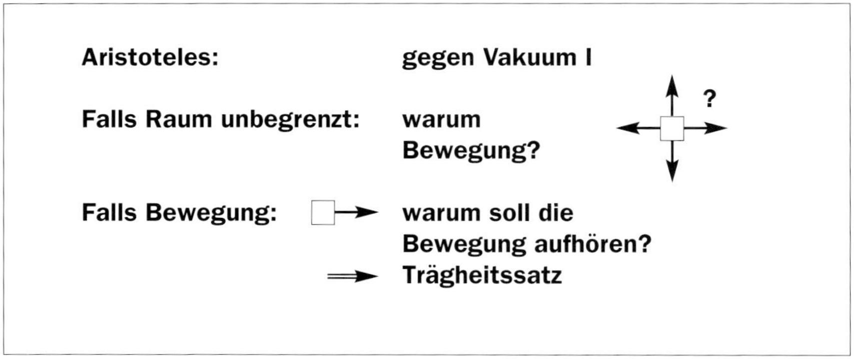

Abb. 2 In seiner Physik beschreibt Aristoteles ein Gedankenexperiment: Falls der Raum unbegrenzt wäre, wie die Atomisten behaupten, gäbe es 1.) für einen ruhenden Gegenstand keinen Grund sich in Bewegung zu setzen und 2.) für einen bewegten Körper keinen Grund für eine Änderung dieser Bewegung. In diesem Zusammenhang beschreibt Aristoteles den Trägheitssatz, um ihn als den Beobachtungen widersprechend zu verwerfen.

Aristoteles, Physik, Buch IV, Kapitel 8:
»Und nochmals: Es wäre unerfindlich, wie (in einem Leeren) ein einmal in Bewegung gekommener Körper an irgendeiner Stelle zur Ruhe kommen könnte. Denn welche Stelle sollte in einem Leeren eine solche Auszeichnung vor den übrigen Stellen besitzen können? Es bliebe also nur die Alternative: entweder ständige Ruhe oder aber, sofern nicht etwa eine überlegene Gegenkraft hemmend ins Spiel treten sollte, unendlich fortgehende Bewegung.«
(Übersetzung Hans Wagner, Berlin 1967, ND Darmstadt 1983).

antworten Tag und Jahr. Später wird Copernicus an diesen hellsichtigen antiken Vorläufer anschließen.

Doch dieses heliozentrische Modell des Sonnensystems konnte sich vorerst nicht durchsetzen. Es war von der Anschaulichkeit weit entfernt, ließ sich damals noch nicht verifizieren und beruhte auf der Physik der Atomisten, die Aristoteles erfolgreich angriff. In seiner Welterklärung versuchte er ebenfalls, Physik und Himmelsbeobachtung zu verbinden und so die Erscheinungen zu erklären. Seine Hauptkritik galt dem Vakuum. Es ließ sich nicht sinnlich beweisen, und in scharfsinnigen Gedankenexperimenten versuchte er, die Paradoxie seiner Existenz zu zeigen. Ausgangspunkt war ihm die Bewegung eines Teilchens. Sollten die Atomisten recht haben, so müßte sich ein Teilchen, einmal angestoßen, immer in dieselbe Richtung weiterbewegen. In seiner Physik beschreibt Aristoteles den Trägheitssatz – um ihn dann als widersprüchlich zu den Beobachtungen zu verwerfen (Abb. 2). Erst Newton sollte hier wieder anknüpfen, und schon vorher erkannte Galilei die Bedeutung der Reibung. Nach Aristoteles mußte für jede Bewegung eine andauernde Ursache vorliegen, bei der Fallbewegung die Neigung zum natürlichen Ort. Ein Stein fällt nach unten, weil die Erde sein natürlicher Ort ist. Die Fallgeschwindigkeit hängt dabei, wie die Anschaulichkeit es nahelegt, von der Masse des Steines und reziprok von der Dichte des Mediums ab. Sollte das Medium aber die Dichte Null haben, das wäre das Vakuum, dann fiele der Stein sofort herab und existierte zweimal (Abb. 3): am Ursprungsort und am Aufprallort – eine klare Paradoxie! Aristoteles' Physik blieb nahe bei der alltäglichen Erfahrung und der Empedokles'schen Vier-Elementenlehre, gepaart mit der kosmologischen Vorstellung, daß die Erde im Zentrum des Weltalls ruhe. Erde, Wasser, Luft und Feuer schichteten sich kugelförmig übereinander. Der vergängliche Bereich des Irdischen wurde nach oben abgegrenzt von der Sphäre des Mondes. Es folgten die Planeten mit der Sonne, eingebettet in das himmlische fünfte Element, die quinta essentia (eben die Quintessenz). Abgeschlossen war der Kosmos durch die Fixsternkugel. Die Frage nach dem Dahinter war ebenso sinnlos wie heute die nach der Zeit vor dem Urknall (Abb. 4). Die Astrologie vermochte diesen Bereich jenseits der Fixsternsphäre zu okkupieren und gab sich so einen quasi wissenschaftlichen Anstrich (Abb. 5). Später konnten Stoa und Christentum den jenseitigen Bereich mit Transzendentem füllen. Der aristotelische Kosmos ist klar auf die Erde ausgerichtet und zweigeteilt in das irdische Zentrum des Werdens und Vergehens und in den himmlischen unwandelbaren Bereich, der sich jenseits des Mondes befindet. Dort erfolgte die natürliche Bewegung, Platon folgend, kreisförmig. Erst Kepler sollte dieses Dogma brechen. Die Bewegung

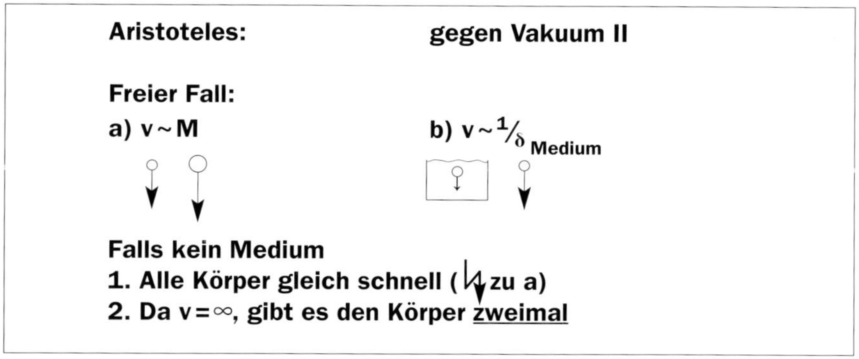

Abb. 3 Aus der Beobachtung schließt Aristoteles zwei Zusammenhänge: a.) Die Fallgeschwindigkeit v ist proportional zu Masse M und b.) Die Fallgeschwindigkeit ist umgekehrt proportional zur Dichte des Mediums (ein Stein fällt im Wasser langsamer als in der Luft). Daraus folgt unter der Voraussetzung der Existenz des Vakuums mit der Dichte Null 1.) das alle Körper gleich schnell sind (im Widerspruch zu a) und 2.) da die Fallgeschwindigkeit unendlich wird, gibt es den Körper zweimal (am Ursprungsort und Aufprallort).

der Planeten (dazu zählte die Antike auch den Mond und die Sonne) mußte kompliziert aus Kreisbahnen konstruiert werden. Ptolemaios leistete diese Aufgabe vorzüglich. Sein Werk bildete in der arabischen Kultur die Grundlage der Astronomie. Ohne die arabische Vermittlung wäre auch auf diesem Wissensgebiet ein Großteil der antiken Kultur für uns verloren. In der Spätantike und besonders im christlichen Abendland sank das Wissen und das Interesse an der Wissenschaft erheblich. Die Umstände der zivilisationszerstörenden Völkerwanderung und der Primat des Glaubens ließen die Vielfalt der Weltvorstellungen nicht mehr zu. Eine atomistische unendliche Welt mit stetem Werden und Vergehen, die Erde als ein Planet unter vielen, als ein Trabant eines gewöhnlichen Sternes, war undenkbar. Die heliozentrische Theorie sollte bis zu Copernicus ruhen. Bestimmend in der Spätantike und im Mittelalter waren die anschauliche Physik des Aristoteles und die darauf beruhende geozentrische Welt des Ptolemaios. In diesem Weltentwurf hatten sowohl die antiken Planetengötter ihren Platz, um selbst in der christlichen Spätantike die Astrologie zu begründen, als auch die biblische Offenbarung. Die Wissenschaft ordnete sich dem Glauben unter, und die Astronomie beschränkte sich auf ihre Funktion der Ordnung der Zeit (besonders des Osterfestes).

Im Islam konnte sich die Wissenschaft freier entfalten, ihre Thesen wurden diskutiert und weiterentwickelt. Eine arabische Abwandlung der Planetentheorie des Ptolemaios sollte Copernicus später inspirieren. Diese Odyssee der Astronomie durch die Kulturen manifestiert sich in den Namen der Himmelskörper. Die Planetengötter sind babylonischen Ursprungs und wurden nur ins Griechische und dann ins Römische übertragen. Unsere Sternbilder haben griechische und die Sterne selbst tragen häufig arabische Namen.

Im Abendland trugen später zwei Faktoren zu einer Rückbesinnung auf

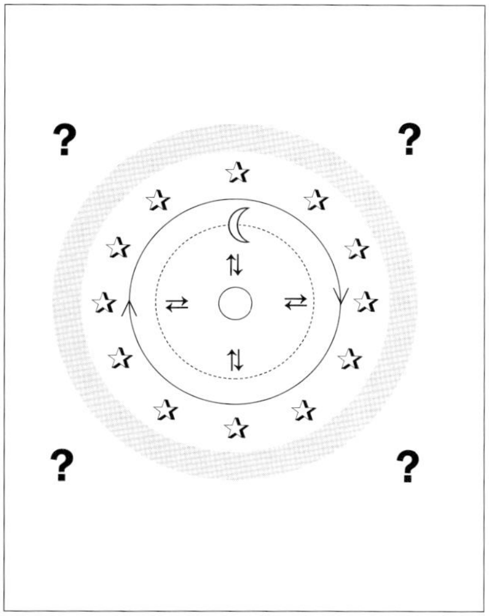

Abb. 4 Das Weltbild des Aristoteles beruht auf einer strikten Trennung von Himmel und Erde. Die Erde ruht als Kugel im Zentrum des Alls. Sie besteht aus den vier klassischen Elementen Erde, Wasser, Luft und Feuer, die übereinandergeschachtelt sind. Die natürlichen Bewegungen sind aufwärts und abwärts zum natürlichen Ort hin orientiert (zum Beispiel Steine nach unten, Feuer nach oben). Permanent vermischt werden die Elemente durch die kreisförmige Bewegung der Planeten um die Erde herum. Sie quirlen quasi wie ein Rührlöffel im irdischen Brei der Elemente und sorgen für den steten Wandel auf der Erde. Die kosmischen Bewegungen sind ewig kreisförmig gleich. Als himmlischen Stoff postuliert Aristoteles die quinta essentia, woraus später der Äther wird. Abgeschlossen wird das Universum durch die Fixsternkugel. Dahinter existiert nichts mehr.

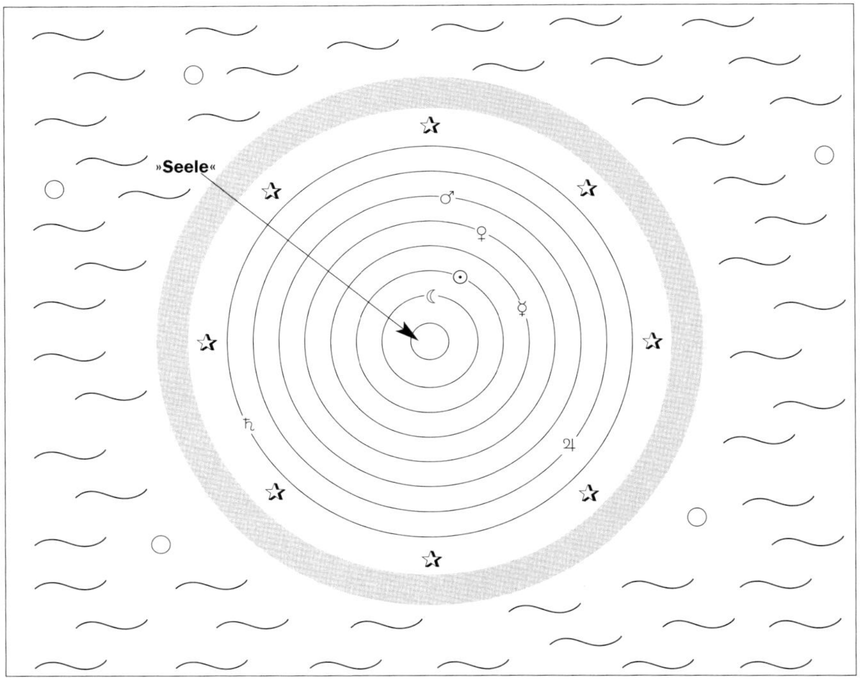

Abb. 5 Infolge der Eroberungszüge von Alexander dem Großen, mischte sich das Weltbild des Aristoteles (siehe Abb. 4) mit der babylonischen Sternreligion. Die Planeten wandelten sich zu charaktertragenden Göttern, die unser Schicksal beeinflussen. Eine alles durchwaltende, reine, eigenschaftslose Weltenseele wurde jenseits der Fixsternsphäre vermutet. Bei der Geburt eines Menschen spaltetet sich ein göttlicher Funken ab und stürzt auf die Erde zu. Bei der Passage der Planetengötter übertragen diese, je nach Stellung zueinander und im Tierkreis, ihre Eigenschaften auf diesen Seelenfunken und bestimmen so den Charakter und das Schicksal des Neugeborenen. Dieser Glauben an das Horoskop verbreitete sich stark im Hellenismus und im römischen Reich und konnte auch durch das Christentum nicht unterdrückt werden.

die Lehren der Astronomie bei: erstens das Auseinanderlaufen von Kalender und Sonnenstand, was sich besonders störend im Datum des Osterfestes zeigte, und zweitens die offensichtlichen Fehler der Planetentafeln, die letztlich auf Ptolemaios zurückgingen. Die Osterfestproblematik mündete in der Gregorianischen Kalenderreform 1582, die Fehler der Planetentafeln, die übrigens besonders die Astrologen störten, im Umsturz des geozentrischen Weltbildes. Copernicus blieb in vielem den antiken Traditionen verhaftet: Die Planeten können sich für ihn, Platon folgend, nur auf geschachtelten Kreisbahnen bewegen. Eine technische Besonderheit des Ptolemaios (den sogenannten Äquanten) lehnt er als unphysikalisch ab und führt statt dessen weitere Kreise ein. Vereinfachen konnte er die Theorie aber, indem er die Sonne fast in das Zentrum der Planetenbahnen stellte. Sein Rückgriff auf Aristarchs Ideen glich einer Revolution. Die notwendige Anpassung der Physik konnte er aber nicht befriedigend leisten. Rückte man die Erde aus dem Zentrum des Alls, so raubte man der aristotelischen Physik die Grundlage und mußte eine Alternative schaffen. Wie konnte man zum Beispiel erklären, daß bei den Bewegungen der Erde um die eigene Achse und um die Sonne die Wolken nicht einfach weggeflogen? Schon Ptolemaios machte auf dieses Problem bei einer hypothetischen Erdbewegung aufmerksam.

Erst Kepler versuchte ernsthaft die Klärung dieses Problems. Er erbte die seinerzeit besten Beobachtungen der Positionen von Sternen und Planeten, angefertigt unter der Leitung von Tycho Brahe. Tycho erkannte die Vorteile des copernicanischen heliozentrischen Systems und die Nachteile der fehlenden physikalischen Grundlagen. So entwarf er ein Zwittersystem, in dem die Planeten um die Sonne kreisen, und diese kreist um die Erde und schleppt dabei die Planeten mit. Das geometrische System blieb dasselbe, Tycho tauschte nur Erde und Sonne im Zentrum aus und behielt den Vorteil des Copernicus, vermied aber die ungelösten physikalischen Probleme. Johannes Kepler spürte den Kompromißcharakter dieses Modells und suchte nach einem Ausweg, der nur in einer physikalischen Begründung der Bewegung der Planeten um die Sonne liegen konnte. Kepler fand mathematische Regelmäßigkeiten der Planetenbahnen, probierte neue Variationen der bekannten Weltmodelle, spekulierte über die antreibenden Kräfte und brach mit dem Tabu Platons, den kreisförmigen Planetenbahnen. Das Ergebnis waren die später sogenannten Keplerschen Gesetze, aber eine stimmige Erklärung der Himmelsbewegungen und der zugrundeliegenden Physik fand er nicht. So hielt er an der Idee des universellen Äthers fest, die erst von Guericke und seinen Forschungen zum Vakuum abgelöst wurde.

Die Auflösung der aristotelischen Trennung von Himmel und Erde erfolgte mühsam in verschiedenen Stufen. Selbst Galilei ging in Teilen seiner Physik von dieser Trennung aus. So unterschieden sich die Bewegungsabläufe im irdischen Bereich von denen am Himmel. Hier sollten weiter die Kreisbahnen gelten, wobei Galilei die Ergebnisse von Kepler über die elliptischen Bahnformen ignorierte. Leider übertrug er seine Erkenntnisse der Mechanik nicht auf den Kosmos, wie Kepler verkannte er die zugrundeliegende Trägheit der Masse. Erst Newton brach den Bann mit dem Trägheitssatz und formulierte die Gravitation als universelle Fernwirkung. Für die Zeitgenossen mußte diese Übertragung einer Kraft ohne Medium wie Magie wirken, aber Newton vertraute, hierin den antiken Atomisten und Guericke folgend, dem Gedanken eines kosmischen Vakuums. Mit dem Schwerkraftgesetz konnten endlich die von Kepler gefundenen Zusammenhänge von einer Grundlage her abgeleitet werden. Alle Bewegungen am Himmel und auf der Erde folgten einem einzigen Gesetz! Die spätere Entdeckung des Planeten Neptun, aus Bahnstörungen seines Nachbarplaneten Uranus hergeleitet, und Halleys Vorhersage des Wiedererscheinens »seines« Kometen, waren Triumphe des Newtonschen Weltbildes. Doch der Weg zu diesem Sieg war steinig. So glaubte Copernicus noch an die Existenz der Fixsternsphäre, die sich erst langsam in den Köpfen der Forscher auflöste. Auch Guericke leistete dabei seinen Beitrag.

Galileis Verdienst bei dem Wandel des Weltbildes ist zwiespältig. Hervorzuheben sind seine Erkenntnisse auf dem Gebiet der Mechanik. Seine Anwendung des Fernrohres auf die Sternbeobachtung war richtungweisend, doch seine Beobachtungen interpretierte er zu weitgehend. Die Entdeckung der vier hellsten Jupitermonde taugte als Hinweis für die Heliozentrik, als Beweis reichte sie nicht aus. Die Berge auf dem Mond ließen die Ähnlichkeit mit der Erde vermuten, die wechselnde Sichelgestalt der Venus war auch mit dem tychonischen Weltbild verträglich, und die Flecken auf der Sonne zeigten, im Widerspruch zu Aristoteles, daß auch im Kosmos Änderungen vorkamen.

Galileis Propaganda für die neue Sicht der Welt war vehement, aber auch von

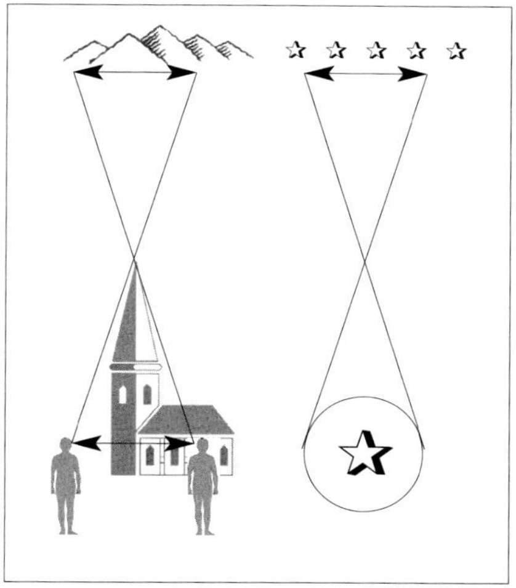

Abb. 6 Einem Spaziergänger scheint eine nahe Kirche sich vor dem Hintergrund eines Gebirges zu verschieben. Aufgrund der Erdbewegung um die Sonne »pendelt« auch ein naher Stern vor den viel weiter entfernten hin und her. Diese Sternparallaxe ist aber aufgrund der riesigen Entfernungen außerordentlich klein.

unnötigen Streitereien über Prioritäten der Entdeckungen und Provokationen gegen die Kirche getrübt. Seine Erklärung der Gezeiten brachte ihn in diesem Konflikt in eine ungünstige Position. Hätte Galilei Kepler ernster genommen und zum Beispiel dessen Gezeitentheorie übernommen, die Kirche wäre argumentativ in größere Not geraten. So eskalierte der Konflikt zu seinen Ungunsten.

Doch der Einsatz des Fernrohres als neues Hilfsmittel war zukunftweisend. In einem Punkt enttäuschte das neue Gerät: Die Parallaxe naher Sterne konnte vorerst nicht gemessen werden. Ein altes Argument gegen die Heliozentrik beruhte auf diesem Phänomen. Sollte die Erde sich um die Sonne bewegen, so mußte ein naher Stern am Himmel eine kleine Pendelbewegung, genannt Parallaxe, ausführen, als Spiegelbild der Erdbewegung, da wir im Halbjahresabstand den Stern unter etwas verschiedenen Winkeln anpeilen (Abb. 6). Schon in der Antike erkannte man, daß eine Erdbewegung um die Sonne eine solche Pendelbewegung der Sterne zur Folge hätte. Da man eine solche Sternparallaxe aber nicht beobachtete, wurde dies als Beweis gegen die Heliozentrik angeführt. Man konnte dem nur entgehen, indem man das Weltall so groß annahm, daß die Parallaxe unterhalb der Beobachtungsgenauigkeit blieb. Dies ließ sich aber leichter mit dem Weltbild der Atomisten vereinen, die, wie später auch Guericke, ein leeres Weltall vermuteten mit locker verteilten Sternen, von denen einer die Sonne sei. Erst im Jahre 1838 wurde die erste Parallaxe eines Sternes nachgewiesen, doch zu diesem Zeitpunkt hatte die Heliozentrik sich längst durchgesetzt. Es war nicht der geometrische Beweis, der letztlich den Ausschlag für das neue Weltbild gab, sondern die Erkenntnis der zugrundeliegenden Physik der Schwerkraft, die die Himmelsbewegungen reguliert, sowie ein Wandel der Gesellschaft, der eine zentrale Stellung der Erde entbehrlich machte.

In der folgenden Zeit führte der Einsatz des Fernrohres zu immer neuen Triumphen: Neben weiteren Planeten wurden die Kleinplaneten, Kometen und Doppelsterne entdeckt. Alle ihre Bewegungen wurden durch Newtons Gravitation genau beschrieben. Die Astronomie beschäftigte sich mit der Position und der Bewegung der Himmelskörper, konnte zu deren physikalischer und chemischer Beschaffenheit aber wenig aussagen. Die Fernrohrbeobachtung der Planeten und des Mondes führte zu der Ansicht, daß sie erdähnlich und bewohnt sein könnten. Die Sterne sollten ferne Sonnen sein, aber woher sie ihre Energie beziehen und wie sie aufgebaut sind, blieb unklar.

Erst als im 19. Jahrhundert mit der Spektralanalyse des Lichtes eine neue Technik gefunden war, begann die eigentliche Astrophysik. Man konnte die Spektren der Gestirne mit Spektren von Elementen auf der Erde, die man im Labor erhielt, vergleichen und so die chemische Zusammensetzung feststellen. Doch mit den Geowissenschaften kam ein neues Rätsel auf: Die Erde schien viele Millionen Jahre alt zu sein, die Sonne konnte nicht jünger sein. Es war aber kein effektiver Energielieferant bekannt, der eine so lange Brenndauer der Sonne gewährleistete. Die Atomphysik brachte die Lösung in Form der Kernfusion, die wir heute mit dem Schrecken der Wasserstoffbombe verbinden. Die feinen Nebel im All entpuppten sich als Geburtsstätten der Sterne. Durch gravitativen Kollaps können sich diese Nebel zu einzelnen Gasbällen verdichten, in deren Inneren die Temperatur auf viele Millionen Grad ansteigt, genügend für das Zünden des Ofens der Kernfusion. Das Leben der Sterne wurde entschlüsselt und die Quantenmechanik beschreibt heute die exotischen Endzustände der Sternentwicklung: die weißen Zwerge, Neutronensterne und schwarzen Löcher. Letztere sind nur verständlich, wenn man zusätzlich Einsteins Relativitätstheorie zu Hilfe nimmt.

Die alten Konzepte eines absoluten Raumes und einer gleichförmigen Zeit, die Newtons Weltbild zugrunde liegen, wurden von Einstein in Zweifel gezogen. Seine neue Theorie widerspricht (wie die Quantenmechanik) zwar eklatant der Anschauung, konnte aber ein Rätsel der Merkurbewegung lösen. Der sonnennächste Planet weigerte sich, den Newtonschen Regeln zu gehorchen. Das Ausmaß der sogenannten Periheldrehung Merkurs konnte erst mit Einsteins Theorie erklärt werden. Einstein wunderte sich auch über die Stabilität des Kosmos. Alle Masse des Universums zieht sich an und müßte so aufeinander zustürzen. Da dies im Widerspruch zu den Beobachtungen lag, postulierte Einstein eine Kosmologische Konstante, die in seinem Formelwerk für die Stabilität des Kosmos sorgt. Sie entspricht einer auseinandertreibenden Kraft unbekannter Herkunft. Hubbles Entdeckung der Flucht der Galaxien und die daraus folgende Urknalltheorie machten diese Hilfskrücke überflüssig. Wenn nach einem Urknall alles expandiert, dann sorgte dieses Auseinanderfliegen für einen dynamischen Ausgleich gegen die Anziehung der Massen.

Hubbles Entdeckungen weiteten den Horizont der kosmologischen Wissenschaft erheblich. Bis in die zwanziger Jahre des letzten Jahrhunderts galt unsere Milchstraße als das Universum. Einige Zweifler vermuteten schon früher in

Abb. 7 Die unanschauliche Vakuumfluktuation läßt dauernd aus dem Nichts Teilchen und Antiteilchen entstehen. Die Heisenbergsche Unschärferelation gibt hierfür den theoretischen Rahmen, moderne Experimente bestätigen die Existenz dieses Phänomens. Kosmologen vermuten entsprechend einen Beginn des Universums aus dem Nichts. In einem Zahlenspiel soll die Null das Nichts symbolisieren, die Zahlen 1 und –1 beliebige neue Eigenschaften. In jedem Schritt entspricht die Summe der Null, also dem Nichts.

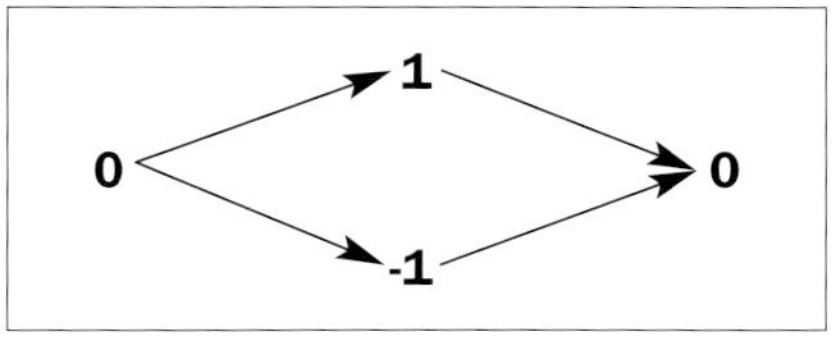

den Spiralnebeln ferne Milchstraßen, andere Galaxien. Aber erst Hubbles Fernrohr war imstande, in einigen dieser Spiralnebel einzelne Sterne aufzulösen und so den Beweis für die Existenz weiterer Galaxien zu erbringen. Die Welt vergrößerte sich erneut schlagartig. Die Wissenschaftler erkannten, daß unsere Sonne ein Mittelklassestern am Rande einer gewöhnlichen Galaxie ist. Das Weltall besteht aus solchen Sterneninseln, hineingeworfen in die Leere des Alls, Eilande in einem gewaltigen Ozean, getrennt durch unvorstellbare Entfernungen. Zur Bestimmung dieser Entfernungen fand Hubble prinzipiell die richtigen Methoden, unterschätzte aber wegen eines Fehlers die wahren Größenverhältnisse erheblich. Seine Entdeckung der Flucht der Galaxien führte zu einer weiteren Revolution unseres Wissens: Das Universum ruht nicht statisch in sich selbst, sondern dehnt sich aus, wie nach einer gewaltigen Explosion. Hierauf basiert die Idee des Urknallmodells, das später durch die Beobachtung der Hintergrundstrahlung und mit dem Verhältnis der leichtesten Elemente, gebildet im frühen Universum während der ersten drei Minuten, glänzend untermauert wurde.

Unsere Position im All marginalisierte sich weiter mit der Entdeckung von fernen Planeten, die andere Sterne umkreisen. Bisher sind nur Riesenplaneten, wie Jupiter und Saturn, in anderen Sonnensystemen nachweisbar, doch Techniken wie die Interferometrie, das Zusammenschalten mehrer Fernrohre, versprechen in einigen Jahren, erdähnliche Planeten bei anderen Sternen zu entdecken. Die Spektralanalyse könnte dann den Nachweis von Leben auf diesen fernen Erden erlauben!

Den Beginn des Kosmos erklärt man in einer Theorie (neben konkurrierenden Theorien) analog der Vakuumfluktuation (Abb. 7, vgl. Beitrag Söding) in der Quantenmechanik: Aus dem Nichts heraus hätten sich Entitäten gebildet, die sich aber nicht wieder ins Nichts verabschiedeten, sondern sich immer weiter ausdifferenzierten, bis zu Sternen, Galaxien und Menschen. Die Substanz allen Seins wäre in diesem Bild das Nichts, es hat sich nur gut entwickelt. In einem Zahlenspiel kann man sich dies veranschaulichen: Die Null steht für das Nichts und teilt sich spontan in die 1 und die -1 (in der Quantenphysik, wo

Abb. 8 Geben wir unserem Urknallspiel die Regeln, daß eine Zahl sich in ein neues Zahlenpaar aufspalten kann, solange die Summe dieselbe bleibt, und daß immer nur zwei Zahlen miteinander kombiniert werden können, so erkennen wir, daß im zweiten Schritt noch eine Rückkehr zum Nichts (also der Null) möglich ist. Spalten die Zahlen 1 und –1 sich aber weiter auf, kann jede beliebige Zweierkombination von Zahlen niemals die Null ergeben. Stattdessen würden die Zahlen sich erneut weiter aufspalten. Es tauchen jeweils neue Zahlen (das heißt Eigenschaften) auf, aber die Summe des Ganzen bleibt Null. Das Universum hat sich per Zufall aus dem Nichts gebildet und die Summe allen Seins bleibt das Nichts.

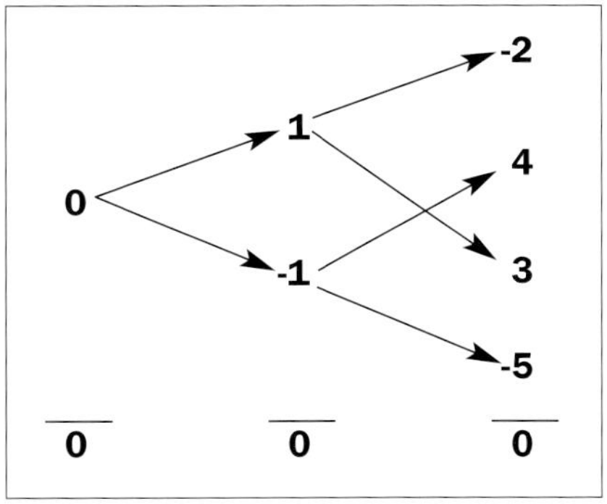

aus dem Nichts Teilchen und Antiteilchen entstehen, nennt man dies Vakuumfluktuation). Die Summe entspricht weiterhin der Null und somit dem Nichts. Zu diesem Nichts könnten die beiden Zahlen auch wieder verschmelzen, und alles wäre wie gehabt (Abb. 7). Lassen wir diese Zahlen sich weiter aufspalten (zum Beispiel 1 in 3 und -2, -1 in 4 und -5) bleibt die Summe Null. Eine Spielregel gestattet nun, immer nur zwei Zahlen miteinander zu verschmelzen, so kann aus beliebigen Kombinationen dieser Zahlen niemals die Null resultieren (Abb. 8). Den Zahlen bleibt der Weg der weiteren Aufspaltung in immer neue Zahlen, entsprechend immer neuer Eigenschaften in einem neugeborenen Kosmos. Ein Urknall! Auf diese Weise sollen sich, aus einem extrem heißen Beginn mit nur einer Urkraft, alle vier bekannten physikalischen Kräfte und der atomare Teilchenzoo gebildet haben.

Aber wie ein Schatten fällt auf dieses Weltbild die Bestätigung der sogenannten dunklen Materie sowie der beschleunigten Expansion des Alls. Die Masse der Sterne und Gase im Universum sollten das Auseinanderstreben des Alls langsam abbremsen. Die Dichte der Materieverteilung bestimmt das Maß dieser Verzögerung. Zur Überraschung der Astronomen fanden sie aber indirekt viel mehr Masse, als man in Form der Sterne und Galaxien sieht. Dieser Masseüberschuß ist erheblich und bisher mit keiner bekannten Form von Materie zu erklären. Man nennt sie die dunkle Materie. Je größer aber die Materiedichte des Universums ist, desto stärker sollte sie die Expansion des Kosmos abbremsen. Neueste Beobachtungen belegen aber das genaue Gegenteil: Die Ausdehnung des Alls erfolgt beschleunigt! Damit muß es eine weitere unbekannte Zutat in der kosmischen Suppe geben. Als bester Kandidat wird eine von Null verschiedene Vakuumenergie gehandelt, die in ihrer Auswirkung der Einsteinschen Kosmologischen Konstante entspricht: eine auseinandertreibende Kraft. Eine Ironie des Schicksal führt auf diese von Einstein als größte Eselei seines Lebens bezeichnete Idee zurück. Er benötigte sie, um sein als statisch angenommenes Weltall zu stabilisieren; die Konstante war eine Folge seiner theoretischen Voraussetzungen. Heute nötigen uns astronomische Beobachtungen die Wiedereinführung der kosmologischen Konstante ab. In der Kosmologie war eine von Null verschiedene Vakuumenergie bereits etabliert, um eine weitere theoretische Blüte zu erklären: Die Inflation. Einige Beobachtungen paßten mit dem klassischen Urknallmodell nicht befriedigend zusammen. Nur ein plötzliches exponentielles Wachstum über viele Größenordnungen im frühesten Universum, Inflation genannt, versprach einen Ausweg. Eine Energie des Vakuums sollte sich spontan freigesetzt und so die Inflation ausgelöst haben. Allerdings vermuteten die Theoretiker, daß diese Vakuumenergie nach der Inflation, und somit auch heute noch, Null betrug. Dieser Annahme widersprechen die neuesten Beobachtungsergebnisse der beschleunigten Expansion des Alls. Die Vakuumenergie beträgt nicht Null.

Wir scheinen in einer Schattenwelt zu leben: Nur wenige Prozent aller bekannten Energieformen liegen in der uns geläufigen Materie, wie Sterne, Menschen und Ausstellungskataloge vor. Um etwa eine Größenordnung übersteigt die uns noch unbekannte dunkle Materie unseren vertrauten Kosmos aus »normalen« Teilchen. Diese beiden Formen der Materie wirken anziehend. Ihnen entgegen wirkt die Vakuumenergie. Sie übertrifft an Wirkung die beiden vorgenannten und sorgt für die beschleunigte Expansion. Um das Rätsel der modernen Kosmologie zu komplettieren, addieren sich alle drei Energieformen zu einem exakt flachen Kosmos. Ein flacher Kosmos entspricht der Geometrie des Euklid. Auf eine Fläche bezogen heißt dies, das Universum gleicht einem Stück Papier, das flach auf einem Tisch liegt. In der Diskussion waren auch der offene Kosmos (entspricht einem Stück Papier, das zu einem Sattel geformt ist) oder ein geschlossenes Universum (entspricht einem zur Kugel geformten Stück Papier, auf dem die Ameise, die stets geradeaus wandert, schließlich am Ausgangspunkt wieder ankommt). Der flache Kosmos ist der Grenzfall zwischen offen und geschlossen und somit sehr unwahrscheinlich. Warum die Addition der drei Energieformen gerade diesen Grenzfall ergibt, ist vollkommen unklar.

Die Theoretiker zaubern mit Multiversen, Dimensionen und neuen Eingebungen, wie der Idee einer alles durchziehenden Quintessenz. Das Vakuum scheint so leer nicht zu sein und Aristoteles erfährt eine späte Anerkennung.

Wie immer in einigen Jahren oder Jahrtausenden unser Weltbild aussehen mag, wir scheinen nur Marionetten in einer komplexen Aufführung zu sein. Aber wir werden nicht aufhören, die Spielregeln zu entschlüsseln …

Maren Ballerstedt / Annemarie Burchardt

Magdeburger »Ratsverwandtschaft«

Die Gerickes / von Guerickes im Geflecht Magdeburger Ratsfamilien vom 15. bis zum 17. Jahrhundert (mit Stammtafel-Auszug)

In der Geschichte vieler Städte lassen sich Familien namhaft machen, deren Vertreter über Generationen im Rat saßen und somit das Stadtregiment lange Zeit ausübten. In eine solche Familie ist Otto Gericke (seit der Nobilitierung 1666 von Guericke) am 20. November 1602 hineingeboren (Abb. 1). Sein Geburtsort Magdeburg gehörte damals mit nahezu 30 000 Bewohnern zu den großen deutschen Städten. Im Wirtschaftsleben der reichen Hansestadt dominierten die Kaufleute. Die kaufmännischen Innungen besaßen wesentlichen Einfluß im Rat.

Die Ratsherren der Altstadt Magdeburg

Der Rat als Organ städtischer Selbstverwaltung ist in Magdeburg seit der Mitte des 13. Jahrhunderts nachweisbar. Waren ursprünglich nur Angehörige der Ministerialität oder der altfreien Vermögensgeschlechter schöffenbar und ratsfähig, sind in der zweiten Hälfte des 13. Jahrhunderts mit Vertretern der Großen Innungen (Gewandschneider, Kramer, Leinwandschneider, Kürschner und Schuhmacher/Gerber) Ratmannen nichtministerialer Herkunft zu belegen. Im Jahre 1293 erreichten sie die Entfernung der Ministerialen aus dem Rat, sofern diese nicht bereits durch berufliche Tätigkeit oder Heirat mit den Kaufleuten verbündet waren (Militzer 1996, S. 158). Seit dem Ankauf des Schultheißenamtes im Jahre 1294 verfügte der Rat über die städtische Gerichtsbarkeit.

Bis zum ersten Drittel des 14. Jahrhunderts war der Rat von den altfreien Geschlechtern und den wohlhabendsten kaufmännischen Großen Innungen, den Gewandschneidern und Kramern, beherrscht. Erst 1330 gelang es auch zehn der wirtschaftlich erstarkten Handwerkerinnungen, den sogenannten Kleinen Innungen, Sitz und Stimme im Rat zu erhalten. Die 1330 eingeführte Ratsverfassung galt fast unverändert 300 Jahre. Sie bestand also noch, als der junge Otto Gericke nach seinem Studium 1624 in seine Heimatstadt zurückkehrte und bald darauf in den Rat gerufen wurde. Nach der Verfassung von 1330 wurden jeweils fünf der zwölf Ratmannen von den Großen und Kleinen Innungen gewählt. Diese zehn Ratmannen kooptierten noch zwei Ratmannen aus der nicht innungsgebundenen gemeinen Bürgerschaft. Zwei der insgesamt zwölf Ratmannen waren die Bürgermeister, von denen jeweils einer für ein halbes Jahr die Geschäfte führte. Die Ratsherren wurden jährlich neu gewählt. Im Jahr ihrer Wahl gehörten sie dem Regierenden Rat, im nächsten Jahr dem Alten Rat und im folgenden Jahr dem Oberalten Rat an. Durch den Dreijahresturnus war eine Wiederwahl in den Regierenden Rat erst im vierten Jahr möglich. Doch »Ao. 1630«, so schrieb Otto von Guericke später, »ward daß Stadtregiment auß antrib gemeiner Bürgerschafft durch die Hansestettische Gesante geendert« (zit. n. Dittmar 1889, S. 164). Vorausgegangen waren innerstädtische Konflikte, bei denen sich gezeigt hatte, wie die Auseinandersetzungen um die Sitze im Rat mit Parteinahmen in Konfliktfeldern des Dreißigjährigen Krieges korrelierten. Die Mehrheit der Ratsgeschlechter setzte auf einen Ausgleich mit dem Kaiser, während eine andere, vor allem durch untere Schichten unterstützte Gruppierung die Beschwichtigungspolitik des Rates gegenüber den Forderungen des Kaisers scharf angriff (Tullner 1998, S. 14 f.).

Das neue Ratskollegium von 1630 bestand aus 24 Mitgliedern, die von 18 Körherren auf Lebenszeit gewählt wurden. Von den 18 Körherren kamen neun aus den Innungen, neun aus der übrigen Bürgerschaft. Vier der gewählten Ratmannen hatten das Bürgermeister- und weitere vier das Kämmereiamt inne. Jeweils zwei Bürgermeister und Kämmerer regierten mit der Hälfte der Ratsherren ein Jahr, wobei sie sich als Worthabende nach einem halben Jahr ablösten. Der neue Rat bestand nun nicht mehr hauptsächlich aus Vertretern weniger bevorrechtigter Innungen, sondern auch aus der gemeinen Bürgerschaft.

Als einer von vielen Umständen, die 1630 zum Sturz des Rates beigetragen hatten, wird die nahe Verwandtschaft der einzelnen Ratsmitglieder untereinander, »das gewissermaßen erblich gewordene Anrecht gewisser Familien an den Ratsstuhl« (Holstein 1902, S. 275), genannt. Für die Angehörigen der städtischen Oberschicht, die die Ratssitze innehatten, nahm seit dem 16. Jahrhundert allgemein die Bezeichnung Patrizier zu und wurde in frühere Zeiten projiziert. Deswegen werden häufig – auch in Magdeburg – die alten und einflußreichen Ratsfamilien als Patrizierfamilien bezeichnet, wobei sie keineswegs eine geschlossene soziale Schicht bildeten. Der Kreis der regierenden Familien war nicht fest abgegrenzt, sondern konnte – insbesondere durch städtische Verfassungskämpfe – erweitert werden. War aber eine Familie einmal zu Ansehen und Reichtum gelangt, so wurden häufig deren Söhne und weitere Nachkommen wieder in städtische Ämter gewählt (Boockmann 1987, S. 163). Verwandtschaftliche Beziehungen unterstützten somit die soziale Höherstellung gegenüber der übrigen, nicht ratsfähigen Bürgerschaft, in der die Reicheren und Angeseheneren wiederum nach Teilhabe an der Macht strebten.

Ein Blick in die lange Liste der Bürgermeister und Kämmerer Magdeburgs bestätigt, daß bestimmte Familiennamen immer wieder in Erscheinung treten, zum Beispiel Alemann, Westphal, Gericke, Rode, Moritz/Mauritz. In der Zeit von 1281 bis 1620 stellte das Geschlecht Alemann für den Regierenden Rat insgesamt 95mal Bürgermeister und 49mal Kämmerer (Alemann 1909, S. 2 ff.)[1], davon allein von 1500 bis 1630 81mal Bürgermeister und 42mal Kämmerer. Die Westphals stellten ab 1510 bis 1630 26mal Bürgermeister und siebenmal Kämmerer, die Gerickes ab 1532 bis 1630 19mal Bürgermeister und von 1502 bis 1630 22mal Kämmerer. Otto von Guerickes Weg in den Rat war somit gewissermaßen vorgezeichnet. Die Rodes stellten von 1500 bis 1559 20mal Bürgermeister und etliche Kämmerer. Aus den Familien Moritz/Mauritz kamen allein im Zeitraum 1501 bis 1630 18mal Kämmerer und 15mal Bürgermeister (Dittmar 1889, S. 150–168).

Abb. 1 Wappenstein der Guerickes in der Johanniskirche.

Für den Sitz im Rat und somit für die Ausübung der städtischen Regierungs- und Verwaltungsfunktion waren bestimmte Voraussetzungen zu erfüllen, wie Bürgerrecht, persönliche Freiheit, freie, eheliche Geburt, Vermögen, Hausbesitz in der Stadt, Zugehörigkeit zu einer der wahlberechtigten Innungen. Neben der notwendigen sachkundigen Kompetenz war die Abkömmlichkeit wichtig, denn nur derjenige, dessen Zeit nicht mit dem Erwerb des Lebensunterhaltes ausgefüllt war, konnte sich den meist unbesoldeten Ämtern widmen (Dilcher 1996, S. 111). Deswegen waren Angehörige der alten Patrizierfamilien, vertreten durch die fünf Großen Innungen, auch noch im Rat zu finden, nachdem die führenden Handwerkerinnungen ihren Herrschaftsanspruch längst durchgesetzt hatten. Zudem bestimmte nicht ausschließlich das Vermögen, der wirtschaftliche Erfolg das Sozialprestige dieser alten Familien, sondern auch – noch ganz der ständischen Ordnung verhaftet – das geburtsständische Element der »vornehmen Herkunft«, das ihnen den Zugang zum Rat erleichtern konnte (Militzer 1998, S. 426 f.). Otto von Guericke schrieb über seine Herkunft: »Ich bin von Christlichen Vohrnehmen und Ehrliebenden Eltern erzeuget …« (zit. n. Dittmar 1890, S. 369). Angesichts der Bedeutung der Abkunft verwundert es nicht, daß in Leichenpredigten und Trauerschriften von verstorbenen Ratsmitgliedern oder Bürgermeistern die Herkunft der Verstorbenen aus alteingesessenen, angesehenen Familien besonders hervorgehoben wird. In der »Trost=Schrifft« zum Ableben Otto von Guerickes 1686 ist zu lesen: »… so ist an dem / daß Er von alten berühmten Sächsisch= und Braunschweigischen Patricien Geschlechtern (welches ein grosser Seegen und besondere Guthat GOttes ist)… rühmlich hergestammet …« (zit. n. Schneider 1997, S. 22). In jener Zeit äußerte sich Selbstbewußtsein auch in der Darstellung alter Familientradition und Abstammung.

Die Familien Gericke – Mauritz – Lutteroth – Dauth

Otto von Guericke entsproß väterlicherseits einer seit vielen Generationen in Magdeburg ansässigen Patrizierfamilie. Um 1315 siedelte sich Wesseke (Werner) Gericke, aus Braunschweig oder Stendal kommend, in Magdeburg an. Über ihn und die Nachfahren in den nächsten drei Generationen ist nur wenig bekannt. Doch scheinen sie zu den wohlhabenden Familien Magdeburgs gehört zu haben. Nur so ist es zu erklären, daß in der fünften Generation Wessekes Nachfahre Stephan Gericke (1436–15..) die Patrizier- und Bürgermeistertochter Gertrud Feuerhake heiraten konnte. Stephan Gericke, Erbsasse zu Allstedt und Staßfurt, gehörte bereits dem Rat an. Er war Kämmerer in den Jahren 1485, 1488 und 1506. Sein Sohn Jakob d. Ä. (1468–1544) bekleidete in Magdeburg im üblichen Dreijahresturnus das Amt des Kämmerers von 1502 bis 1523 und das des Bürgermeisters von 1529 bis 1538. Im Jahre 1535 unterzeichnete Jakob Gericke für Magdeburg eine Vereinbarung über die Verlängerung des 1531 geschlossenen Schmalkaldischen Bundes. Seine Frau war eine Tochter des Magdeburger Bürgermeisters Georg von Wanzleben / Wandsleben und der Anna von Keller, die einer Bürgermeisterfamilie aus Groß-Salze entstammte.

Die drei Söhne von Jakob Gericke d. Ä., Markus (1510–1582), Georg (geb. um 1515) und Jakob d. J. (um 1515–1562), bekleideten gleichfalls städtische Ämter. Georg, der ohne Nachkommen blieb, war mit den vorgeschriebenen Unterbrechungen von 1549 bis 1567 Bürgermeister. Als »ehrlicher / frommer alter Mann« (Vulpius 1702, S. 54) führte er das Magdeburger Heer, das am 22. September 1550 in der Schlacht bei Hillersleben an der Ohre gegen Georg von Mecklenburg (1528–1552) eine vernichtende Niederlage erlitt. Pomarius schildert die Ereignisse anschaulich in seiner Chronik von 1587. Darin ist auch beschrieben, wie Jakob Gericke d. J., der ebenfalls Kämmerer und von 1551 bis 1560 Bürgermeister war, sich für die seit 1547 unter Reichsacht stehende Heimatstadt einsetzte. Er verhandelte zum Beispiel 1551 mit dem sächsischen Kurfürsten Moritz (1521–1553) über die Modalitäten zur Beendigung der monatelangen Belagerung Magdeburgs. Jakob starb 1562 als Mitglied des Oberalten Rates. Kurz vor seinem Tod setzte er mit anderen Deputierten der Stadt Magdeburg bei Kaiser Ferdinand die Lossprechung Magdeburgs von der Reichsacht durch (Hoffmann 1874, S. 3). Markus Gericke, der dritte der Brüder, Lehnsherr der Rittergüter Allstedt und Nieder-Röblingen, war ab 1556 Kämmerer und ab 1562 bis 1571 Bürgermeister in Magdeburg. Sein Sohn Hans war Otto von Guerickes Vater.

Hans Gericke (1555–1620) studierte Jurisprudenz und lebte längere Zeit in den Niederlanden. 1578 trat er in die Dienste des Königs von Polen, der ihn bald als Gesandten nach Kopenhagen, Stockholm, Moskau und Konstantinopel schickte und ihm 1586 den polnischen Adelstitel verlieh. 1587 kehrte Gericke in seine Heimatstadt Magdeburg zurück, wo er 1591 an einem von den reichen Patriziersöhnen nach altem Brauch veranstalteten Ritterspiel teilnahm. 1604 ist er als Kämmerer im Rat nachweisbar. Im Januar 1608 wurde er durch die auf ihn gefallene Wahl als Schultheiß an die Spitze des Magdeburger Schöffengerichts gerufen und saß damit nicht mehr im Rat.[2] Bis zu seinem Tod übte er dieses Amt aus. In der »Trost=Schrifft« über Otto von Guerickes Ableben heißt es: »Sein Vater sehl.

ist gewesen der weyland Hoch=Edelgebohrner Herr Hans Guericke/Schultheiß und weltlicher Richter zu Magdeburg …« (zit. n. Schneider 1997, S. 23). Er wurde in der Ulrichskirche begraben. Ein von Hans Gericke zusammengestelltes Kopialbuch mit dem Titel »Privilegia der Altenstadt Magdeburgk« ging 1945 verloren.

Über zwei Schwestern seines Vaters lassen sich verwandtschaftliche Bindungen Otto von Guerickes zu anderen bedeutenden Persönlichkeiten beziehungsweise Familien Magdeburgs nachweisen: Gertraud Gericke (um 1570–1620) heiratete Ascanius Lutteroth (1563–1636), Maria Gericke (um 1565–1621) den Ratsherren Thomas Mauritz/Moritz, gest. vor 1621 (Sippenverband 1935–1938, S. 59).

Die Namen Mauritz/Maurice/Mauriz und Moritz bezeichnen zwei verschiedene Geschlechter, gleichwohl die Schreibweise vielfach wechselt (Schultze 1893, S. 86). Erstmals erscheint im Rat ein Hans Mauritz als Bürgermeister in den Jahren 1456 bis 1465. Von ihm berichtet die Schöppenchronik, daß während seiner und Heiße Roleves Amtsführung im Jahre 1459 ein neuer Roland, aus Stein gehauen, gesetzt und gemalt worden sei. Dieser Hans Mauritz ist vermutlich identisch mit jenem Hans Mauritz, der in der 1721 bis 1724 durch Otto von Guerickes Enkel Leberecht von Guericke (1662–1737) angefertigten Ahnentafel[3] genannt wird und mit Anna von Zerbst vermählt war. Im Familienwappen führte er einen nackten Mann. Zwei seiner vier Söhne waren Ratskämmerer. Ein weiterer Sohn, Dr. jur. Thomas Mauritz, wirkte in den neunziger Jahren des 15. Jahrhunderts als Syndikus der Stadt Magdeburg. Dessen Tochter Anna (1514–1552) war mit Bürgermeister Franz Robin verheiratet. Tochter Anna (gest. 1607) aus dieser Ehe war die Mutter von Dr. Jakob Alemann (1574–1630), dem Schwiegervater Otto von Guerickes.

Der Familie Mauritz, die den nackten Mann im Wappen führte, entstammte auch jener Thomas, der Otto von Guerickes Tante Maria Gericke geheiratet hatte. Otto von Guericke bezeichnete ihn als den letzten seines Geschlechts. Für 20 000 Taler ließ Thomas Mauritz 1593 das Renaissancehaus Breiter Weg 148 bauen. Nach der Zerstörung Magdeburgs 1631 wurde es unter Einbeziehung wesentlicher Baureste wieder errichtet. An dem repräsentativen Prachtbau befand sich das Wappen mit dem nackten Mann. 1902 mußte das Haus dem Neubau des Warenhauses Barasch weichen (Sippenverband 1935–1938, S. 50).

Da Thomas Mauritz keine Nachkommen hinterließ und seine Witwe Maria, geb. Gericke, 1621 starb, gingen die Mauritzschen Güter auf die Verwandten Marias, darunter die Kinder ihres 1620 verstorbenen Bruders Hans Gericke, über. Davon konnte auch der inzwischen verwitwete Bürgermeister Ascanius Lutteroth profitieren, der bereits 1594 mit der »fürnehmen Patrizierin« Gertraud Gericke einen großen Besitzstand, vor allem Ländereien und ausgedehnte Gärten erheiratet hatte (Lutteroth 1902, S. 198).

Ascanius Lutteroth stammte aus einer alten Nordhausen-Wernigeröder Familie und siedelte sich nach dem Studium in Magdeburg an, wo ein Verwandter, Ascanio Helwig, Ratsherr war. Bald nach 1600 ist auch Ascanius Lutteroth im Rat nachweisbar, 1610 bis 1616 als Kämmerer und 1616 bis 1628 als Bürgermeister. Er war ein reicher Bank- und Handelsherr, Seidenkramer-Innungsverwandter und seit 1607 Mitglied in der Kaufleutebrüderschaft. Sein Vermögen gestattete es ihm, gegen Zinsen große Summen Geldes zu verleihen, zum Beispiel 1617 an den Leipziger Rat 2000 Taler und an den Magdeburger Rat 1000 Taler. 1613 hatte er dem Schultheißen Hans Gericke 1000 Taler geliehen. Ascanius Lutteroth erwarb umfangreiche Ländereien und besaß mehrere Mühlenbetriebe sowie zahlreiche Häuser, zum Beispiel das Wohnhaus Große Schulstraße 15, den Ritterhof. Nach dem Tod von Gertraud Gericke im Jahre 1620 ging Ascanius Lutteroth 1622 eine zweite Ehe mit Marie Rode (um 1580–1636) ein. Sie stammte aus einem der angesehensten und begütertsten Patriziergeschlechter Magdeburgs. Im 14. Jahrhundert erstmals erwähnt, saßen die Rodes seit 1418 im Rat. 1630, nach Änderung der Ratsverfassung, ging Ascanius Lutteroth aus Magdeburg fort. Er starb 1636 in Stendal an der Pest (Bötiger 1931/32, S. 89 f.).

Von den sechs Kindern der Ehe Lutteroth-Gericke soll nur Anna Lutteroth (1602–1667) erwähnt werden, die sich 1617 mit dem Bürger und Consiliarius zu Magdeburg Dr. jur. Johann Dauth (1581–1634) vermählte. Dessen Onkel und Pflegevater, der namhafte Jurist Dr. Johann Dauth sen. (1546–1621), hatte mehrere Schriften über die Privilegien der Stadt Magdeburg verfaßt (Wolter 1898, S. 1–25). Dauth jun. war 1619 Assessor des Schöppenstuhls und 1623, 1626 und 1629 regierender Bürgermeister der Altstadt Magdeburg. Er gehörte zu jener Gruppierung des Rates, die der kaiserlichen Partei zuneigte. Während der Eroberung Magdeburgs 1631 konnte er nach Quedlinburg entkommen.

Das »uhralte Geschlecht der Alemänner«

In der Ahnen- und in der Stammreihe der Gerickes/Guerickes tritt mit den Alemanns mehrmals der Name des wohl bekanntesten, größten und reichsten Magdeburger Patriziergeschlechts auf. Bereits um 1400 hat eine namentlich nicht bekannte, um 1382 geborene Tochter von Hans Alemann (um 1390–vor 20. 12. 1446) einen Gericke geheiratet, vermutlich Silvester Gericke (geb. um 1370).

Die Alemanns besetzten in Magdeburg über mehrere Jahrhunderte die wichtigsten Ämter als Bürgermeister, Kämmerer, Ratmänner, Schultheißen und Schöffen. Ende des 13. Jahrhunderts bis zum 17. Jahrhundert waren sie fast ununterbrochen im Rat vertreten. Allein Heyne Alemann (um 1325– um 1390), ein Vorfahr Otto von Guerickes, war zwischen 1363 und 1385 siebenmal erster und einmal zweiter Bürgermeister, ein weiterer Heine Alemann (1494–vor 12. 3. 1554) zwischen 1527 und 1542 sechsmal zweiter Bürgermeister sowie zwischen 1545 und 1554 viermal erster Bürgermeister. Die insgesamt 19 Bürgermeister, die das Geschlecht Alemann in persona der Stadt Magdeburg stellte, erhielten ihre juristische Ausbildung, wie auch andere Magdeburger Bürgersöhne an den Universitäten Leipzig, Erfurt, Tübingen, Bologna, Basel oder Wittenberg. Im 14./15. Jahrhundert gelangten die Alemanns zu bedeutendem Grundbesitz. Sie besaßen allein in der Altstadt und am Neuen Markt (Domplatz) nicht weniger als zwölf Häuser und Höfe als Lehen. Wie andere vermögende Bürgerfamilien verfügten die Alemanns auch außerhalb der Stadt über reichen Grundbesitz. Die Lehen waren das Haupteinkommen der Alemanns. Sie betrieben auch große Handelsgeschäfte, unter anderem mit Tuchen (Wolter 1891, S. 164. Holstein 1902, S. 275. Alemann 1909, S. 95).

Die Alemanns unterstützten die Einführung der Reformation in Magdeburg. Ludwig Alemann (1468–1543), bis 1522 Bürgermeister, dann Schultheiß, gewährte in seinem Haus »Zum goldenen Tempel« am Breiten Weg 58 dem aus dem Kloster geflohenen Franziskanermönch Johann Fritzhans (gest. 1540), der für Luther gepredigt hatte, Aufnahme und Schutz. Fritzhans wurde 1524 erster evangelischer Prediger der Heiliggeistkirche zu Magdeburg. 1524 übte Nicolaus Sturm, der persönliche Beziehungen zu Martin Luther hatte,[4] das Bürgermeisteramt aus. Er war mit Gertrud Rode verheiratet, deren Bruder Jacob im Briefwechsel mit Philipp Melanchthon stand (Leist 1939/41, S. 32). Auf Einladung von Nicolaus Sturm weilte Martin Luther 1524 in Magdeburg und predigte in der Johanniskirche. Kurze Zeit später war eine Alemann als Braut für Martin Luther im Gespräch.[5] Auf Veranlassung von Ebeling Alemann I (1483/85– vor 12. 3. 1554), der mit der Bürgermeistertochter Katharina Rode verheiratet war und ein Vorfahr der ersten Ehefrau Otto von Guerickes wurde, siedelte der bekannte Buchdrucker Michael Lotter (um 1499–nach 1556) von Wittenberg nach Magdeburg über. Die Elbestadt war damals ein wichtiger Zufluchtsort der Anhänger der Reformation. Ebeling Alemanns Haus »Zum Lindwurm« am Breiten Weg Nr. 141 stand Lotter bis 1531 als Druckerei zur Verfügung (Neubauer 1931, S. 72). Die Bekanntschaft des Stadtkämmerers Ebeling Alemann mit Michael Lotter basierte auf persönlichen Beziehungen Lotters zu Alemanns Söhnen, die in Wittenberg studierten (Neubauer 1906, S. 407).

Während der ganzen Zeit des Schmalkaldischen Krieges bis zur Aufhebung der Reichsacht 1562 waren die Alemanns fast unausgesetzt als Bürgermeister, Kämmerer und Ratmänner in der Stadtverwaltung tätig. Wilhelm Raabe (1831–1910) erwähnt sie in seinem Roman »Unseres Herrgotts Kanzlei«, in dem er den Kampf der Magdeburger gegen die Belagerung durch Moritz von Sachsen 1550/51 beschreibt. Im Belagerungsjahr 1551 war Heine Alemann (1494– vor 12. 3. 1554) regierender Bürgermeister und Ebeling Alemann I oberster Leiter der Stadtverteidigung. Bürgermeister Heine Alemann ist unter anderem als Vertreter der Stadt bei den Verhandlungen mit den Kontrahenten des Schmalkaldischen Bundes berühmt geworden. Ebeling Alemann II (1515–1573) unterstützte durch Geldmittel und Beteiligung an der Geschäftsleitung die Entstehung der »Magdeburger Zenturien« von Matthias Flacius Illyricus (1520–1575), der ersten protestantischen Kirchengeschichte. Schon 1543 ist er als Seidenkramer-Innungsmeister im Rat bezeugt. Einige Jahre danach war er Kämmerer, 1550 Oberster der Landsknechte, später zweiter Bürgermeister. Sein Großvater, der Ratsherr, Kämmerer und zweiter Bürgermeister Heinrich Alemann III (gest. 1506), ein Vorfahr der ersten Frau Otto von Guerickes, war äußerst wohlhabend. Kurfürst Johann von Brandenburg, Erzbischof Ernst von Magdeburg und der Fürst von Anhalt schuldeten ihm jeweils mehrere tausend Gulden. In der Alemannschen Stammtafel ist über ihn zu lesen, er habe sich für die Freiheiten der Stadt gegen die Erzbischöfe und das Domkapitel stets energisch eingesetzt (Sippenverband 1935–1938, S. 183).

Über Jahrhunderte strebte der Magdeburger Rat, letztlich vergeblich, um Anerkennung als Reichsstadt. Das drückte sich unter anderem in symbolischen Handlungen aus. So ließ der Rat 1533 gegen den Einspruch des Kardinals Albrecht am Brücktor unter dem Stadtwappen und den Wappen der beiden regierenden Bürgermeister – Claus Sturm und Heine Alemann – anstelle des erzstiftischen Landwappens das kaiserliche Wappen anbringen (Hülße 1884, S. 218).

Im Jahre 1602 wurden zwölf Mitglieder des Geschlechts Alemann in den Reichsadelsstand erhoben. Zusammen mit der Nobilitierung Otto von Guerickes und dessen Sohn Otto d. J. (1628–1704) im Jahre 1666 stellten sie die einzigen kaiserlichen Standeserhebungen in Magdeburg im 17. Jahrhundert dar (Riedenauer 1968, S. 78). Doch im Laufe des 17. Jahrhunderts scheinen die Alemanns an Ansehen und Einfluß in der Stadt verloren zu haben. Während sie in den ersten beiden Jahrzehnten noch mehrmals das Bürgermeisteramt bekleideten, ist im Kämmereiamt nur Ebeling Alemann III (gest. 1616), Herr auf Calenberge, nachzuweisen, und dies zuletzt 1614. Dagegen hatten im 16. Jahrhundert 15 Mitglieder des Geschlechts das Kämmereiamt verwaltet. 1620 war Kaspar Alemann (gest. 1633) regierender Bürgermeister, später Schöffe. Als Schöffe wirkte noch kurz vor der Zerstörung der Stadt auch Dr. jur. Jakob Alemann (1574–1630), der Schwiegervater Otto von Guerickes (Abb. 2).

Mit Einführung der neuen Ratsverfassung 1630 wurde kein Alemann wieder in den Rat gewählt. Erst 1663 bis 1677 ist Martin Alemann (1628–1685) Ratmann und ab 1678 Bürgermeister – zugleich der letzte mit diesem Namen in Magdeburg. Die Situation in Magdeburg hatte sich für die Alemanns, nicht zuletzt durch die Auseinandersetzungen um 1630, geändert. Ein großer Teil ihrer Anhängerschaft war unter anderem dadurch zusammengeschmolzen, daß einige alte und mit ihnen verwandte einflußreiche Familien ausgestorben waren, wie Hogenbode, Kleinschmidt, Wittekopp, Scheyring, Robin und andere. Zudem lebte ein Teil der Alemanns nicht mehr in der zerstörten Stadt (Alemann 1909, S. 143).

Insgesamt lassen sich im 16./17. Jahrhundert an drei Schnittpunkten enge familiäre Verbindungen der Gerickes/Guerickes zu den Alemanns ausmachen. Otto von Guerickes Großmutter väterlicherseits war eine geborene Alemann; sein Vater heiratete in erster Ehe eine Alemann und Otto von Guericke selbst heiratete in erster Ehe eine Alemann.

Eine vierte Schnittstelle könnte die eheliche Verbindung von Elisabeth, einer Tochter von Heinrich Alemann IV (1466–1552), mit Jakob Gericke d. J. darstellen (Sippenverband 1935–1938, S. 185). Die Identität mit dem gleichnamigen Bruder von Otto von Guerickes Großvater konnte jedoch bisher nicht nachgewiesen werden.

Von den Alemannschen Vorfahren Otto von Guerickes, der mit beiden Hauptlinien des Geschlechts verwandt war, sei unter anderem dessen Urgroßvater Hans Alemann (1491–1568), Erbherr auf Benneckenbeck und Rothensee, genannt. Er war 1522, 1532, 1535, 1538 Kämmerer und von 1541 bis 1559 mit den notwendigen Unterbrechungen erster Bürgermeister. Hans Alemann heiratete in erster Ehe Prissa Kleinschmidt (gest. 1557), eine Tochter des Ratsherrn Martin Kleinschmidt und der Gertrud von Embden, die wiederum eine Bürgermeistertochter war. Prissas kostbares Epitaph befand sich in der Ulrichskirche und wurde durch ein Feuer zerstört (Letztes Ehren-Denckmal 1686, S. 18).

In zweiter Ehe heiratete Hans Alemann Anna Hogenbode. Als letzte ihres Geschlechts übertrug sie ihrem Mann alle Erblehngüter der Hogenbodes. Die

Familie Hogenbode (von der Hogenbode) gehörte einst zu den angesehensten und reichsten Bürgern Magdeburgs.

Otto von Guerickes Großvater Markus Gericke war durch seine Ehe mit Hans Alemanns Tochter Sophie (1520–1592) verschwägert mit mehreren Kämmerern und Bürgermeistern, unter anderem mit dem Kämmerer Hans Westphal (gest. 1561). Dessen Tochter Margarete (1548–1586) war mit dem bekannten, zum Protestantismus übergetretenen Abt des Klosters Berge bei Magdeburg Peter Ulner (1523–1595) verheiratetet. Markus Gerickes Schwager Christof Alemann (1525–1569), ein Ratsherr, verehelicht mit Sofie Lentke, machte sich als »der tolle« Fähnrich der Reiterei Wulffens während der Belagerung Magdeburgs 1550/51 einen Namen, indem er im Dezember 1550 Georg von Mecklenburg gefangennahm und nach Magdeburg führte (Kramer 1952, S. 37).

Weitreichende Verflechtungen der Gerickes/Guerickes mit den Alemanns und anderen Familien ergaben sich aus den Eheschließungen Otto von Guerickes und seines Vaters Hans. Im Jahre 1588 heiratete Hans Gericke die schwangere Margarethe Alemann (um 1555–um 1600), verwitwete Moritz. Sie war eine Tochter des Erbsassen zu Calenberge Hans Alemann (gest. um 1583/84) und die Witwe des Ratskämmerers Antonius Moritz (um 1526–vor 1588). Antonius Moritz, Sohn eines Schöffen, kam aus jenem Geschlecht Moritz, das das Löwenwappen führte, das Erzbischof Ernst 1502 dem vermögenden Bürger Asmus Moritz, dem »Hofbankier des Erzbischofs« (Kramer 1952, S. 212), verliehen hatte. Der Familie Moritz entstammte auch der Kanonikus des Gangolphistifts Siegfried Moritz, der nach dem Tod von Hans Gericke zum Vormund von Sophia Gericke (um 1589–nach 1656), der Tochter von Hans' erster Ehefrau Margarethe, geb. Alemann, verwitwete Moritz, bestellt wurde (Schultze 1893, S. 87). Hans Gericke hatte Sophia nach ihrer Geburt als seine Tochter anerkannt. Sie war demnach – zumindest juristisch – Otto von Guerickes Halbschwester. Otto selbst sprach von seiner »lieben Schwester«.[6] 1612 heiratete sie den späteren Bürgermeister Georg Schmidt (1588–1640). Er hatte in Jena studiert, war aber durch den Tod seiner Eltern vorzeitig zurück nach Magdeburg gekommen. Bald nach der Hochzeit mit Sophie Gericke ereignete sich ein Unglück. Am 18. April 1613 wurden Schmidts neu erbaute Häuser am Breiten Weg und in der Schrotdorfer Straße Opfer einer Feuersbrunst. Die Zerstörung Magdeburgs am 10. Mai 1631 überlebte er und brachte seine Familie und sich in Sicherheit. Im Februar 1632 kehrte er zurück und beteiligte sich am Wiederaufbau der Stadt (Schneider 1997, S. 75).

Von den Vorfahren der ersten Frau Hans Gerickes dürfte unter anderem Heinrich Alemann (um 1395–1464), Innungsmeister der Kramer, von Interesse sein. 1431 ist er in der Abordnung der Stadt an Kaiser Sigismund in Nürnberg wegen Bestätigung ihrer Privilegien zu finden, die am 16. Juni 1431 erfolgte. Insbesondere wurde die Befreiung der Stadt von aller fremden Gerichtsbarkeit verbrieft. 1433 war Heinrich Alemann zweiter Bürgermeister, ab 1438 Schöffe.

Abb. 2 Guerickes Schwiegervater Jakob Alemann.

Nach dem Tod von Margarethe Alemann heiratete Hans Gericke am 25. Januar 1602 Anna von Zweydorff (1580–1666) aus einer jahrhundertealten Braunschweiger Patrizierfamilie. Nach seinem Ableben schloß diese, Ottos Mutter, 1623 die Ehe mit dem Witwer Christoph Schultze (1577–1642), gebürtig aus Frankfurt/Oder, der somit Ottos Stiefvater wurde. Schultze hatte sich in Anhalt zwölf Jahre als Hofadvokat betätigt und war um 1620 nach Magdeburg gekommen. Bei der Zerstörung der Stadt verlor er sein gesamtes Hab und Gut. Im März 1632 wurde er Königlich Schwedischer Rat und Kommissar in Magdeburg. Der schwedische Statthalter, Fürst Ludwig von Anhalt, beauftragte den früheren Stadtsyndikus Christoph Schultze sowie Bürgermeister

Johann Westphal und den Ratmann Andreas Laue mit der Reorganisation der Stadtverwaltung. Im Zusammenhang mit dem geplanten Wiederaufbau entstand noch 1632 der berühmte Plan Guerickes, der den Grundriß der Stadt zum damaligen Zeitpunkt und weitere, zukünftige Straßenführungen darstellte. Schultze hatte unter anderem die Aufgabe, die nach Magdeburg zurückkehrenden Einwohner zu registrieren. 1635 ging er als Vizekanzler nach Halberstadt. Von 1636 bis zu seinem Tod am 23. November 1642 bekleidete Schultze wiederum das Amt des Stadtsyndikus' in Magdeburg. Er starb ohne eigene Nachkommen (Roth 1959, R 4801, R 7676).

Schultzes Stiefsohn Otto von Guericke hatte am 18. September 1626 Margarethe Alemann (1605–1645) geheiratet. Sie war die Tochter von Dr. jur. Jakob Alemann (Abb. 2), Erbsasse auf Gommern, Königsborn und Calenberge, Fürstlich braunschweigischer Geheimer Rat, Bischöflich halberstädtischer Kanzler, Assessor des Magdeburger Schöffenstuhls. Jakob Alemann hatte in Leipzig und Wittenberg studiert und in Basel promoviert. 1603 wird er als Erster Schöffe des Magdeburger Schöffenstuhls erwähnt. Er verfaßte zahlreiche Schriften, zum Beispiel über das Recht der Münzprägung (Sippenverband 1935–1938, S. 200).

Die Mutter von Otto von Guerickes erster Ehefrau, Katharina (1582–1607), entstammte ebenfalls dem Alemannschen Geschlecht. In der »Trost=Schrifft« zu Guerickes Ableben heißt es über seine Frau deshalb: »… sie ist ihm auch so wohl mit Blutsfreundtschafft/als Schwägerschafft verwandt gewesen/sonderlich wegen gedachter ihrer Mutter Vaters Vaters / Herrn Burgermeister Martin Alemans/welcher des Herrn … Groß= Mutter Bruder gewesen ist« (zit. n. Schneider 1997, S. 47). Damit offenbart sich allein an dieser Stelle eine doppelte verwandtschaftliche Beziehung zu den Alemanns. In der Leichenpredigt steht dazu ferner: »Und obwohl die Eltern beyderseits eines Geschlechts/und Bluts-freunde/miteinander gewesen/so hat doch solche Ehe nach Göttlichen/ Geist= und Weltlichen Rechten/ohne Gewissens verletzung/gantz wohl sein können/sintemahl sich die Stämme/ davon sie beyderseits entsprossen/allbereits vor 300. Jahren/von Herrn Heine Alemann/ Weilandt Bürgermeistern allhier/an/zertheilet gehabt haben« (zit. n. Schneider 1997, S. 47).

Unter den Ahnen der Margarethe Alemann befinden sich sieben Magdeburger Bürgermeister und ein Kämmerer, zum Beispiel ihr Großvater mütterlicherseits, der Bürgermeister Johann Martin Alemann I (1554–1618), Erbsasse auf Benneckenbeck und Rothensee. Er saß fast vier Jahrzehnte im Rat, davon viele Jahre als Bürgermeister. 1599 weigerte er sich mit dem Rat der Altstadt, dem Domkapitel zu huldigen, das sich in Vertretung für den elfjährigen Administrator die Regierung des Erzstifts vorbehielt. Der Vater des Bürgermeisters Johann Martin Alemann I war der Kämmerer, Fährherr, erster Bürgermeister und spätere Schultheiß Martin Alemann (1524–1581), dessen Schwester Sophie 1554 den Witwer Markus Gericke d. Ä., den Großvater Ottos, geheiratet hatte. Somit weisen Otto von Guerickes Schwiegermutter Katharina geborene und verheiratete Alemann und seine Großmutter Sophie geborene Alemann ab Hans Alemann (1491–1568) und dessen Ehefrau Prissa Kleinschmidt (gest. 1557) Ahnengemeinschaft auf. Ahnengemeinschaft ist bei allen in die Familie Gericke eingeheirateten Alemann-Frauen festzustellen. Die Alemann-Vorfahren gehen alle auf Heyne Alemann (um 1325– um 1390) zurück.

Beziehungen zu den Bürgermeisterfamilien Moritz, Scheyring, Westphal, Brauns, Kühlewein, Rosenstock und Dhuis

Durch Guerickes Ehe mit Margarete Alemann wurden die bereits bestehenden Beziehungen mit den Familien Scheyring/Ziering, Moritz und Westphal ausgeweitet. Da Otto von Guerickes erste Frau eine Enkelin von Johann Martin Alemann I war und dieser sich 1579 Anna Moritz (1561–1611) zur Frau genommen hatte, erschließt sich hier eine weitere Verbindung mit dem bekannten Patriziergeschlecht Moritz, das das Löwenwappen führte. Anna Moritz wiederum war eine Nachfahrin von Dr. jur. Johann Scheyring/Ziering (1505– 1555). Im »Letzten Ehren-Denckmahl« für Otto von Guericke von 1686 heißt es über Scheyrings Herkunft »welches Geschlecht mit unter die Bluts-Freunde der sehl. Frau von Guericken gehöret/gestalt er ihrer Mutter-Mutter Großvater gewesen« (Letztes Ehren-Denckmal 1686, S. 22). Johann Scheyring, Bürgermeister aus den Jahren 1539

Abb. 3 Grabplatte der Margarethe Alemann.

und 1542, Doktor der Rechte und freien Künste und Fürstlich Mecklenburgischer Kanzler, Neffe des Dompredigers Dr. theol. Johann Scheyring (1454–1516), war seit 1535 mit Tochter Anna des Bürgermeisters Thomas Alemann vermählt. Dr. Scheyrings Tochter Margareta heiratete 1558 den Bürgermeister Erasmus (Asmus) Moritz (1525–1565) und wurde damit Schwägerin des Ratskämmerers Antonius Moritz, dessen Witwe Otto von Guerickes Vater ehelichte. Dr. Scheyrings Tochter Catharina ehelichte den langjährigen Bürgermeister Heinrich Westphal (gest. 1601). Die Westphals waren seit dem 15. Jahrhundert im Rat der Stadt vertreten und stellten mehrere Bürgermeister, so den mit Anna Rode verheirateten Heinrich Westphal (gest. 1532) und dessen gleichnamigen, 1601 verstorbenen Enkel. Johann Heinrich Westphal (gest. 1639), ein Sohn aus der Ehe Westphal-Scheyring, trat 1619 als Kämmerer in den Rat und wurde 1623 zweiter Bürgermeister. Mit Einführung der neuen Ratsverfassung 1630 wurde er wieder in den Rat gewählt und war im Jahr der Zerstörung regierender Bürgermeister. Das Bürgermeisteramt hatte er bis zu seinem Tod inne.

Auch zu anderen Bürgermeistern der Altstadt Magdeburg in der Zeit nach 1630 hatte Otto von Guericke familiäre Verbindungen. Während Bürgermeister Georg Schmidt sein Schwager war, ergab sich eine Verflechtung mit den Bürgermeistern Martin Brauns (um 1577–1631) und David Brauns (um 1580– vor 1657) über eine Schwester von Ottos Schwiegervater Dr. jur. Jakob Alemann (Schrader-Rottmers 1989, S. 52, 56). David Brauns, ein Seidenhändler zu Magdeburg, bekleidete das Bürgermeisteramt in den Jahren 1637 bis 1655. Sein Bruder Martin Brauns war in den Jahren 1622, 1625, 1628 und 1630 regierender Bürgermeister. Er befand sich unter den Anführern der kaiserlichen Partei in Magdeburg. Als im Februar 1630 der alte Rat gestürzt wurde, gehörte er zu den Mitgliedern des bisherigen Rates, die im zweiten Wahlgang in den neuen Rat eintreten mußten. Gegen seinen Willen wurde Martin Brauns zum regierenden Bürgermeister des neuen Gremiums gewählt. Außer ihm wurden noch drei andere Mitglieder des bisherigen Rates zu Bürgermeistern und Kämmerern erkoren: Georg Kühlewein, Oswald Matthias und Johann Heinrich Westphal. Wiedergewählt in den Rat wurden weiterhin Otto von Guericke und Peter Eichhorn (Neubauer 1892, S. 324 ff.).

Bürgermeister Georg Kühlewein (1593–1656) war seit 1620 mit einer Schwester von Guerickes Schwiegermutter Katharina Alemann verheiratet. Ein Bruder dieser Katharina Alemann, der Gewandschneider und Ratsherr Johann Alemann (1596–1636), führte seit 1625 die kaiserliche Partei in Magdeburg an und weilte mehrfach im Hauptquartier der Kaiserlichen. Im Sommer 1629, als die Bevölkerung Magdeburgs während der Blockade Wallensteins besonders litt, mußte Johann Alemann die Stadt fluchtartig verlassen. Er lebte auf seinem Gut in Sohlen bei Westerhüsen, hatte Frau und Kinder aber noch in Magdeburg. Bei der Zerstörung der Stadt am 10. Mai 1631 wurde sein Haus »Zum goldenen Greif« am Alten Markt 11 Zufluchtsort für die drei überlebenden Bürgermeister Georg Schmidt, Georg Kühlewein, Johann Westphal und für den Ratsherren Otto von Guericke mit ihren Familien (Hoffmann 1887, S. 85. Neubauer 1931, S. 288f.). Als »Verräter« gescholten, starb Johann Alemann 1636 in Leipzig.

Der aus Naumburg stammende Weinhändler Georg Kühlewein kam durch die nach 1597 geschlossene zweite Ehe seiner Mutter mit dem Bürgermeister Caspar Alemann nach Magdeburg. Ab 1624 war Kühlewein Ratsmitglied. Als Bürgermeister unterzeichnete er im August 1630 das Bündnis Magdeburgs mit dem Schwedenkönig. Er gehörte jedoch, wie sein Schwager Johann Alemann, der kaiserlichen Partei an und mußte nach der Eroberung mehrere Jahre außerhalb der Stadt verbringen (Wittich 1874, S. 164 f.). Erst nach dem Prager Frieden 1635 und dem Abzug der schwedischen Truppen 1636 gelang

Tafel I
Auszug aus der Stammtafel der Familie Gericke / Guericke in Magdeburg

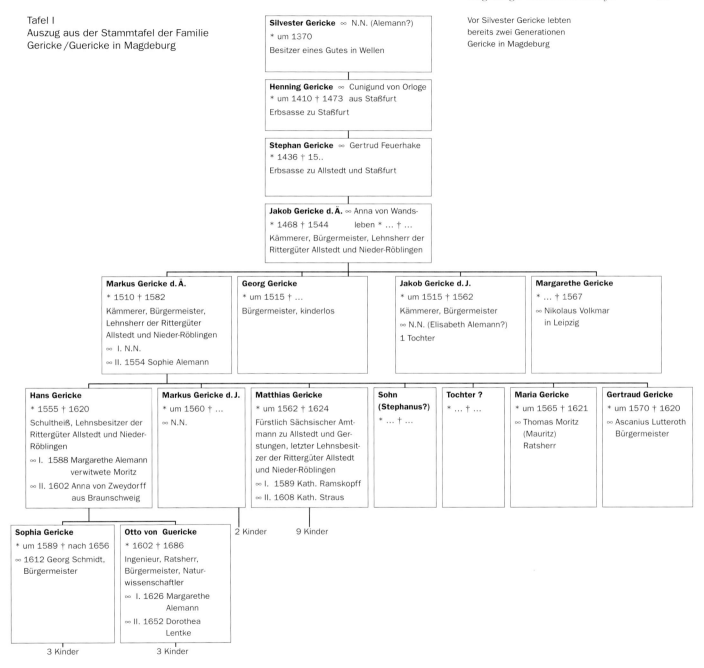

Vor Silvester Gericke lebten bereits zwei Generationen Gericke in Magdeburg

Silvester Gericke ∞ N.N. (Alemann?)
* um 1370
Besitzer eines Gutes in Wellen

Henning Gericke ∞ Cunigund von Orloge
* um 1410 † 1473 aus Staßfurt
Erbsasse zu Staßfurt

Stephan Gericke ∞ Gertrud Feuerhake
* 1436 † 15..
Erbsasse zu Allstedt und Staßfurt

Jakob Gericke d. Ä. ∞ Anna von Wands-
* 1468 † 1544 leben * … † …
Kämmerer, Bürgermeister, Lehnsherr der Rittergüter Allstedt und Nieder-Röblingen

Markus Gericke d. Ä.
* 1510 † 1582
Kämmerer, Bürgermeister, Lehnsherr der Rittergüter Allstedt und Nieder-Röblingen
∞ I. N.N.
∞ II. 1554 Sophie Alemann

Georg Gericke
* um 1515 † …
Bürgermeister, kinderlos

Jakob Gericke d. J.
* um 1515 † 1562
Kämmerer, Bürgermeister
∞ N.N. (Elisabeth Alemann?)
1 Tochter

Margarethe Gericke
* … † 1567
∞ Nikolaus Volkmar in Leipzig

Hans Gericke
* 1555 † 1620
Schultheiß, Lehnsbesitzer der Rittergüter Allstedt und Nieder-Röblingen
∞ I. 1588 Margarethe Alemann verwitwete Moritz
∞ II. 1602 Anna von Zweydorff aus Braunschweig

Markus Gericke d. J.
* um 1560 † …
∞ N.N.
2 Kinder

Matthias Gericke
* um 1562 † 1624
Fürstlich Sächsischer Amtmann zu Allstedt und Gerstungen, letzter Lehnsbesitzer der Rittergüter Allstedt und Nieder-Röblingen
∞ I. 1589 Kath. Ramskopff
∞ II. 1608 Kath. Straus
9 Kinder

Sohn (Stephanus?)
* … † …

Tochter ?
* … † …

Maria Gericke
* um 1565 † 1621
∞ Thomas Moritz (Mauritz) Ratsherr

Gertraud Gericke
* um 1570 † 1620
∞ Ascanius Lutteroth Bürgermeister

Sophia Gericke
* um 1589 † nach 1656
∞ 1612 Georg Schmidt, Bürgermeister
3 Kinder

Otto von Guericke
* 1602 † 1686
Ingenieur, Ratsherr, Bürgermeister, Naturwissenschaftler
∞ I. 1626 Margarethe Alemann
∞ II. 1652 Dorothea Lentke
3 Kinder

Tafel II
Die Verflechtung Alemann – Gericke

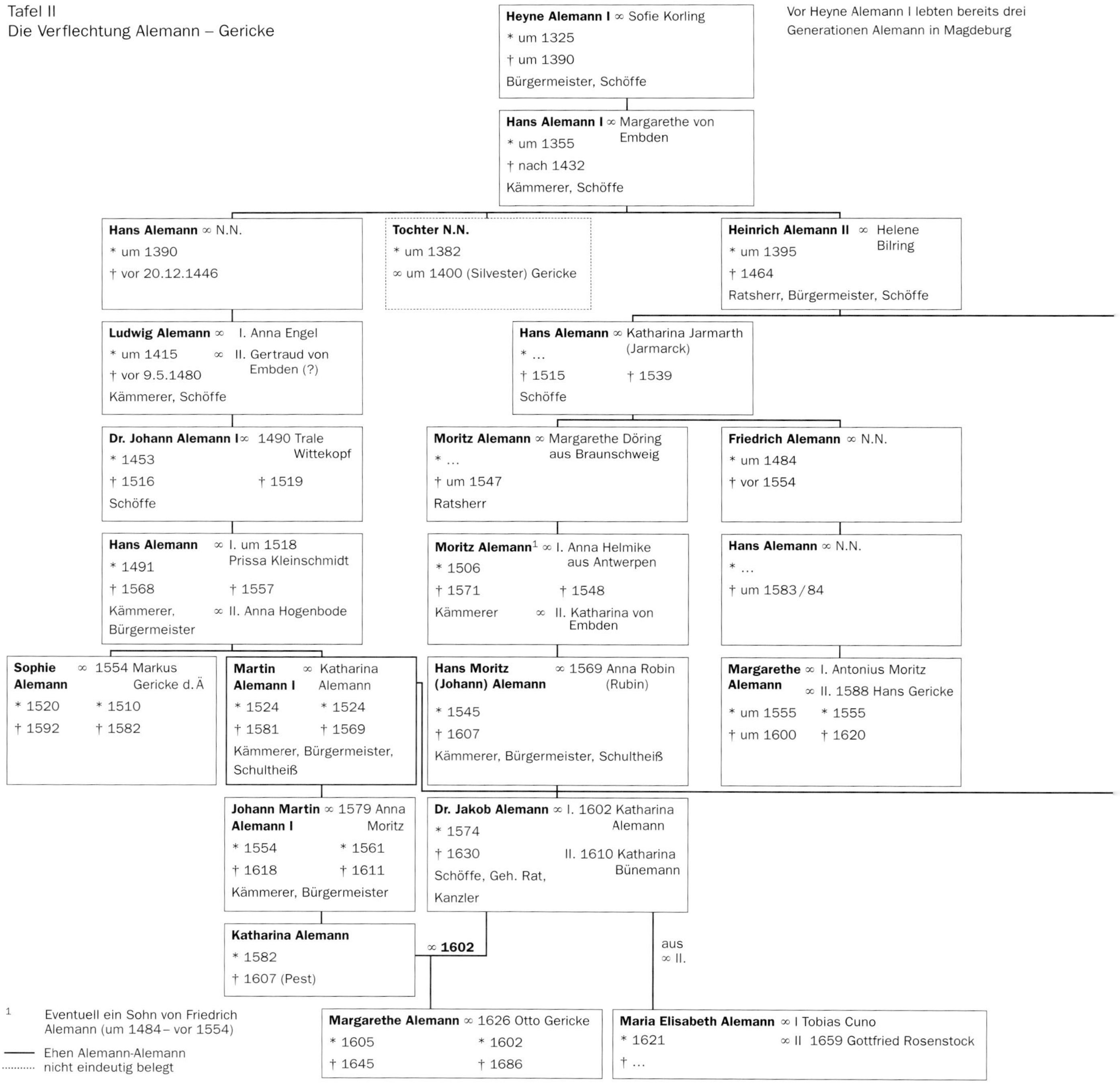

[1] Eventuell ein Sohn von Friedrich Alemann (um 1484 – vor 1554)

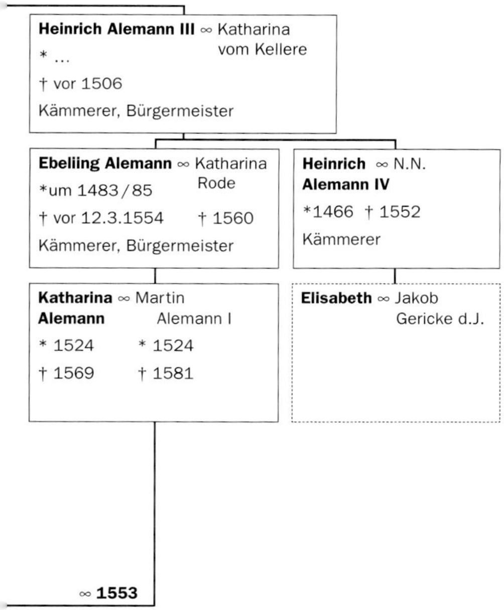

es Kühlewein, sich zu rehabilitieren und bald das Bürgermeisteramt wieder anzutreten. Er bekleidete es von 1638 bis zu seinem Tod.

Eine Schwägerschaft Guerickes läßt sich auch zu dem Bürgermeister Gottfried Rosenstock (um 1619–1677), einem gebürtigen Belziger, feststellen. Er war von 1653 bis 1661 Ratmann und von 1662 bis zu seinem Tod 1677 Bürgermeister. Gottfried Rosenstock veranlaßte 1648 die Anlegung des Kinderbuches der Brauer- und Bäckerinnung, um den Kindern der Innungsverwandten später ihre Rechte zu sichern. Er verfaßte ab 1652 die »Historischen Nachrichten« dieser Innung, legte Listen der Magdeburger Brau- und Backhäuser an und bearbeitete 1651 das Stättenbuch. Mit diesem versuchte er, sämtliche Häuser und Stätten Magdeburgs für die städtische Verwaltung zu erfassen (Neubauer 1931, S. XVIII). Am 28. Mai 1666 unterzeichnete er mit dem regierenden Bürgermeister Otto von Guericke und anderen städtischen Delegierten den Vertrag von Kloster Berge, durch den Magdeburg faktisch an Kurbrandenburg fiel. Die Verwandtschaft mit Guericke ergab sich aus seiner 1659 geschlossenen zweiten Ehe mit der Witwe des Magisters Tobias Cuno (1588–1657), Pfarrer an St. Petri und nach 1632 an St. Johannis. Dieser hatte die 1639 eingeführte neue Kirchenordnung mit unterzeichnet und viele Leichenpredigten verfaßt, so auch für den 1640 verstorbenen Bürgermeister Georg Schmidt und für Guerickes 1642 verstorbenen Stiefvater Christoph Schultze. Cunos Witwe war Maria Elisabeth geborene Alemann, eine Halbschwester von Otto von Guerickes erster Frau Margarethe Alemann und somit Ottos Schwägerin.

Zu erwähnen ist ferner die Schwägerschaft Otto von Guerickes mit dem Bürgermeister Wilhelm Dhuis. Dhuis wurde 1612 und 1615 zum Bürgermeister gewählt. Dessen Tochter aus erster Ehe war mit dem als »Verräter« verunglimpften Johann Alemann verehelicht. Die Verflechtung zwischen Dhuis und Otto von Guericke entstand aber auch dadurch, daß Dhuis in seiner zweiten Ehe eine Schwester von Ottos zweiter Schwiegermutter zur Frau hatte (Bötiger 1931/32, S. 72, 77).

Die Lentkes und Bünemanns

Seine zweite Ehe hatte Otto von Guericke, nunmehr als Bürgermeister der Alten Stadt Magdeburg, am 12. Mai 1652 mit Dorothea Lentke (1629–1687) geschlossen. Sie war eine Tochter von Stephan Lentke (1599–1684) und dessen Ehefrau Anna geb. Bünemann (1603–1679). Guerickes Schwiegervater, Erbherr zu Benneckenbeck und Rothensee, stammte aus einer alten Magdeburger Ratsfamilie. Die Lentkes gehörten im 16. und 17. Jahrhundert der Gewandschneiderinnung an und stellten der Stadt zahlreiche Ratsherren und ab 1601 auch Bürgermeister. So war der Vater von Ottos Schwiegervater von 1604 bis 1619 Ratskämmerer zu Magdeburg, während dessen Bruder Moritz (um 1570– nach 1632) in der Zeit von 1620 bis 1629 das Bürgermeisteramt in Magdeburg bekleidete. Ursprünglich Gewandschneider, war auch Guerickes

Schwiegervater 43 Jahre lang Bürgermeister der Altstadt Magdeburg. Er ist zu den größten Magdeburger Grundstückshändlern und -besitzern seiner Zeit zu zählen. Vor 1631 besaß er das Haus »Zum goldenen Tempel« am Breiten Weg 58. Nach der Zerstörung kaufte er zahlreiche Brandstätten, bebaute und veräußerte sie zum Teil wieder (Schultze 1893, S. 90 f. Schrader-Rottmers 1989, S. 44).

Das Verhältnis des Bürgermeisters Stephan Lentke zu seinem Schwiegersohn Otto von Guericke war getrübt, wie es in seinem 1684 aufgesetzten Testament zum Ausdruck kommt. Tochter Dorothea soll demzufolge bald nach ihrer Verheiratung der »rechten Vernunft« beraubt gewesen sein und erhielt von ihrem Vater »nicht daß geringste zu ihrer freiyen Disposition in die Hände« (zit. n. Schneider 1997, S. 139). Vom Erbteil durfte sie nichts auf ihren Ehemann Otto von Guericke oder dessen Sohn erster Ehe sowie dessen Kinder übertragen (Schneider 1997, S. 139).

Guerickes zweite Schwiegermutter war die Tochter des bedeutenden Magdeburger Großkaufmanns und späteren Ratskämmerers (ab 1615) Johann Bünemann (1550–1624). Ihre Schwester Katharina Bünemann (geb. 1590) hatte 1610 den Witwer Dr. jur. Jakob Alemann geheiratet. Johann Bünemann, der aus Calbe / Milde stammte, war 1567 in das Geschäft des Bürgermeisters Johann Martin Alemann I, des ersten Schwiegervaters von Dr. jur. Jakob Alemann, eingetreten und hatte es zu bedeutendem Wohlstand gebracht. Er starb 1624 (Bötiger 1931 / 32, S. 68).

Die obigen Ausführungen zeigen, daß Otto von Guerickes Familie sowohl in gerader Linie als auch in den Seitenlinien mit den führenden Magdeburger Ratsfamilien des 15. bis 17. Jahrhunderts verwoben war. Die über Jahrhunderte bestehende Verflechtung einzelner Familien basierte auf einem Heiratsverhalten, das die wirtschaftliche und soziale Stellung sicherte und dazu diente, sich gegenüber Andersgestellten zu distanzieren und eine gewisse Exklusivität zu wahren. Da finanzielle Unabhängigkeit und politische Stellung, Macht und Ansehen Hand in Hand gingen, galt es, durch Erbe und Mitgift unter sich zu bleiben und »rechtmäßige« Abstammung kundzutun. So entstand eine im doppelten Sinne des Wortes »Ratsverwandtschaft«, die sich aus kanonischen Gründen in eine weitverzweigte »Vetternwirtschaft« entfernten Grades fächerte. Sie basierte nicht nur auf unmittelbarer Verwandtschaft, sondern auch auf durch wohlüberlegte Eheschließungen entstandene zahlreiche Schwägerschaften und Verbindungen von Stiefkindern etcetera. Sowohl durch die väterlichen Ahnen Otto von Guerickes als auch durch die Vorfahren und Verwandten seiner beiden Ehefrauen lassen sich generationstiefe Verbindungen zwischen den wichtigsten Ratsfamilien und mit anderen Honoratioren Magdeburgs, wie Schöffen und Geistlichen, nachweisen. Auch nach Änderung der Magdeburger Ratsverfassung im Jahre 1630 sind enge Bindungen zu führenden Repräsentanten der Stadt feststellbar. Fast alle Bürgermeister des Zeitraums 1632 bis 1684 standen in einem mehr oder weniger engen verwandtschaftlichen Verhältnis zu Guericke beziehungsweise waren mit ihm verschwägert. Als Otto von Guericke 1646 Bürgermeister wurde, waren Stephan Lentke, Georg Kühlewein und David Brauns noch über Jahre Inhaber der anderen drei Bürgermeisterstellen. Auch in den sechziger und siebziger Jahren besetzten zwei Männer seines familiären Umkreises diese Ämter, Gottfried Rosenstock und noch immer Stephan Lentke. Inwieweit die verwandtschaftlichen Beziehungen Einfluß auf Entscheidungen in Otto von Guerickes Lebensweg und in seinem Handeln für die Stadt Magdeburg hatten, muß an anderer Stelle untersucht werden. Das gilt ebenso für die Vernetzung einzelner Familien auf wirtschaftlichem Gebiet.

Anmerkungen

1 Die Zahlen geben nicht die Personen, sondern die Ämterwahlen an.

2 Seit 1336 durfte kein Schöffe mehr im Rat sitzen, da sich die Kompetenzen von Ratmann und Schöffen getrennt hatten. Im 15. und 16. Jahrhundert zogen sich die verdienten Mitglieder des Rats häufig »auf das Altenteil der Schöppenbank, die größeres Ansehen gab« (Neubauer 1931, S. XXV), zurück.

3 Von dieser, nicht fehlerfreien Ahnentafel existieren heute im Stadtarchiv Magdeburg nur noch die äußeren Flügel. Der mittlere Teil ging 1945 verloren.

4 Sturms Sohn Joachim (um 1515–1578), ab 1567 Bürgermeister in Magdeburg, gehörte 1535 als Student in Wittenberg zu den täglichen Tischgästen Luthers. Vgl. Kramer 1952, S. 205.

5 Es war Heile/Helene, die älteste Tochter von Heinrich Alemann IV. Vgl. Kramer 1952, S. 37.

6 Vgl. Landeshauptarchiv Sachsen-Anhalt, Rep. D b Magdeburg a XVII Nr. 3, Bl. 231 (nach Mitteilung von Dr. Ilse Schossig, Magdeburg, 2001).

Weiterführende Literatur

Hammel-Kiesow 1998. – Leist 1939/41. – Schimank 1936. – Vincenti 1936b. – Guericke 1924. – Deutsches Geschlechterbuch Bd. 39, 1923. – Deneke 1911. – Neubauer 1907. – Neubauer 1889. – Magdeburger Ratsfamilien 1876. – Schöppenchronik 1869. – Janicke 1867. – Trost=Schrifft 1686. – Christliche LeichPredigt 1645. – Pomarius 1587.

Willem Otterspeer

Studium in Leiden

Die Vermessungs- und Fortifikationsausbildung zur Zeit Otto von Guerickes

Als Otto von Guericke sich zusammen mit Andreas Rudolphi aus Magdeburg in die Matrikel der Leidener Universität am 23. Juni 1623 eintragen ließ, war die holländische Universität eine bekannte Einrichtung in der Landschaft der europäischen Ausbildungsinstitute. Jährlich ließen sich fast 400 neue Studenten in der Stadt nieder und fanden in dem akademischen Viertel zwischen Petruskirche und Universitätsgebäude in Privatwohnungen oder Herbergen eine gastfreundliche, vielleicht auch eine ziemlich kostspielige Aufnahme. Ungefähr die Hälfte dieser neuen Studenten kam aus der Fremde, sehr viele aus den deutschen Ländern.

Der intellektuelle Erfolg der Leidener Universität gehörte zum ökonomischen Erfolg Hollands und dieser war wiederum die Folge der Verlagerung des wirtschaftlichen und kulturellen Gewichts vom Süden Europas hin zum Norden. Aber Holland spielte keinen passiven Part in dieser Entwicklung, sondern war ein aktiver Mitspieler, der durch seine Innovationen auf militärischem und wirtschaftlichem Gebiet eine weit wichtigere Stimme im europäischen Konzert erhielt, als es der Größe des Landes oder seiner Bevölkerung entsprach.

Dieser Erfindungsreichtum übertrug sich auch auf die Universität. Während Holland durch eine sonderbare Mischung aus Tatkraft und Kompromißbereitschaft, Aggressivität und Diplomatie mächtig geworden war, gelang es der Leidener Universität, sich durch Erneuerung und Eklektizismus, Disziplin und Toleranz eine gewisse Reputation zu erwerben, die sie mit klugen Werbeaktivitäten und strengen Prüfungsverfahren untermauerte.

Das Doppeltalent einer Universität

»Produktive Schizophrenie«, so könnte man den Charakter der Leidener Universität am besten umschreiben. Das scheint paradox, aber das war ihre Geschichte auch. Die Universität wurde 1575 gegründet, mitten im Aufstand Hollands gegen Spanien. In einer Zeit großer Umwälzung, in einem Staatsverband höchster Unsicherheit ergriff Wilhelm von Oranien, der Führer dieses Aufstands, persönlich die Initiative zur Gründung der Universität, damit das Land nicht nur ein Instrument der Regierung bekäme, sondern die Landeskinder auch die Möglichkeit hätten, sich in allen guten, ehrlichen und freien Künsten und Wissenschaften zu bilden.

In einer bemerkenswerten Rede 1592 erzählte Bonaventura Vulcanius, der erste Gräzist der Universität, wie Oranien, »ille inquam, quem Martem togatum merito nominaverimus«, ihn also, den wir zu Recht »Mars togata«, den gelehrten Kriegsgott nennen, in der Weisheit seiner Vorsorge eine Universität schuf, die wie eine Bastion gegen die verrohende Wirkung des Krieges war, »damit sein Batavenland nicht nur reich an Kraft war, die mit Kriegsgewalt das Land schützte, sondern auch an Beratung, die mit Weisheit das Land verwaltete« (Geurts und van Dorsten 1965, S. 408). Vulcanius sah den Verbund zwischen Gewalt und Weisheit, Krieg und Künste in Pallas Athene symbolisiert.

Diese Gestalt der Pallas Athene stand auch anderen Sprechern vor Augen, die sich in diesen frühen Jahren über die gesellschaftliche Rolle, die die Universität zu spielen hatte, äußerten. Sogar zu Beginn der Vorlesungen im Juli 1575 sagte der Theologe Ludovicus Capellus in seiner Einweihungsrede, daß die Leidener Universität eine Einrichtung sei, »wo man sich in der Wissenschaft im Hinblick auf den Kriegsbetrieb übte« (conjuncta cum belli negotiis). Wer sich darüber wunderte, wußte nicht, daß Pallas sogar in Waffenrock und Zivil dieselbe blieb, nämlich das Vorbild in Waffenführung und Gelehrtheit: »Certe is nescit eandem Pallada bellicam simul ac civilem esse, nescit eam armorum & studiorum vigilem esse praesulem.« (Meursius 1625).

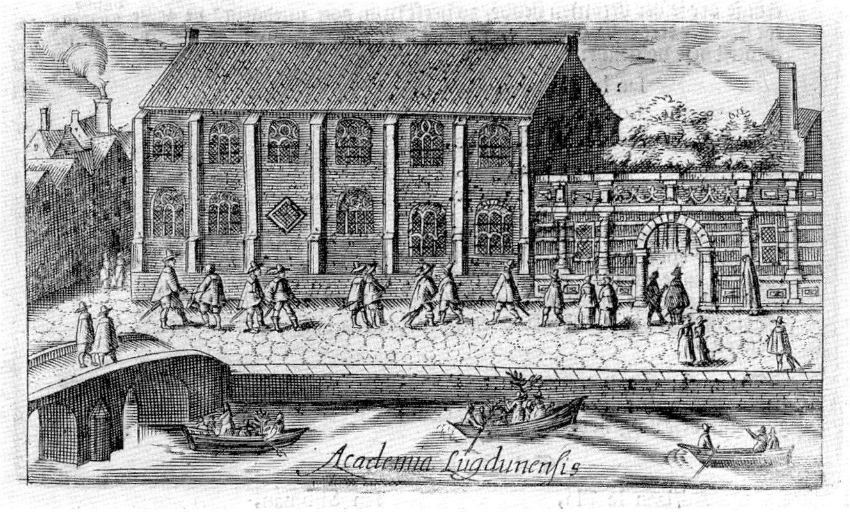

Abb. 1 Akademiegebäude der Universität Leiden, vgl. Kat. 38.

Die Universität (Abb. 1) nahm sogar diese Dualität in ihr Wappen auf. In dem ursprünglichen Vorschlag vom 20. Juli 1576 für ein solches Wappen war die Rede von einer bewaffneten Pallas mit einem Schild, eine »Pallas armata, scutum tenens« (Molhuysen 1913, S. 50). Die endgültige Ausführung zeigt eine Pallas in einer Mauerblende, umgeben mit den Wappen von Oranien, Holland und Leiden. Pallas ist gekleidet in Waffenrock, mit Helm und Kürass. Die linke Hand ruht auf dem Schild, die rechte hingegen hält ein Buch. Die Göttin ist in die Lektüre versunken, ihre Haltung ist aggressiv und meditativ zugleich.

Es ist ziemlich sicher, wer der Urheber dieser Idee war: der weitaus einflußreichste Mann der Universität, der erste Kurator, dem Oranien die tatsächliche Organisation der Universität anvertraut hatte, Janus Dousa. Dousa, ein hoher Edelmann aus der Gegend von Noordwijk, der in Louvain, Douai und Paris studiert hatte, ein neolateinischer Dichter, war aber auch jemand, der sich sehr verdient gemacht hatte beim Widerstand gegen die Spanier während ihrer Belagerung Leidens im Jahr 1574, und er war sogar selbst ein gelehrter Krieger. In ihm personifizierte sich die Einheit von Buch und Schwert, Toga und Waffen.

Das war immerhin das Bild, das seine Freunde von ihm zeichnen wollten. Der Kupferstich, den Cornelis Visscher von ihm machte, stellt ihn als Kriegsherrn dar, aber zugleich ruht seine Hand auf einem Buch, das sein Lebensmotto trägt: »Dulces ante omnes musae«, süß sind mir vor allem die Musen. Das Gedicht von Petrus Scriverius, das hinzugefügt ist, sagt: »Non solum dulces virtus Nordovicia Musas/Omnia sed Mavors qui sibi poscit habet.« Der mutige Herr von Noordwijk hatte nicht nur die sanften Musen an seiner Seite, er verfügte auch über alles, was dem Kriegsgott gehörte. Auch das »Album Amicorum Dousas« kennt mehrere Beiträge, in denen erwähnt wird, daß er »der gelehrteste Dichter unter den Edlen, der Edelste unter den Gelehrten« war, wie Georgius Benedicti es nennt. Richard Thomas hieß ihn mit Hilfe von Pacuvius »den Genius der Musen, den Schüler von Mars« (Heesakkers 2000, S. 403, 482, 515).

Und was in Dousa seine Verkörperung fand, bekam mit seinem bekanntesten Freund, Justus Lipsius, dem großen Philologen und ohne Zweifel dem wichtigsten Professor der Leidener Universität in den schwierigen ersten Jahren, seine theoretische Fundierung. Die Einheit von Theorie und Praxis, Dulden und Handeln, Weisheit und Kraft wurde von Lipsius sowohl für das persönliche (in seiner »De Constantia«) als auch für das öffentliche Leben (in seiner »Politica«) als psychologische und soziologische Notwendigkeit dargelegt.

Lipsius' einflußreichster Schüler war Moritz von Nassau, der Sohn Wilhelms von Oranien, der weitaus erfolgreichste Heerführer seiner Zeit. Die Heeresreform des Prinzen Moritz, mit ihrer stark betonten Disziplin, stand unter dem Einfluß der Ausführungen von Lipsius über die disciplina militaris. Einübung (exercitium) und Hierarchie (ordo), Zucht (coerctio) und Belobigung (exempla), die wirkungsvollen Bestandteile des Militärerfolges der Oranier, sind unmittelbar der theoretischen Einführungen von Lipsius über den »Militia Romana« entnommen.

Eine geschickte Berufungspolitik

Um der Universität Ansehen zu verleihen, Studenten anzuziehen und die ihr zugedachte Funktion erfüllen zu können, eine Pflanzstätte für Kirche und Staat, ein »Seminarium Ecclesiae et Reipublicae« zu sein, betrieben die Kuratoren der Universität, die Repräsentanten der Staaten von Holland, eine sehr geschickte Berufungspolitik. Diese Politik kannte drei Varianten. In der Überzeugung, daß die Kostenfrage vor dem Nutzen steht, wurde immer eine kleine Zahl von »honorarii« ernannt, außergewöhnliche Männer, die zu außergewöhnlichen Bedingungen nach Leiden gelockt wurden. Diese Politik begann bereits mit der Ernennung Lipsius'. Dousa rechnete es sich als seinen größten Verdienst an, daß die junge und unbedeutende Universität, »schola rudis novitiaque pulpita«, durch die Person Lipsius den ersten Ruhm erwarb. »Wir wissen wie klein und unangesehen die Universität in den Anfangsjahren war«, schrieben die Kuratoren Lipsius, als er 1591 fortging, »wie und durch wen sie seither gewachsen, sich vergrößert und ihr Wesen erhalten hat.« (Molhuysen 1913, S. 178).

Groß und angesehen sollte Lipsius die Universität machen. Und der Erfolg seiner Ernennung muß die Kuratoren nach der Abreise des großen Humanisten 1591 dazu gebracht haben, vergleichbare Anstrengungen zu unternehmen. Im selben Jahr bemühte man sich, Scaliger und Clusius anzuziehen, der eine ein großer Philologe und Historiker, der andere ein weit berühmter Botaniker. Und das Angebot, das man Lipsius unterbreitet hatte, um ihn an der Universität zu halten, nämlich, daß er ab sofort keine Vorlesungen zu halten brauche, wurde auch Scaliger und Clusius angetragen.

Beide bekamen ein Gehalt, das weitaus höher war als das, was die übrigen Professoren verdienten, und de facto waren sie auch keine Professoren. Wurde der Senat zum Beispiel für ein Begräbnis zusammengerufen, dann bekamen Scaliger und Clusius eine gesonderte Einladung. Zur üblichen Senatsversammlung kamen sie nicht, ihre Namen wurden nicht auf der »Series Lectionum«, der Liste der Professoren und deren Vorlesungen, erwähnt. Auf dem Porträt Scaligers steht nicht, daß er Professor war, sondern »decus academiae«, das Schmuckstück der Universität. Und das war er auch.

Auf der anderen Seite der Ernennungspolitik standen die Lektoren, junge Privatgelehrte meistens, ohne Gehalt. Sie erhielten nur die von den Studenten bezahlte Studiengebühr, und zwar für eine bestimmte Zeit und um Erfahrung zu sammeln, »experiundi causa«, und hatten die Erlaubnis, bestimmte Vorlesungen zu halten. Hin und wieder wurde sogar ein Wettkampf organisiert, ein Konkurrenzkampf zwischen zwei, drei oder sogar vier jungen Gelehrten, die ein halbes oder ein ganzes Jahr lehrten und sich so um einen Lehrstuhl bewarben. Man beabsichtigte auf diese kostengünstige Art und Weise, Studenten an die Universität zu binden.

Für »Mittelkader« galten wiederum ganz andere Voraussetzungen. Man versuchte Leute zu finden, die eine gute Ausbildung an mehreren Universitäten Europas mit langjähriger Praxiserfahrung kombinierten. In den ersten hundert Jahren der Universität hatten die Leidener Professoren in ihrer Studienzeit durchschnittlich fast drei Universitäten (um genau zu sein, 2,7) besucht und waren bis zu zehn Jahre in einem Beruf tätig, der fast immer mit ihrem Studium im Einklang stand. Für fast dreißig Prozent der Leidener Professoren galt auch, daß sie zuvor an einer anderen Universität gelehrt hatten.

Auf diese Weise wurde ein Gleichgewicht zwischen Theorie und Praxis garantiert. Aber nicht weniger wichtig war eine andere Art von Gleichgewicht, nämlich die zwischen den verschiedenen lebensanschaulichen, philosophischen oder wissenschaftlichen Strömungen der Zeit. Besonders in Theologie und Philosophie konnten dogmatische Streitigkeiten große Unruhen verursachen. Die weite oder enge Auslegung, diese oder jene Variante des Aristotelismus konnte die Gemüter heftig erregen. Durch die Präsenz verschiedener Richtungen versuchte man, der Debatte und universitären Diskussion die Schärfe zu nehmen.

Zugleich entsprach es den eklektischen Auffassungen der Zeit, den Wunsch nach einem Kompromiß mit dem Gedanken der wissenschaftlichen Vielfalt im Stundenplan zu verbinden. Diese Vielstimmigkeit gab es auch bei anderen Fakultäten, wo die verschiedenen »mores« des Jus – mos gallicus oder mos italicus – und der Medizin – Hippokratismus oder Galenismus – nebeneinander gelehrt wurden.

Die neuen Einrichtungen

Genau diese Vollständigkeit und Vielfalt strebten die Kuratoren auch in ihrem Bemühen an, die Universität mit attraktiven Einrichtungen zu bereichern. Im Jahr 1587 öffnete die Universität die erste »Bibliotheca Publica« in den nördlichen Niederlanden. Und obwohl die Öffnungszeiten vielleicht etwas anderes suggerieren – nur am Mittwoch und Sonnabend wurden die Tore geöffnet, von zwei bis vier Uhr – war die Bibliothek ständig zugänglich. Schlüssel und

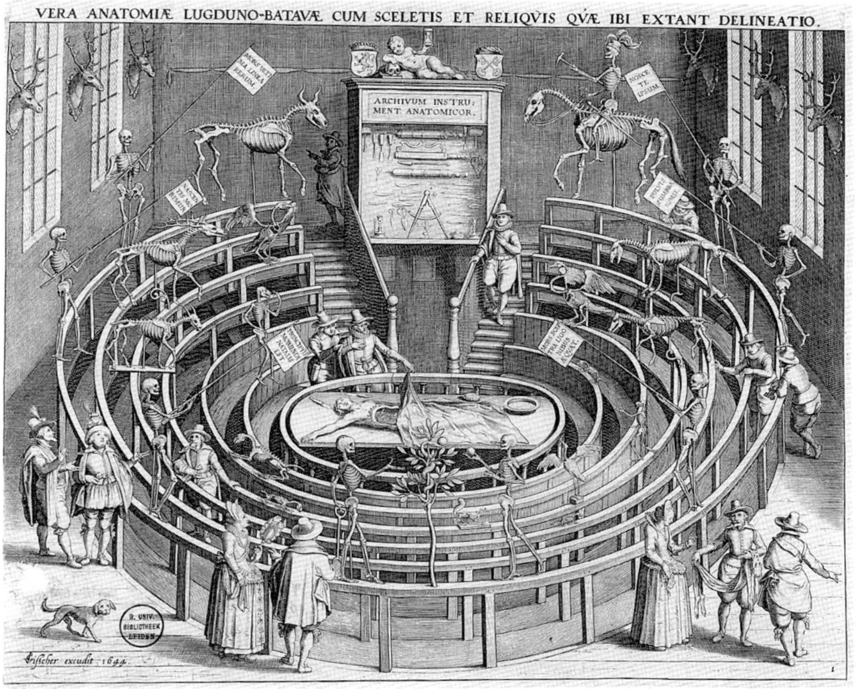

Abb. 2 Das anatomische Theater, Kupferstich 1619, vgl. Kat. 41.

Bücher wurden frei ausgeliehen, und Scaliger rühmte die Bibliothek nicht umsonst als »magna commoditas«, als eine großartige Gelegenheit, wo man nach Belieben studieren konnte.

Obwohl die Bibliothek von 1605 bis 1630, also zur Zeit Guerickes, offiziell geschlossen war – zu viele Leute bekamen einen Schlüssel, Bücher verschwanden –, war es immerhin möglich, mit Hilfe des Bibliothekars, Daniël Heinsius, Zugang zu bekommen. Die Bibliothek war ausdrücklich »im allgemeinen Interesse« gegründet worden, und ihre Benutzung setzte soziale Beziehungen voraus. Diese Beziehungen aus Gelehrten und Buchdruckern, Privatbibliotheken und Buchhandlungen verwandelten Leiden in eine große Leihbibliothek mit der Bibliotheca Publica im Mittelpunkt.

Nicht nur Bücher sammelte die Universität, auch Naturalia und Artefakte gehörten zum Instrumentarium des Unterrichts (Abb. 2). Die Seltenheiten oder Raritäten, aufgestellt im »Ambulacrum« des Hortus Botanicus oder in der Sommeraufstellung des Theatrum Anatomicum zog viele Neugierige aus dem In- und Ausland nach Leiden. Gerippe von Menschen und Tieren, Präparate und Instrumente, Samen und getrocknete Pflanzen, Exotika aus allen Teilen der Welt und eine große Kupferstichsammlung konnte man dort bewundern.

Dies alles diente der Gelehrtheit und dem Unterricht. Die Sammlung war ein Pendant zur Philologie und Philosophie. Sie versuchte, mit anderen Mitteln das klassische Altertum wiederherzustellen oder die Fülle des Daseins zu beschreiben. Zugleich hatte diese Sammlung einen moralischen Zweck: Sie war das Theater der Mannigfaltigkeit von Gottes Handeln mit der Menschheit. Pièce de résistance waren zwei Skelette (das eine mit Spaten, das andere mit Apfel) und ein Baum mit einer Schlange. Es spiegelte den Verlust der Unschuld, die Erkenntnis über Leben und Tod. Es war ein »anatomie moralisée«, ein Symbol der Vergänglichkeit.

Damit sind auch zwei andere Einrichtungen genannt, die eine große Anziehungskraft auf die internationale Studentenschaft ausübten, der Hortus Botanicus und das anatomische Theater. 1594 bekam die Universität einen Garten, der »die Förderung des Studium Medicinae« beabsichtigte. Von Anfang an aber war dieser Garten, von Carolus Clusius entworfen, nicht so sehr ein »hortus medicus«, sondern ein richtiger »hortus botanicus«. Nur ein Drittel der Pflanzen hatte medizinischen Charakter, und ein großer Teil war exotischer Herkunft. Die ersten Aufseher des Gartens pflegten intensive Kontakte mit den holländischen Handelsfirmen und bauten Gewächshäuser, in denen die nicht winterfesten Pflanzen aufbewahrt wurden.

Im Winter, wenn es stark fror, war das anatomische Theater die Bühne einer dramatischen Vorstellung. Für ein gemischtes Publikum – Behördenvertreter, Ärzte, Studenten, allgemein Interessierte – und mit wirkungsvollen Mitteln – Musik, Kerzen, duftenden Kräutern – wurde die Leiche eines hingerichteten Verbrechers autopsiert. Im kleinen Kreis wurde auch anderes Material seziert, Schafe und Kühe – alles, was vorhanden war, um die klassische medizinische Theorie illustrieren zu können.

1610 erschienen bei dem Leidener Herausgeber Andreas Cloucq Kupferstiche mit Darstellungen dieser universitären Einrichtungen. Der Stecher war Willem Swanenburgh, und er arbeitete nach Zeichnungen von Jan Cornelis van 't Woud. Die Bedeutung dieser Reihe von Stichen kann kaum überschätzt werden. Unzählige Male wurden sie kopiert, in verkleinertem Maßstab reproduziert oder in Büchern abgebildet. Hinsichtlich ihrer genauen Details und stolzen Wahrheitstreue waren sie in hohem Maße für das Bild bestimmend, das die Universität über sich selbst vermitteln wollte.

Van 't Woud fertigte vier Stiche an, und damit bildeten sie dieselbe Einheit wie die vier Lebenssäfte, die vier Temperamente, oder wie alles, was im Viertakt auftrat. Sie bildeten die sinnbildliche Einheit von Leben und Tod, von den Wörtern und den Dingen, von dem, was natürlich und was künstlich war. Die ersten drei kennen wir inzwischen, es sind die Bibliothek, der botanische Garten und das anatomische Theater. Aber auch die Fechtschule, der vierte Stich in der Reihe, gab das Thema von Leben und Tod, Kultur und Natur, Beherrschung und Gewalt, Zivilisation und Kampf auf prägnante Weise wieder.

Die Ingenieurschule

In den achtziger Jahren des sechzehnten Jahrhunderts mußte es bereits eine Fechtschule im früheren Barbarakloster, am ersten Standort der Universität, gegeben haben. Im Jahr 1594 erhielt Ludolph van Ceulen die Zustimmung, eine Fechtschule in der ehemalige Beguinenkirche zu führen (Abb. 3), wo sich bereits auch die Bibliothek und das anatomische Theater befanden. Auf dem erwähnten Stich ist zu sehen, wie die Studenten nicht nur den Fechtsport, sondern auch den weiteren Waffengebrauch erlernten. Ebenso wird verdeutlicht, warum es der Mathematiklehrer war, der Fechtunterricht gab. Mit Hilfe geometrischer Figuren auf dem Boden wurden die richtigen Positionen beim Fechten eingenommen, und man eignete sich die korrekte Haltung an.

Wie lange die Fechtschule dort bestanden hat, ist nicht bekannt. 1644 erhielt jedenfalls die wachsende englische Gemeinschaft den Teil der Beguinenkirche, »der zuvor als Fechtschule benutzt wurde«, so van Mieris, »und nun leer steht« (van Mieris 1762, S. 101).

Dennoch ist der symbolische Inhalt des Stichs mit der Fechtschule damit nicht erschöpft. Im Jahr 1600 erhielt der Fechtlehrer gemeinsam mit einem anderen Mathematiker den Auftrag, für die Ausbildung von Ingenieuren Vorlesungen in der Landessprache zu halten. Der Stich ist auch das Sinnbild dieser Einrichtung: die Ausbildung von Menschen in der Kunst des Krieges zur Bekräftigung des Friedens, die Schulung der Menschen in der Mathematik zur Beherrschung der Natur.

Mit diesem Auftrag entsteht innerhalb der Mauern der Universität Leiden eine vollkommen neue Einrichtung, ein Novum, nicht nur für die Niederlande, sondern für ganz Europa. Die Einrichtung sollte den Namen »Nederduytsche Mathematique« tragen und war tatsächlich von niemand Geringerem als von Prinz Moritz selbst ersonnen. Er hatte die Idee, er schlug Ludolph van Ceulen und Symon Fransz van Merwen als Dozenten vor, er ließ Simon Stevin Anweisungen erstellen. Der Prinz hatte bei den vielen Belagerungen von Städten in den vorhergehenden Jahren die Bedeutung der Militäringenieure erkannt. Der Mangel an solchen Menschen erforderte seiner Ansicht nach eine gute Ausbildung von Festungskonstrukteuren.

Der Mathematiker und Physiker Simon Stevin war der bekannteste unter den Gelehrten, die in der Reformationsära aus dem Süden in den Norden zuwanderten. Er wurde 1548 in Brügge geboren und ließ sich 1581, im Alter von 34 Jahren, in Leiden nieder, wo er sein weiteres Leben verbrachte. Stevin gehörte zu einer sehr einflußreichen Gruppe von Künstler-Ingenieuren und praktischen Wissenschaftlern, die sich nicht nur mit rein wissenschaftlichen Untersuchungen, sondern auch mit technischen Problemen beschäftigte. Stevin war, wie er selbst sagte, nicht nur Theoretiker (spieghelaer) sondern auch Praktiker (doender).

Seine umfangreiche Tätigkeit reichte von der Edition von Zinntafeln bis zu Schriften über Mathematik und aristotelische Syllogistik. Er publizierte über Astronomie, Geographie, Schiffahrtswesen, Baukunst, Musik und so weiter. Grundlegend waren seine Bücher über die Mechanik, die Grundsätze der Wägekunst und Hydrostatik. Er schrieb seine Werke in klarer, nüchterner Landessprache. Sein Buch über die Dezimalbruchrechnung, »De Thiende«, widmete er den »Astronomen, Landmessern, Tuchmessern, Weinmessern, Stereometern im allgemeinen, Münzmeistern und allen Kaufleuten«.

Ab 1593 war Stevin Lehrer und Berater im Dienst des jungen Statthalters Prinz Moritz, den er in Mathematik, Mechanik, Astronomie, Optik sowie in technischen Fächern wie Festungsbau unterrichtete. Es war also kein Wunder, daß Moritz diesen Mann beauftragte, Instruktionen für den Lehrbetrieb der »Nederduytschen Mathematique« aufzustellen. Sie sind eines der wichtigsten Dokumente der Geschichte dieser Einrichtung.

Als Unterrichtsfächer nannte Stevin, ohne eine Vorausbildung zu erwähnen, die Arithmetik und Vermessungskunde, aber »von allem gerade so viel, wie es zur direkten allgemeinen Ingenieurschaft erforderlich ist« (Molhuysen 1913, S. 389 ff.). Die Arithmetik hatte sich auf »die vier Arten« zu beschränken, das heißt Addieren und Subtrahieren, Multiplizieren und Dividieren, Radizieren mit ganzen Zahlen und mit Brüchen, Dezimalbrüche und quadratische Gleichungen. Die Landvermessung konnte sich auf die Geländeberechnung und das Zeichnen von Karten beschränken.

Auch der praktische Unterricht im Feld gehörte zum Programm. So kannte auch der Unterricht über Festungswerke einen theoretischen und einen praktischen Teil, nämlich das Zeichnen von Festungsplänen und das Arbeiten mit maßstabsgetreuen Bollwerk- und Schanzenmodellen aus Holz oder Ton. Die wirkliche Praxiserfahrung sammelte man natürlich im Sommer, im Heer zu Felde. Der Unterricht sollte in der niederländischen Sprache gegeben werden, und die Studenten mußten schwören, mit dem erworbenen Wissen niemals den Feind zu begünstigen.

Weitere Geschichte der »Nederduytschen Mathematique«

Die Wahl der ersten Professoren war gut getroffen. Ludolph van Ceulen (1540–1610) war ein in seiner Zeit berühmter Mathematik- und Fechtlehrer, der 1596 sein bekanntestes Buch »Van den Cirkel«, veröffentlichte. In diesem Werk näherte er sich der Zahl Pi bis auf zwanzig Dezimalstellen und beschrieb die regelmäßigen Vielecke in einem Kreis. Ein anderes Kapitel des Buches bestand aus »Tafeln für die Landvermesser«. Auch die Stadt und die Generalstaaten schätzten seine Dienste. Im Jahr 1598 wurde er in eine Kommission gewählt (unter anderen zusammen mit Snelius und Scaliger), die eine Methode für die Längenbestimmung auf See überprüfen sollte. Ein Jahr später beauftragte die Stadt ihn mit van Merwen und Dou, eine Steuertabelle zu erstellen.

DELINEATIO LVDI PVBLICI GLADIATORII VRBIS ET ACADEMIÆ LVGDVNENSIS APVD BATAVOS .

Abb. 3 Die Fechtschule in der ehemaligen Beguinenkirche, Kupferstich 1610, vgl. Kat. 42.

Der Mann, mit dem er die »Nederduytsche Mathematique« dozieren würde, Symon Fransz. van Merwen (1548–1610), war mehr ein Praktiker. Bereits 1575 hatte man ihn mit der Ausmessung des Rechtsbezirkes der Stadt Leiden beauftragt. Er bekleidete viele Ämter in der Stadt, sogar das des Schöffen und Bürgermeisters, war aber hauptsächlich Landvermesser und Erfinder, der für die Stadt Festungswerke baute, aber auch ein Patent für Pump- und Wassermühlen und Schöpfräder erwarb. Er war zudem »trésorier extra-ordinaris« der Stadt gewesen und hatte in dieser Funktion fast zehntausend Gulden unterschlagen. Das wurde zwar aufgedeckt, aber der Professor konnte sich mit der Stadt einigen.

Bereits ein halbes Jahr nach der Gründung der Schule, der man in der ehemalige Beguinenkirche einen Raum zur Verfügung gestellt hatte und die sich nicht der Wertschätzung der übrigen Professoren erfreuen durfte – bei einer Antrittsrede wurde abfällig über den Gebrauch der niederländischen Sprache gelacht –, fragten die beiden Professoren die Kuratoren, welche Zeugnisse sie den Studenten ausstellen konnten. Damit begann ein Kompetenzkampf zwischen Kuratoren und Bürgermeistern sowie dem Senat über das Zusprechungsrecht für Diplome. Letztendlich wurde dieser Streit mit einem Kompromiß beigelegt. Die Leitung erhielt der Bevollmächtigtenrat des Südviertels. Das Diplom sollte das »Kleins Siegel« der Generalstaaten von Holland tragen und sowohl beim Bevollmächtigtenrat als auch in den Memoranden des Hofes von Holland registriert werden.

Da diese Registrierung erst später für eine Schätzung der Anzahl Alumnen der Schule brauchbar ist, ist das beste Dokument, mit dem etwas über den Einfluß des Unterrichts der ersten Professoren ausgesagt werden kann, eine Bittschrift von zweiunddreißig Studenten zum Erwerb der Freistellungen des gewöhnlichen Studenten, die wahrscheinlich um 1610 eingereicht wurde. Dieses Dokument gibt einen detaillierten Einblick in den Stundenplan. Die Disziplin »Festungswerk« beispielsweise erforderte Einsicht in »Was Bollwerk mit seinem Vorderpunkt, Kehlpunkt, Hauptlinie, Kehllinie, Facen und Epaulen sind. Was Wall Brustwehre, Bank ist. Was Streichecke und Streichlinie sind. Was Gracht, Contrescarp en Faulcebray sind. Idem, wie ein Deich, Wall und Bollwerk gemessen und deren Inhalt in Schächten gefunden wird« (Molhuysen 1913, S. 391 f.).

Wichtiger aber ist möglicherweise die Tatsache, daß die meisten Unterzeichner auch ihren Beruf angeben. Unter ihnen befinden sich Landvermesser, Steinhauer, Zimmergesellen, ein Maurer, ein Schullehrer und fünf Studenten. Fünfzig Jahre später besuchte De Parival den Unterricht. Auch er sah »Maurer, Zimmerleute und ähnliche mehr, die dort zu diesem Zeitpunkt in großer Zahl anwesend waren, ohne Mantel, aber mit ihren Stöcken und Schürzen geschmückt, was sehr lustig anzusehen ist. Aber der Professor, der Deutschunterricht gibt, in seinem gewöhnlichen, stattlichen Professorstalar, beziehungsweise Frack (so wie alle anderen Lateinprofessoren auch) ist der hochgelehrte und weit bekannte D. Franciscus van Schooten.« (De Parival 1661, S. 188 f.)

Die Landvermessungsausbildung in der Einrichtung muß auch viel erfolgreicher gewesen sein als die Ausbildung zum Militäringenieur. Obwohl Maurits 1614 der Universität mit der Tatsache ein Kompliment aussprach, daß »verschiedene gute Ingenieure gekommen sind, die diesem Land gute Diente erwiesen haben« (Westra 1992, S. 89), kennen wir fast keine von Holland bezahlten Ingenieure im Dienst der Generalstaaten. Allerdings stammten von den 187 Personen, die der Hof von Holland in den Jahren zwischen 1602 und 1641 als Landvermesser zuließ, neunundsechzig aus der Ingenieurschule Leiden.

Unterricht zur Zeit Guerickes

1610 starben die beiden ersten Professoren der Ingenieurschule und im darauf folgenden Sommer wurde Frans van Schooten, ein Schüler seiner beiden Vorgänger, der in den Jahren 1606–1608 Hilfslehrer an der »Privatschule« von van Ceulen war, die Zustimmung gegeben, den Unterricht zu erteilen. Im Jahr 1615 wurde er offiziell zu ihrem Nachfolger ernannt, mit einem Jahresgehalt von 350 Gulden. Er unterrichtete das Fach bis zu seinem Tod im Jahr 1645. Angesichts der Tatsache, daß er in den Sommermonaten regelmäßig beim Heer verweilte, übernahm er auch die praktischen Übungen. In seinem theoretischen Unterricht benutzte er wahrscheinlich das Buch von Samuel Marolois »Fortification ou architecture militaire tant offensif que défensif«, von dem van Schooten eine der späteren Ausgaben verbesserte und ergänzte.

Die beste Veranschaulichung seines Unterrichts ist jedoch das Manuskript »Erarbeitete Vorschläge« aus der theoretischen und angewandten Geometrie, das etwa 1622 entstanden sein muß und das auf 225 Blättern und einer Vielzahl von Zeichnungen ein präzises Bild über den von ihm behandelten Lehrstoff vermittelt.

Die ausgiebige Illustration dieser Handschrift ist sogar das erste, was den Leser berührt. Es gibt mehr Zeichnungen als nötig, und die Zeichnungen selbst sind auch teilweise üppiger als erforderlich illustriert. Geometrische Figuren schmücken die ersten nichtgeometrischen Aufgaben, und mathematische Lehrsätze werden ebenso in Figuren umgesetzt. Zum Beispiel: Beim Ziehen der Quadratwurzel finden wir ein Quadrat, beim Kubikwurzelziehen einen Würfel.

Die Erklärung für diese reichhaltige Illustration liegt darin, wie Schiller darlegt, der dieses Manuskript gründlich studierte, daß die Mathematik nicht als Fach an sich, sondern als Einführung betrachtet wurde. »Die Illustrationen legten von Anfang an einen Verband zu den wesentlichen Gebieten der Duytschen Mathematique – Festungsbau und Landmessen.« (Schiller 1995, S. 37) Durch die Zeichnungen wurde der praktische Charakter der Ausbildung unterstrichen und den Studenten ein Einblick in ihre künftigen Arbeitsgebiete vermittelt.

Dennoch folgt das Manuskript getreu den Forderungen Simon Stevins. Der erste Teil, der der Mathematik gewidmet ist, beginnt mit dem Ziehen der Quadratwurzel und von Kubikwurzeln. Beide werden durch Lehrsätze und Zeichnungen erklärt, und anschließend stellt van Schooten einige Aufgaben. Auf die Grundrechenarten folgen Anwendungen der Bruchrechnung, dann die Grundlagen der Geometrie und geometrisches Zeichnen. Die Studenten lernen mit Hilfe von Lineal und Zirkel, wie sie die für Landmessen und Festungsbau wichtigen technischen Zeichnungen erstellen müssen.

Das eigentliche Landmessen beginnt mit der Berechnung einfacher und komplizierterer Flächen. Es geht hier um die Zerlegung von Flächen in Dreieck, Trapez und Parallelogramm. Darauf werden die Studenten in die Anwendung der Winkelfunktionen Sinus, Tangens und Sekante eingewiesen. Die Berechnung von Winkeln, Seitenlänge und Inhalt von Dreiecken wird behandelt, gefolgt durch die Berechnung von Kreisen und Kreisbögen, und von Strecken und Flächen ohne Zuhilfenahme der Winkelfunktion.

Dann folgt die Berechnung von Körpern. Dieses Thema bereitet die Studenten auf den Festungsbau vor. Dennoch werden auch Körper behandelt, welche für einen Festungsbaumeister von geringerem Interesse sind. Zu der Aufgabe eines Ingenieurs gehörte auch die Bestimmung des Inhaltes von Fässern und anderen Behältern. Diese Aufgaben waren also gleichfalls praxisbezogen. Zu den zu berechnenden Objekten gehören Deiche, Schornsteine und sogar die mittelalterliche »Burcht« im Zentrum Leidens. Die Berechnung des Inhaltes von Globen und Weinfässern schließt diesen Teil des Buches ab.

Auf Folio 133 r beginnt der zweite Teil, der Festungsbau. Zuerst wird definiert, was Festungsbau ist, und die Bestandteile einer Festung werden erklärt. Schiller weist eine bemerkenswerte Ähnlichkeit mit dem Buch Stevins »De Stercktebouwing« auf. So wird auf den Folia 137 v–138 r die Entwicklung der Bastion vom viereckigen Turm über die italienische Rundbastion bis zur spitzen Bastion dargestellt, die auch Stevin beschrieben hat.

Das Zeichnen von Festungswerken wird behandelt, das Vermessen von Festungen beschrieben, wobei sowohl das Vermessen von innen (als Verteidiger der Festung) als auch von außen (als Angreifer) zur Sprache kommt. Danach folgt die Lehre von den Formen der Festungen, erst die Grundformen der regelmäßigen, weiter der unregelmäßigen Festung. Anschließend werden dem Festungskrieg einige Seiten gewidmet. Das Buch schließt mit Berechnungen von Kosten, Material- und Arbeitskräftebedarf für den Bau von Festungen.

Am Ende kehren wir nochmals zu den Zeichnungen zurück, die besonders im Teil über die Vermessungskunde derart an Fülle gewinnen, daß sie die Rechenaufgaben in den Hintergrund rükken. Sie fügen nämlich dem scheinbar trockenen Zahlenmaterial eine Botschaft hinzu. Mit Kirchen und Türmen, Bergen und Wäldern, Bürgern und Bauern, Feldern und Vieh beschreiben sie die Identität des Friedens und die des Krieges mit Soldaten und Militäringenieuren.

Festungsbau nannte van Schooten »eine Kunstdisziplin, in der gelehrt und unterrichtet wurde, wie man alle Städte, Schlösser, Häuser und andere einzunehmende Plätze, gelegen an der Grenze eines Landes, vor der Invasion und Gewalt der Feinde mit Festungen umzingeln und sichern kann, und daß man so mit geringen Mitteln innerhalb dieser Festungen vor größerer äußerer Gewalt beständig ist, und auf all ihren Teilen jene entdecken und abwehren kann« (Schiller 1995, S. 44). Es wird zugleich vermittelt, wie man solche Plätze belagern und erobern sollte.

Arte et Marte

Es gibt eine Anekdote, in dem ein gewisser Jacob Maestertius, aus Dänemark stammend, arm und schäbig in Leiden ankommt, mit der einen Hand ein corpus juris umfassend, mit der anderen einen Degen. »Mit dem einen oder dem anderen werde ich die Kost verdienen« (Feenstra 1982, S. 299 f.), soll er gesagt haben. Die Reisechronik, der diese Anekdote entnommen wurde, enthält zu viele Ungenauigkeiten, um den Anspruch auf Zuverlässigkeit erheben zu können – Dänemark soll beispielsweise Dendermonde sein. Aber daß ist hier nicht so wichtig, denn die Geschichte über die zwei Möglichkeiten ist nämlich ein Topos, eine Konstante in der Literatur.

»Zwei Wege gibt es«, so ließ auch Cervantes seinen Don Quijote erklären, »die die Menschen beschreiten können, um reich und geehrt zu werden; der erste ist der der Bildung, der andere der der Waffen. Ich halte mich eher an die Waffen als an die Bildung und wurde meiner Neigung gemäß für die Waffen geboren unter dem Einfluß des Planeten Mars« (Buck 1992, S. 5). Es brachte ihm ein ruheloses Leben ein, bettelarm, aber heroisch und glanzvoll im Scheitern. Das Leben des Maestertius war weniger abenteuerlich, aber seine Wahl brachte ihm ein erfolgreiches Professorat, ja sogar den englischen Adelsstand.

Die Gegenüberstellung von »Waffen« und »Bildung« ist so alt wie die europäische Literatur. Sie wurzelt im Heldenideal, das seit Homer die Idealfigur des Helden durch die Verbindung von Tapferkeit und Weisheit, »fortitudo« und »sapientia«, kennzeichnet. Auch Plato erwartete vom idealen Herrscher außer der philosophischen Bildung Kriegstüchtigkeit. Am Anfang des 8. Buches der Politeia schreibt er, daß Könige im Staat diejenigen sein müssen, »die sich in der Philosophie und im Kriege am besten bewiesen haben« (Buck 1992, S. 6).

Dennoch war diese Einheit eher ideal als reell, eher fragil als der polaren Wirkung der Extreme gewachsen. Waffen und Bildung standen vielmehr in einem rivalisierenden Verhältnis, wie zum Beispiel Ciceros bekannter Halbvers »cedant arma togae« (weicht, Ihr Waffen, der Toga) verdeutlicht. Der Gegensatz arma–litterae festigte sich im Mittelalter, wo sich Ritter und Kleriker als verschiedene Standestypen gegenübertraten. Im Christentum wurde diese Polarität noch im Begriff der »Miles Christianus« und dem grundlegenden Dualismus zwischen dem »civitas Dei« und dem »civitas terrena« kompliziert.

Die Opposition von »Waffen« und »Bildung« wurde in einer Vielheit von Emblemata vorgestellt: Feder und Schwert, Waffen und Toga, Buch und Speer, Degen und Lorbeer, Leier und Trompete. Sie war verbunden mit einer ganzen Reihe von politischen und psychologischen Möglichkeiten: Krieg oder Frieden, Dulden oder Handeln, Keuschheit oder Promiskuität, Theorie oder Praxis, vita contemplativa oder vita activa. Es sind alles Varianten eines Dualismus, der die ganze abendländische Kultur durchzieht und der in der Universität, diesem Mikrokosmos menschlicher Existenz, prägnant zum Ausdruck kommt.

In seinem einflußreichsten Buch über die Politik »De politicorum sive civilis doctrinae«, schrieb Lipsius vor dem Hintergrund seiner jammervollen Zeit und auf der Basis stoischer Tugend einen Fürstenspiegel, in dem der Friede gesucht, aber der Krieg nicht gefürchtet wurde, in dem die Einigkeit angestrebt und dennoch die Strenge geübt werden soll. In dieser ausgewogenen Einheit von »prudentia togata« und »prudentia civilis« war Weisheit Voraussetzung, aber das handelnde Auftreten beabsichtigt. Sapientia war kein Zweck an sich, es ging um die Sorge um das Gemeinwohl, die »vitae factorumque cura«.

Auch Simon Stevin behandelte in seinem Buch »Vita politica. Het Burgherlick Leven« (Das Bürgerliche Leben) das Verhältnis zwischen Bürger und Staat. Er ging vom Bürger aus, betonte aber denselben Pragmatismus, der Anpassung an die bestehende Situation erforderte, ohne daß man die Richtschnur der Rechtschaffenheit aus dem Auge verlor. Konkreter als Lipsius, offenbar als Lösung für den Bürgerstreit in den Niederlanden beabsichtigt, beschrieb Stevin eine Lebenshaltung in einer Zeit unversöhnlicher Gegensätze zwischen Bürgern untereinander wie zwischen Bürgern und militärischer Behörde.

Otto von Guericke hat Magdeburg nicht nur als Festungs-, Brücken- und Stadtbaumeister gedient, sondern auch als Bürgermeister und Vertreter der Stadt auf Friedenskongressen. Nicht zuletzt seine Studienzeit in Leiden war ihm bei der Ausübung dieser Tätigkeiten von Vorteil.

Weiterführende Literatur

Stevin 2001. – Otterspeer 2000 a. – Otterspeer 2000 b. – Clotz 1998. – Schiller 1995. – Buck 1992. – Westra 1992. – van Winter 1988. – Oestreich 1982.

Uwe-Peter Böhm

Macht über den Raum

Festungswesen des 16. und 17. Jahrhunderts in Mitteleuropa

»Die Fortification ist eine kunst / welche lehret / wie man allerley örther woll bevestigen / und wenn sie feindtlich angegriffen werden / mit vortheyl verthedighen soll / … durch vollkömliche bevestigung der Städte und Pässe zu widerstehen / … Wodurch das feindliche außstreiffen verhindert … / und die menschen vor der unvermeidlichen darauff-erfolgenden plündern und eussersten armuth gesichert werden möchten / … denn wier sehen / daß allein durch gute bevestigung ein Fürst Herr seines landes / eine freye Republijcke ihre freyheit / und eine Provintz vor gäntzlicher ruin vergewissert / den menschen nicht nur gutte gelegenheit gegeben / geruhig und ungehindert in ihr zu wohnen / und den gewöhnlichen gewerb zu treiben / sondern auch besserer muth / sich zu beschirmen / beybracht wirdt …«

Adam Freitag, Leiden 1630

Zu Beginn der Neuzeit war Europa durch Auseinandersetzungen um die Erneuerung des sozialen Gefüges und um eine neue Machtverteilung gekennzeichnet. Man spricht vom Zeitalter der Staaten und nennt sie »Nationen« und war noch weit entfernt von dem inneren Konsens eines Staatsvolkes. Die Herrscher beschwörten alte und neue Modelle imperialer Macht. In diesem theatrum europaeum waren die großen Reiche alles andere als Komparsen. Schwere, bewaffnet ausgetragene Konflikte, massive Einbrüche der Bevölkerungszahl und eine Abfolge von wirtschaftlichen Krisenerscheinungen veränderten Strukturen und den Bestand von Städten und bäuerlichen Ansiedlungen in ganz Europa.

Zwei Jahrhunderte lang war der Raum nördlich der Alpen das Schlachtfeld europäischer Hegemonialkämpfe. Sie wurden bis zur Erschöpfung unter dem Leitbild des Glaubens und der Macht geführt, und sie banden politische, wirtschaftliche wie soziale Kräfte der sich neu formierenden Staaten. Sehenden Auges gingen die Menschen ins Unheil, aber sie redeten es auch herbei. Das 16. Jahrhundert sah noch die Durchsetzung der Reformation und das 18. Jahrhundert den Aufstieg Brandenburg-Preußens. Das 17. Jahrhundert aber wurde zum »dunklen Jahrhundert« der neueren deutschen Geschichte.

Spanien hatte sich die portugiesische Krone einverleibt (1580–1640) und präsentierte sich mit den Karrees seiner unbesiegbar scheinenden Infanterie, den »Tercios«, als stärkste und reichste christliche Macht. Seine Schiffe brachten ungeahnte Mengen Gold und Silber aus den amerikanischen Kolonien nach Spanien. Doch dieser Reichtum gab kaum Impulse für eine eigene wirtschaftliche Entwicklung und Herstellung von Waren. Man kaufte und konsumierte. Die Geldströme flossen nicht ins Reich zurück. Sie fanden ihren Weg in die schnell wachsenden Inlandsmärkte der Niederlande und Englands. Philipp II. wollte auch deshalb seine Kontrolle über die reichen Niederlande hinaus ausweiten und festigen. Ärmelkanal, England und Frankreich waren dabei deutliche Hindernisse. Philipps Traum von einem katholischen Imperium zerbrach letztlich am Widerstand der politischen und religiösen Kräfte der Niederlande. Seit 1568 befand sich Spanien im Krieg mit den niederländischen Provinzen. Das Militärgenie Moritz von Nassau-Oranien vertrieb die »spanischen Tercios« (Negrelli 1993, S. XXV) aus den neuen »Vereinigten Provinzen« mit schnellen, gut ausgebildeten und ausgerüsteten Freiwilligen-Einheiten. Spaniens Niedergang war bereits vorgezeichnet.

In Frankreich wurden in der Folge der Auseinandersetzungen zwischen der katholischen und von Spanien unterstützten »Guise« und den hugenottischen und von England unterstützten Bourbonen Gemetzel verübt (Bartolomäusnacht 1572), wurden Städte und Festungen belagert. Die lange Konfrontation der zwei europäischen Großmächte Spanien und Frankreich ging zu Ende, ohne daß jedoch zunächst ein Sieger genannt werden konnte.

Bald darauf verteidigte sich Frankreich gegen die Einkreisung durch die habsburgischen Staaten und umgekehrt, und seit den dreißiger Jahren des 17. Jahrhunderts begann Frankreich, in seinem hegemonialen Streben auch den Reichsverband zu bedrängen.

Die skandinavischen Staaten stritten sich um die Vorherrschaft über die Ostsee. Das lutherische Dänemark, zu dem auch Norwegen gehörte, Schweden und Rußland schauten nach Finnland. Polen annektierte Litauen und Livland mit Riga und verstärkte seine Expansionspolitik auch gegen Rußland und die Ukraine.

Der Höhepunkt des Konfliktes zwischen den europäischen Staaten, dem Kaiser und den Fürsten wurde mit dem Dreißigjährigen Krieg (1618–1648) erreicht, welcher den deutschen Raum in ein Schlachtfeld der Mächte verwandelte. Am Ende des Konfliktes stand die Neuordnung der Machtverhältnisse. Der Verlust der kaiserlichen Zentralmacht ging einher mit einer Konsolidierung der Machtposition der Fürsten und einer Machtzunahme Schwedens und Brandenburgs.

Für das islamische Reich der sunnittischen Osmanen im Osten gab es nicht nur die Feindschaft gegen die Christen. Es zeigte auch seinem islamischen Rivalen, dem schiitischen Reich der Perser, Grenzen auf. Sein Machtbereich reichte vom Balkan bis Mitteleuropa, und es beherrschte die Mittelmeerküste bis Algerien. Mit französischer Unterstützung versuchte es, seinen Einflußbereich nach Westen auszudehnen.

Bis zum Ausbruch der französischen Revolution wurde die große europäische Politik nun von der französisch-habsburgischen Rivalität geprägt, zum einen als Ludwig XIV. seinen Eroberungskrieg gegen Spanien, Holland und die Pfalz (1667–1697) führte, zum anderen durch den spanischen Erbfolgekrieg (1701–1714).

Dabei ist zu beobachten, daß die Kriegsphasen zeitlich mit den Planungen, dem Bau beziehungsweise dem Umbau von zahlreichen Befestigungen weitgehend übereinstimmen. Strategische Überlegungen, Beherrschung und Absicherung des Raumes, Sicherung von Grenzen und Territorien, sowie die Neuerungen in der Militärtechnik ließen ein »Zeitalter der Festungen« heraufziehen. Diente die spätmittelalterliche Burg und die Stadtumwallung noch dem Schutz der in ihr wohnenden Bevölkerung, so hatten die befestigten militärischen Großanlagen seit der frühen Neuzeit primär einen strategischen Zweck. Nur finanzstarke, mächtige Landesherren und unabhängige, reiche Städte konnten sich die Bau- und Betriebskosten leisten. Die Festungsstädte dienten als »unselbständige Elemente in Gesamtkonzeptionen von staatlicher beziehungsweise fürstlicher Herrschaft und Militärstrategie, sie dienten als Mittel und Objekte unmittelbar der Kriegführung« (Hohrath 1996, S. 310).

Abb. 1 Die Kunst des Festungsbaus von Adam Freitag, vgl. Kat. 55.

Die Zivilbevölkerung benötigte man nun als Dienstleistungsträger in der Festung, und nicht selten wurde die Anlage auf der »grünen Wiese« konzipiert und die Bevölkerung erst nachträglich in der Festung angesiedelt. Bernhard Sicken belegt an Beispielen, wie unter dem Fürstbischof Johann Philipp von Schönborn beim Umbau der Festungen von Würzburg und von Mainz dieselben Fachleute herangezogen wurden. Die Zahl der zum Schanzen notwendigen Arbeiter wird für Würzburg mit durchschnittlich 500 bis 600 Arbeitern angegeben, und für Schorndorf waren in der Bauphase des 16. Jahrhunderts in sechs Jahren 1800 Arbeiter (Schänzer, Bossler, Maurer, Steinmetze und Zimmerleute) ununterbrochen tätig (Zeyer 1983, S. 151).

Noch heute spiegeln die befestigten Städte und Plätze die Ansammlungen dieser architectura militaris in bestimmten Regionen, an den Küsten, Gebirgspässen und Flußläufen, wider. Aber auch in fruchtbaren Landschaften und in umkämpften Räumen, wie zum Beispiel in Italien, in den Niederlanden, am Rhein, in Polen und in Ungarn, sind die entscheidenden Punkte und Operationslinien der damaligen strategischen, territorialen, dynastischen und nationalen Kriegsunternehmungen im europäischen Raum noch sichtbar.

Das Erscheinungsbild der neuen Städte und Festungen folgte einerseits einem Konzept, das sich aus einer geometrisch-mathematischen Ordnung herleitete, und dieses wurde in den »Planstädten der Neuzeit« (Badisches Landesmuseum 1990) zum ästhetischen Prinzip erhoben. Andererseits hatte sich die Kriegskunst in Richtung Belagerungskrieg entwickelt, welcher den Festungsingenieur vor neue Herausforderungen stellte (Ennen 1983). Am Anfang des 16. Jahrhunderts stand die Einführung der Belagerungsartillerie bei den Feldheeren. Auf diese neue Waffengattung, auf die Geschütze, welche durch Schießpulver getriebene Kugeln verschossen und mobilen Einsatzkonzepten folgten, reagierten die Kriegsbaumeister mit innovativem Festungsbau. Aus Festungs- und Geschützbau waren jetzt gegenseitig eskalierende Techniken beziehungsweise Künste geworden. Jeder Entwicklungsschritt auf dem technisch-physikalisch-chemischen Gebiet der Feuerwaffen forderte eine zumindest gleichwertige, technische, baulich-architektonische Anstrengung im permanenten Fortifikationswesen. Dies blieb nicht ohne Einfluß auf Städteplanung und Befestigungswerke. Die Verbindung von Ästhetik und militärtechnischen Forderungen aber wurde in den Festungen durch das Können der beteiligten Ingenieure und Architekten bestimmt.

Strategische Forderungen, vereint mit den Prestigewünschen der Fürsten oder Stadtgewaltigen, trugen besonders im 17. Jahrhundert dazu bei, die Baupläne einer großen Anzahl befestigter Städte so zu beeinflussen, daß sie sich im Erscheinungsbild glichen. Die Struktur wurde ohne jegliche Rücksicht auf die Art des Ortes in der Absicht festgelegt, die Macht des Herrschers künstlerisch-architektonisch codiert darzulegen.

Schon im Jahre 1527 hatte Albrecht Dürer in seiner Festungslehre »Etliche underricht zu Befestigung der Statt, Schloß und Flecken« (Schott 1984, S. 30–40) in Übereinstimmung mit den neuen Verteidigungsanforderungen den Typ einer idealen Stadt mit futuristischer Ansicht, quadratischem Grundriß und einem Gürtel von runden Türmen (Basteien), die mit Kaponnieren (Grabenwehren) verbunden waren, entwickelt. Dieser Art der Zirkular-Befestigung in der Dürerschen Manier unterwarf sich auch die innere Ordnung der befestigten Stadtanlage, in dem der Platz von Schloß und Kirche, die sonstigen öffentlichen Gebäude, die Wohn- und Arbeitsquartiere einer vom Festungsplan abhängigen städtebaulichen Zuordnung folgten. Bei der Rondellierung, das heißt dem Aufbau von Geschützstellungen auf Plattformen über halbkreis- oder hufeisenförmigen Querschnitten, sprach Dürer von Basteien. Diese waren aus Steinen gemauerte Türme mit einer oberen, offenen Geschützplattform und oft einer darunter liegenden, kasemattierten inneren Feueretage. Sein System ging als »altdeutsche Manier« in die Geschichte des Festungsbaus ein. Die militärischen Vorteile dieses Modells waren jedoch bald überholt. Die innovative Idee zu einer befestigten Stadt mit Bastionen und polygonalem Grundriß sowie einem städtischen Komplex, welcher nach den militärischen Forderungen strukturiert war, stammte aus Italien (Abb. 2).

Bereits in der ersten Hälfte des 16. Jahrhunderts kam dieser neue Festungstyp über die Alpen. Italienische Architekten und Ingenieure beherrschten ab der Mitte des 16. Jahrhunderts die Festungsbaustellen in Europa. Die Anwesenheit der Italiener stimulierte den Ehrgeiz deutschsprachiger Architekten. So plante Daniel Specklin aus Straßburg in seiner »Architektura« (1589) Festungen mit sternförmigem Grundriß, die in ihren wesentlichen Grundzügen streng genommen den in Italien gebauten Festungen sehr ähnlich waren (Stober 1993). Sein veröffentlichter Idealvorschlag (Fischer 1996) zeigt die Theorie einer Festungs- und Stadtplanung mit dem Schwerpunkt auf der Verteidigung. Durch seine rechtwinkligen Bastionen übertraf Specklin sogar die italienischen Vorgänger (Ennen 1983) und sein Werk fand schnell Akzeptanz und Verbreitung. Neben der geometrischen Struktur waren es die Klarheit und die Anwendung der praktischen Aspekte, die für die geänderten Forderungen an befestigte Städte Lösungen anboten. Sein System ermöglichte die Beherrschung des Raumes vor der Festung (Glacis) »durch Feuerzusammenfassung vieler Verteidigungsgeschütze von Bastionen, Katzen und Kurtinen und eine gegenseitige Deckung der Bastionfacen und -flanken durch die Festungsartillerie« (Ennen 1983, S. 21). Näherte sich der Zeitgenosse aus großer Entfernung einer Festung zu Beginn des neuen Zeitalters, so erkannte er zunächst die mächtigen Erdwälle, die Bastionen verbindenden Kurtinen und polygonen Mauermassen der Befestigungswerke, welche die Stadt umgaben. Die Stadt selbst sah er noch nicht. Wegen der vorgeschriebenen geringen Dachhöhe verschwand die eigentliche Stadtsilhouette beinahe vollständig hinter den Befestigungsanlagen.

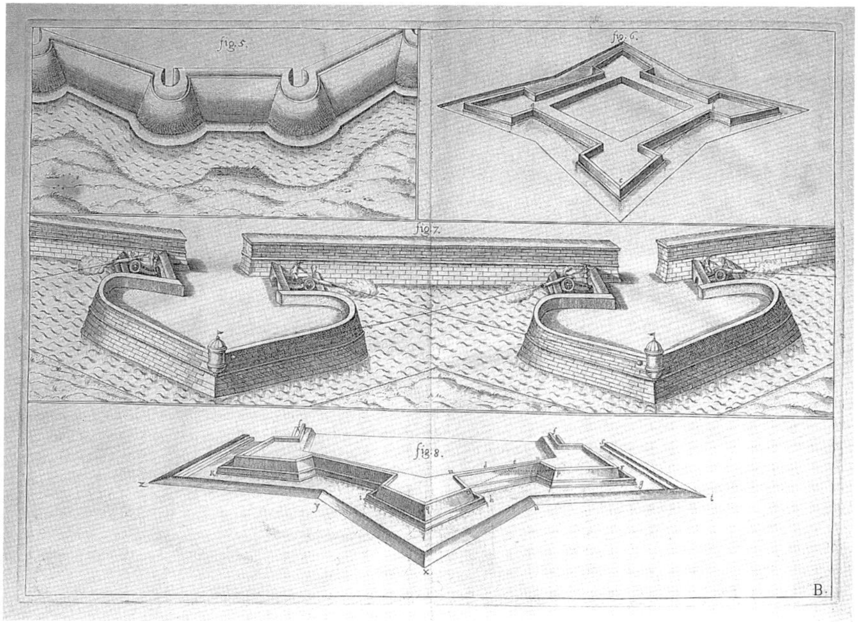

Abb. 2 Festungsentwicklung nach Adam Freitag, (vgl. auch Kat. 55).

Die Wahl des befestigten Ortes hing zweifellos auch von dem politischen Ziel ab, welches der Fürst oder die Stadt verfolgte. Grenzverteidigung oder der Festungsbau im Rahmen strategischer Überlegungen zur Sicherung und Beherrschung des Raumes bis hin zur Verwendung von befestigten Plätzen als geplante Ausgangspunkte zur Eroberung neuer Territorien bestimmten die Auswahlkriterien. Dabei standen Militär und Bürgerschaft in einem ständigen Spannungsfeld der Entscheidungen. In den großen alten Reichsstädten wurde die Fortifikation den neuen technischen Erfordernissen angepaßt. Die frühneuzeitlichen Festungsstädte aber waren oft Neugründungen. Doch auch in diesen Städten waren die Fürsten auf die Unterstützung der zu diesem Zweck neu angesiedelten Bürger angewiesen. Diese Neubürgerschaft war beim Bau und zur Hilfe bei militärischen Aufgaben sowie zur Sicherstellung der Versorgung der Truppen äußerst notwendig. Zwischen Militär und Neubürgerschaft gab es nur noch ein funktionales Bündnis, und man hatte deshalb zunehmend Mühe, die erforderliche Anzahl von Neubürgern unter den Bauern der Region zu finden. Auch Privilegienbriefe, in denen Glaubens- und Steuerfreiheit versprochen wurden, erfüllten nur unzureichend ihren Zweck.

Bei diesem Vorgehen war der Konflikt zwischen den Soldaten und neu angekommenen Bürgern bereits vorprogrammiert, und als Bestätigung dessen zogen es Flüchtlinge eher vor, in die leerstehenden Häuser der alten Städte einzuziehen, als sich in militärisch verwalteten Städten niederzulassen. Dies ist in der ersten Zeit von Neugründungen häufig geschehen. So war das Militär gezwungen, wegen der Anwesenheit der Zivilisten zwei Fronten zu überwachen: außerhalb der Mauern die gegnerischen Operationen und innerhalb der Festung die zivilen Bürger.

Das Straßennetz einer Gründerstadt wurde deshalb auch so angelegt, daß es vollständig vom Militär, welches im Gürtel und in der Zitadelle lagerte, zu überwachen war.

Entsprechend den politischen und wirtschaftlichen Einflußsphären der Großmächte erkennt man in den Gebieten nördlich der Alpen verschiedene große strategische Linien, entlang derer sich die befestigten Plätze zu einem kontinuierlichen Befestigungssystem ausbildeten.

Schon 1542 gab es entlang der heutigen französisch-belgischen Grenze eine Kette von neu erbauten befestigten Städten als Folge der bewaffneten Konflikte zwischen dem Haus Habsburg und Frankreich.

In diesem politischen Umfeld und auf der Grundlage des Entwicklungsstandes von Festungen entstand erstmalig die befestigte Stadt mit sternförmigem Grundriß. Da es sich dabei um militärische Niederlassungen handelte, wurden sie auch ausschließlich nach deren Anforderungen erbaut.

Im Zentrum der Stadt befand sich der Exerzierplatz, der an die Größe der Stadt angepaßt war. Kürzeste Wege zu den Einsatzpositionen bestimmten den Grundriß. Ein großer Verteidigungsgürtel, der in den folgenden Epochen erweitert wurde, umgab die Stadt, und reine Geometrie transportierte den Ausdruck von Macht.

Anfangs wurden die ältesten Gründungen, wie die Marienburg (1542 zu Ehren von Maria von Ungarn, der Schwester Karls V. und Statthalterin der Niederlande errichtet) und Villefranche-sur-Meuse (1545 durch Franz I. von Frankreich errichtet, entworfen durch den italienischen Architekten Girolamo Marini) noch nach einem quadratischen Grundriß gebaut. Doch durch die Bastionierung wandelte sich das Erscheinungsbild dieser Städte zum sternförmigen Polygon. Aber Philippeville, benannt nach Philipp II. (1556–1598) und im Jahre 1555 von Heinrich II. von Frankreich errichtet, ist hier eine Ausnahme. Rocroi, ebenfalls im Jahre 1555 von Maria von Ungarn in Auftrag gegeben, und Charlemont wurden schon nach den neuesten militärischen Festungsbaukonzepten gestaltet.

Die Festung mit fünf Bastionen umschließt nun eine Stadt mit radialem Grundriß, die so gebaut wurde, daß sie auch die Geländecharakteristika nutzte. Die entscheidende Weiterentwicklung erfuhr das Bastionärsystem im Verlauf der niederländischen Freiheitskriege ab 1573. Charleroi, eines der letzten Beispiele aus dieser Gruppe sternförmiger Städte, wurde 1666 durch sechs Bastionen von den Spaniern befestigt. Im Frieden von Aachen (1668) geriet Charleroi in französische Hände. Charleroi, Philippeville (1659) und Rocroi wurden durch den Marquis de Vauban entsprechend dem Fortschritt in der Entwicklung nach neuen Erkenntnissen umgebaut (Ennen 1987). In der zweiten Hälfte des 17. Jahrhunderts wurde der niederländische Festungsbau weitgehend vom Generalinspekteur des Festungswesens Baron Meno von Coehorn (1691–1704) geprägt.

Eine weitere strategische Linie war der Rhein zusammen mit seinen wichtigsten Nebenflüssen. Zur Verteidigung der Staatsgrenzen zog sich bald entlang des Oberrheins im Elsaß, Baden und den früheren österreichischen Ländern ein dichtes Netz von Festungen.

Die französische Ostgrenze wurde durch Sébastien Le Prestre de Vauban (1633–1707) mit Festungsbauten, die sich vom Oberrhein bis zur Maas ausdehnten, systematisch verstärkt. Im Rahmen der Eroberungspolitik von Ludwig XIV. kamen noch weitere Festungswerke hinzu, deren operative und logistische Strukturen besonders für offensive Operationen geeignet waren. Vauban entwickelte aufgrund seiner ausgezeichneten Kenntnis der militärtechnischen Literatur und seiner Fähigkeit, immer wieder im Detailstudium die Wirksamkeit von Artilleriewaffen zu überprüfen, verschiedene Modelle des Festungsbaus, die später unter den Bezeichnungen »Vaubans Erste bis Dritte Manier« (Schott 1984, S. 30–40) berühmt wurden. Im Verlauf der französischen Ostgrenze entstanden nach Plänen von Vauban die befestigten Städte Hüningen (1679–1681, Erste Manier), Neu-Breisach, Pfalzburg und Saarlouis. Charakte-

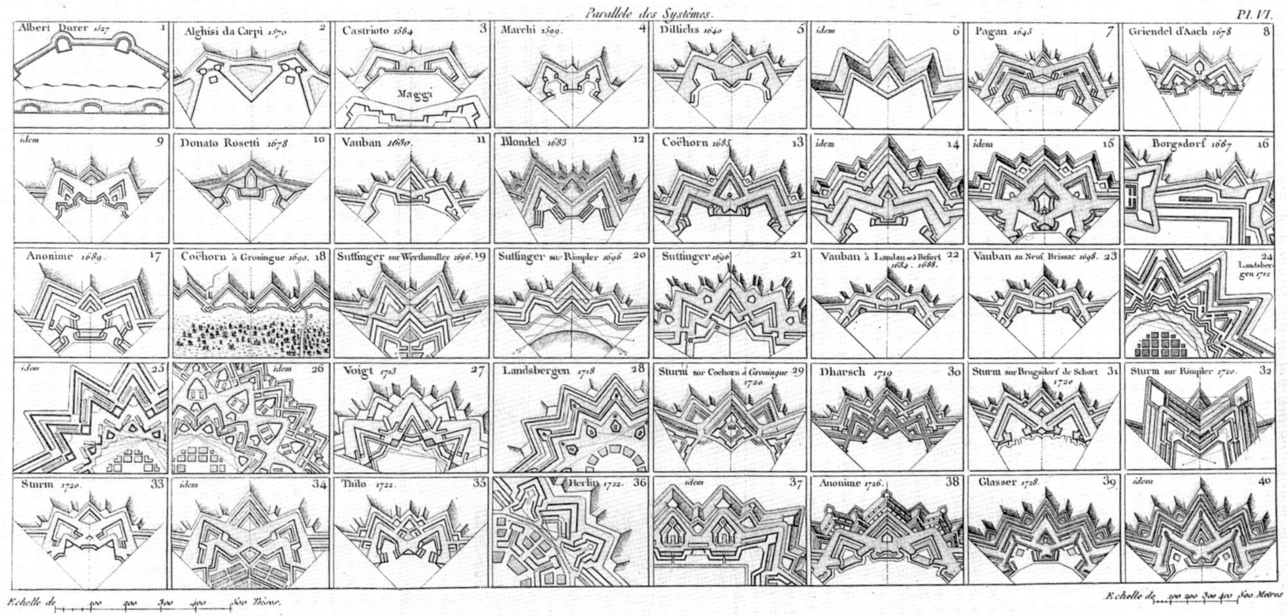

Abb.3 Die wichtigsten Festungsmanieren nach Charles François Mandar, 1801.

ristisch für diese neuen, von Vauban geplanten und befestigten Städte war der regelmäßige Grundriß mit großem Exerzierplatz im Zentrum. Seine strenge Geometrie der Grundrisse wurde einerseits von taktischen Überlegungen bestimmt, andererseits aber auch von der Forderung nach einer Trennung von militärischen und zivilen Wohnbezirken sowie öffentlichen Bauten.

Neu-Breisach ist wohl die bekannteste Festung, die Vauban in der Dritten Manier schuf und die man sich heute noch anschauen kann. Am Rheinübergang, der sowohl strategisch als auch wirtschaftlich bedeutend war, wurde der Bau dieser Stadt im Jahre 1698 an der gegenüberliegenden Rheinseite von Alt-Breisach begonnen. Die eigenen Erfahrungen aus Belagerungen anderer Festungen führten Vauban dazu, bei seinen Befestigungswerken innerhalb der bastionierten Fronten unabhängige, verteidigungsfähige Abschnitte zu bilden. Dazu trennte er die Bastion von der Kurtine (Hauptwall), baute hinter den Bastionen Türme und fügte zu deren Verstärkung noch eine Secondeflanke an (Schott 1984, S. 18–21). Dies war nichts Neues. Türme in dieser Anordnung wurden bereits 1584 bei den Italienern in ähnlicher Weise gebaut, und die Konstruktionselemente der dritten Manier haben große Ähnlichkeit mit Plänen von Specklin (auch Speckle), Pagan und italienischen Baumeistern.

Aufgrund der großen territorialen Zerstückelung hatten die deutschen Staaten nicht die Möglichkeit, ihre Grenzen systematisch zu befestigen. Dennoch wurden die großen Befestigungswerke Mannheim, Mainz und Ehrenbreitstein als Sperren gegenüber Frankreich gebaut. Kleinere neue Festungen entstanden in den strategisch und politisch wichtigsten Orten. So wurde zum Beispiel Rastatt in den Jahren 1698 bis 1700 in eine Residenz und Festung des Markgrafen Ludwig Wilhelm von Baden, der dem Kaiser treu ergeben war, umgebaut, nachdem die existierende Residenz in Baden-Baden durch französische Truppen zerstört worden war. Nach dem Tode des Markgrafen im Jahre 1707 wurde auch Rastatt von den Franzosen eingenommen, und die Befestigungsanlagen wurden kurz darauf geschleift.

Die Gründung der Festung Mannheim geschah zur Entlastung der holländischen Territorien, indem so größerer Druck auf die spanischen Versorgungswege ausgeübt werden konnte, die entlang des linken Rheinufers verliefen. Am Zusammenfluß von Neckar und Rhein entstand ab 1605 die Festung mit ihren Bastionen und mit einer Stadt, in der Handel und Handwerk aufblühen sollten, um die Festung zu bevölkern und Protestanten anzuziehen, die als Religionsflüchtlinge die Niederlande verließen. Natürlich kamen aus dem Kreis der Refugiérs auch Ideen, wie man eine Festung und eine Stadt erbauen sollte. So durch den Baumeister Bartel Janson, der selbst holländischer Herkunft war und vom pfälzischen Kurfürsten beauftragt wurde, die Planung durchzuführen. Die Festungsstruktur trennte sauber militärische und zivile Gebiete: jene mit einem Sterngrundriß mit sieben Zacken und diese mit idealer, rechteckiger Netzstruktur.

Die Festung wurde 1622 von Tilly eingenommen und weitgehend verwüstet. Nach dem Westfälischen Frieden (1648) erhob der Kurfürst von der Pfalz Mannheim zur Residenz. Um die Ansiedlung der Bevölkerung zu fördern, betrieb der Fürst eine Politik der Privilegiengewährung, die sich auf die Zusage von Glaubensfreiheit, von Steuerfreistellungen sowie von freier Berufsausübung für die neuen Bewohner stützte. Aber die Zeit reichte nicht aus, die Residenz fertigzustellen, bevor die Stadt im Pfälzer Erbfolgekrieg zerstört wurde. Erst im Jahre 1720, zur Zeit des jetzt katholischen Karl Philipp, wurde Mannheim endgültig Residenz des Kurfürsten von der Pfalz, und man konnte den weiteren Ausbau nach den alten Plänen verfolgen.

Der Hauptpunkt des Streites um die politische Macht in Nordeuropa war der Kampf um die Beherrschung des Baltikums. Diese Kräfte bestimmten die wirtschaftliche, ordnungspolitische und militärische Entwicklung des dänischen und des schwedischen Staates im 17. Jahrhundert, und diese Politik führte nicht nur zur Aufrüstung des Heeres, sondern auch zu einem neuen Verständnis im Städtebau. Die Hauptstädte wurden ausgebaut und befestigt, Städte mit alter Geschichte wurden umstrukturiert oder geschleift, während zahlreiche befestigte Städte neu errichtet wurden.

Die Erweiterung und die Systematisierung der Verteidigung der Grenzprovinzen, zusammen mit der Verbesserung der Infrastruktur zählen zu den wichtigsten Zielen, die durchgesetzt wurden. Eingebunden in die strategischen Pläne zur wirtschaftlichen Expansion standen in Dänemark und Schweden Neugründungen von Städten im Vordergrund.

Im Rahmen dieser Politik entstand im Jahre 1616 die Handelsstadt Glückstadt an der Elbe, zugleich Sitz der militärischen Führung und direkte Konkurrentin für Hamburg. Glückstadt erlangte einzig Bedeutung als befestigte Stadt, hatte jedoch zu keinem Zeitpunkt die wirtschaftlichen Erfolge von Hamburg aufzuweisen. In zeitlicher Übereinstimmung mit dem Ausbau von Glückstadt zur Handelsstadt führte auch Hamburg nicht nur eine Stadterweiterung, sondern auch die Modernisierung der Befestigung mit Bastionen durch (1616–1625). Interessanterweise verpflichteten neben der Hansestadt Hamburg auch andere Städte aus dem hansischen Raum wie Bremen, Braunschweig, Lüneburg, Lübeck und Magdeburg den erfahrenen Ingenieurkapitän Johan van Valckenburg für diese Arbeiten.

Gegen Ende der Regierungszeit von Christian IV. von Dänemark (1588–1648) übernahm nun Schweden die Vormachtstellung an und auf der Ostsee. Die Politik der schwedischen Urbanisierung veränderte den gesamten Küstenraum entlang der Ostsee. Mit enormem Aufwand wurden fast 30 neue Städte gegründet. Die Kernidee dieser Anstrengung war der Umbau der vorhandenen Städte und die Gründung neuer Städte mit dem Ziel, machtvolle Zentren militärischer Präsenz wie zum Beispiel Kalmar und Göteborg auf schwedischem Territorium gegenüber Helsinki, Stettin, Memel, Pillau und Reval zu schaffen.

Im andauernden Kriegszustand in Nordeuropa im 16. und 17. Jahrhundert verfolgten die Regierenden zwar eine Politik des langen Atems, in der Realität aber führte diese Strategie trotz moderner militärtechnischer Grundlagen und der Theorien der idealen, befestigten Stadt letztlich zum Zusammenbruch. Das Leben der Zivilbevölkerung faßte in der militärischen Umgebung nur langsam Fuß, und sobald die Bastionen geschleift waren und die Rahmenbedingungen, die zu ihrem Bau geführt hatten, nicht mehr bestanden, konnten sich wirtschaftlich funktionierende Kommunen nur unter schwierigen Verhältnissen entwickeln. Viele der befestigten Städte wurden schon kurz nach ihrer Gründung wieder verlassen.

Vergleichbar mit dem Festungsbau an der französischen Nord- und Ostgrenze sind die Anstrengungen zur Befestigung in Ungarn, die mit dem Ziel betrieben wurden, dem türkischen Vordringen nach Westen eine Barriere in den Weg zu stellen. Bis zum Ausbruch des Dreißigjährigen Krieges dauerte die Errichtung eines Verteidigungsgürtels mit einem immensen Bauvolumen (Kiss 1983). Und doch unterschied sich die raumschützende Strategie von der im westeuropäischem Raum. Ein System von modernen Festungen und befestigten Stützpunkten wurde durch die Einsatzbereitschaft einer militärisch organisierten Gesellschaft entlang der Grenze ergänzt. Dies war für Ungarn noch bezahlbar und hatte den Vorteil, auch die Zwischenräume von Festung zu Festung wirksam in die Raumverteidigung mit einbeziehen zu können. Ungarische Husaren von hoher taktischer und operationeller Mobilität und die Disziplin und Standhaftigkeit der kroatischen und ungarischen Soldaten in den Festungen brachten dieses System erst zum Erfolg. Zwölf große Festungen und über 100 befestigte Stützpunkte deckten einen Grenzraum von 850 Kilometer Länge und 50 Kilometer Tiefe (Kiss 1983). Die wirtschaftlichen Folgen des Dreißigjährigen Krieges hatten zu Soldproblemen (22000 Soldaten Festungsbesatzung) an der Grenze geführt, und erst die geplante dauerhafte Ansiedlung von Wehrbauern konnte diese Schwierigkeiten teilweise lösen. Die ungarischen Magnaten waren gezwungen, den regionalen Selbstschutz mit den von ihnen selbst finanzierten Haiducken und eigenen Husarenverbänden in Abstimmung mit dem königlichen Militär zu organisieren. Nur durch dieses soldfreie Aufgebot militärisch organisierter Bauerngesellschaft von Haiducken und Husaren war es möglich, den Befestigungsgürtel im 17. Jahrhundert zu halten. Im ständigen Kampf erprobt, wurde dieser Typus des leichten Kavalleristen Vorbild für fast alle europäischen Staaten im 18. Jahrhundert.

Als Fazit der Entwicklung des Festungswesens im 16./17. Jahrhundert im europäischen Raum bleibt die Beobachtung, daß sich die vielen Festungsingenieure und Autoren von theoretischen Abhandlungen über die architectura militaris wohl damit abfinden müssen, daß von ihren unzähligen Plänen, Visionen und Projekten zum optimal gesicherten Raum und zur befestigten Idealstadt nur wenig verwirklicht wurde (Abb. 3). Seit Einführung der Feuerwaffen hatte der Wettlauf zwischen Wirkung und Schutz zu immer neuen Formen der Befestigung geführt. Doch war nach langjähriger Planung der Bau endlich begonnen worden, war das ursprüngliche Schutzkonzept meist schon veraltet und gegenüber der Kampfwertsteigerung der Feuerwaffen bereits überholt. Darüber hinaus spielten die Wirtschaftskraft und Finanzlage der Auftraggeber vor dem Hintergrund sich ständig verändernder politischer Interessen und Kriegsziele eine entscheidende Rolle. So war der Festungsbau immer von einer Diskussion über die Bezahlbarkeit, Zweckmäßigkeit oder deren Notwendigkeit begleitet. Volker Schmidtchen, der Präsident der Gesellschaft für Festungsforschung e.V., fügt noch einen weiteren Aspekt hinzu: das Verhalten der Bewohner befestigter Plätze. Es gäbe von der Antike bis zur Neuzeit genügend Beispiele dafür, daß ein großer Teil der Stadtbewohner anläßlich einer äußeren Bedrohung durchaus der Ansicht war, eine Kapitulation noch vor der Belagerung bringe zwar neue Machthaber, verhindere aber personelle und materielle Verluste (Schmidtchen 1981). Ungeachtet dessen wurde die allgemeine europäische Geschichte des 17. Jahrhunderts durch die Festungs- und Belagerungsgeschichte mitgeprägt. Kleinere und größere Territorialfürsten wollten ihre eigene Festung haben. Würzburg und Mainz sind Beispiele dafür, wie auch ein Fürstbischof auf dieses Machtelement im Raum setzte. Aber auch die Freien Reichsstädte und Hansestädte verstärkten im 17. Jahrhundert ihre Bemühungen, die Befestigungen auf den neuesten Stand zu bringen.

Weiterführende Literatur

Sicken 1983.

Bernhard Mai

Die befestigte Stadt Magdeburg im 17. Jahrhundert

Von der frühneuzeitlichen Stadtbefestigung zur brandenburg-preußischen Festung

Die politische Situation im ausgehenden 16. und im 17. Jahrhundert

Magdeburg, am Mittellauf der Elbe gelegen, war ein wichtiges Zentrum an der Schnittlinie zwischen dem westlichen und dem östlichen Mitteleuropa. Es gehörte zu den Zentren des Heiligen Römischen Reiches und konnte hinsichtlich seiner Einwohnerzahl und der bebauten Stadtfläche mit Augsburg, Köln, Bremen, Hamburg, Breslau, Erfurt und Danzig im Königreich Polen verglichen werden.

Eine für die damalige Zeit moderne Verwaltung begann sich im Erzstift Magdeburg in der ersten Hälfte des 16. Jahrhunderts zwar herauszubilden, doch spielte die Landesverteidigung dabei keine nennenswerte Rolle. Während die Landesfürsten überall in Deutschland darangingen, die Befestigung ausgewählter Städte wieder zu übernehmen und sie zu Landesfestungen auszubauen, unterblieb das im Erzstift, auch wenn der Erzbischof 1478 die Stadt Halle (Saale) unterwarf und Ende des 15. Jahrhunderts mit der Moritzburg unmittelbar vor deren Mauern eine Landesfestung errichtete, die zugleich Residenzschloß war. Die Befestigungsanlagen Magdeburgs waren daher im Vergleich zu den nahegelegenen Landesfestungen in den Kurfürstentümern Sachsen und Brandenburg, wie Wittenberg und Spandau, zu Beginn des 17. Jahrhunderts veraltet. Der Wille, diese zu modernisieren und damit zu erweitern, scheiterte daran, daß Maßnahmen dieser Art der Zustimmung des Erzbischofs beziehungsweise später des Administrators des Erzstiftes bedurften und weil südlich und nördlich der Stadtmauern die Städte Sudenburg und Neustadt angrenzten.

Die Eingliederung der 1631 zerstörten und wirtschaftlich geschwächten Stadt Magdeburg in den brandenburg-preußischen Staat 1680 bedeutete das Ende der mittelalterlichen Stadtentwicklung. Auf Veranlassung des neuen Landesherrn, des Großen Kurfürsten Friedrich Wilhelm (1620/1640–1688), wurde Magdeburg wie andere bedeutende Städte nunmehr ebenfalls zur Landesfestung ausgebaut.

Die städtebauliche Situation

Die Magdeburger Innenstadt liegt auf einem Felsplateau, das zur Elbe hin um zirka zehn Meter abbricht. Vor dem Abbruchrand liegt das acht bis zehn Kilometer breite, von der Elbe und ihren Altarmen durchzogene Elbtal.

Die Elbe bildet innerhalb des Stadtgebietes ein Binnendelta, das heute noch von den beiden Hauptarmen der Strom- und Alten Elbe durchflossen wird. Die Elbe überquert hier drei Felsbarrieren, von denen die bedeutendste der Domfelsen ist. In Magdeburg führte seit dem Hochmittelalter ein Brückenzug über die Elbarme. Der etwa zehn Kilometer lange Elbbrückenzug des 17. Jahrhunderts, der Klusdamm, wurde im Dreißigjährigen Krieg erheblich in Mitleidenschaft gezogen. Die Elbbrücken und der Klusdamm wurden unmittelbar nach dem Dreißigjährigen Krieg wiederhergestellt. Eine massive Bogenbrücke, die Klusbrücke über die Ehle zwischen Pechau und Wahlitz, hat sich bis heute erhalten.

Eine einheitliche Stadtummauerung bestand in Magdeburg bereits im 12. Jahrhundert. Im 13. Jahrhundert wurde diese im Zusammenhang mit einer Stadterweiterung im Westen und Norden durch eine nach außen verlegte Befestigung erneuert. Eine modernere, weiter nach außen verlegte Mauer ersetzte in den sechziger Jahren des 15. Jahrhunderts die nördliche Stadtmauer. Im ausgehenden Mittelalter verfügte Magdeburg über eine ummauerte Stadtfläche von 120 Hektar. Diese Flächenausdehnung blieb, von den Aufschüttungen am Elbufer im südlichen Altstadtbereich für den Bau des Bahnhofs Magdeburg um 1840 abgesehen, bis um 1870 unverändert.

Spätestens seit dem beginnenden Hochmittelalter war Magdeburg eine Stadtagglomeration. Auf den Stadtdarstellungen des 16. Jahrhunderts wird Magdeburg als »Dreier-Stadt« abgebildet (Abb. 1). Als selbständige, dem Erzbischof unterstellte Landstädte lagen südlich Sudenburg und nördlich Neustadt. Neustadt war mit etwa der doppelten Einwohnerzahl die bedeutendere der beiden Landstädte.

Die Magdeburg unmittelbar vorgelagerten Städte beeinträchtigten seit dem 16. Jahrhundert auch seine Verteidigungskraft. Eine Ausweitung der Werke konnte im Süden und Norden nur auf Kosten beider Städte gelingen. Konflikte waren vorprogrammiert. Im Kriegsfall wurden diese jeweils eigenständig befestigten Städte zerstört. Somit befand sich Magdeburg im Verteidigungsfall über 300 Jahre hinweg immer im Konflikt mit beiden Städten, deren Bürger wiederholt im Belagerungsfall um ihr Eigentum gebracht wurden.

Während Neustadt seit dem Mittelalter über eine Stadtmauer verfügte und es bis ins 18. Jahrhundert hinein Erwägungen gab, sie in die Umwallung Magdeburgs einzubeziehen, hatte Sudenburg im wesentlichen nur Erdbefestigungen aufzuweisen, was für kleine, unbedeutendere Städte nicht außergewöhnlich war. So dehnten sich seit dem 15. Jahrhundert die Befestigungswerke Magdeburgs schrittweise zu Lasten von Sudenburg und Neustadt aus, bis diese auf Anordnung Napoleons 1812/13 einer Glacisverlegung endgültig zum Opfer fielen und als mittelalterlich angelegte Städte ausgelöscht wurden.

Magdeburg hatte in den ersten Jahrzehnten des 17. Jahrhunderts bis zu seiner Zerstörung von 1631 zwischen 20000 und 25000 Einwohner. Zählt man Neustadt und Sudenburg hinzu, so darf eine Gesamteinwohnerzahl von über 30000 Einwohnern angenommen werden. Die bebaute Fläche der drei Städte überstieg 200 Hektar. Die Einwohnerdichte mit zirka 200 Einwohnern pro Hektar war im Vergleich zu anderen mittelalterlichen Städten hoch.

Die Stadtbefestigung

Die Entwicklung der Magdeburger Stadtbefestigung war wie überall durch die Wechselwirkung von fortschreitender militärischer Bedrohung und entsprechender baulicher Reaktion bei der Ausbildung der Befestigungsanlagen geprägt. Einerseits wurde ihr Ausbau unmittelbar vor einer akuten Bedrohung beschleunigt, Beispiele sind die Belagerungen der Stadt 1550/51 und im Dreißigjährigen Krieg, und andererseits gehemmt durch die Weigerung des Landesherrn, einem Ausbau der Werke zuzustimmen.

Das Befestigungssystem zu Beginn des 17. Jahrhunderts war das Ergebnis des seit dem 10. Jahrhundert praktizierten Prinzips, zu den bereits vorhandenen Anlagen neue hinzuzufügen, insofern keine Stadterweiterung erfolgte. Den Anlagen wurden feldseitig neue vorgelegt, die nach und nach breiter wurden. Von anfänglich zehn und mehr Meter Breite entwickelten sie sich oft zu mehrere hundert Meter breiten Festungswerken.

Die aus dem 10. bis zum frühen 14. Jahrhundert stammenden Stadtmauern und ihre Türme waren auch in Magdeburg den Feuerwaffen nicht gewachsen. Wenn im 15. Jahrhundert noch weitgehend Steinkugeln zum Einsatz kamen, waren es bald darauf die wirksameren Eisenkugeln und Brandgeschosse. Das bedeutete, daß die Dächer der Wehranlagen feuerfest zu sein hatten. Hinzu kam, daß die Wehrtürme sich nicht für das Aufstellen von Geschützen eigneten. Selbst wenn das möglich war, lockerte sich das Mauerwerksgefüge durch die beim Abfeuern der Geschütze freigesetzten Kräfte. Auch die Stadtmauern erwiesen sich als viel zu schmal für Geschütze. Daher wurde eine zweite niedrigere Mauer davorgesetzt, wenn die Stadt wirtschaftlich dazu in der Lage

Abb. 1 Magdeburg mit Neustadt und Sudenburg, kolorierter Kupferstich von Franz Hogenberg, 1572.

war. Zwischen beiden Mauern, dem Zwinger, konnten nunmehr Geschütze stationiert werden. Der militärtechnische Fortschritt erforderte eine ständige Vervollkommnung der Verteidigungswerke. Das kostete erhebliche finanzielle Mittel.

Magdeburg, eine mittelalterliche Großstadt in herausragender strategischer Lage, befand sich in einem Dilemma: Wollte sie ihre Unabhängigkeit behaupten, hatte sie ihre Werke zu modernisieren, was sie aber nicht ohne weiteres durfte. Neben der rechtlichen Zustimmung durch den Landesherrn war das eben nur auf Kosten der vorgelagerten Landstädte Sudenburg und Neustadt möglich. Die Sudenburger Stadtbefestigung taugte zu keiner ernsthaften Verteidigung, während die Neustädter der Zeit vor der Erfindung der Feuerwaffen entsprach. Eine Verstärkung der Neustädter Stadtbefestigung wurde wiederholt geplant.

Bei der Errichtung einer zweiten Mauer zum Bau eines Zwingers mit davorliegendem Wasser- oder Trockengraben konzentrierte man sich auch in Magdeburg im ausgehenden 15. und beginnenden 16. Jahrhundert auf die Neuanlage von Stadttoren und die Schaffung zusätzlicher Verteidigungswerke. Besonders gefährdete Stellen und Winkel der Stadtbefestigung wurden durch Rondells gesichert. Diese aus den Mauerlinien hervorspringenden halbrunden oder polygonal gebrochenen Erdbauwerke, die mit Kasematten versehen sein konnten, verfügten jeweils über eine Geschützplattform. Meistens mehrstöckig – in Magdeburg in zwei Etagen angelegt – verfügten sie über Brustwehren, die als krenellierte Mauern ausgeführt sein konnten. Im Kriegsfall konnten die Geschütze gegen Seitenfeuer zusätzlich durch Schanzkörbe geschützt werden. Damit folgte Magdeburg der allgemeinen Entwicklung dieser Zeit.

Die Errichtung eines Zwingers und die Anlage eines wassergefüllten Grabens bedeutete, daß in Magdeburg nunmehr die Stadtbefestigung in den Abschnitten zwischen den Rondells eine mittlere Breite von 50 Metern erreichte. Die im Grundriß halbkreisförmigen und in die neue Zwingermauer eingelassenen Wehrtürme, die Zelt- oder Walmdächer hatten, verfügten über einen Radius von rund zehn Metern. Nachdem bereits in den sechziger Jahren des 15. Jahrhunderts die nördliche Stadtmauer durch eine weitere nach außen gerückte Mauer ersetzt worden war, wurde nun auch die Elbfront durchgängig befestigt. Der Uferabschnitt zwischen Strombrücke und Nordostecke der Altstadt wurde mit Bollwerken und Rondells und weiteren massiven Befestigungen versehen. An das nördliche Rondell, das Neue Werk, erinnert noch die Lukasklause und ihre unmittelbare Umgebung.

Das in der Mitte des 16. Jahrhunderts hochmoderne Rondell Heydeck, das auch noch bei der Verteidigung der Stadt im Dreißigjährigen Krieg einen Eckpfeiler bildete, wurde damals viel beachtet. Dieses pyramidenstumpfartige, schätzungsweise 20 Meter über die Grabensole sich erhebende Bauwerk, verfügte laut Stadtplan von Guericke von 1632 über Kasematten. Es wurde im Zusammenhang mit der Belagerung von 1550 gebaut.

Die hier aufgezeigte und durch die Feuerwaffen bedingte Entwicklung der Magdeburger Stadtbefestigung verdeutlicht auch der Stadtplan Otto von Guerickes. Als innerste Linie kennzeichnet ein Doppelstrich die mittelalterliche Stadtmauer. Ihr sind relativ kleine, im Grundriß rechteckige »Thürme an der StadMauer« vorgesetzt. Der mehr oder minder breite Zwinger wird als »Wall« bezeichnet. Mit halbkreis- oder hufeisenförmigen Grundrissen unterschiedlicher Größe werden die »grossen Thürme im Stadgraben stehend« hervorgehoben. Nach außen hin wird die Stadt vom »Bolwergk hinter dem Dom« (Prälatenberg) bis zum »neun Bolwergk bei der Neustadt« (Lukasklause) mit dem durchgehenden »Stadgraben« begrenzt. Das Elbufer ist zusätzlich durch »das Fischer Bolwergk« und »das Bolwergk beym Brücktor« verstärkt. Die im Dreißigjährigen Krieg ausgeführten Ravelins und Hornwerke zur Verteidigung der Tore sowie die Verstärkung der an der Elbe gelegenen Bollwerke sind im Plan Guerickes gleichfalls eingezeichnet.

Die Stadttore, Schwachpunkte in der Befestigung, wurden wie das Sudenburger Tor 1524 zum Teil neu errichtet und zu ihrer Verteidigung mit Geschütztürmen versehen. Die Geschütztürme, von denen sich keiner in Magdeburg erhalten hat, ermöglichten es, aus dem Erdgeschoß heraus den Graben zu bestreichen. Aus den höher gelegenen Stockwerken heraus wurde die Annäherung der Belagerer bekämpft. Während der Flächenbedarf für die Wehrbauten sich vergrößerte, wurden sie immer niedriger, um dem direkten Beschuß feindlicher Artillerie mehr und mehr entzogen zu sein.

In der Mitte des 16. Jahrhunderts war es üblich geworden, daß bedeutende Städte detaillierte Stiche in Auftrag gaben, wie zum Beispiel Breslau, Rostock oder Görlitz, um somit ihren Wohlstand und ihre Bedeutung zu demonstrieren. Mit dem Magdeburger Plan von Rentz liegt ein ganz besonderes Zeugnis aus dieser Zeit vor. Detailgetreu wird die Verteidigung und der »Belagerungsalltag« der Stadt Magdeburg von 1550/51 dargestellt. Das ist sonst nirgends so auf zeitgenössischen Darstellungen zu finden.

Es kann festgestellt werden, daß das Befestigungssystem der Stadt Magdeburg im wesentlichen von der Mitte des

16. Jahrhunderts bis kurz vor der Zerstörung 1631 nahezu unverändert blieb. Magdeburg glaubte nach der erfolgreichen Verteidigung von 1550/51, für lange Zeit ein widerstandsfähiges Verteidigungssystem zu besitzen. Die Stadtbefestigung hielt auch noch der Belagerung von 1629 stand. Die schwächer befestigten Vorstädte wurden dabei von den Magdeburgern niedergebrannt und von den Belagerern besetzt. Im Glauben an seine militärische Stärke blieb Magdeburg hinter den Entwicklungen anderer Städte zurück. Viele Landesfestungen, wie Spandau, Küstrin, Peitz und Torgau, waren bereits in der zweiten Hälfte des 16. Jahrhunderts nach dem nunmehr modernen Bastionärsystem umschlossen worden. Andere Städte, wie Bremen, Hamburg, Lübeck und Danzig, hatten unmittelbar vor und nach 1618 damit begonnen, sich mit einem Festungsgürtel nach dem Bastionärsystem zu umgeben oder zumindest besonders gefährdete Abschnitte der Stadtbefestigung nach diesem System umzubauen oder zu verstärken.

Der Ausbau der Stadtbefestigung bis zur Zerstörung 1631

Der Dreißigjährige Krieg machte sich zu Beginn der zwanziger Jahre des 17. Jahrhunderts auch in Magdeburg bemerkbar. Magdeburg, auf Eigenständigkeit bedacht, lehnte es aus mehreren Gründen 1619 ab, sich finanziell an der Rüstung des Niedersächsischen Reichskreises zur Abwehr etwaiger Angriffe zu beteiligen. In einem Schreiben an den Administrator vom 30. Juli 1619 führt der Rat aus, daß der Stadt »die Unterhaltung der Elbgebäude (Brücken und Dämme) und Festungswerke obliege« und sie die schweren Kosten des Instandhaltens zu tragen habe. Es sei ihr daher nicht möglich, sich daran zu beteiligen (Hoffmann, Hertel, Hülße 1885, Bd. 2, S. 84f.). Die Stadt nennt nur die Unterhaltung der Werke, jedoch nicht einen erforderlichen Ausbau! Jede Kriegspartei war bestrebt, sich in den Besitz von Magdeburg zu setzen, befand sich doch in der Stadt mit ihrem Brückenzug der einzige feste Elbübergang an der Mittel- und Unterelbe.

Aufgrund der fortschreitenden Kriegsgefahr war die Stadt gezwungen, sich zu rüsten. 1623 stellte sie zu ihrer Verteidigung 800 Soldaten in Dienst, drohte doch der Krieg auf Norddeutschland überzugreifen. 1625 kam es schließlich erstmals zur Besetzung des Erzstiftes durch Albrecht von Wallenstein (1583–1632), von der nur Magdeburg ausgenommen war. Der Krieg verheerte das Land. Eine 1625 ausgebrochene Pest dezimierte darüber hinaus die Bevölkerung. Wallenstein versuchte, sich auf diplomatischem Weg des Magdeburger Elbübergangs zu versichern, was übrigens auch seine Gegner beabsichtigten. Mit viel diplomatischem Geschick und unter erheblichen Zahlungen an Wallenstein – wobei Anleihen bei anderen Städten nicht zu bekommen waren und die eigenen Bürger sich für die notwendigen Verteidigungsanstrengungen wenig opferwillig zeigten – gelang es schließlich der Stadt, das Recht auf den Ausbau seiner Befestigung zu bekommen. Bereits im Herbst 1625 begann in Sudenburg und Neustadt der Abriß von Straßenzügen. 1627 erhielt die Stadt von Wallenstein die Erlaubnis, die Festungswerke noch weiter auszudehnen, und zwar bis zu 1000 Schritte. Das hätte bedeutet, daß die Befestigung nach Norden um zirka 300 und nach Süden um bis zu 400 Meter hätte hinausgeschoben werden können. Tatsächlich aber wurde die Befestigung in bezug auf die äußere Begrenzung im Norden und Süden vorerst bis zu 150 Meter breit ausgebaut.

1629 war für Magdeburg ein kritisches Jahr. Immer wieder weigerte sich die Stadt, – unter welchen Bedingungen auch immer – kaiserliche Truppen aufzunehmen. Sie wurde von Anfang März bis Ende September eingeschlossen, wobei der Blockadering immer enger gezogen wurde. Die Belagerer legten rings um die Stadt Schanzen an. Jedoch konnte nur von einer aus die Stadt beschossen werden.

Nachdem die Belagerung Wallensteins erfolgreich überstanden war, begann die Stadt, ihre Befestigungsanlagen zu verstärken. Eiligst wurden Erdwerke – Schanzen und Hornwerke – vor den Toren aufgeworfen. Die Verstärkung der südlichen Stadtbefestigung blieb bis zur Belagerung von 1630/31 ebenso unvollendet wie die Errichtung einer Bastion, des Neuen Werkes, im Bereich der Lukasklause, also jene Stelle, an der die Kaiserlichen bei Niedrigwasser der Elbe im Mai 1631 in die Stadt eindrangen. Die Jahre 1631 und 1632 waren in Deutschland extrem trocken (Glaser 2001, S. 144). Das anhaltende Niedrigwasser schmälerte somit die Schutzfunktion des Flusses für die Stadt.

Im August 1630 gab die Stadt ihre Neutralität auf und stellte sich auf die Seite des Administrators Christian Wilhelm (1587/1598–1628) und Gustav II. Adolf (1584/1611–1632). Im zwischen diesen Parteien geschlossenen Vertrag ließ die Stadt die Einquartierung von Truppen ihrer Bündnispartner sowohl innerhalb der Stadt als auch in der unmittelbaren Umgebung zu. Zur Stadtbefestigung wird im Vertrag unter Punkt 10 ausgeführt: »An der Befestigung der Stadt soll das Landvolk mitarbeiten, der Elbstrom soll wieder in sein altes Bett geleitet und deshalb der Werder bei Fermersleben durchstochen, auch aus den nahen Forsten Holz zum Brückenbau, zu Pallisaden geliefert werden.« (Hoffmann, Hertel, Hülße 1885, Bd. 2, S. 131).

Im November 1630 wurde die Organisation der Verteidigung der Stadt dem energischen schwedischen Oberst Dietrich von Falkenberg (1590–1631) übertragen. Mit der Errichtung von Schanzen rund um die Stadt und insbesondere in den Elbauen ging er sofort daran, ihre Verteidigungsbereitschaft zu erhöhen. Auch die nach dem Teilabriß von Neustadt noch vorhandene Neustädter Stadtbefestigung wurde verstärkt. Anfang Dezember 1630 begann nach einem erfolgreichen Ausfallgefecht auf Haldensleben die erneute ernsthafte Bedrohung. Johann Tserclaes Graf von Tilly (1559–1632) übernahm Ende Dezember das Kommando zur Belagerung Magdeburgs.

Im strengen, von Dezember bis Ende Februar dauernden Winter 1630/31 ruhten die Schanzarbeiten. Sie wurden nach einer raschen Erwärmung im März 1631 wieder aufgenommen. Die Kaiserlichen gingen von der anfänglichen Blockade der Stadt zu ihrer Belagerung über. Tilly ließ dafür Truppen zusammenziehen. Ihre Stärke betrug schließlich 50000 Mann, eine für die damalige Zeit außergewöhnlich große Belagerungsarmee.

Die Befestigung bis zur Inbesitznahme durch Brandenburg

Der unterbliebene Entsatz der Stadt durch Gustav II. Adolf und die Zerstörung schmälerten Magdeburgs strategische Bedeutung. Die Entscheidung zwischen Gustav II. Adolf und den mit ihm verbündeten Kursachsen einerseits und den Kaiserlichen andererseits fiel in der Schlacht von Breitenfeld bei Leipzig am 17. September 1631. Während sich der siegreiche Schwedenkönig nach Süden wandte, begannen schwedische Streitkräfte einen weiten Blockadering um Magdeburg zu ziehen und die Stadt ab November 1631 systematisch zu belagern.

Tilly hatte bei seinem Abzug Anfang Juni 1631 eine kaiserliche Besatzung in der Stadt zurückgelassen. Diese wurde im Januar 1632 durch Gottfried Heinrich von Pappenheim (1594–1632) entsetzt, was zur Aufgabe der schwedischen Belagerung führte. Pappenheim begann, die Befestigungswerke zu schleifen. Vieles wurde schwer beschädigt, was die Zerstörung von 1631 noch relativ unzerstört überstanden hatte. Nach dem Abzug Pappenheims rückten die Schweden in die Stadt ein und begannen, die Werke und den Elbbrückenzug zu erneuern. Mit der Wiederherstellung der Werke wurde im Sommer 1632 der in ihre Dienste getretene Otto von Guericke beauftragt. Zu Schanzarbeiten wurden bis zu 700 Arbeitskräfte herangezogen.

Durch den Sonderfrieden von Prag (1635) löste Kursachsen das Bündnis mit Schweden und besetzte das Erzstift Magdeburg. Kursachsen war darauf bedacht, seinen Einfluß auf den Raum Magdeburg auszudehnen.

Bei der erneuten Belagerung 1636 zeigte sich, daß die Befestigungsanlagen der Stadt veraltet waren. Hatten die Belagerer 1631 noch einen immer enger werdenden Belagerungsring um die Stadt gezogen und sie schließlich im Sturmangriff genommen, näherten sich die kaiserlichen und kursächsischen Truppen 1636 der Stadt bereits mittels Laufgräben, die parallel zu den Werken angelegt wurden (Abb. 3). Sie nutzen dabei niederländische Erfahrungen, die vom französischen Festungsbauer Sébastien le Prestre de Vauban (1633–1707) zur Methode der »förmlichen Belagerung« entwickelt wurden (vgl. Beitrag Böhm).

Die Sachsen stationierten 1500 Soldaten in der Stadt. 1638 wurde der Stadt das Recht zur Erweiterung und Stärkung der Festungsanlagen von 1625 zusammen mit weiteren meistens althergebrachten Privilegien bestätigt. Magdeburg nahm wieder einen begrenzten wirtschaftlichen Aufschwung, auch wenn es 1644 nochmals den Krieg unmittelbar zu spüren bekam. 1644/46 wurde die Stadt letztmalig in diesem Krieg eingeschlossen. 1646 zog die kursächsische

Abb. 2 Der schwedische Befehlshaber in Magdeburg Johan Banér (1596–1641), Gemälde 17. Jahrhundert.

Besatzung ab, und der Stadt wurde erneut zugestanden, eine eigene Garnison zu halten. Die relativ kleine Garnison wurde 1646 auf dem Rondell Heydeck vereidigt. Sie bestand bis zur Stationierung einer kurbrandenburgischen Garnison im Jahre 1666.

Die Sachsen setzten die Befestigungswerke teilweise in Stand und arbeiteten an den Erdwerken vor dem Stadtgraben. Nach der Stationierung der kurbrandenburgischen Truppen erfolgte ab 1666 die weitere Instandsetzung. Ein grundlegender Aus- und Neubau unterblieb jedoch zwischen 1631 und 1666, während ab 1666 eine Modernisierung einsetzte. Beispielsweise wurden die frühneuzeitlichen Geschütztürme in ihrer Höhe verringert und mit einer Erdabdeckung versehen.

Bei den Verhandlungen zum Westfälischen Frieden vertrat Otto von Guericke die Interessen der Stadt. Ihr Wunsch nach Erweiterung des städtischen Territoriums hätte bedeutet, daß Sudenburg und Neustadt nicht wieder aufgebaut worden wären. Das Erzstift war im Gegensatz dazu darauf bedacht, das der Stadt zugestandene Recht zur Anlegung von Befestigungslagen rückgängig zu machen, den Wiederaufbau der Städte Sudenburg und Neustadt zu ermöglichen und schließlich der Altstadt keine privilegierte Sonderrolle mehr zuzubilligen.

Die Stadt Magdeburg erhielt zunächst die mittelalterlichen Privilegien bestätigt, das Festungsprivileg wurde erneuert, der Einzugsbereich der Stadt wurde bis zu einer Viertelmeile ausgedehnt und der Wiederaufbau von Sudenburg und Neustadt untersagt. Magdeburg wurde jedoch bei der Wahrnehmung dieser Rechte immer mehr beeinträchtigt.

Auf dem Reichstag zu Regensburg (1654) wurde nach jahrelangem Streit festgelegt, daß Neustadt und Sudenburg als selbständige Landstädte wieder aufzubauen sind, aber die Viertelmeile wurde Magdeburg im Zusammenhang mit der Erweiterung der Festungswerke zugestanden. Aus der Zeit um 1660 existiert eine nicht näher bezeichnete Planskizze, die die Einbeziehung von Neustadt in die Umwallung Magdeburgs vorsieht (Preußischer Kulturbesitz – Kartenabteilung, SX 29085/2, unbeschrifteter und undatierter Plan, kolorierte Handzeichnung, die Stadt und Festung Magdeburg darstellend, vermutlich um 1660).

Die Auseinandersetzungen zwischen der Selbstbehauptung Magdeburgs und der Herabdrückung zur Landstadt des Erzstifts zogen sich bis 1666 hin. Zu diesem Zeitpunkt lagerten 15 000 kurbrandenburgische Soldaten westlich von Magdeburg mit dem Befehl, die Stadt zu belagern, falls sie sich zu einer Eventualhuldigung, die die Stände des Erzstifts bereits Jahre zuvor geleistet hatten, nicht bereit erklären sollte. Mit dieser Huldigung wurde bezweckt, daß nach dem Ableben des Administrators das Stift und die Stadt Magdeburg reibungslos in brandenburgischen Besitz übergehen sollten. Anfänglich widersetzte sich Magdeburg und begann, den Verteidigungszustand herzustellen. Schließlich schätzte die Stadt ein, einer Belagerung nicht erfolgreich standhalten zu können und war bereit, den Eid zu leisten und eine brandenburgische Garnison aufzunehmen. Die Grundlage dazu wurde im Vertrag vom Kloster Berge geregelt: Magdeburg ließ umgehend eine brandenburgische Besatzung von 1000 Mann zu und entließ die eigene Garnison. Der Beitrag Magdeburgs zur Unterhaltung und für die Unterbringung der Garnison wurde vertraglich festgelegt.

Unabhängig davon, daß der zukünftige Landesherr im eigenen Interesse auf die Mehrung des Wohlstandes der Stadt bedacht war, galt nunmehr zumindest in militärischen Angelegenheiten das Wort des Kommandanten, der die Schlüsselgewalt über die Stadttore übernahm. Die Bestückung der Wälle, die Munitionsbeschaffung und die sonstige Bewaffnung verblieb vorerst noch in der Verantwortung der Stadt, auch wenn die Verfügungsgewalt eingeschränkt wurde.

Unter dem ersten brandenburgischen Festungskommandanten Schmied von Schmiedmannseck erhielt die gesamte Elbfront eine Brustwehr. Die an der Elbe gelegenen Rondells wurden umgebaut beziehungsweise erweitert und bekamen die politisch motivierten Bezeichnungen »Bastion Cleve« und »Bastion Preußen«. Der östliche Brückenkopf der Langen Brücke (Anna-Ebert-Brükke) wurde ausgebaut und mit einem Wehrturm versehen. Er erhielt die Bezeichnung Turmschanze, woran noch der Straßenname Turmschanzenstraße erinnert.

Die Stadttore wurden erst nach und nach wieder eröffnet, was jedoch nicht nur mit ihrem baulichen Zustand, sondern auch mit der mangelnden personellen Besetzungsmöglichkeit im Zusammenhang stand. Als letztes Tor wurde 1688 das Hohepfortetor wieder für den zivilen Verkehr freigegeben.

Am 30. September 1680 fand auf dem Alten Markt die Erbhuldigung für den neuen Landesherrn, den Kurfürsten von Brandenburg, statt, an der auch Otto von Guericke, der 1666 den Vertrag von Kloster Berge mit unterzeichnete, teilnahm, ehe er Magdeburg für immer verließ. Mit der Huldigung war rechtlich der Weg frei zum Ausbau Magdeburgs zu einer brandenburg-preußischen Landesfestung.

Der Ausbau zur brandenburg-preußischen Landesfestung

Im 17. Jahrhundert begannen die Hohenzollern, wie andere Landesherren auch, mit der Schaffung von Landesfestungen. Nach dem Aus- und Neubau zwischen 1680 und 1740 zählte Magdeburg zu den starken Befestigungen an der Elbe, zu denen im 17. und 18. Jahrhundert die Freie Reichsstadt Hamburg, das mecklenburgische Dömitz sowie Wittenberg, Torgau, Dresden, Pirna-Sonnenstein und Königstein in Kursachsen gehörten.

Bereits vor dem Ableben des letzten Administrators hatte der Große Kurfürst mit den Vorbereitungen zum Bau der Festung Magdeburg begonnen. Er ging dabei vorsichtig zu Werke. Einerseits ließ er sich nicht davon abhalten, den Festungsbau zügig voranzutreiben, und andererseits vermied er es, die Bürger durch Belastungen zu reizen.

Die erste wichtige Bauetappe war die Errichtung einer Zitadelle auf einer Elbinsel gegenüber der Altstadt zwischen 1683 und 1702.

Die in bezug auf ihre Mauern zirka 400 Meter lange und etwa 200 Meter breite Zitadelle trat nach außen mit ihren sechs bis acht Meter über den Elbspiegel sich erhebenden Backsteinmauern in Erscheinung. Die Gründung der Mauern und die Regulierung der Elbe war eine ingenieurtechnische Meisterleistung. Hinter den mehrere

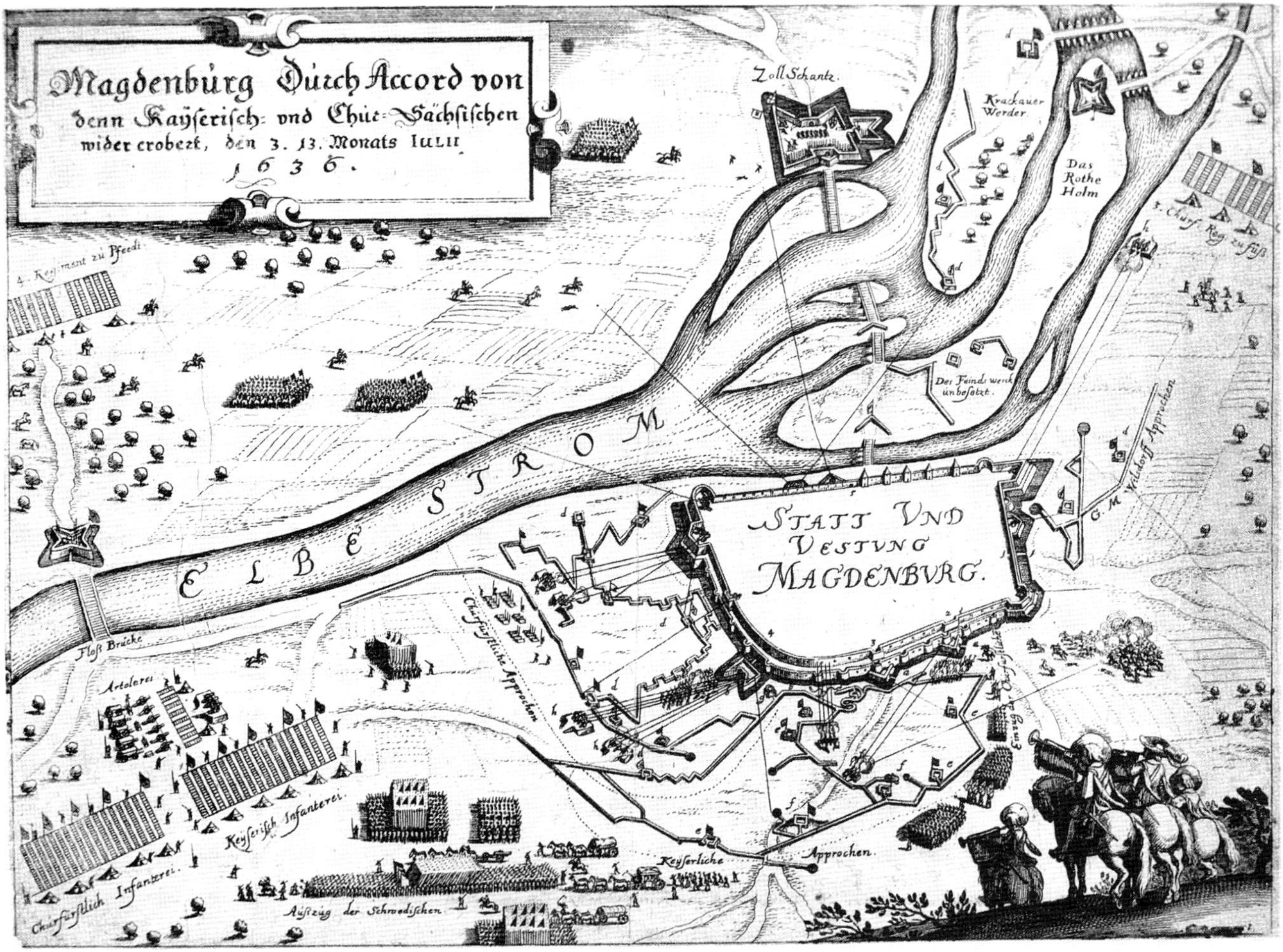

Abb. 3 Magdeburg nach dem Abzug der Schweden 1636, vgl. Kat. 139.

Meter dicken Mauern verbargen sich erdabgedeckte Kasematten. Die fünf, den Grundriß bestimmenden Eckbastionen verfügten über Geschützplattformen. Im 18. Jahrhundert führte die Straßenverbindung von der Altstadt in Richtung Osten durch zwei schmuckvolle Barocktore.

Der Bau der Zitadelle besiegelte die Eingliederung der Stadt in den brandenburg-preußischen Staat. Die Zitadelle wurde in den zwanziger Jahren des 20. Jahrhunderts abgerissen. Damit verschwand ein wesentliches Zeugnis der Stadtentwicklung.

Unter Leopold von Anhalt-Dessau (1676–1747), der das Amt des Magdeburger Gouverneurs von 1702 bis 1747 inne hatte, wurde der Wiederaufbau Magdeburgs vollendet und Magdeburg zur stärksten Festung Brandenburg-Preußens ausgebaut. Bis 1713 war die erste bastionierte und mit Ravelins versehene Umwallung fertiggestellt, der bis 1740 eine zweite Umwallung folgte.

Ausblick

Wohl kaum eine Stadt verkörpert, auch auf Grund ihrer geographischen Lage, so sehr Glanz und Elend deutscher Geschichte wie Magdeburg. Der Stadt, einst politischer Mittelpunkt des ottonischen Reiches, gelang es nicht, sich vollständig aus der Abhängigkeit ihres Stadtherrn, des Erzbischofs, zu lösen. Als wehrhafte mittelalterliche Großstadt war sie im 16. Jahrhundert der geistige Mittelpunkt der lutherischen Reformation. Im Dreißigjährigen Krieg wurde nicht nur die Umgebung fast völlig entvölkert, sondern auch Magdeburg nahezu ausgelöscht. In der Stadt und der näheren und weiteren Umgebung wütete über drei Jahrzehnte eine bis dahin unbekannte Kriegsfurie. Magdeburg kämpfte, wie viele andere Städte auch, um den Fortbestand mittelalterlicher Selbständigkeit, mußte sich jedoch schließlich einem Landesherrn beugen, der den Ort zu seiner wichtigsten Landesfestung, der »Geheimen Hauptstadt Preußens«, ausbaute. Zur Wahrung der überragenden wirtschaftlichen Bedeutung, rang die Stadt im 19. Jahrhundert im Gegensatz zum 16. Jahrhundert nicht mehr um das Recht einer ausreichenden Befestigung, sondern darum, den Festungsgürtel abstreifen zu können. Dieses Ringen währte bis zum Beginn des 20. Jahrhunderts. Beim Festungsumbau von 1869–1874 und im Schleifen der Werke war die Stadt daher auch gründlich. Mit Ausnahme der weitgehend bebauten Elbfront wurde alles beseitigt, was an das 17. Jahrhundert, die Zeit Otto von Guerickes, erinnerte.

Nach einer kurzen wirtschaftlichen und kulturellen Blüte wurde Magdeburg im Zweiten Weltkrieg beinahe zu Tode gemartert. Die Ruinenlandschaft der Innenstadt war von den Resten der Festungsanlagen des 19. Jahrhunderts und wie 1631 durch die bei der Zerstörung freigelegten mittelalterlichen Stadtmauern umschlossen. 1993 zogen schließlich die Truppen der GUS (Gemeinschaft Unabhängiger Staaten) aus Magdeburg ab, und damit endete ziemlich unbemerkt eine fast 1200jährige Militär- und Befestigungsgeschichte der Stadt.

Weiterführende Literatur

Neumann 2000b. – Köbler 1999. – gantz verheeret 1998. – Glossarium Artis 1990. – Neumann 1988, S. 132–141. – Eitz, Mertens 1976. – Asmus u.a. 1975. – Wolfrom 1936. – Peters 1902.

Karl Gottfried Lindecke

Der Bürgermeister als Diplomat

Guerickes Gesandtschaftsreisen von 1642 bis 1660

Der Weg Otto von Guerickes zum diplomatischen Vertreter der Stadt

Hier stellt sich zunächst die Frage, was einen Bürgermeister dieser fast vollständig zerstörten, ausgeplünderten und entvölkerten Stadt befähigte, sich derart sicher auf diplomatischem Parkett zu bewegen und mit Gesandten, Botschaftern, Generalen, dem Hochadel, ja sogar mit Kurfürsten und dem Kaiser selbst zu verhandeln?

Nun, zum einen stammte er aus einem alteingesessenen Magdeburger Patriziergeschlecht und hatte von Hause aus eine hervorragende Erziehung genossen (vgl. Beitrag Ballerstedt/Burchard), zum anderen hatte er »neben der Jurisprudenz … frembde Sprachen, die Mathematik … die Fortification, Geometrie, Mechanische Künste und dergl.« (zit. n. Schneider 1995, S. 40) studiert und eine gewisse Weltläufigkeit erworben, bevor er in Magdeburg »unlängst darauff zum Raths Stuhl gezogen« (zit. n. ebd., S. 45) wurde, wo er sein Können als Bauherr unter Beweis stellen sollte. Den Untergang der Stadt erlebte er sozusagen an vorderster Front mit und konnte sich und seine Familie nur mit knapper Not retten. Unter schwedischer Besatzung erstellte er als Festungsingenieur unter anderem einen Plan zum Wiederaufbau der Stadt, wurde nach dem Prager Separatfrieden 1636 durch den sächsischen Kurfürsten »bey dieser Vestung Magdeburgk … vor einen Ingenieur bestellet« (zit. n. Schneider 1995, S. 82) und widmete sich dem Wiederaufbau der Stadt, soweit dies die Mittel zuließen. 1642 wurde er zu einem der vier Kämmerer des Rats gewählt und rückte damit in den engeren Führungskreis der Stadt auf. Gleichzeitig blieb er aber besoldeter Ingenieur in sächsischen Diensten und begann in dieser Doppelfunktion seine diplomatische Tätigkeit, die ihn 18 Jahre lang nicht wieder loslassen sollte.

In Dresden 1642–1645

Die Stadt hatte vertragsgemäß eine kursächsische Besatzung von 1500 Mann aufzunehmen, so daß jedes der damals vorhandenen 400 Häuser mit bis zu sieben Soldaten belegt werden und die Stadt monatlich über 2200 Taler Tagegelder zahlen mußte. Zusätzlich forderte der Kommandant, Oberst von Trandorff, die Zahlung rückwirkender Tagegelder und drohte an, die Verpflegung der Garnison durch die Bevölkerung anzuordnen (sie bestand aus 584 Bürgern und 67 Witwen!), da die Naturallieferungen aus der Umgebung zunehmend ausblieben. Da Kämmerer Guericke in sächsischen Diensten den Offizieren gleichgestellt war, beschloß der Stadtrat, ihn mit der Bitte um Abhilfe an den kursächsischen Hof nach Dresden zu entsenden. Am 16. September 1642 machte er sich auf den Weg, konnte am 27. September dem Kurfürsten das Anliegen der Stadt vortragen und erreichte, daß eine Versorgung der Besatzung aus den kaiserlichen Magazinen zu erfolgen und die Erhebung zusätzlicher sowie rückwirkender Abgaben zu unterbleiben hätten. Überdies wurde dem Obristen ein förmlicher Verweis erteilt, was dieser mit heftigen Drohungen gegenüber Otto Gericke quittierte. Dessenungeachtet setzte jener seine Drangsalierungen fort und gestattete insbesondere den Soldaten und ihren Angehörigen, auf den Feldern der Stadt Korn zur eigenen Verwendung zu ernten. Als jedoch die freigegebenen Vorräte aus den kaiserlichen Magazinen zu Ende gingen, wurde Otto von Guericke trotz seiner Weigerung erneut beauftragt, zusammen mit zwei Mitgliedern der Bürgerausschüsse in Dresden Abhilfe zu schaffen. In einer neuerlichen Audienz beim Kurfürsten am 6. Juni 1643 erreichte er tatsächlich, daß weitere Vorräte aus den kaiserlichen Magazinen freigegeben und dem Obristen seine Eigenmächtigkeiten ausdrücklich untersagt wurden. Im übrigen stellte der Kurfürst in Anbetracht der besonderen Lage der Stadt anheim, sich zu gegebener Zeit Gedanken über eine Garnison unter eigenem Befehl zu machen, wie es im Stationierungsvertrag von 1636 vorgesehen wäre.

Neben den Schikanen des Kommandanten wirkte sich zunehmend die Blockade durch die Schweden aus, die die Felder um die Stadt verwüsteten, das Vieh wegtrieben und bei Schönebeck die Elbe sperrten. Da diese Maßnahmen sich ausschließlich gegen die sächsische Besatzung richteten, hielt der Stadtrat die Zeit für gekommen, den Kurfürsten um Abzug derselben zu bitten, der Stadt eine eigene Besatzung zu gestatten und ihr zu erlauben, mit den Schweden entsprechende Verhandlungen aufzunehmen. Und wieder beschloß der Stadtrat, Otto von Guericke trotz aller Gegenargumente und trotz des kürzlichen Todes seiner Ehefrau auch mit dieser Mission zu betrauen und ihm eine Reihe von Vergünstigungen in Aussicht zu stellen. So machte er sich am 11. August 1645 zu Pferde auf den Weg nach Dresden, wo er feststellen mußte, daß der Kurfürst bereits mit den Schweden über einen Waffenstillstand verhandelte, welcher auch am 27. August zu Eilenburg zustande kam. Artikel 9 des Vertrages sah ein Ende der Blockade Magdeburgs für den Fall vor, daß der Kurfürst seinen Sohn August als Administrator des Erzstifts einsetzte. Unter diesen Umständen schien es Otto von Guericke besonders vordringlich, die Frage der eigenen Garnison zu klären. Jedoch wollte der Kurfürst in dieser Frage zunächst eine kaiserliche Entscheidung einholen, die auch am 9. Oktober eintraf, nämlich daß »Hertzogk Augusto … und dem Rathe daß Praesidium … zugleich überlaßen, und die besatzung darin beyden geschwohren sein sollte« (zit. n. Schimank 1968, S.[116]). Da jedoch zur Aufhebung der Blockade eine Zustimmung des schwedischen Oberkommandierenden, Feldmarschall Torstensohn, erforderlich war, bat Otto von Guericke den Kurfürsten, eine gemeinsame Besprechung aller Beteiligten nach Dresden einzuberufen und begab sich auf dem Wasserwege zurück nach Magdeburg, wo er am 18. November anlangte.

In Halle, Leipzig und Dresden 1645/46

Da einerseits die schwedische Seite Bedenken wegen der gemeinsamen Befehlsgewalt hatte, andererseits infolge der Blockade die Vorräte zu Ende gingen, wurde beschlossen, Otto von Guericke in Begleitung eines Ausschußmitgliedes nach Halle zum Administrator und nach Leipzig zu Feldmarschall Torstensohn zu schicken, um den Vollzug des Paragraphen 9, Eilenburger Vertrag, anzumahnen. Also machten sich beide am 19. Dezember 1645 bei Schnee und Kälte »daß kein Mensch … gehen können, dahero wenn man wäre ausgezogen oder beplündert … worden, unzweiflich verfrieren müssen« (zit. n. Holstein 1874, S. 239) zunächst auf den Weg nach Halle, wo sie von noch laufenden Verhandlungen mit den Schweden erfuhren, worauf sie sich am 27. Dezember weiter nach Leipzig begaben. Dort vermittelte der Otto von Guericke persönlich bekannte Assistenzrat Erskein ein Treffen mit dem schwedischen Gouverneur Generalmajor Lili, wobei sich herausstellte, daß es den Schweden in erster Linie um die Nutzung des Elbübergangs ging, wofür sie eine Garantie des Kaisers oder der Hansestädte verlangten. Unter Hinweis auf den erforderlichen Zeitfaktor und die drohende Hungersnot unter der Bevölkerung, die »consequenter aller Welt ein Denkmal sein würde« (zit. n. Holstein 1874, S. 243), akzeptierte die schwedische Seite die Magdeburger Vorschläge mit der Auflage einer baldestmöglichen Beschlußfassung. Dieses Ergebnis trugen sie den Vertretern des Erzstifts in Halle vor, die jedoch ein vorheriges Einverständnis von Kaiser und Kurfürst forderten. Schließlich, nach zähen Verhandlungen, erklärte der Administrator seine Bereitschaft unter folgenden Voraussetzungen: Verzicht der

Abb. 1 Der Gesandte der Stadt Magdeburg Otto von Guericke, Gemälde nach Anselm von Hulle, um 1648.

Stadt auf das erweiterte Festungsrecht, verzuglose Huldigung und Annahme des Vergleichs von 1617, Unterhalt der Garnison ausschließlich durch die und innerhalb der Stadt. Dieses Ergebnis trugen sie sofort nach Rückkehr dem Stadtrat vor, welcher in Anbetracht der Lage eine unverzügliche Fortsetzung der Verhandlungen beschloß, indem er die Bedingungen des Administrators unter Hinweis darauf akzeptierte, daß bezüglich des Festungsrechts bereits ein Beschluß aus dem Jahre 1643 vorläge, und die Huldigung nach Abstellung der bekannten Beschwernisse jederzeit möglich wäre. Mit entsprechenden Schriftsätzen begaben sich die Abgesandten am 10. Januar 1646 bei tiefem Schnee wieder zum Administrator nach Halle, welcher sehr ungehalten war, einen Fortbestand der sächsischen Besatzung androhte und trotz aller Bemühungen nicht umzustimmen war. Also reisten sie am 15. Januar 1646 weiter zu Feldmarschall Torstensohn nach Leipzig, um über Aufhebung der Blockade, die Ausfertigung von Passierscheinen und Fristen für die Einholung von Garantien zu verhandeln. Da dort bereits eine Mitteilung des Administrators vorlag, daß er einem Wechsel der Garnison nicht mehr zustimmen würde, mußte Otto von Guericke alle Überredungskunst für den Erhalt der bisherigen Absprachen aufwenden. Schließlich einigte man sich auf zwei unterschiedliche Entwürfe für zu leistende Garantien, die er, da sie unter anderem kurfürstliche Belange tangierten, am 26. Januar 1646 dem Kurfürsten in Dresden vortrug mit der Bitte zu vermitteln, was dieser auch zusagte unter der Bedingung, daß die Stadt sich um die Garantien für die Schweden selbst bemühte und der Kaiser dem Ganzen zustimmte. Nach Vortrag des Sachstands in Leipzig und Halle kehrten sie am 10. Februar 1646 in Begleitung eines Beauftragten des Administrators nach Leipzig zurück, wo es zu gemeinsamen Besprechungen kam, »bei welchen … [sie, K. L.] sehr große Mühe und Sorge gehabt und noch dazu aller Theile Ungunst … auf sich geladen« (zit. n. Holstein 1874, S. 256), und wobei Torstensohn vertraulich verlauten ließ, daß Schweden sich der Stadt mit Gewalt bemächtigen würde, falls es nicht zu den geforderten Garantien käme. Entgegen aller bisherigen Vereinbarungen verlangte der Beauftragte des Administrators plötzlich eine unverzügliche Huldigung durch die Stadt, wozu Otto von Guericke im Interesse eines zügigen Fortgangs am 10. März eine entsprechende Zusicherung machte. Als dann aber auch noch die kaiserliche Zustimmung bestimmte Einschränkungen enthielt, setzte er alles auf eine Karte, drohte mit dem Abbruch der Verhandlungen und nachfolgender Besetzung der Stadt durch die Schweden und erreichte so doch noch einen Abmarschbefehl für die sächsische Garnison sowie die Ausfertigung entsprechender Passierscheine für alle Teile, die er am 25. März 1646 dem Stadtrat überreichen konnte. Nach einem zusätzlichen Gelöbnis, die Zusagen auch einzuhalten, wurde am 10. April 1646 die Blockade aufgehoben, und vier Tage später zog die sächsische Garnison ab: Voran vier Schwadronen kaiserlicher Reiterei, dann der Oberst mit seinem Regiment, gefolgt von zwei Geschützen, 13 Karossen und 50 Gepäckwagen sowie »mehr Weiber und Kinder, als das Regiment ... selbst stark« (zit. n. Holstein 1874, S. 262). Nach der Übergabe der Torschlüssel übernahm die angeworbene eigene Besatzung den Wach- und Sicherungsdienst; die Stadt aber hat zur Abdeckung ihrer Spesen »beim Hrn. Assistenzrath Erskein 3.000 Thlr. erborget und hernach auch bezahlet« (zit. n. ebd., S. 262).

Zur Abklärung vertraglicher Einzelheiten besonders bezüglich der Fristen wurde Otto von Guericke am 21. Mai 1646 erneut nach Leipzig geschickt, wo ihm Feldmarschall Torstensohn erklärte, daß eine Änderung der Vereinbarungen nicht mehr möglich wäre, da der Kaiser diesen bereits zugestimmt hätte, daß aber eine Verlängerung der Fristen durchaus möglich wäre. Er empfahl alle übrigen Punkte bei den Friedensverhandlungen in Osnabrück zu klären. Eine zwischenzeitlich eingegangene Forderung des Administrators nach Huldigung wurde auf Ersuchen Otto von Guerickes durch den Feldmarschall auf die Dauer von vier Monaten ausgesetzt. Als Dank für sein Entgegenkommen überreichte Otto von Guericke dem Feldmarschall ein kostbares vergoldetes Schreibzeug aus seinem persönlichen Besitz. Die von ihm angestrebte lebenslange Steuer- und Abgabenfreiheit als Kompensation für seine infolge der Reisen eingetretenen Einkommenseinbußen wurde ihm vom Stadtrat verweigert; stattdessen wurde ihm am 5. September 1646 einer der vier Bürgermeisterposten anstelle der obsoleten Stellung als sächsischer Ingenieur übertragen, eine Sonderzahlung von 600 Talern zugesagt und bis dahin sein Salär als Bürgermeister steuer- und abgabenfrei gestellt.

In Osnabrück und Münster 1646/47 und 1649

Gegen einen notariellen Protest der Stadt vom 14. Mai 1646 wegen des Huldigungsverlangens und weiterer Punkte hatte Dr. Krull, Syndikus des Erzstifts, bei den in Osnabrück tagenden Reichsständen Beschwerde eingelegt, worauf der Stadtrat auf Anraten der verbündeten Hansestädte beschloß, seinen bewährten Bürgermeister Guericke dorthin zu entsenden mit dem Auftrag, sich unter anderem um die Erneuerung des ottonischen Privilegs von 940 und die daraus abzuleitende Reichsunmittelbarkeit der Stadt, die Bestätigung des erweiterten Festungsprivilegs, das Verbot des Wiederaufbaus der abgebrochenen Vorstädte, die Übertragung der Klostergüter auf 100 Jahre und Zollfreiheit im gesamten Reichsgebiet sowie Befreiung von allen Reichs- und Kreisumlagen auf 30 Jahre zu bemühen. Also machte sich Guericke in Begleitung seines Sohnes und eines Bediensteten im eigenen Vierspänner mit bewaffneter Eskorte auf die achttägige Reise, mußte jedoch nach Ankunft feststellen, daß er als nicht Geladener keinen direkten Zugang zu den Verhandlungen hatte, sondern sich – gestützt auf Informationen aus zweiter Hand – nur über Dritte in das Verhandlungsgeschehen einschalten konnte und dabei zwischen Osnabrück und Münster hin- und herpendeln mußte (Abb. 1). Hierzu hat Wolfgang Buchholz ermittelt, daß Bürgermeister Guericke 96mal mit 25 verschiedenen Persönlichkeiten verhandelte, und zwar 40 mal mit Vertretern Schwedens, 22 mal mit kaiserlichen Repräsentanten, 18 mal mit solchen der Hanse- und Reichsstädte, 12 mal mit gegnerischen Teilnehmern und viermal mit weniger wichtigen Personen, wobei örtlicher Schwerpunkt mit 63 Verhandlungen Osnabrück war (Buchholz 1986, S. 44). Zunächst meinte man kaiserlicherseits, die Angelegenheit ge-

Abb. 2 Reichskanzler Axel Oxenstierna regierte die Großmacht Schweden für die minderjährige Königin Christina, Gemälde 1626.

hörte vor den Reichshofrat, während man sich schwedischerseits auf die Vorgabe einer Wiedereinsetzung in den Stand von 1618 berief und die Reichsstädte auf ihre eigenen Probleme mit den Landesfürsten verwiesen. Nachdem sich jedoch die Königin Schwedens und ihr Reichskanzler für eine volle Unterstützung der Magdeburger Anliegen ausgesprochen hatten, beschloß Bürgermeister Guericke, nunmehr vorwiegend auf die schwedische Karte zu setzen und die Verhandlungen durch ansehnliche Zuwendungen an die kaiserlichen Repräsentanten abzusichern (Abb. 2). Während er die Vertreter Schwedens immer wieder an das Eintreten der Stadt für die Sache Schwedens und des Glaubens mit den bekannten Folgen sowie an die Zusagen des Königs und seines Kanzlers erinnerte, bei deren Nichteinlösung die Stadt »aller Welt vor Augen öde und wüste liegen bleiben« (zit. n. Opel 1867, S. 66) würde als »ein böses Denkmal von der schwedischen Confoederation« (zit. n. ebd., S. 45), teilte er dem Stadtrat bezüglich der kaiserlichen Seite mit, »man dürfe mit 100 Thalern Verehrung gegen solche hohe leuthe nicht ufgezogen kommen« (zit. n. Hoffmann 1874, S. 61 f. Anm. 1) und bat um Prägung von hochwertigen Goldstücken sowie um Ausfertigung von Schuldverschreibungen zu je 500 Talern für den Kammerpräsidenten Dr. Volmar und den Reichshofrat Krane. Im übrigen hatte er sich ständig mit Agitationen Dr. Krulls auseinanderzusetzen und berichtete: »Ist's gleich einmahl uff gutten Stand gebracht, so kömpt der ander … und stösset's wieder übern hauffen.« (zit. n. ebd., S. 59). Trotz alledem gelang es Bürgermeister Guericke schließlich doch mit Hilfe Schwedens und dem Wohlwollen der kaiserlichen Repräsentanten, den größten Teil der aufgestellten Forderungen in den in Osnabrück beschlossenen Friedensvertrag einzubringen. Im Artikel VIII, § 11 der Acta Pacis Westphalicae (APW) heißt es: »Der Stadt Magdeburg aber soll Ihre alte freyheit und daß Privilegium deß Kaysers Ottonis I. vom 7 Junij ao: 940, obgleich solches durch unstatten der Zeit verloren wehre, auff derselben allerunterthänigstes ansuchen, von der Röm. Kayserl. May: erneuert: Wie auch, worin Sie der befestigung halber, von Kayserl. May: Ferdinando 2do privilegiret, mit aller Jurisdiction und proprietät, auff ein Virtell Teutscher Meil ersträcket, wie nicht weniger Ihre übrige Privilegien und rechte, in Geistl. und Weltlichen sachen gantz unverletzt verbleiben, mit dieser eingeruckten außdrücklichen Clausul, daß zum nachtheil der Stadt die Vorstädte nicht wieder solten auffgebauet werden.« (zit. n. Schimank 1968, S.[119]).

Allerdings: Über die Umsetzung dieser Bestimmungen sollte erst ein gesonderter Reichstag binnen sechs Monaten nach Ratifizierung verhandeln. Da jedoch Dr. Krull namens des Administrators beim Kaiser und den Reichsständen um Aussetzung des Vollzugs und Auslegung dieser Bestimmungen eingekommen war, sah sich der Stadtrat genötigt, Bürgermeister Guericke erneut zur Wahrung städtischer Interessen nach Osnabrück zu schicken und hat »sich nicht entbrechen können, hinwiederumb gegen mihr danckbar zu sein« (zit. n. Schimank 1968, S.[119]), indem man ihm den seit 1646 angestrebten Immunitätsbrief für sich, seinen Sohn und beider Witwen ausstellte. Also begab er sich am 8. März 1649 mit seinem Sohn erneut nach Osnabrück, wo zwischenzeitlich die Reichsstände in Abwesenheit der Grafen Oxenstierna (Schweden) und Trauttmansdorff (Wien) und gegen die Stimmen befreundeter Reichsstädte eine erhebliche Einschränkung des Festungsprivilegs beschlossen hatten. Nach Rückkehr gab Graf Oxenstierna auf Ersuchen Guerickes eine Erklärung zu Gunsten der Ansprüche Magdeburgs ab und drang auf Vollzug des Vertrages ohne Einschränkungen, wobei die kaiserlichen Repräsentanten die Angelegenheit zuständigkeitshalber an den Kaiser weiterleiteten. Nach der letzten Sitzung der Reichsstände in Osnabrück am 26. Mai 1649 trat Bürgermeister Guericke den Heimweg an im Bewußtsein, den Anspruch der Stadt auf Vollzug des Friedensvertrages ohne Einschränkungen geltend gemacht zu haben.

In Nürnberg, Wien und Prag 1649–1652

Da einerseits die »allseits hohen Paciscirenden theile … Einen friedens Executionstagk zu Nürrenbergk anzustellen beschlossen« (zit. n. Schimank 1968, S.[119]) hatten, andererseits der Stadtrat vorrangig die Erneuerung des ottonischen Privilegs und eine Entscheidung bezüglich des Festungsprivilegs durch den Kaiser erreichen wollte, griff man erneut auf Bürgermeister Guericke zurück, der als Vorbedingung allerdings eine Erweiterung des Immunitätsbriefs auf sämtliche Nachkommen forderte und erhielt und zusätzlich für den Erfolgsfall »noch eine erkleckliche Danckbarkeit« (zit. n. Hoffmann 1874, S.82) erwartete. Entgegen seiner Absicht eines schrittweisen Vorgehens, hatte sich der Consiliarius der Stadt, Jacobus Stajus, mit seinem Konzept durchgesetzt, alles auf eine Karte in Form einer umfassenden kaiserlichen Entscheidung zu setzen und Bürgermeister Guericke diesbezüglich eine ausführliche Instruktion über Verhandlungsziele, -linien und -spielräume mitzugeben. Am 17. Juli 1649 reiste dieser in Begleitung seines Sohnes und eines Bediensteten zunächst nach Nürnberg, wo er mit Hilfe des schwedischen Hofgerichtspräsidenten Erskein eine Audienz beim schwedischen Generalissimus (dem späteren König) erhielt und erfolgreich über bereits zugesagte Geschützlieferungen und noch offene Schulden des 1631 gefallenen Obristen von Falkenberg verhandelte (Abb. 3). Auf die schwedischen Vorschläge konnte er jedoch nicht eingehen, da ihm die städtische Instruktion keinerlei Spielraum einräumte. Da Reichskammerpräsident Dr. Volmar bei Entgegennahme eines Schreibens des Stadtrats gleichfalls zu einem schrittweisen Vorgehen in Wien riet, bat Guericke am 25. August 1649 dringend um Erlaubnis, das gesiegelte Gesuch der Stadt gegebenenfalls nach Lage der Dinge abändern zu dürfen, erhielt jedoch von Cons. Stajus namens des Stadtrats die strikte Weisung, sich an seine Instruktionen zu halten. So begab er sich wegen der in Bayern grassierenden Pest zu Schiff nach Wien und erhielt durch Vermittlung des ihm von Osnabrück her bekannten Grafen Lamberg bereits am 13. September 1649 eine Audienz beim Kaiser, dem er das Anliegen der Stadt gemäß seiner Instruktion vortrug, wobei eine Eingabe des Erzstifts, Guericke »kein Gehör zu schenken, sondern ihn mit seinen unverschämten und unchristlichen Gesuchen abzuweisen« (Hoffmann, Hertel, Hülße Bd. 2, 1885, S. 266) keine Beachtung fand. Als nächstes informierte er den Grafen Trauttmansdorff sowie maßgebliche Herren des Reichshofrats und des Geheimen Rats über seinen Auftrag. Sein Beeinflussungsversuch hätte dank seiner Redegewandtheit und Über-

Abb. 3 Unterzeichnung des Nürnberger Vertrages mit den Durchführungsbestimmungen zum Westfälischen Frieden, 1650.

zeugungskraft weit mehr bewirkt, wenn die Stadt nicht auf ihren Maximalforderungen bestanden hätte, die zudem noch die Interessen der Kurfürsten von Brandenburg und Sachsen tangierten. Hierüber wie auch über das Wirken seiner Gegenspieler berichtete er dem Stadtrat regelmäßig, oftmals unter Beifügung kopierter Schriftstücke. Nach F. W. Hoffmann verfügte das Stadtarchiv Magdeburg über 83 derartige Schreiben mit insgesamt 460 eng beschriebenen Folioseiten einschließlich der Beilagen (Hoffmann 1874, S. 96). Allerdings gelang es Guericke nicht, einen Entschluß bei Hofe zu initiieren, und auch die Entscheidung des Stadtrats, von den Stajusschen Maximalforderungen abzurücken, verfing nicht, da sich das Gesuch bereits im Geschäftsgang befand. Angesichts der Langwierigkeit des Unterfangens und leiblicher Beschwerden bat Bürgermeister Guericke um seine Abberufung, erhielt aber zur Antwort, er möge sich mit Medikamenten wohl versehen und »wolle derohalber gepehten sein, mit Geduld ferner auszuwarten« (zit. n. Hoffmann 1874, S. 101). In Anbetracht der Tatsache, daß eine Entscheidungsvorlage für den Kaiser vorbereitet wurde und zwischenzeitlich die Hauptbefürworter der Magdeburger Anliegen bei Hofe, die Grafen Trauttmansdorff und Schlick, verstorben waren, bemühte er sich im Vorfeld dieser Entscheidung erneut um eine Audienz, welche ihm auch am 26. Juni 1650 gewährt wurde. Hier zog er noch einmal alle Register seiner Beredsamkeit und bat schließlich kniefällig, »das Ihre Kayserl. May: sich doch dieser armen im steinhauffen liegenden Stadt allergnädigst erbarmen und Sie … in ihren so allerdemütigsten bitten erhören wollten« (zit. n. Hoffmann 1874, S. 104).

Der Kaiser versicherte zwar der Stadt seine Gewogenheit, vor einer Entscheidung forderte er jedoch den Kurfürsten von Brandenburg sowie den Administrator zu Stellungnahmen binnen dreier Monate auf. Daraufhin verlangte Bürgermeister Guericke erneut seine Abberufung und Benennung eines geeigneten Nachfolgers und erhielt den Auftrag, die Geschäfte dem Vertreter Nürnbergs in Wien zu übergeben, was beim Reichshofrat ein solches Befremden auslöste, daß er sich bereit erklärte, noch bis spätestens Ende Februar 1651 auszuharren. Als Kurbrandenburg jedoch eine Fristverlängerung von zwei Monaten eingeräumt wurde, entschied sich Guericke doch, den Vertreter der Reichsstadt Nürnberg in alle relevanten Belange einzuweisen, erhielt auch nochmals Gelegenheit eines Sachstandsvortrags beim Kaiser und konnte ihn besonders auf die »gedruckt Stadt Privilegia« (zit. n. Hoffmann 1874, S. 119) hinweisen, bevor er die durch Krankheit in Leipzig unterbrochene Rückreise antrat, und schließlich am 23. März 1651 wieder in Magdeburg eintraf.

Da die Stadt einerseits dem Kurfürsten von Brandenburg unter Berufung auf den Friedensvertrag eine Eventualhuldigung verweigert hatte, andererseits deren Bürger aus gleichem Grund die Sudenburger mit Waffengewalt am Wiederaufbau ihrer Häuser gehindert hatten, hielt es der Stadtrat für angebracht, vorsorglich eine Abordnung an den kaiserlichen Hof zu schicken, welcher sich in Vorbereitung einer Königswahl seit August 1652 in Prag aufhielt. Und obwohl Bürgermeister Guericke erst im Mai 1652 eine zweite Ehe eingegangen war, erklärte er sich bereit, diese Reise zu unternehmen, um bei der Gelegenheit Dr. jur. Selle, den neuen Stadtsyndikus, vor Ort einzuweisen. Allerdings sollte die Abordnung diesmal nur um Erneuerung des ottonischen Privilegs und um Erweiterung des Festungsprivilegs nachsuchen, erfuhr in Prag jedoch, daß infolge der anstehenden Königswahl in der Magdeburger Angelegenheit keinerlei Entscheidung zu erwarten wäre. Dies bestätigte sich auch anläßlich einer Audienz, bei der Guericke den Eindruck gewann, »dass man Uns mitt gutten worten bis zum uffbruch nacher Regenspurgk aufzuhalten … befleissigen thue« (zit. n. Hoffmann 1874, S. 129). Infolge dieser Sachlage wies der Stadtrat Bürgermeister Guericke an, wenigstens ein kaiserliches Teilnahmedekret für diesen Reichstag zu erwirken, »da ja die Stadt kein Reichsstand und nicht auf den Reichstag citiert sei« (zit. n. ebd., S. 131). Nach Eingabe einer entsprechenden Merkschrift begaben sich beide Abgesandte unverzüglich zurück nach Magdeburg und trafen dort am 31. Oktober 1652 wieder ein.

Auf dem Reichstag zu Regensburg 1653/54

Im Hinblick auf diesen Reichstag gab es zunächst eine harte Auseinandersetzung zwischen Bürgermeister Guericke und Consiliarius Stajus über Art und Umfang einer Unterrichtung der Reichsstände, wobei sich sein Widersacher durchsetzen konnte – sehr zum Nachteil der Stadt, wie sich später herausstellen sollte. Dessenungeachtet betraute man den erfahrenen Bürgermeister Guericke mit dieser Aufgabe, erstellte eine ausführliche Instruktion und schickte ihn mit Dr. Selle am 7. Februar 1653 auf die Reise. In Regensburg schien zunächst eine Stimmung zugunsten Magdeburgs vorzuherrschen; allerdings blieben alle bereits eingereichten Schriftsätze bis zum Abschluß der Krönung am 18. Juni 1653 unter Verschluß, so daß keine Kopien angefertigt werden konnten. Die Vertreter des Erzstifts hatten ihre Argumentationsschriften bereits als Drucksachen mitgebracht und verteilt, während die Magdeburger jetzt erst einen entsprechenden Entwurf fertigen und dem Stadtrat zwecks Zustimmung übersenden mußten.

Nach erfolgter Krönung Ferdinands IV. zum König konnten die Magdeburger anläßlich einer Audienz am 19. Juni 1653 ihre Glückwünsche überbringen und erneut ein Bittschreiben in ihrer Angelegenheit überreichen. Da der Kaiser sich in dieser Angelegenheit jedoch nicht exponieren wollte, wurde der ganze Magdeburger Vorgang einen Monat später den Reichsständen zur Begutachtung vorgelegt. Zu deren Unterrichtung wurde nunmehr eine Sachstandsdarstellung erarbeitet und dem Stadtrat übersandt, woraus sich ein handfester Streit entwickelte, in dessen Verlauf Bürgermeister Guericke seinem Ärger wie folgt Luft machte: »Jetzo ist woll abermals die Frage, ob Sie [= der Rat, K. L.] Uns den rechten wegk zeigen oder selbst in solcher confusion stecken, daß Sie weder hinter sich oder vor sich wissen« (zit. n. Hoffmann 1874, S. 140).

Drei Monate später stimmte der Stadtrat dieser Merkschrift zwar zu, behielt sich jedoch den Druck in Magdeburg vor, so daß die Drucksache erst am 17. Februar 1654 vor Ort vorlag. Wegen einer Erkrankung seiner Ehefrau mußte sich Bürgermeister Guericke zwischendurch nach Magdeburg begeben, war aber spätestens am 19. Dezember 1653 wieder zurück, wobei nicht auszuschließen ist, daß er bei der Gelegenheit die Geräte mitgebracht hatte, mit denen er später seine aufsehenerregenden Versuche durchführte.

Zunächst jedoch mußte er bei Kaiser und Reichsständen gegen eine Vollstreckungsmaßnahme des Administrators Beschwerde einlegen, wobei es sich um angebliche Zahlungsrückstände fälliger Reichs- und Kreissteuern handelte, und dies obwohl die Stadt einen gültigen kaiserlichen Schutzbrief (protectorium) und einen Indultbrief (moratorium) besaß und damit nicht pfändbar war. Also wurden die Reichsstände am 17. Januar 1654 angewiesen, sich den gesamten Magdeburger Vorgang alsbald vorzunehmen und für den Kaiser ein entsprechendes Gutachten zu erstellen. In Ermangelung der immer noch ausstehenden gedruckten Merkschrift gelang es Bürgermeister Guericke unter Einschaltung des Reichskanzlers, den Entwurf dieser Schrift per Diktat an die Reichsstände verteilen zu lassen. Zusätzlich machte der Kurfürst von Sachsen der Stadt das seit Jahrhunderten verbriefte und ausgeübte Stapelrecht mit der Behauptung streitig, sie hätte sich dieses während der Kriegswirren widerrechtlich angemaßt, was gleichfalls zu widerlegen war.

Nach Rückkehr aus Magdeburg hatte Bürgermeister Guericke begonnen, seine naturwissenschaftlichen Experimente interessierten Kreisen vorzuführen, und möglicherweise erhielt auch der kaiserliche Hof Kenntnis davon, denn Guericke bekam am 17. März 1654 eine neuerliche Audienz, wurde sogar zur kaiserlichen Tafel gebeten und hat nachfolgend seine Versuche der »Kayserl. Mayst. Ferdinando III. auch allen anwesenden Churfürsten und Fürsten … unterhänigst demonstrieret, so daß die … ein gar gnädigstes Vergnügen daran gehabt« (zit. n. Schneider 1995, S. 98 f.). Aufgrund einer kaiserlichen Anmahnung bezüglich der Magdeburger Sache erging am 1. Mai 1654 eine Ladung an alle drei Reichskollegien wegen des einschlägigen Paragraphen der Acta Pacis Westphalicae; das von der Reichskanzlei zusammengefaßte Abstimmungsergebnis vom 17. Mai 1654 war für die Stadt vernichtend: Bestätigung des ottonischen Privilegs nur bei Vorlage des Originals, Huldigungspflicht für Magdeburg als Landstadt des Erzstifts, keine Behinderung des Wiederaufbaus der Vorstädte, kein Besitzanspruch auf geistliche und weltliche Güter im Bereich des erweiterten Festungsprivilegs und Aufhebung des widerrechtlich angemaßten Stapelrechts. Unbeschadet reichsstädtischer Vorbehalte, eines schwedischen Einspruchs und der von Magdeburg eingereichten Denkschrift wurde der Niedersächsische Reichskreis bereits am 19. Juni 1654 mit dem Vollzug des Reichsabschieds betraut, womit alle Hoffnungen der Stadt Magdeburg auf Reichsunmittelbarkeit und Kompensation ihrer Kriegsschäden endgültig zunichte wurden.

In Helmstedt, Halle, Cölln/Spree, Quedlinburg und Wien 1657–1660

Mit der Verlagerung auf die Reichskreisebene wurde aus dem Magdeburger Anliegen eine reine Verwaltungsangelegenheit zum Vollzug des Reichsabschieds, wozu Bürgermeister Guericke anmerkt »seind darauß … immer mehr weiterungen, tractaten, verschickungen, und reisen, entsproßen, welchen ich beyzuwohnen iedesmahls ersuchet worden« (zit. n. Schimank 1968, S. [121]).

So verhandelte er nebst einer Abordnung der Stadt im März 1657 in Helmstedt zur Abwendung eines Huldigungsverlangens des Administrators und im Dezember 1657 allein in Halle in gleicher Angelegenheit. Im März 1658 hielt er sich mit Consiliarius Dr. Iden in Cölln / Spree auf, um vom Großen Kurfürsten eine Rücknahme des brandenburgischen Huldigungsverlangens zu erwirken, erreichte aber lediglich dessen Zusage, die im Friedensvertrag enthaltenen Bestimmungen in einem Revers

Abb. 4 Der Stephansdom in Wien im Reisebuch von Edward Brown, 1686, vgl. auch Kat. 185.

zuzusichern. Im Juni 1658 wurde erneut und ergebnislos in Quedlinburg über ein Huldigungsverlangen des Administrators verhandelt, und schließlich wurden Bürgermeister Guericke und Dr. Iden im Juli 1659 nach Wien geschickt, um dem neuen Kaiser Leopold I. zu huldigen und sich bei dieser Gelegenheit erneut um eine Bestätigung der alten Privilegien zu bemühen – vergeblich, denn sowohl der Große Kurfürst als auch der Administrator hatten bereits beim Reichshofrat veranlaßt, daß dem Ansinnen Magdeburgs keine Beachtung geschenkt wurde. Abschließend vermerkt Bürgermeister Guericke, »daß mihr die reise … nacher Wien … gar gefehr- und beschwehrlich gewesen, in dem ich … alda eine große Kranckheit auß gestanden« (zit. n. Schimank 1986, S.[121]). So kehrten beide Abgesandten unverrichteter Dinge am 12. Februar 1660 nach Magdeburg zurück.

»Also habe ich daß meinige bey der Stadt gethan«

Daß es Guericke als Außenseiter auf dem diplomatischen Parkett gelang, den Abzug der drückenden sächsischen Besatzung und die Verankerung der Ansprüche seiner Vaterstadt in der Acta Pacis Westphalicae zu erreichen, muß als ein herausragender Erfolg bezeichnet werden. Daß es ihm nicht gelang, diesen Erfolg in praktische Entscheidungen bei dem Kaiser und den Reichsständen umzusetzen, lag nicht zuletzt an veränderten Machtverhältnissen im Reich, aber auch an der Beeinträchtigung seiner Handlungsfreiheit durch die Stadt. Daß diese außerordentliche Leistung, die er unter schwierigsten Bedingungen und unter Hintansetzung seiner persönlichen Belange für die Stadt erbracht hat, von dieser letztendlich nicht gewürdigt wurde, indem man ihm die verbrieften und gesiegelten Privilegien entzog, muß ihn ganz persönlich getroffen haben, schreibt er doch 1677 in seiner diesbezüglichen Denkschrift an den Stadtrat über seine »Vielen, langwierigen, gefehr- und beschwehrlichen, doch der Stadt nutzbaren reisen und Expeditionen« (zit. n. Schimank 1968, S.[114]): »Also habe ich daß meinige bey der Stadt gethan … keinen fleiß sorge und mühe gesparret, dadurch mein privatwesen versäumet … und … vielmehr Schaden erlitten, alß ich durch die freyheit gewonnen …« (zit. n. ebd., S.[112]). Unter diesem Gesichtspunkt erscheint es verständlich, daß Guericke noch im Alter von 79 Jahren seiner geliebten Vaterstadt den Rücken kehrte und zu seinem Sohn nach Hamburg übersiedelte.

Ditmar Schneider

Entdeckung der Leere

Die Entwicklung der Vakuumluftpumpe durch Otto von Guericke

Vier bedeutende Erfindungen hinterließen uns die Naturforscher des 17. Jahrhunderts. Die erste Erfindung ist das Teleskop für den Blick in den unermeßlich weiten Makrokosmos, die zweite ist das Mikroskop für einen neuen Blick in die unerwartete Vielfalt des Mikrokosmos, die dritte ist die Vakuumpumpe für den nun möglichen Blick in den umstrittenen leeren Raum und die vierte ist die Pendeluhr für den notwendig genaueren Blick in die Zeitabläufe des Mikro- und Makrokosmos. Fast alle Geräte dienten den Neuen Wissenschaften, zu deren Leitwissenschaft die Neue Astronomie wurde. Außer der Vakuumpumpe scheinen diese Erfindungen für die Entdeckung eines möglichen leeren Raumes nicht direkt benötigt zu werden. Aber tatsächlich zielen sie alle auch auf dieses Thema.

Die Erfindung der Vakuumpumpe

Der Niederländer Isaac Beeckmann hatte schon 1618 in seiner Dissertation (Beeckmann 1618) behauptet, daß sich Luft wie Wasser pumpen lasse. Guericke wird während seines Studiums in Leiden von 1623 bis 1624 in den Vorlesungen zum Festungsbau und wohl auch zum Wasserbau davon gehört haben (vgl. Beitrag Otterspeer). Angeregt durch die umfangreichen astronomischen und atomistischen Diskussionen überlegte er, wie er das Vakuum in der Realität nachweisen könnte. Heute müssen wir davon ausgehen, daß Guericke bis 1653 weder die Versuche noch die Briefe Torricellis oder die Bücher von Galilei kannte. Von allem erfuhr er erst im Sommer 1653, als er in Regensburg dem Kapuzinerpater Valerian Magni begegnete, der ihm sein Büchlein (Magni 1647) schenkte. Zu dieser Zeit hatte Guericke bereits die eigenen Versuche so ausgebaut, daß er sie im Mai 1654 zum ersten Male öffentlich vor »Durchlauchten« in Regensburg erfolgreich vorführen konnte.

Jedenfalls versuchte der Jurist und Naturforscher Guericke, augenscheinliche und handfeste Beweise für die Existenz des Vakuums vorzulegen. Er kannte die Wasserpumpen oder »messingenen Feuersprützen« (Guericke 1672, S. 73), auch Pumpenstiefel genannt, von Stadtbränden. Mit diesem Gerät, das in Originalen noch bis heute überliefert ist, entleerte die Feuerwehr einen Wasserbehälter oder -eimer, um dieses Wasser gezielt in einen Brandherd einzubringen. Würde dieser Behälter geschlossen sein, das Zuströmen von Luft verhindert und das Wasser herausgepumpt, so müßte das Gefäß anschließend leer sein!

Dabei hatte Guericke einige grundsätzliche Probleme zu überwinden: 1. Der Zylinder selbst, ob gegossen oder gewickelt, mußte dicht sein. 2. In zahlreichen Versuchen war die Dichtung zwischen Kolben und Zylinderwand zu verbessern. So verlängerte Guericke den Kolben gegenüber den Wasserspritzen. 3. Er mußte bereits mit dem zweiten Pumpenhub das Zurückströmen des schon herausgepumpten Wassers in den Behälter verhindern. Dazu übernahm er die bei den Wasserpumpen vorhandenen und bewährten Klappenventile aus Leder, die er für seine Zwecke verfeinerte. 4. Der Behälter aus Holz, Glas oder Kupfer, nun Rezipient genannt, mußte dicht und stabil sein, um den gewaltigen Kräften des Luftdrucks standzuhalten.

Die Grundideen zur Vakuumpumpe brachte Guericke sicher schon von seinem Studium aus den Niederlanden mit. Zusätzlich werden ihn der Galilei-Prozeß 1633, die Veröffentlichungen des Plenisten René Descartes (Descartes 1644) über den vollständig ausgefüllten Raum sowie seine Kontakte zu Buchhändlern und Naturforschern während der Verhandlungen in Münster und Osnabrück angeregt haben. 1649 weilte er im Zentrum der Rotgießer in Nürnberg, wo er während der Erfüllung seiner diplomatischen Aufgaben wohl einen oder mehrere Pumpenzylinder von Handfeuerspritzen erworben hat. Guericke ließ also bekannte technische Elemente der Handfeuerspritze und Wasserpumpe zu einem neuen Instrument, der Vakuumpumpe, zusammenfügen. Wieviel Zeit Guericke für diese erste Phase der Entwicklung benötigte, ist nicht bekannt. Bis er im Mai 1654 in Regensburg seine Vakuumpumpe öffentlich vorführen konnte, vergingen sicher mehr als fünf Jahre.

Zunächst versuchte Guericke mit einer ersten Pumpenkonstruktion ein mit Wasser gefülltes Bierfaß, das er als Brauherr besaß, leer zu pumpen (Guericke 1672). Es war ein totaler Mißerfolg. Guericke stellte fest, daß Luft durch die Poren des Holzes mit gewaltiger Kraft hindurchgedrückt wurde. Die Lehrmeinung des Aristoteles von der Furcht vor dem Leeren war eindrucksvoll bestätigt. Seinen Erfahrungen folgend, umgab Guericke bei einem weiteren Versuch ein wassergefülltes kleineres Faß mit einem ebenfalls mit Wasser gefüllten größeren Faß. Wasser wirkte wiederum als Dichtmittel. Das kleine Faß wurde an die Pumpe angeschlossen und leergepumpt, wie er an der entnommenen Wassermenge leicht prüfen konnte. Beim Öffnen des kleinen Fasses strömte aber nur wenig Luft ein. Mit Erstaunen stellte Guericke fest, daß sich darin noch Wasser befand. Es konnte ebenfalls nur durch die Poren der Holzdauben eingedrungen sein und so die Bildung eines Vakuums verhindern. Gewaltige Kräfte mußten demzufolge auf das Wasser drücken. Nochmals war die Lehrmeinung der Peripatetiker vom Horror vacui nachhaltig bestätigt. Guericke versuchte verbissen, für den Rezipienten dichtere Materialien zu finden. Dieses Material war zunächst Kupfer. Die Magdeburger Handwerker trieben ihm zwei Halbkugeln, die am Äquator zusammengelötet wurden. Aus den gefüllten Kugeln pumpte er nun das Wasser heraus und mußte feststellen, daß sie mit einem lauten Knall zusammenfielen. Sie waren »mit lautem Knall und zu allgemeinem Schrecken so zusammengedrückt, wie man ein Leintuch in der Hand zerknüllt« (Guericke 1672, S. 57). Die Schuld wies er den Handwerkern zu, die offenbar unfähig waren, entsprechend seinen Vorstellungen ideal runde Kugeln herzustellen, die jeder äußeren Kraft widerstehen konnten. Natürlich waren ideal runde Halbkugeln nicht mit der üblichen Treibtechnik herzustellen. Die Handwerker folgten

Abb. 1 Der Rotschmied – Herstellung von Feuerspritzen im 16. Jahrhundert.

nun ihren Erfahrungen und trieben neue Halbkugeln mit einer größeren Wanddicke. In diesem Rezipienten gelang es Guericke erstmals, einen leeren Raum herzustellen. Der Erfolg war demonstrierbar, indem eine vorher ausgemessene Wassermenge in den leeren Behälter einströmte und ihn voll ausfüllte. Die Furcht vor dem Vakuum war also überwindbar, endlich; und der leere Raum gehörte zu den natürlichen Erscheinungen und war nicht gegen die

Natur, wie die Plenisten, besonders die Peripatetiker, behaupteten. Bewundernswert sind die fast penetrante Hartnäckigkeit und die juristisch fundierte Beweisführung, mit denen Guericke trotz vorhergesagter und tatsächlicher Mißerfolge sein Ziel siegesbewußt anstrebte.

Die Vakuumpumpen von Guericke

Guerickes Pumpen waren Vakuumpumpen, mit denen aus einem Behälter, dem Rezipienten, fluide Stoffe, also Flüssigkeiten oder Gase, herausgepumpt werden konnten. Sie konnten ohne Umbau nicht als Verdichter betrieben werden, wie die heute übliche Fahrradluftpumpe. Die Pumpen bestanden aus dem messingenen Pumpenzylinder, dessen Abmessungen den damals üblichen Feuerspritzen entsprachen, die entweder mit einer Hand (Außendurchmesser etwa 70mm) oder mit zwei Händen (Außendurchmesser etwa 140mm) fest umfaßt werden konnten. Die ledernen Klappenventile wurden durch eine Messingfeder vorgespannt, damit sie schneller dichteten. Ihre Funktion stellte sich nach den Kolbenbewegungen und den daraus entstehenden Druckverhältnissen selbständig (automatisch) ein. Der Kolben und die Kolbenstange mit den notwendigen Griffen waren aus Holz oder Eisen gefertigt. Der Kolben wurde mit Leder überzogen, in den Messingzylinder gepreßt und angefeuchtet, um das Leder elastisch zu erhalten. Zur besseren Dichtung verlängerte Guericke diesen Kolben und vergrößerte damit die Dichtfläche. Lohnarbeiter bewegten die Kolbenstange und das sorgfältig ausgeführte Hebelsystem. Guericke beschrieb vier unterschiedliche Pumpentypen, deren Entwicklung aus den gedruckten Werken eindeutig nachvollzogen werden kann.

Abb. 2 Pumpe 1. Bauart, Erzeugen der Leere durch Auspumpen der Luft, vgl. Kat. 218.

Vakuumpumpe 0. Bauart

Ausgangspunkt der Pumpenkonstruktion war die Handfeuerspritze. Guericke vergrößerte die Kolbenlänge und brachte lederne Klappenventile an, das Eintrittsventil am Rezipienten war im »Stiefelhacken« angebracht, das Austrittsventil für das Wasser etwa auf der Hälfte des Pumpenzylinders (Schott 1657. Schott [dt.] 1657/1986). Um alle Öffnungen zu verschließen, die ein Einströmen der Außenluft ermöglichen konnten, wurde die gesamte Konstruktion fest in ein mit Wasser gefülltes Becken aus Holz oder Kupfer eingebaut (vgl. Kat. 218).

Diese erste Vakuumpumpe konnte nur eine Wasserpumpe sein. Sichtbar wurde dies an dem großen Totraum, der sich aus dem Volumen zwischen Einlaß- und Auslaßventil bestimmt. Das Volumen des Totraumes im Zylinder war während des Pumpvorganges ungenutzt, die Effektivität der Pumpe dadurch stark verringert. Wasser ist inkompressibel, daher wirkt es wie ein Kolben und folgt dem in der Pumpe.

Ein großer Nachteil war allerdings der schon am Anfang des Pumpvorganges notwendige gewaltige Kraftaufwand, der allen konstruktiven Elementen sofort eine beträchtliche Beanspruchung und den Lohnarbeitern schon anfangs alle Kräfte abverlangte. Als Luftpumpe konnte dieses Instrument kaum genutzt werden. Etwa 50 Prozent der vorher evakuierten Luft würden im Pumpenzylinder verbleiben. Diesen Pumpentyp bezeichnen wir heute als 0. Bauart. Er war der Prototyp der ersten Vakuumpumpe, den Guericke auf dem Reichstag zu Regensburg im Mai 1654 vorführte. Johann Philipp von Schönborn, Fürstbischof von Mainz und Reichserzkanzler, erwarb das Exemplar und übergab es den Professoren an der Universität Würzburg, Kaspar Schott und Melchior Cornaeus, für weitere Versuche. Nach den Mitteilungen des anschließend begonnenen Briefwechsels mit Guericke führte Schott gemeinsam mit Cornaeus Versuche durch. Beide, Schott und Cornaeus, beschrieben diese erstmals in ihren Werken »Mechanica hydraulico pneumatica« (Schott 1657. Schott [dt.] 1657/1986) und »Curriculum philosophiae« (Cornaeus 1657). Diese Veröffentlichungen zeigten dieselben Geräte und beschrieben identische Experimente, aber mit grundsätzlich verschiedenen Schlußfolgerungen. Schott wollte dieses vorgeführte Vakuum näher prüfen, während Cornaeus die Versuche als unumstrittenen Beleg der Nichtexistenz eines Vakuums wertete. Der Streit um das Vakuum wurde durch beide Werke sehr belebt und zugespitzt.

Vakuumluftpumpe 1. Bauart

In seinem Hauptwerk (Guericke 1672) stellte Guericke seine Vakuumluftpumpe 1. Bauart vor. Sie unterschied sich bis auf Feinheiten an Kolben, Zylinder und Ventilart in der Konstruktion nicht von der der 0. Bauart. Die entscheidende Veränderung, die den Übergang von der Wasser- zur Luftpumpe um 1655 charakterisierte, lag in der Anordnung der Ventile. Ein- und Auslaßventil rückten näher zusammen, so daß sich der Totraum entscheidend, um mindestens 75 Prozent, verringerte. Die Effektivität dieser Luftpumpe stieg, was sich in weniger Pumpenhüben bis zur Entleerung des Rezipienten und in einem besseren Vakuum bemerkbar machte. Nach Guerickes Äußerungen wurde diese Pumpe 1. Bauart seit 1655/1656 benutzt. Sie erreichte einen luftleeren Raum von etwa 95 Prozent des Gesamtvolumens in einem dichten Rezipienten.

Vakuumluftpumpe 2. Bauart

Diese Vakuumluftpumpe war schon vor 1662 (Schott 1664. Schott [dt.] 1664/1986) in Guerickes Wohnhaus in der Münzstraße fest installiert. Die Pumpe stand im Keller des Gebäudes senkrecht auf einem Dreibein in einem großen Holzbottich, so daß alle Verbindungsteile unter Wasser abgedichtet waren. Ein Rohr führte durch die Decke in das darüber befindliche Arbeitszimmer Guerickes, wo Besucher, ungestört von den pumpenden Lohnarbeitern, den Ausführungen des in den »pneumatischen Wissenschaften bewanderten Bürgermeisters« (Monconys 1665/66 und 1697, S. 698–701) folgen konnten. Auf Grund des vergrößerten Zylinderdurchmessers war die Krafteinbringung über einen großen Hebel notwendig, um zwei bis vier Lohnarbeitern die schwere Arbeit am Gerät zu ermöglichen. Die Stabilität der Konstruktion erforderte eine stehende Pumpe, um die zur Bedienung notwendigen großen Kräfte besser in die Gesamtkonstruktion einzuleiten. Entscheidend für die Effektivität dieses Pumpentyps war die weitere Minimierung des Totraumes. Guericke fand die optimale Lösung für die Ventilanordnung. Beide Ventile wurden an der Stirnseite des Zylinders angebracht, was für Kolben-Zylinder-Maschinen dieser Art in den folgenden Jahren bis zu den heutigen Motoren die Standardlösung geblieben ist.

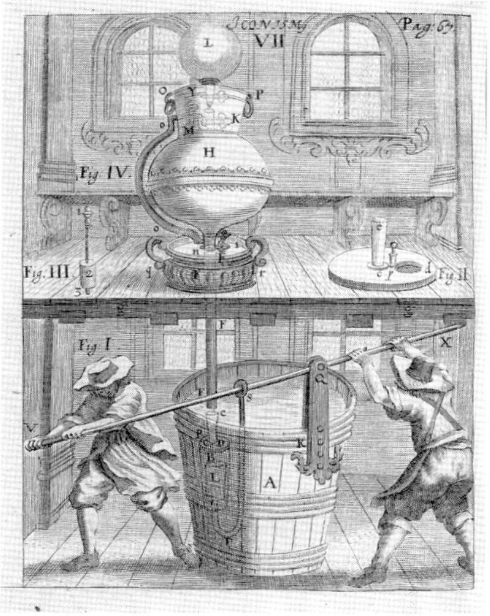

Abb. 3 Pumpe 2. Bauart, verbessertes, fest im Haus installiertes Gerät, vgl. Kat. 203.

Vakuumluftpumpe 3. Bauart

1662 forderte der Kurfürst Friedrich Wilhelm von Brandenburg Guericke auf, endlich seine nun schon sehr bekannten Magdeburger Experimente auf dem kurfürstlichen Schloß in Cölln an der Spree vorzuführen. Dafür ließ Guericke eine vollkommenere Luftpumpe, die 3. Bauart (Guericke 1672), von Magdeburger Handwerkern fertigen und im Sommer 1663 per Schiff nach Cölln bringen. Die große Pumpe 2. Bauart diente als Vorbild. Lediglich der Durchmesser des Pumpenzylinders wurde in den Abmessungen der Pumpe der 0. oder 1. Bauart gewählt. Der Zylinder stand senkrecht in einem handgeschmiedeten Dreibein. Der Kolben wurde mit Hilfe einer größeren Hebelkonstruktion bewegt. Alle empfindlichen Verbindungen standen in kupfernen Behältern unter Wasser und waren somit abgedichtet. Beide Ventile waren wie bei der 2. Bauart an der Stirnseite des Zylinders angebracht, so daß der Totraum weiterhin minimal gehalten wurde und die Pumpe eindeutig eine Luftpumpe war. In die konisch gestaltete Steckverbindung aus Messing wurde ein Glas- oder Kupferrezipient eingesetzt. Damit demonstrierte Guericke dem Kurfürsten Friedrich Wilhelm, dem Prinzen und dessen Erzieher Otto von Schwerin am 10. Dezember 1663, »was Vakuum bedeutet« (Schimank 1968).

Von dieser Vakuumluftpumpe 3. Bauart sind heute noch drei durch jahrelangen Gebrauch und Reparatur veränderte Exemplare erhalten. Das Berliner Original von 1663 (vgl. Kat. 207) steht seit 1907 im Deutschen Museum München (Pohl 1936). Ein zweites Exemplar aus dem Guericke-Besitz gelangte über die Erben Guerickes und eine Auktion an Professor Dr. Gottfried Beireis nach Helmstedt. Er vererbte die Guericke-Apparaturen der späteren Technischen Universität Braunschweig (Marx 1831). Hier werden sie noch heute in der Universitäts-Bibliothek ausgestellt (vgl. Kat. 219). Ein drittes Original sollte wahrscheinlich der sächsische Kurfürst Johann Georg erhalten. Auf bisher nicht geklärtem Wege gelangte es nach Schweden, an das Physikalische Institut der Universität Lund (Erlandsson 1997), das die Pumpe heute im Technischen Museum Malmö präsentiert. Weitere originale Vakuumpumpen Guerickes, auch der 0., 1. oder 2. Bauart, konnten trotz umfangreicher Recherchen bisher nicht ermittelt werden.

Weiterentwicklung – Robert Boyle und Robert Hooke in England

1657/1658 erhielt Robert Boyle aus dem Buch von Kaspar Schott (Schott 1657), im Anhang war Guerickes erste Vakuumpumpe abgebildet, den Impuls, seine schon geplanten Experimente zu realisieren. Boyle beschäftigte sich seit 1649 mit der experimentellen Naturforschung. Mit seinem Assistenten Robert Hooke versuchte er nun in Oxford erfolgreich, die Vakuumpumpe 0. Bauart Guerickes zu verbessern. Gemeinsam mit Instrumentenbauern stellten sie bei ihrer 1. Bauart (vgl. Abb. 2, S. 86) den Zylinder senkrecht und übernahmen die schon vorhandene und erprobte Konstruktion des Zahnstangengetriebes (Pankratz oder Kutscherwinde), um die Krafteinbringung vom Menschen auf den Kolben zu vereinfachen und zu erleichtern. Dieses Zahnstangengetriebe wurde zu einer Grundkonstruktion, die später in fast allen handbetriebenen Pumpen erhalten blieb. Die automatischen Klappenventile Guerickes wurden durch einen handbewegten, gut eingeschliffenen Einwegehahn und einen konischen Stöpsel ersetzt. Besonders wichtig war die Vergrößerung des Glasrezipienten mit einer erweiterten Öffnung, dem Mundstück, durch das auch größere Gegenstände und Lebewesen in den Rezipienten gesetzt werden konnten. Nach 1660 veröffentlichte Boyle zuerst in englischer (Boyle 1660) und dann in lateinischer Sprache (Boyle 1661. Boyle [dt.] 1661/ 1990, S. 81) die Ergebnisse seiner etwa 40 Experimente. Guericke bemängelte an Boyles Pumpe 1. Bauart, daß sie nicht von Wasser umgeben sei, so daß das Vakuum durch die an undichten Stellen einströmende Luft nur schlecht sein könne. Boyle veränderte dieses schon selbst erkannte Problem, indem er 1669 bei seiner 2. Bauart die gesamte Pumpe in einen Behälter unter Wasser brachte, wie Guericke es vorschlug. In der folgenden ersten (Boyle 1669) und in der zweiten Erweiterung (Boyle 1680) der »Neuen physiko-mechanischen Experimente« demonstrierte Boyle diese Fortschritte auch in der Royal Society in London.

Christiaan Huygens und Denis Papin in den Niederlanden

1661 besuchte Christiaan Huygens seinen Kollegen Robert Boyle in England, um unter anderem die Naturphilosophie Descartes und die Aussagen Schotts und Guerickes (Schott 1657. Schott (dt.) 1657/1986) zu diskutieren. Huygens ließ danach (Huygens 1888) von seinem Assistenten Denis Papin (Papin 1674. Papin nach 1677) eigene Pumpen bauen (Abb. 4). Beide erfanden den Rezipiententeller, auf den Glashauben verschiedener Querschnitte gesetzt werden konnten, und den Dreiwegehahn zur besseren Steuerung der Pumpe. Sie benutzten zudem als erste Öl als Dicht- und Gleitmittel. Huygens und Papin stellten die Pumpen ebenfalls senkrecht in ein Dreibein, so daß ihre Konstruktion der Boyles sehr ähnlich war. So wurde die niederländische Pumpenbaulinie begründet, die sehr erfolgreich werden sollte. Wolferd Senguerd entwickelte um 1680 einen Pumpentyp mit schräg liegendem Zylinder, einem Zahnstangengetriebe mit Haspel, dem Dreiwegehahn und einem Rezipiententeller (Senguerd 1685), der von Jan van Musschenbroek und anderen übernommen wurde.

Eine weitere bedeutende Entwicklungslinie entstand durch Boyle, der zusammen mit dem inzwischen nach England übergesiedelten Papin eine zweistieflige, das heißt zweizylindrige Pumpe entwickelte. Hauksbee war derjenige, der diese Idee in einer später weitverbreiteten Pumpenkonstruktion umsetzte, die zu einem Prototyp für Universitäten, Akademien, Privatgelehrte und Sammler wurde (Hauksbee 1719). Die beiden Zylinder standen nebeneinander auf dem Dreibein. Der Antrieb erfolgte nun durch eine Haspel. In deren Zahnrad waren beide Zahnstangen eingehängt, die mit dem jeweiligen Kolben verbunden gegenläufig arbeiteten. So wurden Leerhübe vermieden und die Effektivität sowie die Schnelligkeit bei der Erzeugung eines leeren Raumes stieg an. Die Umschaltung der Hähne geschah bald automatisch über eine Stangenverbindung mit dem Haspelgetriebe. Der Instrumententeller erhielt auch den Anschluß zu einer Quecksilbersäule, so daß der Druck im Rezipienten jederzeit kontrollierbar blieb. Diesen Vakuumpumpentyp kopierten im 18. und 19. Jahrhundert viele Instrumentenbauer, verbesserten ihn aber nur in Details. Seine entscheidende Grundform erhielt diese Pumpe durch Francis Hauksbee (Abb. 5) in England und Jakob Leupold in Deutschland.

Akademien von Montmor und Paris in Frankreich

Eine weitere Gruppe, die sich mit Experimenten zum Vakuum und damit mit der Herstellung des Vakuums beschäftigte, war die private Akademie von Habert de Montmor in Paris. Von 1653 bis 1664 bildete diese private Akademie den Kristallisationspunkt der Königlichen Akademie der Wissenschaften von Paris. Ihr gehörten zeitweise Pierre Gassendi, Blaise Pascal, Christiaan Huygens, Balthasar de Monconys, der Guericke 1663 besuchte, und viele Gründungsmitglieder der später entstandenen Königlichen Akademie (ab 1666) an. Huygens präsentierte in diesem Arbeitskreis seine Vakuumluftpumpen, die von den Mitgliedern genutzt und in die Königliche Akademie eingebracht wurden. Hier wirkten nach 1674 neben Wilhelm Homberg (Bekker 1986), der ein Schüler Guerickes und später einer der Direktoren der Königlichen Akademie war, Bernard le Bovier de Fontenelle und der große Experimentalphysiker Jean Antoine Nollet (Nollet 1751), der eine zweistieflige Pumpe nach Hauksbee und Leupold für umfangreiche Experimente baute.

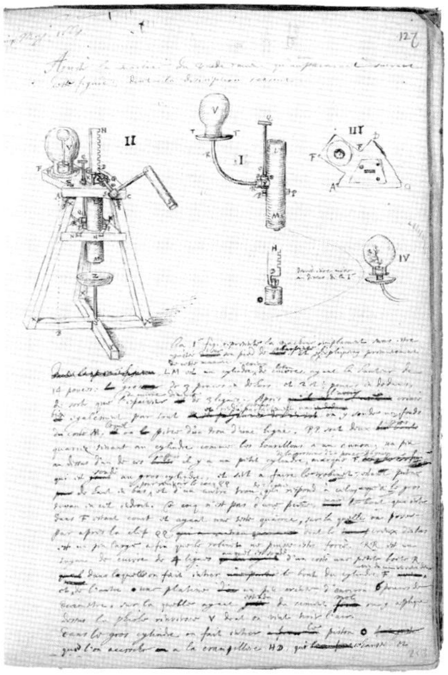

Abb. 4 Christian Huygens' Luftpumpe, eigenhändige Zeichnung, um 1665.

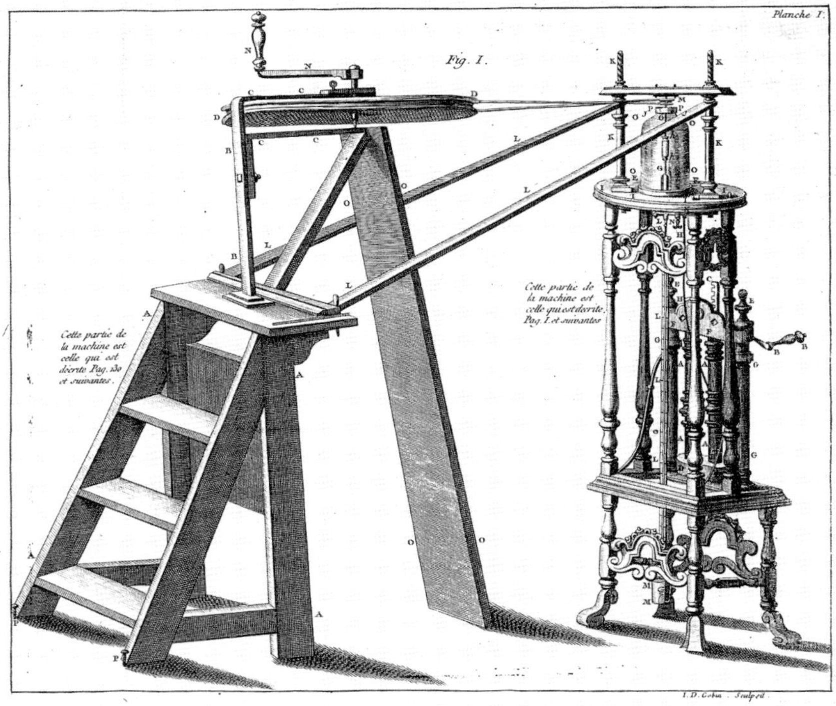

Abb. 5 Kupferstich der Hauksbee-Pumpe von 1719 in der französischen Ausgabe von 1754, vgl. Kat. 231.

Johann Christoph Sturm und Jakob Leupold in Deutschland

Sturm legte, wie Guericke, seine Pumpenzylinder schräg in einen Wasserbottich. Er veränderte die Ventillage dadurch, daß er das Einlaßventil an der Stirnseite des Zylinders beibehielt und das Auslaßventil in den Kolben der Luftpumpe verlegte. Dadurch gelang ihm ebenfalls eine Minimierung des Totraumes. Sein »Collegium experimentale« (Sturm 1675 und 1685), das 1675 als privater Freundeskreis entstand, war ein Vorbild für die Schaffung der Lehrstühle für Experimentalphysik an deutschen Universitäten. Das »Collegium« brachte viele neue Ideen hervor, so ein Luftschiff mit evakuierten Kugeln.

Der Pumpentyp nach Wolferd Senguerd wurde 1707 von Jakob Leupold in Leipzig übernommen, verbessert und in größerer Stückzahl für die Kuriositätenkabinette der Fürsten (vgl. Kat. 234), für die Salons wohlhabender Bürger, für Privatgelehrte und für die Universitäten produziert. Seine Instrumente bot er in Katalogen und auch auf Messen an (Leupold 1707, 1712 und 1714). Leupold errichtete wohl die erste Instrumentenbaumanufaktur in Mitteleuropa. Der einstiefligeLPumpentyp von Leupold wird für etwa 200 Jahre neben der zweistiefligen Pumpe von Hauksbee, die Leupold auch nachbaute, zum Standard und zur Grundlage für Experimente mit dem Vakuum.

Vorläufiger Abschluß – aber kein Ende

Mit der Entwicklung der Vakuumluftpumpe war als erstes der Nachweis erbracht, daß es einen leeren, wenn auch nicht absolut leeren Raum gibt. Dieser leere Raum selbst konnte jetzt immer mehr zum Experimentierfeld werden. Hunderte unterschiedlicher Versuche fanden in den entleerten Rezipienten statt. Einzelne Versuche wurden selbst zu Forschungsgegenständen und zogen ganze Industrien nach sich, so die Beschichtung im Vakuum, die Verbrennungsvorgänge im Vakuum, die Trocknung im Vakuum, die Konservierung im Vakuum, die Elektrizität im Vakuum und so weiter. Zum zweiten gelang mit den Vakuumluftpumpen eine einfache, wirkungsvolle, augenscheinliche und handgreifliche Darstellung des Vakuums. Drittens wurden zwangsläufig die wesentlichen Lufteigenschaften näher untersucht. Guericke bestimmte, um die Luft besser beschreiben zu können, die noch heute gültigen Größen Druck, Temperatur und Dichte, die notwendig sind, um den Zustand der Luft oder eines Gases zu beschreiben. Viertens entstand durch Umkehrung des Pumpenprinzips Guerickes atmosphärische Hebemaschine. Denn Luftdruck konnte gegen ein Vakuum Hubarbeit leisten. Guerickes Erfindung war der Ausgangspunkt für Papins Vakuum- (Papin 1674. Papin nach 1677), Dampf- (Papin 1707) und Explosionsmaschinen. Diese Maschinen bildeten die »Urgroßväter« der späteren, die industrielle Revolution fördernden Dampfmaschinen und des heutigen Explosionsmotors. Und fünftens aber nicht zuletzt hatte die entwickelte Methode des Experimentierens zur Folge, daß ein neues Wissenschaftsgebiet, die Experimentalphysik, entstand und sich auch auf andere Gebiete wie die Chemie, die Biologie oder die Philosophie erweiterte.

Johann Christoph Thenn schrieb 1765 in einem Vorwort zur Übersetzung eines Buches von Jan van Musschenbroek: »Die Luftpumpe hat sich seit ihrer Erfindung so nützlich und nothwendig gemachet, daß es gewiß und nach aller Naturlehrer Geständnis ausgemacht ist, wie dadurch die ganze Erkenntnis der natürlichen Dinge ein völlig anderes Ansehen gewonnen, und eine unbeschreiblich viel größere Richtigkeit erhalten habe. Durch dieselbe haben wir erst die Eigenschaften und Würkungen der Luft gehörig einsehen lernen, indem wir sie vermittelst dieser Maschine gleichsam zwingen können, vor unsern Augen ihre Stärke und Würkungen, ihre Eigenschaften und Nothwendigkeiten zu erweisen. Ja wie viele andere Stücke der Naturlehre haben durch die Luftpumpe eine völlig andere Gestalt, oder einen Zuwachs, oder eine Bestätigung erhalten zum Beispiel die Lehre vom Schall, vom Feuer, von der Porosität der Körper.« (Musschenbroek 1765, S. A 2 f.) Die Vakuumpumpe, eine der vier bedeutenden Erfindungen des 17. Jahrhunderts, veränderte und verändert bis heute nicht nur die konkrete, uns umgebende Welt, sondern auch unsere Weltsicht.

Weiterführende Literatur

Wagner 1983. – Torricelli 1897. – Teichmeyer 1717. – Schott 1689. – Newton 1687. – Pascal 1663. – Galilei 1638/1907.

Gerhard Wiesenfeldt

Luftpumpenexperimente

Forschungen an wissenschaftlichen Einrichtungen des 17. Jahrhunderts

Kein anderes Instrument hat die Naturwissenschaften seiner Epoche so stark geprägt, wie die Luftpumpe dies in der zweiten Hälfte des 17. Jahrhunderts getan hat. Zwar gab und gibt es immer wieder Geräte, die in der Praxis einer Disziplin eine nicht wegzudenkende Rolle spielen – beispielsweise die Balkenwaage in der Chemie, das Mikroskop in der Biologie oder der Teilchenbeschleuniger in der Hochenergiephysik –, doch bestimmte die Luftpumpe nicht nur die Arbeitspraxis experimenteller Naturwissenschaften nach 1650, sie war für das Entstehen dieser Wissenschaften selbst konstitutiv. Das heißt, die Luftpumpe war das Instrument, um das herum sich wissenschaftliche Gesellschaften wie die englische Royal Society überhaupt erst gründeten. Gleichzeitig hielten mit der Luftpumpe die experimentellen Naturwissenschaften ihren Einzug in die Universitäten und den Lehrbetrieb. Zwar waren die Experimentalwissenschaften deutlich älter, doch wurden sie bis Mitte des 17. Jahrhunderts vorwiegend auf Privatinitiative oder im Umfeld fürstlicher Patronage betrieben. Erst mit der Luftpumpe wurden Experimente in der institutionellen Form verankert, in der sie für die Aufklärung und danach ein zentrales Mittel wissenschaftlicher Erkenntnis bildeten.

In den Wissenschaften geht es – in welcher Beschaffenheit auch immer – um die Suche nach und die Feststellung von Wahrheit. Bei der Institutionalisierung von Wissenschaft geht es folglich darum, wer in welchen Fragen über wahr und falsch entscheiden darf, also um Macht und Politik. Demzufolge stand die Institutionalisierung der Experimentalwissenschaften nach 1650 und damit die Luftpumpe genauso im Kontext politischer wie gelehrter Entwicklungen. Die Experimente in der zweiten Hälfte des 17. Jahrhunderts waren auch eine Reaktion auf die gewalttätige erste Hälfte, insbesondere auf den Dreißigjährigen Krieg und den englischen Bürgerkrieg.

Die Luftpumpe in der Royal Society

Ein erstes Indiz für die Verbindung von Luftpumpenexperimenten und Politik findet sich ja schon bei Guericke selbst, in seinen öffentlichen Versuchen auf dem Regensburger Reichstag wie auch in der folgenden überkonfessionellen Zusammenarbeit mit dem Jesuiten Kaspar Schott. Sehr viel deutlicher wurde diese Verbindung in der Royal Society of London. Ihre Gründung im Jahre 1662 fiel in die Restaurationszeit, in der nach dem Ende der Herrschaft Oliver Cromwells die Monarchie der Stuarts und Karls II. wiedererrichtet wurde. Doch galt die Herrschaft Karls II. angesichts seiner schwachen militärischen und politischen Macht als unsicher; die religiösen Streitigkeiten hatten mit dem Ende der Cromwell-Ära keineswegs aufgehört, sondern setzten sich mit immer neuen Flugschriften und öffentlichen Auseinandersetzungen fort.

In dieser Situation bemühte sich eine Gruppe von Gelehrten, mit der Royal Society eine Institution zu schaffen, in der diese Konflikte, die das öffentliche Leben beeinträchtigten, gerade keine Rolle spielen sollten. Der bewußte Verzicht auf weitergehende Fragestellungen, der in dem berühmten Zitat Robert Hookes zum Ausdruck kommt, die Royal Society würde nur Experimente zur Vermehrung der Naturkenntnis anstellen, »ohne sich in Theologie, Metaphysik, Politik, Grammatik, Rhetorik oder Logik einzumischen« (van den Daele 1977, S. 139), ist eben auch eine Absage an jene Streitigkeiten. Wenn eine Einigung über Grundfragen von Glauben und Gesellschaft schon nicht möglich war, sollten in der Royal Society experimentelle Tatsachen geschaffen werden, über deren Wahrheit man sich sehr wohl einig werden konnte, waren sie doch nicht von den »Meinungen« einzelner abhängig.

In diesem Programm experimenteller Wissenserzeugung nahm nun die Luftpumpe einen zentralen Raum ein, erwies sie sich doch aufgrund des spektakulären Charakters der mit ihr angestellten Versuche, aufgrund der scheinbaren Offensichtlichkeit der erzeugten Effekte und der Überzeugungskraft des teuren Instruments selbst als ein ideales Mittel zur Umsetzung der Vorstellungen der Gesellschaftsgründer. Mit Hilfe von eigenen, wesentlich verbesserten Luftpumpen führten Robert Boyle (Abb. 1) und Robert Hooke in den sechziger Jahren des 17. Jahrhunderts vor der Gesellschaft eine Vielzahl von Experimenten zu Fragen des Luftdrucks durch und überprüften die Ergebnisse Guerickes, Schotts und anderer Forscher. Für sie war die öffentliche Durchführung der Experimente von entscheidender Bedeutung, denn die Zustimmung zu den gefundenen Wahrheiten sollte Teil des öffentlichen Lebens sein, genau so wie dies auch für eine Zeugenaussage vor Gericht galt. Die neue Wissenschaft sollte nicht – wie etwa die Alchemie – im Geheimen stattfinden.

Abb. 1 Robert Boyle, Gründungsmitglied der Royal Society, Gemälde von Johann Kerseboom, 1692.

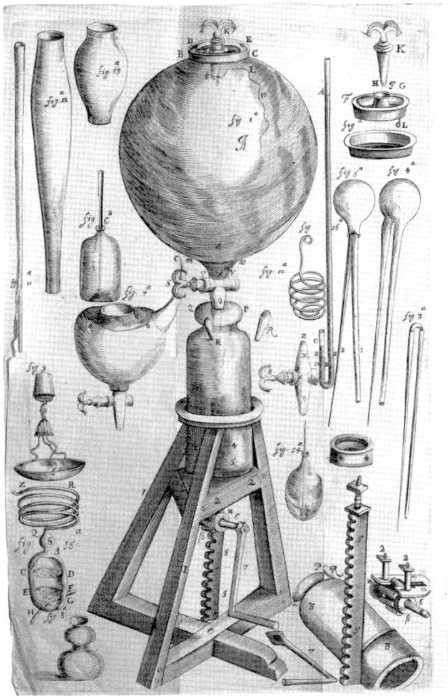

Abb. 2 Robert Boyles Luftpumpe mit dem charakteristischen Zahnstangengetriebe, vgl. Kat.224.

Für diejenigen, die bei den Experimenten nicht anwesend sein konnten, verfaßte Boyle ausführliche Berichte mit detaillierter Beschreibung des Vorgehens, damit die Leser »ein Experiment nicht selbst wiederholen müßten, um eine so präzise Idee von ihm zu bekommen, wie sie benötigen, um darauf ihre Überlegungen und Spekulationen zu gründen« (Boyle 1660, S. 2). Zudem waren die Berichte mit aufwendigen Kupferstichen versehen, um den Nachvollzug des Experiments zu vereinfachen (Abb. 2). Im Bemühen um Öffentlichkeit entstand auch das regelmäßige wissenschaftliche Publikationswesen. Aus der Korrespondenz des ersten Sekretärs der Royal Society, Henry Oldenburg, entwickelten sich die »Philosophical Transactions of the Royal Society«, die trotz großer Schwierigkeiten nach dem Tode Oldenburgs bis heute als wissenschaftliche Zeitschrift bestehen. Darin sollten die – von wem auch immer – gefundenen Tatsachen der Allgemeinheit kundgetan werden.

Bei all dieser behaupteten Öffentlichkeit soll aber nicht vergessen werden, daß der tatsächliche Zugang zur Royal Society und damit die Teilnahme an den Experimenten sehr beschränkt war. Dies galt nicht nur für Geschlecht und Stand, denn auch von den wohlhabenden Gentlemen wurden keineswegs alle zugelassen. Insbesondere zeigte sich die Royal Society ablehnend gegenüber den Zugangswünschen ihrer Kritiker, wie dem Philosophen und Naturwissenschaftler Thomas Hobbes, und begründete dies mit dem »Dogmatismus« der Gelehrten, die sie den Experimenten gegenüber voreingenommen sein ließen (Shapin, Schaffer 1985, S. 136). Schließlich erfolgte die Finanzierung der Experimente nicht aus öffentlichen Mitteln, sondern beruhte fast uneingeschränkt auf dem persönlichen Reichtum Robert Boyles. Dennoch wurde die Praxis der Royal Society, experimentelle Wissenschaft im Rahmen einer bestimmten Öffentlichkeit zu schaffen, für die zukünftige naturwissenschaftliche Arbeit zum Standard, an der sich diese zu messen hat – und zwar bis heute. Mit den Luftpumpenexperimenten der Royal Society entwickelte sich der publizierte Bericht (und nicht etwa der Brief oder das Gespräch) zu dem Medium für die Veröffentlichung wissenschaftlicher Erkenntnisse; die experimentell gefundene Tatsache als unumstößliche und von jedem anzuerkennende Wahrheit wurde zur Grundlage der Naturwissenschaften, die jetzt nicht mehr das umfassende, aus klaren und bestimmten Prinzipien abgeleitete naturphilosophische System als Leitbild besaß. Wenn ein Experiment auch nicht den Vorzug bot, umfassende Erklärungen zu liefern, hatte es doch wenigstens für sich, daß sich alle im Prinzip auf das, was sie gesehen hatten, einigen konnten (obwohl sich dies in der Praxis des öfteren als schwierig erwies).

»Sehen ist Glauben« Vakuumexperimente an Universitäten

Während in der frühen Phase der Luftpumpenexperimente die Royal Society im allgemeinen und Robert Boyle und Robert Hooke im speziellen eine führende Stellung bei der Untersuchung des neu geschaffenen leeren Raums einnahmen, bekamen sie ab etwa 1675 zunehmend Konkurrenz durch eine Reihe von Universitätsprofessoren und anderen Hochschullehrern, die die Luftpumpe in ihren Kollegien einsetzten und das Instrument auch zu eigenen Studien nutzten. Diese Konkurrenz wurde so stark, daß Ende des 17. Jahrhunderts die Mehrzahl der Luftpumpenexperimente im universitären Kontext durchgeführt wurde.

Diese Aussage mag zunächst nicht sonderlich überraschen, doch die Universitäten des 17. und 18. Jahrhunderts galten in der Geschichtsschreibung lange als wissenschaftsfern, wenn nicht gar als wissenschaftsfeindlich, als »Hauptzentren der Opposition gegen die neuen Naturvorstellungen« (Westfall 1977, S. 105). Diese Sichtweise fand ihre Begründung in der Annahme, daß die wissenschaftliche Forschung nicht zu den Aufgaben der Universitäten gehört hätte, die reine Lehranstalten geblieben wären. Zudem wurde behauptet, die Professoren hätten häufig stark veraltetes Wissen weitergegeben, die Studenten seien undiszipliniert, und die Erlangung akademischer Abschlüsse sei mehr vom Geldbeutel als vom Verstand abhängig gewesen.

In den vergangenen Jahren haben Wissenschaftshistoriker dieses Bild wiederholt als einseitig und verfälschend kritisiert. So ist darauf hingewiesen worden, daß der Begriff der Forschung als einer nicht-zweckorientierten wissenschaftlichen Tätigkeit, wie wir ihn kennen, überhaupt erst im Laufe des 18. Jahrhunderts entwickelt wurde. Statt dessen ist in zeitgenössischen Formulierungen von der »Beförderung nützlichen Wissens« oder vom »Fortschritt der Wissenschaften« die Rede, und diese unterscheiden dabei eben nicht prinzipiell zwischen der Erzeugung und der Weiterverbreitung von Erkenntnis. Auch war die Funktion der akademischen Grade eine grundlegend andere als die uns wohlbekannte eines Leistungsnachweises; doch grundlegend anders muß nicht unbedingt grundlegend schlechter bedeuten. Was den Vorwurf der Verbreitung veralteten Wissens anbetrifft, so muß zwischen den verschiedenen Hochschulen – und manchmal auch zwischen den verschiedenen Dozenten an einer Universität – differenziert werden. Sicherlich gab es die Universitäten, an denen die Professoren noch zu Beginn des 18. Jahrhunderts scholastische Philosophie lasen, als hätte sich in den vorangegangenen 150 Jahren nichts verändert. Doch war dies eben keineswegs überall der Fall; so geartete Universitäten dürften eher die Ausnahme gebildet haben. An den meisten Hochschulen, zumindest in den protestantischen Ländern, hatte es im Laufe des 17. Jahrhunderts grundlegende Veränderungen des Lehrkanons gerade auf dem Gebiet der Medizin und der Naturwissenschaften gegeben. Hier sind vor allem die Einrichtung von anatomischen Theatern, von botanischen Gärten und auch von astronomischen Observatorien zu nennen, die äußere Zeichen einer grundsätzlichen Hinwendung zur Empirie in der Vermittlung naturwissenschaftlicher Kenntnisse darstellten. Gerade die Bemühungen um pädagogische Reformen, wie sie etwa im Werk des Böhmen Johann Amos Comenius Mitte des 17. Jahrhunderts sichtbar wurden, gaben dem unmittelbar anschaulichen Unterricht in den Naturwissenschaften eine herausgehobene Bedeutung. Zwar gab es nach wie vor Wissenszweige, vor allem auf dem Gebiet der mathematischen Wissenschaften, die ihren Weg in die Curricula nur in sehr verkürzter Form oder überhaupt nicht fanden, doch andere Wissenschaften blühten in den Universitäten geradezu auf. Zu ihnen gehörte auch die experimentelle Naturlehre und insbesondere die Luftpumpenphysik, die einen zunehmend größeren Anteil der naturphilosophischen Vorlesungen einnahmen.

Ein erstes großes Zentrum dieser Entwicklung war die holländische Universität Leiden, an der die Experimentalvorlesungen 1674 – 50 Jahre nach Guerickes Studienaufenthalt – begannen. Zu diesem Zeitpunkt war die Universität tief gespalten zwischen Anhängern der neuen Philosophie René Descartes' und den Vertretern der konservativen calvinistischen Theologie von Gisbert Voetius. Streitpunkt war dabei insbesondere die Frage der Trennung von Philosophie und Theologie. Zwar war in Leiden allgemein anerkannt, daß die Philosophen in ihrer Lehre keinerlei Auflagen von theologischer oder gar kirchlicher Seite unterlagen. Doch galt dies nur so lange, wie sie sich selbst nicht in theologische Fragen einmischten, und gerade hier warfen die konservativen Voetianer den Cartesianern vor, diese Grenzen immer wieder zu überschreiten. Dabei wurden weniger die cartesianischen Philosophen als problematisch erachtet, als vielmehr einige Theologieprofessoren, die entsprechender Neigungen verdächtig erschienen. Vor allem aber litt die Ordnung an der Universität. Die Konflikte hatten eine beständige Störung des Lehrbetriebs zur Folge, deren Heftigkeit dazu führte, daß der Senat der Universität im März 1674 unter anderem das Werfen mit Abfall in Lehrveranstaltungen untersagen mußte. Erschwerend kam hinzu, daß diese Störungen nicht nur von Studenten verursacht wurden, wenigstens zwei cartesianische Lektoren waren hier maßgeblich

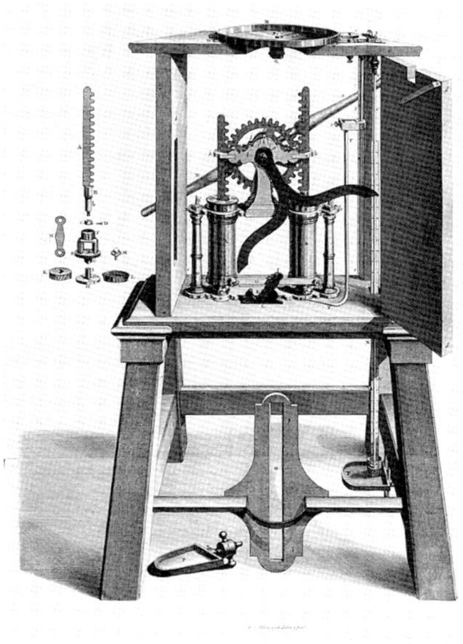

Abb. 3 Luftpumpe des holländischen Instrumentenbauers Jan van Musschenbroek , vgl. Kat. 229.

verantwortlich. Als es zudem zu einem konservativen Machtwechsel innerhalb des niederländischen Staats gekommen war, schienen staatliche Maßnahmen gegen die Cartesianer unausweichlich, sahen doch viele den fragilen Zusammenhalt der niederländischen Republik auch durch die Ereignisse an der Leidener Universität gefährdet.

In dieser Situation entschloß sich der cartesianische Philosophieprofessor Burchard de Volder zum Handeln. Einerseits versuchte er, staatliche Stellen davon zu überzeugen, daß die »Libertas philosophandi«, die philosophische Lehrfreiheit, unbedingt gewahrt bleiben müsse, andererseits bemühte er sich, eine Form der Philosophie zu finden, die helfen sollte, den Universitätsfrieden zu wahren. Zu diesem Zweck reiste er im Sommer 1674 zur Londoner Royal Society und kehrte von dort mit einem Bauplan für eine Luftpumpe nach Leiden zurück. Unmittelbar darauf stellte er bei der Universitätsleitung den Antrag, experimentelle Naturlehre unterrichten zu dürfen. Die Reaktion war geradezu enthusiastisch, denn es wurde nicht nur seinem Wunsch entsprochen, ihm wurden auch Geldmittel für die notwendigen Instrumente zugesichert. Zudem kaufte die Universität extra ein Haus, in dem das neue »physikalische Theater« eingerichtet wurde. So gab die Universität 1675 fast 3500 Gulden, und damit etwa ein Achtel ihres Jahresetats, allein für Luftpumpenexperimente aus.

In der Folgezeit kam es zwar noch einmal zu einem großen Konflikt über den Cartesianismus an der Universität, dieser betraf aber ausschließlich Descartes' Metaphysik, die neuen Naturwissenschaften waren nach der Einführung der Experimentalvorlesungen offensichtlich für alle akzeptabel geworden. Dies lag auch daran, daß de Volders konservativer Gegenspieler in der Philosophie, Wolferd Senguerd, seinerseits begonnen hatte, Experimente durchzuführen. Während beide von ihrer philosophischen Grundhaltung unterschiedlicher kaum sein konnten, über die Bedeutung experimenteller Erscheinungen verständigten sie sich offenbar problemlos. Beide fanden zudem mit der Familie van Musschenbroek in unmittelbarer Nähe der Universität Handwerker vor, die ihnen bei der Herstellung neuer Instrumente für die Experimentalkollegien halfen. Dabei zeitigte Senguerd noch ein wesentlich größeres Interesse an Vakuumversuchen als de Volder. 1679 konstruierte er gemeinsam mit Johan (Jan) van Musschenbroek eine eigene Luftpumpe (Abb. 3), die für lange Zeit wenigstens in Deutschland und den Niederlanden zu einem Standardmodell wurde (Senguerd 1685). Zudem kam er bei Versuchen, die eigentlich nur die Verbesserung seiner Demonstrationsvorlesungen zum Ziel hatten, zu ganz erstaunlichen Feststellungen über die Interpretation des berühmten Versuchs Guerickes mit den Magdeburger Halbkugeln. Senguerd stellte nämlich fest, daß die Kohäsionskraft der Kugelränder unter Umständen wesentlich größer sein könne als die durch den Luftdruck ausgeübte Kraft (Senguerd 1699).

Leiden war übrigens nicht die einzige Universität, an der die Luftpumpe eine solch friedensstiftende Rolle spielte. Kurz nach 1680 war es an der schwedischen Universität Uppsala gleichfalls zu Auseinandersetzungen über die cartesianische Philosophie gekommen, und wie in Leiden endete der Streit mit der Einführung von Experimentalvorlesungen, die zunächst von dem Mediziner Andreas Drossander gehalten wurden. Den Beispielen Leidens und Uppsalas folgten bis Anfang des 18. Jahrhunderts die allermeisten protestantischen Universitäten Europas. An einzelnen Einrichtungen waren die ersten Experimentalvorlesungen auch schon vorher durchgeführt worden, wie etwa 1672 durch Johann Christoph Sturm in Altdorf oder 1668 durch George Sinclair in Edinburgh.

Es mag zunächst verwunderlich erscheinen, warum es für viele Universitäten im 17. Jahrhundert einfacher gewesen war, Luftpumpenexperimente, die eine grundsätzliche Umgestaltung der Vorlesungsformen mit teilweise erheblichen finanziellen Aufwendungen erforderten, in ihre Curricula aufzunehmen als Vorlesungen über cartesianische Philosophie, die ja in ihrer Form weitgehend der traditionellen Philosophie entsprach. Doch war dies gerade der Vorteil der Experimentalvorlesungen, denn sie sollten die bisherige Naturphilosophie nicht ersetzen, sondern ergänzen. An vielen Universitäten wurden die neuen Vorlesungen parallel zu den Lehrveranstaltungen in dogmatischer, »theoretischer« Naturlehre gehalten. Teilweise wurde dies, wie etwa von de Volder in Leiden, vom selben Professor getan, ohne daß er auf Widersprüche zwischen den Vorlesungen einging. Zumindest pro forma konnten die Experimente also ohne grundsätzliche Ablehnung der bisherigen Philosophie eingeführt werden. Schließlich erlaubten die Experimente lediglich Aussagen über einzelne Details der Naturphilosophie, wie wichtig diese Details auch immer sein mochten. Damit konnten es ihre Vertreter aber vermeiden, über philosophische Systeme im Ganzen urteilen zu müssen. Der Streit unterschiedlicher philosophischer Schulen, die an Zahl beständig wuchsen, machte es den Professoren zunehmend schwieriger, alles relevante Wissen über die Natur in einem knappen Vorlesungszyklus angemessen darzustellen. In dieser Zeit boten die Experimentalvorlesungen eine Möglichkeit, sich auf einen übersichtlichen Bereich zu konzentrieren.

Es darf schließlich nicht außer acht gelassen werden, daß der Erfolg der Experimentalvorlesungen auch auf ihrer Popularität bei Studenten beruhte. Deren Hörergelder erleichterten es vielen Professoren, die notwendigen Instrumente für die Vorlesungen zu kaufen, die gerade an kleineren Universitäten nicht von den Hochschulen selbst bereitgestellt wurden. Zudem waren die Universitäten Ende des 17. Jahrhunderts aus wirtschaftlichen Notwendigkeiten sehr um die Anwerbung ausländischer Studenten bemüht. Die beliebten Experimente sollten Anreiz sein, die an der Heimatuniversität begonnenen Studien an einer weiteren Hochschule fortzusetzen. Die Popularität bei den Studenten ging hier mit der friedensstiftenden Wirkung der Experimente Hand in Hand.

Das Vakuum und die Politik des Experimentierens

Die institutionalisierten Wissenschaften des 17. Jahrhunderts, ob in der Royal Society oder in den Universitäten, waren auf öffentliche Anerkennung, fürstliche Patronage und häufig genug auch auf finanzielle Zuwendungen angewiesen. Diese orientierten sich aber nur am Rande an den Erkenntnisfortschritten, die für andere Gelehrte interessant gewesen sein mögen. Für staatliche Instanzen war wichtiger, daß die Gelehrten ihre Wissenschaft und deren Erkenntnisse nutzbringend einsetzen konnten, wobei sich der Nutzen keineswegs auf technische Anwendungen und wirtschaftliches Wohlergehen beschränkte. Die Bedeutung der Luftpumpe liegt in diesem Rahmen eben auch nur teilweise in revolutionären wissenschaftlichen Erkenntnissen und schon gar nicht in möglichem wirtschaftlichen Gewinn. Das mit der Luftpumpe verbundene experimentelle Programm gestattete vielmehr die Etablierung einer ganz neuen Form von Wissenschaft, die nach einer ganz neuen Form von Wahrheit suchte: nach einfachen, potentiell für alle erkennbaren Tatsachen. Die religiösen und philosophischen Streitigkeiten ließen die Hoffnung schwinden, ein umfassendes naturphilosophisches System zu finden, auf das sich alle Gelehrten würden einigen können. Daher war dieses Programm von nicht zu verachtender politischer Bedeutung, gerade weil es versprach, sich aus Politik und Religion herauszuhalten. Die Experimente konnten so zu der gesicherten Grundlage der Erkenntnis werden, auf deren Basis wieder ein – zutiefst höflich und unter Befolgung aller Anstandsregeln geführter – Streit über die Interpretation der Ergebnisse möglich werden konnte.

Weiterführende Literatur:

Wiesenfeldt 2002. – Porter 1996. – Murphy 1995. – Lindborg 1965. – Comenius 1960.

Fritz Krafft

Was die Welt zusammenhält

Das astronomisch-physikalische Weltbild Otto von Guerickes

Die Tradition

Bei der Bewertung der wissenschaftlichen Leistungen Otto von Guerickes für das neue Weltbild wird fast stets außer Acht gelassen, daß vier der sieben Bücher der »Experimenta nova« ausschließlich astronomischen Inhalts sind und daß ein weiteres Buch, das vierte, eine neuartige kosmische Physik vorstellt. Das läßt aber eindeutige Schlüsse hinsichtlich der Absichten und Ziele zu, die Guericke mit seinem Werk verfolgte, wozu er seine Versuche anstellte und seine physikalischen Theorien entwikkelte: die Erstellung eines neuen wissenschaftlichen Gesamtweltbildes mit einer den gesamten Kosmos umfassenden Physik.

Dabei stand auch er wie seine großen, das neue Weltbild eines Isaac Newton vorbereitenden Zeitgenossen in der älteren Tradition von Aristoteles und von Nicolaus Copernicus, Johannes Kepler und Galileo Galilei, und er war wie letztere Eklektiker bezüglich der nicht selbst erforschten Details. Die Auflösung des aristotelischen, geozentrischen und kugelförmig begrenzten Kosmos im Zuge der Anerkennung des heliozentrischen Weltsystems hatte ein wirres, höchst eklektisches Durcheinander nach sich gezogen – sowohl in den astronomischen Daten als auch in den Ersatz-Erklärungen für die kosmischen Ereignisse, die gleichzeitig den kosmischen Dualismus der Physik des Aristoteles aufhoben, der einen himmlischen vom irdischen Bereich unterschieden hatte, und die in der Nachfolge neuplatonischer Überlegungen geforderte Einheitlichkeit der göttlichen Schöpfung betonten.

Das wesentliche neue Element, das Guericke hierzu beitragen konnte, war der aus dem experimentell erfaßten Verhalten der Luft erschlossene unendliche, prinzipiell und weitgehend nicht von Körpern eingenommene und von ihnen unbeeinflußte leere Raum, der als Nicht-Erschaffenes keiner Begrenzung bedurfte und als Behältnis der Schöpfung Gottes diente – entsprechend dem »absoluten Raum« der Klassischen Physik. Daneben vermochte er das Konzept zentraler bewegender Kräfte der Körper, das Gilbert und Kepler als Ersatz des aristotelischen Äthers als Bewegungskörper in Analogie zum Magnetismus eingeführt hatten, durch seine Versuche mit der Schwefelkugel augenscheinlich zu demonstrieren und gegen die indirekte Kritik eines René Descartes, der den Äther als mechanistisches Prinzip durch die Hintertür wieder eingelassen hatte, zu verteidigen.

Horror vacui

In dem vor allem durch Copernicus, Tycho Brahe, Kepler und Galilei überholten aristotelischen Weltbild hatte dem irdischen Bereich der vier ineinander wandelbaren Elemente Erde und Wasser, Luft und Feuer (dieses hatte seinen elementaren Charakter allerdings schon im 16. Jahrhundert gelegentlich verloren) der himmlische Bereich des unveränderlichen fünften Elements, des Äthers, gegenübergestanden. Da dieser fünfte Stoff als einzige Eigenschaft die ewig gleichförmige Bewegung um das Weltzentrum besitzen sollte, mußte er sich in rotierenden, lückenlos aneinander schließenden konzentrischen Kugelschalen (Sphären) anordnen, von denen jeweils mehrere zur Darstellung der scheinbaren Bewegungen eines der Planeten zusammengefaßt worden waren. Die wachsende Exaktheit der Beobachtungsdaten hatte zwar durch die Einführung von Exzentern und Epizykeln, die auch jeweils (nicht-konzentrische) Äthersphären erhielten, zu Modifikationen des aristotelischen Grundprinzips geführt, doch war jedes der lückenlos ineinander gefügten Teilsysteme der Planeten innen und außen konzentrisch begrenzt – und damit das zugrundeliegende »physikalische« Prinzip erhalten geblieben. Die täglich einmal gleichförmig rotierende Fixsternsphäre hatte gleichzeitig den äußeren Abschluß des Universums gebildet, der ruhende Erdkörper sein Zentrum.

Die Kugelförmigkeit des irdischen Bereichs hatte sich durch die konzentrische innere Begrenzungsfläche des Sphärensystems des Mondes als innersten Planeten und durch die konzentrische Anordnung ihrer vier Elementsphären aus den Bewegungseigenschaften der Elemente ergeben. Die »Schwere« von Erde und Wasser und die »Leichte« von Luft und Feuer resultiert danach aus dem inneren Bewegungstrieb der elementaren Materie, der stets auf ein Ziel gerichtet sei und nach »unten« (schwer) beziehungsweise nach »oben« (leicht) erfolge – »leicht« ist also als eine Art »negativer Schwere«, der Eigenschaft »schwer« entgegengesetzt, und bedeutet nicht »weniger schwer«. Als Ziel der Aufwärtsbewegung der »leichten« Materie hatte die innere Begrenzung der Mondsphäre gegolten, was dadurch bestätigt zu werden schien, daß sie überall auf der Erde senkrecht nach »oben« erfolgt. Als Ziel der Abwärtsbewegung »schwerer« Materie, die ebenfalls stets und überall auf der Erde senkrecht zur Erdoberfläche erfolgt, hatte sich aus der empirischen Erfahrung das Zentrum des Erdkörpers ergeben, allerdings nur sekundär, insofern der Erdkörper sich aufgrund dieser Bewegung der »schweren« Materie am primären Zielort, dem Weltzentrum, hatte befinden sollen. Die Geozentrizität war so eine notwendige Folge der »Physik« der irdischen Elemente gewesen.

Diese in sich geschlossene Weltordnung ließ sich eigentlich nur durch eine ebenfalls in sich geschlossene neue Physik ersetzen, und so wird verständlich, welche Schwierigkeiten daraufhin mit der Überwindung des alten, geozentrischen Weltbildes verbunden waren, selbst wenn man von den theologischen und weltanschaulichen Vorbehalten absieht.

Einer der Ansatzpunkte war die Kritik an dem auf ein Ziel gerichteten (finalen) inneren Bewegungstrieb im Zusammenhang mit der »horror vacui«-Theorie Roger Bacons, der die aristotelisch-scholastischen Vorstellungen von einer final-determinierten Welt noch um die von der Ordnung der natura universalis ergänzt hatte. Diese werde nach göttlicher Vorsehung von jedem Teil der Schöpfung (natura particularis) aus innerem Trieb eingehalten, so daß es beispielsweise nicht zu einer Leere als Abweichung von dieser Ordnung kommen könne. Die Vermeidung der Leere wäre somit das «Ziel« (der teleologische Antrieb) der dazu erforderlichen Bewegung – etwa das Steigen von Wasser bei Anwendung eines Hebers oder einer Saugpumpe oder das Haften einer Adhäsionsplatte. Zur Überwindung dieser Vorstellung mußte der »Kraft« (Wirkfähigkeit) des horror vacui der finale Charakter genommen werden. Galilei etwa sprach statt dessen von der »forza del vacuo«, der er als »Saugkraft« keine finale Wirkung mehr zuwies. Er zog sie vielmehr umgekehrt zur Erklärung der Kohäsion der Körper heran, die – gemäß der Theorie Herons – alle von feinverteilten, diskontinuierlichen Vakua durchsetzt seien, so daß ihre experimentell als »Reißfestigkeit« untersuchte und gemessene Kohäsion aus der Summe der »Kräfte« der einzelnen enthaltenen Vakua resultiere. Von hier war es dann nur noch ein relativ kleiner Schritt, das Vakuum auch als Kausal-Ursache ganz auszuschalten – im Hinblick auf den eigentlich stets ernst genommenen Einwand, daß die Leere als ein Nichts nicht Ursache für etwas sein könne.

Das erfolgte auch etwa gleichzeitig durch den Holländer Isaac Beeckman (1588–1637), der ab 1613 Versuche mit riesigen Hebern machte. Das vermeintlich zum Vermeiden einer Leere in einem Heber steigende Wasser wie überhaupt jegliche Kohäsion erklärte er als Wirkung des äußeren Luftdrucks in der Art einer Antiperistasis-Bewegung der äußeren Luft. 1618 vertrat er in verteidigten Thesen die Behauptung: »Der Saugwirkung ausgesetztes Wasser wird nicht von einer Kraft des Vakuums angezogen (non attrahitur vi vacui), sondern von der in den leeren Raum eindringenden Luft angetrieben. – Das Vakuum ist den Dingen untergemischt« (de Waard 1936, S. 79). Seine Versuche waren allerdings nur in einem Journal festgehalten.

Angeregt durch die Kohäsionsversuche Galileis und die Kritik, die René Descartes in Kenntnis der Versuchsergebnisse Beeckmans daran geübt hatte, wurden dann in Rom ab 1639 von einer Forschergruppe unter Gasparo Berti, der unter anderen Athanasius Kircher und Evangelista Torricelli angehörten, gleiche Experimente mit Hebern durchgeführt. Die Versuche veranlaßten Torricelli 1643, zum Nachweis des »Luftdrucks« (gravitas, pondus aeris) statt einer Wassersäule die schwerere, deshalb kürzere und besser handhabbare Quecksilbersäule zu verwenden, über der sich das sogenannte torricellische Vakuum bildet, wenn eine mit Quecksilber gefüllte, an einer Seite geschlossene Glasröhre mit dem offenen Ende in ein Quecksilberbad gestellt wird.

Durch Vermittlung Marin Mersennes wurden diese Versuche auch in Paris bekannt und wiederholt, wo sie Blaise Pascal zu der Überlegung anregten, daß sich die kausale Wirkung des Luftdrucks als Ersatz für einen finalen horror vacui bestätigen lassen müßte, wenn die Quecksilbersäule sich als höhenabhängiges Barometer erwiese, wenn also in großer Höhe über dem Erdboden – aufgrund der geringeren Menge (»Gewicht«) an Luft über dem Gerät – der Luftdruck niedriger, gleichzeitig aber das darüber befindliche »Vakuum« größer werden würde, so daß seine »Kraft« ebenfalls größer werden, das heißt eigentlich mehr Quecksilber anziehen müßte und damit ein kleineres Vakuum entstünde (Mulder 1996). Das zwischen »Kraft« des Vakuums und Druck der äußeren Luft als Ursache für das Steigen der Flüssigkeit entscheidende Experiment wurde von Pascals Schwager Florin Périer im Herbst 1648 am Puy de Dôme ausgeführt und fiel zugunsten des Luftdrucks als Ursache aus.

Guericke erfuhr von beiden Versuchen erst durch Valeriano Magni 1654 auf dem Regensburger Reichstag, als er dort seine eigenen Versuche mit der kurz zuvor von ihm erfundenen Luftpumpe vorführte. (Sein Bemühen, das Pascalsche Experiment später, wohl 1657, bei einem Brocken-Aufstieg zu wiederholen, scheiterte, weil sein Barometer durch eine Unachtsamkeit des Dieners zerbrach.)

Die Theorie vom horror vacui war damit endgültig widerlegt, und zwar selbst für Anhänger des Descartes und streng peripatetische Jesuiten, die ein Vakuum weiterhin leugneten und den Raum statt dessen von feinem, alles durchdringendem Äther erfüllt sein ließen. Der Streit um eine »finale« oder »kausale« eigentümliche Ursache der Saugwirkung hatte sich gleichsam von selbst erledigt, insofern die Kontroverse reduziert worden war auf die Frage nach der Art der Ursache für den Luftdruck, der die Reaktion hervorruft und seinerseits aus der »Schwere« der Luft resultiert, und somit auf die Frage nach der Verursachung der Schwere.

Impetustheorie

Auch für diese Frage bildete eine ähnlich rasch kanonisch gewordene, christlich orientierte Umformung aristotelischer Physik im Mittelalter den Ansatzpunkt – die Impetustheorie. Sie war unter ähnlichen Motiven und Absichten bereits im 6. Jahrhundert von Ioannes Philoponos und unabhängig von ihm erneut im 14. Jahrhundert von den Nominalisten Jean Buridan und Nicole d'Oresme zur Lösung von Problemen der einem Körper beim Wurf nach dem Verlassen der Hand übermittelten Bewegungskraft entwickelt worden. Aristoteles hatte diese Kraft unbefriedigend sukzessive dem Medium Luft zugewiesen.

»Natürliche« Fall- und Steigbewegungen sowie die »natürlichen« Rotationsbewegungen der Sphären galten danach als von Gott verursacht durch einen bei der Schöpfung dem Körper eingeprägten Impetus. Die Art und Weise der Erzeugung solcher Bewegungen sollte damit prinzipiell der bei »gewaltsam« (für den betroffenen Körper »gegen seine Natur«) verursachten Bewegungen entsprechen, wie sie der Mensch beim Wurf erzeugt. Alle diese Bewegungen, die im alten Sinne »natürlichen« und »gewaltsamen«, galten hiernach als unmittelbar durch Übertragung einer (inneren) »Kraft« verursacht – die im Fall der im Sinne des Aristoteles »naturgemäßen« Bewegungen den Dingen beim Schöpfungsakt von Gott und im Fall der »nicht-naturgemäßen«, der »künstlichen« Bewegungen dem Körper vom Menschen »eingeprägt« wurde (und, sich ständig abschwächend, rasch wieder erlischt, während der göttliche Impetus der »naturgemäßen« Bewegungen weder erlischt noch sich abschwächt). – Noch Isaac Newton sollte von einer »vis impressa« sprechen.

Damit war nicht nur der aristotelische Dualismus zwischen »himmlischen« und »irdischen« Bewegungen (und Körpern) überwunden, sondern prinzipiell auch der Gegensatz von »natürlich« und »künstlich«, insofern beide als unmittelbar durch eine vis impressa verursacht galten, die den Dingen nur das eine Mal von Gott, das andere Mal vom Menschen eingeprägt wurde. Das eröffnete die prinzipielle Möglichkeit, auch technisch-künstliche Vorgänge in umgekehrter Analogie zu antiken Vorstellungen zur Erklärung »natürlicher« Prozesse heranzuziehen, wie es Johannes Kepler und Galileo Galilei auf der Basis der alten Mechanik im ausgehenden 16. und frühen 17. Jahrhundert tun sollten.

In den Details blieb die aristotelische Bewegungslehre jedoch vorerst erhalten. Nur kann Gott kraft seiner Allmacht prinzipiell einem Körper auch den Impetus verweigern, und das heißt: Gott vermag Wunder zu vollbringen, etwa die Sonne im Tal Gibeon still stehen zu lassen (Josua 10,12 f.). Die streng deterministische (blind-notwendige), »interne« Finalität der Naturprozesse bei Aristoteles, die keine derartigen Wunder zuläßt, war damit aufgehoben durch eine »externe«, den gesamten Kosmos durchwaltende Zweckmäßigkeit, in die Gott durch willentliche Entziehung des von ihm eingeprägten Impetus jederzeit einzugreifen vermag – und genau darauf lief auch die Absicht von Buridan und Oresme hinaus; denn die streng deterministischen Teile der aristotelischen Lehre waren im 13. Jahrhundert mehrmals ausdrücklich verboten worden.

Künstliche / natürliche Bewegungen

Die Impetustheorie blieb wie die horror vacui-Theorie bis tief ins 17. Jahrhundert kanonisch. Sie spielte bei der Wegbereitung der neuen, galileischen Kinematik aufgrund des quantitativen Reduktionismus eine wesentliche Rolle, wenn hierzu auch ein weiterer Dualismus aufgehoben werden mußte, nämlich der zwischen den unmittelbaren Bewegungsursachen einerseits und mittelbaren Bewegungsursachen andererseits, das heißt von nicht-naturgemäßen Bewegungen, die künstlich mittels mechanischer Maschinen wie Hebel und Flaschenzug bewerkstelligt werden. Ohne die Aufhebung dieses Dualismus läßt sich aber der Impetus als »innere« Kraft (vis impressa) mit letztlich finaler Wirkung nicht quantitativ bestimmen. Erst als die von außen verursachten »mechanischen« Bewegungen nicht mehr als »gegen die Natur« gerichtete gewaltsame, sondern als naturgemäße, wenn auch künstlich verursachte aufgefaßt wurden, war es möglich, die ohne menschliches Zutun erfolgenden natürlichen Bewegungen ebenfalls als durch äußere Kausalkräfte verursacht aufzufassen und die Größe und Dimension dieser »Kräfte« daraufhin gemäß dem Prinzip »actio = reactio« aus den Wirkungen zu bestimmen.

Den ersten Schritt in diese Richtung tat nach Vorarbeiten italienischer Ingenieure des 16. Jahrhunderts Galileo Galilei – ohne allerdings die Konsequenz für den zweiten Schritt zu sehen, den erst Johannes Kepler tat. Galilei blieb zeit seines Lebens bei der aristotelischen Auffassung, daß dem fallenden Körper ein (eingeprägtes) finales Streben zum Schwerezentrum hin innewohne, während er die konzentrische Kreisbewegung der Gestirnskörper einschließlich der Erde um die Sonne als kräftefreie Trägheitsbewegung setzte. Letzteres wurde ermöglicht durch die Impetustheorie, ebenso wie übrigens zuvor die Modifizierungen der aristotelischen Himmelsphysik durch Copernicus, wie sie Oresme teilweise schon angedeutet, dann aber wieder zurückgenommen hatte. Beide fassen die Rotation und Kreisbewegung des Erdkörpers (mittels einer Sphäre) als ebenso »natürlich« und »naturgemäß« auf wie bis dahin die Rotation der Planetensphären und des Fixsternhimmels – ohne daß sich Copernicus allerdings noch Gedanken um eine Verursachung dieser »naturgemäßen«, von selbst ausgeführten Bewegungen zu machen brauchte. So selbstverständlich und unumstritten war die Impetustheorie im 16. Jahrhundert gewesen.

Schwere und Kohäsion

Anders lag der Fall bei der Schwerebewegung: Aus der naturgemäßen Bewegungsrichtung der »schweren« Körper Wasser und Erde zum Weltmittelpunkt hin hatten sich die Bildung des im Zentrum ruhenden Erdkörpers und sein Zusammenhalt ergeben. Sowohl Schwere als auch Kohäsion der Erd-

Wasser-Luft-(Feuer-)Kugel mußten also bei jährlicher und täglicher Bewegung dieser Kugel außerhalb des Weltzentrums anders erklärt werden. Die durchaus im Sinne des Aristoteles und unter Berufung auf ihn erfolgende Kritik, daß ein Nichts wie der immaterielle Weltmittelpunkt keine Ursache für etwas sein könne, auch keine »finale« Ursache, findet sich unter Rückgriff auf die Schweretheorie Platons allerdings bereits in der Stoa. Schon deren wichtigster Theoretiker, Chrysippos, hatte die aristotelische Theorie entsprechend modifiziert: Nicht der körperlose »natürliche Ort«, sondern der dort befindliche gleichartige Körper sei das Ziel des finalen Strebens der gleichartigen Teile, wobei der Weltenbauer in seiner der »Natur« übergeordneten vernünftigen Vorsehung den Teilen (also der Materie) dieses Streben eingegeben habe, damit es in der sich gleichgewichtig selbsterhaltenden Kugelform zur Dauer und zum Verharren in der vollkommensten Form komme.

Genau diese Kohäsionstheorie findet sich wieder bei Nikolaus von Kues, aber auch – mit nachweisbarem Rückgriff auf Plutarchos' Schrift über das Mondgesicht – bei Nicolaus Copernicus, weil die Theorie gleichermaßen auf eine Erde außerhalb des Weltzentrums anzuwenden ist, wie es Plutarchos für den Mond tat, und der Kueser für sämtliche Gestirne, die alle wie die Erde aus vier Element(arsphär)en

Abb. 1 Das neue Weltgebäude – Allegorie mit Nicolaus Copernicus und Tycho Brahe, Titelkupfer aus Johannes Hevelius, 1673, vgl. Kat. 326.

bestehen sollten. Notwendig ist dafür allerdings – und das bleibt bis zur Einführung des Trägheitsprinzips so –, daß jedes Gestirn aus der ihm spezifischen Materie besteht, der Mond etwa aus mondischer Erde und Luft sowie mondischem Wasser und Feuer, da anderenfalls, wenn Gleiches zu Gleichem strebt, eine Zusammenballung sämtlicher (aus den vier Elementen bestehender) Himmelskörper zu einem einzigen Körper die Folge wäre.

Es blieb also im bekannten Rahmen, wenn Copernicus im neunten Kapitel des ersten Buches von »De revolutionibus« erklärt: »Da es also mehrere Zentren gibt [nämlich von jedem Himmelskörper], so wird auch niemand ohne Grund darüber im Unsicheren sein können, ob das Zentrum der irdischen Schwere(bewegung) der Mittelpunkt der Welt oder ein anderer ist. Ich wenigstens bin der Ansicht, daß die Schwere nichts anderes ist als ein von der göttlichen Vorsehung des Weltenschöpfers den Teilen eingepflanztes natürliches Streben (appetitia), sich dadurch zu einer Einheit und unversehrten Ganzheit zusammenzuschließen, daß sie zur Form einer Kugel zusammenkommen. Und es ist anzunehmen, daß dieses Streben auch der Sonne, dem Mond und den übrigen Planeten innewohnt und sie sich durch deren Wirkung in der Kugelform, in der sie erscheinen, erhalten (permaneant), während sie nichtsdestoweniger in vielfacher Weise ihre Umläufe vollenden.«

Selbstverständlich mußten sämtliche Anhänger der heliozentrischen Theorie sich auch in der Frage der Schwere- und Kohäsionstheorie Copernicus anschließen. So findet sie sich – später neben der Wirbeltheorie René Descartes' – bis hin zu Isaac Newton immer wieder, beginnend etwa mit Giordano Bruno (1548–1600) und selbstverständlich auch bei Galileo Galilei und seinen Schülern und Anhängern bis hin zu Giovanni Alfonso Borelli und anderen. Bernhard Varenius (1622–1650) spiegelt diese Situation gut wider, wenn er 1650 das Argument der Geozentriker, daß die Erde wegen ihrer Schwere zu keiner Bewegung fähig sei, mit dem Hinweis entkräftete, daß für einen Copernicaner Schwere das Streben (tendentia) der Teile zum gleichartigen Ganzen sei und eine solche Schwere auch in den Teilen des Mondes und der Sonne anzutreffen sei, ohne daß diese daraufhin »schwer« genannt würden.

Dieselbe Vorstellung vertraten nach Galileis teleskopischer Entdeckung der Oberflächenstruktur des Mondes, der Venus- und Merkurphasen und der ersten Jupiter- und Saturntrabanten auch streng geozentrische Physiker, die das Planetensystem Tycho Brahes (oder das semi-tychonische Giambattista Ricciolis) favorisierten, da diese Entdeckungen zur Bestätigung der vorher nur postulierten Annahme geführt hatten, daß die Schöpfung einheitlich und damit auch der stoffliche Aufbau aller Planeten und Monde prinzipiell gleich sei. So nimmt auch der Jesuit – und als solcher zwangsläufig Geozentriker – Athanasius Kircher in seinem Buch »Iter exstaticum coeleste«, dessen zweite, von Kaspar Schott besorgte Auflage von 1660 Guericke besaß, studierte und zitierte, an, daß alle Planeten und Monde wie die Erde aus einem Erd-Wasser-Luft-Ball bestehen, und weist jedem Gestirn sein eigenes, spezifisches »Schwerezentrum« zu. Unsere Erde hätte danach die Position in der Mitte der Welt nicht von ihrer Natur her, vielmehr hätte Gott sie an jede andere Stelle in der Welt setzen können, und dennoch würden alle dem Erdkörper verwandten Teile zum Zentrum desselben streben.

Kosmischer Magnetismus

Neue Überlegungen bezüglich der Bewegung der Planeten sollte nach Copernicus allerdings erst Johannes Kepler anstellen, nachdem Tycho Brahe durch parallaktische Entfernungsbestimmungen an der Nova von 1572 und am Kometen von 1577, der daraufhin die vermeintlichen Äthersphären ungehindert hätte durchdringen müssen, aufgezeigt hatte, daß die Äthersphären weder unveränderlich noch undurchdringlich seien und der Äther deshalb wegen seiner Subtilität als Träger der Planeten und Gestirne nicht in Frage komme. Die erscheinenden Gestirnsbewegungen konnten also nicht mittelbar aus konzentrischen, durch einen Impetus erzeugte Rotationen von Äthersphären resultieren. Sie müßten sich vielmehr entweder selbst unmittelbar bewegen oder durch irgendwelche »Kräfte« von anderen Körpern bewegt werden. Kepler, der ähnlich wie später Guericke frühzeitig während des Studiums überzeugter Heliozentriker geworden war, hatte in seinem Erstlingswerk von 1596 aufgrund einer vergleichenden Berechnung der Bahngeschwindigkeiten feststellen können, daß bei der Annahme heliozentrischer Planetenbewegungen eine in dem Sonnenkörper befindliche zentrale, die Planeten bewegende »Kraft« als Motor zu erschließen wäre, deren Wirkfähigkeit linear zum Abstand des bewegten Körpers abnähme.

Er deutete diese anfangs als »Bewegungsseele« der Sonne (anima motrix). Später nahm er eine Anregung William Gilberts auf, der im Jahre 1600 eine im Anschluß an Robert Norman (für die Magnetnadelausrichtung) und Giambattista della Porta (für die magnetische Anziehung) entwickelte erste umfassende Magnetismustheorie publiziert hatte. Porta hatte 1597 den Begriff der »Wirksphäre« (orbis virtutis) der Magnetpole eingeführt. Er verband damit die Vorstellung von dem Strahlungsmittelpunkt magnetischer »Ausflüsse« (effluvia), wie sie schon antike Atomisten vertreten hatten, von denen jeder Magnet jetzt jedoch zwei einander gegenüberliegende haben sollte, mit der Vorstellung von einer Begrenzung des sich abschwächenden Wirkungsbereiches einer Kraft, der sphaera activitatis. Demgegenüber führten die Versuche Gilbert wie Norman zu der Überzeugung, daß es nur ein einziges Zentrum der Magnetkraft gäbe, jetzt aber – anders als bei Norman – auch für die Anziehungskraft des Magneten. Ähnlich wie jener nahm er als Sitz dieses Zentrums den Schwerpunkt des Magneten an. Die Gestalt des orbis virtutis hänge dann von der äußeren Form des Magneten ab.

Durch die Deutung der Erde als großen Kugelmagneten gelang Gilbert eine erste sinnvolle Erklärung der Erscheinungen des Erdmagnetismus (einschließlich der Mißweisung). Er hatte die Erscheinungen natürlich nicht an der Erde selbst untersuchen können. Er hatte nicht die Möglichkeit, die Ausdehnung des orbis virtutis zu erkunden oder dessen Form und Intensität. Er war auf kleinere Maßstäbe angewiesen, und diese lieferten ihm gerade die Überzeugung, daß die Erde ein großer Magnet sei. An einem kleinen Kugelmagneten als Äquivalent hätten sich eigentlich die Erscheinungen in derselben Weise studieren lassen müssen. Er nannte einen solchen Kugelmagneten deshalb »kleine Erde« (terrella) – und erhielt damit nicht etwa nur ein Modell der Erde, das sich als solches ja nicht in allen Eigenschaften mit der Erde hätte decken müssen, sondern seiner Deutung gemäß ein wirkliches maßstäbliches Äquivalent.

Gilbert folgerte aus seinen experimentellen Beobachtungen an dieser terrella, daß auch bei der Erde Anziehung nicht nur zu den Polen hin geschieht, wie Porta angenommen hatte, vielmehr mit Ausnahme des Äquators zu allen Punkten der Kugeloberfläche und daß diese Anziehung – dies ist eine neue Erkenntnis – gegenseitig erfolgt. Er übernahm auch die Portaschen Begriffe nicht ohne weiteres, sondern sprach bei dem »orbis virtutis« Portas als der Kugel, innerhalb der gegenseitige Anziehung erfolgt, vom »orbis coitionis« (nämlich: »magneticae«), von der »Kugel des gegenseitigen magnetischen Zusammenstrebens«. Daneben stellte er fest, daß die »Richtkraft« des Magneten noch weiter reicht und noch dort auf eine Magnetnadel einwirkt, wo der Magnet nicht mehr anzieht. Diesen Bereich nannte er »orbis virtutis«. Er konstruierte also zwei unterschiedliche Wirksphären, weil er die beiden Theorien von Norman und Porta, die jeweils nur einen bestimmten Aspekt der Magnetkraft berücksichtigt hatten, nicht zu vereinen vermochte, was ihm und seinen Zeitgenossen allerdings nicht bewußt geworden war.

Magnetische Zentralkräfte

Gilbert stellte bei seinen experimentellen Untersuchungen weiterhin fest, daß die magnetischen »Kräfte« von festen Körpern nicht an ihrer Ausbreitung gehindert werden und folglich selbst etwas Unkörperhaftes sein müßten. Er schloß daraus, daß im Gegensatz zu den sehr feinen, aber doch materiellen (corporea) »elektrischen« Ausflüssen die magnetischen effluvia solche der »forma« im aristotelisch-scholastischen Sinne seien, dem Geist-Seele-Prinzip zugehörten. Sie seien »immateriata« oder »incorporea« und könnten deshalb ihrerseits feste Körper durchdringen. Auch die Wirkung der Magnetkraft könne deshalb nicht an ein materielles Medium oder an unmittelbaren Kontakt gebunden sein, sie wirke vielmehr in die Ferne – anders als bei Porta, der an eine Nahewirkung mittels materieller Ausflüsse gedacht hatte.

Bei Gilbert verdichtete sich so der Begriff »orbis virtutis« zu der Vorstellung von einer zentralen, sich kugelförmig ausbreitenden, in ihrer Wirkung kugelförmig begrenzten, über den leeren Raum hin in die Ferne wirkenden unkörperhaften Kraft magnetischer Art, mittels welcher die Weltkörper aufeinander wirken. Als verhängnisvoll sollte sich für die magnetische Deutung der erstmals zentral wirkend gedachten Ursache für das Fallen schwerer Körper jedoch erweisen, daß Gilbert – durch seine Vorläufer bedingt – zwischen zwei unterschiedlichen magnetischen »Kräften« mit verschieden großen Wirksphären unterschied, wobei er die gegenseitige Anziehung magnetischer Körper innerhalb der kleineren Wirksphäre als die kausale Ursache für die Schwere- beziehungsweise Fall-Bewegung auf den Kugelmagneten Erde ansah.

Keplers Physik

Kepler nahm diese Theorie mit Begeisterung auf, lieferte sie ihm doch eine willkommene physikalische Erklärung für seine anima motrix der Sonne. Er deutete diese bewegende Kraft daraufhin ebenfalls als magnetische, allerdings dem Sonnenkörper (und nicht der Sonnenforma) und den anderen Himmelskörpern zukommende Kraft, aus der einerseits die Schwere als magnetische gegenseitige Attraktion und andererseits die translatorische Mitführung der Planeten durch die Sonne und der Monde durch ihre Planeten als magnetische »Ausrichtung« eines rotierenden (Zentral-)Körpers resultieren sollte – wobei für die Sonne die ab 1611 durch die Bewegung der Sonnenflecken bestätigte Rotation von Kepler erstmals aus dieser kosmischen Physik erschlossen worden war.

Die aus der gegenseitigen Anziehung folgende Schwerebewegung gilt ihm wie Gilbert natürlich wieder nur für gleichartige Körper: Wie der Magnet nur Magneten oder magnetisierbares Eisen anziehe, so der Magnet Erde auch nur die zur Erde gehörigen Teile und den verwandten (erdartigen) Mond und dessen Teile. Die gegenseitige Anziehung erfolge entsprechend dem »Gewicht« (bei Newton: »Masse«) der beiden Körper. Stolz verkündete er aber auch am 10. Februar 1605 in einem Brief an Herwart von Hohenburg (Kepler Bd. 15, 1951, Nr. 325, S. 60), daß er die »vis una simplicissima magnetica corporalis« gefunden habe, die wie das Gewicht einer Uhr allein sämtliche Bewegungsabläufe der Planeten »ohne Trägersphären« (sine orbibus) verursache. Im Gegensatz zu dieser Rede von »der einen [sprich: einheitlichen] magnetischen Kraft« ließ er diese aber auf unterschiedliche Art und Weise wirken. Die eine, der magnetischen Anziehung entsprechende Art der Magnetkräfte sollte längs und mittels geradliniger Magnetfibern zwischen zwei verwandten Körpern als wechselseitige Anziehung (gegenseitige Schwere) wirken, die andere, der Magnetnadeln ausrichtenden »Richtkraft« eines Magneten entsprechende der Sonne (oder eines Planeten) dagegen längs und mittels konzentrisch-kreisförmiger Magnetfibern.

Am Ende seiner Überlegungen verstrickte Kepler sich dann allerdings immer hoffnungsloser in diese anfänglich bloße Analogie zum empirischen Magnetismus, von dem er sich immer weiter entfernen mußte, um alle Erscheinungen am Himmel auf magnetische Wechselwirkungen zurückführen zu können. Schließlich mußte er 1620 in seinem »Abriß der copernicanischen Astronomie« mit dem entschuldigenden Hinweis, daß »am Himmel die Sache vergleichsweise ein wenig anders sei«, die Sonne zu einem nach außen einpolig wirkenden, passiven Magneten machen, dessen einer Pol das Zentrum und dessen anderer Pol die Oberfläche bilden sollte (Kepler Bd. 7, 1953, Nr. 300, S. 30–40). Die Annäherung und Entfernung der Planeten auf ihrer ja nicht konzentrisch-kreisförmigen, sondern elliptischen Bahn dürften nämlich nicht auf Wechselwirkung beruhen, da sonst die Planeten in Konjunktion die Sonne aus dem Weltzentrum ziehen würden. Folglich zögen sich die Planten selbst zur (passiven) Sonne oder stießen sich von ihr ab, je nachdem sie aufgrund der Schrägstellung ihrer Rotationsachse zur Ekliptikebene der Sonne, deren einer, allein nach außen wirkender Pol die Oberfläche sei, den gleichnamigen oder ungleichnamigen Pol zuwendeten. Damit hatte Kepler vollends die Möglichkeit verspielt, daß man retrospektiv bei seinen physikalischen Erklärungen der Planetenbewegungen auch nur an die Vorahnung einer Allgemeinen Gravitation denken könnte, wie es immer wieder aus gegenwartsbezogener Sicht gern getan wird, eingedenk seiner auch quantitativen Überlegungen zur wechselseitigen, auf Magnetismus beruhenden Schwere aufeinander fallender, verwandter Körper in der Einleitung zur »Astronomia nova«.

Kritik am kosmischen Magnetismus

Die skizzierte Physik eines kosmischen Magnetismus ist dermaßen phantastisch, daß es nicht verwundert, daß Kepler damit keine Anhänger gewinnen konnte. Andererseits waren seine beiden ersten Gesetze der Planetenbewegungen so mit dieser Physik verknüpft und durch sie begründet, daß eine Ablehnung der Physik Keplers vorerst eine Nichtanerkennung seiner astronomischen Gesetze zur Folge hatte. Er hatte zwar in dem zitierten Brief noch von einer Analogie der kosmischen Kräfte zu den magnetischen geschrieben, und auch in der »Astronomia nova« ist er anfangs vorsichtig in seinen Formulierungen gewesen, um dann jedoch bald direkt und ohne Einschränkung von »Magnetismus« zu sprechen. Aber selbst als Analogie war der Vergleich zu weit getrieben, und so mußte sich Kepler postum eine vernichtende Kritik durch den gelehrten Jesuitenpater Athanasius Kircher gefallen lassen, womit der endgültige Schlußstrich unter seinen Traum von einer neuen, magnetischen Himmelsphysik gezogen wurde.

Kircher faßte in seinem Handbuch »Magnes sive de arte magnetica« das Wissen über den Magnetismus seiner Zeit zusammen. Es erschien erstmals 1641 und erfuhr schnell mehrere Auflagen. In diesem Handbuch wird sowohl Gilberts These vom Magneten Erde als auch Keplers Theorie widerlegt, und zwar empirisch: Es gäbe keinen einpolig wirkenden Magneten, wie ihn Kepler für die mitführende Sonne und Erde konstruieren mußte. Auch hätte die Erde nach Kepler in bezug auf den Magneten Sonne zweipolig, in bezug auf den von ihr mitgeführten Mond aber einpolig zu sein. Weiterhin könne man einen Magneten um seine Achse drehen oder um eine dazu senkrechte Linie rotieren lassen, in keinem Falle würde er dann Eisen oder einen anderen Magneten im Kreise um sich herum führen. Er zöge diesen vielmehr im ersten Falle zu sich heran, wenn er in der Richtung der Pole liege, oder zeige keine Wirkung, wenn er sich in der Äquatorebene befinde. Im zweiten Fall bliebe der kleine Magnet bei genügend rascher Rotation in derselben Entfernung liegen, anderenfalls würde er von einem der Pole geradlinig angezogen. Schließlich könnte man einem Magneten nicht zwei verschiedenartige Wirkkräfte zuschreiben, eine anziehende und eine mitführende, die unabhängig voneinander wirken und je nach Bedarf des Theoretikers sozusagen ein- und ausgeschaltet werden könnten und so weiter. Kircher vermochte die ganze Fülle der von William Gilbert angeführten und der neuen eigenen Versuche mit dem Magneten gegen den kosmischen Magnetismus Keplers anzuführen. Die Vorstellung kosmischer Zentralkräfte mit Fernwirkung schien damit endgültig abgetan.

Guerickes Lösung

Guericke besaß das Werk Kirchers. Er kannte auch von Anfang an seine Kritik und schloß sich dieser an, während er Keplers Schriften kaum gelesen haben wird. Er war jedoch im Gegensatz zu Kircher von der Richtigkeit der Heliozentrik ebenso überzeugt wie von der Wahrheit seiner eigenen experimentell erbrachten und erschlossenen Ergebnisse und von der Keplerschen Idee kosmischer Zentralkräfte. Es mußten also neue Wege beschritten werden, um die in einem heliozentrischen Kosmos zwischen den Weltkörpern wirkenden Kräfte veranschaulichen und erklären zu können.

Angeregt durch die Ideen Gilberts und die daran sowie an der Keplerschen Physik von Kircher geübten Kritik entwickelte Guericke daraufhin auf der Basis der animistischen Vorstellungen im »Aristarchus Samius redivivus« des Gilles Personne de Roberval von 1644 eine umfassende Physik der Wirksphären verschiedenster im Kosmos wirkender »Kräfte« der Weltkörper, die er sich zum Teil als körperhafte »Ausflüsse« (effluvia), meist aber als unkörperhafte, animistisch gedeutete »virtutes mundanae« vorstellte. Er nannte deren Wirksphären »orbis virtutis« oder auch wieder »sphaera activitatis«. Aber diese unterschiedlichen, im Kosmos wirkenden »Kräfte« mußten für einen Ingenieur auch augenscheinlich demonstriert und nachgewiesen werden. Zum Vorbild diente die »terrella« Gilberts, gegen die aber Kircher mit Recht eingewendet hatte, die Erde könne kein großer Magnetstein sein. Deshalb bemühte sich Guericke, um die Möglichkeit einer dahingehenden Kritik auszuschließen, in seiner »terrella« die Zusammensetzung des Erdkörpers getreuer zu berücksichtigen. Er goß dazu mehrere mineralische (»erdige«) Bestandteile mit einem großen Anteil an Schwefel, entsprechend den paracelsischen Prinzipien Salz, Quecksilber und Schwefel (sal, mercurius, sulphur), zu einer Kugel als Äquivalent der Erde und damit auch der anderen, prinzipiell gleichartigen Himmelskörper. Gilbert hatte ja der Erdkugel bereits »magnetische« und »elektrische« Wirkungen zuerkannt und den Schwefel unter die »elektrischen Körper« gezählt (Gilbert 1600, S. 60 und 48).

Die Demonstration der kosmischen virtutes beruht dann, wie man heute weiß, auf der Erzeugung elektrostatischer Effekte. Er konnte so nach Reiben der Schwefelkugel zeigen, daß sie, anders als ein Magnet, (genügend leichte) Teilchen aller Stoffe und zu jedem Punkt der Kugeloberfläche gleichmäßig anziehe, wie auch bereits Gilbert für »elektrische«, das heißt: sich wie Bernstein verhaltende Körper festgestellt hatte. Auch die mitführende »Kraft« konnte Guericke erstmals deutlich an der Schwefelkugel demonstrieren, was Kepler nicht gelungen war. Eine an der durch Reibung geladenen Schwefelkugel aufgeladene Flaumfeder wurde (nach der Aufladung) abgestoßen und konnte in gleichbleibender Distanz ohne Kontakt mit der Kugel von dieser im Raume herumgeführt werden (Abb. 2).

Aber Guericke sah darin weiterhin verschiedene »Kräfte« und unterschied noch ebenso streng zwischen der »mitführenden« Kraft eines Himmelskörpers einerseits und seiner Kohäsionskraft (der Schwere bewirkenden Kraft) andererseits, die er wie schon die Stoiker als »Erhaltungskraft« deutete und auch als »virtus conservativa« bezeichnete (Guericke 1672, IV, 5 und 8). Auch seine Gravitationstheorie beinhaltete deshalb immer noch, daß jedem Himmelskörper eine ihm eigentümliche, selektive »Erhaltungskraft« und daraus resultierende »Schwere« zukommt, die allein zu seiner eigenen Erhaltung in der Kugelform diente. Guericke kannte also noch keine Allgemeine Gravitation, sondern nahm so viele spezifische »Schweren« an, wie es diskrete Himmelskörper gibt. Ein Stückchen Mondmaterie soll aufgrund seiner Gleichartigkeit vom Mond angezogen, aber auch von jedem anderen Gestirn abgestoßen werden. Guericke unterschied regelrecht zwischen solchen zugehörigen Teilen, die zur Erhaltung des Körpers erforderlich seien und deshalb von der »Erhaltungskraft« der »Seele« des Weltkörpers angezogen würden, und solchen, die dem Körper schädlich seien und deshalb von ihr gemieden und abgestoßen würden. Sympathie wurde von ihm analog durch Antipathie ergänzt, demonstriert an der elektrostatischen Abstoßung geladener Teilchen, die Gilbert noch nicht beobachtet hatte, die aber auch Guericke wohl nur aufgrund dieses theoretischen Hintergrundes hatte »entdecken« können.

Guericke verknüpfte damit aber erstmals die neue Vorstellung von Zentralkräften, wonach der Himmelskörper selbst die ihm eigentümlichen Stoffe und Körper anzieht (allerdings nicht auf der Basis einer gegenseitigen Anziehung wie bei Kepler) und diese nicht mehr von sich aus teleologisch zum Zentrum des zugehörigen Körpers streben, wie es ja selbst ein Galilei noch angenommen hatte.

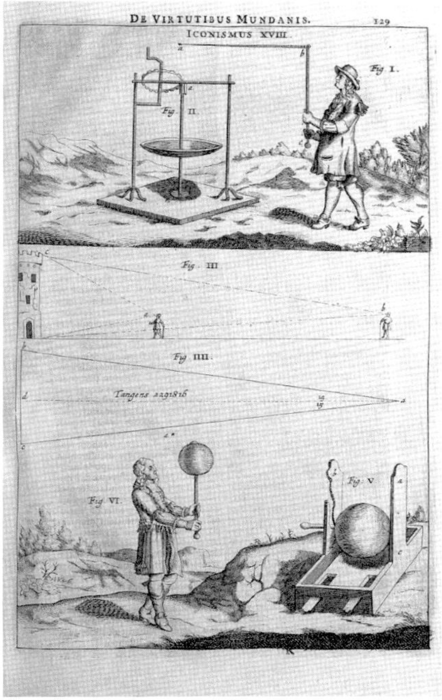

Abb. 2 Guerickes Demonstration der kosmischen Wirkkräfte, vgl. Kat. 268.

Schwere der Luft

Nach der Aufgabe des Elementarcharakters des Feuers bereits im 16. Jahrhundert hatte im Rahmen der finalen Kohäsionstheorie für bewegte Himmelskörper auch der »Luft« das finale Streben zum Schwerezentrum hin übertragen werden müssen, um das schon von Ptolemaios gegen eine Erdrotation vorgebrachte Argument entkräften zu können, daß die Luft (mit den Wolken, Vögeln und so weiter) dann gegenüber der Erde zurückbleiben und sich scheinbar ausschließlich von Ost nach West bewegen müßte. Sie galt nicht mehr wie bei Aristoteles und in der Scholastik als

»leicht«, sondern alle Stoffe galten jetzt als mehr oder weniger schwer und mit jeweils spezifischem Gewicht versehen, das aus der unterschiedlichen Intensität des inneren Bewegungstriebs resultieren sollte. Damit verlor die Luft auch ihren elementaren Charakter. Nur daraufhin hatte Isaac Beeckman den sich aus der Bewegung der Luft zum Schwerezentrum ergebenden Luftdruck als Ursache für das Nichtentstehen von Vakuum ansehen können; und nur deshalb hatte schon Copernicus der Luftsphäre als Bestandteil des Erdkörpers dieselbe rotierende natürliche Bewegung wie der Erdwasserkugel zuschreiben können. Die Luft galt nicht nur als zu dieser gehörig, sondern auch als von ihr stammend, als ihre Ausdünstung, wie auch Guericke ausdrücklich betonte. Der Begriff »Atmosphäre« (= Dunstkugel) taucht immerhin schon 1608 erstmals als Willebrord Snells lateinische Übersetzung von Simon Stevins holländischem Wort »damphooghde« (Dunsthöhe, Dunstsphäre) auf. Der Umschlag vom finalen Streben zur kausalen »Anziehung« gleichartiger Luftteilchen, und zwar durch eine Zentralkraft der Erde, wird nach Ansätzen bei Gilbert und Kepler wieder besonders deutlich bei Guericke, der mit seiner selektiven vis conservativa physikalisch das leistete, was bis dahin nur mehr oder weniger gefordert worden war, nämlich das Schwerezentrum statt als causa finalis (Ziel) der Schwerebewegung als deren causa efficiens, als die Fallbewegung bewirkende Kausalursache des Zentralkörpers, aufzufassen.

Die Idee der Kapazität

Nur innerhalb der Wirksphäre könne überhaupt eine Wirkung ausgeübt werden und nur auf solche Dinge, die dafür aufnahmefähig seien und eine entsprechende »Kapazität« besäßen. Sie müßten also zum einen auf die spezifische Wirkkraft ansprechen, zum anderen aber auch eine der sich mit der Entfernung abschwächenden Wirksphäre entsprechende Größe (Kapazität) besitzen. So löste Guericke das Problem, daß der etwa gleich weit wie die Erde von der Sonne entfernte Mond wegen seiner um vieles geringeren Größe nicht auf die »Kräfte« der Sonne anspreche; weil er nicht nur kalt sei, sondern auch ausschließlich von der Erde herumgeführt werde, während die Erde die genau der Entfernung entsprechende Größe habe und deshalb von der Sonne herumgeführt und von ihr erwärmt werde.

Folge dieser Vorstellung war die Annahme, daß die Planeten um so größer sein müßten, je größer ihr Sonnenabstand sei, aber auch, daß die Himmelskörper sich auf exakten Kreisen um die Sonne bewegen müßten, weil sie sonst ihre Kapazität überschreiten und aus dem für sie spezifischen Wirkungsbereich ausbrechen würden. Die von den Astronomen beobachteten »Exzentrizitäten« der Bahnen, die übrigens auch ein Galilei leugnete, mußte Guericke deshalb als scheinbar auffassen, wollte er sich nicht anmaßen, die ihnen zugrundeliegenden Beobachtungen als falsch zu deklarieren. Er konnte sie vielmehr im Rahmen seiner Physik als optische Täuschungen deuten, resultierend aus der schwankenden Dicke und Dichte der für die Refraktion verantwortlichen lichtbrechenden Lufthülle.

Die Wirksphäre der Sonne endete für Guericke erst weit außerhalb der Saturnsphäre; sie sollte dort aufhören, wo die Wirksphären der nächsten Fixsterne, ebenfalls als Sonnen mit Planetensystemen gedeutet, begönnen. Die verschiedenen Sonnen könnten demnach nicht aufeinander wirken – ebenso wie jeweils Planeten oder Monde ihrerseits gegeneinander wegen ihrer »Kapazität« keine Wirkung ausübten: Das Weltbild Guerickes blieb also statisch.

Damit hatte die stoische Kohäsionstheorie nach der Erneuerung und Wiederaufnahme bei Nikolaus von Kues und Nicolaus Copernicus ihren Höhepunkt erreicht und gleichzeitig ihre Variationsmöglichkeiten ausgeschöpft. Dadurch, daß Guericke die sphaera activitatis jeder kosmischen Wirkkraft eines Himmelskörpers fest begrenzte, so daß die einander ähnlichen Himmelskörper (Planeten) auch mit ihrer Schwere bewirkenden Erhaltungskraft gar nicht aufeinander wirken könnten, bereitete er jedoch die Denkmöglichkeit einer Allgemeinen Gravitation mit vor. Zum Begriff der allgemeinen, gegenseitigen Gravitation, den der Ursprung dieser Gedankenreihe, der Magnetismus, eigentlich nahegelegt haben sollte, konnte sich dann allerdings erst Isaac Newton nach Anregungen Robert Hookes durchringen. Der Begriff des orbis virtutis und der sphaera activitatis erhielt in seinen »Philosophiae naturalis principia mathematica« von 1687 jedoch eine weitere Modifizierung, insofern ihre sphärische Begrenztheit nur für die Wahrnehmbarkeit der Wirkung gelten soll. Eine Zentralkraft dehne sich vielmehr, mit dem Quadrat der Entfernung abnehmend, ins Unendliche aus.

Diese die neue Physik begründende Modifizierung war aber nur aufgrund eines neuen Trägheitsprinzips möglich, das neben der Erhaltung eines Körpers auch die Erhaltung seiner geradlinigen Bewegung umfaßte. Insofern, als dazu erst der Weg von der Erhaltung eines ruhenden Körpers über die Erhaltung eines Körpers auch trotz und in der Bewegung schließlich zur Erhaltung eines Körpers einschließlich seiner Bewegung beschritten worden sein mußte, stammt das Prinzip einer Allgemeinen Gravitation trotz aller gedanklichen Vorarbeit, zu denen auch Guericke beitrug, eben doch erst von Robert Hooke und Isaac Newton.

Virtutes mundanae »electricae«

Aber schon die Vielfältigkeit kosmischer Wirkkräfte, die Guericke mit der Schwefelkugel demonstrieren zu können glaubte, verbietet es, sie als erste Elektrisiermaschine zu bezeichnen, obwohl die beobachteten Erscheinungen natürlich auf Effekten der Reibungselektrizität beruhen. Sie hatte für Guericke völlig andere Funktionen und war nichts als ein Demonstrationsgerät für unstoffliche, animistisch gedeutete, in die Ferne wirkende kosmische Zentralkräfte der verschiedensten Art – für die »seelischen« Fähigkeiten der Himmelskörper. Er verstand deshalb Gottfried Wilhelm Leibniz auch gar nicht, als dieser ihm brieflich mitteilte, er habe aus der ihm nebst Flaumfeder überlassenen Kugel Funken ziehen können.

Erst das ausgehende 17. Jahrhundert wandte sich den Erscheinungen der Reibungselektrizität selbst zu und griff dabei natürlich auf die Bemerkungen Guerickes zurück, der bei seinen Demonstrationen immerhin neben der Anziehung und Abstoßung elektrisch ungeladener beziehungsweise geladener Körper die später als Spitzenwirkung, als entladende Wirkung einer Flamme, als Influenz und elektrische Leitung bezeichneten Erscheinungen beobachtete und das »Knistern« der elektrisierten Schwefelkugel sowie ihr Leuchten im Dunkeln wahrgenommen hatte. Alle diese Phänomene wurden von ihm aber jeweils anderen »Wirkfähigkeiten« der Seele der Erde und der anderen Himmelskörper zugesprochen.

Guericke hatte die gedruckten »Experimenta nova« unter anderem auch der Royal Society in London zugeschickt, und Thomas Birch konnte aus den Protokollen berichten, daß Robert Hooke in der Sitzung vom 6. November 1672 das Buch vorstellte. Er hätte es zwar zur Anschaffung für die Bibliothek empfohlen, gleichzeitig aber dargelegt, daß unter den darin beschriebenen Versuchen nur einer sei, der es (noch) wert wäre, vor der Gesellschaft gezeigt zu werden, nämlich der mit der Schwefelkugel, »having a considerable attractive power, and representing the Properties of the earth«. Am 27. November führte dann Robert Boyle persönlich ein solches »ball of sulphur melted in a glass ball« vor, demonstrierte damit die elektrische Anziehung und Abstoßung und

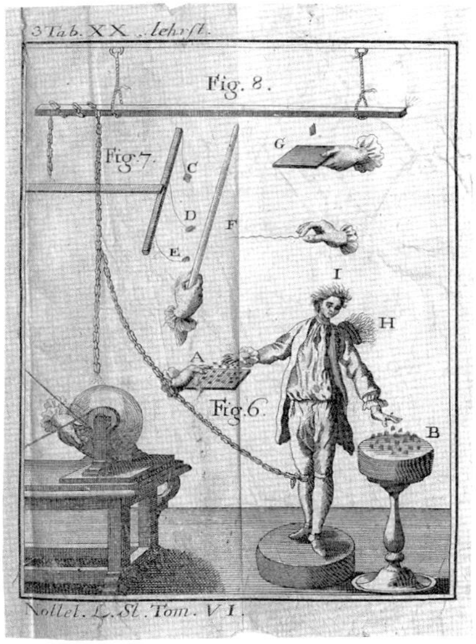

Abb. 3 Darstellung der elektrischen Kräfte in Nollets Experimentalphysik 1766, vgl. Kat. 243.

zeigte, »that feathers being first attracted by this sulphur-ball, would leave this electrical body, and pass to one not electrical, untouched, as to a glass-phial« (Birch 1757, S. 59 und 63).

Damit führt aber immerhin ein direkter Weg von Guerickes Schwefelkugel zu Francis Hawksbees Glaskugelmaschine als erster eigentlicher, für die Royal Society konstruierter Elektrisiermaschine; denn auf die von Hooke noch erwähnten Absichten Guerickes, mit diesen Versuchen die »virtutes mundanae« der Erde zu demonstrieren, war Boyle offenbar schon gar nicht mehr eingegangen – ebensowenig wie auf die experimentell nicht zugänglichen Vorstellungen vom Aufbau des Kosmos und seiner Teile.

Guerickes astronomische Quellen

Hierfür war Guericke, der Ingenieur und Nicht-Astronom, mehr noch als die Astronomen seiner Zeit auf die Bereitstellung von astronomischen Beobachtungsdaten durch andere angewiesen gewesen, das heißt auf die astronomischen Handbücher seiner Zeit.[1] Deren wichtigstes und Guerickes Hauptquelle für astronomische Daten und Lehrmeinungen war des Jesuiten Giambattista Riccioli kompendiöses »Almagestum novum« von 1651, in dem das Datenmaterial der gesamten in Druckausgaben zugänglichen astronomischen und philosophisch-theologischen Literatur von den Anfängen in der Antike bis zur Mitte des 17. Jahrhunderts – mit ausdrücklicher Genehmigung des Ordensgenerals auch der auf dem Index der verbotenen Bücher stehenden Werke (etwa von Copernicus und Galilei) – aufgearbeitet und weitgehend neutral mitgeteilt wird. Es befand sich in Guerickes Besitz, ebenso wie das Werk des Jesuiten Athanasius Kircher »Iter exstaticum coeleste« in der zweiten, von Kaspar Schott bearbeiteten Ausgabe von 1660, mit dem er sich vor allem im siebten Buch über die Fixsternwelt auseinandersetzte, sowie das Werk »Oculus Enoch et Eliae sive radius sideromysticus« des Kapuziners Anton Maria Schyrl de Rheita von 1645.

Trotz der beträchtlichen Hilfe, die diese Handbücher, vor allem das »Almagestum novum« für einen astronomischen Laien bieten konnten, barg ihr umfangreiches Material aber auch die Gefahr großer Verwirrung in sich. Die Unterschiedlichkeit der Beobachtungs- und Meßdaten sowie der auf der Grundlage mitgeschleppter alter und teilweise lange überholter Theorien daraus abgeleiteten Werte hätte ihm auch kaum eine sichere empirische Grundlage gewähren können; und so zweifelte er die Genauigkeit und Richtigkeit der überlieferten Daten gar nicht erst an. Er entnahm letztere in der Regel dem »Almagestum novum« und stellte sie, jeweils nur durch den eigenen Wert ergänzt, in Tabellen zusammen (Guericke 1672, I, 20–30) – und versuchte die Abweichungen als notwendige Konsequenz aus seiner Physik resultierender »Fehlerquellen« zu erklären, indem er sie auf das Schwanken der Dicke (und Dichte) der lichtbrechenden Lufthülle und das darauf beruhende örtliche und zeitliche Schwanken der Refraktionswerte zurückführte (siehe die Schlußbemerkung zu Guericke 1672, I, 25 sowie V, 16, 22 und VI, 9).

Seine eigenen Vorstellungen von der Himmelsdynamik hatten Guericke auf konzentrische Bahnen der Himmelskörper geführt, und diese Theorie mußte deshalb für ihn auch das Kriterium sein, um Ordnung in das vermeintlich naturgemäß von Fehlern durchsetzte Beobachtungsmaterial bringen zu können. Sie schien ja die alten aristotelischen Prinzipien, wonach die Himmelskörper sich ausschließlich gleichförmig auf konzentrischen Kreisen zu bewegen vermögen, erstmals wieder vollkommen physikalisch erklären zu können – so daß sich für ihn eine nähere Beschäftigung mit den Keplerschen Gesetzen erübrigte, die zwar den Astronomen des 17. Jahrhunderts nicht unbekannt waren, aber von ihnen nicht anerkannt wurden (Krafft 1982). Der Jesuit Giambattista Riccioli beispielsweise ist Geozentriker gewesen, der in Weiterbildung des tychonischen ein eigenes, »semitychonisches« Planetensystems entwickelte, die Keplerschen Gesetze also ablehnen mußte; natürlich kannte er sie aber und berichtete über sie völlig neutral im »Almagestum novum«. Guericke kannte sie mit großer Wahrscheinlichkeit hieraus (Krafft in Schimank 1968, S. [232]), nicht dagegen aus Keplers Werken selber oder aus der »Astronomia Philolaica« (1645) Ismaël Boulliaus. Das zweite astronomische Werk, das vor Newtons Principia wenigstens die elliptische Bahnform, wenn auch mit anderer physikalischer Begründung, berücksichtigte, Giovanni Alfonso Borellis »Theoricae Medicearum planetarum ex causis physicis deductae«, erschien erst 1666 in Florenz, drei Jahre nach dem Abschluß des ursprünglichen Manuskriptes.

Das dritte Keplersche Gesetz

Die Nichtanerkennung und Nichterwähnung hatte besonders das dritte Keplersche Gesetz betroffen. Aufgrund fehlender verläßlicher Daten über die Parallaxe und damit auch über die Entfernungen im Sonnensystem (Guericke wies darauf immer wieder hin, insbesondere Guericke 1672, VI, 13 und 14) mußte es jedem nüchtern denkenden und bewanderten Betrachter in der Zeit zwischen Kepler und Newton als reine Spekulation erscheinen – zumal es seine Begründung bei Kepler innerhalb der von Astronomen abgelehnten musikalischen Weltharmonik gefunden hatte.

Guericke versuchte dagegen, aus dem Verhalten von Pendeln auf der Erdoberfläche – die Pendelgesetze Galileis kannte und zitierte er aus Ricciolis »Almagestum novum« (Riccioli 1651, Pars I, Liber II, S. 85 ff.) – durch einfache Extrapolation von den Umlaufzeiten her auf die Massen und Entfernungen (entsprechend der Fadenlänge des Pendels[2]) der Planeten von der Sonne schließen zu können (Guericke 1672, IV, 3): »Trotz alledem ist durch diese [Pendel-] Versuche … diejenige Eigentümlichkeit der Schwingungen noch nicht hinreichend geklärt, die auf dem rechten Verhältnis zwischen Schwere oder Größe eines Körpers und der Fadenlänge beruht. Denn wenn diese sich genau ermitteln ließe, könnte man aus der Umlaufzeit eines jeden Planeten seinen Bahnradius, das heißt seine Entfernung von der Sonne berechnen. Da aber das Verhältnis der Umlaufzeit der Erde zum Erdbahnradius … bekannt ist, wäre unter Benutzung der goldenen Regel auch der wahre Abstand jedes einzelnen Planeten von der Sonne berechenbar.«

Guericke nahm also selbstverständlich (und gegen Kepler) noch an, daß zwischen »Wirkursache« und Wirkung »gemäß der goldenen Regel« berechenbare einfache Proportionalität bestehe, und setzte die Größen der Planeten in direkte Proportionalität zu deren Umlaufzeiten (Guericke 1672, VI, 14).

Guerickes »eigene« Beobachtungen

Im übrigen ist sein astronomisches Weltbild weitgehend eklektisch – mit Schwerpunkten im Bereich der von den Jesuiten und in den Lehrbüchern der Barockscholastik vertretenen Ansichten, allerdings mit der entscheidenden Ausnahme, daß er von Anfang an unerschütterlicher Anhänger der Heliozentrik gewesen war. Er hat auch kaum eigene Beobachtungen von Himmelskörpern und deren Bewegungen angestellt. Er besaß zwar ein »sehr gutes« (optimus) Fernrohr, das ihm Johann Philipp von Schönborn (vermutlich aus Anlaß der Regensburger Vorführungen und der Übernahme der Geräte durch den Kurfürsten) geschenkt hatte, scheint es aber wenig benutzt zu haben. Neben einer terrestrischen Beobachtung (Guericke 1672, I, 29, Schimank 1968, S. 47), die fälschlich zu einer »Prüfung« hochstilisiert wurde (Becker 1973, S. 291), berichtet Guericke nur, daß er mit diesem Fernrohr nach dem Vorbild Christoph Scheiners mittels vorgesteckter farbiger Gläser die Sonnenscheibe betrachtet (Guericke 1672, VI, 8, siehe auch I, 12) und bestätigt gefunden hätte, was Scheiner, Simon Mayr und Athanasius Kircher, aus dessen Schrift »Iter exstaticum coeleste« er die Angaben zitiert, gesehen und beschrieben hätten. Eine persönliche teleskopische Beobachtung könnte vielleicht noch aus Guerickes, allerdings sehr allgemein gehaltenen Worten über die Klarheit der Mondkonturen, die eine Bewölkung ausschlösse (Guericke 1672, V, 23), sowie über das Aussehen von Kometen, die in Fernrohren als von der Sonne erhellte Wolken erschienen (ebd., V, Anhang, Nr. 4, S. 215 a), herausklingen. Alle anderen in den Experimenta nova erwähnten Fernrohr-Beobachtungen des Mondes, der Planeten und der Fixsterne stammen von anderen und wurden von ihm nachweislich seinen Quellen entnommen.[3] Nicht einmal für die Kometenbeobachtungen im Dezember 1664 benutzte er sein Fernrohr.

Insbesondere trifft die aus der älteren Literatur immer wieder übernommene Behauptung (z. B. Becker 1973, S. 291 a und 313) nicht zu, daß die zum Kapitel V, 18 seines Werkes abgebildete Mondkarte »Lunae facies per Diopt: Instrumenta« nach eigenen teleskopischen Beobachtungen von Guericke selber gezeichnet worden sei. Sie ist identisch mit der Karte aus Kirchers Werk »Mundus subterraneus in XII libros digestus«, das 1665 und erneut 1668 in Amsterdam bei Guerickes Verleger erschienen war, und dieser war von ihm in einem Brief vom 3. November 1671 (Kalender neuen Stils) gebeten worden, »die Effigiem Lunae wird mein Herr wohl auß einen Bekannten Author lassen nach stächen«. Als Vorlage für die Tafel befand sich unter den Papieren Guerickes auch nur ein Blatt mit einem leeren Kreis (Krafft 1969, S. 13 f.).

Weltkörper: Sonnen

Nach Guericke gibt es drei Formen von Weltkörpern: Sonnen, Planeten und Monde. Die unzählbar große Menge der Fixsterne bestünde aus einzelnen Sonnen, die jeweils wieder wie unsere

Sonne von Planeten umkreist würden, die ihrerseits wieder wie Erde, Jupiter und andere Planeten unserer Sonne eigene Trabanten hätten, die mit ihren Planeten in einem Liebes- oder Eheverhältnis lebten (siehe Guericke 1672, V, 21). Die Sonnen wären feurig-geistige, beseelte Wesen ohne Ortsbewegung, jedoch mit einer um eine aufgrund der »Richtkraft« feststehende Achse sehr schnell erfolgenden Rotation, der einzig möglichen Form von unmittelbarer Eigenbewegung eines beseelten Wesens. Das Flimmern der Fixsterne und das »Wallen« der Sonne zeigten uns diese rasche Rotation an. Die Sonnen strahlten ihnen eigentümliche Wirkkräfte aus – Leucht-, Wärm- und Antriebskräfte (virtus impulsiva), die Guericke einmal getrennt behandelte (vor allem im 4. Buch), dann wieder zu einer einzigen Sonnenkraft zusammenfaßte. Diese Kraft oder diese Kräfte breiteten sich kugelförmig aus und würden mit der Entfernung vom Zentrum immer schwächer, bis sie ganz aufhörten – wie der sich kugelförmig ausbreitende Duft einer Blume. Die Antriebskraft der Sonnen wäre wie ihre Leucht- und Wärmkraft eine unstoffliche Wirkkraft, die instantan zur Wirkung käme und deshalb auch an der äußersten Peripherie ihrer Wirksphäre nicht hinter den der Kraftquelle näheren Stellen zurückbliebe. Alle diese Kräfte könnten aber nur auf materielle Körper einwirken, sie erleuchten, erwärmen oder mit herumführen, und träten durch das Vakuum ungeschwächt und unbeeinflußt hindurch, wie Guericke mit speziellen Versuchen zeigen zu können meinte. Der Weltraum könne also schon deshalb nicht von irgendeinem Stoff erfüllt sein, weil er dunkel sei, wie der dunkle Himmel des Nachts zeige. Der blaue Himmel des Tages würde dagegen von dem durch die Sonne erleuchteten Teil der stofflichen Lufthülle gebildet und erdunkle deshalb erst allmählich nach Sonnenuntergang – je nach gegenwärtiger Mächtigkeit der Lufthülle.

Weltkörper: Planeten

Die Größe der Antriebskraft der Sonne soll proportional zur Entfernung abnehmen. Die Planeten würden deshalb entsprechend ihrer Entfernung unterschiedlich schnell von der Sonne im Kreise herumgeführt, am schnellsten die »Sonnenflecken-Planeten«, dann Merkur, Venus, Erde, Mars, Jupiter und am langsamsten der äußerste Planet Saturn. Entsprechend der Abnahme der Antriebskraft müßten aber die Planeten von innen nach außen größer werden, damit sie gemäß ihrer »Kapazität« von der schwächer werdenden Antriebskraft überhaupt erfaßt werden könnten. Jeder Planet müßte dieselbe Menge von Antriebskraft aufnehmen, um mit derselben Geschwindigkeit bewegt zu werden, bei geringerer Dichte also entsprechend größeres Volumen besitzen: Die Volumina der Planeten wüchsen deshalb proportional zu ihren Umlaufzeiten. Wenn dann das Quadrat der Entfernungen der Planeten von der Sonne – gemäß dem Galileischen Pendelgesetz – der Umlaufzeit proportional wäre, ließen sich die Entfernungen mit Hilfe der bekannten der Erde von der Sonne, die Volumina aus dem Verhältnis ihrer Umlaufszeiten zu der der Erde berechnen. Das Volumen oder die Kapazität der Planeten sollte dabei jeweils genau der »Größe« der Antriebskraft, also der Entfernung von der Sonne, angepaßt sein, so daß sie sich kreisförmig und gleichförmig um die Sonne als Zentrum bewegen müßten – und entsprechend die Monde um ihre Planeten. Planeten und Trabanten strebten stets die schnellstmögliche Bewegung innerhalb ihrer Kapazitätssphäre an, also eine Bahn in der Äquatorebene des rotierenden Zentralgestirns. Die Planeten pendelten deshalb in einer Breitenbewegung um die Ekliptik, was Guericke mit einem besonderen Schwungschüsselversuch demonstrieren zu können meinte (Guericke 1672, IV, 3).

Die von der Sonne mit herumgeführten, verhältnismäßig recht kleinen Planeten besäßen ihrerseits ebenfalls eine Eigenbewegung, nämlich die Rotation um eine von der Richtkraft gleichgerichtet gehaltene Achse. Sie wären somit auch beseelt, allerdings wäre ihr »Seelenfeuer« von dem der Sonne entlehnt und deshalb schwächer als jenes. Alle Planeten führten demnach zwei Bewegungen aus, eine der täglichen Achsendrehung der Erde entsprechende Eigenbewegung und eine der jährlichen Bewegung der Erde entsprechende Mitführbewegung infolge des Antriebs der Sonne. Ihr entlehntes Seelenfeuer wäre so schwach, daß es nur im engsten Bereich der Planetenkugel selbst erwärme, nicht aber erleuchte: Sie wären deshalb dunkle, nur von der Sonne auf der ihr zugekehrten

Seite sekundär erleuchtete Weltkörper und funkelten somit auch nicht wie die Fixsterne. Witterungserscheinungen und Unwetter wie auf der Oberfläche gäbe es auch im Innern der Planeten. Sie besäßen darüber hinaus als beseelte Wesen nicht nur eine Geistseele, wie sie auch Kepler benötigt hatte,[4] sondern auch eine vegetative Seele und damit Wachstum. Dieses Wachsen des Erdkörpers, das Guericke auch zur Erklärung der Präzession heranzog, insofern entsprechend der Volumenzunahme auch die Kapazitätssphäre wachsen müsse, erkenne man beispielsweise daran, daß die Überreste aus der römischen Antike langsam bedeckt würden und die Säulen nur noch zum Teil aus dem Boden ragten.

Der Planet mit dem größten Volumen sei der äußerste, der Saturn; die kleinsten Planeten, noch weit unterhalb des Merkurs, seien jene, welche uns als dunkle Flecken auf der Sonne erschienen (Guericke 1672, I, 13); sie besäßen auch wie alle anderen Planeten eigene Trabanten, woraus sich die unregelmäßige Form der Sonnenflecken ergebe. Diese Deutung der 1611 entdeckten Sonnenflecken stammte von Christoph Scheiner und war von diesem unmittelbar nach der Entdeckung intuitiv in Betracht gezogen, aber sofort wieder verworfen worden. Scheiners spätere und Galileis Deutung der gleichgerichtet wandernden Flecken als Oberflächenerscheinung, so daß sie gleichzeitig als Indiz für die Rotation der Sonne dienen können, hatte sich eigentlich sehr rasch durchgesetzt. Guericke kannte sie übrigens und erwähnte sie auch einschließlich der erschlossenen »Umlaufzeit« von 27 Tagen; verwarf sie aber mit dem noch ganz peripatetisch-scholatischen Argument, »damit wir nicht der Sonne, dem Weltauge, Flecken oder mindere Wesenheiten anzudichten brauchen«, gewann dadurch jedoch umgekehrt die Möglichkeit, die ebenfalls von Scheiner entdeckten »Fackeln« der Sonne als Widerschein von diesen Planeten reflektierten Sonnenlichtes erklären zu können. Beide Deutungen finden sich auf der Grundlage der Scheinerschen Mitteilungen schon in dem Werk des Jesuiten Charles Malapert »Austriaca sidera heliocyclica astronomicis hypothesibus illustrata« (1633), das sich in Guerickes Besitz befand und deshalb als seine Quelle angesehen werden kann – selbst für die Bemerkungen zu den Eigenarten, die bei teleskopischen Beobachtungen (auch mit gefärbten Gläsern) zu beachten sind (Krafft 1978, S. 162). – Erwähnung verdient, daß Guericke aus der Nichtberücksichtigung dieser »Planeten« durch die Astrologen ein Argument gegen die Richtigkeit ihrer Berechnungen und Vorhersagen gewonnen zu haben meinte.

Auch die Planeten sollen mit einer Reihe kosmischer Wirkkräfte ausgerüstet sein. Ihre Antriebskraft führe die jeweiligen, wegen ihrer Kleinheit schon außerhalb der Wirkkapazität der Sonne befindlichen Trabanten herum, deren Volumen oder Kapazität wieder genau einer bestimmten »Größe« dieser mit der Entfernung schwächer werdenden Wirkkraft entspreche.

Weltkörper: Monde

Folglich bewegten sich auch die Trabanten der Planeten kreis- und gleichförmig. Sie seien allerdings unbeseelt, deshalb kalt, ohne Eigenbewegung (Rotation) und ohne Atmosphäre, und somit auch im Gegensatz zu den Planeten unbewohnt. Eine ihrer spezifischen unkörperhaften Wirkkräfte sei die virtus gelufaciens, der »Frost«, den Guericke von der Kälte als geringer Wärme unterschied.

Mit der Leugnung der Existenz von Lebewesen auf den Monden steht Guericke übrigens selbst unter den Vertretern eines heliozentrischen oder tychonischen Planetensystems seiner Zeit ziemlich allein da. Er teilte darin zwar die Skepsis, die Riccioli (Riccioli 1651, Pars I, S. 187 f. und 215) gegen Bewohner des Erdmondes geäußert hatte, vermochte aber gegen eine Existenz neben physikalischen Gründen im Sinne seiner Theorie der kosmischen Wirkkräfte das Fehlen von Wolken und damit einer Atmosphäre auf dem Erdmond anzuführen.

Bald nach der Entdeckung der ersten vier Jupitermonde durch Galileo Galilei und andere Anfang 1610 hatte die Suche nach Trabanten auch der anderen Planeten (neben der Erde) eingesetzt, deren Existenz durch einen Analogieschluß vorausgesetzt wurde. Falschmeldungen und Schlußfolgerungen nach optischen Täuschungen aufgrund der noch mangelhaften Teleskope gab es deren viele. Guericke kannte sie alle aus den Schriften von Anton Maria Schyrl, Giambattista Riccioli und Athanasius Kircher.

Umso bemerkenswerter ist, mit welcher begründeten Skepsis er den »Entdeckungen« begegnete. Beim Jupiter etwa bezweifelte er im Anschluß an Riccioli (Riccioli 1651, Pars I, S. 489) die Existenz weiterer fünf Monde, die Schyrl und Francesco Fontana, deren diesbezügliche Schriften Guericke besaß, beobachtet haben wollten. Beim Saturn schloß er sich nur mit geziemender Vorsicht der Deutung des von Galilei als »Henkel« beschriebenen Gebildes als freischwebenden Ring und der Entdeckung eines ersten Saturnmondes an, die Christiaan Huygens in seiner Schrift »Systema Saturnium« von 1659, welche Guericke ebenfalls besaß, dargelegt hatte – ein zweiter Mond, von dem schon Guerickes Quellen sprachen, war zweifelsfrei erst 1671 von Giovanni Domenico Cassini nachgewiesen worden. Nur im Falle der Venus war Guericke Fontanas vermeintlicher, auf optischen Fehlern seines Teleskops beruhender Entdeckung zweier Monde aufgesessen.[6]

Atmosphäre und Kometen

Zu den materiellen Stoffen, aus denen alle Sonnen, Planeten und Trabanten bestehen sollen, zählte Guericke schon nicht mehr das Elementarfeuer. Er lehnte es ab (Guericke 1672, V, 6), weil sich oberhalb der nicht-sphärischen Lufthülle kein Stoff befinden könne. Die Luft verstand er als »Ruch« (odor), als Ausdünstungen der Erdwasserkugel, die aber stofflich nicht mit Erde und Wasser identisch seien, sich somit auch nicht in Wasser oder Erde verwandeln könnten. Dieser »Ruch«, die Luft, werde ebenso wie alle anderen der Erdwasserkugel entstammenden Stoffe und Stoffmassen von der Erde durch ihre »Erhaltungskraft« festgehalten und an sich herangezogen, woraus sich deren Schwere (ihre »Masse«) ergebe – wieder gemäß scholastischer Vorstellungen von der Kapazität. Die Luftdichte müsse deshalb mit der Entfernung von der Erdoberfläche abnehmen, und zwar immer weiter, bis in für Erdverhältnisse großer Höhe[5] keine Luft mehr anzutreffen sei.

Durch die Kräfte, mit denen der Erdwasserkörper auf seine Ausdünstungen einwirke, werde die Lufthülle bei seiner Rotation mitgeführt. Schon Copernicus hatte das gegen eine Erddrehung vorgebrachte Argument, daß die Lufthülle gegenüber der Drehung des festen Erdkörpers zurückbleiben müsse, damit entkräftet, daß er die Erd-Wasser-Luft-Feuer-Kugel als eine sich drehende Einheit auffaßte. Guericke nahm demgegenüber an, daß ein Planet nicht nur auf seinem Weg um die Sonne eine gewisse Luftspur zurücklasse, sondern auch ein »Luftschlupf«, ein Zurückbleiben der Luft hinter der Rotationsbewegung, auftrete – sehr stark in den höchsten Luftregionen (welche die Rotation deshalb nicht vollständig mitmachten) und schwächer auf der Oberfläche, hier allerdings am stärksten in Äquatornähe, wo die Oberfläche des Planeten sich am schnellsten bewege, so daß, wie man auf der Erde beobachten könne, ein Segelschiff auf der Äquatorroute über den Atlantik für beide Richtungen nicht dieselbe Zeit benötige (Guericke 1672, V, 5, 12 und 15). Fallende und geworfene Gegenstände könnten aber – jedenfalls in unseren Breiten – keine Ablenkung erfahren; vielmehr würden sie durch die sich mit der Erde drehende Lufthülle mit herumgeführt, so daß der Anschein einer ruhenden Erde entstehe. – Galilei hatte den senkrechten Fall auf die sich drehende Erde als Zusammensetzung aus einer senkrechten Fallbewegung und einer der Erdrotation entsprechenden kräftefreien konzentrischen Kreisbewegung erklärt, also die Frage des Antriebs vernachlässigt. Erst bei Newton wurde daraus die geradlinige Trägheitsbewegung; und ihm sollte auch erst der Nachweis gelingen, daß ein Körper deshalb nicht von der sich drehenden Erde weggeschleudert wird, weil die Rotationskraft nur einem sehr geringen Teil der Schwerkraft entspricht.

Nach modernen Vorstellungen gehören auch die »veränderlichen« Erscheinungen am Himmel, Kometen und Neue Sterne, in den Bereich der Astronomie, weshalb sie hier abschließend erwähnt werden sollen, obgleich Guericke sie ähnlich wie die »meteora« der aristotelisch-scholastischen Tradition, wenn auch in anderer Deutung, dem irdischen Bereich der Lufthülle zuwies. Er hatte sich überhaupt erst nach einer durch den Sohn vermittelten Anfrage des polnischen Gelehrten Stanislaus Lubienietzki de Lubienietz (1623–1675) mit der Frage, was Kometen seien, beschäftigt, nachdem das Manuskript seines Werkes bereits abgeschlossen war. Lubienietzki hatte viele zeitgenössische Gelehrte um ihre Meinung zum Kometen von 1664/65 gebeten und deren Briefe 1668 in einem voluminösen Sammelband unter dem Titel »Theatrum cometicum« veröffentlicht. Guericke übernahm dann seine eigenen dort abgedruckten Briefe in lateinischer Übersetzung als Anhang zum fünften Buch in sein Werk auf. Die darin dargelegte Deutung blieb ganz im Rahmen seiner Theorie der Herkunft der Luft, der Ausdehnung der Atmosphäre und deren Mitführung durch die rotierende Erde: Manchmal würden von Animalgeistern angefachte Wirbelstürme verdichtete Luft von einem der Planeten über seine Atmosphäre hinaus in sehr große Höhen tragen. Von der Sonne wie eine Wolke erleuchtet, würde diese Luft dann als Komet oder Neuer Stern erscheinen.

Guerickes Weltsystem

Aus Individuen aller drei Arten von Weltkörpern mit ihren Wirkkräften setzen sich nach Guericke alle Welten, alle Planetensysteme, zusammen, deren selbstleuchtende, unverrückbare Zentralkörper uns allein als Fixsterne sichtbar seien. Die daraus resultierende Skizze des Weltsystems (vgl. Kat. 1) mutet recht modern an; sie ist es aber nur, wenn man von den ihm zugrundeliegenden physikalischen Vorstellungen absieht. Aber das trifft für alle Skizzen dieser Art vor und für viele nach Newton ebenfalls zu. So sollen die Himmelskörper zwar alle aus den gleichen Stoffen wie die entsprechenden Körper unseres Sonnensystems bestehen, jedoch in jeweils eigentümlicher Art und Weise, weil sie sonst (aufgrund des Fehlens eines Trägheitsprinzips) alle aufeinander zu streben oder voneinander angezogen werden müßten; folglich könnten auch die Lebewesen anderer Planeten denen auf der Erde in keiner Weise gleichen. Die Einheitlichkeit der Welt ist vorerst also nur andeutungsweise erreicht, weil sie die Erhaltung von Gottes Schöpfung noch verhindern würde.

Anmerkungen

1 Siehe die Quellenanalysen von F. Krafft in Schimank 1968, Krafft 1969 und Krafft 1978, S. 165–180.

2 Nach einer ähnlichen Überlegung hatte Kepler vor der Ableitung des dritten Gesetzes der Planetenbewegungen das Hebelgesetz als theoretische Grundlage gewählt und die Länge der Hebelarme in Analogie zu den Bahnradien gesetzt.

3 Das war Becker 1973 nicht bekannt, so daß er alle in den Experimenta nova erwähnten teleskopischen Beobachtungen Guericke selbst zuschrieb.

4 Kepler ließ die Geistseelen der Planeten sogar den Betrag errechnen, um den sie ihren Körper dem sie auf konzentrischen Kreisen herumführenden Zentralkörper anzunähern hätten, damit die berechnete Ellipsenbahn und die aus der jeweiligen Entfernung resultierende Umlaufgeschwindigkeit entstünde.

5 Guericke nahm während der Abfassung der Experimenta nova (V, 9) 1663 als obere Grenze der Atmosphäre 1000 bis 2000 deutsche Meilen an, in den Briefen über den Kometen an Lubienietzki 1665 10 bis 20 deutsche Meilen, änderte diese Angabe aber im Anhang zu Buch V, in den er die Briefe in lateinischer Übersetzung vor dem Druck einfügte, in ein bis zwei Meilen ab (siehe Krafft 1969, S. 117–119).

6 Vgl. Abbildung in Schimank 1968, S. (240).

Weiterführende Literatur

Krafft 1999a. – Krafft 1999b. – Krafft 1996.

Karlheinz Kärgling

Das »dunkle Gefühl« eines Weltganzen

Vergleichende Untersuchung über Gott und den leeren Raum bei Guericke und im Frühwerk von Kant

»Was die physikalische Stellung des absoluten Raumes auch sein mag, – ihn als Idee vorauszusetzen, scheint durch die Vernunft geboten. Denn Materie braucht einen Raum, um sich in ihm bewegen zu können; und dasjenige, in welchem alles Erfüllende (d.h. Materielle) sich bewegt, darf als ruhend und leer betrachtet werden.«

Edgar Wind »Das Experiment und die Metaphysik«, 1930

Der Hexenmeister

Eine totale Sonnenfinsternis verdunkelte am 2. August 1654 große Teile der Oberpfalz und Bayerns und versetzte besonders die Nürnberger Bürger in Angst und Panik. Solche Himmelserscheinungen waren nach wie vor das »Memento moriendum esse« und galten wie im Mittelalter als Zeichen für die Blindheit des menschlichen Herzens, die den Zorn Gottes heraufbeschwor. Man glaubte, in der Dunkelheit der Sonne zeigten sich die Boten des Todes mit den schrecklichen Herolden des anbrechenden Letzten Gerichts. Der astrologische Aberglaube ruhe auf dem dunklen Gefühl eines ungeheuren Weltganzen, hatte Goethe auf die Frage Friedrich Schillers geantwortet, der nicht sicher war, ob er die Astrologie in seinem »Wallenstein« noch ernst nehmen dürfe.

Doch nach dreißig Jahren Krieg hatte der kraftlose Friede seit Osnabrück und Münster die Leute eher furchtsamer werden lassen, jedenfalls kaum weniger argwöhnisch oder fatalistisch, und trotz der vermehrten Einsichten in das Buch der Natur schien ihr Aberglaube überhand zu nehmen. Zu überwältigend war das Menetekel von 1618, der »comet in gestalt einer grossen und schröckhlichen rutten« (Heberle 1996, S. 306), der funkelnde »Schwanzstern«, dessen Orakel im nachhinein niemand mehr in Frage stellte. Wie hätten sie den Sinn unsäglichen Leides auch anders erklären sollen, denn als Folge und Strafe ihres sündhaften Lebens.

Das vertraute Bild am Firmament war für die übergroße Mehrheit eine Offenbarung der Schöpferkraft Gottes, eigentlich kein Gegenstand der Forschung und rationalen Welterklärung. Gott hatte jedem Planeten seinen Platz im Weltenraum und mit ihm Macht und Einfluß auf den Mikrokosmos des menschlichen Daseins auf der Erde gegeben. Ungewöhnliche Abläufe und Erscheinungen forderten Selbstprüfung und Buße, um Sünde und Schuld abzulegen und das Gespenst des Teufels zu bekämpfen, das überall ins Leben drängte. Unter solchen Doktrinen vernichtete die Kirche bis zum 18. Jahrhundert in blutigen Verfolgungen, was Verdacht erregte. Die Mehrzahl derjenigen Opfer, die an den Brandpfahl gebunden starben, waren Frauen, dennoch: kein Stand, kein Alter sicherte Kinder oder Greise, Gelehrte oder Ratsherren. Obgleich die Magdeburger Schöffen 1611 bereits ein Zeichen gesetzt hatten und entgegen der üblichen Praxis in einem Bescheid an den Grafen Heinrich von Stolberg »nach angestelter Inquisition vnd … aufgenommener Zeugschafft« die Verleumdung einer Frau aus Ilsenburg wegen »Zauberey« abwehrten, der Klägerin im Wiederholungsfall sogar »gefengkliche hafft« androhten (Behringer 2000, S. 353), wurde in Tangermünde 1619 per Urteil der Schöffen von Brandenburg die Minde der »Zanzelei« als Feuerhexe und Planetenleserin verdammt und auf dem Scheiterhaufen verbrannt.

Die Gefahr inquisitorischer Gewalt gegen Leib und Leben der Wahrheitsforscher und Aufklärer blieb auch Jahrzehnte später bestehen. Nichts anderes bemängelt Johann Heinrich Helmuth, Prediger zu Volkmarsdorf und Naturlehrer in Calvörde am Rande der Letzlinger Heide, 1788 in der Streitschrift gegen Unwissenheit und Unvernunft zur Verwendung für Schulmänner wie Pastoren, indem er seiner Klientel den Widersinn vor Augen führte, daß sogar der weithin berühmte Magdeburger Bürgermeister Guericke in Gefahr geraten war, weil dessen Versuche über zweifelsohne sehr natürliche Erscheinungen »in den damaligen Zeiten ein so großes Aufsehen« hervorgerufen hatten, daß man ihn »für einen Hexenmeister hielt, der mit Hilfe des Teufels dergleichen Thaten verrichtete. Man würde ihm gewiß den Prozeß gemacht und ihn zum Feuer verdammt haben« (Helmuth 1810, S. 161 f.), wenn die hohe Landesobrigkeit seine Immunität nicht durch ein Veto gewahrt hätte.

Ohne diese Obhut wäre der brennende Holzstoß, auf dem die unschuldige Grete Minde das erpreßte Geständnis vergeblich widerrief und ihre Richter um Gnade anflehte, vielleicht nicht das letzte Höllenfeuer gegen ein Teufelsbündnis im Magdeburgischen gewesen.[1] Helmuths Volksbuch erschien bis 1810 in wenigstens sechs überarbeiteten und ergänzten Auflagen, und auch mehr als 20 Jahre nach der Erstausgabe focht sein Autor mit denselben Waffen, gegen »das Reich des Aberglaubens« (Helmuth 1810, S. XI), in dem der Teufel, die Geister Verstorbener, Gespenster und allerhand andere Schattengestalten ihr Unwesen trieben und ihre Opfer fanden. Diese wunderliche Welt widerspreche der von Gott anerschaffenen menschlichen Vernunft. Sie mache seine »Allmacht und Weisheit zuschanden«, klagte der Zuchtmeister aus der Pro-

Abb. 1 Kometen als Unheilsbringer zu Beginn des Dreißigjährigen Krieges, 1619.

Abb. 2 Folter und Hexenverbrennung.

vinz, hundert Jahre nach Guerickes Tod, und Helmuth konnte den großen Francis Bacon in den Zeugenstand rufen, den Zeitgenossen Galileis und Keplers, der den Aberglauben eine Erniedrigung der Gottheit genannt hatte.

Als der 68jährige kranke Galilei 1633 vor der römischen Inquisition den copernicanischen Ideen abschwor, stand der Magdeburger Festungsbauingenieur Guericke in schwedischen Diensten und am Beginn seiner physikalischen Experimente. Als Greis und auf dem Gipfel seiner wissenschaftlichen Arbeit riet ihm der polnische Theologe und Astronom Stanislaus Lubienietzki hinsichtlich der Veröffentlichung beweiskräftiger Ergebnisse zur Eile, denn wohl noch immer würden Anschauungen wie die, deren Wahrheit Guericke erforsche und verbreite, »mit reichlichem und schwerem Geschütz, das man aus der Heiligen Schrift und der Weltweisheit entlieh, bestürmt und durch wiederholte Angriffe mit dem Sturmbock erschüttert« (Schimank 1968, S. 213). Auch die Heilige Schrift wollte »an vielen Stellen nicht wörtlich« gelesen werden, vielmehr mit »Überlegung und gesundem Menschenverstand«, entgegnete der weithin geschätzte Mann bar jeder aufgesetzten Gelehrsamkeit (Schimank 1968, S. 17) und ebenso unerschrocken wie gelassen, obwohl Rom gerade auch die Schriften Descartes' auf den Index gesetzt hatte. Im übrigen berief sich Guericke auf die versöhnlichen Traktate von Lansberg, Crüger und White, auf Campanellas Verteidigung für Galilei ebenso wie auf Foscarini oder Kepler, die dergleichen Interpretationen längst ad absurdum geführt und Mißverständnisse aufgelöst hätten. Warum sollte ausgerechnet ihm, dem Sohn der lutherischen Kirche, und von welcher Seite Unheil drohen?

Dennoch ist die Auswirkung des Urteils gegen Galilei durch die römische Glaubensbehörde, das in Europas Städten ausgetragen wurde, oder die der lebenslangen Kerkerhaft gegen Tommaso Campanella auf Guericke nicht zu unterschätzen und gelegentlich nicht zu übersehen. Zugeständnisse oder gar unhaltbare Grillen in der Manier von Tycho Brahe, der die Erde unbewegt im Zentrum seines Weltgebäudes fixierte, standen nicht bloß im Widerspruch zur Vernunft wie zu allen Beobachtungen und Berechnungen, solche Kompromisse widersprachen ungeachtet aller Strafbestimmungen der Kirche vor allem Guerickes hohem Anspruch an sich selbst und dem eigenen Ethos wissenschaftlicher Arbeit. Deswegen bedeuteten das Bekenntnis zum Wort Gottes und die Befragung biblischer Texte nach den unentdeckten Bausteinen seiner experimentell geprüften Theorie einer Welt im leeren Raum nicht den theologisch gesicherten Rückzug des Astronomen und Philosophen hinter die Dekrete der Kirchenlehre, sondern vielmehr den kategorischen Imperativ des Naturforschers, der angesichts des »ungeheuren Palastes der Geschöpfe Gottes« den am Ende unvermeidbaren Verlust der »Paradiesesweite« (Schimank 1968, S. 173) einsehen muß. Wie Descartes, der in einem Brief an Mersenne zugesteht, die Grundlagen der Physik niemals hätte finden können, ohne den Gebrauch der Vernunft zur Erkenntnis Gottes – und beiläufig zur Selbsterkenntnis (Descartes 1980, S. 363), so gründete Guericke die eigenen Schritte in der kosmologischen Wissenschaft ebenso auf Gottes Verhältnis zur Welt. Seine Experimente, die der Kosmologie ein Fenster in die Neuzeit aufsperrten, verlangten nicht die Negation der offenbarten Lehre.

Das Verhältnis des Raumes zu Gott

Wie ein Jahrhundert später Immanuel Kant die Prinzipien der Weltordnung (Kant 1983, Bd. 1, S. 228) zu erfassen und dabei das Verhältnis des Raumes zu Gott zu bestimmen suchte (Reich 1974, S. XXI), so sah sich Guericke vor eben derselben Aufgabe, nur lange vor dem Zeitalter der Aufklärung. Im Unterschied auch zu Descartes oder Kant war jedoch nicht nach Beweisgründen des Daseins Gottes zu forschen, sondern ihm stellte sich die Frage nach dem »Wo«, nach der Daseinsform, denn »der gesunde Menschenverstand versetzt ... alles Seiende an ein ... Wo« (Schimank 1968, S. 60). Jakob Böhme, der Schuhmacher aus Görlitz, hatte am Beginn des Jahrhunderts auf die Frage, wo denn Gott wohne, geantwortet: »... nimm weg Natur und Kreatur, alsdann ist Gott alles.« (Böhme o.J., S. 190). Der Raum, so fand Guericke, ist leer. Wo aber war dann Gott, den die Einbildungskraft gerade an diesem Ort wähnte. Wollte er die Welt und ihren Bau begreifen und sich nicht dem Verdacht des Atheismus ausliefern, der nach damaligem Verständnis mit dem Unglauben an die Existenz des Hexenverbrechens verknüpft war, dann mußte er die göttliche Wesenheit und die neuen Erkenntnisse über die Natur des Raumes miteinander verbinden.

Mit der Entwicklung des naturwissenschaftlichen Weltbildes lösen sich die Anthropomorphismen vom Gottesbild. Guerickes Gottesbegriff spiegelt im Grunde die Ambivalenz seines Jahrhunderts: Überlieferte Denk- und Glaubensvorstellungen werden dort sichtbar und als Gewißheit in Anspruch genommen, wo die Ergebnisse der Physik oder der experimentellen Naturwissenschaft und die der Naturphilosophie (noch) fehlten, ihm nicht zur Verfügung standen oder wo seine Bejahung der christlichen Tradition fraglos ist. Das geschieht, wenn er zum Beispiel den Akt der Schöpfung als freie Tat Gottes und somit den Anfang der Welt definitiv setzt. Trotzdem finden sich darin auch Inhalte individueller Erfahrungen, philosophische Anschauungen und unübersehbar eigene, neue Interpretationsansätze. Quelle und Fundament seines Gottesverständnisses, gleichzeitig seiner »unauslöschlichen Begierde nach einer Erforschung« des Kosmos (Schimank 1968, S. 60), war die Natur.

Hier – und wohl deutlicher noch im »Riesenbau des Weltalls« (ebd., S. 59) – offenbarten sich ihm die »Spuren des allmächtigen Gottes«. Gott ist aber ganz selbstverständlich der Schöpfer alles Seienden, wobei zweifellos für Guericke »die Weltkörper, nämlich die Sonne, Planeten und Monde« gewissermaßen die Krönung der Schöpfung darstellen (Schimank 1968, S. 212). Vor dem Anfang, mithin vor der Erschaffung der Welt, war das Unerschaffene oder das Nichts, und im Willen des Schöpfers liege es, das Erschaffene wieder zunichte zu machten; an seiner Stelle bliebe am Ende »nichts als das Nichts, das Unerschaffene« (ebd., S. 70). Die Welt, das Erschaffene, hatte also einen Anfang und würde ein Finale haben. Nur das Nichts, das Unerschaffene, ist räumlich und zeitlich unendlich. »Es hat also jegliches Ding seine Stätte im Nichts« (ebd., S. 70). Etymologisch meint »Stätte« den Ort, »darin (alle Dinge) aufgenommen« sind. Auf einer tieferen Sinnebene bedeutet das Lehnwort nicht nur die Absorption der Dinge im Nichts, sondern den Grund ihres eigentlichen Daseins, denn sie sind »darein gegründet« (ebd.).

Wenn Kant den Ort in einer seiner Frühschriften als denjenigen Begriff bezeichnet, der die »Wirkungen der Substanzen ineinander« andeutet, ohne daß man diese Substanzen näher bestimmen solle (Kant 1983, Bd. 1, S. 30), so dürfte der Gedanke Guerickes der Verallgemeinerung Kants sinngemäß entsprechen. Die Dinge sind aus dem Nichts entstanden und haben ihre Stätte im Nichts. Ohne das Ineinandergreifen der Substanzen gäbe es weder diese noch jene.

Der Begriff des Nichts, des Unerschaffenen, wurde bereits in manchen Strömungen der christlichen Philosophie verwendet. Demnach konnte allerdings einer Schöpfung aus dem Nichts nichts Materielles beziehungsweise Substantielles vorhergehen. Guerickes Intension ermöglicht im Gegensatz dazu eine entscheidende Erweiterung. Nach seiner Metaphysik sind sowohl das Erschaffene als auch das Unerschaffene »Etwas«. Das Unerschaffene oder das Nichts hat besondere Qualität. Guericke definiert diese Eigenart als »eine zu allem Erschaffenen gegensätzliche unbegrenzte, unermessene ewige Wesenheit, die Vorherbestand besitzt, durch sich selbst fortbesteht und ihr Sein von sich selbst empfängt, alles enthält und von nichts enthalten wird« (Schimank 1968, S. 69). Erst in Kants »Kritik der reinen Vernunft« (1781) findet sich eine Bestimmung, nach der nicht bloß Raum und Zeit »etwas sind, als Formen anzuschauen« (Kant 1979, S. 379), sondern damit vergleichbar auch das Nichts. Hegel wird das Nichts und das Sein als unbestimmbare Abstraktionen identifizieren und deren dialektische Beziehung, den Umschlag des Nichts in das Sein und des Seins in das Nichts, erfassen. Die dialektische Synthese beider Begriffe wandelt sich in Hegels Philosophie zum Werden.

Die Frage nach der Entwicklung des Weltgebäudes stellt sich für Guericke insofern nicht, als Gott die Welt erschuf und die »ewige Wesenheit« des Unerschaffenen einen Anfang des Raumes (aber nicht der Zeit, die nämlich »das Maß für das Dauern der Dinge« [Schimank 1968, S. 61] angibt!) ausschließt, andernfalls wäre aus seinem Konzept durch den Verlust des ewigen Raumes zugleich Gott eliminiert, wie im folgenden deutlicher auszuführen sein wird. Descartes war in den »Meditationen über die Grundlagen der Philosophie« (1641) im Zusammenhang mit dem Gottesbeweis, gestützt auf das Kausalitätsprinzip (nach der die Idee von Gott zurückverweist auf ihre Ursache, die nicht das denkende Ich selbst sein konnte), zu einem vollkommen gegenteiligen Resultat gekommen. Nach seiner Betrachtung in der dritten Meditation war es undenkbar, daß »etwas aus dem Nichts … entstehen kann« (Descartes 1980, S. 186). Und nun kehrte ein Bürgermeister aus Magdeburg diese These ins Gegenteil! Wie Galilei war Guericke augenscheinlich darauf bedacht, Fragen der Wissenschaft nicht mehr als unvermeidbar mit religiösen Fragen zu vermischen, um Kontroversen mit der Kirche auszuweichen. Die Theologie war beiden kein Schauplatz der Auseinandersetzung über die Sternwissenschaft, im Gegenteil. Galilei resignierte und widerrief. Guericke stellte sich Kepler zur Seite, mit dem er in Glaubensfragen das Gewicht der Autoritäten anerkennt, in der Philosophie jedoch nur Gründe der Vernunft gelten läßt, die wiederum zur Wahrheitsfindung auf Tatsachen der Empirie nicht verzichten kann. Bacon hebt deswegen jene unter den Philosophen hervor, die Nektar sammeln und Honig produzieren. »Experto credite«. Glaubet dem, der aus Erfahrung urteilt! Vergils Gebot sollte für die modernen Naturwissenschaften eine besondere Rolle spielen. Die Methode der »Grenzüberschreitungen« (zwischen Physik und Metaphysik), wie sie Descartes nutzt für seine Theorie der (wissenschaftlichen) Erfahrung und Kant in der Naturgeschichte von 1755 vorgelegt hat, Newton aber für die Experimentalphysik ablehnte (Falkenburg 2000, S. 50), war bereits von Guericke etwa zur Definition des Raumbegriffs eingefordert worden, ohne diesen Gedanken erkenntnistheoretisch zu systematisieren. Dazu bedurfte es des »völlig isolierten Weltwunders«, des »Historiker(s) der menschlichen Vernunft«: Immanuel Kant (Friedell 1996, S. 762), der die ungewöhnlichen Verstandeskräfte Isaac Newtons, eines der größten »spekulativen Genies, die jemals ans Licht getreten sind« (Friedell 1996, S. 533) zu nutzen wußte, um »die Bildung der Weltkörper selber und den Ursprung ihrer Bewegungen aus dem ersten Zustande der Natur durch mechanische Gesetze herzuleiten« (Kant 1983, Bd. 1, Erster Teil, S. 227).

Im Vergleich zu eigenen Frühschriften aus den vierziger Jahren des 18. Jahrhunderts formuliert Kant kaum zehn Jahre danach in der »Allgemeinen Naturgeschichte« eine geradezu umgekehrte, vom Kopf auf die Füße gestellte

Lehre über das Verhältnis des Raumes zu Gott und gewinnt damit eine »Vorstellung des Raumproblems«, die jedweder seiner künftigen Spekulationen über den Raum konstruktiv wird (Reich 1974, S. XXI). Kants Betrachtungen sind von »Newtonschen Grundsätzen« und vor allem von dessen Bewegungsgesetzen bestimmt, wohingegen Guericke die »hauptsächlichen Lehrmeinungen der Naturforscher« rezipiert. Beide entwickeln ausgehend von den jeweils eigenen Positionen einen Raumbegriff, der wie Klaus Reich für Kant feststellt, von »eigentümlicher Dialektik« ist. Dieselbe »Merk-Würdigkeit« haftet aber dem Raumbegriff von Guericke bereits ebenso an.

Im Raum, der als (reales) »Behältnis aller Dinge« erscheint, erhalte jeder »Körper oder jegliche Wesenheit ihr Sein oder Bestehen«, und zwar nach »Maßgabe der benachbarten Gegenstände«. Der Raum ist (ideal) »nicht dies oder jenes Sichtbare, Tastbare, Hörbare oder (sonst – d. A.) sinnlich Wahrnehmbare, sondern etwas von jeder (realen – d. A.) Bestimmung stofflicher Natur völlig Losgelöstes« (Schimank 1968, S. 63). Er ist unbeweglich und allerorts gegenwärtig (ebd., S. 68), durchdringt alles (ebd., S. 272) und könne nur »durch die Augen und vom Verstand zugleich« wahrgenommen werden (ebd., S. 64). Der Raum sei das, »wodurch alles gleichsam Eines ist« (ebd.), ohne Teilung oder Sonderung (ebd., S. 72).

Die Frage nach dem »Wo« Gottes, dem unendlichen Wesen, beantwortet Guericke in der Weise, daß Gott nicht im »Raum oder im Leeren« sei, denn »der allgegenwärtige Gott wird weder vom Raum noch vom Leeren gefaßt, sondern er ist in sich selbst und sich selbst Raum und das von aller Schöpfung Leere« (Schimank 1968, S. 71). Gottes Wesenheit »im Räumlichen oder Ausgedehnten zu suchen«, sei vernünftiger, als »in einem grenzenlosen und reinen Nichts« (ebd., S. 68). Gott ist (nach Jaques du Bois) »der Raum oder das allumfassende Behältnis sämtlicher Dinge« (ebd., S. 71).

Die Auflösung des logischen Widerspruchs bei Athanasius Kircher, der Gott definiert im »ganzen rein gedachten, unerfüllten oder leeren Raum«, den Raum selbst jedoch leugnete, führte Guericke zu einer bei dem Jesuiten Léonard Lessius gefundenen Bestimmung der Vollkommenheit Gottes: »Der rein gedachte Raum, das Leere oder das Nichts außerhalb der Welt ist Gott selbst.« Gott ist der Raum, das Unerschaffene – dessen Attribute: Unendlich, unermeßlich, ewig.

Guericke zitiert im 8. Kapitel des zweiten Buches Bois, Kircher und Lessius. Zitate, hinter denen die eigene Position aufscheint, so daß mit einiger Berechtigung und unter Einschluß der entsprechenden Abschnitte aus dem 35. Kapitel im ersten Buch sowie aus den Kapiteln 6, 7 und 11 des zweiten Buches seine Auffassung vom Wesen des Raumes wie die mögliche Antwort auf die Frage nach Gott wenn auch nicht expressis verbis vorgetragen, so aber doch in der Tendenz erkennbar wird.

Derartige Bestimmungen des Daseins Gottes und seiner Eigenschaften aus der Vernunft finden sich nachher bei Moses Mendelssohn und in der gesamten Literatur der Aufklärung. Aus einer antimechanistischen Position heraus äußerte der englische Philosoph Henry More in seiner Schrift »Enchiridio Metaphysico« von 1667 etwa zeitgleich ähnliche Ansichten und begriff den Raum aufgrund seiner Attribute – einfach, unendlich, ewig – als etwas allgegenwärtig Göttliches, als »konfuse Repräsentation des göttlichen Wesens« (Röd 1999, S. 205), was dann 1740 von Christian Wolff pauschal als »wunderliche Meynung« (Wolff 1983, S. 50) kompromißlos abgelehnt wurde.

Abb. 3 Die Ausformung der rationalistischen Philosophie durch René Descartes (1596–1650), vgl. Kat. 269.

Kant blieb von solchen Äußerungen Wolffs unbeeindruckt. Sein Grundsatz in der vorkritischen Philosophie, das heißt eigentlich bis zum Anfang der siebziger Jahre des 18. Jahrhunderts, war das Prinzip der Vereinheitlichung, und seine kosmologische Theorie wagt den

Versuch einer Synthese der Leibniz-Wolffschen Schulphilosophie mit den Gesetzen der empirisch fundierten Physik Newtons (Falkenburg 2000, S. 36), wobei in seiner Metaphysik die Allgegenwart Gottes im Raum eine Art Matrix der Substanzen bildete. Für Kant stellt der Raum 1762 »ein Analogon der Wesenseigentümlichkeit seines metaphysischen Gottes« (Reich 1974, S. XXI) dar, und – was sich damit bereits andeutet – der »Raum (ist) wesentlich einig«.

Zwei Jahrzehnte später hieß es in der »Kritik der reinen Vernunft«, der Raum sei »nur ein Prinzipium der Sinnlichkeit« und mache dennoch alle Gestalt erst möglich (Reich 1974, S. XXVII), würde aber deshalb verständlicherweise oft wie ein »schlechterdings notwendiges für sich bestehendes Etwas und einen a priori an sich selbst gegebenen Gegenstand« betrachtet (Kant 1979, S. 671). Dasselbe lasse sich feststellen bei dem Versuch, zu den Anfangsgründen des Daseins, zur absoluten Notwendigkeit der Existenz der Dinge vorzudringen. Der Raum ist für Guericke – und wie sich eben zeigt auch für Kant – einerseits real, andererseits ideal. Die Gottheit sei in der Unendlichkeit des ganzen Weltraumes allenthalben gleich gegenwärtig, ist in Kants kosmologischer Schrift einer seiner Hauptsätze, mit denen er das Wesen Gottes erfaßt, ohne der Kühnheit eigener Mutmaßungen den Zügel schießen zu lassen (Kant 1983, Bd. 1, Erster Teil, S. 353). Ein zweites Grenzenloses und Unermeßliches neben Gott konnte es auch für Guericke nicht geben. Alles andere wäre ein Sakrileg. Göttliches Wesen ist inkommensurabel, »von der jeglichen Geschöpfes verschieden« (Schimank 1968, S. 71f.). Gott ist schrankenlos »und ebenso außerhalb wie innerhalb alles Geschaffenen« (ebd., S. 72). Auf diese Weise ist Gott dem Menschen nahe, allgegenwärtig in seinem Tun, und eben auch Richter, der beim Jüngsten Gericht Rechenschaft verlangt. Gott ist ihm, Guericke, der Himmel derer, »die seiner Gnade teilhaftig« sind (Schimank 1968, S. 77). Der Himmel sei demnach Gott selbst, ein und dasselbe wie der Raum und das Ausgedehnte (ebd., S. 66), und wer Gottes Gnade besitze, davon war er als Christ überzeugt, besäße auch den Himmel, das meint das Eingehen des Menschen in die Ewigkeit, in die Lebensgemeinschaft mit Gott. Guericke differenziert zwischen Welthimmel und Erdsphäre oder Erdhimmel, dessen ihm von Gott zugewiesener Raum nach seiner heute etwas seltsam anmutenden Berechnung aufnahmefähig sein würde »für alle künftigen Geschlechter« der Seeligen (ebd., S. 77).

Obwohl Guericke zu atomistischen Auffassungen griechischer und römischer Philosophen im allgemeinen kritische Distanz wahrt, um weniger Angriffspunkte zu liefern, hinderte ihn zweifellos nichts, aus dem Studium ihrer Bücher großen Nutzen zu ziehen. Darin war die Rede von der Unendlichkeit und Unbegrenztheit des Alls, das nach Epikur aus Körpern und Leerem bestehe. Beide, so heißt es bei Lukrez, seien die »einzigen Prinzipien«, ein anderes, als »gleichsam dritte Wesenheit«, gäbe es nicht (Jürß 1977, 1,433–1,434). Das Leere konstituiere den Raum und ohne den leeren Raum lasse sich Bewegung nicht denken. »Nichts könnte also fortrücken, da nichts beginnen könnte zu weichen«, meint der Schöpfer des Lehrgedichtes »Über die Natur der Dinge« (Jürß 1977, 1,338–1,340). Die Analogie, mit der Guericke im Vergleich dazu den Zusammenhang von Raum und Bewegung (als Ortsveränderung) erfaßt, ist kaum zu übersehen. Ohne den Hinweis auf die Anleihe bei Lukrez, reagierte er in der Auseinandersetzung mit Aristoteles nahezu euphorisch auf dergleichen Ideen, die mit den einfachsten Worten die »Ursache der allergrößten Wirkung in der Natur« (Schimank 1968, S. 61) erfassen. Gäbe es das Leere nicht, schreibt Guericke in seinem Buch über den leeren Raum, so »würde kein Körper an den Platz eines andern treten und sich nicht von Ort zu Ort bewegen« können (ebd.). Schon die Alltagserfahrung widerlege daher die Hypothese Descartes', der Raum und Ausdehnung (das Attribut des Körpers) als stofflich abhängige Phänomene betrachtete. Gott konnte daher in Descartes' Philosophie nicht mehr als eine Abstraktion sein, dessen Existenz bloß aus der Undenkbarkeit seines Nichtseins geschlossen wurde und der nur dazu taugte, die Welt mit einem Anstoß in Bewegung zu setzen, wie Blaise Pascal ihm vorgeworfen hatte.

Die physikalische Verifikation der Alltagserfahrung im Raum und Guerickes Gottesbegriff waren letztendlich ein Resultat seiner Magdeburger Versuche. Aber es existiere auch »in den Dingen das Leere«, wie die Atomisten festgestellt hatten (Jürß 1977, 1,330), so müsse man vernünftigerweise, schließt Guericke an, »als eigentliches Wesen Gottes ..., nach gleicher Art und Eigenschaft auch den innerweltlichen (Raum, das heißt die Dinge oder Körper – d. A.) betrachten« (Schimank 1968, S. 72). Man kann darin die physikoteleologische Seite des göttlichen Wesens sehen. Deutlicher ausgeformt hat Guericke diesen Gedanken gleichfalls nicht. Er bedurfte seiner nicht weiter. Die Konzepte der Physikoteleologen, die am Ende des 17. Jahrhunderts zunächst in der englischen, dann in der deutschen Frühaufklärung an Bedeutung gewinnen, erklären jedoch das Wesen Gottes weniger aus den Dingen selbst, als vielmehr aus der Ordnung und Zweckmäßigkeit der Natur. Am Ende des 12. Kapitels des zweiten Buches verläßt Guericke das Thema vom Dasein Gottes in der Welt, das er noch einmal aufgreift im 7. Kapitel des vierten Buches, wenn er in der »Richtkraft der Erde« Gottes Weisheit erkennt, und im letzten Kapitel des siebten Buches, wo er seine Auffassung von der Unendlichkeit der Welten und von der Unermeßlichkeit göttlicher Majestät erneuert. Es sei also ein himmelweiter Unterschied, sagt der Physiker und der Metaphysiker Guericke, wenn im »volkstümlichen« Gebrauch vom Raum gesprochen wird oder Gelehrte den Terminus verwenden.

Die Agonie des Barocks – das Rokoko

Obwohl das Jahrhundert Galileis und Keplers, Descartes', Guerickes und Gassendis, Newtons und Leibniz' als das

Abb. 4 Die Suche nach Gott im leeren Raum – der Philosoph Immanuel Kant (1724–1804).

»Heldenzeitalter der Naturwissenschaften« gilt, in dem das alte, untauglich gewordene Weltbild zertrümmert und in der Kosmologie mit dem Gravitationsgesetz Newtons (1666/87) bis dahin rätselhafte Himmelserscheinungen erklärt werden konnten, gab es hinsichtlich »des Lehrbegriffes von der allgemeinen Verfassung des Weltbaues« (Kant 1983, Bd. 1, Erster Teil, S. 70) seit Huygens, der nur knapp zehn Jahre nach Guericke gestorben war, bis in die Mitte des 18. Jahrhunderts »keinen merklichen Zuwachs«, wie Kant feststellen mußte (Kant 1983, Bd. 1, Erster Teil, S. 257).

Auch der Begründer der klassischen Physik hatte keine »materialische« Erklärung für die Herausbildung der Planeten und die »Gemeinschaft der Bewegungen« (Kant 1983, Bd. 1, Erster Teil, S. 274) geben können. Newton zufolge mußte Gott sogar von Zeit zu Zeit in den Weltlauf eingreifen, um Störungen im makroskopischen Geschehen auszugleichen und die Bewegung der Planeten zu korrigieren.

Die Stagnation in den letzten beiden Jahrzehnten des 17. Jahrhunderts bis zur Mitte der ersten Hälfte des 18. Jahrhunderts, von der Kant in der Geschichte der Kosmologie spricht, spiegelte wie in den meisten Lebensbereichen außerhalb der Wissenschaften die Agonie des Barocks, des Rokoko.

So brauchte Kant gewissermaßen die Erkenntnisse und Beobachtungen, Theorien und Hypothesen der »Helden«, die über Jahrzehnte niemanden zu interessieren schienen, bloß wieder aufzunehmen und zu seiner mechanischen Kosmogonie (1755) zu verarbeiten. Inwieweit er dabei überhaupt dem Buch des Magdeburger Bürgermeisters Guericke und dessen einst aufsehenerregenden Experimenten Beachtung geschenkt oder gar dessen Überlegungen über den Bau des Weltkörpers und die kosmischen Wirkkräfte aufgehoben hat, kann hier nur als Frage weitergereicht werden und – wenn man sich Guericke anschließen darf – in der Hoffnung, daß es an »feinen und scharfsichtigen Geistern« nicht fehlen möge, die »vielleicht Besseres und Tieferes … erdenken« (Schimank 1968, Vorrede, o. S.). Trotz der vorerst mehr erahnten als nachgewiesenen Affinität zwischen Guerickes »Neuen Magdeburger Versuchen« und Kants früher Kosmogonie sollte die Suche nach einer befriedigenden Antwort nicht ganz aussichtlos sein. In der Vorrede zur »Allgemeinen Naturgeschichte« betonte Kant die atomistische Grundlage seiner Lehre vom Weltganzen, mehr noch, souverän verwies er auf deren Ähnlichkeit mit der Theorie »des Lukrez oder dessen Vorgängers, des Epikurs, Leukipps und Demokritus«. Trotzdem bewegte er sich wie Guericke eher vorsichtig und kaum anders als andere seiner Vorgänger auf dem von der Kirche argwöhnisch überwachten Terrain. Er war ein »behutsam formulierender Umdenker«, wie es Küng nennt (Küng 1995, S. 595). So räumte Kant folgerichtig – und, wie sich wiederholt bestätigten sollte, mit gutem Grund – zunächst die Schwierigkeiten aus, »die von Seiten der Religion« seine Thesen zu bedrohen schienen. Kant glaubte endlich auch, Übereinstimmung zwischen seinem »System und der Religion« hergestellt zu haben (Kant 1983, Bd. 1, Erster Teil, S. 227), indem er die »gewissen notwendige(n) Gesetze«, denen die Materie vom ersten Ursprung an unterworfen ist, einem »allgenugsamen höchsten Verstand« (Kant 1983, Bd. 1, Erster Teil, S. 234) zuordnete.

Kant mußte hingegen 1763 eingestehen, daß keine noch so wortreiche Erklärung, keine noch so umständliche Behutsamkeit seine Schriften zu schützen vermochten vor den selbsternannten Glaubensrichtern, die jede Gelegenheit ergriffen hatten, um ihren Verfasser mit dem »bitteren Vorwurf des Irrglaubens« (Kant 1983, Bd. 2, Zweiter Teil, S. 624) zu denunzieren.

Die Scheiterhaufen waren in Deutschland erloschen, aber Männer wie der bereits erwähnte Johann Heinrich Helmuth oder Mendelssohn und Herder und der zu jener Zeit zwar mit ersten Lorbeeren bedachte, aber einflußlose Privatdozent Kant hatten zweifellos auf ihrem Feldzug gegen das Feindbild des Häretikers noch manches Gefecht vor sich. Die allgemeine Anerkennung seiner Naturgeschichte und Theorie des Himmels setzte erst lange nach der vom Autor wohl mit Bedacht noch anonym in Auftrag gegebenen Edition ein. Das Buch stand nicht einmal Johann Heinrich Lambert zur Verfügung, der 1761 in seinen Kosmologischen Briefen eine ähnliche Theorie entwickelte.

Nach Kant bestand die Welt anfänglich nur aus rotierenden kosmischen Nebelmassen, dem aufgelösten »elementarischen Grundstoff«, daraus sich infolge der Dichtigkeitsunterschiede zunächst Klumpen bildeten und somit nach und nach durch die Newtonsche

Anziehungskraft Samenkörner zu einem ganzen System von Planeten und Kometen in den Weltraum legten. Als Newtons Hauptwerk »Philosophiae naturalis principia mathematica« (Die mathematischen Prinzipien der Naturphilosophie) mit dem Gravitationsgesetz im Frühjahr 1687 von der Royal Society in London registriert wurde, lag Guericke bereits im Grab. Wenngleich ihm die mit Newtons Entdeckungen gegebene historische Dimension einer Geschichte der Natur in der Zeit verborgen blieb, so reichte der Horizont seiner Gedankenwelt viel weiter als nur bis zur ingenieurtechnischen Umsetzung eines Instrumentes, das geeignet war, einen leeren Raum zu erzeugen und den Nachweis seiner Existenz für jede der Exzellenzen in Nürnberg, Wien oder Neucölln zu wiederholen, sobald diese den Wunsch äußerten. Selbst wenn dem nicht so wäre und Guerickes einzige Erfindung die »Kugel von Wunderlicher wirckung zur erleuchtung menschlicher wißenschaft« gewesen wäre, hatte ihm Leibniz in einem seiner Briefe versichert, er hätte sich »das Menschliche Geschlecht genugsam verbunden« (Leibniz 1875, S. 97).

Doch Guericke kannte bereits die Eigenschaft der Massenanziehung in der von ihm sogenannten »Erhaltungskraft« der Erde und wußte deren (Wechsel-) Wirkung auf die Gegenstände an ihrer Oberfläche zu erklären. Im selben Kontext widerspricht er deshalb energisch der vorherrschenden Auffassung, daß die »irdischen Dinge an und für sich schwer sind«, sondern die »Schwere oder Wichte« sei abhängig von der »Erhaltungskraft« (Schimank 1968, S. 149), das heißt von der Schwerkraft. Kant bezeichnet dieselbe Erscheinung als Senkungskraft (Kant 1983, Bd. I, Erster Teil, S. 251). Komplementär dazu erläuterte Guericke die Abstoßungskraft (der Erde) und vermutete bislang unentdeckte, dem menschlichen Sinn verborgene Energien, unterschied aber im »Kraftfeld« der Erde zusätzliche Wirkkräfte wie die Richtkraft, die Drehkraft, die Hall- und Widerhallkraft, die Wärmkraft oder die Leucht- und Farbgebungskraft. Das Vermögen der Anziehung komme allen Himmelskörpern zu. Im Epilog erhält Guerickes Theorie der Wirkkräfte eine konsequente dialektische Ausweitung, indem diese »wechselseitig hervorströmen ... und so gemäß der Lage, Wesensart, Größe, Beschaffenheit usw. eines jeglichen (solchen Körpers – d. A.) aufeinander wirken, sich vereinigen, einander entsprechen, beeinflussen und günstig oder ungünstig zueinander stehen« (Schimank 1968, S. 260). Seine These von der Entstehung neuer Sterne durch die sukzessive Verdichtung einer beträchtlichen Stoffmenge (tatsächlich aus der teilweise abgerissenen Dunsthülle eines Planeten oder Luft bestehend) entbehrt der göttlichen Schöpfung und liest sich wie der flüchtige Gedanke einer mechanischen Kosmogonie, lange bevor Kant die Entstehung des Universums gerade aus der Anziehungs- und Zurückstoßungskraft schlüssig beschreibt (Schimank 1968, S. 242). Fügt man dem hinzu, daß Guericke als das »Ursächliche« der Welten die Atome – oder wie Kant – die Elemente bezeichnet, wundert sich der Leser heute, wie klein manchmal ein Schritt, wie groß hingegen sein notwendiges zeitliches Ausmaß sein kann und wie sich Raum-Zeit-Konstellationen dieser Art in der Rückschau fast erwartungsgemäß als gigantischer Sprung für die Menschheit erweisen. Während Kant 1755 nach mehr als einem Menschenalter diesen Punkt überwand und durch die Einbeziehung der inneren Kräfte der Materie die Rotations- sowie die Bahnbewegungen der Planeten und in Analogie die systematische Verfassung der ganzen Schöpfung natürlich erklärte, hielt sich Guericke in dieser Frage im wesentlichen an überlieferte Auffassungen, nach denen die Erde eine »empfindsame Seele« aufweise und damit die Fähigkeit der Eigenbewegung, das heißt der Achsendrehung; ihre Zirkulation auf der Bahn um das Zentrum der Welt resultiere hingegen aus der so bezeichneten »Mitführungskraft« der Sonne.

Mit einem bemerkenswert klaren Blick in »Die Fixsternwelt und ihre Grenze« beschließt Guericke sein Werk über den leeren Raum. Er berührt damit ein noch lange kontrovers diskutiertes Thema, das »an Feinheit und Kraft des Denkens die allerhöchsten Anforderungen stellt« (Schimank 1968, S. 256) und bei dem vorschnelle Urteile in die Irre führen können, wie der französische »Vorkämpfer der modernen Naturwissenschaften« Bernard de Fontenelle, ein Genie wie Voltaire, mit einem Gleichnis warnt. Die wahren Philosophen, sagt Fontenelle, der »Patriarch der Aufklärung« (Werner Krauss), in seinen »Gesprächen über die Vielzahl der Welten« (1686), seien wie die Elephanten, die beim Laufen niemals den zweiten Fuß auf die Erde setzen, bevor der erste festen Grund gefunden hat. In einem der Dialoge bündelt Fontenelle einen Ideenvorrat, der vielleicht sogar ein neues Paradigma in der Kosmologie der folgenden Jahrhunderte formuliert, indem er fragt, »welche Bewandtnis es mit den Fixsternen hätte« (Fontenelle 1989, S. 90). Seine Antworten ließen sich ebenso schon bei Guericke wie auch aus Kants Schrift zusammentragen: Die Fixsterne sind Sonnen, die keineswegs bewegungslos im Raum verharren, doch wie die »Weltleuchte« in unserem Planetensystem jeweils selbst Mittelpunkt einer unbestimmbaren Anzahl von Wandelsternen, denen sie wiederum ihr Licht spenden. Mit größerer Gewißheit als Astronomen des 21. Jahrhunderts nehmen sowohl Guericke, Fontenelle als auch Kant an, daß diese Welten, deren Zahl niemand anzugeben vermag, wie die unsrige bewohnt wären. Weder die Erde noch die Sonnen oder irgendeines der Systeme bilden einen Mittelpunkt des Universums. Ein solches Zentrum suchte man darin vergeblich. Zwischen der äußeren Grenze unserer Welt und den Fixsternen existiert ein großer leerer Raum ohne Planeten, der hin und wieder zur »Heimstatt« der Kometen dient. Die Entstehung solcher Naturerscheinungen im interstellaren Raum, wie Fontenelle annimmt, konnte bis heute weder gesichert noch widerlegt werden. Seine metaphorische Umschreibung, daß die Kometen, diese selbständigen Himmelskörper benachbarter Welten, geschmückt sind »mit einem strahlenden Haarschopf oder mit einem ehrwürdigen Bart oder auch mit einem majestätischen Schweif« (Fontenelle 1989, S. 98) und bloß besuchsweise in die unsere eindringen, sollte die noch immer vorherrschende Angst vor der unheilvollen Macht solcher Menetekel am Firmament mindern helfen.

Im Einklang mit Guerickes Kommentaren zu Kirchers Anschauungen, die von Kircher übrigens wie die von Fontenelle dialogisch vorgetragen wurden, wendete sich der französische Publizist und Philosoph Pierre Bayle 1682 mit einem »Brief über die Kometen« gegen apokalyptische Interpretationen von Himmelserscheinungen. Kant sah in der Mitte des 18. Jahrhunderts durch die Beobachtung einer »systematischen Verfassung unter den Fixsternen imgleichen von der Vielheit solcher Fixsternsystemen« die Zeiten schwinden, in denen mittelalterliche Weltvorstellungen unreflektiert weitergereicht wurden und Kometen »als ungewohnte Schreckbilder dem Pöbel eingebildete Schicksale« verkündeten. Ob jener Komet des Jahres 1654 bei einfältigen Gemütern in Magdeburg irgendwelche Traumgebilde hervorbrachte, ist nicht überliefert. Der Stadt selbst jedenfalls wurde das Jahr aufgrund des Scheiterns der diplomatischen Bemühungen Guerickes um die Reichsfreiheit auf dem unweit von Nürnberg in Regensburg tagenden Reichstag zum Schicksalsjahr. Mit dem dort verabschiedeten Reskript Kaiser Ferdinands III. war zwingend der Weg nach Brandenburg-Preußen in die unvermeidliche Abhängigkeit vom neuen Landesherrn gewiesen. Dem diplomatischen Fiasko des Bürgermeisters Guericke folgte aber mit zunehmendem Interesse an seinen Versuchen über den leeren Raum der bislang größte Erfolg des Forschers Guericke, der im übrigen astrologische Spekulationen ziemlich unmißverständlich kommentierte. Ebenso wie Guericke jedoch die Deutung von Erscheinungen an der Himmelskugel im Zusammenhang mit irdischem Geschehen ablehnte, war ihm selbstverständlich das Leben auf der Erde sowohl ein kosmisches als auch ein terrestrisches Phänomen. So kann er am Ende des vierten Buches guten Gewissens Riccioli bestätigen, indem er noch einmal aus dem »Neuen Almagest« zitiert: »Höchstwahrscheinlich hat aber die Verschiedenheit dieser Vorgänge (gemeint sind unter anderem die Sonnenflecken – d. A.) verschiedenartige Himmelseinflüsse auf alles Geschehen hier unten zur Folge« (Schimank 1968, S. 170). Insofern war das »dunkle Gefühl eines ungeheuren Weltganzen« durchaus gerechtfertigt.

Anmerkungen

1 Eine bislang unbekannte Originalakte des Schöffengerichtes Magdeburg aus dem Jahre 1628 enthält neben Zeugenvernehmungen das Todesurteil und den Vollstreckungsvermerk gegen eine als Hexe angeklagte Frau.

Weiterführende Literatur

Wind 2001. – Sala 1990. – Specht 1979. – Reich 1975.

Achim Rost

Das fabelhafte Einhorn

Die Rekonstruktion eines fossilen Wirbeltieres durch Otto von Guericke

Die Nachbildung eines Einhornskelettes aus fossilen Knochen gehört wohl zu den weniger bekannten »Erfindungen« Guerickes.[1] Innerhalb seiner vielfältigen Forschungsinteressen steht diese Arbeit etwas isoliert, und wir besitzen nur wenige Informationen, die uns genaueren Aufschluß geben über die Entstehung von Guerickes Einhorn-Vorstellungen. Er selbst erwähnt die Knochenfunde bei Quedlinburg (Guericke 1672), die 1663 entdeckt wurden und Grundlage seiner Rekonstruktion waren. Kupferstich-Abbildungen, die vermutlich auf eine von ihm selbst angefertigte, aber nicht überlieferte Zeichnung zurückgehen, finden sich bei Leibniz 1749 (Abb. 1) und bei Valentini 1714 (vgl. Kat. 289).

Die Knochenfunde, die Otto von Guericke zu seiner Rekonstruktion veranlaßt haben, wurden beim Gipsabbau am Zeunickenberg (heute Seweckenberge) gehoben und gelangten in den Besitz der Äbtissin des Klosters Quedlinburg. Im Laufe der Jahrhunderte sind die Knochen verloren gegangen, so daß wir uns heute anhand der Abbildungen nach Guericke und mit Hilfe einiger Berichte und Beschreibungen der Fundumstände, die zum Teil aus dem 18. Jahrhundert stammen, nur noch ein ungefähres Bild von den tatsächlichen Fundstücken machen können (Abel 1939, S. 129 ff. Oekentorp 1994, S. 62 ff.). Es besteht kein Zweifel daran, daß der größte Teil der damals entdeckten Knochen dem Mammut zugewiesen werden kann, und zwar mehr als einem Individuum. Der Oberschädel, wie er in den Kupferstichen wiedergegeben wird, dürfte jedoch von einem anderen eiszeitlichen Säugetier, dem Fellnashorn, stammen.

Auf den ersten Blick verwundert heutzutage zunächst die Gestalt und das Aussehen des Einhornskeletts, wie es durch Leibniz beziehungsweise etwas abweichend von Valentini überliefert wird. Es wurden nicht nur Knochen mehrerer Individuen und sogar von unterschiedlichen Tierarten kombiniert, sondern auch die Hinterbeine, die möglicherweise bei der Entdeckung der Knochen bereits durch die Steinbrucharbeiter entfernt worden waren,[2] wurden bei der Rekonstruktion völlig außer acht gelassen. Bei den Extremitäten wurde lediglich auf Oberschenkelknochen zurückgegriffen (Abel 1939, S. 136 f. Oekentorp 1994, S. 62 f.), und auch das Horn dürfte stark idealisiert wiedergegeben worden sein, da als Grundlage für seine Darstellung nur Fragmente von weniger geradlinig gewachsenen Mammutstoßzähnen in Frage kommen. Diese vielfältigen Mängel, die dem Rekonstruktionsversuch aus heutiger Sicht angelastet werden müßten, werden jedoch relativiert, wenn man sich vergegenwärtigt, daß mit dem Versuch Otto von Guerickes zum ersten Mal ein fossiles Wirbeltier in seinem Skelettaufbau rekonstruiert wurde. Quellenkritische Überlegungen, die heute eine Selbstverständlichkeit sind, dürfen für diese »Pionierarbeiten« nicht vorausgesetzt werden.

Sieht man von diesen Details ab, erscheint es zunächst aber auch erstaunlich, daß dieser – für seine Zeit sehr fortschrittliche – Gelehrte mit seiner

Rekonstruktion das Einhorn als fossiles Einhorn wieder zu neuem »naturwissenschaftlichem« Leben erweckt zu haben scheint, und dies zu einem Zeitpunkt, als die Zweifel der frühen Zoologen an der tatsächlichen Existenz der meisten der heute sogenannten »Fabeltiere« zunehmend lauter wurden.

Da ausführlichere Erläuterungen aus Guerickes eigener Feder bei der Aufarbeitung von Archivbeständen bisher nicht bekannt geworden sind, bleiben konkrete Anregungen, die Guericke zu dieser Arbeit geführt haben könnten, weitgehend im Ungewissen. Die Teilnahme an anatomischen Studien während seines Aufenthalts an der Universität Leiden 1623/24 könnte sein Interesse auch an derartigen zoologisch-anatomischen Fragestellungen geweckt haben. Über welche Hintergrundinformationen insbesondere zur Beurteilung der Existenz des Einhorns Otto von Guericke verfügte, entzieht sich jedoch unserer Kenntnis. Bedauerlicherweise geben auch die bisher erschlossenen Teile einer Inventarliste der Bibliothek Guerickes über seine zoologische Fachliteratur keine genauere Auskunft.[3]

So steht dieses Einhorn, das ein interessanter Beleg für die Geschichte der Paläontologie ist, zwischen sich entwickelnder zoologischer Forschung und beginnenden anatomischen Studien und ist heute noch als Unikum verblüffend und irritierend zugleich.

Zum Verständnis von Guerickes Einhorn-Rekonstruktion beitragen kann

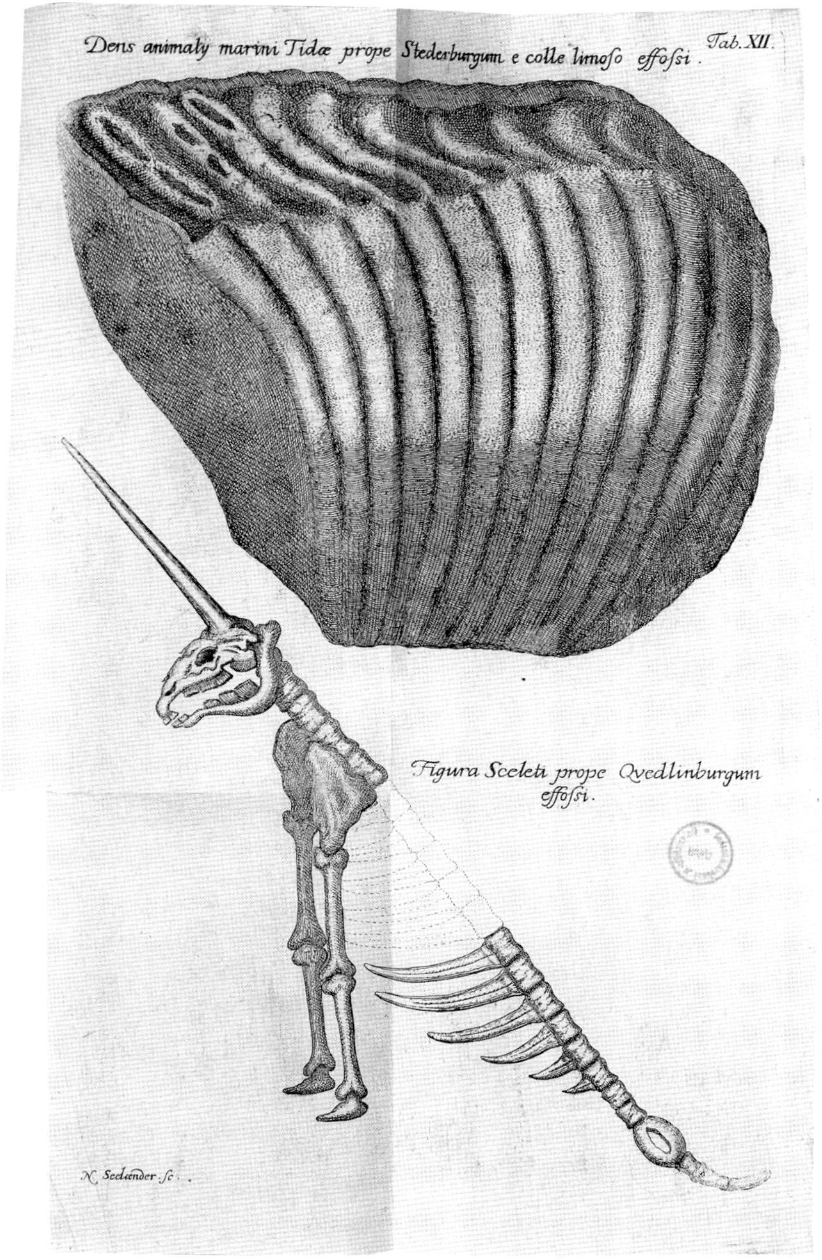

Abb. 1 Guerickes Einhornrekonstruktion nach Leibniz, 1749, vgl. Kat. 287.

Abb. 2 Titelseite von Gesners Thier-Buch von 1669.

ein Blick auf das zoologisch-naturwissenschaftliche Umfeld, in dem auch die Rekonstruktion Otto von Guerickes seinen Nährboden gefunden haben könnte.

Wie bei vielen neuzeitlichen naturwissenschaftlichen Forschungsrichtungen reichen die Anfänge der Zoologie zurück bis in die Renaissance (Bäumer 1991). So unterschiedlich die Ansätze der verschiedenen Arbeiten des 16. Jahrhunderts auch waren, Grundlage war neben den naturwissenschaftlichen Werken der Antike (vor allem Aristoteles und Plinius) ebenso selbstverständlich die Schöpfungsgeschichte der Bibel, nach der die verschiedenen Tierarten durch Gott erschaffen worden waren. Die Versuche, einen Überblick über die Vielfalt der Tierwelt zu gewinnen, waren nicht ausschließlich naturwissenschaftlich, sondern ebenso theologisch geprägt. Es galt auch, die Herrlichkeit der Schöpfung Gottes aufzuzeigen. Erst allmählich löste man sich von den Vorgaben der Antike und begann, eigenen Beobachtungen und Untersuchungen größere Bedeutung beizumessen. Bisher unbekannten Tierarten wurde ebenso wie anatomischen Studien zunehmend Aufmerksamkeit geschenkt. Außerdem setzten sich bereits in den Tierbüchern des 16. Jahrhunderts viele der Autoren durchaus kritisch mit den Fabeltieren auseinander.

Für diese Arbeitsweise sind die Tierbücher von Conrad Gesner (1516–1565) ein guter Beleg; sie gehören mit ihren zahlreichen Holzschnitt-Illustrationen zu den eindrucksvollsten Arbeiten jener Zeit. Gesner, der überwiegend in der Schweiz lebte, war durch sein Studium sowohl der antiken Sprachen als auch der Medizin für seine naturgeschichtlichen Forschungen hervorragend ausgebildet.

Obwohl seine Arbeiten bereits in der Mitte des 16. Jahrhunderts entstanden – als erster Band erschien 1551 in lateinischer Sprache sein Buch über die vierfüßigen lebendgebärenden Tiere –, spiegeln die populären jüngeren Ausgaben noch über ein Jahrhundert die zoologischen Kenntnisse der Gebildeten, aber Nichtfachleute wider. Insbesondere die deutschsprachige Ausgabe von 1669/70 (Abb. 2), die von Georg Horst überarbeitet wurde und damit nicht mehr direkt auf Gesner selbst zurückgeht (im folgenden dennoch verkürzt als Gesner 1669 beziehungsweise 1670 zitiert), ermöglicht mit ihrer heute noch relativ gut verständlichen Sprache und Ausdrucksform einen leichten Zugang zu den damaligen Anschauungen; sie ist im übrigen in einem vor wenigen Jahren erschienen Nachdruck relativ gut verfügbar. Es muß jedoch festgehalten werden, daß diese wie frühere populäre Ausgaben in der wissenschaftlichen Qualität hinter den lateinischen Erstausgaben von Gesners Werken aus der Mitte des 16. Jahrhunderts oft weit zurückbleiben (Bäumer 1991, S. 65 ff.).

Da die Zoologie nicht zu den Spezialgebieten Otto von Guerickes gezählt hat, scheint es trotzdem angemessen, auf populäre Tierbücher seiner Zeit zurückzugreifen, die den Wissensstand der Gebildeten des 17. Jahrhunderts wohl wesentlich geprägt haben. Am Beispiel einiger Aspekte dieser Werke läßt sich meines Erachtens der »Zeitgeist-Hintergrund« der Rekonstruktion des fossilen Einhorns durch Guericke verständlicher machen und zu seiner Einordnung beitragen. Außerdem spricht die zeitliche Nähe zwischen der Entdeckung der Knochenfunde am Zeunickenberg sowie ihrer Erwähnung durch Otto von Guericke und dem Erscheinungsjahr der populären Gesner-Ausgabe für einen solchen Rückgriff, wenn auch völlig offen bleibt, aus welchen zoologischen Werken Otto von Guericke sein Wissen tatsächlich bezogen hat.

Auch die Tierbücher Gesners besaßen vielfältige Funktionen, und es wurden

Gesichtspunkte einbezogen, die heute nicht Inhalt zoologischer Abhandlungen wären. Der Tradition der Kräuterbücher folgend, wurden die unterschiedlichsten Nutzungsmöglichkeiten der verschiedenen Tiere durch den Menschen ausführlich erläutert, unter anderem ihre Verwendung für medizinische Zwecke. Ebenso waren die illustrierten Tierbücher als Vorlage für Maler gedacht, die sie für eigene künstlerische Arbeiten heranziehen konnten.

Wesentliches Anliegen Gesners war es jedoch, möglichst vollständig die verschiedenen Tierarten zu erfassen, sowohl durch Erschließung antiker und zeitgenössischer literarischer Quellen als auch durch eigene Studien. Die dabei erkennbaren Ordnungsversuche muten heute zwar oft seltsam an, doch machen diese Vorstellungen, denen jede Idee von einer natürlichen Entwicklung der Arten noch unbekannt war – sie wurde erst im 19. Jahrhundert von Charles Darwin erfolgreich vertreten –, zugleich den forschungsgeschichtlichen Reiz aus. Deutlich wird dabei auch das Spannungsverhältnis zwischen Wissen und Legende, in dem die Zoologie ihren Weg suchen mußte.

So ordnete Gesner die Tierwelt, entsprechend den antiken Vorstellungen und abweichend von unseren heutigen, zunächst nach der Umgebung, in der die Tiere leben: in lebendgebärende beziehungsweise aus Eiern gebärende vierfüßige Tiere (an Land lebende Tiere), in Fische und im Wasser lebende Tiere und in Vögel (in der Luft lebende Tiere) und faßte sie in entsprechenden Büchern zusammen. Demzufolge finden sich die im Meer lebenden Säugetiere (Wale, Robben, Seekühe), obwohl sie als solche erkannt wurden, bei Gesner im Fisch-Buch wieder (Gesner 1670, Teil 1, S. 120 ff.), während die Fledermäuse, die ebenfalls als Säugetiere identifiziert wurden, von Gesner ebenso selbstverständlich im Vogel-Buch aufgeführt wurden (Gesner, Vogel-Buch 1669, Teil 1, S. 124 ff.).

Auch die Fabeltiere, die uns heute besonders kurios vorkommen, finden sich – häufig auf der Übernahme antiker Quellen beruhend – den entsprechenden Büchern zugeordnet: Drachen und Basilisken bei den Schlangen, Meeresungeheuer bei den Fischen, Phönix, Greif und Harpie bei den Vögeln, und bei den Landtieren neben dem gehörnten Hasen und dem Jungfrauaffen auch das Einhorn.

Bevor auf die Fabeltiere und den Sonderfall des Einhorns eingegangen wird, erscheint es wichtig zu verdeutlichen, wie fließend die Übergänge von tatsächlich lebenden, realen Tieren zu Fabeltieren damals sein konnten.

Interessant sind in diesem Zusammenhang auch exotische Tiere, die verstärkt als Folge der Entdeckungsreisen unter anderem nach Südamerika in Europa bekannt und zu den vertrauten einheimischen Tieren in Beziehung gesetzt wurden. An einigen Beispielen aus Gesners »Thier-Buch« wird nachvollziehbar, welchen Schwierigkeiten Wissenschaftler damals bei diesen Versuchen gegenüberstanden. Die Anordnung der mehr als 30 Kapitel, in denen die Landsäugetiere vorgestellt werden, erfolgt in alphabetischer Reihenfolge nach dem deutschen Namen und scheint zunächst keine Ähnlichkeiten oder »Verwandtschaft« verschiedener Tiere widerzuspiegeln. Dennoch wird bei Durchsicht der einzelnen Kapitel klar, welche Vorstellungen von Zusammengehörigkeit Gesner beziehungsweise Horst als Bearbeiter gewonnen hatten.

Oft war die äußere Erscheinung Ausgangspunkt einer Beurteilung. So findet sich zum Beispiel das Gürteltier, das in der heutigen Systematik der Ordnung der Zahnarmen zugewiesen wird, als »Indianischer Igel« dem Igel an die Seite gestellt, der der Ordnung der Insektenfresser angehört. Originell und durchaus nachvollziehbar findet sich bei Gesner folgende Begründung für die damals angenommene Verwandtschaft dieser entwicklungsgeschichtlich weit voneinander entfernt stehenden Tierarten: »Es macht es auch wie die andere Igel / daß er sich in seine Schale stecke und eine Kugel mache« (Gesner, Thier-Buch 1669, S. 230). Das beschriebene kugelige Zusammenrollen entspricht zwar dem tatsächlichen Verhalten beider Tierarten, doch wird die Beobachtung dieser Konvergenz herausgegriffen und als Indiz für große Ähnlichkeit völlig überbewertet.

Beim Opossum, einem amerikanischen Beuteltier, das Gesner (Gesner, Thier-Buch 1669, S. 21 f.) im Kapitel über die Affen als Fuchsaffe vorstellt, obwohl er es als Beuteltier richtig beschreibt, wird der Sprung angesichts der heutigen Systematik besonders groß. Zwar nicht im Kapitel über die Affen, sondern in einem kurzen eigenen Kapitel wird das Faultier, das heute zur Ordnung der Zahnarmen gezählt wird,

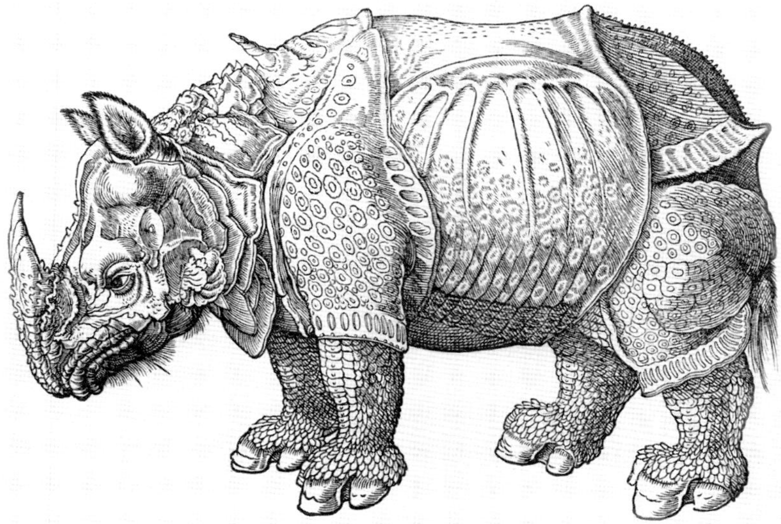

Abb. 3 Gesners Panzernashorn nach Dürer, vgl. Kat.299. Die Abbildungen 3–8 wurden den lateinischen Erstausgaben von Gesners Werken entnommen und entsprechen im wesentlichen denen der Ausgabe von 1669/70.

unter der Bezeichnung »Haut« als »besondere Art Affen« vorgestellt. Da verwundert es nicht, wenn sich in dem Kapitel über die Mäuse, die zur Ordnung der Nagetiere gehören, auch das Ichneumon als Schleichkatze (Ordnung Raubtiere) und Spitzmäuse (Ordnung Insektenfresser) wiederfinden.

Ähnliche Fehlbeurteilungen ergaben sich beim Pavian, der bei Gesner einerseits zwar offenbar unter den Affen aufgeführt wird (Gesner, Thier-Buch 1669, S. 13 ff.), andererseits aber auch als »Berwolf« oder »Affenwolf« im Kapitel zum Wolf vorgestellt wird (ebd., S. 357 f.). Mehrfachnennungen kommen bei Gesner häufiger vor und sind darauf zurückzuführen, daß bei dem Versuch, sämtliche Informationen über die Tierwelt zusammenzutragen, wiederholt verschiedene Überlieferungsstränge nebeneinander tradiert wurden. Bei besser bekannten Tieren bringt Gesner gelegentlich in Querverweisen seine Unsicherheit zum Ausdruck, ob es sich um ein und dasselbe Tier handelt oder nicht. So wird zum Beispiel der Elch als Elend in einem eigenen Kapitel (Gesner, Thier-Buch 1669, S. 84 ff.), außerdem aber auch – mit entsprechendem Verweis – unter den Hirschen als »Pferdehirsch« behandelt (ebd., S. 203 ff.).

Andererseits hat Gesner (ebd., S. 238 f.) zum Beispiel die südamerikanischen Lamas völlig korrekt den altweltlichen Kamelen zugeordnet. Unter dem Stichwort »Kamelthier« wird jedoch auch die Giraffe als »Camelpard« aufgeführt, weil man bei ihrem Bekanntwerden in Europa ab der zweiten Hälfte des 15. Jahrhunderts zunächst davon ausgegangen war, daß Giraffen durch Kreuzung von Kamel und Leopard entstehen. Bei Gesner, der die Giraffe auf dem Titelkupfer seines Thier-Buches abbildet (Abb. 2), wird diese Auffassung aber bereits als Irrtum gekennzeichnet (Gesner, Thier-Buch 1669, S. 236).

Daß zudem die Abgrenzung von Affen und Menschen ein Problem darstellte, sei nur am Rande erwähnt. »Strobelköpfe«, »Geyßmännlein« und »rauhe Waldmännlein« (Gesner, Thier-Buch 1669, S. 12 ff.), zu denen auch Orang Utans gezählt werden, werden unter den Affen abgehandelt und beinhalten die kuriosesten Übergänge zwischen Menschen, Affen und Fabelwesen.

Aus dieser kurzen Übersicht wird deutlich, wie wundersam und fremdartig neu entdeckte Tierarten auf die beginnende mitteleuropäische zoologische Forschung gewirkt haben müssen, und wie ernsthaft dennoch versucht wurde, sie den vertrauten Tierarten zuzuordnen. Durch merkwürdige Neuentdeckungen wurde die Phantasie in Europa zweifellos stark angeregt. Überlebten »Belegexemplare« fremdartiger, bisher wenig bekannter Tiere den Transport nach Europa, war ihre Zurschaustellung auf Messen und Märkten oft eine Sensation. Ein Holzschnitt, den Albrecht Dürer 1515 von einem Panzernashorn anfertigte, wurde Grundlage für die Darstellung dieser Tierart in den Tierbüchern der folgenden Jahrzehnte; die Darstellung bei Gesner (Gesner, Thier-Buch 1669, S. 305) geht ebenfalls auf Dürer zurück (Abb. 3). Wie konnte angesichts der zweifelsfreien Existenz eines so ungewöhnlichen, geradezu »fabelhaften« Tieres wie des Rhinozerosses die Existenz beispielsweise eines Einhorns grundsätzlich ausgeschlossen werden?

Ein Fabeltier endgültig als solches zu entlarven, mußte umso schwerer fallen, als oft Berichte von Seefahrern und Unkundigen über merkwürdige Tiere eintrafen. Diese Informationen zu überprüfen, war den Forschern selten möglich, da sie selbst meistens nur in begrenztem Umfang eigene Reisen unternahmen und somit auf Beschreibungen von Mittelspersonen angewiesen waren.

Insbesondere bei den Meeressäugern wird nachvollziehbar, wie Mißverständnisse oder übertriebene Darstellungen immer wieder die Vorstellung von der Existenz der Fabeltiere neu beleben konnten. Bei schlechten Sichtverhältnissen unerwartet aus dem Wasser auftauchende Meeressäuger wie Robben oder Seekühe konnten nur zu leicht mit den Überlieferungen von Meermenschen (Gesner, 1670, Teil 1, S. 152 f.) wie dem »Meerfräulein« (Abb. 4) und dem »Meermünch« (Abb. 5) in Verbindung gebracht werden. Ein erheblicher Anteil der Meeres-Fabeltiere dürfte daher auf mehrsträngige Überlieferungen zurückzuführen sein, die dadurch zustande kamen, daß tatsächlich existierende Tiere beobachtet wurden, aber nicht entsprechend identifiziert werden konnten und so neben besser überlieferten Beobachtungen derselben Tierart als zusätzliche Beschreibungen bestehen blieben.

Möglicherweise gehört auch das »Su« (Gesner, Thier-Buch 1669, S. 339), das als »allerscheußlichstes Thier« in Südamerika leben sollte, in diesen Übergang zwischen mißverstandener Beobachtung und übertriebener, fabelhafter Beschreibung. Häufig als Fabeltier eingestuft, könnte es vielleicht doch einen wahren Kern haben: es könnte sich um eine ins Häßliche übertriebene Darstellung eines Großen Ameisenbären handeln (König 1987, S. 52 f.).

Gelegentlich werden bei Gesner aber auch lediglich aufgrund von Einzelbeobachtungen bekannt gewordene Tiere aufgeführt, die tatsächlich als Fabeltiere anzusehen sind. Der bei Gesner im Kapitel über die Affen mit Quellenangabe erwähnte »Forstteufel« (Gesner, Thier-Buch 1669, S. 19) ist dafür ein gutes Beispiel. Andere Fabeltiere sind auf antike Quellen zurückzuführen und wohl im Sinne einer vollständigen Materialsammlung mit überliefert worden. Die Existenz des bei Gesner aufgeführten »Jungfrauaffen« beziehungsweise der Sphinx wird von ihm ausdrücklich bezweifelt (ebd., S. 19 ff.). Ebenso wird von ihm das Meerpferd (Gesner 1670, Teil 1, S. 155; Abb. 6) als erdichtet bezeichnet.

Es wurden überdies mißverstandene Montagen zu Indizien für die Existenz äußerst fabelhafter Wesen. Bei Gesner findet sich zum Beispiel im Fisch-Buch (Gesner 1670, Teil 1, S. 145) eine eigenwillige Montage aus zwei Fischen, die aber schon von ihm als Irrtum erkannt wurde. Dahinter verbirgt sich vermutlich eine phantasievolle Kombination aus Schwertfisch und Sägerochen,[4] die als Ausgang einer Bildfolge erscheint, welche in einem »Monsterfisch« mit riesigem Horn mündet.

Darüber hinaus wurden bewußt Fälschungen hergestellt, die als Belege für Fabeltiere angeboten wurden. Ein aus Rochen gefälschter Basilisk wurde von Gesner mit folgendem Kommentar versehen: »Es gehet mit den Rochen wunderlich zu / in dem ihnen etliche Stück von dem Leib abgeschnitten / gekrümmt außgesperret / und also von vielen Betrügern bald in Schlangen / Basilisken und Drachen verwandelt und dafür verkaufft werden. Solcher Gestalt ist eine hieher gesetzet worden / wodurch solcher Betrug leichtlich gemercket werde.« (Gesner 1670, Teil 1, S. 101).

Uns besser vertraut ist der »Wolpertinger«, der als gehörnter Hase auch bei Gesner im Kapitel über die Hasen zu finden ist und hinter dem sich wohl die Kombination von Hase und Rehgeweih verbirgt. Typisch ist in diesem Fall die Nennung einiger weniger für glaubwürdig gehaltener Quellen als »Beweis«, um bereits laut gewordene Zweifel auszuräumen (Gesner, Thier-Buch 1669, S. 173 f.).

Abb. 4 Das »Meerfräulein«.

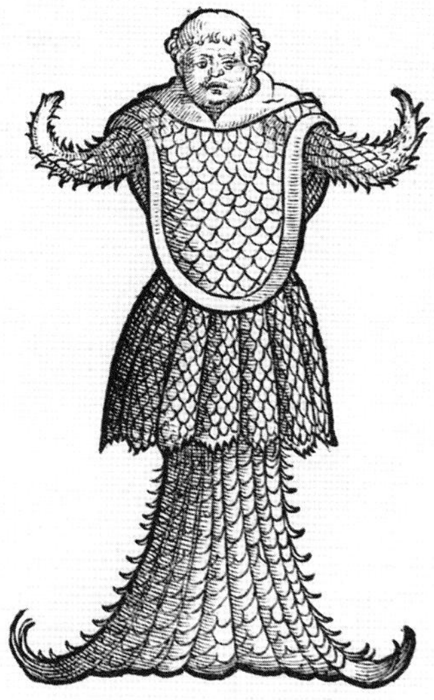

Abb. 5 Der »Meermünch«.

In diesem Spannungsfeld zwischen der Wiedergabe zahlreicher fremder Berichte und dem Versuch, mögliche Irrtümer zu erkennen, bewegt sich bei Gesner (Gesner, Thier-Buch 1669, S. 71 ff.) die Behandlung des Einhorns in einem eigenen, umfangreicheren Kapitel mit zahlreichen Abbildungen (Abb. 7). Zweifellos dienten die vielfältigen Berichte und Anekdoten über die Beobachtung von Einhörnern in unterschiedlichsten Gegenden der Welt, über ihr Aussehen, ihre Eigenschaften, über die Möglichkeiten sie zu fangen, über den großen Nutzen vor allem ihres Horns als Arznei sowie über Versuche, diese Medizin zu fälschen, und über Diebstähle des wertvollen Horns auch der Unterhaltung des Lesers. Sie sollten ihn aber zugleich in den Stand setzen, sich ein eigenes Bild zu machen und soweit möglich, seine eigenen Schlüsse zu ziehen.

Gegen Ende des Kapitels über das Einhorn wird jedoch kritisch und völlig unmißverständlich vermerkt: »Eben diese Einhorn aber / so man zu Venedig weiset / wie auch in Dännemarck / … / zu Rom in den Kunstkammern / … / und hier bey unsern Materialisten unnd Apoteckern / sind keine Einhörner von vierfüssigen Thieren / davon so viele viel von hören Sagen geschrieben / keiner aber jemahlen ein solch vierfüssig Einhorn gesehen / sondern sie kommen von dem Ißländischen Wallfisch Narhual, der / dieses Horn / oder vielmehr Zahn führet / weil mehr ein Zahn als Horn solches scheinet / wie solches weitläufftig Mercator, Wormius, Bartholinus, Bochardus und Peyretius, … so Grönland in Französischer Sprach beschrieben / mit Wahrheitsgrund erweisen. Olaus Magnus zwar und Jacobus Primi Rosius vermeynen / dieser Fisch habe das Horn vornen am Kopf / und haben ihn also abgebildet / allein der Augenschein giebt ein anders/ daß es ein langer Zan seye / wie dann klärlich zu erlernen auß dem jenigen vermeinten Einhorn / so zu Stockholm in der Kunstkammer hencket / und hierbei abgemahlet / da in dem Kopf noch der Zahn / oder das vermeinte Einhorn stecket / unter dem Kiefer.« (Gesner, Thier-Buch 1669, S. 82 f.). Ergänzt wird diese Beschreibung durch die Abbildungen eines Narwals mit Horn auf der Stirn und eines Narwalkiefers mit Zahn.

Damit wird der damalige Wissensstand insbesondere zum Narwalzahn gut zusammengefaßt wiedergegeben.

Die Belege für nach Europa gelangte Narwalzähne reichen zurück bis ins 12. Jahrhundert. Die Zähne wurden in erster Linie durch auf Grönland siedelnde Wikinger gehandelt. Da das Verbreitungsgebiet der Narwale weitgehend außerhalb der Jagdgebiete der Wikinger lag und allenfalls durch Handel mit Eskimos zusätzliche Exemplare erworben werden konnten, waren im Mittelalter Narwalzähne in Europa äußerst selten, und da auf diesen Handelswegen nur die Zähne, nicht aber vollständige Tiere nach Europa kamen, war die Kenntnis der Tiere selbst sehr ungenau. Die frühesten Beschreibungen stammen aus dem 13. Jahrhundert. Thomas Cantimpratensis in seiner Naturenzyklopädie, wie auch Albertus Magnus berichten von einem Fisch mit einem Horn auf der Stirn, von einem Meereinhorn. Diese Vorstellung hatte bis zum Beginn des 17. Jahrhunderts Bestand (Abb. 8).

Erst die Entdeckungsreisen der Europäer ab dem Ende des 16. Jahrhunderts führten Schiffe unter anderem auf der Suche nach einer Nordost- und Nordwestpassage soweit nach Norden, daß sich die Möglichkeit zur eigenen Anschauung von Narwalen bot und die Anzahl der nach Europa gelangten Zähne zunahm. Eine erste Zeichnung, die den Narwal nicht mit einem Horn auf der Stirn, sondern mit einem aus der Kopfspitze herausgewachsenen Zahn zeigt, fertigte George Best 1578 für seinen Expeditionsbericht an (Claude 1993, S. 16 f.). Grundlegend neue Erkenntnisse gehen auf den Anatom Ole Worm zurück, der in seinem Naturalienkabinett einen Narwalschädel samt

Zahn besaß und in einem Gutachten 1638 zu dem Schluß kam, daß die als Hörner des Einhorns angesehenen Stücke keine Hörner waren, sondern Zähne, die in den linken Oberkiefern von Walen stecken. Die Zeichnung eines in Island um 1638 gestrandeten Narwales, die vom isländischen Bischof Thorlacus Sculonius angefertigt, an Ole Worm gesandt und von diesem veröffentlicht wurde, gibt die damalige Vorstellung vom Aussehen dieses Tieres wieder (Claude 1993, S. 18 ff., S. 35 f. und S. 63 Anm. 3). Die zunehmend größere Zahl von nach Europa gelangten Narwalzähnen führte in Verbindung mit der Verbreitung der Kenntnis über den Narwal als dem wahren Lieferanten dieses vermeintlichen Hornes ab der Mitte des 17. Jahrhunderts zu einem enormen Preisverfall für »Narwal-Einhorn« (Beer 1972, S. 193. Claude 1993, S. 38 f.). Es ist daher anzunehmen, daß auch wirtschaftliche Erwägungen dazu beigetragen hatten, die Vorstellung vom Narwalzahn als Horn des Einhorns so lange aufrecht zu erhalten; Apotheker und Händler konnten am Narwalzahn – als Einhorn-Arznei angeboten – sehr gut verdienen. Sofern ihnen die wahre Herkunft des Horns, dem vor allem außergewöhnliche entgiftende Wirkung unterstellt und das in Gold aufgewogen wurde (Gesner, Thier-Buch 1669, S. 80), bekannt war, dürften sie kein großes Interesse daran gehabt haben, ihr Wissen zu offenbaren.

Das Horn, wie es in Schatzkammern aufbewahrt und in Apotheken verwendet wurde, war damit als Zahn des Narwals entlarvt. Auch das Argument, daß das Einhorn irgendwo auf der Erde tatsächlich existieren müsse, weil man ja das Horn des Tieres besitze – »Dann einmahl so ist das Thier auf Erden / sonst wären seine Hörner nicht vorhanden« (Gesner, Thier-Buch 1669, S. 76) –, war hinfällig geworden. Es blieb nur der Schluß: »Mit einem Wort zu sagen / das Einhorn / so ein vierfüssig Thier seyn solle / hat keiner gesehen / aber viele beschrieben.« (ebd., S. 83). Doch war die endgültige Folgerung, daß es dieses Tier tatsächlich nirgendwo auf der Welt gab, damit noch nicht unbedingt zwingend.

Sicherlich haben auch die schon erwähnten mehrsträngigen Überlieferungen, die häufig nicht miteinander in Verbindung gebracht werden konnten, dazu beigetragen, daß man sich erst ganz allmählich von der Vorstellung eines vierfüßigen Einhorns getrennt hat. Gerade beim Einhorn ist die Vielfalt der Überlieferungen besonders groß. Sie spiegelt sich auch bei Gesner wider.

Die Beschreibungen und Darstellungen des Einhorns bei Gesner haben verschiedene Vorläufer. Bereits antike Quellen (Ktesias um 400 v. Chr., Megasthenes 3. Jh. v. Chr., Plinius 23–79 n. Chr., Aelian ca. 175–235 n. Chr.) erwähnen ein ungewöhnliches Tier mit nur einem Horn auf der Stirn (Einhorn 1998, S. 55 ff. Früh 1993, S. 11 ff.). Vermutlich gehen diese Vorstellungen auf Beschreibungen des indischen Nashorns zurück, ohne daß die Berichterstatter es selbst gesehen haben. Bei Gesner (Gesner, Thier-Buch 1669, S. 73) wird diese antike Überlieferung im Kapitel über das Einhorn ebenso aufgegriffen. Verschiedene andere Tiere dürften die Le-

DE FABVLOSO EQVO NEPTVNI, QVEM
FALSO QVIBVSDAM HIPPOCAMPVM ET HIPPO-
potamum appellare libuit, Bellonius.

Abb. 6 Das »Meerpferd«.

gende vom Einhorn ebenfalls beeinflußt haben, so zum Beispiel Schraubenziegen, aber eventuell auch Oryx- und Hirschziegenantilopen, die bei strenger Seitenansicht den Eindruck vermitteln, nur ein Horn zu besitzen (Früh 1993, S. 16 ff. Thenius 1997, S. 5 f.). Gesner (Gesner, Thier-Buch 1669, S. 158) erwähnt unter der »wilden Geyß« das Tier »Oryx«, von dem berichtet wird, daß es nur ein Horn besitzen soll, und verweist auf das Kapitel zum Einhorn. Im übrigen spiegeln die zahlreichen Abbildungen zum Einhorn in der Gesner-Ausgabe von 1669 die unterschiedlichen Beschreibungen von ziegen- bis pferdeähnlichen Tieren gut wider (Abb. 2 und 7).

Unabhängig vom Einhorn, das demnach im wesentlichen auf mißverstandene antike Berichte über das Nashorn zurückzuführen sein dürfte, wird bei Gesner (Gesner, Thier-Buch 1669, S. 304 ff.) in einem eigenen kurzen Kapitel über das Nashorn beziehungsweise Rhinozeros berichtet. Die Abbildungen (Abb. 3) gehen auf die früheste neuzeitliche Darstellung eines Nashorns durch Dürer zurück, dessen berühmter Holzschnitt

Abb. 7 Das Einhorn.

von 1515 wohl auf einer an ihn gelangten Zeichnung eines kurz zuvor in Lissabon eingetroffenen Tieres beruht. Nach Deutschland gelangte das erste indische Nashorn erst 1747 (Abel 1939, S. 122). Eine eindeutige Identifizierung des damit gut dokumentierten Nashorns mit dem Einhorn erfolgt bei Gesner jedoch nicht. An einigen Angaben wird aber zugleich deutlich, daß die Grenzen zwischen Einhorn und Nashorn gelegentlich verschwammen. Beispielsweise wird eine bereits beim Einhorn beschriebene Möglichkeit, das Tier mit Hilfe einer Jungfrau zu fangen, bezogen auf das Nashorn als Verwechslung bewertet (Gesner, Thier-Buch 1669, S. 306).

Ein weiteres bei Gesner aufgeführtes Tier ist im Umfeld der Einhorn- und Nashorn-Überlieferungen zu nennen. Im Kapitel über die Esel geht Gesner (ebd., S. 105 f.) in einem Unterkapitel mit Verweis auf antike Quellen kurz auf den Waldesel ein. Während im beschreibenden Text bei Gesner keine Querverweise auf Einhorn und Nashorn gegeben werden, zeigt eine der Abbildungen große Ähnlichkeit mit dem Einhorn. Die beiden anderen Abbildungen des Waldesels wirken wie naive Darstellungen eines Nashorns und vermitteln den Eindruck schemenhafter Illustrationen zu mißverstandenen Überlieferungen, die sich ohne exakte Kenntnis des Nashorns bereits in der Antike entwickelt haben. Die unterschiedlichen antiken Quellen ergaben den Stoff, aus dem zum einen die Legende vom Einhorn wesentliche Nahrung bezog, in dem sich zum anderen aber auch das Wissen von einem tatsächlich lebenden Tier so mißverständlich verbarg, daß eine Identifizierung mit dem durch Dürer bekannt gewordenen Rhinozeros beziehungsweise Nashorn zumindest in der populären Gesner-Ausgabe nicht erfolgte.

Diese drei nebeneinander laufenden Überlieferungen zur Einhorn-Nashorn-Waldesel-Gestalt, wie sie aus Gesners Thier-Buch von 1669 hervorgehen, bedeuteten für den Versuch, einerseits alle Informationen zu den jeweiligen Tieren möglichst vollständig zusammenzutragen und sie andererseits zu ordnen, erhebliche Probleme, weil eine Prüfung im 17. Jahrhundert nur schwer möglich war. Hinzu kommt die mehrsträngige Überlieferung zum Narwal, der in seiner früheren Beschreibung als Meereseinhorn auch noch bei Gesner (Gesner, Thier-Buch 1669, S. 76) im Kapitel »Einhorn« kurz Erwähnung findet, ohne mit dem beschriebenen Narwal (ebd., S. 82 f.) in Verbindung gebracht zu werden. Vermutlich geht auch die Abbildung eines Hornwales (Gesner 1670, Teil 1, S. 125; Abb. 8) auf den Narwal zurück; auch sie wird jedoch nicht zum Narwal in Beziehung gesetzt.

Wichtig ist darüber hinaus ein weiterer Aspekt, der zur besonderen Bedeutung des Einhorns noch im 17. Jahrhundert beitrug und zu seiner Sonderrolle unter den Fabeltieren führte: Durch einen »Fehler« bei der Übersetzung des alten

Testaments hatte das Einhorn Einzug in die Bibel gefunden; im Urtext war wahrscheinlich der Auerochse gemeint (Beer 1972, S. 20 ff. Einhorn 1998, S. 53 ff.).

Darüber hinaus bekam das Einhorn auf der Tradition des Physiologus (2. Jahrhundert n. Chr.) aufbauend im Mittelalter als kleines ziegen- oder pferdeähnliches Tier zunehmend Bedeutung in der christlichen Symbolik; es wurde auch als Symbol für Christus aufgefaßt (Beer 1972, S. 23 ff. und S. 95 ff. Einhorn 1998, S. 63 ff.). Außerdem spielt das Einhorn in der Minnedichtung des Mittelalters eine wichtige Rolle als Symbol der reinen und treuen Liebe (Beer 1972, S. 117 ff. Einhorn 1998, S. 189 ff.). Auch die Darstellungen des Einhorns in den Tierbüchern des 16. und 17. Jahrhunderts sind von diesen Vorstellungen beeinflußt. Bei Gesner (Thier-Buch 1669, S. 71 ff.) werden im Kapitel über das Einhorn beispielsweise mit der Legende vom Fang des Einhorns durch die Jungfrau und der von der Entgiftung eines Flusses durch das Eintauchen seines Hornes Schilderungen des Physiologus aufgegriffen.

Da das Einhorn in der Bibel genannt wird und damit als von Gott geschaffenes Tier galt, wurde es noch im 17. Jahrhundert häufig bei entsprechenden Illustrationen zu Schöpfung, Paradies und Sündenfall gezeigt (Früh 1993, S. 25 ff.; zu älteren Darstellungen Einhorn 1998, S. 153 ff.). Ein bekanntes Beispiel ist die Darstellung des Sündenfalls von Matthäus Merian in seinen Illustrationen zur Bibel von 1627. An seiner Existenz konnte daher aus theologischer wie aus naturwissenschaftlicher Sicht eigentlich

Abb. 8 Der »Hornwall«.

nicht ernsthaft gezweifelt werden. So stellte Paré in seinem 1582 erschienen Buch über »Mumie, Einhorn, Gifte und Pest« zwar die medizinische Wirkung des Einhorns, nicht jedoch seine Existenz in Frage, da es ja in der Bibel stehe (nach Beer 1972, S. 189). Frühe naturwissenschaftliche Enzyklopädien – wie sie uns mit Gesners Tierbüchern vorliegen – verstanden sich auch als Huldigung der vielfältigen göttlichen Schöpfung (Gesner, Thier-Buch 1669, Vorrede) und bezogen demzufolge das Einhorn wie selbstverständlich mit ein.

In der zweiten Hälfte des 17. Jahrhunderts wurde die Existenz dieses in der Bibel genannten und demnach von Gott erschaffenen Einhorns durch naturwissenschaftliche Beobachtungen jedoch zunehmend in Frage gestellt. Zweifel wurden – wie oben erläutert – nicht nur laut, weil das Einhorn zwar auf unterschiedlichste Weise beschrieben, aber nie eindeutig nachgewiesen worden war, sondern vor allem, weil sich die Erkenntnis durchsetzte, daß das in den Apotheken verwendete und als Indiz für die tatsächliche Existenz des Einhorns angesehene Horn in Wirklichkeit meistens der Zahn des Narwals war.

Grundsätzlich ausgeschlossen werden mußte die Vorstellung eines irgendwo in entlegenen Weltgegenden lebenden Einhorns nach Verlust dieser vermeintlichen Indizien zwar nicht – selbst Leibniz hat die Existenz lebender Einhörner in abgelegenen Gebieten nicht gänzlich abgelehnt (Leibniz, Protogaea 1749. nach

Steckner 1997, S. 50, Anm. 54). Die verstärkt aufkommenden Zweifel an seiner Existenz bargen aber doch die Möglichkeit in sich, daß zunehmend ein Widerspruch wahrgenommen wurde zwischen den neuen naturwissenschaftlichen Erkenntnissen einerseits und den Vorstellungen, wie sie in der Bibel überliefert und als verbindlich angesehen wurden, andererseits.

Fast zwanglos scheinen die sich entwickelnden Naturwissenschaften jedoch etwa gleichzeitig Argumente für eine modifizierte Sichtweise geliefert zu haben. Aus heutigem Blickwinkel verblüffend, bot sich die aufkommende Beschäftigung mit Fossilien an, den Widerspruch zwischen Naturkunde und Theologie in Sachen Einhorn zu entschärfen.

Nicht zuletzt infolge anatomischer Studien rückten Funde fossiler Knochen, die seit der Antike zu den unterschiedlichsten Spekulationen angeregt hatten, zunehmend ins Blickfeld der Wissenschaft. Die allmählich einsetzende neue Bewertung von Fossilien, die nicht mehr nur als Naturspiel abgetan wurden, führte zunehmend zu »moderneren« Erklärungsversuchen, die die Fossilien mit den Resten ehemals lebender Wesen in Verbindung brachten. Auch dabei ergaben sich jedoch Probleme, da die Knochenfunde nicht ohne weiteres lebenden Tierarten zugewiesen werden konnten.

So wurden Röhrenknochen, aber auch Schädel von Mammuts häufiger, unter anderem von Athanasius Kircher (1664) als Hinweise auf Riesen angesehen (Engesser u.a. 1996, S. 84 ff. Thenius, Vávra 1996, S. 19 f.); vermutlich geht schon die antike Erzählung vom Riesen Polyphem auf fossile Reste von Elefanten zurück. Knochenfunde eiszeitlicher Säugetiere wurden aber gelegentlich auch mit Drachen in Verbindung gebracht und boten so vermeintliche Indizien für die Existenz dieser Fabeltiere (Thenius, Vávra 1996, S. 17 ff.).

Im Rahmen des religiös geprägten Weltbildes der zweiten Hälfte des 17. Jahrhunderts, das von einer göttlichen Schöpfung aller Lebewesen ausging und in dem eine Entwicklung der Arten unvorstellbar war, dürfte ein weiteres Erklärungsmodell für aufgefundene fossile Knochen allerdings besonders plausibel erschienen sein: Ergrabene Tierknochen, die keiner lebenden Art entsprachen, konnten von Tieren stammen, die durch die in der Bibel beschriebene Sintflut umgekommen waren. Da sich allmählich die Auffassung durchsetzte, daß das Einhorn kein tatsächlich in der Gegenwart existierendes Tier sein konnte, lag es für die Wissenschaftler dieser Zeit durchaus nahe, die schwer erklärlichen, im Boden gefundenen Knochen mit dem Einhorn in Verbindung zu bringen – um so mehr, als Mammutzähne bereits im Mittelalter als Raritäten in fürstlichen Schatzkammern aufbewahrt und schon damals neben Narwalzähnen als Hörner des Einhorns angesehen wurden. Auch bei Gesner (Thier-Buch 1669, S. 81) findet sich im Kapitel über das Einhorn die Erwähnung von einem aus einem Fluß in der Schweiz geborgenen nicht gewundenen Horn, und einige seiner Einhorndarstellungen besitzen nicht das gedrehte Horn des Narwals. Mit der Identifizierung des gedrehten Horns als Narwalzahn rückten die ohnehin schon bekannten ergrabenen Hörner stärker in den Vordergrund.

Im Einklang mit der naturwissenschaftlichen Bewertung fossiler Knochen ausgestorbener Tierarten und mit der biblischen Überlieferung von der Sintflut war gegen Ende des 17. Jahrhunderts die Erklärung sehr plausibel, daß das in der Bibel als von Gott geschaffenes Tier aufgeführte Einhorn die Sintflut nicht überlebt hatte, mit anderen Worten also wohl die Arche Noah verpaßt haben mußte.

Als grundlegende Arbeit über das fossile Einhorn gilt die Monographie des Schweinfurter Stadtarztes Johann Lorenz Bausch von 1666 (Abel 1939, S. 142 ff. Steckner 1997, S. 50, Anm. 51). Wie populär diese Ideen damals waren, macht die 1679 erschienene, durch Peter Uffenbach überarbeitete Ausgabe des Kräuterbuches von Adam Lonitzer (Arzt und Naturforscher, 1528–1586) deutlich, in der zum Einhorn unter anderem folgendermaßen zusammengefaßt wird: »dieweil etliche vorgeben / es seyen die in der ersten Welt erschaffene Einhörner in der allgemeinen Sündflut / weil sie nicht mit andern Thieren in die Archa Noe gewolt / ersoffen / und habe man hernach ihre Hörner hin und wider in der Erden gefunden« (Lonitzer 1679, S. 608). Die Vorstellung vom Untergang des Einhorns in der Sintflut wurde auch in zahlreichen Erzählungen und Volkssagen überliefert (Einhorn 1981, S. 1250. Früh 1993, S. 27 ff.).

Durch Johann Jakob Scheuchzer, der zunächst die Theorie der Naturspiele als

Erklärung für Fossilien vertreten hatte, dann aber 1726 das Skelett eines fossilen Riesensalamanders als einen in der Sintflut umgekommenen Menschen deutete, wurde die Sintflutlehre der sogenannten »Diluvianer« noch fester in der damaligen wissenschaftlichen Vorstellung verankert (Thenius, Vávra 1996, S. 15. Zittel 1899, S. 23 ff.).

In diesem Umfeld erscheint die Rekonstruktion eines fossilen Einhorns durch Otto von Guericke keineswegs mehr befremdlich. Guericke gehörte zu denen, die naturwissenschaftliche Erklärungen für derartige Knochenfunde entwickelten und sie nicht einfach als Naturspiel abtaten. Die fossilen Knochen von Mammut und vermutlich auch Fellnashorn, die 1663 beim Gipsabbau in der Nähe von Quedlinburg entdeckt worden waren, brachte Otto von Guericke, dem Geist seiner Zeit folgend, mit dem Einhorn in Verbindung.

Guerickes Leistung besteht vor allem darin, daß er zum ersten Mal – und damit für die damalige Zeit geradezu modern – den Versuch unternahm, aus fossilen Knochen das Skelett eines Tieres zu rekonstruieren, um so eine Vorstellung vom ursprünglichen »anatomischen« Aussehen des »fossilen Einhorns« zu gewinnen.

Leider besitzen wir keine genaueren Informationen darüber, welche Vorstellungen im einzelnen bei Guericke zu der Rekonstruktion geführt haben, welche Position er beispielsweise zur Sintflut-Theorie einnahm und inwieweit er sich ausführlicher mit dieser Problematik auseinandergesetzt hat. Es wäre reizvoll zu wissen, ob Otto von Guericke mit seiner Einhornrekonstruktion lediglich die Auffassungen seiner Zeit zusammenführte und für seine eigene Arbeit zugrunde legte, oder ob er möglicherweise bewußt dazu beitragen wollte, eine Brücke zu schlagen zwischen neuen naturwissenschaftlichen Erkenntnissen und den theologischen Überzeugungen seiner Zeit.

Die Abbildung bei Valentini aus dem Jahr 1714 zeigt in einer zusammenfassenden Übersicht sehr gut das Nebeneinander der verschiedenen Einhorn-Vorstellungen zu Beginn des 18. Jahrhunderts. Neben das als Fabeltier (Unicornu fictivum) bezeichnete pferdeähnliche Tier wird das fossile Einhorn Guerickes, eine Darstellung des Narwals und eine Abbildung des Narwalzahnes als Einhorn der Apotheker gestellt. Damals wurde zwischen dem wahren und dem falschen Einhorn als Grundlage für Arznei unterschieden; als echt galt nun das fossile Einhorn, meistens der Mammutstoßzahn (Abel 1939, S. 145 ff.).

Der entscheidende nächste Schritt der Forschung, die Identifizierung des fossilen, also ergrabenen Einhorns als ausgestorbenen Elefanten, begann erst allmählich gegen Ende des 17. Jahrhunderts.

Wie schwer zu jener Zeit die Durchsetzung fortschrittlicher Auffassungen war, verdeutlicht sehr gut der Bericht über die Entdeckung eines Waldelefanten-Skeletts bei Burgtonna in Thüringen im Jahre 1696: Herzog Friedrich II. berief einen Kongreß ein, um den Sachverhalt klären zu lassen, doch nur der herzogliche Bibliothekar Tentzelius schloß von den fossilen Knochen durch Vergleich »richtig« auf einen Elefanten, der vor der Sintflut gelebt haben mußte; die übrigen Gelehrten griffen jedoch auf das noch durchaus gängige Interpretationsmodell eines Naturspiels zurück (Abel 1939, S. 144. Engesser u.a. 1996, S. 104).

Erste in dieser Zeit in Europa bekannt gewordene Berichte – unter anderem 1692 durch den Holländer Nikolaus Witsen, Bürgermeister von Amsterdam – über Mammutfunde in Sibirien, die man als den Elefanten ähnlich erkannte, wurden allmählich als weitere Erkenntnisquelle auch für Funde fossiler Knochen in Mitteleuropa erschlossen. Es dauerte jedoch noch bis zum Anfang des 19. Jahrhunderts, bis das erste vollständig geborgene Mammutskelett, das 1799 entdeckte Adams-Mammut, der Wissenschaft zugänglich wurde und besser beobachtete, im Eis konservierte Mammutkadaver in Zeichnungen dokumentiert wurden (Engesser u.a. 1996, S. 102 ff. Oekentorp 1994, S. 65). Auf diese Weise hat sich das Mammut als Erklärung für die so oft fehlinterpretierten fossilen Knochen in der mitteleuropäischen Forschung durchgesetzt.

Anmerkungen

1 Auf die Einhorn-Rekonstruktion Otto von Guerickes ist der Verfasser bei der Vorbereitung einer Ausstellung im Zoo Osnabrück anläßlich des Westfälischen Friedensjubiläums 1998 aufmerksam geworden, in der den lebenden Tieren des Zoos und präparierten Tieren des Naturkundemuseums die Darstellung der Tierwelt in den Tierbüchern des 17. Jahrhunderts mit ihren Holzschnitt-Illustrationen und Beschreibungen gegenübergestellt wurden.

Bei dem vorliegenden Beitrag handelt es sich um die leicht gekürzte Fassung eines Aufsatzes des Autors mit dem Titel »Hat das Einhorn die Arche Noah verpasst? Zur Rekonstruktion eines Einhorns durch Otto von Guericke« in der Festschrift zum Guericke-Jahr 2002: Monumenta Guerickiana 9/10, 2002, S. 139–152.

Für Literaturhinweise und Anregungen zur Einhornproblematik danke ich insbesondere Herrn Georg Friebe (Dornbirn, Österreich), Herrn Prof. Dr. Klemens Oekentorp (Geologisch-Paläontologisches Museum der Universität Münster) und Herrn Rainer Filbry (Osnabrück).

2 Ein entsprechender Hinweis findet sich im Bericht von Johann Andreas Wallmann, Bürgermeister der Stadt Quedlinburg, aus dem Jahre 1776; auszugsweise wiedergegeben bei Abel 1939, S. 139 ff.; Oekentorp 1994, S. 63 f.

3 Mündliche Mitteilung von Dr. Ditmar Schneider, Otto-von-Guericke-Gesellschaft e. V., Magdeburg.

4 Nach einer freundlichen Information von Dipl.-Biologe Dirk Meier, Bielefeld.

Weiterführende Literatur

Valentini 1714. – Gesner 1671. – Gesner 1551.

Inge Keil

»Der weitberühmte Johann Wiesel zu Augspurg«

Das optische Handwerk zur Zeit Guerickes

1608 verbreitete sich die Kunde von dem in Holland erfundenen Fernrohr in Europa. Als Galileo Galilei 1610 die vier Jupitermonde und die Phasen der Venus entdeckte und feststellte, daß die Mondoberfläche mit Bergen und Meeren der der Erde glich, war Otto von Guericke noch nicht acht Jahre alt. Wann er zum ersten Mal durch ein Fernrohr schauen durfte, weiß man nicht. Als er 1617 zum Studium an die Artistenfakultät nach Jena ging, hielt dort der Professor für Mathematik Heinrich Hoffmann astronomische Vorlesungen, in denen er besonderen Wert auf die Himmelsbeobachtung mit dem Oktanten legte (Schielicke 1988, S. 10). Fernrohre, mit denen man die himmlischen Phänomene erkennen konnte, waren zu dieser Zeit sehr teure Geräte und schwierig zu bekommen. Auch während seiner Studienjahre in Leiden dürfte sich Guericke mit der Astronomie beschäftigt haben. Besonders fesselte ihn, daß man durch das Fernrohr viel mehr Sterne sehen konnte als mit bloßem Auge, und die Einsicht, daß auch die Milchstraße und mancher verwaschene Nebelfleck aus lauter Sternen besteht. Sein Buch »Experimenta nova …« handelt zum großen Teil von der Astronomie und dem Bau des Weltalls. Immer wieder bezog er die Erkenntnisse, die das Fernrohr geliefert hatte, in seine Überlegungen ein, auch wenn er sich mehr auf die Literatur als auf eigene Beobachtungen stützte. Guericke hing dem Weltbild des Copernicus an, das sich um die Mitte des 17. Jahrhunderts noch nicht endgültig durchgesetzt hatte. Er bezweifelte die Existenz von himmlischen Sphären, glaubte vielmehr, daß die unzähligen Fixsterne beliebig im Raum verteilt wären. Und deshalb, so schrieb er in seinem Buch, »ließ mich der Gedanke an die Riesenmassen der Gestirne und an ihre jedem menschlichen Verstande völlig unzugängliche Entfernung erschauern, insbesondere bannte mich dieser ungeheure, zwischen ihnen sich breitende, ins Grenzenlose erstreckte Raum und entfachte in mir die unauslöschliche Begierde nach seiner Erforschung« (zit. n. Schimank 1968, S. 60).

Mit der Erfindung von Fernrohr und Mikroskop zu Beginn des 17. Jahrhunderts entstand ein ganz neues Handwerk. Aber auch Wissenschaftler versuchten sich im Bau von Fernrohren. Weil geeignete Linsen fehlten, schliffen sie diese manchmal selbst. Das Handwerk entwickelte sich nur langsam. Es fehlten Anleitungen, die auch Handwerker verstanden. Keplers »Dioptrice«, 1611 in Augsburg gedruckt, war lateinisch geschrieben und in der damaligen Zeit so schwer verständlich, daß sogar Galilei meinte, der Autor würde es wohl selbst nicht begreifen (Moureau, Tetel 1984, S. 63).[1] Auch das Buch von Hieronymus Sirturus »Telescopium Sive Ars perficiendi Novum Illud Galilaei Visorum Instrumentum ad Sydera«, das 1618 in Frankfurt am Main erschien und erste Anweisungen zur Herstellung von Linsen und Fernrohren gab, war in lateinischer Sprache verfaßt. Es war aber auch schwierig, geeignetes Glas zum Linsenschleifen zu bekommen. Das in den deutschen Glashütten produzierte Material war meistens grünlich, hatte

IOHANNES WIESELIUS AUGUSTANUS ARTIS OPTICÆ PRACTICUS
Experientissimus. Ætat: 77 A.° 1660.
Was in der Optic-Kunst, der Galilè gewesen,
Was von Fontana rühm und Drebbel wird gelesen
Wie Reüta mit Diuin, Rom, die klein Welt, erhoben
Wieman Septalam pflegt in Mailand hoch zu loben,
Dis kan mit warheits-grund Augspurg vom Wisel sagen,
Schad ists, das diser Mann einmal ins grab wirdt tragen.
Also verehret seinen hochgeehrten Freind, Herrn Wiesel, Theodorus Schaad.

Abb. 1 Der Fernrohrbauer Johann Wiesel, vgl. Kat. 327.

Blasen und fehlerhafte Einschlüsse. Das beste, reine und farblose Glas für optische Zwecke war das sogenannte »Cristallo« aus den venezianischen Glashütten in Murano.

Allmählich entwickelte sich die Erfahrung der Handwerker, und erst in den vierziger Jahren des 17. Jahrhunderts tauchte für diese die Bezeichnung »Opticus« auf. Daraus ist der heutige Name »Optiker« hervorgegangen. Aus der ersten Hälfte des Jahrhunderts kennen wir nur ganz wenige Handwerker mit Namen. Einer, über den wir heute relativ viel wissen, war Johann Wiesel (1583–1662), der 1621 als »Perspektivmacher« in Augsburg eine optische Werkstatt eröffnete. Perspektiv, Perspicillum, Tubus opticus, Telescopium oder Sehrohr nannte man die Fernrohre damals. Wiesel lebte bis zu seinem Tod 1662 in Augsburg (Abb. 1). Er war der erste kommerzielle Optiker in Deutschland, der durch die Herstellung der neuen optischen Instrumente europaweit bekannt wurde und auch Einfluß auf den Bau von Fernrohren und Mikroskopen in anderen Ländern nahm.

Die ersten Handwerker in Europa, die optische Gläser schliffen, waren die Brillenmacher. Sie sind seit dem 13. Jahrhundert in Italien und Spanien bezeugt. Es ist merkwürdig, daß sich in Deutschland nur in zwei süddeutschen Städten ein organisiertes Handwerk der Brillenmacher entwickelte: Aus Nürnberg und Regensburg sind aus dem 16. Jahrhundert Vorschriften über Lehrzeit und Meisterprüfung erhalten. Die Brillen wurden durch fahrende Händler meist auf den Jahrmärkten verkauft. In Augsburg gab es, wenn überhaupt, nur einzelne Brillenmacher. Hier war das Brillenmachen eine sogenannte »Freie Kunst« und daher keinen Handwerksregeln unterworfen. Vielleicht war gerade das die Voraussetzung, daß sich der später so berühmte Optiker Johann Wiesel voll entfalten konnte.

Vergleicht man Magdeburg und Augsburg, so haben beide Städte einiges gemeinsam: Beide waren Bischofssitze und Handelsstädte, in denen die großen Kaufmannsfamilien im Rat saßen. Im 13. Jahrhundert gelang es Augsburg, sich vom Bischof zu lösen und Freie Reichsstadt zu werden, ein Erfolg, der Magdeburg versagt blieb. In beiden Städten schlossen sich die Bürger der Reformation an, allerdings blieben der Bischof von Augsburg und ein Teil des Rates katholisch, und die Bevölkerung mußte unter der Gegenreformation viele Drangsale erdulden. Beide Städte hatten schwer unter dem Dreißigjährigen Krieg zu leiden. Sie gelten als die am schwersten betroffenen Städte in Deutschland. Freilich hat Augsburg nicht einen solchen katastrophalen Brand erlebt wie Magdeburg bei der Einnahme durch Tilly 1631, aber es mußte wiederholt Belagerungen und Hungersnöte, Besetzungen durch Schweden, Kaiserliche und Bayern ertragen. Die Bürger hatten ständig hohe Kontributionen zu leisten. Die Einwohnerzahl, die um 1620 mit etwa 45000 angegeben wird, schmolz aufgrund einiger Pestepidemien und des Kriegsgeschehens fast auf ein Drittel zusammen. Durch die Gegenreformation und ein Einströmen der Landbevölkerung nach dem Krieg wuchs der katholische Bevölkerungsteil im Lauf der Zeit stark an.

Ist es nicht eigentümlich, daß gerade in diesen beiden so hart mitgenommenen Städten noch vor dem Ende des langen Krieges wesentliche wissenschaftlich-technische Entwicklungen gelangen, in Magdeburg auf dem Gebiet des Vakuums durch den Ratsherrn und Bürgermeister Guericke, in Augsburg auf dem optischen Gebiet durch den Handwerker Wiesel?

Johann Wiesel stammte aus Burrweiler, einem kleinen Winzerort bei Landau in der heutigen Rheinpfalz. Als er um 1620 nach Augsburg kam, war dort vom Krieg noch nichts zu spüren. Er arbeitete zuerst als Schreiber, wie aus seinem Hochzeitsbuch hervorgeht. Ein bekannter Augsburger Zeitungsschreiber war bei der Hochzeit im Januar 1621 sein Bürge. Wiesel erwarb durch die Heirat mit einer Handwerkerstochter das Augsburger Bürgerrecht und eröffnete bald darauf seine optische Werkstatt. Die Stadt bot sehr gute Voraussetzungen: lebhafte Handelsbeziehungen in ganz Europa, besonders auch nach Venedig, wo das Kristallglas hergestellt wurde. Stets weilten zahlreiche Reisende in der Stadt, die nicht nur die Sehenswürdigkeiten sondern auch die bekannten Kunsthandwerker besuchten. Augsburg hatte einen guten Ruf als Herstellungsort präziser und schön geformter mathematisch-astronomischer Instrumente, Automaten und Uhren.

Sicher war die Produktion von Brillen jeder Art die Grundlage von Wiesels Geschäft, wobei er bereits eine individuelle Anpassung an den Kunden versuchte. Er baute aber auch die erst kurz zuvor erfundenen Fernrohre. Daneben ist die Herstellung der Camera obscura überliefert – Wiesel nannte sie »Landschaftsspiegel«, weil sie eine Landschaft »hereinziehen« konnte, um sie abzumalen. Damit ist die Camera obscura als perspektivische Hilfe für Künstler bezeugt. Ein »Tubus mit vier Gläsern« bezeichnete ein Polemoskop mit zwei Linsen und zwei Spiegeln, mit dem man über eine Mauer spähen konnte, ohne selbst gesehen zu werden. Die Wörter Spiegel und Glas wurden zu Beginn des 17. Jahrhunderts oft synonym gebraucht. So sprach man zum Beispiel von Augenspiegeln, wenn man Brillen meinte. Auch Vergrößerungsgläser und Flohbüchslein standen auf dem Programm der neuen Werkstatt. Flohbüchslein, Vorläufer des Mikroskops, kleine Dosen mit einem durchsichtigen Boden aus Glas oder Gipskristall, enthielten im Deckel eine Linse. Man setzte in diese Dosen mit Vorliebe die damaligen Plagegeister, die Flöhe, daher der Name. Später fertigte Wiesel sogenannte »zusammengesetzte« Mikroskope aus zwei Linsen und wurde um 1650 vor allem durch das Einfügen einer dritten Linse berühmt. Diese sogenannte »Feldlinse« erweiterte das Gesichtsfeld und machte dadurch das Mikroskop zu einem brauchbaren Instrument. Von einem solchen Mikroskop, das Wiesels Schwiegersohn 1665, drei Jahre nach Wiesels Tod, dem Kurfürsten von Sachsen nach Dresden lieferte, ist eine Fotografie erhalten. Das Instrument selbst ging im letzten Krieg verloren. Wiesel hatte bereits bei den Flohbüchsen den Schraubdeckel zum

Justieren verwendet. Beim zusammengesetzten Mikroskop versah er das unterste Rohr mit einer groben Schraube aus Kartonstreifen, die in das Gewinde des Dreibein-Stativs paßte. Damit konnte man das Instrument viel feiner einstellen als durch das Verschieben der Rohre.

Die ersten Produktionsverzeichnisse, Preislisten und Briefe, die von Wiesel bekannt sind und aus denen wir die genannten Erzeugnisse der Werkstatt kennen, stammen von 1625 und weisen nach Sachsen-Anhalt. Sie finden sich in dem Briefwechsel, den Fürst August zu Anhalt-Plötzkau (1575–1653) mit dem Augsburger Stadtarzt Carolus Widemann (1555–1637) unterhielt. Fürst August war vor allem interessiert an der Alchemie und tauschte über lange Jahre mit dem in süddeutsche Alchemistenkreise eingebundenen Widemann Informationen aus. Er interessierte sich vor allem für die Vergrößerungsgläser, für Brennspiegel, die Wiesel aus Metall herstellte, und für Brenngläser, kaufte aber auch eine Camera obscura und ein Perspektiv.[2]

Wir wissen, daß Wiesel auch andere deutsche Fürstenhöfe beliefert hat. Er arbeitete für alle drei deutschen Kaiser, die zur Zeit von Wiesels Werkstatt regierten. Aber die Nachricht von seinen Instrumenten gelangte auch ins Ausland, nach Dänemark und Schweden, Holland, England, Frankreich, Italien, Danzig und Polen. Früh schon waren Skandinavier unter seinen Kunden. König Gustav II. Adolf von Schweden eroberte 1632 Augsburg und bestellte bei Wiesel etliche Gläser. Er war stark kurzsichtig. Einige Jahre später kam der dänische Gesandte Reichsgraf Pentz durch Augsburg, wurde in Wiesels Werkstatt geführt und kaufte für den dänischen König Christian IV. ein. Die Schiffslaterne, die Wiesel um 1640 lieferte, fand sich erst vor einigen Jahren in Schloß Rosenborg in Kopenhagen. Und die einzigen heute noch vorhandenen Fernrohre von Wiesel, die wir bis jetzt kennen, liegen im schwedischen Schloß Skokloster, das dem damaligen Feldmarschall Carl Gustav Wrangel gehörte. Die Guericke-Gesellschaft hat diese Teleskope als Vorbild für Ihren Nachbau benutzt. Wrangel war nie in Augsburg, nahm aber 1649/50 am Friedensexekutionskongreß in Nürnberg teil, der sich an die Friedensverhandlungen in Münster anschloß. Vielleicht vermittelte der Nürnberger Ratsherr Georg Philipp Harsdörffer (1607–1658), der gute Kontakte zu Wrangel hatte, den Kauf. Er nannte den Optiker »den hochberühmten und kunstreichen Herrn Johann Wiesel, meinen insonders geehrten Freund« (Harsdörffer 1651, S. 203).

Wiesel konnte seine Werkstatt unter manchen Schwierigkeiten durch den langen Krieg führen. Dabei muß man sehen, daß die damals ganz neuen Fernrohre von den Obristen auch in ihren Schlachten benutzt wurden. Herzog Ernst von Sachsen-Weimar, der später als Herzog Ernst I. der Fromme von Sachsen-Gotha in die Geschichte einging, war 1632 im Gefolge des schwedischen Königs nach Augsburg gekommen. Als er von dem Optiker hörte, wollte er unbedingt ein Teleskop kaufen, weil er es »iezt zum recognasciern im feld brauche« (Keil 2000, S. 280). Wie sein Biograph berichtet, soll der Herzog sein Fernrohr im August 1632 bei einem Angriff auf Nürnberg benutzt haben (Beck 1865, S. 76). Er blieb weiterhin Kunde in Augsburg, kaufte in den fünfziger Jahren mehrere Fernrohre und ein Mikroskop.

Daß in den Jahren 1643/44, also noch während des Krieges, der Kapuzinerpater Anton Maria Schirle de Rheita (1604–1659/60) nach Augsburg kam, war sicher ein Glücksfall. Rheita hatte einige Jahre in Ingolstadt studiert und dort vermutlich theoretische Kenntnisse in der Optik erworben. Er besaß aber offensichtlich auch eigene Erfahrung im Fernrohrbau. Er suchte den schon berühmten Optiker Wiesel auf und besprach sich ständig mit ihm, wie es in einem zeitgenössischen Brief heißt: »Wissell, who constantly conversed with that Capuciner« (zit. n. Keil 2000, S. 284 f.).[3] Während sich zum Beispiel in Italien oder in England auch die Wissenschaftler um die Entwicklung der Optik kümmerten und Einfluß auf das Handwerk nahmen, fehlten sie im kriegsgeschüttelten Deutschland fast gänzlich. In den Diskussionen zwischen Rheita und Wiesel, dem Gelehrten und dem Handwerker, muß die Idee eines Erdfernrohrs mit vier konvexen Linsen in die Praxis umgesetzt worden sein. Welchen Anteil man Rheita, welchen man Wiesel zuschreiben kann, ist heute nicht mehr zu entscheiden. Dieses terrestrische oder Erdfernrohr zeigte ein aufrechtes Bild und ein größeres Gesichtsfeld als das holländische Fernrohr.

Der Kapuziner verließ Augsburg im Sommer 1644 und wandte sich nach

Antwerpen, um dort bis 1645 die Herausgabe seines Buches »Oculus Enoch et Eliae« zu betreuen. Das Buch behandelt im ersten Teil das damals bekannte Weltsystem, wobei Rheita Copernicus strikt ablehnte. Der zweite Teil enthält eine Verherrlichung der Mutter Gottes mit einem deutlichen Bekenntnis zur alten Kirche. Dazwischen aber ist ein kleines Kapitel über die praktische Optik eingefügt. In diesem Teil befindet sich eine kurze verschlüsselte Mitteilung über das Erdfernrohr und der Hinweis, daß das Instrument, sofern man es nicht selbst nachbauen könnte, bei dem erfahrenen Optiker Wiesel, wohl dem besten in Europa, in Augsburg zu kaufen sei. Das löste nun allenthalben großes Interesse aus. Mit der Behauptung, Wiesel wäre der beste (kommerzielle) Optiker in Europa, hatte Rheita recht. Der von Rheita ebenfalls erwähnte kaiserliche Opticus Gervasius Mattmüller (1893–1668) in Wien war auch als Ingenieur tätig. In Holland, dem Ursprungsland von Fernrohr und Mikroskop, waren deren Pioniere inzwischen gestorben, und aus den Jahren um 1645 ist kein Name mehr überliefert. In London hatte der Drechsler Richard Reeve (gest. 1666) um 1640 mit dem Linsenschleifen begonnen, konnte aber erst mehr als zehn Jahre später Erfolge vorweisen. Da waren bereits die ersten Wiesel-Instrumente in England eingetroffen, durch die Reeve wesentliche Impulse erhielt. Reeve wurde der erste einer langen Reihe tüchtiger Optiker in England, die vor allem durch die Wissenschaftler der 1660/62 gegründeten Royal Scientific Society Unterstützung erhielten. In Italien arbeitete Ippolito Francini (1593–1653) in Florenz als Hofopticus der Medici. Er war noch von Galilei angeleitet worden. In Neapel lebte Francesco Fontana (1580–1656), der wohl auch für die Jesuiten in Rom produzierte. Beiden war aber keine wesentliche Verbesserung der optischen Geräte gelungen. Dasselbe kann man auch von den wenigen französischen Optikern sagen, deren Namen wir aus dieser Zeit kennen, zumal sie meist auch andere astronomische und mathematische Geräte herstellten. Erst 1646 begann in Rom der Uhrmacher Eustachio Divini (1610–1685) auf optischem Gebiet zu arbeiten, der einige Jahre später durch die Qualität seiner Instrumente europaweit bekannt wurde. Vermutlich lernte er ebenso wie Reeve in Wiesels Geräten das aus mehreren Linsen zusammengesetzte Okular kennen. 1662, im Todesjahr Wiesels, erhielt Divini starke Konkurrenz durch seinen Landsmann Giuseppe Campani (1635– 1715). Dieser wurde vor allem durch die Fernrohre berühmt, die er an die um 1670 erbaute Sternwarte in Paris lieferte. Mit ihrer Hilfe entdeckte der dortige Astronom Jean Dominique Cassini einige Monde des Saturn.

Bei dieser Darstellung blieben die Wissenschaftler, die auch Linsen schliffen, außer Betracht: Galilei soll selbst geschliffen haben, weil ihm die Linsen der Brillenmacher nicht genügten, ebenso der Jesuitenpater Christoph Scheiner, vor allem während seiner Zeit als Mathematikprofessor in Ingolstadt (1610–1616). Johannes Hevelius (1611–1687), der in Danzig die am besten ausgestattete Sternwarte der damaligen Zeit besaß, schliff in den vierziger Jahren wohl noch selbst. Später fehlte ihm die Zeit dazu, wie aus seinen Briefen hervorgeht. Evangelista Torricelli (1608– 1647) soll in den wenigen Jahren, die er vor seinem Tod in Florenz als Hofmathematicus verbrachte, gute Linsen hergestellt haben. Christiaan Huygens (1629–1695) in Den Haag fing um 1654 an, mit seinem Bruder Constantijn Linsen zu schleifen.

1647, ein Jahr vor dem Ende des Dreißigjährigen Krieges, gelangte eine Preisliste Wiesels nach London zu Samuel Hartlib (1600–1662), in der der Optiker die drei damals bekannten Arten von Fernrohren anbot, wenn auch noch nicht unter den heute gebräuchlichen Namen: 1. das Galileische oder Holländische mit je einer Konkav- und Konvexlinse, 2. das heute sogenannte astronomische oder Keplersche, wobei nicht ganz klar ist, ob Wiesel dafür schon mehr als zwei konvexe Linsen verwendete, und 3. das neue Erdfernrohr mit mindestens vier konvexen Linsen. Hartlib, Mittelpunkt eines Kreises von interessierten Laien und Wissenschaftlern, unterhielt eine Art Nachrichtenbüro. Er verschickte lateinische und deutsche Kopien von Wiesels Liste in seinem großen Korrespondentenkreis, zum Beispiel nach Holland, Danzig und Paris.[4]

In den Jahren 1646 und 1648 mußte die Stadt Augsburg nochmals längere Belagerungen und Zeiten mit großem Mangel durchstehen. Jegliche Ein- und Ausfuhr waren unterbunden. Das mag der Grund sein, daß erst 1649 von der Auslieferung eines Erdfernrohrs berichtet wurde, und zwar nach England. Möglich ist aber auch, daß Wiesel noch längere Zeit mit der Verbesserung des Fernrohrs beschäftigt war. Durch stetes Experimentieren gelang es dem Augsburger Optiker, mit Hilfe des aus mehreren Linsen zusammengesetzten Okulars auch die Farbfehler des Linsensystems zu reduzieren. Soviel wir wissen, verkaufte Wiesel in den ersten Jahren nach dem Krieg seine Fernrohre und Mikroskope an interessierte Wissenschaftler wie Giovanni Battista Riccioli in Bologna, Christiaan Huygens in Holland, Johannes Hevelius in Danzig und an die Universität in Paris. Er belieferte Fürstenhöfe in Kopenhagen, Florenz, Rom, Braunschweig, Gotha, Dresden, Mainz, München, Stuttgart und Wien. Ein Kaufmann aus Smyrna nahm ein besonders langes Fernrohr von 32 Fuß (etwa 10 Meter) mit in die Türkei, um es dem Sultan in Konstantinopel zu überbringen (Abb. 2). Wiesel fügte seinen Instrumenten handgeschriebene Gebrauchsanweisungen bei. Die Fernrohre bestanden aus bis zu zwölf Rohren aus Pappe, die man auseinanderziehen konnte, und sie hatten meistens fünf Linsen. Das äußerste Rohr war mit Leder überzogen, die inneren Rohre mit dem damals noch neuartigen Marmorpapier.

Otto von Guericke war inzwischen Bürgermeister von Magdeburg geworden. Von Februar 1653 bis Juli 1654 hielt er sich als Vertreter seiner Stadt beim Reichstag in Regensburg auf. Eine Begegnung Guerickes mit dem Optiker Wiesel wäre 1653 möglich gewesen. Im Mai 1653 zog Kaiser Ferdinand III. zur Wahl seines Sohnes Ferdinand zum deutschen König von Regensburg nach Augsburg und mit ihm kamen die Kurfürsten oder ihre Gesandten. Ob Otto von Guericke darunter war, konnte noch nicht geklärt werden. Der Augsburger Agent des Herzogs von Braunschweig-Lüneburg berichtete seinem Herrn zwei Tage vor der Wahl, es sei von den Fürsten und Gesandten, die nicht zur Wahl gehörten, »noch nicht einer angekommen«.[5] Damals waren Wiesels Instrumente bereits weithin bekannt. In Deutschland gab es keinen vergleichbaren Optiker. Der Kaiser bestellte bei Wiesel einige Instrumente. Er soll den Optiker sogar in seiner Werkstatt aufgesucht haben. Man kann sich gut vorstellen, daß auch der Kurfürst von Mainz, Johann Philipp von Schönborn (1605–1673), die Gelegenheit wahrnahm, den berühmten Optiker kennenzulernen. Spätestens seit 1650 wußte Schönborn durch Rheita von Wiesel, möglicherweise aber auch schon früher. Im September 1653 fuhr Wiesel dann mit einem Floß auf Lech und Donau nach Regensburg, um dem Kaiser seine Geräte abzuliefern.

Im Frühjahr 1654 führte Otto von Guericke dem Kaiser und den Fürsten in Regensburg seine Experimente mit der Luftpumpe vor. Der Kurfürst von Mainz, zugleich Bischof von Würzburg, war davon so beeindruckt, daß er Guericke die Geräte abkaufte und sie nach Würzburg bringen ließ. Zwei Jahre später lieferte der Jesuit Kaspar Schott (1608–1666), der 1655 aus Italien nach Würzburg zurückgekehrt war, den ersten gedruckten Bericht über Guerickes Instrumente und die damit ausgeführten Versuche. Guerickes eigenes Manuskript erschien erst 1672 im Druck. Darin teilte er unter anderem mit, daß ihm Schönborn ein Fernrohr verehrt habe (Guericke 1672, S. 205). Möglicherweise stammte es von Wiesel, denn auch der Kurfürst von Mainz kaufte beim Augsburger Optiker. Es fand sich dafür allerdings bis jetzt erst ein Beleg aus dem Jahr 1656 mit der Bitte Wiesels an den Kurfürsten, ein Binoculum, das heißt ein zweiäugiges Fernrohr, zu bezahlen, das er mindestens zwei Jahre zuvor geliefert hatte.[6]

Johann Wiesel befaßte sich in seinen letzten Lebensjahren vorwiegend mit dem Mikroskop und berichtete fasziniert über die Wunder, die man damit entdecken konnte. Im Dezember 1660, ein gutes Jahr vor Wiesels Tod, ließ der Ulmer Ratsherr Theodorus Schad ein Porträt des Optikers drucken. Er trägt eine Kette mit einem Medaillon, wie sie ihm vom bayerischen Kurfürsten geschenkt worden war. Im Arm hält er sein Fernrohr. Hier zeigt sich eine Besonderheit, die nur Fernrohre aufweisen, die zu Beginn und um die Mitte des 17. Jahrhunderts entstanden sind, und die auch an den Skokloster-Fernrohren zu sehen ist: Alle Pufferringe der einzelnen Rohre haben denselben Durchmesser (Abb. 1). Eine weitere Besonderheit der Fernrohre nach Rheita und Wiesel war der Einblick im dicken Rohr. Vor allem in England wurde diese Bauweise noch bis ins 18. Jahrhundert nachgeahmt.

Wiesel war inzwischen auch in seiner Stadt zu Ansehen und Ehren gekommen. Sie hatte ja auch an seiner Arbeit partizipiert. Wiesel signierte seine Instrumente mit »J.W.A.O.«: »Johann Wiesel Augustanus Opticus« und unterzeichnete ebenso seine Briefe. Durch seine zweite Heirat 1645 erlangte er die Mitgliedschaft in der Kaufleutestube, der Großkaufleute und Gelehrte wie Theologen, Ärzte und Magister angehörten. Nachdem der Westfälische Frieden der Stadt Augsburg die Parität zwischen Protestanten und Katholiken gesichert hatte, fand 1649 die erste Ratswahl nach dem Krieg statt. Die Kaufleute entsandten Wiesel in den großen Rat der Stadt. Dem Handwerker war ein bemerkenswerter sozialer Aufstieg gelungen.

Als Johann Wiesel im März 1662 starb, führte sein Schwiegersohn Daniel Depiere das Geschäft noch zwanzig Jahre bis zu seinem Tod weiter. Er hat uns einen der ersten gedruckten Kataloge eines Instrumentenmachers hinterlassen, der 1674 in lateinischer und deutscher Sprache erschien: »Verzeichnuß aller Instrumenten und Optischen Kunstwercken / so wohl Bekandten als Ungemein / welche umb billichen Preiß zu kauffen seyn bey Daniel Depiere / gebürtig von Danzig / Burgern und Opticum in Augspurg.« Er ist heute der älteste bekannte gedruckte Katalog eines Optikers. Viele der dort aufgeführten Instrumente waren bereits zu Wiesels Zeiten im Angebot. Doch langsam verblaßte der Ruhm. Die führende Rolle im optischen Handwerk in Europa war an die englischen und italienischen Optiker übergegangen.

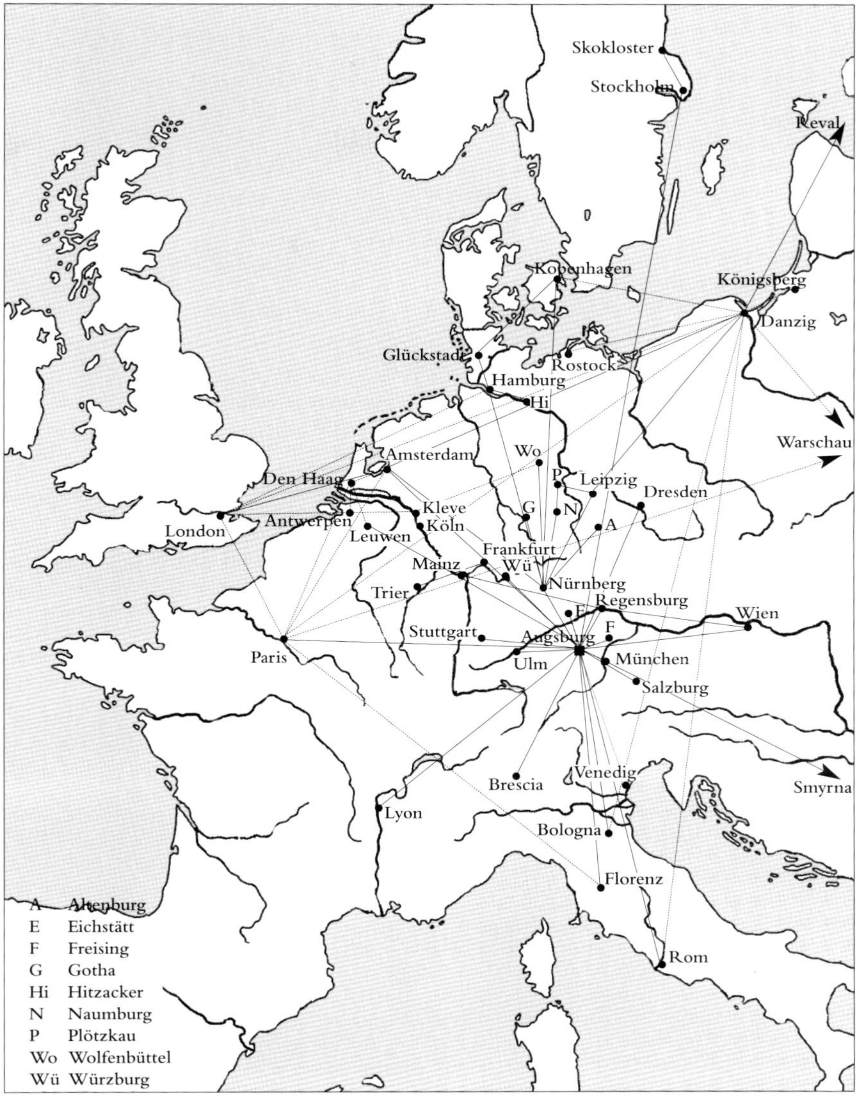

Abb. 2 Vertriebswege von Wiesels Instrumenten. Die gestrichelten Linien bezeichnen die Wege, auf denen Informationen von und über Wiesel in Europa verbreitet wurden.

Anmerkungen

1 Jean Tarde besuchte 1614 Galilei. Dieser wies ihn auf Keplers Dioptrik hin: »Si ce n'est que Joannes Keplerus, mathématicien de l'Empereur, qui en a fait un livre exprès mais so obscur qu'il semble que l'auteur même ne s'est pas entendu.«

2 Niedersächsische Landesbibliothek Hannover, Ms IV 341, S. 850–864. Siehe Keil 2000, S. 423–428: Wiesels Preislisten; S. 447–456: Transkription der betreffenden Briefe zwischen August Fürst zu Anhalt, Dr. Widemann und Wiesel.

3 British Library London, Ms. Add. 4278, fol. 192 r–193 r. Schreiber unbekannt, 20. 11. 1644.

4 Eine lateinische Version ist in der British Library in London verwahrt, eine deutsche Kopie findet sich unter den Briefen Hartlibs an Johannes Hevelius, heute in der Bibliothek des Observatoriums in Paris; vgl. Keil 2000, S. 292 u. 427.

5 Herzog August Bibliothek Wolfenbüttel, Cod. Guelf. 99 Novi, fol. 123 r: Hans Martin Hirt an Herzog August den Jüngeren von Braunschweig-Lüneburg, 29. 5. 1653.

6 Staats- und Stadtbibliothek Augsburg, Nachlaß von J. C. Beuther: Wiesel an den Kurfürsten von Mainz, 12. 7. 1656.

Weiterführende Literatur

Keil 1999. – Keil 1995. – Willach 1995. – Zorn 1994. – Löber 1994. – Simpson 1992. – Roeck 1991. – Riekher 1990. – Gloede 1986. – Simpson 1985. – Kuisle 1985. – Losman 1980. – van Helden 1977. – Bobinger 1969. – Bobinger 1966. – Schott 1656. – de Rheita 1645.

Ulrich Patze

Guerickes Uhr

Ein besonderes Instrument zur genauen Zeitmessung

Die Geschichtsbücher erinnern an den Diplomaten, Ratsherrn, Bürgermeister, Kämmerer, Ingenieur, Festungsherrn und Gelehrten Otto von Guericke (1602–1686). Bis heute ist Guericke bekannt als Erfinder der Luftpumpe und Begründer der Vakuumtechnik, der auch die erste Elektrisiermaschine (Schwefelkugel) gebaut hat. Als Astronom und Naturphilosoph steht Guericke in einer Reihe mit seinen europäischen Zeitgenossen Galilei, Torricelli, Boyle und Huygens.

Im 17. Jahrhundert beginnt mit ihnen und anderen bekannten Forschern ein neues Zeitalter. In der Physik, der Chemie, der Medizin und in der Astronomie wurden bahnbrechende Erfindungen gemacht. Die bedeutendsten waren das Teleskop und das Mikroskop in der Optik, die Pendeluhr in Folge der experimentellen Bestätigung des Fallgesetzes sowie die Luftpumpe, um im Experiment die Existenz des Vakuums zu beweisen.

Das Experiment gewinnt in der wissenschaftlichen Revolution eine grundsätzliche Bedeutung. Galileo Galilei (1564–1642) sah im mathematisch geplanten Experiment eine Frage an das große Buch der Natur (Koyré 1998, S. 152). Guericke nahm diesen Gedanken auf und wurde Deutschlands erster Experimentalphysiker – ein deutscher Galilei! Die Durchführung seiner Experimente erforderte Apparate und Instrumente zur präzisen Aufzeichnung. Seinem Erfindungsreichtum, den vielen persönlichen Verbindungen auch über die Landesgrenzen hinaus und nicht zuletzt seinem feinmechanischen Geschick war es zu verdanken, daß er die nötigen Instrumente erhielt. Am bekanntesten sind die »Magdeburger Halbkugeln«, seine Luftpumpe oder das Barometer mit dem Wettermännchen.

Als Otto von Guericke 1686 in Hamburg starb, hatten einige Versuchsapparate bereits neue Besitzer. Eine alte Wanduhr fand besonderes öffentliches Interesse, als der Nachlaß im 18. Jahrhundert aufgelöst wurde. Von ihr wurde behauptet, daß sie Otto von Guericke selbst angefertigt hätte. Ob der Magdeburger Rat die Guericke-Uhr direkt übernahm oder ob er das Stück auf der Auktion erwarb, ist nicht überliefert. Auf jeden Fall hat die Stadtobrigkeit die Uhr ins Rathaus bringen lassen. Seitdem überstand sie alle Wechselfälle der Geschichte und wird heute als Museumsstück präsentiert.

Die Guericke-Uhr ist ein sehr frühes und sehr seltenes Beispiel einer Wanduhr, die konstruiert ist als eine durch einen Pendel regulierte, mit huygenschem Gewichtsaufzug versehene astronomische Beobachtungsuhr (Abb. 1). Das Zeitmeßgerät garantiert jene Genauigkeit, die für präzise Beobachtungen wissenschaftlicher Versuche unbedingt erforderlich ist.

In Deutschland gab es nach dem verheerenden Dreißigjährigen Krieg keinen Instrumentenbauer oder Uhrmacher mit Kenntnis über holländische Pendeluhren, den Guericke mit dem Bau einer solchen Uhr hätte beauftragen können. Es blieb nur die Selbsthilfe, und heute können wir Otto von Guericke auch als Instrumentenbauer und

Abb. 1 Guerickes Wanduhr, vgl. Kat. 339.

Uhrmacher bezeichnen. Guerickes Urenkel berichtete, daß sein Vorfahre weitere Instrumente angefertigt hat: Er erwähnt ein Astrolabium, eine Bussole (Richtungsinstrument) und ein Schreibzeug, auf dem sich ein von einem Uhrwerk angetriebener Himmelsglobus befand (Kauffeldt 1980, S. 16).

Um die Bedeutung der Guericke-Uhr, die bereits über eine Sekundenanzeige verfügt, zu erkennen, schauen wir zunächst auf das 16. Jahrhundert.

In Deutschland entstand 1560 mit hohem finanziellen Aufwand die erste neuzeitliche Sternwarte Europas. Landgraf Wilhelm IV. von Hessen (1532–1592), selbst ein ausgezeichneter Astronom, richtete dieses Observatorium in seinem Stadtschloß in Kassel ein (Mackensen 1988). Mit seinem Hofuhrmacher Eberhard Baldewein (um 1525–1593), dem 1578 Jost Bürgi (1552–1632) folgte, nahm er entscheidenden Einfluß auf die Entwicklung der Präzisionszeitmesser. Kaiser Rudolf II. (1552–1612), ein Neffe des Landgrafen, erkannte ebenfalls die Bedeutung der Planetenbeobachtungen und errichtete auf der Prager Burg ein Observatorium. Hierher berief er 1599 den dänischen Astronomen Tycho Brahe (1546–1601) und ein Jahr später Johannes Kepler (1571–1630) zu kaiserlichen Mathematikern, die die moderne Astronomie begründeten. Fußend auf Brahes ausgeprägtem Sinn für Präzision, kam es zu einer erfolgreichen Zusammenarbeit der Gelehrten am grundlegenden Werk der Himmelsphysik. Die Instrumente fertigte Jost Bürgi, der beste Uhrmacher seiner Zeit. Dessen Uhren sind Präzisionsgetriebe mit einer neuartigen Kreuzschlaghemmung. Sie haben bereits eine Sekundenanzeige, eine Notwendigkeit für die sich herausbildende messende und rechnende Wissenschaft. Das Meßinstrument Uhr wurde durch Bürgi zur astronomischen Beobachtungsuhr – zum Chronometer.

Die Uhren im bürgerlichen Gebrauch hatten meist bis in das zweite Drittel des 17. Jahrhunderts nur einen Zeiger. Zwischen den Stundenmarkierungen befanden sich vier Teilstriche für die Viertelstunden als kleinste ablesbare Zeiteinheit. Erst durch die Erfindung der Pendeluhr 1657 verbreitete sich der heute bekannte Minutenzeiger.

Die Entwicklung der Pendeluhr offenbarte die Notlage, in der sich die moderne Naturwissenschaft anfangs befand. Diese neuen Wissenschaften formulierten mathematische Gesetze und benutzten das Experiment, um ihre Gültigkeit zu beweisen. Galileis Behauptung, daß »die Bewegung dem Gesetz der Zahl unterworfen ist«, umschreibt das Fallgesetz, das erste mathematische Gesetz überhaupt und Fundament der modernen Physik (Westphal 1963). Diese Konstante der Fallbeschleunigung zu finden, beschäftigte schon bald die führenden Wissenschaftler in Holland und Frankreich. Eine ausreichend genaue Zeitmessung bereitete die meisten Schwierigkeiten. Dagegen sei der Raum leicht zu messen, wie Galilei betonte. Seine ersten Fallversuche zeigten die Armseligkeit der Instrumente. Während des Kugellaufs auf der schiefen Ebene ließ Galilei durch ein feines Rohr Wasser in ein Gefäß laufen. Anschließend wurde das Meßgefäß gewogen und die Massedifferenzen ausgewertet. Mit dieser ungenauen Methode der Zeitmessung konnte er trotz vieler Wiederholungen kein brauchbares Ergebnis erzielen. In seinem Hauptwerk »Discorsi e dimostrazioni …«, das 1638 in Leiden erschien, sah er sich nicht in der Lage, einen konkreten Wert für die Fallbeschleunigung anzugeben (Koyré 1998, S. 157).

Die gleichmäßige Planetenbewegung war die beste Uhr, aber für die Kurzzeitmessung nicht zu gebrauchen. Aus seinen Fallstudien erkannte Galilei, daß die Pendelbewegung eine Zeitmessung ermöglichte. Die Schwingungsdauer sei weder vom Gewicht des Perpendikels noch von der Schwingungsweite abhängig, sondern sie werde einzig und allein von der Länge des Pendels bestimmt, lautete Galileis Feststellung. Er erkannte auch, daß die Isochronie eines Pendels, das im Kreisbogen schwingt, nur im Bereich des Nulldurchgangs zutraf. Aber erst der Holländer Christiaan Huygens (1629–1695) konnte dies wissenschaftlich beweisen.

Mit dem Pendel sollte also vor allem die Konstante der Fallbeschleunigung gefunden werden. Das Pendel wurde bereits in der Medizin zur Messung der Pulsfrequenz und in der Astronomie zur Protokollierung von Finsternissen eingesetzt.

In Frankreich setzte der Jesuitenpater Marin Mersenne (1588–1648) mit großem Einsatz Galileis Versuche fort und stellte sie 1644 in der »Cogitata Physico-Mathematica« zur Diskussion. Etwa zur gleichen Zeit leitete in Italien Pater Giambattista Riccioli (1598–1671) eine Gruppe von gelehrten Jesuiten an, um ebenfalls die Konstante der Fallbeschleunigung zu finden. Riccioli erkannte die Bedeutung der Eigenschwingung des Pendels und setzte es als Instrument der Zeitmessung ein. Tagelang zählte er mit seinen Gefährten die Schwingungen, um ein Sekundenpendel herzustellen. Bei dem Auszählen von 86400 Pendelschwingungen im Zeitraum eines Sonnentages kam es immer wieder zu Fehlern, so daß Riccioli im Mai 1642 einen mechanischen Zähler konstruierte. Dieses Räderwerk hatte weder Zeiger noch Zifferblatt und keinen eigenen Antrieb. Auch Galilei, im Alter erblindet, diktierte seinem Sohn Vincenzo, wie ein Zeitzähler zu konstruieren sei. Aufgrund dieser Darstellung wurde Galilei später noch vor Huygens als Erfinder der Pendeluhr bezeichnet – eine Behauptung, gegen die jener gerichtlich vorging. Vorteilhaft war Galileis neuartige Hemmung gegenüber der gebräuchlichen Spindelhemmung, an der Huygens bei seiner Pendeluhr festhielt.

Christiaan Huygens ist Hollands berühmtester Vertreter der neuen Wissenschaften. 1645 begann er im nur 16 Kilometer von seiner Vaterstadt Den Haag entfernten Leiden Mathematik zu studieren, an jener Universität, an der 22 Jahre zuvor Otto von Guericke das Grundwissen für seine erfolgreichen naturwissenschaftlichen Forschungen erworben hat. Als 17jähriger stand Huygens bereits mit Pater Mersenne im engen Briefwechsel. Er kannte dessen Pendelversuche, mit deren Hilfe er die »Zahl des Falls« finden wollte, was ohne exakte Zeitmessung nicht möglich war. Durch seine Tätigkeit am astronomischen Observatorium Leiden war Huygens selbst an einer sekundengenauen Zeitmessung interessiert (Plomp 1979). Diese Anforderung konnten nur Uhren erfüllen, die durch einen Pendel reguliert wurden. Das genaue Datum der ersten Konstruktion einer Pendeluhr, der 25. Dezember 1656, ist aus einem Brief Huygens an den Astronomen Ismael Boulliau (1605–1694) bekannt. Im April 1657 reiste Boulliau von Paris nach Den Haag und sah als erster französischer Wissenschaftler die Uhr mit einem freischwingenden Pendel. Huygens Erfindung verbreitete sich schnell auch durch den Haager Uhrmacher Salomon Coster (gest. 1659), der die Erfindung für sich nutzte. Coster lieferte vermutlich die erste Pendeluhr nach Italien an den Herzog der Toskana, Ferdinand II. de Medici (1610–1670). Dessen Freund Boulliau zeigte sich später erstaunt, daß der Herzog bereits eine Uhr mit Pendel besaß und eine zweite von seinem Hofuhrmacher Johann Philipp Treffler (1625–1698) aus Augsburg nachbauen ließ. Treffler hatte Deutschland wegen der Kriegswirren verlassen, war nach Florenz gezogen und wurde auch später nicht wieder in die Zunft der Augsburger Uhrmacher aufgenommen. In Augsburg blieb die Erfindung Christiaan Huygens gänzlich unbekannt, wie die erfolglose Bemühung des Herzogs August des Jüngeren von Braunschweig-Lüneburg im April 1660 zeigte. Herzog August bestellte eine Uhr, »die anstatt

Abb. 2 Uhrmacherwerkstatt im 16. Jahrhundert.

einer Unruhe einen Perpendikel haben soll, wie sie in Holland gemacht werden.« (Himmelein 1979, S. 164 f.). Es ist jedoch anzunehmen, daß sich der Landesfürst mit seinen ausgeprägten Neigungen zur Mathematik und Astronomie mit dem ablehnenden Bescheid aus Augsburg nicht zufrieden gab.

Huygens ließ auf Anraten seiner Freunde im September 1658 eine kleine Abhandlung unter dem Titel »Horologium« drucken, um Patentmißbrauch zu verhindern. Er veröffentlichte aber nicht die Beschreibung einer gewöhnlichen Uhr, wie sie mit Federantrieb und koaxialen Minuten- und Stundenzeiger seit 1657 durch seinen Haager Uhrmacher gefertigt wurde, sondern die eines Chronometers. Das Chronometer ist ein Zeitmesser zur genauen Erfassung physikalischer Abläufe. Es war gekennzeichnet durch einen neuartigen Gewichtsantrieb und einen möglichst isochron schwingenden Pendel. Zur Anzeige kleiner Zeitschritte verfügte es über einen Sekundenzeiger. Von Galilei wußte Huygens, daß das Pendel nur isochron auf einem kleinen Kreisbogen (Tangente) im Nulldurchgang schwingt. Er wendete die bekannte Spindelhemmung an mit dem Nachteil, daß diese einen großen Schwingungsbogen erzeugte und halbierte deshalb die Schwingungsweite mit Hilfe der Räder O und P. Huygens merkte dazu an, daß »wenn alle Schwingungen kurz gehalten werden oder auch wenn sie gar in der Länge variieren, mal kürzer und mal länger, die einzelnen Zeiten keine merkliche Differenz aufweisen.« (Huygens 1970, S. 13) Es mußte aber abweichend von der Kreisbahn auch eine andere, zeitgleiche Bahn geben. Huygens erste Pendeluhr hatte schon zwei Kurvenbleche, die das an einem Seidenfaden aufgehängte Pendel zwingen sollte, auf einer Zykloide zu schwingen. Solche Kurvenform konnte man zu dieser Zeit noch nicht mathematisch berechnen, sondern nur empirisch ermitteln (Koyré 1998, S. 183, Anm. 66). Wissenschaftlich begründete Huygens erst 1659 die Isochronie des Zykloiden, daher konnte er sie im »Horologium« noch nicht darstellen. Die früheste Erwähnung seiner Kurvenbleche skizzierte Huygens in einem Brief vom 1. November 1658 an Pierre Petit (1598–1677) in Paris. Durch die Fadenaufhängung konnte sich das Pendel an die Zykloidenbakken anlegen und isochron schwingen.

Damit die Impulse immer gleich stark und kontinuierlich auf das Pendel einwirkten, hatte der geniale Erfinder einen besonderen Gewichtsaufzug erdacht. War eine Uhr mit herkömmlichem Gewichtsaufzug abgelaufen, wurde das Gewicht mit einer Kurbel wieder hochgezogen. Während dieser Zeit war der Antrieb unterbrochen, so daß die Uhr nicht nur stehenblieb, sondern das Räderwerk sich auch zurückbewegte. Christiaan Huygens verwendete dagegen das Prinzip des Flaschenzuges. Er legte eine Endlosschnur zum Antrieb der Räder über die Walze F und, um das Antriebsgewicht Δ zu halten, über ein Sperrad Ω. Dem Lauf der Zeit folgend, konnte über eine Seilrolle das Gewicht langsam absinken. Ein kleines Gegengewicht Z, ebenfalls an einer Seilrolle hängend, hielt den »Huygenschen Endlosaufzug« straff. Ohne den Kraftfluß zu unterbrechen, wurde die Uhr durch Ziehen am Seil Π aufgezogen. Die Laufzeit war auf einen Tag bemessen. Das erste Zahnrad, das Walzenrad E, drehte sich in einer Stunde einmal links herum und trug einen kleinen Minutenzeiger Ψ. Das Zifferblatt war dezentral über der Ziffer VI angebracht. Zwölfmal schneller drehte sich das nächste Rad mit dem Trieb G. Auf dieser Welle steckte der zentrale große Sekundenzeiger Σ. Ein Umlauf erfolgte in fünf Minuten. Koaxial unter dem Sekundenzeiger war der Stundenzeiger angeordnet. Die Untersetzung 1 : 12 erfolgte durch die Räder V und X außerhalb des Werkgestells. Die Pendellänge gab Huygens mit $^5/_6$ Rheinischen Fuß (nach Alberti 1957, S. 231: 26,15 cm) an. Es handelte sich also um ein Halbsekundenpendel.

Ob diese Uhr in jener Zeit wirklich gebaut wurde, wissen wir nicht. Jedenfalls ist kein Exemplar überliefert. Anläßlich des 300. Todestages von Christiaan Huygens hat man jedoch 1995 die Uhr nach dem »Horologium« rekonstruiert und die Ganggenauigkeit geprüft (Heinicke 1998, S. 72). Nach mehrmonatiger Laufzeit betrug der Fehler ein bis drei Sekunden pro Tag – ein Ergebnis, welches sich noch heute im Bereich mechanischer Uhren sehen lassen kann.

Huygens hat mit seiner Pendeluhr ein Zeitmeßgerät schaffen wollen, das eine zuverlässige Messung der Fallbeschleunigung ermöglichte. Das kurze, nur 6,18 Zoll (nach Alberti 1957, S. 231: 16,16 cm) lange Pendel dieser Uhr schwingt mit

4464 Doppelschwingungen in der Stunde, das heißt eine Halbschwingung dauert etwa 0,4 Sekunden.

Huygens hat daraus die Fallbeschleunigung g mit 31,25 Fuß je Quadratsekunde berechnen können. Dieser Wert entspricht dem heute angenäherten Wert von 9,81 m/s².

Aus der Einrichtung des Hauses von Otto von Guericke ist eine fast identisch gebaute Uhr erhalten geblieben. Abweichend sind die horizontale Anordnung der Spindelhemmung sowie einige veränderte Zahnzahlen des Räderwerks. Auch bei dieser Uhr kommt ein kurzes, nur 14 Zentimeter langes Pendel zur Anwendung, das in einer Stunde 4787 Doppelschwingungen macht. Eine Halbschwingung beträgt demnach 0,376 Sekunden, ist also etwas schneller als die Uhr, mit der Huygens die Konstante der Fallbeschleunigung fand.

Otto von Guericke benötigte seine Pendeluhr mit Endlosaufzug offensichtlich für seine experimentellen Forschungen.

Für den Bau seiner Geräte und Apparaturen wendete Guericke erhebliche Mittel auf. Als Ingenieur hatte er ausgezeichnete Verbindungen zum metallverarbeitenden Handwerk der Stadt Magdeburg. Auch Nürnberg, eine Hochburg der Feinschlosser und Uhrmacher, war ihm von seinen diplomatischen Missionen gut bekannt. Wie der im benachbarten Braunschweig regierende Herzog August der Jüngere (1579–1666) im Jahre 1660, so hatte sich wohl auch Guericke um eine huygensche Pendeluhr bemüht. Dem Magdeburger Bürgermeister Otto von Guericke standen jedoch keine »Kunstagenten« zur Verfügung, und er verfügte auch nicht über die finanziellen Mittel eines Landesfürsten. So wird die wahrscheinlich auf seinen Urenkel zurückgehende Überlieferung glaubhaft, daß Guericke diese Uhr selbst gefertigt hat. Daß er über entsprechende Kenntnisse und Fähigkeiten verfügte, belegen die von Guericke durchgeführte Reparatur einer Taschenuhr (Gasser 1884) sowie die Anfertigung verschiedener mechanischer Instrumente. In seiner umfangreichen Bibliothek dürften weder das »Horologium« noch die Bücher Kaspar Schotts gefehlt haben. In seinem 1664 erschienenen Werk »Technica curiosa« widmete Schott der Zeitmessung über einhundert Seiten mit vielen Abbildungen. Darunter ist auch die Darstellung einer Pendeluhr mit horizontaler Hemmung zu finden, die Guericke ebenfalls kannte.

Bei der Guericke-Uhr führt der Kraftfluß vom Antriebsgewicht bis zur Hemmung über drei Räder, die zwischen zwei Messingplatinen laufen, welche mit ihren quadratischen Pfeilern verstiftet das Werkgestell bilden. Dieser Aufbau des Werkgestells ist mit dem der ersten holländischen Pendeluhr identisch, die Salomon Coster 1657 gebaut hat. Zwar besitzt die federgetriebene Uhr von Coster anstelle des Walzenrades ein Federhaus, aber sie hat schon die horizontale Spindelhemmung. Die Halbierung der Schwingungsweite durch eine Untersetzung, wie Huygens sie im »Horologium« vorgeschlagen hatte, ist mit zusätzlicher Reibung verbunden. Dagegen ist die Konstruktion mit horizontaler Spindel und Zykloidenbacken vorteilhafter. Die Drehung der Hemmung in die Horizontale erforderte ein Kronrad. Auf der verlängerten Achse steckte der große Sekundenzeiger.

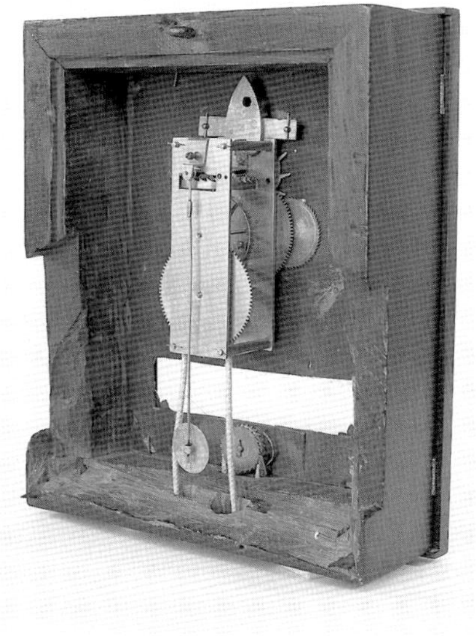

Abb. 3 Blick in das Werk der Guericke-Uhr.

Die Tabelle (Abb. 4) zeigt im Vergleich die Zahnzahlen der Guericke-Uhr und die der huygenschen Konstruktion. Die Guericke-Uhr hat ein größeres Zahnverhältnis vom Walzenrad zum Kronrad, so daß der Sekundenzeiger in vier Minuten einen Umlauf macht. Das ergibt eine größere Auflösung, das Viertel zu 60 Sekunden harmonisiert besser mit dem Zwölf-Stunden-Kreis und astronomisch entspricht eine Zeigerumdrehung einem Grad der Erdrotation. Die Minutenanzeige befindet sich auf einem separaten Zifferblatt zwischen dem Zentrum und der Ziffer VI. Wie bei den Einzei-

Räderwerk		Huygens Zähne	Huygens Verh.	Guericke Zähne	Guericke Verh.	Anzeige
L	Spindelrad	25		29		(Hemmung)
K	Trieb	6	1:12	6	1:11	
H	Sekundenrad	72		66		Sekunden-zeiger Σ
G	Trieb	6	1:12	6	1:15	
E	Walzenrad	72		90		Minuten-zeiger Ψ
V	Trieb	6	1:12	8	1:12	
X	Stundenrad	72		96		Stunden-zeiger Δ

Abb. 4 Getriebevergleich der Guericke-Uhr mit der huygenschen Konstruktion 1658.

geruhren sind die Viertelstunden besonders gekennzeichnet. Das Zifferblatt der Guericke-Uhr läßt sich problemlos auf die Konstruktionszeichnung im »Horologium« projizieren (Abb. 5).

Die Guericke-Uhr hat feuervergoldete Ziffernringe, die auf einem mit schwarzgrünem Samt bespannten Grundzifferblatt aufgenietet sind – eine Ausführung, die von den holländischen Uhren bekannt ist. Auf der Rückseite dienen drei aufgenietete Pfeiler zur Werkbefestigung. Eine Untersuchung ergab, daß die beiden oberen Befestigungslöcher in der Werkplatine nie verstiftet waren. Für Guericke sind diese auch nutzlos gewesen, da er sich für die Unterbringung eines Kalendariums entschieden hatte. Wegen der drei Kalenderblätter mußte er die Werkbefestigung nach oben verlagern und nietete einen zusätzlichen Querträger aus Messing an die Werkplatine. Das läßt darauf schließen, daß ihm ein neues Werk zur Verfügung gestanden hat. Er kann es auch selbst gefertigt haben, um es später mit einem Kalender aufzubessern. Oder hatte er sich ein Rohwerk aus Nürnberg mitgebracht? Die Konstruktion der sich kreuzenden Wellen von Kron- und Hemmungsrad deutet auf eine deutsche Fertigung. Das Kalendarium besteht aus drei vergoldeten Kupferscheiben. Sie zeigen die Monatstage, die Wochentage mit den astronomischen Tagesregenten und das Mondalter mit den Mondphasen.

Otto von Guericke verwendete einen Wochentagskalender, der ebenfalls auf eine Nürnberger Herkunft deutet. Die Tagesnamen sind auf Deutsch genannt, und die Darstellung der Regenten entspricht dem alten Nürnberger Kalender von 1515, wie er auf einem Holzschnitt von Erhard Schön überliefert ist (Brockhaus 1928). Die Anordnung der Scheiben auf dem Zifferblatt ist jedoch mißglückt. Die Räder des Kalendariums können leicht blockieren und die ganze Uhr zum Stillstand bringen. Unter der Ziffer X befindet sich das Fenster für die Monatstage, unter der Ziffer II das für die Mondphasen. Beide Räder haben 60 Zähne und werden in 24 Stunden von einem Stift auf dem Stundenrad in zwei Etappen weitergeschaltet. Das Kalenderrad für die im Fenster unter der Ziffer XII angezeigten Wochentage hat 14 Zähne, es wird also in zwölf Stunden ebenfalls nur zu einer Hälfte weitergestellt.

Feingetriebenes, vergoldetes Blattwerk in den Ecken verleiht der Uhr eine besondere Eleganz. Ihre Abmessung von 23 Zentimeter Breite und 28 Zentimeter Höhe entspricht der Größe der ersten holländischen Pendeluhren. Unterhalb der Ziffer VI befand sich eine Plakette, wahrscheinlich mit der Signatur Otto von Guerickes. Diese Plakette deckte eine kleine Öffnung ab, ging dann aber verloren, als diese recht derb vergrößert wurde. Durch die große Öffnung läßt sich das Pendel für Kurzzeitmessungen leicht anhalten und wieder anstoßen. Die Herstellung des Chronometers könnte in den Jahren 1660 bis 1662 in Magdeburg erfolgt sein. Guericke hat das Meßgerät bis etwa 1680 verwendet. Im Juni 1681 verließ er Magdeburg, um zu seinem Sohn nach Hamburg zu ziehen. Hier starb Otto von Guericke im Alter von fast 84 Jahren am 11. Mai 1686.

Guerickes Uhr geriet in Vergessenheit – vielleicht auch, weil die ungewöhnliche Zeigerstellung das Ablesen der Zeit erschwerte und das Werk mit den Kalenderscheiben reparaturanfällig war. In sehr schlechtem Zustand gelangte das Erinnerungsstück achtzig Jahre später in das Magdeburger Rathaus. Erst Oberbürgermeister August Wilhelm Francke (1785–1851), der die Grundlagen für Magdeburgs erfolgreichen Aufbruch in das Industriezeitalter legte, erinnerte sich der Uhr aus dem Nachlaß Guerickes und sorgte für die Würdigung seines großen Amtsvorgängers. Er bemühte sich 1828 persönlich um die Herrichtung der stark in Mitleidenschaft gezogenen Uhr, wie die von Francke geführte Handakte »Die von dem vormaligen Bürgermeister Otto v. Guericke verfertigte Uhr« belegt, die glücklicherweise bis heute im Stadtarchiv erhalten ist (Stadtarchiv Magdeburg, A II U15). Demnach wurde am 25. Januar 1829 dem Hofuhrmacher E. Moellinger aus Berlin die Uhr mitgegeben, der »aus Achtung für den Anfertiger sowohl als für das Altertum, dieselbe wieder Instand (zu) setzen« möchte. Francke hatte sicher nicht geahnt, mit welchem Nachdruck und mit welchem Aufwand er um die Rückgabe der Uhr kämpfen mußte. Erst nach zwei Jahren, am 9. November 1830, erfolgte der Rücktransport auf dem Wasserweg durch den Schiffseigner Johann Friedrich Andreae (1785–1856), einem bekannten Transportunternehmer und späteren Mitbegründer der Magdeburger-Dampfschiffahrts-Company. Hofuhrmacher Moellinger schickte mit dem Transport eine detaillierte Beschreibung der durchgeführten Arbeiten, dazu eine »Anweisung zum in Gang bringen der

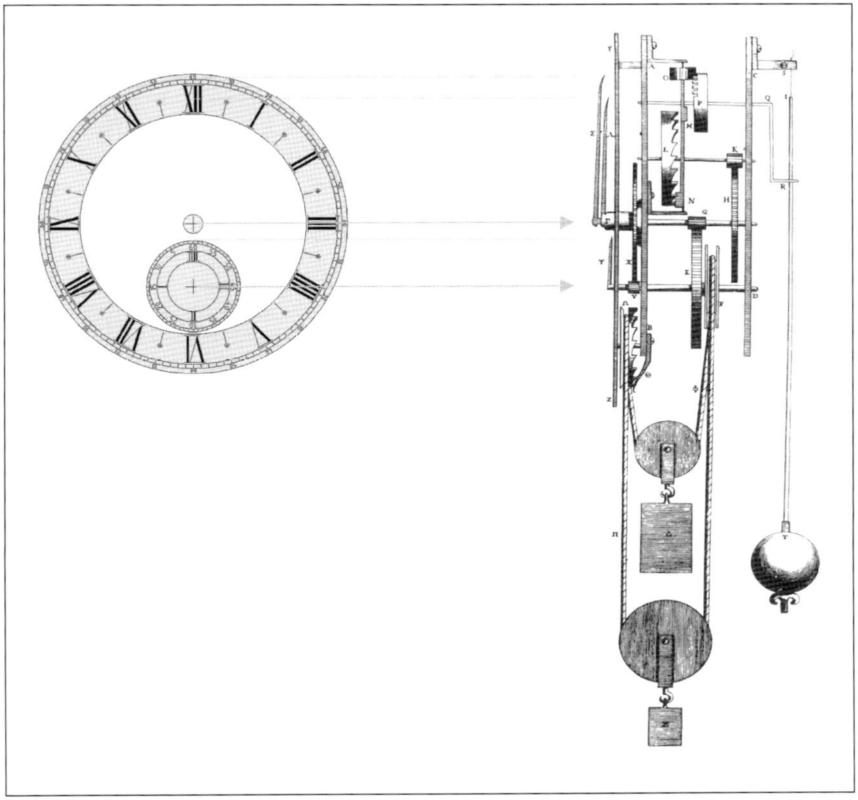

Abb. 5 Guericke-Uhr und Huygenssche Konstruktion im Vergleich.

Uhr des Otto von Guerickes« (Stadtarchiv Magdeburg, A II U15, S. 20). In dieser Anweisung werden noch einmal die Schwierigkeiten deutlich, die beim Stellen der Uhr auftraten.

Glücklich, die wertvolle Uhr wieder im Rathaus zu haben, wurde ein würdiger Platz für die Uhr gesucht. Das Sitzungszimmer war ein angemessener Ort, und der Rat beschloß, die Wanduhr durch einen Unterbau zu schützen. Ein schlanker Kasten barg nun den empfindlichen Gewichtsaufzug, so daß der Eindruck einer Dielenstanduhr entstand. Die Gewichte haben allerdings kaum Platz im schmalen Gehäuse. Oberhalb des Kastens ist ein mit Knorpel- und Ohrmuschelwerk geschmücktes Brett befestigt, an dem die alte Uhr aufgehängt ist. Damit erreicht die Uhr eine Höhe von 2,80 Meter, so daß die kleine Sekundeneinteilung nicht mehr erkennbar ist. Zum Stellen der Zeiger ist eine Trittleiter erforderlich. Für den verlorengegangenen, schlanken Sekundenzeiger aus gebläutem Stahl war von Moellinger ein Exemplar aus Messing angefertigt worden, der nicht gleich als Sekundenzeiger zu erkennen ist.

Obwohl funktionsfähig restauriert, sollte die Uhr nur der Erinnerung dienen. Diesem Anliegen folgte auch der Magdeburger Maler Edmund Wodick (1816–1886) in seinem Gemälde »Magistratssitzung« (vgl. Kat. 341). Es zeigt Oberbürgermeister Francke rechts neben der Guericke-Uhr in ihrem bis heute überlieferten Zustand. Eine zweite Uhr links neben der Tür ist die Normaluhr für den täglichen Gebrauch. Das Gemälde ehrt August Wilhelm Francke, der am 30. Juni 1848 nach 31 Amtsjahren zurücktrat und der oft als zweiter Otto von Guericke bezeichnet wird.

Die Uhr Otto von Guerickes kann nicht an den vielen kostbaren Uhren in höfischen Kunstkabinetten gemessen werden. Sie ist einfach und schlicht gebaut, ihr Hersteller war kein berühmter Uhrmacher. Sie besticht vielmehr als einmaliges Zeugnis der Persönlichkeit Guerickes und erhellt zugleich die Hintergründe der wissenschaftlichen Forschungen im 17. Jahrhundert. Nach der Erfindung der Pendeluhr durch Christiaan Huygens wurden viele alte Uhren mit einer Unrast auf das Pendel umgebaut. Die Guericke-Uhr wurde von Anfang an als Pendeluhr konstruiert. Allerdings waren vor der Instandsetzung im Jahr 1830 wesentliche Teile des Huygenschen Pendelantriebs verlorengegangen. An die abgebrochene Pendelgabel wurde ein starres Pendel gelötet und der neue Spindelkloben an den Platz versetzt, an dem sich die frühere Pendelaufhängung befand. Heute ist die Guericke-Uhr das einzige Exemplar seiner Art und damit wahrscheinlich die älteste erhaltene Pendeluhr mit Gewichtsaufzug für wissenschaftliche Beobachtungszwecke.

Weiterführende Literatur

Sobel, Andrewes 1999. – Schneider 1997. – Wolter 1901.

Dirk Brietzke

Otto von Guericke in Hamburg

Aufklärung und Wissenschaft im Umfeld seines Lebenskreises von 1681 bis 1686

Im Frühsommer des Jahres 1681 erreicht ein Reisender Hamburg, der es nicht bei einem Besuch bewenden lassen will: Der als Naturwissenschaftler durch seine aufsehenerregenden Experimente mit dem luftleeren Raum berühmt gewordene ehemalige Magdeburger Bürgermeister Otto von Guericke hatte den Weg von Magdeburg gen Norden angetreten, um in Hamburg seine letzten Lebensjahre zu verbringen. Was bewog den betagten Mann, im fortgeschrittenen Alter von fast 79 Jahren seinen Wohnsitz in die norddeutsche Hansestadt zu verlegen?

So hervorragend Guerickes Ruf als Wissenschaftler nicht erst seit der Veröffentlichung seines Hauptwerks »Experimenta nova (ut vocantur) Magdeburgica de vacuo spatio« (1672) auch war, so schwer wog doch trotz aller Verdienste sein letztlich begrenzter Erfolg als Akteur auf der politischen Bühne. Ein halbes Jahrhundert lang hatte Guericke als Ratsherr seiner Vaterstadt Magdeburg amtiert, 30 Jahre dem Gemeinwesen als Bürgermeister gedient. Er mußte 1631 die Verheerung der Stadt durch die kaiserlichen Truppen Tillys erleben, trug mit an der schweren Bürde des Wiederaufbaus, bemühte sich über viele Jahre in diplomatischer Mission um die Erlangung der Reichsfreiheit Magdeburgs und stritt gegen die Begehrlichkeiten der rivalisierenden Kurfürstentümer Brandenburg und Sachsen. Doch trotz seiner unbestreitbaren Erfolge bei den Friedensverhandlungen in Osnabrück und Münster (1648) konnte er gerade dieses Ziel nicht verwirklichen. Je deutlicher sich abzuzeichnen begann, daß der Übergang Magdeburgs in den brandenburgischen Territorialstaat nicht aufzuhalten war, desto mehr zog sich der enttäuschte Guericke aus dem politischen Leben zurück. Unter militärischem Druck sah er sich als präsidierender Bürgermeister am 28. Mai 1666 gezwungen, den Vertrag von Kloster Berge zu unterzeichnen und damit die Erbhuldigung Magdeburgs gegenüber dem brandenburgischen Kurfürsten und die Aufnahme einer brandenburgischen Garnison zu akzeptieren. Am 4. Juni 1680 starb der letzte Administrator Herzog August von Sachsen; Magdeburg fiel damit endgültig an Brandenburg. Als der Große Kurfürst Friedrich Wilhelm am 20. Mai 1681 die Huldigung der Stadt entgegennahm, hatte Guericke bereits der Politik den Rücken gekehrt. Schon 1676 hatte sein Gesundheitszustand eine weitere Amtszeit als Bürgermeister nicht zugelassen und seinen Rücktritt veranlaßt; die Querelen um die Einschränkung des Guerickeschen Immunitätsbriefes taten ein Übriges. Nachdem er endgültig verkündet hatte, als Bürgermeister nicht länger zur Verfügung zu stehen, erklärte ihn der Magdeburger Rat im September 1678 pro emerito.

Vermutlich gab die herannahende Pest für Otto von Guericke den letzten Anlaß, seine Vaterstadt zu verlassen. Weder die im August 1680 erlassene Pestordnung noch die verstärkten Präventivmaßnahmen konnten verhindern, daß die Seuche im Mai 1681 auf Magdeburg, das sich noch kaum von den Zerstörungen des Dreißigjährigen Krie-

Abb. 1 Hamburg von der Elbseite, Gemälde um 1700.

ges erholt hatte, übergriff und in der Altstadt über 2600 Todesopfer forderte. Guericke war also nur wenige Monate vor dieser neuerlichen Katastrophe in Begleitung seiner zweiten Gattin Dorothea, geborene Lentke, mit Hab und Gut nach Hamburg aufgebrochen.

Ein wenig geschönt schildert das 1686 nach dem Tod Otto von Guerickes gedruckte »Ehren Gedächtnis« den Abschied von Magdeburg: »Also hat Er auch in der gantzen Stadt Magdeburg bey jedermänniglich grosses Lob und Ehre erworben / und Ihn dieselbe / wie Er wegen hohen Alters / grossen Leibes-Schwachheit / Gebrechen und Unvermögen / Anno 1681 nach Hamburg zu den Seinigen reisen / gar ungern von dar ziehen lassen wollen / wie dann wollgedachter Rath noch Ao. 83 den 27. Jun. an Ihn schrifftlich dieses gelangen lassen: Es hätte derselbe eine Zeithero gehoffet / es würde der Herr Collega sich wieder dahin gewendet / und der guten Stadt mit seiner sonderbahren Erfahrenheit / und getreuen Rath / so viel sein hohes Alter zulassen wolten / succurrirt haben / so wäre doch solche ihre Hoffnung bißhero vergebens gewesen« (zit. n. Schimank 1968, S. [152])[1]. Tatsächlich hatte sich der enttäuschte Guericke bereits 1677 darüber beklagt, daß seine Leistungen für die Stadt Magdeburg inzwischen dem Vergessen anheimgefallen seien (Memorial Otto von Guerickes an die Stadt Magdeburg vom 6. Februar 1677, zit. n. Schimank 1968, S. [114]).

Ein besonderer Umstand, der Guericke in Hamburg erwartete und von dem auch besagtes »Ehren Gedächtnis« mit dem Hinweis, er sei »zu den Seinigen« gereist, Zeugnis gibt, trug nicht weniger zu dem Ortswechsel bei als die prekäre Situation in Magdeburg: Otto von Guerickes Sohn gleichen Namens hielt sich seit 1663 in besonderer Mission in der norddeutschen Hansestadt auf. Als einziger Sohn am 23. Oktober 1628 in Magdeburg geboren, hatte der junge Mann die Juristenlaufbahn eingeschlagen. Dem Studium der Jurisprudenz in Wien schloß sich eine Reise durch Italien und Deutschland an, bevor Guericke d. J. seine Disputation in Straßburg absolvierte. Nach Aufenthalten in Prag, Dresden und Magdeburg, wo er Kanoniker geworden war, weilte er seit dem 4. Januar 1663 als kurbrandenburgischer Resident für den Niedersächsischen Kreis in Hamburg und erhielt später den Titel eines königlich preußischen Geheimrats. Seine zweite Frau Hedwig von Ulcken, die er ein Jahr zuvor am 11. Februar 1662 geheiratet hatte, stammte aus Hamburg. Wie sein Vater beschäftigte sich auch der junge Guericke mit physikalischen Forschungen.[2]

Es ist nicht überliefert, ob der alte Guericke sich in Hamburg noch in die Auseinandersetzungen um bürgerliche Eigenständigkeit oder um rationale Welterklärung einmischte. In der Rückschau läßt sich dieser »blinde Fleck« in der Mitte des Untersuchungsfeldes nur von seinen Rändern her aufhellen. Beleuchtet man in dieser Absicht den machtpolitischen und kulturhistorischen Hintergrund sowie das wissenschaftsgeschichtliche Umfeld, so ergeben sich durchaus manche konkreten Bezüge im Verhältnis zwischen Guericke und Hamburg.

Der einstige Bürgermeister Magdeburgs, das wie so viele Städte im Zeitalter des Absolutismus seine Selbständigkeit hatte einbüßen müssen und das noch immer von den Verwüstungen des Dreißigjährigen Krieges gezeichnet war, kam nun in eine Stadt, die die Kriegsläufte unbehelligt gelassen hatten. Aufstieg und Wachstum kennzeichneten trotz innen- und außenpolitischer Spannungen im Unterschied zu zahlreichen anderen Städten die Entwicklung Hamburgs in der zweiten Hälfte des 17. Jahrhunderts.[3] In der mit Abstand größten Reichsstadt hatte sich ähnlich wie in Frankfurt am Main, Bremen, Lübeck, Nürnberg und Augsburg ein politisch und wirtschaftlich selbständiges Bürgertum behaupten können, obgleich die Hamburger immer wieder dänische Begehrlichkeiten hatten abwehren müssen. Weiterhin war man bemüht, im Spannungsfeld konkurrierender Mächte das für Handel, Schiffahrt und Gewerbe so wichtige Prinzip der Neutralität aufrechtzuerhalten. Zwei Jahre vor Guerickes Ankunft hatte das von dänischen Truppen bedrohte Hamburg mit dem nördlichen Nachbarn am 1. November 1679 den sogenannten Interimsrezeß zu Pinneberg abgeschlossen, der die Frage der Reichsunmittelbarkeit bis zu einer gerichtlichen Entscheidung offen ließ; vorerst mußte die Hansestadt als Satisfaktion 220 000 Reichstaler zahlen. Der Große Kurfürst Friedrich Wilhelm von Brandenburg, in dessen Diensten der junge Guericke sich in Hamburg aufhielt, trug durch Vermittlung und Truppenentsendung zur Erhaltung der hamburgischen Selbstständigkeit bei – durchaus in eigenem Interesse, da ein neutrales Hamburg den Zugang des in der zweiten Hälfte des 17. Jahrhunderts aufstrebenden Brandenburg-Preußen über die Elbe zum Seeverkehr gewährleisten sollte. Dennoch gab es, etwa in Fragen der Zollerhebung oder des Stapelzwangs, immer wieder Differenzen zwischen Brandenburg und der Hansestadt. Otto von Guerickes Heimatstadt Magdeburg wurde für die Hamburger Kaufleute zu einer unliebsamen Konkurrenz, als Friedrich Wilhelm 1666 zu Gunsten des Magdeburger Handels die hamburgische Elbschiffahrt beschränkte.

Die Einwohnerzahl Hamburgs wuchs rasch an: Hatten zur Zeit des Dreißigjährigen Krieges noch etwa 50 000 Menschen in der Stadt gelebt, so waren es zu Beginn des 18. Jahrhunderts bereits um die 75 000. Zu den ursprünglichen vier Kirchspielen kam 1685 St. Michaelis hinzu, das mit der Entwicklung der Hamburger Neustadt auch einen weiteren Bevölkerungszuwachs brachte. 1678 wurde am Gänsemarkt die erste deutsche Bürgeroper gegründet; als der

Dienstherr des Sohnes Otto von Guerickes, der brandenburgische Kurfürst Friedrich Wilhelm, 1682 in der Hansestadt weilte und den Hamburgern künftige Unterstützung gegen Dänemark zusicherte, hörte er dort die Oper »Alceste«. Bedeutende Literaten, Publizisten, Künstler und Komponisten wirkten in der Hansestadt. Seit dem 17. Jahrhundert kamen aus Hamburg wie auch aus dem benachbarten Altona wichtige, überregional verbreitete Zeitungen. Zugleich waren die letzten Jahrzehnte des 17. Jahrhunderts von Verfassungskämpfen geprägt, die erst mit dem Hauptrezeß von 1712 beigelegt werden konnten. Zu einem ersten Höhepunkt der Auseinandersetzungen um die Machtverteilung zwischen Rat und Bürgerschaft, die vom Konflikt zwischen orthodoxen Lutheranern und Pietisten überlagert wurden, kam es im Todesjahr Guerickes 1686, als die bürgerliche Opposition unter Cord Jastram und Hieronymus Snitger scheiterte und die Anführer hingerichtet wurden. Friedrich Wilhelm löste nun sein vier Jahre zuvor gegebenes Versprechen ein, obwohl die Intoleranz von Bürgerschaft und lutherischer Geistlichkeit gegenüber den Reformierten das Verhältnis Hamburgs zu Brandenburg belastete.

Bereits 1613 war ergänzend zur 1529 gegründeten Gelehrtenschule des Johanneums ein Akademisches Gymnasium gegründet worden, das die Absolventen des Johanneums auf die Universität vorbereiten sollte und zum Mittelpunkt des wissenschaftlichen Lebens in Hamburg wurde. Philosophie, Mathematik, Physik, Poesie, Geschichte, Griechisch und orientalische Sprachen bildeten den Fächerkanon; Physik und Poesie sowie Geschichte und Griechisch waren zu jeweils einer Professur zusammengefaßt. Unter der Ägide des Mathematikers, Mediziners und Philosophen Joachim Jungius (1587–1657), seit 1629 Rektor der beiden Lehranstalten, erlangte das Akademische Gymnasium wissenschaftliche Geltung von europäischem Rang. Jungius prägte auch die 1635 eingeführte Schulordnung, die fast ein Jahrhundert in Kraft bleiben sollte und vor allem der Berücksichtigung der Naturwissenschaften im Unterricht Vorschub leistete (Kopitzsch 1990, S. 249 f.). Zu den weiteren bedeutenden Gelehrten am Akademischen Gymnasium gehörten der Mathematiker Johann Adolph Tassius (1585–1654), der Historiker Peter Lambecius (1628–1680) und der Orientalist Ägidius Gutbier (1617–1667). Herausragende Gelehrte der Stadt waren im 17. Jahrhundert zudem der Domherr Friedrich Lindenbrog (1573–1648), der Physikus Peter Marquard Schlegel (1605–1653), der anatomische Demonstrationen abhielt, sowie die Geistlichen Abraham Hinckelmann (1652–1695) und Balthasar Schupp (1610–1661).

Schon vor dem Tode Jungius', der infolge von Streitigkeiten mit der orthodoxen Geistlichkeit und mißgünstigen Kollegen bereits 1640 die Leitung des Johanneums hatte aufgeben müssen, dem Gymnasium jedoch weiterhin vorstand, geriet das Akademische Gymnasium in einen gewissen Verfall; der Unterricht vollzog sich seit den sechziger Jahren des 17. Jahrhunderts überwiegend in den hergebrachten Formen, und neue naturwissenschaftliche Erkenntnisse flossen nur sehr begrenzt ein (Schimank 1928 S. 54 u. S. 58, zur Geschichte des Johanneums vgl. Johanneum 1979). Daß dennoch auch weiterhin Gelehrte das akademische Leben in Hamburg prägten, die die Fortschritte der Wissenschaft ihrer Zeit sehr wohl zur Kenntnis nahmen, zeigt das Beispiel des drei Jahre vor Guericke Ankunft in der Hansestadt gestorbenen Michael Kirstein (1620–1678). Der 1655 als Nachfolger von Tassius auf den Lehrstuhl für Mathematik ans Akademische Gymnasium berufene Kirstein hatte bei der Amtseinführung des Mathematikers Heinrich Sivers 1675 eine Rede gehalten, die nicht nur den Stolz auf die neuesten wissenschaftlichen Errungenschaften eines Galileo Galilei oder Robert Boyle, sondern in aller Deutlichkeit auch die Begeisterung für die Leistungen Otto von Guerickes anklingen ließ: »Was soll ich viele Worte machen über die Obelisken, ihre Herausmeißelung, ihren Transport und ihre Aufrichtung, über Kunstuhren und Automaten, die den Lauf der Planeten versinnlichen, teils aus früherer Zeit, teils Schöpfungen unsers Zeitalters, was über die kürzlich und auch in Deutschland erfundenen pneumatischen Instrumente, mit deren Hilfe die Eigenschaften der Luft untersucht werden? Was über die höchst wunderbaren Spiegel, die Fernrohre und die jüngsten akustischen Erfindungen? Was soll ich zuguterletzt über tausend andere Erfindungen und Kunstwerke Worte machen oder vielmehr verlieren, Werke, die so bekannt, so augenscheinlich sind? Stellen wir uns dies im Geiste vor, so eröffnet sich uns ein Ausblick gleichsam in eine ungeheure Waldlandschaft, die kein Ende hat und aus der kein Weg herausführt!«(zit. n. Schimank 1928, S. 57). Als Otto von Guericke sechs Jahre später Hamburg zu seinem neuen Domizil erkor, war man sich hier durchaus der Tatsache bewußt, es mit einem der berühmtesten Wissenschaftler der Zeit zu tun zu haben.

Insgesamt verlagerte sich in der zweiten Hälfte des 17. Jahrhunderts das gelehrte Leben der Hansestadt in Kreise außerhalb des Akademischen Gymnasiums. Häufig waren es an den Elementarschulen tätige Lehrer und Ärzte, die fortan im Zentrum der naturwissenschaftlichen Entwicklung standen. Sozietäten und Gesellschaften begannen als freie wissenschaftliche Zusammenschlüsse eine immer bedeutendere Rolle zu spielen. Noch auf Initiative Jungius' war 1644 das Collegium medicum als ärztliche Standesvereinigung gegründet worden (Wettengel 1990, S. 63). 1669 entdeckte der Kaufmann und Chemiker Henning Brand in Hamburg den Phosphor (Schimank 1928, S. 60 ff.). Gottfried Wilhelm Leibniz korrespondierte in den neunziger Jahren des 17. Jahrhunderts mit der Mathematischen Gesellschaft, die 1690 von dem Schreib- und Rechenmeister der St.-Jacobi-Kirchenschule Heinrich Meißner (1643–1716) und seinem Kollegen von der St.-Michaelis-Kirchenschule Valentin Heins (1637–1704) in Hamburg gegründet worden war (Schimank 1928, S. 66 ff.; zur Mathematischen Gesellschaft vgl. Wettengel 1990). Balthasar Mentzer (1651–1727), der als Nachfolger Kaspar Büssings (1658–1732) 1695 Professor für Mathematik am Johanneum wurde, veröffentlichte neben zahlreichen mathematischen und astronomischen Schriften auch die Beschreibung einer neuen Luftpumpe (Schimank 1928, S. 74). Daß in Hamburg ein gegenüber wissenschaftlichen Neuerungen aufgeschlossenes Klima herrschte, findet seine Ursache nicht zuletzt in den vielfältigen und intensiven Kontakten der Handelsstadt zu anderen Städten und Ländern, insbesondere zu Großbritannien und den Niederlanden (Wettengel 1990, S. 66).

Einen wissenschaftlichen Kontakt mit einem in der norddeutschen Hansestadt lebenden Gelehrten hatte Guericke bereits von März 1665 bis April 1666 gepflegt: Der polnische Theologe und Naturforscher Stanislaus Lubienietzki (1623–1675), der sich von 1662 bis zu seinem Tode 1675 in Hamburg aufhielt, stand zunächst mit dem Sohn Guerickes in enger Verbindung (Abb. 2). Letzterer spielte bei diesem frühen wissenschaftlichen Kontakt nach Hamburg eine Art Vermittlerrolle. Über Guericke d. J., den Lubienietzki in einem Brief vom 4. März 1665 als »besten meiner Freunde« bezeichnete und in dessen Haus in Hamburg er Gelegenheit hatte, das berühmte wetteranzeigende Männchen des Vaters in Augenschein zu nehmen (Brief an Otto von Guericke d. Ä. vom 5. August 1665), trat Lubienietzki mit diesem in Kontakt und führte mit ihm einen regen Briefwechsel über astronomische Probleme. Die Bemühungen Lubienietzkis waren durch sein Vorhaben motiviert, die verschiedenen wissenschaftlichen Auffassungen über Kometen zusammenzutragen und zu veröffentlichen: »Ich habe ja mit Gottes Hilfe ein Werk geplant, in dem ich die mannigfachen Beobachtungen höchst gelehrter und hervorragender Männer, ihre Berichte und Urteile, die ich zur Hand habe, und diejenigen, die ich im Laufe der Zeit hoffentlich noch in sehr großer Zahl erhalten werde, der gelehrten und christlichen Welt mitteilen will.« (Brief an Otto von Guericke d. Ä. vom 4. März 1665). Guericke erteilte bereitwillig Auskunft, und Lubienietzki fügte seinem 1667 veröffentlichten astronomischen Werk »Theatrum cometicum« die Briefwechsel bei, die er mit Otto von Guericke sowie mit dessen Sohn geführt hatte. Zu den Gelehrten, mit denen Lubienietzki über die

Abb. 2 Stanislaus Lubienietzki, Guerickes Briefpartner in Hamburg, vgl. auch Kat. 311.

Auffassungen Guerickes diskutierte, gehörte auch der Guericke kritisch gegenüberstehende Johannes Müller (1611–1671), seit 1660 Professor der Mathematik am Akademischen Gymnasium zu Hamburg (Brief an Otto von Guericke d. Ä. vom 17. März 1666). Lubienietzki starb 1675 in Hamburg an einer Vergiftung – sechs Jahre bevor der ehemalige Magdeburger Bürgermeister seinen Weg in die norddeutsche Hansestadt antrat (Schimank 1968, S. [50] ff.).[4]

Der alte Otto von Guericke freilich konnte an der umtriebigen Gelehrsamkeit, die seinen neuen Wohnsitz nach wie vor auszeichnete, kaum noch partizipieren. Als die Pest Magdeburg heimsuchte, wurde auf Veranlassung Guerickes in Hamburg eine Kirchensammlung für die notleidende Stadt durchgeführt, die die stolze Summe von 1000 Talern einbrachte. Darin erschöpft sich aber auch bereits die öffentliche Wirksamkeit, die Guericke in Hamburg entfaltete (Schimank 1928, S. 65 f.). Nach wenigen Jahren verschlechterte sich sein Gesundheitszustand so sehr, daß ihm selbst der Kirchgang zu beschwerlich wurde und Licentiat Nicolaus Langerhans (1634–1684), Hauptpastor zu St. Nikolai in den Jahren von 1680 bis 1684, ihn zuhause besuchen mußte (Schimank 1968, S. [153]).[5] Dennoch scheint er bei aller körperlichen Gebrechlichkeit bis zu seinem Tod, der ihn am 11. Mai 1686 um drei Uhr nachmittags im Kreise seiner Angehörigen ereilte, in guter geistiger Verfassung gewesen zu sein: »GOtt hat den wollsehligen Herrn die grosse Gnade erwiesen / daß Er in seinem höchsten Alter bey gutem Verstande / Gedächtniß / Gesichte / Gehör / guten Appetit im Essen und Trincken / geblieben / daß Reden aber / Gehen und Stehen ist Ihme mit der Zeit beschwerlich gefallen; Als Er nun an Kräfften täglich abgenommen / hat Er noch vor wenig Tagen / als den 6 May / sich mit GOtt versöhnet / und das heilige hochwürdige Abendmahl / als seinen Reise-Pfenning / mit Begierde empfangen / ist endlich so gar schwach und matt geworden / daß Er stets das Bette gehalten / da Er dann immer still hinliegende / jedoch bey gutem Verstande / unterm Gebeth der lieben Seinigen und Umbstehenden / seinen Geist am Diengstage / war der 11 May / umb 3 Uhr Nachmittages auffgegeben / hat also dieses mühsame zeitliche Leben mit dem ewigen Freuden-Leben an gedachtem Tage verwechselt / nachdem Er (eben am 11 May vor 55 Jahren aus seinen geliebten Vaterlande die löbliche Stadt Magdeburg sich wenden / und selbige leider von aussen im Feuer auffgehen sehen müssen) in der Welt rühmlich gelebet hat 83 Jahr / 5 Monath und 12 Tage.« (EhrenGedächtniß 1686, zit. n. Schimank 1968, S. [153]). Zu den Hinterbliebenen der Familie Otto von Guerickes gehörten seine Frau Dorothea, die ihren Mann nur um ein knappes Jahr überlebte, der Sohn Otto, die Schwiegertochter und sieben Enkel.

Am 21. Mai abends um 7 Uhr wurde Guericke unter dem Glockengeläut der Hamburger Hauptkirchen in der Nikolaikirche beigesetzt. Zuvor gab es für die Passanten auf den Straßen Hamburgs eine imposante Trauerprozession zu bestaunen, deren Gepränge unübersehbar vom Tod einer illustren Persönlichkeit kündete. Über die Neue Burg, den Hopfenmarkt, den Burstah und den Hahnentrapp wurde der mit einer samtenen Decke verhängte und mit vielen Schilden verzierte Sarg, flankiert von vier Knaben in langen Mänteln mit brennenden weißen Wachslichtern in den Händen, zur Nikolaikirche getragen. Dem Sarg folgte als erster der Bürgermeister Johann Schulte – in Vertretung des Kurfürsten – inmitten zweier Herolde mit Trauermänteln und Stäben; unmittelbar dahinter ging der Trauerherr mit zwei Residenten, gefolgt vom Sohn des Toten und zahlreichen, auch berittenen, Dienern sowie Leichenbittern. Den Abschluss bildeten die Doktoren, die Angehörigen des Geistlichen Ministeriums, der Magistrat, die Licentiaten, die Oberalten und schließlich eine große Zahl von Bürgern. Als die Prozession das Ziel erreicht hatte, wurde der Sarg drei Mal um die Nikolaikirche getragen und dann im Gotteshaus neben der Bede abgesetzt. Anderthalb Stunden währte die Trauermusik, und nachdem Diener den Sarg in den Chorraum gebracht hatten, begab sich der gesamte Zug in vorgeschriebener Ordnung zum Trauerhaus.[6]

Schon vor den Trauerfeierlichkeiten in St. Nikolai war offenbar beschlossen worden, den Leichnam nach Magdeburg zu überführen. Otto von Guericke d. J. hatte bereits am 14. Mai dem Kanzler des Herzogtums Mecklenburg-Schwerin seine Absicht kundgetan, den Sarg mit der Leiche des Vaters auf der Elbe nach Magdeburg bringen zu lassen, verbunden mit der Bitte, den Zollverwaltern entsprechende Anweisung zu geben (Guericke 1686, S. 104 ff.). Drei Tage später, am 17. Mai, ließ er den Magdeburger Rat wissen: »Als habe Einem Wohledlen, Hochweisen Rathe solches wohlmeinend hiermit kund thun und Ihrer beiwohnenden Discretion anheim geben wollen, ob Sie dem seligen Hn. Rathe und Bürgermeister, der sich um die Stadt so meritirt gemacht, ... einige Ehre auf selbigen Tag [gemeint ist der zuvor angekündigte Tag der Beisetzung Otto von Guerickes in der Hamburger Nikolaikirche], oder, wann dessen Körper zu Wasser allda anlangen und ins Erbbegräbnis in der Stille beigesetzt werden, rühmlich erweisen wollen.« Bürgermeister und Rat der Stadt Magdeburg antworteten am 25. Mai, sobald die Leiche Guerickes überführt worden sei, wolle man »einen Leichenzug ... in der Ulrichskirche allhier, woselbst er eingepfarrt gewesen, ohne Bezahlung des Geläutes, wenn nur die Leute, so die Glocke ziehen, befriedigt werden, verrichten lassen« (zit. n. Schimank 1968, S. [155]). Im darauffolgenden Monat fuhr der Kahn des Schiffers Christian Block elbaufwärts und passierte am 15. Juni die Zollstelle Dömitz (Abb. 3). An Bord befand sich neben verschiedenen Waren wie Fisch und Tabak auch der Sarg mit dem Leichnam Otto von Guerickes. Vermutlich wurde der einstige Bürgermeister Magdeburgs am 2. Juli 1686 in seiner Heimatstadt in der Alemannischen Gruft der Johanniskirche beigesetzt (Strüby 1986, S. 87 ff.).[7]

In Hamburg blieb die Erinnerung an Otto von Guericke über die Jahrhunderte lebendig. So zählte ihn etwa Johann Otto Thiess in seinem 1780 in zwei Bänden veröffentlichten »Versuch einer Gelehrtengeschichte von Hamburg« zu den bedeutenden Gelehrten der Stadt (Thiess 1780, Bd. 1, S. 261–264).[8] Ebenso fand Guericke Aufnahme in das bislang wichtigste biographische Nachschlagewerk der Hansestadt, das von Hans Schröder begründete »Lexikon der hamburgischen Schriftsteller bis zur Gegenwart«; im dritten, 1857 erschienenen Band findet sich eine knappe biographische Skizze (Schröder 1851–1853, Bd. 3, S. 14 ff.).[9] 1930/40 ehrte die Stadt ihren einstigen Einwohner mit einer Straßenbenennung: Der Guerickeweg in Barmbek erinnert noch heute an den Aufenthalt des illustren Wissenschaftlers in der Hansestadt. Trotz der Würdigungen, die der berühmte Zugereiste in seiner neuen Heimatstadt gefunden hat, bleibt festzuhalten, daß Otto von Guerickes tätiges Wirken als Wissenschaftler

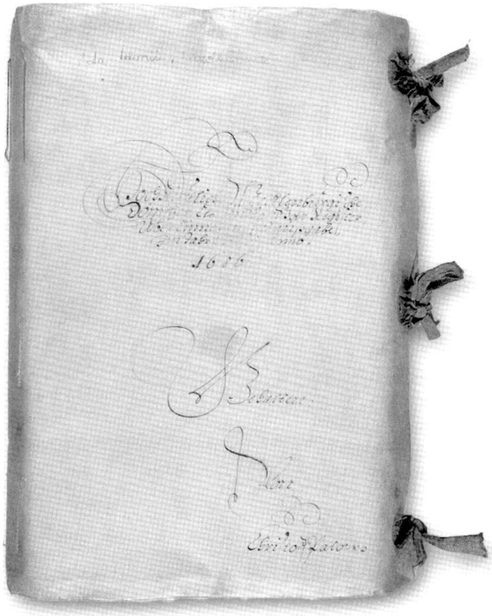

Abb. 3 Das Dömitzer Elbzollbuch registriert den Leichentransport 1686.

bereits der Vergangenheit angehörte, als er den Weg von Magdeburg nach Hamburg antrat. In den letzten fünf Jahren seines Lebens führte er im Kreise seiner Familie ein zurückgezogenes Leben im Haus seines Sohnes.[10] Dem Nachruhm und der mächtigen Nachwirkung freilich sollte dies weder in Hamburg noch andernorts abträglich sein.

Anmerkungen

1 »EhrenGedächtnis 1686«, Staatsarchiv Hamburg, Bibliothek A 710/804, Bd. 1, Nr. 19; gedruckt in: Schimank 1968, S. (132)–(153).

2 »Des Churfürst Friedrich Wilhelm Accreditirung des H. Otto von Guerike zum Brandenburgischen Residenten«, Staatsarchiv Hamburg, Cl. VII. Lit. Ra 1. Nr. 3. Vol. 5. Fasc. 3. – Otto von Guericke d.J. trat die Nachfolge des verstorbenen Residenten Conrad Molle an. 1681 zum Brandenburgischen Hofrat ernannt und 1688 nach dem Tod des Großen Kurfürsten in seinem Amt bestätigt, erhielt er 1696 den Titel eines Geheimen Rats (»Christ-Adeliches Ehren Gedächtnis und Lebens-Lauff des Weyland Wohlgebohrnen Herrn / Otto von Guericken [...], Hamburg 1704«, Staatsarchiv Hamburg, Bibliothek A 710/804, Bd. 1, Nr. 21). Zur Biographie des jungen von Guericke vgl. Moller 1744, Bd. 2, S. 262; Jöcher 1750/51, Bd. 2, S. 1251 f.; Schröder 1851–83, Bd. 3, S. 16 f.; Schneider 1992, S. 47.

3 Zur Situation Hamburgs in den Jahrzehnten nach dem Dreißigjährigen Krieg vgl. Kopitzsch 1990, S. 247 f.

4 Lubienietzki 1667/68, S. 453–466 (Briefwechsel mit dem Vater) und S. 237–252 (Briefwechsel mit dem Sohn). Die Korrespondenz zwischen Lubienietzki und dem älteren Guericke wurde fast unverändert als Anhang zum fünften Buch der Guerickeschen »Experimenta Nova« übernommen. Aus den Briefen wird hier nach Schimanks Ausgabe (1968) zitiert. Der Sozinianer Lubienietzki mußte 1667 aufgrund von Auseinandersetzungen mit dem Geistlichen Ministerium vorübergehend nach Altona ausweichen, konnte jedoch wieder nach Hamburg zurückkehren. Zur Person Lubienietzkis vgl. Schröder 1851–83, Bd. 4, S. 559–562; zur Person Müllers ebenda, Bd. 5, S. 426.

5 EhrenGedächtniß 1686; zu Nicolaus Langerhans vgl. Hammer, Schade 1995, S. 105 sowie Schröder 1851–83, Bd. 4, S. 332–336.

6 Eine handschriftliche Fortsetzung der Chronik Adam Tratzigers widmet den Trauerfeierlichkeiten eine ausführliche Beschreibung. Der Bericht liegt gedruckt vor in: Schimank 1968, S.(156). In der Quelle ist von »Bürgermeister Schultze« die Rede. In Betracht kommt jedoch nur Johann Schulte (1621–1697), der seit 1668 Bürgermeister war und Guericke lediglich um ein Jahr überlebte. Schulte hatte 1679 der Senatsdeputation angehört, die mit Dänemark den Interimsrezess zu Pinneberg abschloß (Buek 1840, S. 103 ff.). Nach dem Tode Guerickes hatte der brandenburgische Kurfürst darum gebeten, der Bürgermeister möge ihn bei der Trauerprozession vertreten; vgl. Schimank 1968 (EhrenGedächtniß 1686), S.(152) sowie ebenda S.(155) (Schreiben Otto von Guerickes d.J. an den Magdeburger Rat vom 17. Mai 1686).

7 Zur lange Zeit ungeklärten Frage der Beisetzung vgl. zusammenfassend Krafft 1978, S. 7, Anm. 7. Mit letzter Sicherheit läßt sich auch Strübys Angabe nicht belegen.

8 Thiess (1762–1810), in Hamburg als Sohn des Arztes Johann Peter Thiess geboren, wurde 1783 zunächst Kandidat des hamburgischen Ministeriums, dann Nachmittagsprediger an der Kirche St. Pauli auf dem Hamburger Berg. Der 1790 promovierte Theologe wirkte ab 1791 als Privatdozent, später als Professor in Kiel. Seinen »Versuch einer Gelehrtengeschichte« hatte er bereits 1779 als Gymnasiast zusammengetragen. (vgl. Buek 1840, S. XIII und Schröder 1851–83, Bd. 7, S. 379 ff.).

9 Gegenwärtig entsteht in der Arbeitsstelle für Hamburgische Geschichte am Institut für Sozial- und Wirtschaftsgeschichte der Universität Hamburg die »Hamburgische Biografie«, ein mehrbändiges, lexikalisch aufgebautes biographisches Nachschlagewerk, in dem auch Otto von Guericke gebührende Würdigung finden wird.

10 Otto von Guericke d.J. wirkte noch bis zu seinem Tod am 26. Januar 1704 als Brandenburgischer Resident in Hamburg und wurde am 27. März des Jahres nach Magdeburg ins Erbbegräbnis St. Johannis überführt (Staatsarchiv Hamburg, Bibliothek A 710/ 804, Bd. 1, Nr. 21).

Paul H. Söding

Das Atom und das Vakuum

Über die Leere im Mikrokosmos

Seit es physikalisches Denken gibt, übt der leere Raum seine Faszination aus. Schon Thales von Milet (ca. 625–545 v. Chr.) hat darüber nachgedacht, ob ein Raum überhaupt vollkommen leer sein könne. Die Frage der Existenz oder Nichtexistenz eines Vakuums wurde von den antiken Philosophen als eine Grundsatzfrage der Naturerkenntnis angesehen. Den einen Pol des damaligen Denkens, denjenigen der Atomisten, hat Demokrit von Abdera (ca. 460–370 v. Chr.) formuliert: »Nur der gebräuchlichen Redeweise nach gibt es Farbe, Süßes, Bitteres; in Wirklichkeit aber gibt es nur Atome und Leeres.« In der Tat, wenn einzelne Atome alles sind, was Materie ausmacht, so kann zwischen ihnen nur leerer Raum sein.

Den Gegenpol bildete die »plenistische« Auffassung, der gemäß alle Materie kontinuierlich ist und wie eine Art Fluidum den ganzen Raum ausfüllt. Dann bleibt für ein Vakuum kein Platz. Aristoteles (384–322 v. Chr.) hat verschiedene Argumente für diese Auffassung angegeben; eines davon ist sehr einfach und doch sehr tief gedacht, es betrifft die Unmöglichkeit einer Bewegung im Vakuum. Ein gedachtes Vakuum, als die Abwesenheit alles Existierenden, müsse, so Aristoteles, offensichtlich völlig symmetrisch sein; es könne darin keine bevorzugte Richtung geben. Folglich könne sich ein Körper im Vakuum nicht in Bewegung setzen, denn dann wäre durch die Bewegung ja eine Richtung ausgezeichnet. Da Körper sich bewegen, können sie sich also nicht in einem leeren Raum befinden. Aristoteles argumentierte ferner, daß die den Raum erfüllende Substanz diesem nicht nur erst die Realität verschaffe, sondern auch die Bewegungen der Gegenstände durch den Raum verlangsame, so daß sie sich nicht beliebig schnell bewegen. Für wie schlüssig man diese Überlegungen heute auch ansehen mag, die meisten Denker des Mittelalters und noch der Renaissance, so auch der große Philosoph René Descartes (1596–1650), vertraten die plenistische Sicht.

Doch dann brachten die Forschungen von Evangelista Torricelli (1608–1647), Otto von Guericke (1602–1686), Blaise Pascal (1623–1662) und Isaac Newton (1642–1727) das Vakuum zurück in die Physik, als einen überaus nützlichen Begriff und etwas real Existierendes – den absoluten, leeren Raum. Die Atomistik faßte wieder Fuß, als man in der Chemie und der Wärmelehre deutliche Hinweise darauf fand, daß die Materie aus Atomen aufgebaut ist.

Die Existenz eines leeren Raumes wurde allerdings im 19. Jahrhundert wieder in Zweifel gezogen, als man die elektromagnetischen Wellen entdeckte und es sich zeigte, daß auch das Licht eine elektromagnetische Welle ist. Da sich diese Wellen frei im Raum ausbreiteten, stellte man sich vor, daß der Raum von einem Medium erfüllt sein müsse, dessen Schwingungen die elektromagnetischen Wellen darstellen. Man nannte dieses Medium den Äther, und noch heute kann man gelegentlich den Begriff »Ätherwellen« hören. Es war Albert Einstein (1879–1955), der 1905 mit seiner Speziellen Relativitätstheorie klarstellte, daß ein solcher Äther, der

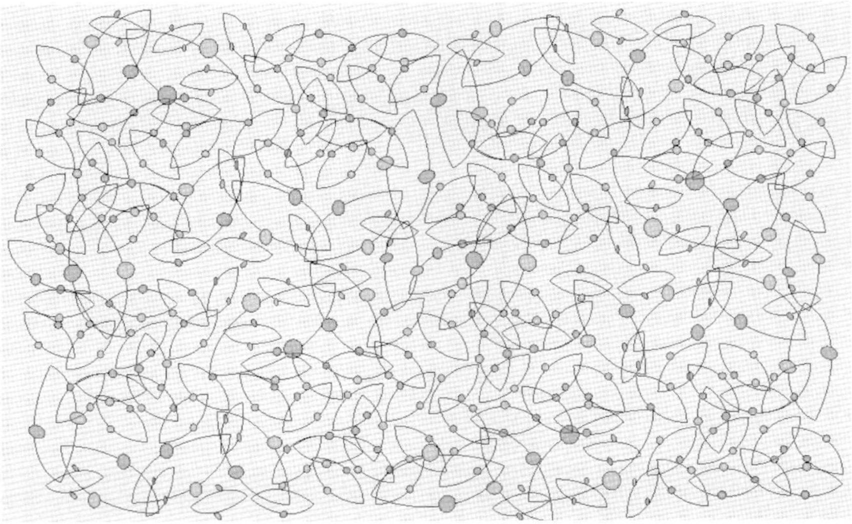

Abb. 1 Virtuelle Teilchen-Antiteilchen-Paare, die im Vakuum entstehen und vergehen – eine stilisierte Momentaufnahme des Quantenvakuums. Die Bögen sollen die Flugbahnen der Teilchen andeuten.

prinzipiell unbeobachtbar und dessen Existenz unbeweisbar ist, in der Physik überhaupt nicht gebraucht wird, weil sich die elektromagnetischen Felder in Schwingungen und Wellen durch einen vollkommen leeren Raum fortpflanzen können. Das Vakuum war in die Physik zurückgekehrt als ein leerer Raum, in dem sich Atome und elektromagnetische Wellen bewegen.

Dies war die Sicht des Vakuums in der klassischen Physik von vor knapp 100 Jahren. Das »klassische Vakuum« bestimmt noch heute vielfach die Darstellungen der Lehrbücher. Doch in den ersten Jahrzehnten des vergangenen Jahrhunderts wurde die quantenhafte Natur der Materie und Strahlung entdeckt und zu ihrer Beschreibung die Quantentheorie entwickelt. Sie behauptete zwar die Existenz der Atome, besiegelte aber zugleich das Ende des klassischen Vakuums und damit der absoluten Leere. Die atomistische und die plenistische Sicht bilden seither keine Gegenpole mehr, sie sind in der Quantentheorie miteinander versöhnt.

Was aber ist es, das nach den Erkenntnissen der Quantentheorie den Raum zwischen den Atomen ausfüllt? Bevor wir diese Frage beantworten, müssen wir uns zunächst den Aufbau der Atome klar machen. Ein Atom hat eine Größe von etwa 10^{-8} Zentimeter. Es besteht aus einem zentralen Kern einer Größe von einigen 10^{-13} Zentimeter, der von einer bestimmten Anzahl (die von 1 beim Wasserstoff bis zu 92 beim Uran reicht) von Elektronen umkreist wird. Die Größe des Elektrons konnte noch nicht gemessen werden; man weiß nur, daß es kleiner als 10^{-16} Zentimeter sein muß. Der Atomkern seinerseits ist eine wirbelnde Wolke einer unbestimmten Zahl – es können mehr als 100 sein – von sogenannten Quarks und Gluonen. Dies sind Elementarteilchen, die das Gewicht der Materie im wesentlichen ausmachen. Sie sind ebenfalls winzig – kleiner als 10^{-16} Zentimeter.

Machen wir uns die Größenverhältnisse anschaulich. Zunächst die Größe des Atoms selbst: 100 Millionen Atome aneinandergereiht ergeben eine Strecke von einem Zentimeter. Stellen wir uns nun jedes Atom so groß wie ein Fußballfeld vor, natürlich nicht nur in der Fläche, sondern gleichfalls in der Höhe ausgedehnt. In diesem Maßstab wäre der Atomkern so groß wie eine Erbse, und jedes Elektron sowie die Quarks und Gluonen im Kern wären nicht größer als ein Bakterium! Damit scheint es, daß das Innere des Atoms im wesentlichen aus leerem Raum besteht, erfüllt nur von einigen winzigen Teilchen, die darin herumschwirren – die meisten davon auf einen ganz kleinen Raumbereich im Zentrum konzentriert.

Das lebende Vakuum der Quantenwelt

Doch so einfach ist es nicht in der Quantenwelt. Zwei wesentliche Züge der Quantentheorie spielen für das Folgende eine Rolle:

1. Zu jeder Teilchenart gibt es eine Antiteilchen-Art. Falls das Teilchen eine elektrische Ladung trägt, etwa negative Ladung wie das Elektron, so trägt das

dazugehörige Antiteilchen die gleiche Ladung, aber mit positivem Vorzeichen. Daher heißt das Anti-Elektron auch »Positron«. Die beiden sind wie die Pole einer Batterie. Ein Teilchen und ein Antiteilchen der zueinander gehörenden Sorte können sich gegenseitig in einem Kurzschluß vernichten; ihre Energie geht dann vollständig in Strahlungsenergie über.

2. In der Quantenwelt gilt die Heisenbergsche Unbestimmtheitsrelation. Sie besagt unter anderem, daß der Satz von der Erhaltung der Energie nur dann genau gültig ist, wenn man »makroskopische« Zeiträume betrachtet. Über sehr kurze Zeiträume gesehen ist die Energie unbestimmt. Dadurch können spontan im leeren Raum Teilchen-Antiteilchen-Paare entstehen, die für kurze Zeit existieren und sich dann in einem Vernichtungsprozeß wieder auslöschen. Dabei wird dem Vakuum für diese sehr kurze Zeit Energie entnommen – innerhalb der durch die Unbestimmtheit erlaubten Grenze – und dann wieder zurückgegeben. Solche nur ganz kurzzeitig existierenden Teilchenpaare bezeichnet man als »virtuell«.

Dieses Spiel findet tatsächlich ständig im Vakuum statt: Es ist kein absolut leerer Raum, sondern darin entstehen und vergehen in einem unaufhörlichen Prozeß, der insgesamt keine Energie verbraucht, virtuelle Paare von Teilchen und Antiteilchen – nicht nur von Elektronen und Positronen, sondern von allen Teilchenarten, welche die Natur zu bieten hat: Also auch Photonenpaare (das Photon oder Lichtquant ist identisch mit seinem Antiteilchen),

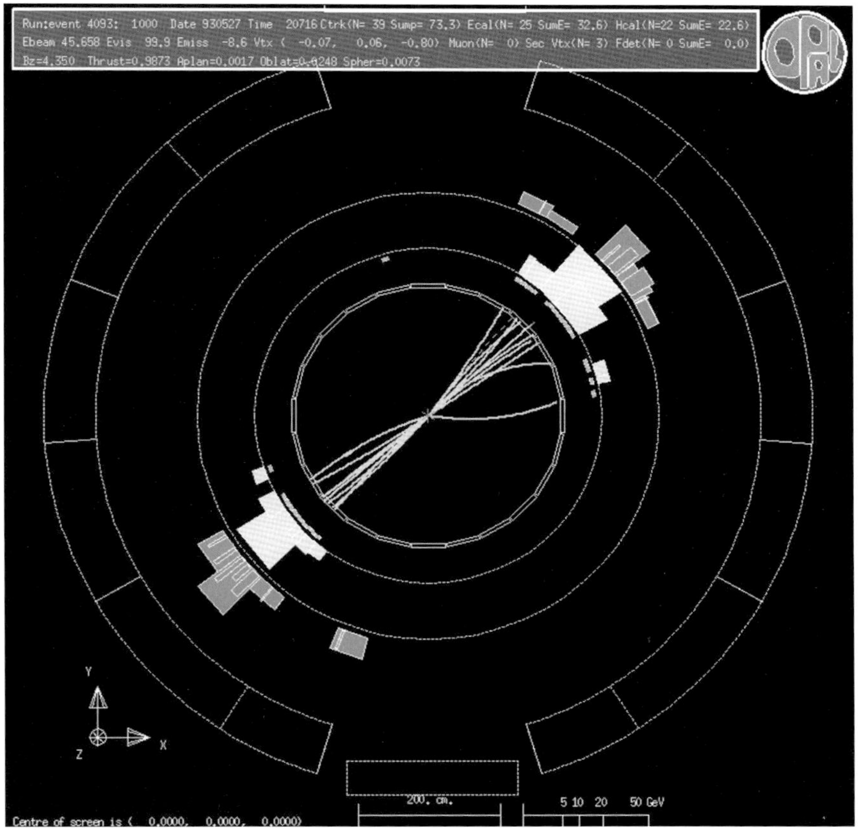

Abb. 2 Zwei Bündel von Teilchen, entstanden aus einem mittels Elektron-Positron-Vernichtung aus dem Vakuum herausgeholten Quark-Antiquark-Paar und im Detektor eines Beschleuniger-Experiments sichtbar gemacht.

Quark-Antiquark-Paare, Gluonen-Paare und andere. Das Vakuum ist tatsächlich eine brodelnde Brühe virtueller Paare aller Arten, welche die Natur kennt. Man spricht auch vom Quantenvakuum (Abb. 1).

Dies klingt zwar phantasievoll, aber ist es wahr? Warum sehen und spüren wir davon nichts? Dies liegt daran, daß die Natur unsere Sinnesorgane hinreichend unempfindlich gemacht hat, so daß sie von der Aktivität des Vakuums nicht gestört werden. Es brächte ja keinerlei Evolutionsvorteil, ständig das Schwirren und Flimmern des Quantenvakuums zu hören oder zu sehen. Mit empfindlichen Instrumenten können wir die Vakuum-Fluktuationen (vgl. Beitrag Hansen), wie sie auch genannt werden, aber klar nachweisen. Sie führen zu kleinen

Zitterbewegungen der von den virtuellen Paaren ständig angestoßenen Elektronen jedes Atoms, und diese verraten sich durch charakteristische Veränderungen des von den Atomen ausgestrahlten Lichtes. Die Vakuum-Fluktuationen erklären auch die beobachtete gegenseitige Anziehung der Atome durch die sogenannten »van der Waals-Kräfte«. Und Leuchtstofflampen könnten ohne die durch Vakuum-Fluktuationen verursachte spontane Lichtemission der Atome nicht zünden.

Eine eindrucksvolle Demonstration der Vakuum-Fluktuationen funktioniert so: Bringen wir in den »leeren« Raum eine Metallplatte, so wird diese von den virtuellen Paaren von beiden Seiten her gleich stark bombardiert; sie macht eine winzige Zitterbewegung, die aber zu schwach ist, um nachgewiesen werden zu können. Nun stellen wir parallel zu der Platte eine zweite Metallplatte in kleinem Abstand von der ersten. Wir beobachten, daß nun eine zwar schwache, aber doch meßbare Kraft wirkt, welche die beiden Platten aufeinanderzuzubewegen sucht. Man nennt sie Casimir-Kraft, nach Hendrik Casimir (geb. 1909), der sie vorhergesagt hat. Die Deutung: Zwischen den Metallplatten sind die Vakuum-Fluktuationen ein wenig unterdrückt, da Teilchen-Antiteilchen-Paare bestimmter Energien nicht in den Zwischenraum zwischen den Platten »passen«; dadurch entsteht ein Überschuß an Stößen der virtuellen Paare gegen die Außenseiten der beiden Platten und damit die Casimir-Kraft. Man kann sie berechnen und findet Übereinstimmung mit der Messung.

Vivisektion des Vakuums

Noch eine weitere Manifestation der Vakuum-Fluktuationen sei angeführt. Angenommen wir schaffen es, ein sehr starkes elektrisches Feld auf ein submikroskopisches Raumgebiet zu konzentrieren. An dieser Stelle wird sich zu diesem Zeitpunkt mit einer gewissen Wahrscheinlichkeit gerade ein virtuelles elektrisch geladenes Teilchen-Antiteilchen-Paar befinden. Statt daß diese Teilchen sich ganz schnell wieder gegenseitig in das Vakuum hinein vernichten, um die »geborgte« Energie zurückzugeben, können sie nun durch dieses elektrische Feld so stark beschleunigt werden, daß sie als freie Teilchen in einander entgegengesetzte Richtungen auseinanderfliegen und von außen mit Meßgeräten aufgefangen werden können. Das elektrische Feld reißt gewissermaßen ein virtuelles Paar der Vakuum-Fluktuationen auseinander und macht daraus reale, sich frei bewegende Teilchen.

Ein so ungeheuer konzentriertes elektrisches Feld erzeugt man durch die gegenseitige Vernichtung von Elektronen und Positronen, die man in einem Beschleuniger auf hohe Energie gebracht hat und dann gegeneinander schießt. Bei ihrer gegenseitigen Vernichtung entsteht elektromagnetische Strahlung, die zu einem außerordentlich starken elektrischen Feld in einem winzigen Raumgebiet führt. Eine derartige Beschleunigeranlage ist also eine Art Skalpell, mit dem man das Vakuum sezieren kann. Alle elektrisch geladenen Teilchen-Antiteilchen-Paare, die es in der Natur überhaupt gibt, kann man so bei genügend hoher Energie des Beschleunigers freisetzen (Abb. 2).

Aus diesen Experimenten haben wir von der Existenz der Quarks gelernt und wissen, daß es drei verschiedene Familien von Quarks und Antiquarks gibt, zu denen jeweils zwei unterschiedlich elektrisch geladene Arten gehören; ferner, daß es außer den Elektronen und Positronen noch zwei weitere Arten von schwereren elektronen- beziehungsweise positronenartigen Teilchen gibt, also ebenfalls drei Familien. Alle diese Teilchen sind mit Beschleunigern aus dem Vakuum herausgeholt worden. Aus den Teilchen der ersten Familie besteht unsere gewöhnliche Materie, also die Atome. Die Teilchen der zweiten und dritten Familie sind instabil und zerfallen in Sekundenbruchteilen, wobei Teilchen der ersten Familie entstehen; im Quantenvakuum sind aber alle drei Familien ständig anwesend, denn dort existieren sie ja ohnehin nur für ganz kurze Zeitspannen, so daß die Instabilität keine Rolle spielt. Die elektronen- und positronenartigen Teilchen der zweiten Familie bilden auch den Hauptanteil der sogenannten kosmischen Strahlung, die unseren Körper ständig trifft und zu den Mutationen unseres Erbmaterials beiträgt.

Was ist nun vom Vakuum geblieben? Es ist das, was man übrig behält, wenn man alle Atome und alle wirklichen realen Teilchen entfernt. In der Praxis ist dies natürlich nicht möglich; man brauchte unbegrenzt leistungsfähige Pumpen und müßte zugleich auf den absoluten Nullpunkt abkühlen. Doch nichts hindert einen Physiker, sich vorzustellen, daß man dies in beliebig guter

Näherung geschafft hätte. Man hat dann einen Zustand der geringsten möglichen Energie, und ihn definiert man als den Vakuum-Zustand. Er ist tatsächlich ein brodelndes Quantenvakuum. Da aber die virtuellen Teilchen diskreter Natur und sehr klein sind – viele Physiker halten es für möglich, daß sie sogar punktförmig sein könnten –, so haben wir gewissermaßen immer noch leeren Raum zwischen den virtuellen Teilchen und Antiteilchen. Der leere Raum ist wie eine Bühne, auf der das Quantenvakuum sein Spiel treibt. In diesem Sinne können wir also immer noch vom leeren Raum sprechen.

Vakuum und Symmetrie

Aber seit etwa 30 Jahren haben die Physiker auch diese Vorstellung erweitern müssen. Bei der Erforschung der Natur der Kräfte, welche die Elementarteilchen miteinander zu größeren Strukturen – Atomen, Molekülen, makroskopischen Körpern – verbinden und die auch ihre Umwandlungen bewirken, wurde die überragende Rolle der gebrochenen Symmetrien des Vakuums erkannt. Dies soll nun erklärt werden.

Es war schon Albert Einsteins Vision, daß alle fundamentalen Naturgesetze auf einer einheitlichen, vollkommenen Symmetrie, einem grundlegenden Prinzip beruhen und daraus erklärt werden könnten. Aber zu Einsteins Lebzeiten war die Kenntnis des Teilchen- und Kräfte-Inventars der Natur noch zu unvollkommen, so daß selbst ein Genie an dieser Aufgabe scheitern mußte. Inzwischen hat aber die experimentelle Teilchenphysik, die sich vor allem der Teilchenbeschleuniger bedient, große Fortschritte gemacht. Wir wissen heute, daß unsere Materie aus einer nur kleinen Zahl verschiedener Teilchenarten besteht; deren drei Familien wurden bereits erwähnt. Ferner fand man, daß es nur vier verschiedene Arten von elementaren Wechselwirkungen zwischen den Materieteilchen gibt. Unter »Wechselwirkungen« kann man sich »Kräfte« vorstellen, aber man zieht den allgemeineren Begriff vor, weil es sich nicht nur um anziehende oder abstoßende Wechselwirkungen handelt, sondern auch um solche, bei denen die beteiligten Teilchen in andere Teilchen umgewandelt werden.

Die wirklich frappierende Entdeckung war nun, daß diese vier elementaren Wechselwirkungen sich notwendig aus gewissen einfachen Symmetrie-Eigenschaften des Vakuums ergeben. Dies ist eine außerordentliche Erkenntnis: Die Naturkräfte in all ihren so komplexen Eigenschaften lassen sich letztendlich aus einfachen Regeln mathematischer Symmetrie ableiten. Diese Symmetrie erfordert zwingend, daß die Teilchen miteinander wechselwirken, und zwar gerade so, wie wir es beobachten. Im Vakuum liegt der Schlüssel allen dynamischen Verhaltens der Teilchen.

Was diese Symmetrie des Vakuums – man nennt sie »Eichsymmetrie« (aus historischen Gründen; der Name besagt eigentlich nicht viel) – im einzelnen ist, kann hier nicht auseinandergesetzt werden, nur soviel: Es handelt sich nicht um eine Symmetrie nur des Raumes, wie sie schon Aristoteles betrachtet hatte, sondern es spielen auch die Zeit hinein sowie bestimmte Eigenschaften der Elementarteilchen, etwa ihre elektrische Ladung. Mit der Eichsymmetrie ist ein neues, grundlegendes Prinzip der Natur gefunden worden. Einsteins Vision ist bestätigt.

Gebrochene Symmetrie erzeugt Trägheit

Die Eichsymmetrie beschreibt allerdings genaugenommen die Wechselwirkungen zwischen idealisierten Teilchen in dem Grenzfall, daß ihre trägen Massen außerordentlich klein sind und man diese daher vernachlässigen kann. Wäre das tatsächlich in der Natur der Fall, dann müßten sich alle Teilchen ohne Trägheit mit Lichtgeschwindigkeit bewegen. In einer solchen Welt könnten wir nicht existieren; es gäbe nur Strahlung. In der tatsächlichen Welt existiert die Eichsymmetrie in ihrer reinen Form also offenbar nicht, obwohl die Gesetze für die Wechselwirkungen ihr folgen. Woran liegt das?

Hier spielt nun wieder das Vakuum herein: In unserem Vakuum ist die Symmetrie nicht vollkommen; sie ist, wie man sagt, gebrochen. Eine Analogie soll dies veranschaulichen. Stellen Sie sich einen absolut leeren Raum vor, in dem es keine Vorzugsrichtung gibt (das Vakuum, das Aristoteles ablehnte). Intelligente Wesen, die in diesem Raum leben, würden eine vollkommene Symmetrie ihres Raumes bezüglich aller Richtungen feststellen. Nun komme ein großer unsichtbarer Dämon mit einem gewaltigen unsichtbaren Magneten und sorge dafür, daß in dem ganzen

Raum ein Magnetfeld herrscht, dessen Feldlinien überall in die gleiche Richtung zeigen. Solange die Bewohner des Raumes keine Kompasse verwenden, und wenn sie keinen magnetischen Sinn haben wie etwa die Bienen, würden sie immer noch vollkommene Symmetrie zu sehen meinen. Doch Kompasse würden nun eine bestimmte Richtung anzeigen, und Bienen würden nach dem Ausschwärmen die Richtung zu ihrem Stock wiederfinden. Die vollkommene Symmetrie wäre gebrochen. In einem tieferen Sinn ist die Symmetrie zwar noch vorhanden: Der Dämon hätte genau so gut jede andere Richtung wählen können. Aber ist die Richtung einmal gewählt, so ist die Symmetrie gebrochen.

Eine analoge Symmetriebrechung in unserem Vakuum kann dafür sorgen, daß die Massen der Teilchen nicht unendlich klein bleiben. Allerdings ist dafür kein von einem Dämon von außen angelegtes Magnetfeld nötig. Sondern die heute bevorzugte Hypothese ist, daß es ein andersartiges Feld, ein sogenanntes Skalarfeld ist, das sich spontan im Vakuum bildet und dann eine bestimmte Richtung in einem abstrakten gedachten Raum, der mit den Ladungen der Teilchen zusammenhängt, auszeichnet. Die grundlegenden Naturgesetze, die ja die volle (ungebrochene) Symmetrie besitzen, hätten auch jede andere Richtung zugelassen. In unserem Vakuum ist aber nun einmal eine bestimmte Richtung spontan ausgewählt worden. Man spricht von spontaner Symmetriebrechung des Vakuums. Während die fundamentalen Wechselwirkungen also in idealer Weise eichsymmetrisch sind, zeigt unser Vakuum eine gebrochene Symmetrie. Es war der Physiker Peter Higgs (geb. 1929), der diesen Mechanismus theoretisch aufgedeckt hat; man nennt das Skalarfeld daher auch Higgsfeld.

Wie aber kann sich spontan im Vakuum von selbst ein Feld bilden? Dies ist einer der wundersam erscheinenden Vorgänge, wie man sie in der Physik immer wieder findet. Das Skalarfeld hat die Eigenschaft, daß es innerhalb gewisser Grenzen selbstanziehend wirkt. Die Selbstanziehung ergibt aber einen negativen Beitrag zur (potentiellen) Energie, so daß ein Zustand mit einem von Null verschiedenen Skalarfeld eine niedrigere Gesamtenergie hat als ein Zustand ohne Skalarfeld. Anders gesagt: Die Energie, die durch das »Auskristallisieren« des Skalarfeldes aus dem »Nichts« frei wird, ist größer als die Energie, die seine Existenz erfordert. Da aber der Zustand niedrigster Energie der stabilste und wahrscheinlichste für das Vakuum ist, sollte sich das Vakuum deshalb spontan mit einem Skalarfeld bestimmter Stärke und gleichmäßiger Anordnung füllen, so daß die Energie ein Minimum annimmt. Als Folge davon ist die Eichsymmetrie gebrochen.

Die Erzeugung der trägen Massen der Teilchen durch das den Raum überall durchsetzende Skalarfeld oder gleichbedeutend damit die Tatsache, daß sich die Teilchen nicht stets mit Lichtgeschwindigkeit durch das Skalarfeld bewegen, ist nun ganz ähnlich der Vorstellung des Aristoteles über das Zustandekommen der Verlangsamung der Bewegungen, die anfangs erwähnt wurde – mit dem Unterschied, daß man heute alles mathematisch exakt formuliert und berechnet. Das Skalarfeld wirkt wie ein zähes Medium und hindert durchgehende Teilchen an einer ungehemmten Bewegung. Dies ist tatsächlich die Erklärung, die wir für das Zustandekommen der trägen Massen der Teilchen haben.

Ein Bild möge das veranschaulichen. Stellen Sie sich eine große Party vor. Sie finde im leeren Raum statt, der aber nun nicht wirklich leer, sondern ein Quantenvakuum mit einem Skalarfeld – dargestellt durch das Gedränge der Partygäste – ist. Nun betritt ein materieller Körper, ein Teilchen, den Raum. Das Skalarfeld tritt sofort mit dem Teilchen in Wechselwirkung, es umgibt ihn und ballt sich um ihn zusammen wie Partygäste um einen prominenten Neuankömmling. Damit wird das Teilchen an einer ungehemmten Bewegung gehindert. Nur mühsam bahnt sich das Teilchen seinen Weg durch ein Skalarfeld-erfülltes Vakuum. So kommt nach unseren heutigen Vorstellungen die Massenträgheit zustande. Sie mögen fragen: Behindern nicht schon die virtuellen Teilchen im Quantenvakuum die Bewegung, können sie nicht die Trägheit bewirken? Sie tun es nicht, sie modifizieren sie nur. Offenbar benötigt man das Skalarfeld.

Die Higgs-Teilchen

Wenn wir diese Ideen ernst nehmen – und wir müssen es tun, wenn wir die Massenträgheit verstehen wollen – dann muß es also ein das Vakuum stets und überall erfüllendes Skalar- oder Higgsfeld geben. Kann man es direkt nachweisen? Dies sollte möglich sein, weil in der Quantentheorie zu jeder Art von Feld auch eine Teilchenart gehört. Ein Feld kann zu Schwingungen angeregt werden, und bestimmten einzelnen Schwingungsarten entsprechen Teilchen. Dies ist die berühmte Welle-Teilchen-Dualität. Es muß also eine oder mehrere Sorten von skalaren oder Higgs-Teilchen geben. Man kann alle ihre Eigenschaften eindeutig vorherberechnen, ausgenommen jedoch den genauen Wert ihrer Massen. Über diese weiß man nur, daß sie mindestens etwa 100 mal größer als die Masse eines Wasserstoffatoms sein müssen, denn sonst hätte man diese Teilchen schon entdeckt; tatsächlich wurden aber beim »Sezieren« des Vakuums mit den größten bisher gebauten Beschleunigern keine eindeutigen Anzeichen für Higgs-Teilchen gefunden.

Es ist aus dem Gesagten klar, daß das oder die hypothetischen Higgs-Teilchen nicht einfach irgend eine x-beliebige weitere Art von Elementarteilchen darstellen. Vielmehr sollten sie die grundlegendsten Teilchen sein, bestimmt doch ihr Feld die Natur unseres Vakuums. Wir sagen bewußt »unseres« Vakuums, denn es erscheint möglich, daß in sehr entfernten, uns unzugänglichen Gebieten des Universums das Vakuum anders geartet ist, mit anderer spontaner Symmetriebrechung. In unserem vorherigen Bild entspräche dem ein Raumgebiet, in welchem das Magnetfeld in eine andere Richtung zeigt. In einem solchen entfernten Gebiet sähen die Physikbücher ganz anders aus als bei uns, wenn es denn überhaupt welche gibt; denn wahrscheinlich könnte dort kein Leben existieren. Man vermutet auch, daß all unsere Materie dereinst im Urknall aus einem Skalarfeld, das eine Art Urmaterie darstellte, entstanden sein könnte und daß dieses Skalarfeld die ursprünglich treibende Kraft für die Expansion des Weltalls war, welche die Astronomen als Fluchtbewegung der Galaxien beobachten.

Wir stehen daher heute an einem entscheidenden Punkt in der Physik des Vakuums: Wir haben tiefe Einsichten gewonnen, doch der entscheidende Beweis für ihre Richtigkeit steht noch aus, nämlich der Existenzbeweis für die Skalarfelder durch den Nachweis der skalaren Teilchen. Diese sind tückischerweise größtenteils weder elektrisch noch magnetisch, so daß es schwierig ist, sie mit Beschleunigern zu erzeugen und sie zu entdecken. Aus Hinweisen auf gewisse Vakuum-Eigenschaften, die man in Beschleuniger-Experimenten gefunden hat, kann man allerdings schließen, daß die Higgs-Teilchen kaum schwerer als 300 Wasserstoffatom-Massen sein dürften. Dann aber müssen sie mit der nächsten Generation stärkerer Beschleuniger mit Sicherheit gefunden werden.

Philosophische Maschinen

Ein solcher Beschleuniger, der sogenannte Large Hadron Collider, befindet sich gegenwärtig in einem 27 km langen Ringtunnel beim Europäischen Nuklearforschungszentrum CERN in Genf im Bau. Er soll 2006 den Betrieb

Abb. 3 Die Trasse des geplanten Elektron-Positron-Beschleunigers TESLA bei Hamburg.

aufnehmen. In ihm werden Wasserstoff-Atomkerne auf sehr hohe Energie beschleunigt und miteinander zur frontalen Kollision gebracht. Dabei können gelegentlich Quarks oder Gluonen des einen Kerns mit solchen des anderen Kerns hart zusammenstoßen. In solchen Stößen könnten über Zwischenschritte auch Higgs-Teilchen entstehen. Es ist allerdings nicht einfach, diese nachzuweisen.

Einen direkteren Zugang bietet ein Elektron-Positron-Beschleuniger, mit dem – wie vorher erklärt – das Vakuum sozusagen seziert werden kann. Das Quanten-Vakuum enthält ja, wie wir sahen, einen immens reichen Vorrat an allen Teilchen, die es in der Natur gibt – man muß sie nur herausholen. Erzeugt man dabei schwere Teilchen, die ja besonders stark mit dem Skalarfeld wechselwirken sollten, so kann man ausrechnen, daß dabei in einer bestimmten Zahl von Fällen auch Higgs-Teilchen frei werden würden – wenn es sie denn gibt. Man wird dann die Frage, ob die skalaren Teilchen tatsächlich existieren, eindeutig mit ja oder nein beantworten können. Auch kann man ihre genauen Eigenschaften untersuchen. An der Entwicklung eines solchen Beschleunigers wird deshalb derzeit in den USA, in Japan und in Deutschland intensiv gearbeitet. Am meisten fortgeschritten ist wohl das deutsche Projekt, das im Folgenden kurz skizziert werden soll.

Der Beschleuniger wird am DESY, dem Großforschungsinstitut für Teilchenforschung in Hamburg, in internationaler Zusammenarbeit entwickelt und geplant. Sein Name TESLA steht für TeV Energy Superconducting Linear Accelerator (supraleitender linearer Beschleuniger für Tera-Elektronenvolt-Energien; ein Tera-Elektronenvolt ist die Energie eines Elektrons, das mit einer elektrischen Spannung von einer Billion Volt beschleunigt worden ist). Im Gegensatz zu den sonst üblichen Ringbeschleunigern ist TESLA langgestreckt, weil sich Elektronen und Positronen nur auf einer geraden Rennstrecke auf die benötigten sehr hohen Energien bringen lassen. Die beschleunigten Teilchen haben dann nahezu Lichtgeschwindigkeit und eine etwa ebenso hohe Energie, wie sie die Teilchen in der ersten Billionstel Sekunde nach der Geburt des Universums im Urknall hatten, noch bevor sich Atomkerne und Atome bildeten.

Dafür wird eine Beschleunigungsstrecke von zweimal 15 Kilometer Länge benötigt. Sie soll sich in einem unterirdischen Tunnel erstrecken, der von Hamburg-Bahrenfeld aus bis an die Nordgrenze des Kreises Pinneberg in Schleswig Holstein reicht (Abb. 3). In dem Tunnel werden kleinste Bündel von Elektronen und Positronen durch elektrische Felder in tiefgekühlten, supraleitenden Metallröhren beschleunigt (Abb. 4). Von Norden kommen die Positronen, von Süden – ihnen entgegen – die Elektronen. Da die Teilchen im luftleeren Raum laufen müssen, stellen die Beschleuniger zugleich die wohl größten technischen Höchstvakuumsysteme dar. In der Mitte der Beschleunigungsstrecke, wenn die volle Energie erreicht ist, werden die Teilchen genau gegeneinander gelenkt, so daß sie einander treffen.

Trotz ihrer Winzigkeit stoßen alle paar Sekunden einige der Teilchen frontal aufeinander. Diese Vorgänge kann man mit einem sogenannten Detektor beobachten und unter kontrollierten Bedingungen in allen Einzelheiten untersuchen. Ein solcher Detektor ist eine hausgroße Anordnung aus Tausenden von Meß- und Beobachtungsinstrumenten. Er wird unterirdisch dort aufgebaut, wo die beschleunigten Teilchen aufeinandertreffen. Damit können die Wissenschaftler genaue Einblicke über die aus dem Vakuum herausgerissenen Teilchen erhalten. Higgs-Teilchen, wenn es sie gibt, werden sich dann klar zeigen. Das TESLA-Prinzip wird derzeit an einem verkleinerten Modell erprobt. Man hofft, daß TESLA ab 2003 in einer internationalen Zusammenarbeit gebaut wird.

»Da könnt' mir halt der liebe Gott leid tun«

Es könnte sich dann natürlich zeigen, daß Higgs-Teilchen überhaupt nicht existieren, obwohl das nach allem, was wir heute wissen, ziemlich unwahrscheinlich erscheint. Was aber dann? Niemand weiß es, aber voraussichtlich würde man unsere heutigen Vorstellungen von den Symmetrien und ihrer Rolle in der Natur, insbesondere für die Struktur des Vakuums, aufgeben müssen. Kein ernsthafter Forscher vermöchte heute zu sagen, was an ihre Stelle treten würde; das können uns nur die Experimente an den Beschleunigern lehren. Die vorherrschende Meinung unter den Physikern ist wohl die gleiche, die Einstein ausdrückte, als er gefragt wurde, was er sagen würde, wenn sich seine Allgemeine Relativitätstheorie als falsch herausstelle: »Da könnt' mir halt der liebe Gott leid tun«, denn der habe dann eine gute Idee ungenutzt gelassen. Es ist nicht klar, wie wir dann unsere Kenntnisse über die Teilchen und ihre Wechselwirkungen in ein vernünftiges Schema bringen könnten – es wäre, als wenn man ein Gewölbe schon fast fertig errichtet hätte und dann entdeckt, daß der Schlußstein fehlt, der alles zusammenhält. Wie dies auch ausgeht, wir hoffen, daß wir in zehn Jahren eine verläßliche Aussage aus den Beschleuniger-Experimenten haben.

Dieser Aufsatz will einen Eindruck davon vermitteln, wie man in der Frage nach der Natur des Vakuums heute weiterzukommen hofft. Insofern diese Frage traditionell auch eine philosophische Frage ist, hat der Schriftsteller Friedrich Dürrenmatt (1921–1990) recht, wenn er die Teilchenbeschleuniger als »philosophische Maschinen« bezeichnet. Nur mit der Hilfe von Maschinen und Experimenten sind solche Fragen zu beantworten. Daran hat sich seit Otto von Guerickes Versuchen nichts geändert.

Zum Schluß sei auf ein noch völlig unverstandenes, sehr merkwürdiges Problem im Zusammenhang mit dem Vakuum hingewiesen. Es geht dabei um die Schwerkraft-Wirkung des Quantenvakuums. Obwohl viele der virtuellen Teilchen-Antiteilchen-Paare, die im Quantenvakuum kurzzeitig auftauchen, elektrisch geladen sind, so bleibt doch das Vakuum, wenn man über makroskopische Raumgebiete und Zeiten mittelt, elektrisch vollkommen neutral, da im Mittel stets gleich viele negative wie positive Ladungen vorhanden sind. Anders sollte es aber mit der Schwerkraft sein: Antiteilchen unterliegen der gleichen anziehenden Schwerkraft wie Teilchen. Dies ist eine eindeutig durch Experimente gesicherte Tatsache. Deshalb sollten sich die Schwerkraft-Wirkungen aller virtuellen Teilchen addieren.

Berechnet man dies, so findet man einen gewaltigen Gravitationseffekt. Seine Stärke wird durch die sogenannte kosmologische Konstante ausgedrückt; sie kommt bei der Berechnung so riesig heraus, daß ein Kosmos mit einem solchen Gravitationseffekt des Vakuums keinerlei Ähnlichkeit mit unserem Universum mehr aufwiese. Es hätten sich darin überhaupt keine Galaxien bilden können. Weshalb das nicht so ist, weshalb also das Quantenvakuum die erwarteten gewaltigen gravitativen Wirkungen tatsächlich gar nicht ausübt, dafür ist bisher keine überzeugende Erklärung gefunden worden. Viele Physiker halten das Rätsel der kosmologischen Konstanten für das bedeutendste ungelöste Verständnisproblem der gegenwärtigen Physik.

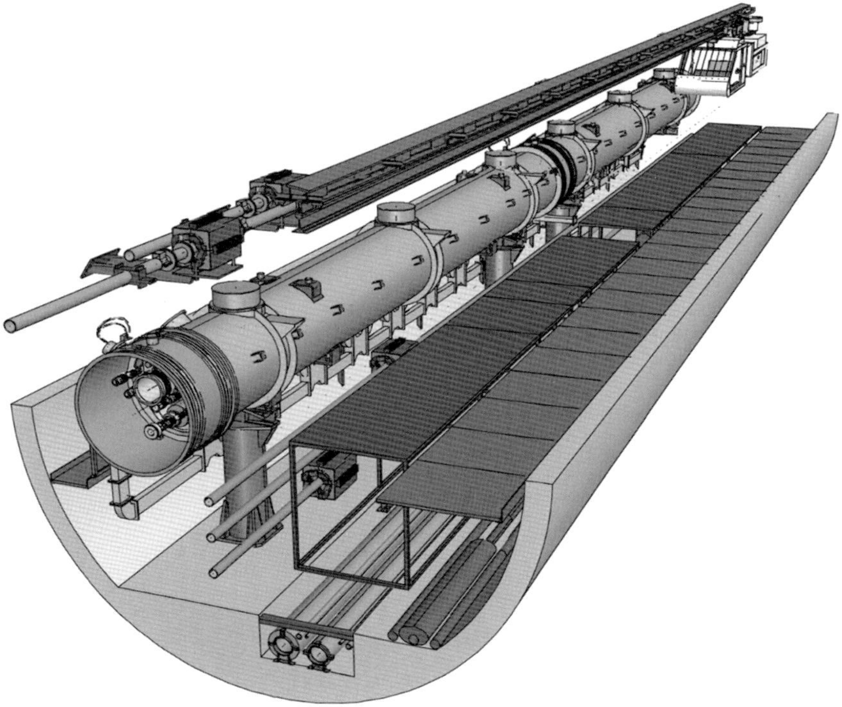

Abb. 4 Querschnitt des TESLA-Tunnels mit der auf ein Höchstvakuum ausgepumpten Beschleunigungsstrecke für die Elektronen.

In den letzten Jahren haben die Astronomen einen sehr interessanten und überraschenden Befund entdeckt, der hier vielleicht einen Fingerzeig gibt. Die Flucht der Galaxien, so zeigten Messungen der Entfernungen von Supernovae, scheint keine abgebremste Bewegung zu sein, wie man sie bis dahin wegen der gegenseitigen Anziehung der Galaxien als geradezu selbstverständlich angenommen hatte. Vielmehr scheint sich die Fluchtbewegung zu beschleunigen; der Kosmos dehnt sich offenbar mit zunehmender Schnelligkeit aus. Wodurch aber könnte eine solche Beschleunigung verursacht werden? Man würde so etwas erwarten, wenn das Vakuum eine, allerdings nur winzige, kosmologische Konstante aufwiese. Auch ein Skalarfeld im Vakuum, dessen Stärke sich ganz langsam und stetig ändert, würde wie eine abstoßende Gravitationskraft erscheinen und dadurch die Beschleunigung erklären können. Für das Vakuum würde dies bedeuten, daß es tatsächlich nicht ganz unveränderlich und stabil ist, sondern sich derzeit in einer langsamen Entwicklung auf einen vielleicht stabilen Endzustand hin befindet, der sich erst in Milliarden von Jahren einstellen mag.

So gibt uns das Vakuum auch heute, 400 Jahre nach Guericke, noch große Rätsel auf. Um einer Lösung näherzukommen, brauchen wir sowohl neue Beschleuniger-Experimente als auch astronomische Beobachtungen sowie ein tieferes Verständnis der Gravitation.

Klaus Mainzer

Vakuum und Kosmologie

Über die Vorstellung eines universellen Mediums im Weltall

Einführung

Untersuchungen des Vakuums inspirieren kosmologische Weltmodelle seit den antiken Anfängen über Guerickes »Vacuum spatiu« bis hin zur Quantenkosmologie der Gegenwart. Die Vorstellung eines universellen kosmischen Mediums von der aristotelischen Quintessenz über den elektrodynamischen Weltäther bis zur Kosmologischen Konstanten zieht sich dabei wie ein roter Faden durch die Wissenschaftsgeschichte. Welche empirischen Beobachtungen und Messungen führen heute zur Annahme eines kosmischen Vakuums und wie läßt es sich aus einer vereinigten physikalischen Theorie begründen?

Klassische Kosmologie: Die Entdeckung des Vakuums

Nach der aristotelischen Kosmologie, die bis in die Renaissance das Weltbild beherrschte, drehen sich sieben kristallene Kugelschalen mit den Planeten Mond, Merkur, Venus, Sonne, Mars, Jupiter und Saturn konzentrisch um die ruhende Erdkugel. Dort streben die schweren Elemente Erde und Wasser »nach unten« zum Weltmittelpunkt, die leichten »nach oben« zur Mondsphäre. Der endliche Kosmos wird durch die Fixsternsphäre abgeschlossen. Die Sphären bestehen aus der »Quintessenz« des fünften »himmlischen« Elements. Die übrigen vier Elemente Feuer, Wasser, Luft und Erde bestimmen die Abläufe der Erdphysik. Himmel und Erde sind also durch Stoffe erfüllt. Es gibt keinen leeren Raum.

Die aristotelische Begründung ist keineswegs spekulativ, sondern greift auf alltägliche Erfahrungen der Erdphysik zurück. Nach Aristoteles hängt nämlich die Fallgeschwindigkeit eines Körpers von seiner Schwere und vom Widerstand des umgebenden Mediums wie Wasser oder Luft ab. Die Fallgeschwindigkeit nimmt danach mit steigender Schwere eines Körpers zu, aber mit steigender Bremswirkung eines dichter werdenden Mediums ab. Im Vakuum wäre das umgebende Medium von Stoffen entleert und die Bremswirkung aufgehoben. Folglich müßten im Vakuum alle Körper unabhängig von ihrer Schwere gleich schnell fallen, entgegen, wie Aristoteles betont, der alltäglichen Erfahrung: Eine Feder fällt langsamer als ein Eisengewicht.

So anschaulich die aristotelische Ablehnung gegenüber der spekulativen Annahme eines fiktiven leeren Raums durch die Atomisten wirkt, so mußte sie doch in vielen physikalischen Anwendungen auf weniger überzeugende Konstruktionen zurückgreifen. Bestes Beispiel ist die aristotelische Erklärung des Wurfs, wonach sich das Trägermedium der Luft quasi wie eine Bugwelle hinter den geworfenen Gegenstand schieben mußte, um die Vorwärtsbewegung zu erklären. Nach Philoponos von Alexandria (6. Jh. n. Chr.) hat die Fortdauer einer Bewegung beim Wurf aber nichts mit der Luft zu tun. Dem Geworfenen (zum Beispiel der Kanonenkugel) wird vom Werfer (zum Beispiel eine Kanone) ein »Impetus« mitgegeben, der allmählich abnimmt. Da das umgebende Medium unwesentlich ist,

Abb. 1 Isaac Newton (1643–1727), Begründer der klassischen Mechanik, Gemälde 1725, vgl. auch Kat. 356.

wird eine Bewegung im Vakuum denkbar.

In seiner frühen Schrift »De motu« (1589) verteidigt Galilei noch die Impetustheorie. In den »Discorsi« (1637/38) begründet er die neue Mechanik. Eine Wurfparabel setzt sich geometrisch aus einer gleichförmig geradlinig fortschreitenden Bewegung (Trägheit) und einer gleichförmig beschleunigten Fallbewegung (Schwerkraft) zusammen. Im Vakuum fallen alle Körper gleich schnell. Damit wird das Vakuum zu einer zentralen theoretischen Annahme der neuen Mechanik, obwohl es experimentell noch nicht nachgewiesen ist.

Als neuzeitliche Wende der Kosmologie gilt zwar das copernicanische Modell. In seiner Physik bleibt es aber durchaus der Tradition verpflichtet. In seinem Hauptwerk »De revolutionibus« (1543) tauscht Copernicus bekanntlich die Stellung der Erde durch die Sonne aus. Der Mond umkreist die Erde. Die Schwere ist nun (aristotelisch gedacht) ein natürliches Streben der Elemente nach dem Mittelpunkt ihrer Planeten (zum Beispiel der Erde). Der Kosmos bleibt endlich und konzentrisch. Zudem erschüttern Galileis genaue Fernrohrbeobachtungen (zum Beispiel des Erdmondes, Jupitermondes, der Venusphasen) zwar das geozentrische Weltsystem, ohne es aber endgültig widerlegen zu können. Wie im geozentrischen System bleibt der copernicanische Kosmos endlich mit konzentrischen Kreisbahnen der Planeten.

Die Wende kündigt sich erst mit Keplers Planetentheorie an. Durch sein Probieren mit geometrischen Konstruktionen fand er die Ellipsenbahnen der Planeten (zum Beispiel des Mars) mit der Sonne im Brennpunkt, die mit seinen Beobachtungsdaten am besten übereinstimmten. Planetenbewegungen sind also weder gleichförmig noch kreisförmig oder konzentrisch. Das ist der endgültige Bruch mit der antikenmittelalterlichen Tradition. Welche Physik liegt aber den Planetenbewegungen zugrunde, wenn es nicht mehr die aristotelischen Annahmen sein können? Bereits William Gilbert deutete die Erde in »De magnete« (1600) als großen Kugelmagneten. Kepler will alle Planetenbewegungen ohne Trägersphären durch eine magnetische Fernkraft (anima motrix) der Sonne erklären. Wie ein sich drehender Magnet bewirkt sie, daß die Planeten wie kleine Magneten angezogen oder abgestoßen werden, je nachdem ob sich gegensätzliche oder gleichartige Pole nahe kommen. Die Kritik an dieser Hypothese ließ nicht lange auf sich warten. Athanasius Kircher (1641) wendete ein, daß drehende Magneten im Experiment keine Körper wie etwa Eisenspähne mit sich herumreißen.

In den »Experimenta nova« (1672) erklärt Otto von Guericke die Himmelsbewegungen im leeren Raum durch elektrostatische Fernkräfte der Himmelskörper. Tatsächlich zieht eine aus Schwefel und Erde geschmolzene Kugel bei starker Reibung (genügend leichte) Teilchen aller Stoffe an und dreht sie mit sich herum (vgl. Abb. S. 99). Nachdem Guericke das Vakuum technisch im Experiment nachgewiesen hatte, stellte er sich den Kosmos als einen unendlichen leeren Raum vor, in dem sich die Himmelskörper durch ihre Fernkräfte bewegen. Für Mechanisten wie René Descartes und Gottfried Wilhelm Leibniz ist die Annahme von Fernkräften im leeren Raum ein Rückfall in Animismus und Spiritualismus. Für kosmische Bewegungen werden Wirbel und Strudel angenommen, die Himmelskörper mit sich herumreißen und durch Stöße feiner Teilchen nach den Stoßgesetzen erklärt werden.

In den »Philosophiae naturalis principia mathematica« (1687) führt Isaac Newton seine Mechanikgesetze auf Beobachtungen zurück und kritisiert damit zugleich die cartesisch-mechanistische Physik mit ihren fiktiven Annahmen von unbeobachteten kleinsten Teilchen und Stoßmechanismen zur Erklärung von beobachtbaren Wirkungen: Hypotheses non fingo! Himmelskörper wechselwirken in einem absolut ruhenden unendlichen leeren Raum nach Newtons Gravitationsgesetz umgekehrt proportional zum Quadrat ihrer Abstände. Aus den Mechanikgesetzen und dem Gravitationsgesetz, die Newton als Erfahrungstatsachen voraussetzt, lassen sich Keplers Planetenbahnen mathematisch zwingend ableiten.

1758 entwickelte der kroatische Astronom und Naturphilosoph Rudjer Boscovich eine bemerkenswerte Atomtheorie auf Newtonischer Grundlage, die noch Ende des 19. Jahrhunderts von englischen Physikern und Begründern der modernen Atomtheorie zitiert wird. Danach ist der leere Raum durch Punktmassen erfüllt, die sich in unterschiedlichen Aggregatzuständen zu Körpern höherer Ordnung verbinden können. Atomare Bewegungen im leeren Raum werden durch ein universelles Kraftgesetz erklärt, wonach zwei Punktmassen mit wachsendem Abstand im Mikrokosmos über anziehende und abstoßende Kräfte schließlich im Makrokosmos in die universelle Massenanziehung von Newtons Gravitationsgesetz übergehen.

Newton benötigt den absoluten ruhenden Raum als Bezugssystem für Trägheitsbewegungen (lex inertiae). Daher versucht er, dessen Existenz wenigstens indirekt zu beweisen. In einem von ihm in den »Principia« erwähnten Experiment wird ein Eimer mit Wasser an einem Seil verdreht. Nach dem Loslassen rotiert der Eimer und reißt das Wasser mit. Obwohl rotierender Eimer und rotierendes Wasser relativ zueinander ruhen, verformt sich die Wasseroberfläche. Diesen Effekt führt Newton auf den absolut ruhenden und leeren Raum zurück, der aber selber nicht direkt beobachtbar ist. Daher treten bald schon prominente Kritiker auf, die Newton vorwerfen, seiner eigenen Devise »Hypotheses non fingo« untreu zu werden. Leibniz (1716), Berkeley (1719) und Mach (1883) kritisieren den absoluten Raum als eine metaphysische Fiktion: Wie soll das Leere beobachtbare Wirkungen verursachen? Mit Bezug auf Newtons Eimerexperiment fragt Ernst Mach: Wie würde sich die Wasseroberfläche verändern, wenn die rotierende Eimerwand immer dicker und massiger würde? Seine Antwort wird als »Machsches Prinzip« in die Physikgeschichte eingehen und an der Wiege von Einsteins Allgemeiner Relativitätstheorie stehen: Trägheitswirkungen werden durch Relativbewegungen von (beobachtbaren) Sternenmassen verursacht!

Ein Trägheits- beziehungsweise Inertialsystem wird von Ludwig Lange (1885) in der heute üblichen Form als ein Bezugssystem definiert, in dem Newtons Trägheitsgesetz gilt. Newtons Mechanikgesetze gelten dann unverändert (invariant) mit Bezug auf alle Inertialsysteme, die relativ zueinander gleichförmig bewegt sind. Mathematisch ist damit gemeint, daß entsprechende Gleichungen mit Galilei-Transformationen auf die drei Raumkoordinaten und die Zeitkoordinate der Inertialsysteme umgerechnet werden können, ohne ihre Form zu ändern. Diese »Galilei-Invarianz« der Bewegungsgesetze wird von Hermann Weyl als »Relativitätsprinzip der klassischen Mechanik« bezeichnet. Newtons Annahme eines ausgezeichneten absoluten Raums wird damit überflüssig. An seine Stelle tritt die Klasse aller im Sinne der Galilei-Invarianz gleichberechtigten Inertialsysteme. Allerdings bleibt Newtons absolute Zeit eine Kernannahme der klassischen Mechanik.

Nach der Mechanik ist die Elektrodynamik die weitere große physikalische Theorie, die im 19. Jahrhundert formuliert wurde. Die Gesetze der Elektrodynamik, die auch für die Optik und damit für Lichtphänomene gelten, sind aber nicht galilei-invariant wie die Mechanikgesetze. So gilt nicht mehr das klassische Additionsgesetz der Geschwindigkeit: Wenn zum Beispiel ein Reisender in einem Zug einen Lichtstrahl in Fahrtrichtung sendet, dann haben die Lichtteilchen (Photonen) für einen ruhenden Beobachter am Bahndamm keineswegs eine aus Zug- und Lichtgeschwindigkeit zusammengesetzte größere Geschwindigkeit als das Licht. Hat die Elektrodynamik ein ausgezeichnetes Bezugssystem, in dem eine Art »Weltäther« als Trägermedium elektromagnetischer Wellen (analog einer Flüssigkeit in der Mechanik) ruht? Michelson und Morley versuchen seit 1881 vergeblich, ein solches »Medium« mit der Relativbewegung eines Bezugssystems wie der Erde nachzuweisen. Die Physik schien daher um die Jahrhundertwende in zwei Konzepte von Raum und Zeit auseinanderzubrechen: Mechanik und Elektrodynamik standen sich unverbunden gegenüber.

Relativistische Kosmologie: Expansion ohne Vakuum und Kosmologische Konstante

In seiner Speziellen Relativitätstheorie (1905) vereinigte Einstein die Raum-Zeit von Mechanik und Elektrodynamik. An die Spitze seiner Theorie stellte er a) das spezielle Relativitätsprinzip, wonach alle gleichförmig zueinander bewegten Inertialsysteme physikalisch gleichwertig sind, und b) aus der Elektrodynamik das Prinzip von der Konstanz der Lichtgeschwindigkeit, wonach die Lichtgeschwindigkeit in (wenigstens) einem Inertialsystem unabhängig vom Bewegungszustand der Lichtquelle ist. Inertialsysteme, in denen zusätzlich die Konstanz der Lichtgeschwindigkeit gelten soll, heißen Lorentz-Systeme. Sie erfordern andere Transformationen, um bei Umrechnung auf verschiedene Bezugssysteme die unveränderliche Form und Gültigkeit der Bewegungsgesetze von Mechanik, Optik und Elektrodynamik zu garantieren. An die Stelle der Galilei-Invarianz tritt nun die Lorentz-Invarianz. In den entsprechenden Lorentz-Transformationen ist die Zeit in einem Bezugssystem nicht nur von der Zeitangabe in einem dazu relativen Bezugssystem abhängig, sondern auch von dessen Orts- und Geschwindigkeitszustand. Daher gibt es keine universelle Zeit mehr, auf die Uhren aller Bezugssysteme im Universum synchronisiert werden könnten. Zeitmessung wird wegabhängig. Eine Veranschaulichung liefert das Zwillingsparadoxon: Zwei Zwillinge, die sich von einem gemeinsamen Ausgangspunkt nach unterschiedlichen Reisen in Raum und Zeit wieder treffen, sind nach Einstein unterschiedlich gealtert. In der Speziellen Relativitätstheorie hat jeder seine »eigene« Zeit. In der Relativitätstheorie sprechen wir von der »Eigenzeit« der Bezugssysteme. Nach dem absoluten Raum ist damit die letzte Bastion des Newtonschen Raum-Zeit-Konzeptes gefallen – die Annahme einer absoluten Zeit.

In seiner Allgemeinen Relativitätstheorie (1915) berücksichtigt Einstein schließlich die Gravitation. Dabei hat das Machsche Prinzip wenigstens heuristisch eine Rolle gespielt. Nach Einstein erzeugen nämlich Massen und Energien eine gekrümmte Raum-Zeit als geometrischer Ausdruck von Gravitationsfeldern. Die Krümmung von Lichtstrahlen in der Nähe der Sonne konnte 1919 von Eddington erstmals bestätigt werden. Obwohl Einstein (1907) von der Äquivalenz von Trägheitseffekten und schweren Massen im Sinne des Machschen Prinzips ausging, lassen seine Feldgleichungen auch Lösungen für leere Räume zu (zum Beispiel Minkowski, Schwarzschild, Thirring).

Kosmologisch legen Einsteins Feldgleichungen von 1915 eine universelle Expansion und Kontraktion des Universums nahe. Um die damals allgemein akzeptierte Annahme eines unendlichen und statischen Universums in der Tradition Newtons zu erhalten, führte Einstein 1917 eine kosmologische Korrekturkonstante (Kosmologische Konstante) ein, die als globale Abstoßungskraft den gravitationsbedingten Veränderungen entgegenwirken sollte. Aber auch die so korrigierten Feldgleichungen erfüllen nicht das Machsche Prinzip: Wilhelm de Sitter fand im gleichen Jahr die Lösungen eines leeren Raumes, der nicht statisch ist. Welchen Sinn macht dann noch eine Kosmologische Konstante? Einstein gab sie als »größte Eselei« seines Lebens auf.

Damit war der Weg frei für die Expansionsmodelle des Universums ohne Kosmologische Konstante. Nach Annahme des Kosmologischen Prinzips sind die Himmelskörper im Universum zu jedem Zeitpunkt statistisch überall gleich verteilt (Homogenität) und ohne Auszeichnnung einer Richtung (Isotropie). Unter der Annahme homogener und isotroper Materieverteilung (Kosmologisches Prinzip) ist der Raum zu jedem Zeitpunkt entweder a) euklidisch ohne Krümmung (»flach«), b) negativ gekrümmt (wie ein Sattel in der zweidimensionalen Veranschaulichung) oder c) positiv gekrümmt (wie eine Kugeloberfläche in der zweidimensionalen Veranschaulichung). Unter Annahme kosmischer Expansion, die durch Hubbles Rotverschiebung des Lichts ferner Galaxien und die Mikrowellenrückstandsstrahlung aus einem frühen heißen und dichten Uruniversum nahe gelegt wurde, folgen aus dem Kosmologischen Prinzip und Einsteins Feldgleichung die drei Standardmodelle mit Anfangssingularät (»Urknall«): a) Ein unbegrenzt expandierendes Universum mit flachem Raum zu jedem Zeitpunkt, b) ein noch stärker unbegrenzt expandierendes Universum mit negativ gekrümmtem Raum zu jedem Zeitpunkt und c) ein zunächst expandierendes und schließlich kollabierendes Universum mit positiver Raumkrümmung zu jedem Zeitpunkt von endlichem Inhalt (wie im zweidimensionalen Fall der endliche Flächeninhalt einer geschlossenen Kugeloberfläche).

Die universelle Expansion des Universums, die sich im wachsenden Abstand zwischen den Galaxien zeigt, entspricht einer positiven kinetischen Energie. Gleichzeitigt wirkt aber eine negative Gravitationsenergie als potentielle Energie, die durch die Massenanziehung zwischen allen materiellen Körpern ausgelöst wird. Sie bremst die Expansion ab. Für die drei Standardmodelle folgt: Wenn die potentielle Energie stärker ist, dann ist die Raum-Zeit positiv gekrümmt. Das Universum wird dann seine Expansion einstellen, nach endlicher Zeit kollabieren und wieder in einer Endsingularität zusammenschrumpfen. Wenn die kinetische Energie größer ist, dann ist die Raum-Zeit negativ gekrümmt: Die Expansion hält unbegrenzt an. Wir sprechen von einem offenen Universum. Im dritten Fall einer flachen Raum-Zeit ist die Summe von kinetischer und potentieller Energie gleich Null: Die Gravitation würde die Expansion zwar abbremsen, ohne sie aber vollständig zum Stillstand bringen zu können. Das Universum ist also auch in diesem Fall offen, allerdings mit abgebremster Expansion.

Wenn wir nach dem relativistischen Expansionsmodell auf der Zeitachse in den dichten Urzustand des Universums zurückkehren, dann ballen sich in einem immer kleiner werdenden Volumen rapide wachsende Energien zusammen. Bei einem immer winziger werdenden Durchmesser kommt es zu extrem großer Raumkrümmung verbunden mit wachsender Gravitationskraft. Sie führt zwangsläufig zum Grenzbegriff einer Punktsingularität, in der alle physikalischen Größen divergent werden, das heißt Ausdehnung Null mit unendlicher Energie. Die Allgemeine Relativitätstheorie gibt also präzise einen Anfangspunkt der kosmologischen Zeit an, ohne aber physikalisch etwas über diesen Anfang aussagen zu können. Das mag für manchen Theologen sympathisch klingen, da es einen Schöpfungszeitpunkt suggeriert. Für einen Mathematiker ist es das Eingeständnis, daß die Relativitätstheorie an die Grenzen ihrer Berechenbarkeit gestoßen ist. Dabei haben wir allerdings die Rechnung ohne die Quantenmechanik gemacht. Bei unserer Reise zurück auf der Zeitachse geraten wir nämlich in ein winziges Universum im Größenbereich des »Planckschen Wirkungsquantums«, in dem die Gesetze der Quantenmechanik herrschen.

Quantenkosmologie: Vakuumenergie und Kosmologische Konstante

In welchem Universum leben wir und wie läßt sich seine Expansion erklären? Als physikalische Grundkräfte unterscheiden wir die gravitative, elektromagnetische, schwache und starke Wechselwirkung. In der Quantenfeldtheorie läßt sich nun zeigen, daß sich diese Wechselwirkungen bei steigenden Energiezuständen schrittweise so miteinander vereinigen lassen, daß sie ihre jeweiligen Unterschiede verlieren. Umgekehrt erklärt die Quantenfeldtheorie die Expansion des Universums durch Separierung der vier physikalischen Wechselwirkungen und ihrer Elementarteilchen aus einer vereinigten Urkraft im Urzustand des Universums. Im Experiment lassen sich bisher die elektromagnetische und schwache Wechselwirkung bei einer Energie von zirka 100 GeV (Gigaelektronenvolt) und einer Temperatur von 10^{20} Grad Kelvin vereinigen. Das entspricht 10^{-12} Sekunden nach dem Anfangszustand der Ursingularität im Weltalter des Standardmodells. Die Vereinigung der elektroschwachen mit der starken Wechselwirkung erfordert eine noch stärkere Energie von 10^{14} GeV bei 10^{27} Grad Kelvin, was einer noch früheren Weltzeit von 10^{-35} Sekunden im Standardmodell entspricht. Für die Vereinigung dieser drei Kräfte mit der Gravitation wird im Standardmodell die gigantische Energie von 10^{19} GeV bei einer Temperatur von 10^{32} Grad Kelvin angesetzt. Damit wären wir bei der Planck-Zeit von 10^{-43} Sekunden angelangt.

Woher erhielt das Universum aber den Anschub für seine kosmische Expansion? Nach 10^{-35} Sekunden werden starke und elektroschwache Kräfte getrennt und ihre Elementarteilchen unterscheidbar. Während dieses Phasenübergangs sagt die Quantenfeldtheorie ein Quantenvakuum mit negativem konstanten Druck voraus. Die damit verbundene Antigravitation treibt das Universum mit Faktor 10^{40} bis 10^{50} auseinander. Dabei zerfällt das Quantenvakuum und wandelt die aufgespeicherte Energie in kürzester Zeit in inflationär viele reelle Teilchen um. Man nennt diese Phase daher auch »inflationäres Universum« (vgl. Beitrag Hansen). Die Antigravitation wird durch Gravitation ersetzt. Das Universum geht in die Phase der Standardexpansion über. Die Theorie des inflationären Universums sagt ein flaches Universum voraus, das auch durch Beobachtung der Materieverteilung aufgrund von heutigen Messungen der Mikrowellenhintergrundstrahlung bestätigt wird.

Was heißt nun Quantenvakuum im Unterschied zum Vakuum, wie es aus der klassischen Mechanik und damit der Vorstellungswelt Guerickes bekannt ist? In der Quantenfeldtheorie bezeichnet Quantenvakuum den tiefstmöglichen Energiezustand eines Quantensystems, der keine reellen Teilchen enthält. Dennoch ist das Quantenvakuum nicht vollständig »leer«. Im Quantenvakuum können nämlich für winzige Zeitspannen Paare virtueller Teilchen und Antiteilchen spontan entstehen, wechselwirken und sich gegenseitig vernichten, wenn das Produkt aus Zeitspanne und Teilchenenergie entgegen der »Heisenbergschen Unbestimmtheitsrelation« kleiner als das Plancksche Wirkungsquantum ist. Man spricht dann auch von einer Quantenfluktuation. Das Quantenvakuum brodelt also anschaulich gesprochen voller Quantenfluktuationen.

Historisch erinnert diese Vorstellung an ein Zitat von Samuel Clarke, des englischen Theologen, Philosophen und Verteidigers Newtons, in seinem vierten

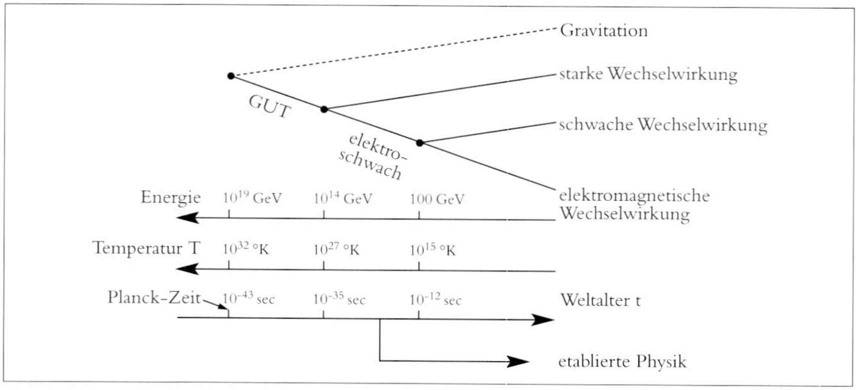

Abb. 2 Die Vereinigung der Wechselwirkungen im Universum findet in Abhängigkeit von Energie und Temperatur zu verschiedenen Zeiten statt.

Brief an Leibniz von 1716: »Der leere Raum, … verstehen wir doch unter ihm niemals den von allen Dingen, sondern den von Körpern entblößten Raum. In allem leerem Raume ist Gott gewißlich gegenwärtig, und möglicherweise viele andere Substanzen, die weder tastbar, noch sonst sinnlich wahrnehmbar, somit nicht materiell sind.« (Clarke 1904, S. 157).

Vakuumfluktuationen sind heute experimentell bestens bestätigt. Im »Casimir-Experiment« werden sie mit einer Meßgenauigkeit von neun Dezimalstellen nachgewiesen: Im Zwischenraum zwischen zwei Meßplatten (»Casimir-Platten«) können sich nur solche Teilchen materialisieren, deren Wellenlänge kleiner als der Plattenabstand ist. Daher ist die Energiedichte des Vakuums außerhalb höher als im Zwischenraum der Meßplatten, wo eine Art Unterdruck entsteht.

In der Quantenkosmologie fand das Qantenvakuum Anwendung in Stephen W. Hawkings Theorie der Schwarzen Löcher. Nach der Allgemeinen Relativitätstheorie sind Schwarze Löcher Punktsingularitäten mit extremer Krümmung der Raum-Zeit und enormer Gravitationsstärke. Sie entstehen zum Beispiel nach dem Kollaps massenreicher Sterne und Galaxien. Wenn Elementarteilchen eine bestimmte Grenze (»Ereignishorizont«) überschritten haben, dann werden sie unweigerlich und ohne Rückkehr in den Punkt gesogen. Dort enden ihre Weltlinien und damit ihre zeitliche Entwicklung. Nach relativistischer Auffassung dringt aufgrund des umgebenden Ereignishorizontes keine Information über die Ereignisse innerhalb eines Schwarzen Lochs nach außen.

Nach der Quantenkosmologie sind Schwarze Löcher von einem Quantenvakuum umgeben, das nach der Quantenfeldtheorie nicht vollständig leer ist. Aufgrund von Quantenfluktuationen entstehen und vergehen spontan ständig virtuelle Teilchen- und Antiteilchenpaare. Einige dieser Teilchen könnten nun in das Schwarze Loch fallen, während ihre Partner nach außen entkommen. Außerhalb wirken diese entkommenden Teilchen wie Strahlung, die vom Schwarzen Loch ausgeht. Man nennt diese Strahlung nach ihrem Entdecker Hawking-Strahlung. Sie gilt als meß- und beobachtbares Indiz für die Existenz Schwarzer Löcher.

Wenn Schwarze Löcher strahlen, dann entzieht die Strahlung Energie. Das Schwarze Loch verliert dadurch an Masse und wird immer kleiner. Mit einem verdampfenden Schwarzen Loch müßte auch seine Wellenfunktion, in der alle Information über die Geschichte seiner Zustände gespeichert ist, verschwinden. An diesen Stellen der Raum-Zeit würden also buchstäblich leere Flecken ohne Erinnerung entstehen, an denen wir die Geschichte des Universums nicht weiter verfolgen könnten. Schwarze Löcher müßten danach, wie ich diesen Effekt einmal genannt habe, chronisch zum kosmischen Alzheimer führen (Mainzer 2000, S. 125). Diese Vorgänge müßten bereits in der Vergangenheit aufgetreten sein. Der nächtliche Sternenhimmel, der uns den Blick zurück in die Geschichte des Universums eröffnet, müßte bereits an den Stellen,

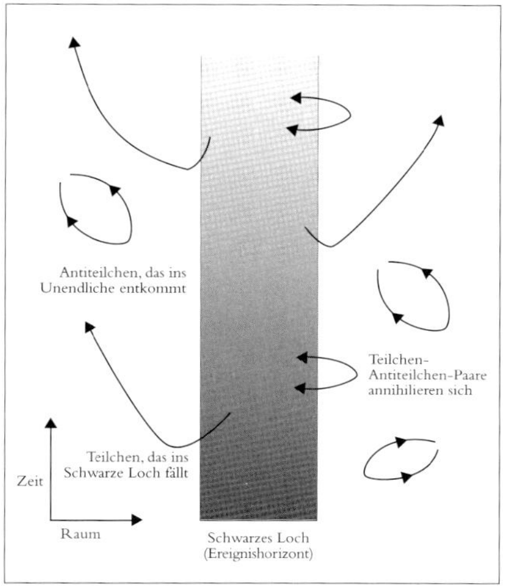

Abb. 3 Virtuelle Teilchenpaare erzeugen Quantenfluktuationen.

wo Schwarze Löcher verschwanden, solche leeren Flecken aufweisen. Das Universum wäre an diesen lokalen Stellen nicht mehr vollständig berechenbar.

Die Vakuumenergie hat nach heutigem Kenntnisstand aber nicht nur lokale, sondern globale Folgen für unser Universum. Wie bereits erwähnt, bestätigen Messungen der Mikrowellenrückstandsstrahlung ein flaches Universum. Zur Erklärung seiner Massendichte reicht die sichtbare Materie ebensowenig aus wie die »dunkle« (nicht leuchtende) Materie. Das beobachtbare Universum umfaßt etwa 100 Milliarden Galaxien mit jeweils rund 100 Milliarden Sternen. Diese sichtbare Materie aus Sternen, Gas und kosmischem Staub ist zwar direkt astronomisch beobachtbar, beträgt aber nur wenige Prozent der kosmischen Massendichte. Dunkle Materie kann nicht direkt beobachtet werden. Ihre Existenz ergibt sich indirekt, wenn zum Beispiel Verzerrungen in den Bewegung von Galaxien in Galaxienhaufen, deren Röntgenstrahlung und den leuchtenden Scheiben von Galaxien beobachtet werden. Nach der Allgemeinen Relativitätstheorie müßte dunkle Materie in welcher Form auch immer Schwerefelder erzeugen. Tatsächlich erklären solche Schwerefelder die beobachteten Verzerrungen. Dennoch machen sie nur etwa 20 bis 30 Prozent der kritischen Dichte aus.

Um die fehlenden etwa 70 Prozent der kosmischen Energiebilanz eines flachen Universums zu decken, müßte eine globale Feldenergie angenommen werden, die nahezu überall gleichförmig wirkt. Das erinnert an Einsteins Kosmologische Konstante, die jedoch wie der Weltäther der Elektrodynamik als bloße ad-hoc-Hypothese kritisiert wurde. Gibt es eine physikalische Begründung für diese Korrekturgröße? 1967 bewies der russische Physiker Jakow Boris Seldowitsch, daß sich die mit einer Kosmologischen Konstanten verbundene Energie genau so verhält wie die Vakuumenergie virtueller Teilchen von Quantenfluktuationen. Wenn wir allerdings die Effekte des Quantenvakuums kosmologisch hochrechnen, dann ergibt sich ein Wert, der die kritische Massendichte des flachen Universums um 120 Größenordnungen übersteigt. Das zentrale Problem lautet also heute: Wie läßt sich eine Kosmologische Konstante finden, die zwar größer als Null ist, aber wesentlich kleiner als aufgrund der Theorie des Quantenvakuums vorausgesagt? In Anlehnung an den aristotelischen Kosmos, der von einem »fünften Element« erfüllt war, wird die damit verbundene kosmische Vakuumenergie auch »Quintessenz« genannt.

Hinzu kommen Hinweise auf eine Beschleunigung der Expansion, die sich aus Beobachtungen von fernen Supernovae ergeben. So konnte mit dem Weltraumteleskop Hubble eine Supernova nachgewiesen werden, deren Licht seit zehn Milliarden Jahren zur Erde unterwegs ist. Die Leuchtkraft und der Abfall der Intensität, die bei einem explodierenden Stern auftreten, erlauben eine Bestimmung der Entfernung. Danach scheint sich diese Supernova in geringerer Entfernung zur Erde zu befinden, als sie bei konstanter Expansion erreicht hätte. Daher liegt der Schluß nahe, daß die Expansion des Universums vor zehn Milliarden Jahren durch die Gravitation der Materie noch gebremst wurde und sich später beschleunigte.

Diese Veränderungen werden durch die Quintessenz-Modelle der Vakuumenergie berücksichtigt. Danach war die Vakuumenergie zunächst schwächer als sichtbare und dunkle Materie, die das nach dem Urknall auseinanderfliegende Universum bremsten. Die Vakuumenergie nahm jedoch langsamer ab und ist seit etwa acht Milliarden Jahren nach dem Urknall der überwiegende Anteil im Universum. Seitdem wird die Expansion durch diese globale Energie dominiert und beschleunigt. Das Alter des Universums hängt in diesen Modellen also von der Größe der Vakuumenergie ab.

Leider sind die Quintessenz-Modelle bisher aus keiner übergeordneten physikalischen Theorie ableitbar. Nur geringfügig veränderte Naturkonstanten würden zu anderen Universen führen. Nach Andrej Lindes chaotischer Inflationstheorie könnte unser Universum mit unzählig vielen anderen Universen entstanden sein, die sich durch verschiedene Entwicklungsstadien und Werte von Naturkonstanten unterscheiden. Unser Universum zeichnet sich in diesem Multiversum dadurch aus, daß in ihm Leben und Intelligenz möglich waren. Steven Weinberg hat daher das anthropische Prinzip als eine Art Auswahlprinzip für unser Universum aus dieser Vielzahl von Welten bemüht. Es erklärt im nachhinein, warum die Kosmologische Konstante den vorliegenden Wert angenommen hat.

Die Wissenschaftsgeschichte zeigt jedoch, daß das anthropische Prinzip immer nur eine Verlegenheit war, wenn eine kausale Ableitung von beobachteten Ereignissen aus vorausgehenden Ursachen fehlte. Das könnte erst eine Theorie vom Anfang der Welt leisten, aus der die Werte der Kosmologischen Konstanten mathematisch ableitbar wären. Im Uruniversum waren die Gravitation und quantenphysikalischen Grundkräfte vereinigt. Dazu bedarf es einer vereinigten Relativitäts- und Quantentheorie, in der die Entstehung der Elementarteilchen aus einer gemeinsamen Substruktur erklärt werden kann. Hier setzen die »Stringtheorien« an. Es gibt mittlerweile fünf zehndimensionale Superstringtheorien und eine elfdimensionale Theorie der Supergravitation, die gemeinsame und unterschiedliche Eigenschaften besitzen, aber dieselben

Voraussagen über unser beobachtbares Universum machen. Es wird daher angenommen, daß sie unterschiedliche Aspekte der gesuchten sogenannten »M-Theorie« beschreiben.

Die Kosmologische Konstante und die mit ihr verbundene Vakuumenergie als ableitbare Größe der »M-Theorie« als vorläufige und noch nicht ausgeführte Ultima ratio der Physik? Jedenfalls scheint uns die Vorstellung eines universellen Mediums von der aristotelischen Quintessenz über den elektrodynamischen Weltäther bis zur kosmischen Vakuumenergie nicht loszulassen. Bereits für Otto von Guericke war das Vakuum nicht nur wirkungslose Leere. Am Ende erinnern wir uns an seine »Experimenta nova« (1672), wo es im 7. Kapitel des 2. Buches heißt: »An dem Nichts, spricht Hiob, hanget die Erde. Außer der Welt ist nur das Nichts; das Nichts ist allenthalben.« (Schimank 1968, S. 70).

Weiterführende Literatur

Mainzer 2002. – Greene 1999. – Guth 1999. – Hawking 1998. – Krauss 1998. – Riess 1998. – Audretsch, Mainzer 1996. – Ehlers, Börner 1996. – Mainzer 1996. – Audretsch, Mainzer 1994. – Linde 1993. – Weinberg 1993. – Audretsch, Mainzer 1990. – Mainzer 1988.

Jan-Martin Hertzsch

Die Zeit zu ihrem Ursprung zurückverfolgen

Moderne Methoden der Himmelsbeobachtung

Einleitung

Untersuchungen der Himmelskörper sind durch ihre Ausmaße und ihre Entfernungen von der Erde erschwert. Nur der Erdmond und einige Planeten unseres Sonnensystems konnten dank der Entwicklung der Raumfahrt schon aus der Nähe erkundet werden. Die Astronomie bedient sich daher fast stets passiver Beobachtungsmethoden, also der Messung aller Arten von Strahlung, die von dem zu untersuchenden Objekt ausgeht oder reflektiert wird.

Erst die Erfindung und Einführung neuer Instrumente gestatteten Fortschritte der beobachtenden Astronomie gegenüber der Antike, begleitet von der Schaffung neuer Begriffe und neuer Ansätze zur Analyse der Beobachtungen. Mit der Entwicklung der Spektroskopie und der Entdeckung vorher unbekannter Bereiche des elektromagnetischen Spektrums erweiterten sich die Aufgaben der Beobachter von der Positionsbestimmung zur Erforschung der physikalischen Eigenschaften der Himmelskörper.

In diesem Artikel werden nach einem kurzen Überblick über die elektromagnetische Strahlung aus dem Weltall bei einem Streifzug durch das Spektrum von den längsten zu den kürzesten Wellen die Beobachtungsmethoden und -geräte in den verschiedenen Bereichen des elektromagnetischen Spektrums und einige wichtige Entdeckungen vorgestellt. Zum Schluß wird die Beobachtung der kosmischen Teilchenstrahlung beschrieben.

Das elektromagnetische Spektrum

Elektromagnetische Strahlung wird durch ihre Wellenlänge oder ihre Frequenz charakterisiert. Besonders bei Röntgen- und Gammastrahlung gibt man statt dessen auch die Energie der Strahlungsquanten an, die sich durch Multiplikation der Frequenz mit dem Planckschen Wirkungsquantum ergibt und meist in Elektronenvolt gemessen wird. Ein Elektronenvolt entspricht einer Frequenz von 241 Gigahertz beziehungsweise einer Wellenlänge von 1,24 Millimetern. Das Strahlungsmaximum liegt bei um so kürzeren Wellen, je heißer ein Objekt ist. Aus Intensität und Verteilung der Strahlung können Eigenschaften ihrer Quellen abgeleitet werden.

Man unterscheidet drei Methoden der Beobachtung elektromagnetischer Strahlung: Die Photometrie mißt die Helligkeit eines astronomischen Objekts in relativ breiten Wellenlängenbereichen und erlaubt so Rückschlüsse auf seine Temperatur. Die Spektroskopie untersucht die Spektrallinien in Emission und Absorption und gibt Aufschluß über die chemische Zusammensetzung der Beobachtungsobjekte und die physikalischen Bedingungen in den Sternen und im interstellaren Medium. Die Astrometrie dient astronomischen Positionsmessungen.

Dem menschlichen Auge erschließen sich nur Wellenlängen von 400 bis 750 Nanometer (nm), und dies auch nur bei ausreichender Lichtintensität. Schwachleuchtende Objekte und die nicht sichtbaren Bereiche des elektromagnetischen

Spektrums sowie die Korpuskularstrahlung sind erst seit historisch kurzer Zeit der Beobachtung zugänglich. Große Teile der elektromagnetischen Strahlung und der Teilchenstrahlung werden in der Atmosphäre absorbiert. Erst die Raumfahrt ermöglichte Beobachtungen in allen Spektralbereichen.

Jeder Wellenbereich erlaubt Einblick in verschiedene physikalische Bedingungen. Im Infrarot- und Radiobereich erforscht man dunkle, kühle Materie, zum Beispiel interstellaren Staub oder Molekülwolken, und kann weit in die Frühzeit des Universums zurückblicken. Wichtige kosmische Radioquellen sind Plasmen und bewegte geladene Teilchen in Magnetfeldern. Einfache Moleküle und atomarer Wasserstoff strahlen im Millimeter- und Zentimeterbereich. Unterhalb von einem Millimeter Wellenlänge geht der Radiofrequenzbereich ins Infrarote über, wobei Millimeter- und Submillimeterwellen eine beobachtungstechnische Zwischenstellung einnehmen. Einen großen Beitrag zur infraroten Strahlung leisten der interstellare Staub und das interstellare Gas. Aus ihrer Beobachtung erwartet man Erkenntnisse über die Entstehung von Sternen und Planeten und sogar über die des Lebens.

An das Infrarot schließt sich bei 700 Nanometern das sichtbare Licht an, das Auskunft über die Vorgänge an der Oberfläche von Sternen gibt. In diesem Bereich beobachtet man Emissionslinien ionisierter Gase sowie Absorptionslinien zahlreicher Moleküle. Von 400 Nanometer bis zehn Nanometer Wellenlänge erstreckt sich die ultraviolette Strahlung. Vor allem junge, heiße Sterne, aber auch Weiße Zwerge strahlen in diesem Bereich sehr stark. Die meisten Atome und Ionen im interstellaren Raum und in den Sternatmosphären zeigen charakteristische Spektrallinien im Ultraviolett-Bereich. Der interstellare Wasserstoff absorbiert fernes Ultraviolett.

Röntgen- und Gammastrahlen geben Auskunft über höchstenergetische Vorgänge wie die Akkretion von Materie durch Schwarze Löcher, Neutronensterne und Weiße Zwerge in Doppelsternsystemen (kataklysmische Veränderliche) oder die Endstadien der Sternentwicklung und die Frühzeit des Universums. Sie sind ein Zeichen hoher Aktivität von Sternen. Da sie kaum durch interstellares Gas oder Staub beeinflußt werden, liefern sie auch Daten aus optisch unzugänglichen Regionen. Röntgenstrahlung schließt bei zehn Nanometern ans extreme Ultraviolett an und geht bei 0,01 Nanometern in die Gammastrahlung über.

Da die Lichtgeschwindigkeit endlich ist, bedeutet die Beobachtung entfernter astronomischer Objekte auch immer einen Blick in die Vergangenheit. Das Licht, das uns vom sonnennächsten Fixstern erreicht, wurde vor über vier Jahren ausgesandt, das des Andromedanebels vor etwa 2,6 Millionen Jahren, und die fernsten beobachtbaren Objekte erscheinen uns in ihrem Zustand vor 12 bis 18 Milliarden Jahren. Mit der räumlichen Entfernung der Galaxien nimmt auch die Geschwindigkeit zu, mit der sie sich voneinander fortbewegen. Aufgrund des Dopplereffekts führt das zu einer Rotverschiebung der Frequenz der von ihnen ausgesandten Strahlung zu immer geringeren Werten, die man bei der Spektroskopie der interstellaren Materie ausnutzt. Aus dem Vergleich der Intensitäten bei der »richtigen« und bei der rotverschobenen Frequenz kann man auf deren Zusammensetzung schließen. Ob sich die Ausdehnung des Weltalls für alle Zeiten fortsetzen wird oder nicht oder sich gar in eine Kontraktion umkehrt, hängt von der Massendichte ab, für deren Bestimmung die Beobachtung aller Arten von Materie im gesamten elektromagnetischen Spektrum notwendig ist.

Radioastronomie

Die Suche nach Rundfunkstörungen führte 1932 zur Entdeckung der Radiostrahlung der Milchstraße. Bald folgten Himmelsdurchmusterungen, die Beobachtung der Radiostrahlung der Sonne und 1951 die Entdeckung der 21 Zentimeter-Linie des interstellaren Wasserstoffs, die neue Wege zur Erforschung der Bewegung der interstellaren Materie eröffnete. Radiostrahlung wird nicht nur von gewöhnlichen Sternen und Galaxien ausgesandt, sondern auch von Pulsaren und Quasaren. Der wohl populärste Forschungsgegenstand namentlich des bekannten SETI-Projekts [http://www.seti.org] ist die Suche nach künstlichen außerirdischen Radiosignalen, die auf die Existenz anderer Zivilisationen hindeuten würden. Neben der Erforschung der kosmischen Radiostrahlung dienen Radioteleskope auch der Radarerkundung des Sonnensystems.

Sie bestehen aus Empfangsantenne, empfindlichem Verstärker und Auswerteeinrichtung. Charakteristisch sind Antennen mit Parabolreflektoren. Je größer das Teleskop, um so höher ist sein Auflösungsvermögen. Durch Interferometrie (Vergleich der Daten aus mehreren räumlich getrennten Teleskopen) und Apertursynthese (Zusammenschaltung von Radioteleskopen, die ein Instrument von der Größe des Abstands der äußersten Antennen simuliert) kann die Winkelauflösung bedeutend verbessert werden. Für höchste Auflösung werden die großen Radioteleskope in weltweiten Netzwerken eingesetzt oder sogar weltraumgestützte Radioteleskope benutzt.

Für weitere Informationen zu diesem Thema sei auf die Ausstellung verwiesen.

Millimeter- und Submillimeter-Astronomie

Im Beobachtungsfeld der Millimeter- und Submillimeter- oder Mikrowellen-Astronomie, zwischen etwa 10 und 0,1 Millimeter Wellenlänge im Übergang vom Radiofrequenzbereich zum Infrarot, findet man Emissionslinien vieler Moleküle, darunter solcher, die für die Entwicklung des Lebens wichtig sind. Ein Hauptforschungsgebiet der Mikrowellen- und Infrarot-Astronomie ist die Entstehung der Sterne in Gebieten hoher Gas- und Staubdichte. Auch Sterne in den Spätstadien ihrer Entwicklung sind oft von Staub- und Molekülwolken umgeben, die, reich an schweren Elementen, wichtig für die Entstehung neuer Planetensysteme sind. Kosmischer Staub verhindert Beobachtungen im optischen Bereich, ist aber für infrarote und Mikrowellenstrahlung durchlässig. Die 1964 entdeckte Hintergrundstrahlung aus der Frühzeit des Kosmos hat sich infolge der Ausdehnung des Weltalls in den Bereich der Millimeterwellen verschoben. Sie stellt die Grenze des derzeit beobachtbaren Universums dar. Aus Unregelmäßigkeiten ihrer Intensität schließt man auf Dichtestörungen im frühen Weltall, aus denen Galaxien entstanden.

Empfangsanlagen für den Mikrowellenbereich ähneln denen der Radioastronomie, weisen aber auch Merkmale optischer Instrumente auf. Die kurzen Wellenlängen stellen hohe Anforderungen an die Teleskope, vor allem an die Güte der reflektierenden Flächen, und an ihre Standorte. Da der Wasserdampf der Atmosphäre Mikrowellen besonders stark absorbiert, müssen die Beobachtungsstätten möglichst hoch und trocken liegen. Für Kurzzeitmessungen bieten Flugzeuge und Ballone eine Alternative.

Zur Erforschung der Millimeter-Radiostrahlung wurde von Deutschland, Frankreich und Spanien ein spezielles Institut (IRAM) gegründet [http://iram.fr]. Sein Radioteleskop mit einem Spiegel von 30 Meter Durchmesser wurde zwischen 1980 und 1984 in 2920 Meter Höhe auf dem Pico Veleta in Südspanien errichtet. Es wird bis hinab zu 0,8 Millimeter Wellenlänge eingesetzt.

Auf dem Emerald-Gipfel des Mount Graham in Arizona befindet sich in 3186 Meter Höhe das 1993 eingeweihte Submillimeter Telescope Observatory [http://maisel.as.arizona.edu:8080]. Sein nach Heinrich Hertz benanntes Teleskop mit einem Spiegeldurchmesser von zehn Metern dient vorwiegend Langzeituntersuchungen bei 0,3 bis 2 Millimeter Wellenlänge. Die Toleranz seiner besonders glatten Spiegel entspricht nur der Dicke eines menschlichen Haares.

Hervorragende atmosphärische Bedingungen für Beobachtungen im Mikrowellenbereich herrschen in der Atacama-Wüste in Chile. Dort soll in 5000 Meter Höhe das neue Synthese-Teleskop ALMA (Atacama Large Millimeter/Submillimeter Array) [http://www.alma.nrao.edu] für Beobachtungen bei bis zu 0,4 Millimeter Wellenlänge errichtet werden, das aus 64 transportablen Parabolantennen bestehen und im Jahr 2010 in Betrieb gehen soll. Es wird vierzigmal größer sein als bisherige Submillimeter-Teleskope. Seine Auflösung wird ein Tausendstel des Winkels erreichen, unter dem Saturn von der Erde erscheint. Es soll weit entfernte Galaxien und mit ihnen den Staub, der von den ersten Sternen produziert wurde, staubreiche Regionen in der Milchstraße, in denen sich Sterne und Planeten bilden, sowie Objekte im Sonnensystem erforschen.

Infrarot-Astronomie

Infrarotstrahlung stammt meist aus flächenhaften Quellen. Nahes Infrarot wird vom interstellaren Gas emittiert und vom interstellaren Staub absorbiert und wird mit optischen Teleskopen beobachtet. Im mittleren und fernen Infrarot sind wie im Mikrowellenbereich Emissionen des kosmischen Staubes und kühler Gase von Bedeutung. Beobachtet werden auch Körper im Sonnensystem, zirkumstellare Staubscheiben, in denen sich Planeten bilden, alte Sterne mit Staubhüllen, Staubwolken in der Milchstraße und Infrarot-Galaxien sowie Sternentstehungsgebiete. Die Infrarot-Astronomie ist angesichts der Rotverschiebung der Spektren ferner Objekte wichtig für die Erforschung der Expansion des Weltalls.

Die im Infrarot zu untersuchenden Objekte sind viel kälter als Meßgeräte auf der Erde oder im erdnahen Raum, und die Wärmeabstrahlung der Ausrüstung würde die zu messenden Signale überdecken. Gezielte Infrarot-Beobachtungen ferner Objekte waren daher erst ab etwa 1965 mit tiefgekühlten Halbleiterdetektoren möglich. Um der atmosphärischen Absorption zu entgehen, wird oft von Luft- oder Raumfahrzeugen aus gemessen. Die geringe Intensität der Signale erfordert lange Meßzeiten, jedoch sind diese durch den Kühlmittelvorrat begrenzt. Satelliten-Missionen konnten auf über ein Jahr ausgedehnt werden.

Der Infrared Astronomical Satellite [http://www.ipac.caltech.edu/ipac/iras/iras.html] führte 1983 eine Himmelsdurchmusterung durch und wies 245 000 Infrarot-Quellen nach, darunter Asteroiden, sechs neue Kometen und interplanetaren Staub. Außerdem wurden Staubscheiben um mehrere Sterne, in denen sich Planeten bilden, zahlreiche Protosterne sowie Galaxien mit hoher Infra-

Abb. 1 Die Archenhold-Sternwarte mit dem größten Linsenfernrohr der Erde, vgl. Kat. 423.

rot-Leuchtkraft, die auf eine hohe Sternbildungsrate hindeutet, und der Kern unserer Galaxis beobachtet. Überall im Sonnensystem wies man Kometenstaub nach.

Das Infrared Space Observatory war 1995 bis 1998 im Einsatz. Es arbeitete bei Wellenlängen von 2,5 bis 240 Mikrometern und wies nach, daß praktisch überall im Universum Wasserdampf vorkommt. Man untersuchte erstmals die Überreste einer Supernova im Infrarot und beobachtete intergalaktischen Staub, Frühstadien der Stern- und Planetenentstehung und Kohlendioxid in den Emissionen des Kometen Hale-Bopp. In der Milchstraße wurden kalte Gaswolken entdeckt, die wie ein galaktischer Kühlschrank wirken. Als Nachfolgemission soll 2003 der Satellit SIRTF (Space Infrared Telescope Facility) starten, und 2007 ist der Start des bisher größten Weltraumteleskops für Beobachtungen im fernen Infrarot und im Submillimeterbereich [http://sci.esa.int/home/herschel] geplant.

Zur Zeit wird ein neues flugzeuggestütztes Infrarot- und Submillimeter-Observatorium mit der Bezeichnung SOFIA entwickelt [http://sofia.arc.nasa.gov, http://spacesensors.dlr.de/SOFIA], ein Teleskop mit einem Hauptspiegel von 2,7 Meter Durchmesser an Bord eines Jumbo-Jet. Ende 2004 sollen erste Beobachtungsflüge stattfinden. An einem halbdurchlässigen Ablenkspiegel wird Infrarot reflektiert, sichtbares Licht an einem zweiten Spiegel. Das ermöglicht simultane Beobachtungen in beiden Bereichen.

Optische Astronomie

Die Erfindung des Fernrohrs um 1600 und seine astronomische Anwendung eröffneten bis dahin ungeahnte Beobachtungsmöglichkeiten. Sie führten zur Zuwendung zum kopernikanischen Weltbild und zur modernen, durch Newtons Gravitationstheorie begründeten Himmelsmechanik.

Beobachtungen mit Linsenfernrohren sind durch Abbildungsfehler und Farbsäume der Bilder Grenzen gesetzt. Deren Vermeidung erfordert die Verwendung mehrerer Linsen und verringert die Lichtstärke des Instruments. Bei der Bilderzeugung durch Reflexion tritt keine Farbabweichung auf, und Bildfehler können durch die Formgebung des Spiegels vermieden werden. Trotz großer Fortschritte der Entwicklung des Spiegelteleskops im 18. Jahrhundert wurden große Linsenfernrohre noch bis ins 20. Jahrhundert gebaut, da die dauerhafte Versilberung großer Spiegel schwierig war. Fortschritte der Glasherstellung ermöglichten den Bau gewaltiger Instrumente wie des Refraktors der Archenhold-Sternwarte in Berlin-Treptow, mit 21 Meter Brennweite längstes, und des Yerkes-Refraktors, mit 40-Zoll-Öffnung größtes Linsenfernrohr der Welt. Noch größere Refraktoren sind unzweckmäßig, da in den Linsen hohe mechanische Spannungen auftreten würden. Die Fähigkeit eines Instruments, Licht zu sammeln, hängt aber von der Größe seiner Öffnung ab. Als neue Methoden zur Versilberung von Glasspiegeln gefunden waren, wurden Großfernrohre daher nur noch als Spiegelteleskope gebaut, zusätzlich angeregt durch erfolgreiche photographische Beobachtungen mit solchen Optiken. Die Photographie ermöglichte es, die Abbilder von Himmelskörpern dauerhaft festzuhalten und durch Speicherung des Lichts über lange Zeit auch schwächste Lichtquellen abzubilden. Die präzise Nachführung von Teleskopen und die Registrierung der Beobachtungen erfolgen heute weitgehend elektronisch. Mit einem Teleskop von 2,5 Meter Spiegeldurchmesser gelang der Nachweis einzelner Sterne in Kugelsternhaufen. Dies erlaubte die Feststellung der Beziehung zwischen der Entfernung eines Sternsystems und seiner Fluchtgeschwindigkeit. Die folgende Erkenntnis, daß das Universum kein statisches Gebilde ist, ist eine wichtige Stütze der Allgemeinen Relativitätstheorie.

Weil sich die Spiegel großer Instrumente durch die eigene Schwere verformen können, werden zum Beispiel der 8,2 Meter große Hauptspiegel des japanischen Subaru-Teleskops auf Hawaii [http://www.subaru.noaj.org] oder die Sekundärspiegel des Large Binocular Telescope in Arizona [http:// medusa.as.arizona.edu/lbtwww] mit aktiver Optik ausgerüstet, das heißt mit Vorrichtungen, die die Form des Spiegels ständig korrigieren. Auch für die derzeit größten Spiegelteleskope der Welt, die Keck-Teleskope auf Hawaii [http://www2. keck.hawaii.edu:3636], wurden neue Konstruktionswege beschritten. Ihre Primärspiegel von je zehn Meter Durchmesser sind aus einzeln verstellbaren Segmenten zusammengesetzt, um die Masse des Instruments zu verringern und das Polieren zu erleichtern. Durch Kopplung mehrerer Teleskope kann man die Leistung großer Einzelinstrumente erreichen. So kommen die vier 8-Meter-Spiegel des neuen ESO Very Large Telescope in der Atacama-Wüste in Chile [http://www.eso.org/projects/ vlt] kombiniert einem Teleskop mit 16 Meter Spiegeldurchmesser gleich. Die auf elektronischem Wege erreichte Auflösung könnte zur direkten Beobachtung jupitergroßer Begleiter der nächstgelegenen 100 Sterne ausreichen.

Weltraumgestützte Teleskope, mit denen man dem störenden Einfluß von Luftbewegungen und irdischen Lichtquellen entgeht, liefern schärfere Abbildungen als irdische Teleskope. Diese können jedoch infolge ihrer größeren Ausmaße eine höhere Lichtstärke erreichen und weiter entfernte Objekte abbilden. Von 1986 bis 1993 diente der Satellit HIPPARCOS der Astrometrie und vermaß Position, Entfernung und Eigenbewegung von über 120 000 Sternen. Eine Nachfolgemission ist für 2015 geplant. Das im Mai 1990 vom Space Shuttle Atlantis aus gestartete Hubble Space Telescope [http://hst.scsi.edu] erfaßt Wellenlängen zwischen 115 und 1000 Nanometer und erreicht eine Auflösung von 0,05 Winkelsekunden. Mit nur 2,4 Meter Spiegeldurchmesser übertrifft es sogar größere irdische Teleskope. Optische Fehler des Hauptspiegels wurden 1993 durch Einbau von Korrekturoptiken behoben. Trotz hoher Auflösung können aber auch mit ihm noch keine Planeten anderer Sterne direkt beobachtet werden.

Abb. 2 Das Hubble-Weltraumteleskop über der Erde, vgl. Kat. 414.

Mit den Worten der amerikanischen Astronomin Sandra Faber ausgedrückt, erlauben große Teleskope, den Fluß der Zeit zu seinem Ursprung zurückzuverfolgen und die Entwicklung des Universums zu beobachten. Man untersucht mit ihnen Sternsysteme an den Grenzen des bekannten Universums, bestimmt die Ausdehnungsrate des Weltalls und sucht nach Materie in den Weiten zwischen den Galaxien. Detaillierte Analysen des Lichts von Sternen, die bisher außerhalb unserer Reichweite lagen, sind möglich. Man kann die Bahnen von Planeten um entfernte Sterne aus dem durch sie verursachten »Taumeln« bestimmen. Die Entdeckung schnell ihre Zentralsterne umlaufender großer Planeten führte dazu, daß Theorien der Entstehung von Planetensystemen neu durchdacht werden. Große optische Teleskope helfen auch Beobachtern in anderen Wellenlängenbereichen, das Rätsel der Pulsare oder das der Gammastrahlenausbrüche zu lösen.

Ultraviolett-Astronomie

Erste Ultraviolett-Beobachtungen, seit 1920 von Ballons und seit 1946 mittels Höhenraketen, galten der Sonne. Für erfolgreiche Messungen im fernen Ultraviolett war die Entwicklung der Stratosphärenluftfahrt und der Raumfahrt von entscheidender Bedeutung. 1966 begann die Untersuchung extrasolarer Ultraviolett-Quellen von Satelliten aus. Mit dem International Ultraviolet Explorer [http://archive.stsci.edu/iue/] wurden von 1978 bis 1996 extragalaktische Objekte beobachtet, Erkenntnisse über die Natur der Quasare gewonnen sowie Ultraviolett-Spektren der großen Planeten und des Kometen Halley aufgenommen. Aus der Messung von Ultraviolett-Strahlung gewinnt man Erkenntnisse über Sternatmosphären und interstellares Gas. Man beobachtet Ultraviolett-Strahlung wie sichtbares Licht mit Spiegelteleskopen, jedoch werden die Spiegel mit Materialien wie Siliziumkarbid, Magnesium- oder Lithiumfluorid, bei kürzeren Wellenlängen als 115 Nanometer mit Schwermetallen wie Osmium und Iridium beschichtet. Die Bildgebung im extremen Ultraviolett beruht wie in der Röntgenastronomie auf dem Prinzip des streifenden Einfalls.

An Bord von Space Shuttles wurden 1990 und 1995 mit dem Hopkins Ultraviolet Telescope Beobachtungen im fernen Ultraviolett bis hinab zu 41,5 Nanometer Wellenlänge durchgeführt [http://praxis.pha.jhu.edu/]. Die dabei gefundene schwache Ultraviolett-Emission aus elliptischen Galaxien weist auf einen bisher unbekannten Entwicklungsweg alter Sterne hin. Man fand neue Hinweise auf einen heißen Gas-Halo um die Milchstraße und beobachtete kataklysmische Veränderliche, Kerne aktiver Galaxien, Supernova-Überreste sowie Planetenatmosphären und Plasma im Magnetfeld des Jupiter und konnte Eigenschaften der ursprünglichen intergalaktischen Materie, einem Überbleibsel aus der Frühzeit des Universums, bestimmen, die sogar schwerer als alle bekannten Sterne und Galaxien zusammen ist.

Von 1992 bis Anfang 2001 diente der Extreme Ultraviolet Explorer [http://ssl.berkely.edu/euve] zu Messungen im bis dahin wenig erforschten äußersten Ultraviolett zwischen 7 und 76 Nanometer Wellenlänge, zur Himmelsdurchmusterung, zur Spektroskopie und zur Erforschung des interstellaren Raums. Er wies mehr als 1200 Quellen extremer Ultraviolett-Strahlung nach. Die vier Teleskope des 1999 gestarteten Far Ultraviolet Spectroscopic Explorer [http://fuse.pha.jhu.edu] dienen der Beobachtung interstellarer ionisierter Gase, der Erforschung des Vorkommens schweren Wasserstoffs im Weltall, die Rückschlüsse auf den Ursprung des Universums gestattet, und der Galaxien- und Sternentstehung. Die Messungen bestätigen die 45 Jahre alte Theorie, daß der heiße galaktische Halo sich aus Überresten von Supernovae gebildet hat.

Röntgenastronomie

Die Röntgenstrahlung der Sonne wurde 1949 mit Hilfe einer Höhenrakete entdeckt. 1962 konnte man aus ihrem Verhalten bei Sonneneruptionen schließen, daß in der Sonnenkorona bis zu zehn Millionen Kelvin heißes Plasma entsteht. Die nichtsolare Röntgenastronomie begann 1962 mit der Entdek-kung der starken Röntgenquelle Scorpius X-1 und erfuhr 1970 mit dem Start des ersten Röntgensatelliten UHURU und der ersten vollständigen Himmelsdurchmusterung im Röntgenbereich einen großen Fortschritt, als über 400 meist kompakte Röntgenquellen nachgewiesen wurden. Zahlreiche weitere wurden seitdem von Satelliten mit abbildenden Röntgenteleskopen entdeckt. Praktisch alle Sterne emittieren Röntgenstrahlung, besonders stark strahlen junge, aktive Sterne, Weiße Zwerge und Pulsare mit starken Magnetfeldern. Röntgendoppelsterne fallen durch intensive Ausbrüche von sichtbarer, ultravioletter und Röntgenstrahlung, oft sogar Gammastrahlung, bei der Akkretion von Materie durch den massiven Stern auf. Sie begleitet auch den Ausstoß gewaltiger Materieströme aus aktiven Galaxien. Außerdem existiert eine Röntgen-Hintergrundstrahlung aus zahlreichen Einzelquellen und diffuser Strahlung aus dem heißen intergalaktischen Gas. Ziele der Beobachtung von Röntgenstrahlung sind die Erforschung ihrer Quellen, die Aufklärung der Entstehung schwerer chemischer Elemente, der Nachweis Schwarzer Löcher und die Bestimmung der Verteilung und Masse der Dunklen Materie.

Wegen des großen Durchdringungsvermögens der Röntgenstrahlen muß man zur Abbildungserzeugung die Totalreflexion bei streifendem Einfall ausnutzen. Der nötige flache Einfallswinkel wird durch Spiegel in Form von Rotationsparaboloiden erreicht. Mit solchen Teleskopen waren mehrere Satelliten ausgerüstet wie EXOSAT [http://sci.esa.int/home/exosat], der 1980 verschiedene Objekte im Röntgenlicht beobachtete, und ROSAT [http://wave.xray.mpe.mpg.de/rosat], der 1990 bis 1999 im Einsatz war und bei einer vollständigen Himmelsdurchmusterung zehntausende Röntgenquellen entdeckte sowie 1996 Röntgenstrahlung eines Kometen nachwies. Röntgenspektroskopie beruht auf der Beugung an feinsten Drahtgittern oder Kristallen. Oft werden Beobachtungen im Ultraviolett-, Röntgen- und Gammabereich kombiniert.

Die 1999 gestarteten bisher leistungsfähigsten Röntgenobservatorien Chandra [http://chandra.harvard.edu] und XMM-Newton [http://www.sci.esa.int/xmm] eröffneten ein neues Fenster zum Universum. Chandras Röntgenteleskop erreicht eine Auflösung, die der Fähigkeit entspräche, gedruckten Text aus einem Kilometer Entfernung zu lesen. Gleichzeitig mit der Bilderzeugung kann man die Strahlungsenergie bestimmen und die Erscheinung eines Objekts im Röntgenlicht verschiedener chemischer Elemente vergleichen. Die drei Teleskope von XMM bieten ein größeres Gesichtsfeld und können auch harte Röntgenstrahlen abbilden. Mit ihnen wurden einzelne Punktquellen der Röntgen-Hintergrundstrahlung aufgelöst, diffuse Strahlung aus heißen Plasmen entdeckt und erstmals die Übertragung von Rotationsenergie eines Schwarzen Lochs in seine Akkretionsscheibe nachgewiesen.

Gammaastronomie

Anzeichen für Gammastrahlung aus dem All wurden bei Höhenballonaufstiegen gefunden, und ab 1962 wurde sie durch künstliche Erdsatelliten sicher nachgewiesen. Seit 1970 konnte man dank verbesserter Auflösung der Messungen einzelne kosmische Quellen beobachten. Schon 1969 konnte ihre Verteilung abgeschätzt und Gammastrahlung aus dem Zentrum der Milchstraße nachgewiesen werden. Bei der ersten Himmelsdurchmusterung in diesem Bereich in den siebziger Jahren beobachtete man drei Gammapulsare, einen Gamma-Quasar und die starke Gammaquelle Cygnus X-3, einen Doppelstern, dessen massive Komponente anhand der Strahlung 1983 als erstes Schwarzes Loch identifiziert wurde. Man vermutet Schwarze Löcher in anderen starken Gammaquellen. Auch einige Pulsare senden Gammastrahlung aus. Die Ursache der isotrop über den Himmel verteilten kurzen Gammastrahlungsausbrüche ist noch unbekannt. Vermutlich treten sie beim Kollaps zweier Neutronensterne zu einem Schwarzen Loch auf. Von besonderer Bedeutung für die Astrophysik sind die Spektrallinien des radioaktiven Zerfalls von Kobalt-57 und Aluminium-26 und der Elektron-Positron-Paarzerstrahlung, die vor allem von Spätstadien der Sternentwicklung wie Supernovae herrühren. Noch ungeklärt ist der Ursprung eines Positronenstrahls, der für eine starke Punktquelle von Gammastrahlung inmitten der Milchstraße, den sogenannten »Großen Annihilator«, verantwortlich ist.

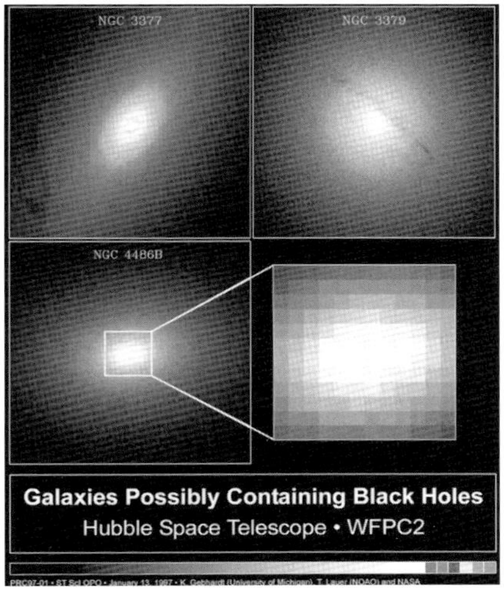

Abb. 3 Schwarzes Loch – der Gravitationskollaps eines Sterns.

Der Nachweis von Gammastrahlen beruht auf der Zählung von ihnen freigesetzter Elektronen mit Szintillationszählern oder Halbleiterdetektoren. Ein Gammastrahlenteleskop besteht hauptsächlich aus einer Drahtfunkenkammer. Die Einfallsrichtung wird durch Verfolgen der ausgelösten Überschläge bestimmt. Gammastrahlen-Spektroskopie erfolgt mittels Beugung an Kristallen oder durch Szintillationsspektrometer. Am Erdboden ist der indirekte Nachweis der seltenen höchstenergetischen Quanten durch die Tscherenkov-Strahlung der von ihnen ausgelösten Teilchenschauer möglich.

Von 1991 bis 2000 wurden mit dem satellitengestützten Compton Gamma Ray Observatory [http://cossc.gsfc.nasa.gov] Teilchenströme aus der Umgebung Schwarzer Löcher und Antimaterieströme beobachtet, über 400 Gammaquellen entdeckt und mehr als 2500 Gammaausbrüche registriert. Es konnte Energien von 30 Kiloelektronenvolt bis 30 Gigaelektronenvolt messen und war zehnmal empfindlicher als seine Vorgänger. Als Nachfolger soll Ende 2002 die INTEGRAL-Mission [http://sci.esa.int/home/integral] beginnen, die kosmische Gammaquellen wie Supernovae, Neutronensterne oder Schwarze Löcher und die rätselhaften Gammastrahlenausbrüche erforschen wird.

Teilchen-Astrophysik und Hochenergie-Astronomie

Die kosmische Teilchenstrahlung, bestehend aus Atomen, Atomkernen, Ionen und einzelnen Elementarteilchen, wurde 1911 bis 1913 bei Ballonaufstiegen gefunden. 1948 gelang die Abbildung der kosmische Primärstrahlung erstmals direkt auf photographischen Platten. In der Strahlung wurden theoretisch vorhergesagte Elementarteilchen entdeckt. Ab 1971 wurde ihre Energieverteilung mit Hilfe von Satelliten bestimmt. Der Nachweis ionisierender Strahlung erfolgt zum Teil direkt durch Aufzeichnung ihrer Spuren in Blasenkammern oder photographischen Emulsionen oder durch von den freigesetzten Elektronen verursachte elektrische Ströme, meist aber durch die von ihnen hervorgerufene elektromagnetische Strahlung. Wichtigster Bestandteil der kosmischen Primärstrahlung sind fast lichtschnelle Teilchen, die mit Atomen und Molekülen der Erdatmosphäre kollidieren, wobei sekundäre Teilchenschauer ausgelöst und Luftmoleküle zur Ultraviolett-Emission angeregt werden. Die hochenergetischen Partikel sind schneller als die Lichtgeschwindigkeit in der Atmosphäre und geben deshalb Tscherenkov-Strahlung ab.

Die Herkunft der kosmischen Strahlung ist noch nicht vollständig geklärt. Ein Teil der Partikel ist solaren Ursprungs. Andere werden bei Supernova-Explosionen auf hohe Energien beschleunigt. Teilchen noch höherer Energie stammen aus dem intergalaktischen Medium und entstehen wahrscheinlich zusammen mit Gammastrahlung in Materieströmen aus den Zentren aktiver Galaxien oder beim Kollaps zweier Neutronensterne zu einem Schwarzen Loch. Man vermutet auch den Zerfall exotischer schwerer Elementarteilchen als Quelle eines Teils der kosmischen Strahlung.

Ein wichtiges Teilgebiet der Hochenergie-Astronomie ist die Neutrinoastronomie. Neutrinos, genaugenommen Antineutrinos, sind in Kernreaktionen freigesetzte Elementarteilchen. Sie haben keine Ladung und wenn überhaupt, dann nur eine sehr geringe Masse und zeigen nur minimale Wechselwirkungen mit anderer Materie, können also die Erde fast ungehindert durchdringen. Ihr Nachweis ist von großer Bedeutung für das Verständnis der Physik der Sterne und der Dunklen Materie im Weltall. Die solare Neutrinostrahlung wird seit 1968 gemessen. Die Seltenheit der Wechselwirkungen von Neutrinos wie auch des von der modernen Elementarteilchentheorie vorausgesagten Zerfalls der Protonen erfordert große Massen von Stoffen, in denen Neutrinos leicht Kernreaktionen hervorrufen können, und eine effektive Abschirmung anderer Wechselwirkungen durch unterirdische Anordnung der Experimente. Die Verwendung von schwerem Wasser wie im kanadischen Sudbury Neutrino Observatory [http://www.sno.phy.queensu.ca/] erlaubt, alle drei Arten von Neutrinos (Elektronen-, Myonen- und Tauonen-Neutrinos) nachzuweisen und ihre gegenseitige Umwandlung, die Neutrinooszillation, zu erforschen.

Das Untergrundlaboratorium Gran Sasso in Italien [http://www1.lngs.infn.it] beherbergt mehrere astrophysikalische Experimente. Im Gallium Neutrino Observatory werden die von solaren Neutrinos verursachten Reaktionen in einer Lösung, die bis zu 100 Tonnen Gallium-71 enthält, verfolgt. Nach vier Wochen »Belichtungszeit« werden die wenigen entstandenen Germanium-71-Atome chemisch extrahiert, und ihr radioaktiver Zerfall wird beobachtet. Man weist auch die bei Neutrinoreaktionen entstehende ionisierende Strahlung nach. So dient das BOREXINO-Experiment [http://almime.mi.infn.it] mit 2400 Tonnen Wasser und 1300 Tonnen Szintillator der Beobachtung von solaren Neutrinos. Für das ICARUS-Experiment [http://www.aquila.infn.it/icarus] wird eine große Blasenkammer mit 5000 Tonnen flüssigen Argons für die Erforschung des Protonenzerfalls aufgebaut.

Der Erforschung der kosmischen Neutrinos und der Überprüfung der Elementarteilchentheorie dient auch das Kamioka-Observatorium in Japan. In riesigen Wassertanks wird die Tscherenkov-Strahlung aus Neutrino-Reaktionen und dem Protonenzerfall registriert. Man konnte erfolgreich Neutrinos aus der 1987 beobachteten Supernova-Explosion in der Großen Magellanschen Wolke nachweisen und eine Neutrinomasse von weniger als 1/25 000 der Elektronenmasse ableiten. 1988 gelang die Bestätigung von solaren Neutrinos, jedoch fand man bedeutend weniger als vorhergesagt, und die Lebensdauer der Protonen erwies sich als höher als erwartet. Die Ergebnisse des neuen Experiments Super-Kamiokande [http://www_sk.icrr.u-tokyo.ac.jp], das einen äußeren Tank von 18 000 Kubikmetern zur Abschirmung und einen inneren mit 32 000 Kubikmetern Inhalt zum Nachweis der Tscherenkov-Strahlung verwendet, bestätigen das solare Neutrinodefizit, das offenbar von der Neutrinooszillation verursacht wird. Die Experimente der Hochenergie-Astrophysik dienen sowohl astronomischen als auch kernphysikalischen Forschungen und schließen so den Kreis zwischen den größten und kleinsten beobachtbaren Strukturen der Natur.

Schluß

Die Entwicklung der Wissenschaft und Technik seit der frühen Neuzeit hat auch für die Himmelsbeobachtung große Fortschritte gebracht. Neue Entdeckungen folgen einander in kurzen Abständen und geben Aufschluß über bisher unbekannte Phänomene. Jede von ihnen bringt uns dem Verständnis der Entwicklung des Universums näher und wirft zugleich Fragen auf, die den menschlichen Forscherdrang neu herausfordern und Impulse für die Weiterentwicklung von Beobachtungsmethoden und -geräten geben, die wiederum überraschende Resultate liefern werden.

Glossar

Akkretion: gravitationsbedingte Massenzunahme durch Ansammeln von Materie aus der Umgebung eines Sterns

Antimaterie: besteht aus Elementarteilchen mit derselben Masse und Lebensdauer, aber mit entgegengesetzter Ladung und entgegengesetzten Quantenzahlen wie normale Materie

Annihilation: Paarzerstrahlung von Materie und Antimaterie unter Emission von elektromagnetischer Strahlung oder anderer Elementarteilchen

Bremsstrahlung: elektromagnetische Strahlung beim Abbremsen schneller geladener Teilchen in Kraftfeldern anderer Ladungen oder bei ihrer Ablenkung in Magnetfeldern (Synchrotronstrahlung)

Pulsare: kosmische Quellen elektromagnetischer Strahlung, die in kurzen Pulsen nahezu konstanter Periode empfangen wird; wahrscheinlich schnell rotierende Neutronensterne, Endstadium der Entwicklung schwerer Sterne

Quasare: sternartig anmutende, sehr helle Objekte im Zentrum junger, weit entfernter Galaxien

Schwarzes Loch: äußerst kompakte Massenverteilung, bei der die Entweichgeschwindigkeit die Lichtgeschwindigkeit übersteigt; kommen als Endstadium der Entwicklung sehr schwerer Sterne oder in den Zentren von Galaxien vor

Supernova: explosives Abwerfen der äußeren Hülle eines ausgebrannten Sterns mit starkem Aufleuchten über breite Spektralbereiche

Szintillation: Lichtemission eines Stoffes beim Durchlauf geladener Teilchen

Tscherenkov-Strahlung: elektromagnetisches Analogon des Überschallkegels, wird von geladenen Teilchen erzeugt, die sich schneller als das Licht in einem nichtleitenden Medium bewegen, und entsteht innerhalb eines Kegels, dessen Spitze sich mit dem Teilchen bewegt

Weißer Zwerg: Endstadium der Entwicklung leichter Sterne, nach Aufhören der Kernreaktionen auf etwa die Größe der Erde zusammengeschrumpft, anfänglich hohe Oberflächentemperatur

Helmut Zimmermann

Über die Leere im Weltraum

Ergebnisse astrophysikalischer Forschungen

Welche Schlußfolgerungen, was für eine Denkleistung! In seinem Buch (in deutscher Übersetzung) »Neue (sogenannte) Magdeburger Versuche über den leeren Raum« beschreibt Otto von Guericke seine Experimente und legt die Schlußfolgerungen dar, die er aus ihnen gezogen hat. Er schreibt: »Ähnlich wie sich der Duft einer Rose – wenn es erlaubt ist, Kleines mit Großem zu vergleichen – ... breitet sich auch die Luft, der Ruch der ganzen Erde, nicht rings um diese ins Unendliche aus, sondern nur bis zu einer Grenze, an der sie schließlich endet ... Wo sie aber aufhört, beginnt notwendigerweise der reine, von allem Körperhaften leere Raum« (zit. n. Krafft 1996, S. 94). Er schätzt ab, in welcher Höhe über der Erdoberfläche dieser leere Raum beginnt, 24 Meilen, und führt – für ihn überzeugende – Gründe an, weshalb die wahrnehmbare Lufthülle nicht höher reichen kann; man müßte sonst bestimmte Phänomene wahrnehmen, die man aber nicht beobachtet. Bei der Höhenangabe stutzt man zunächst. Er schreibt aber ausdrücklich von der wahrnehmbaren Lufthülle und ergänzt an anderer Stelle: »wenn man auch aus unseren Versuchen ... den Schluß ziehen darf, daß die allerfeinste Luft nicht nur bis zur Höhe von 24 Meilen, sondern bei wachsender Verdünnung sich bis zu einer solchen von 1000 oder 2000 Meilen erstreckt, so ist sie für uns hier auf Erden nicht mehr irgendwie wahrnehmbar« (zit. n. Krafft 1996, S. 182).

Erdnaher Raum

Die Abnahme der Dichte der Luft können wir heute messend nachweisen: Unter Normalbedingungen befinden sich in Erdbodennähe in einem Kubikzentimeter rund $27 \cdot 10^{18}$ (27 Milliarden Milliarden) Luftmoleküle. In 100 Kilometer Höhe reduziert sich ihre Zahl auf etwa 10^{14} und beträgt in einer Höhe von 1000 Kilometer nur noch (oder immer noch) rund 105 Teilchen pro Kubikzentimeter. Dies ist keine »Leere«, was zweifellos auch Guericke meinen würde, denn es sind ja »körperhafte Dinge« im Raum vorhanden. Irgendwo muß es seiner Meinung nach aber doch eine, wenn auch kaum merkbare Grenze geben. Er schreibt: »außerhalb oder auch oberhalb der Atmosphäre, wo die Luft aufhört, beginnt der reine, von jeglichen Körpern leere Raum« (zit. n. Krafft 1996, S. 96).

Die Existenz eines von allem Körperlichen, also auch Gasmolekülen oder -atomen, freien Raums ist für ihn denkbar, physikalisch vorstellbar und nicht unmöglich. Als selbstkritischer Experimentator war er sich aber bewußt, daß seine Erkenntnisse nicht für alle Zeiten richtig sein müssen und meinte, daß es » in künftigen Zeiten nicht an ... scharfsinnigen Geistern fehlen [werde], die ... sich bemühen werden, anderes, vielleicht Besseres und Tieferes zu erdenken« (zit. n. ebd., Schluß der Vorrede an den Leser). Wenn wir heute mehr wissen, als er zu seiner Zeit wissen konnte, so ist das den vielen ihm nachgefolgten Experimentatoren und Theoretikern zu verdanken. Sie haben gelernt, auch von ihm gelernt, wie man gut und tief über

Dinge nachzudenken hat, wenn man die Natur erkennen will.

Welche Erkenntnisse hat nun die moderne Astrophysik von der Leere im Weltraum? Beginnen wir beim Raum in der näheren Sonnenumgebung. Er ist erfüllt von großen materiellen Körpern: der Sonne, den Planeten, sowie diese als Satelliten begleitenden Monden. Zu Guerickes Zeiten waren nur sechs Planeten bekannt, später erst hat man drei weitere entdeckt. Auch die Anzahl der bekannten, die Planeten umlaufenden Satelliten hat sich seitdem vervielfacht. Das hätte ihn nicht überrascht. Für ihn war selbstverständlich, daß »je besser die Fernrohre werden, um so mehr Gestirne sieht man überall, und zweifellos wird man noch vollkommenere Geräte herstellen und mit ihrer Hilfe eine ständig wachsende Zahl von Sternen entdecken können« (zit. n. Krafft 1996, S. 47). So kennen wir heute zusätzlich zu den neun großen Planeten mehr als 20 000 kleine Planeten, Planetoiden, mit einem Durchmesser von weniger als 1 bis zu 1000 Kilometer, die die Sonne umlaufen und den Raum zwischen den Planeten, den interplanetaren Raum bevölkern. Darüber hinaus gibt es in ihm noch ungezählt viele kleine feste Teilchen, die nur Millimeter bis einige Zentimeter messen und von deren Existenz wir dann merken, wenn sie mit hoher Geschwindigkeit in die Erdatmosphäre eindringen und das Phänomen der Sternschnuppen hervorrufen. So zahlreich alle diese Körper und Körperchen auch sind, nehmen sie nur einen winzigen Bruchteil des Raumes ein.

Interplanetarer Raum

Der interplanetare Raum wird, wie wir aufgrund theoretischer Überlegungen und mit Hilfe von Raumsonden durchgeführten Beobachtungen wissen, von Gaspartikeln durchströmt, die von der Sonne kommen. Die Sonne erscheint uns als eine wohlbegrenzte Scheibe mit scharfem Rand, obwohl sie eine Gaskugel ist, deren Dichte mit wachsendem Abstand vom Sonnenmittelpunkt immer geringer wird (analog zur Dichteabnahme der Erdatmosphäre). Das von der Sonne uns erreichende Licht kommt aus einer relativ sehr dünnen Schicht, der Photosphäre, deren Ausdehnung nur wenige 100 Kilometer mißt gegenüber dem Sonnenradius mit seinen 696 000 Kilometer. In ihr ist die Anzahldichte, die Zahl der Gaspartikel je Kubikzentimeter, um etwa einen Faktor 100 kleiner als die Anzahldichte der Luftmoleküle in Erdbodennähe, die Temperatur hingegen liegt bei 5770 Kelvin (rund 6000 Grad Celsius). Obwohl das unter der Photosphäre befindliche Sonneninnere der Beobachtung mit herkömmlichen Mitteln, zum Beispiel einer elektromagnetischen Strahlung wie das Licht, völlig unzugänglich ist, läßt sich berechnen, welche Temperaturen und Dichten im Innern der Sonne herrschen. Danach beträgt die Temperatur im Sonnenmittelpunkt etwa 16 Millionen Kelvin und die Dichte etwa das 450millionenfache der in der Photosphäre. Zusammengehalten wird dieser heiße Gasball durch die eigene Masseanziehung, so wie die Erdatmosphäre durch die Anziehung der Erde an diese gebunden ist. Über der Photosphäre, der untersten Schicht der Sonnenatmosphäre, befinden sich weitere Atmosphärenschichten. Die oberste und am weitesten ausgedehnte ist die Sonnenkorona. Mit wachsendem Abstand von der Photosphäre sinkt die Dichte: In der inneren Korona beträgt sie etwa 10^9 Teilchen/cm^3, im Abstand von einem Sonnenradius ungefähr 10^6, im Abstand von 10 Sonnenradien weniger als 10^4 Teilchen/cm^3. Die Temperatur in der Korona ist infolge komplizierter physikalischer Prozesse sehr hoch und beträgt einige Millionen Kelvin. Die Sonnenkorona ist mit bloßem Auge von der Erde aus ohne besondere Hilfsmittel nicht sichtbar, da sie von der etwa millionenmal stärker leuchtenden Photosphäre völlig überstrahlt wird. Nur bei totalen Sonnenfinsternissen bietet sich für wenige Minuten das beeindruckende Naturschauspiel, die Sonnenkorona sehen zu können. Infolge der hohen Temperaturen liegt das Strahlungsmaximum der Korona im Röntgenbereich. Mit Hilfe entsprechend ausgerüsteter Raumsonden ist sie der permanenten Beobachtung zugänglich.

Sonnenwind

In der Sonnenkorona ist die Anziehungskraft auf die Gasteilchen so gering und ihre mittlere Geschwindigkeit infolge der hohen Temperatur so hoch, daß sich ein ständiger Gasstrom von der Sonne weg in den interplanetaren Raum ergießt. Freie Elektronen und Protonen (Wasserstoffatomkerne) bilden den Hauptteil des die Sonne verlas-

Abb. 1 Der Halleysche Komet bei seiner Wiederkehr 1986. Die Sternspuren spiegeln die Bewegung des Kometen während der Belichtungszeit relativ zu den Sternen wider.

senden Gasstroms, des »Sonnenwinds«. (Guericke würde wohl von »Ausdünstungen der Sonne« sprechen.) Der Sonnenwind transportiert jede Sekunde die für irdische Begriffe gewaltige Menge von etwa einer Million Tonnen Materie in den interplanetaren Raum. Sie zerstreut sich im Raum. Da der Sonnenwind sehr »böig« ist, beträgt die Zahl der Sonnenwindteilchen in Erdbahnnähe zwischen etwa 0,4 und 100, im Mittel rund 6 Teilchen/cm^3; die Geschwindigkeiten schwanken zwischen 200 und 900 km/s, die mittlere Geschwindigkeit liegt bei etwa 400 km/s.

Der den interplanetaren Raum erfüllende Sonnenwind wurde mit Raumsonden noch in Entfernungen von mehr als 30 Astronomischen Einheiten (AE; 1 AE ist die mittlere Entfernung zwischen Erde und Sonne) nachgewiesen; wahrscheinlich reicht er bis zu 50 oder auch 100 AE. In der Nähe von Planeten mit dichten Atmosphären und starken Magnetfeldern wird der Sonnenwind an seiner freien Strömung gehindert. Die von ihm mitgeschleppten Magnetfelder treten mit den planetaren Feldern in Wechselwirkung und üben auf die Planetenatmosphären einen dynamischen Druck aus. Das Magnetfeld der Erde, das in erster Näherung wie bei einem

Stabmagnet dipolartig ist, wird auf der der Sonne zugewandten Seite stark komprimiert, auf der Nachtseite hingegen zu einem langen Magnetfeldschweif auseinandergezogen. Dabei gelangen auch Gasteilchen aus den obersten Schichten der Erdatmosphäre wie auch von anderen Planetenatmosphären in den interplanetaren Raum, doch ist ihr Beitrag zur interplanetaren Gasdichte verschwindend klein.

Kometenschweife

Bei Kometen kann man einen Materieabfluß in den interplanetaren Raum unmittelbar sehen (Abb. 1). (Guericke sah die Kometen noch als »Luftfetzen« an, rund 50 Jahre später zeigte Edmond Halley, daß es sich um eigenständige, die Sonne umlaufende Körper handelt.) Der auffälligste Teil eines Kometen, der Schweif, hat seinen Ursprung im Kometenkern, einem etwa 100 Meter bis zu rund 100 Kilometer großen, locker zusammengebackenen Konglomerat aus verschiedenen Sorten gefrorener, leichtflüchtiger Substanzen (»Eis«) und fester, etwa 0,1 bis 5 μm großer Bestandteile (»Staub«), doch können auch größere Teilchen, sogar Gesteinsbrocken von Metergröße enthalten sein. Kommt ein Kometenkern bei seinem Umlauf der Sonne bis auf 4 oder 5 AE nahe, beginnen infolge der dann stärkeren Sonneneinstrahlung die Eisbestandteile zu sublimieren und mit Geschwindigkeiten von einigen 100 bis etwa 1000 m/s in den Raum abzuströmen, wobei die vom Eis eingeschlossenen Festkörperteilchen mitgerissen werden. Der Kern ist dann durch eine sich ständig erneuernde Gas-Staub-Atmosphäre, die Koma, umgeben. Ihr Radius kann bis zu 100 000 Kilometer, zum Teil auch über 1 Million Kilometer betragen. Die Teilchendichte in der Koma ist gering, in mittleren Abständen vom Kern liegt sie in der Größenordnung von etwa 10^4 je cm^3. Infolge der energiereichen Sonnenstrahlung ist ein Teil des Komagases ionisiert. Die elektrisch geladenen Sonnenwindteilchen reißen beim Durchströmen der Koma elektrisch geladene Partikel mit, was zur Ausbildung eines von der Sonne weggerichteten Schweifs aus Gas- und Staubteilchen führt. Das Gas wird durch die Sonnenstrahlung zum Leuchten angeregt, die Staubteilchen machen sich durch gestreutes Sonnenlicht bemerkbar. Der Schweif wird so dem Auge sichtbar (Abb. 1). Die Schweife können eine Länge von zum Teil 1 bis 10 Millionen Kilometer erreichen, doch wurden auch Schweife mit etwa 250 Millionen Kilometer Länge beobachtet. Der Masseverlust eines Kometenkerns ist schwer zu schätzen, er dürfte zwischen 0,1 bis mehr als 10 oder auch 20 Tonnen/s betragen, entsprechend unsicher sind die Angaben zur Dichte in den Schweifen. Die Schweifmaterie verteilt sich im interplanetaren Raum, die »Leere« in ihm wird dadurch aber nur minimal verändert.

Langfristig, im Zeitraum vieler 100 Millionen Jahre, ändert sich die Dichte im interplanetaren Raum praktisch nicht, da die innere Struktur der Sonne, damit auch der nach außen abfließende Sonnenwind in diesen Zeiträumen, nahezu gleich dem heutigen Zustand bleibt. Der von Kometen stammende Zugewinn zur interplanetaren Dichte dürfte der von den Planeten bei ihrem Umlauf um die Sonne aufgesammelten Materie (siehe Sternschnuppen!) im großen und ganzen die Waage halten.

Neutrinoströme

Der modernen Astrophysik verdanken wir die Erkenntnis, daß der interplanetare Raum außer Gas- und Staubpartikel weitere Teilchen enthält, Teilchen, die sich der Beobachtung aber fast vollkommen entziehen. Es handelt sich um Neutrinos, Elementarteilchen, deren Existenz vor etwa 70 Jahren aus theoretischen Gründen vermutet, aber erst vor 40 Jahre auch experimentell nachgewiesen wurde. Neutrinos entstehen unter anderem im Zentralbereich der Sonne als Beiprodukte der Kernreaktionen, die für den Nachschub der Energie sorgen, die von der Sonne in den Weltraum abgestrahlt wird. In jeder Sekunde werden dabei 564 Millionen Tonnen Wasserstoff in 560 Millionen Tonnen Helium umgewandelt, die Masse von 4 Millionen Tonnen entspricht der freiwerdenden und abgestrahlten Energie. Nach der Speziellen Relativitätstheorie sind ja Masse und Energie äquivalent. Bei jeder Umwandlung von vier Wasserstoffkernen in einen Heliumkern entstehen zwei Neutrinos, die praktisch ohne jegliche Wechselwirkung mit der übrigen Sonnenmaterie die Sonne mit nahezu Lichtgeschwindigkeit verlassen, während die freigesetzte Energie nur sehr langsam durch das Sonneninnere nach außen diffundiert. Jede Sekunde ergießt sich die unvorstellbare Menge von $1{,}8 \cdot 10^{38}$ Neutrinos in den Raum. In Erdbahnnähe wird jeder Quadratzentimeter in jeder Sekunde von 60 Milliarden Neutrinos durchströmt. Ihre Wechselwirkung mit Materie ist so gering, daß sie praktisch unbemerkt alles durchsetzen, die Sonne, die Erde, alle Lebewesen, auch uns Menschen. Es ist außerordentlich schwer, sie aufzufangen und nachzuweisen. Selbst mit den gegenwärtig besten und größten Detektoren (zum Beispiel einem mit 50 000 Tonnen hochreinen Wassers) können kaum mehr als 10 solare Neutrinos je Tag nachgewiesen werden. Die Masse eines Neutrinos ist außerordentlich gering. Sie liegt um viele Größenordnungen unter der Masse eines Elektrons. Neutrinos tragen daher praktisch nichts zur Masse im interplanetaren Raum bei, als Teilchen sind sie aber vorhanden. Auch durch sie ist der interplanetare Raum nicht leer.

Milchstraßensystem

Guericke schreibt: »Die Menge der Sterne ist … unzählbar und unglaublich groß. Denn je besser die Fernrohre werden, um so mehr Gestirne sieht man überall, und zweifellos wird man noch vollkommenere Geräte herstellen und mit ihrer Hilfe eine ständig wachsende Zahl von Sternen entdecken können. Denn die Tatsache, daß Sterne selbst mit den besten Instrumenten von uns nicht in unbegrenzter Anzahl wahrgenommen werden können, beweist nichts gegen ihr Vorhandensein« (zit. n. Krafft 1996, S. [5]). In der Tat, mit Hilfe der uns zur Verfügung stehenden Teleskope beobachten wir nicht nur unvergleichlich mehr Sterne als Guericke, wir haben auch gelernt, daß sie sich in Sternsystemen anordnen. Das System, dem die Sonne mit ihren Planeten sowie die rund 6000 mit bloßem Auge sichtbaren und einige 100 Milliarden weiterer Sterne angehören, ist das Milchstraßensystem. In ihm bildet die Mehrzahl der Sterne eine scheibenähnliche Ansammlung, wobei sich die Sonne in der Nähe der Symmetrieebene der Scheibe, aber weit ab von deren Zentrum befindet. Beim Blick senkrecht zur Symmetrieebene ist die Zahl der sichtbaren Sterne viel geringer als beim Blick in Richtung der Scheibenebene. In dieser Richtung rufen die vielen weit entfernten Sterne, die nicht mehr einzeln als Lichtpunkte wahrnehmbar sind, in ihrer Gesamtheit am Nachthimmel die Erscheinung der Milchstraße hervor, wovon das System seinen Namen hat.

Die Sterne stehen im Milchstraßensystem nicht dicht an dicht. Benötigt das Licht von der Sonne etwas mehr als acht Minuten, um die Erde zu erreichen, braucht es von dem uns am nächsten stehenden Fixstern mehr als vier Jahre. Das Verhältnis der Sternabstände zum Sterndurchmesser ist riesig, was auch Guericke vermutete, als er schrieb: »Das Größte von allem ist dieser unermeßliche Abstand, der Raum oder das Ausgedehnte, das die sämtlichen Sternkugeln, wie viele und wie zahlreich sie auch sein mögen, umfasst.« (zit. n. Krafft 1996, S. 60) Den Raum zwischen den Sternen bezeichnen wir als den interstellaren Raum.

Interstellarer Raum

Schon die ersten Himmelsphotographien zeigten, daß es nebelhaft erscheinende leuchtende Materie gibt, die nicht in Sternen konzentriert ist. Wir wissen heute, daß es sich dabei hauptsächlich um Ansammlungen (»Wolken«) interstellaren Gases handelt, das durch nahe Sterne hoher Oberflächentemperatur zum Leuchten angeregt wird. Neben diffusen Emissionsgebieten, in denen der Wasserstoff, das häufigste Element im Weltall, ionisiert ist, existieren auch regelmäßiger geformte leuchtende Nebel, die vor (astronomisch) kurzer Zeit dadurch entstanden sind, daß Sterne Materie abgeblasen oder explosionsartig abgeschleudert haben. Weiterhin gibt es in großen, wolkenartigen Ansammlungen angeordnetes nicht-leuchtendes interstellares Gas. Es füllt auch den Raum zwischen den Wolken großräumig aus, damit praktisch den gesamten interstellaren Raum. Der interstellare Wasserstoff ist in diesen Wolken und im Zwischenwolkenbereich neutral und damit im visuellen Spektralbereich unsichtbar, im Radiofrequenzbereich läßt er sich aber nachweisen. Die Anzahldichte beträgt etwa 0,1 bis 100 Wasserstoffatome/cm^3, die Temperatur etwa 50 bis 100 Kelvin, wobei hohe Dichten mit niedrigen Temperaturen korreliert sind. In besonders dichten und kühlen Wolken (etwa 10 bis 20 Kelvin) verbinden sich die Wasserstoffatome zu Molekülen. In diesen Wolken erreicht die Dichte Werte von etwa 100 bis 1 Millionen, in kleinen Bereichen können es sogar bis zu 100 Millionen Moleküle/cm^3 sein.

Abb. 2 Der Pferdekopfnebel im Sternbild Orion. Eine Dunkelwolke projiziert auf eine leuchtende interstellare Gaswolke. (Die kreisförmigen Aufhellungen um die hellsten Sterne sind Artifakte, die durch die Aufnahmeapparatur verursacht sind.)

Langfristig, in Zeiträumen von Milliarden von Jahren nimmt die Dichte der interstellaren Materie ab: Aus ihr entstehen neue Sterne, deren Entwicklung zu hoch kompakten Endzuständen (Weiße Zwerge, Neutronensterne, Schwarze Löcher) führt, in denen die Materie für immer gebunden ist. Sterne geben während ihrer Existenz zwar einen Teil ihrer Materie in den interstellaren Raum ab, dies kompensiert aber bei weitem nicht den bei der Sternentstehung der interstellaren Materie entzogenen Betrag.

Im interstellaren Raum befinden sich auch kleine Festkörperchen, Staubpartikel, mit einem Durchmesser zwischen etwa 0,01 und 1 μm. Gas und Staub sind weitgehend gleich verteilt, die Masse des Gases übertrifft aber die des Staubes um etwa das 100fache: Ein Würfel von 100 Metern Kantenlänge enthält nur einige wenige Staubpartikel. Für die Beobachtungen spielt der Staub dennoch eine große Rolle. Er kann leuchtend in Erscheinung treten, wenn das Licht eines nahen Sterns an den Teilchen gestreut wird, wesentlicher ist aber nichtleuchtender Staub, der das Licht von Sternen, die vom Beobachter aus gesehen weiter entfernt sind, streut und absorbiert, so daß deren scheinbare Helligkeit reduziert wird (Abb. 2). Die extrem geringe Anzahldichte der Staubteilchen wird durch den langen Weg, den das Licht von weit entfernten Sternen zurücklegen muß, völlig kompensiert: Wolken hoher Gas- und damit hoher Staubdichte können sternarme oder sogar sternleere Gebiete vortäuschen. Die Helligkeitsreduktion im sichtbaren Spektralbereich ist in der Milchstraßenebene so groß, daß die Sicht aus dem Milchstraßensystem hinaus praktisch verwehrt ist. Der Blick senkrecht dazu ist viel weniger durch Staub behindert. In diesen Richtungen kann man weit in die Tiefen des Weltalls sehen.

Intergalaktischer Raum, Weltraum

Ein derartiger Blick mit den uns heute zur Verfügung stehenden großen Teleskopen läßt erkennen, daß es Millionen und Abermillionen anderer Sternsysteme, extragalaktische Systeme, Galaxien, gibt (Abb. 3), von denen die drei nächsten, der Andromedanebel und die zwei Magellanschen Wolken, sogar mit bloßem Auge als kleine, schwach leuchtende Nebelflecken zu erkennen sind. Jedes Sternsystem bildet eine physische Einheit, in der einige wenige Milliarden bis zu einigen 100 Milliarden Sterne sowie große Mengen interstellarer Materie vereinigt sind. Im Prinzip sind sie dem Milchstraßensystem vergleichbar. Die Dichte der interstellaren Materie in ihnen entspricht in der Größenordnung etwa der im Milchstraßensystem, wenn sie auch von Galaxientyp zu Galaxientyp recht unterschiedlich ist.

Bei weit in den Weltraum reichenden Himmelsaufnahmen scheinen die Galaxien dicht an dicht zu stehen, tatsächlich haben sie, verglichen mit ihrer Ausdehnung, aber einen großen Abstand voneinander. Außerhalb der Galaxien, im intergalaktischen Raum, hat die moderne beobachtende Astrophysik Ansammlungen neutralen Wasserstoffgases nachgewiesen. Zwischen diesen Ansammlungen vermutet man dünn verteilten ionisierten Wasserstoff. Zuverlässige Angaben hinsichtlich der Gasdichte sind gegenwärtig aber nicht möglich. Sicher ist, daß die intergalaktische Materie nur extrem dünn verteilt ist, wesentlich dünner als die interstellare Materie in den Sternsystemen. Wäre das nicht der Fall, könnte man kaum Licht von Sternsystemen empfangen, das viele Milliarden Jahre benötigt, um zu uns zu gelangen (Abb. 3). »Der reine, von allem Körperhaften leere Raum« (zit. n. Krafft 1996, S. 94), ist der intergalaktische Raum sicher auch nicht.

Diesem Nichtwissen hat die modernste Astrophysik ein noch viel größeres Nichtwissen hinzugefügt: Das Weltall enthält neben Strahlung Materie, »normale« Materie, die sich in Sternen, Planeten, Kometen, Kleinkörpern, Gas- und Staubteilchen oder in anderen sichtbaren Formen manifestiert. In den achtziger Jahren legten Beobachtungsbefunde die Existenz einer weiteren Materieform nahe, von der man nur weiß, daß sie gravitativ wirkt, die sich aber sonst in keinerlei Weise nachweisen läßt. Diese »Dunkle Materie« kann keinesfalls aus den gleichen Bestandteilen wie die normale Materie zusammengesetzt sein, es kann sich nicht, wie der Fachausdruck lautet, um baryonische Materie handeln. Dies würde zu schwerwiegenden Widersprüchen zu anderen, wohlgesicherten Beobachtungsergebnissen führen. Es muß sich um exotische Teilchen (elementare Teilchen) handeln, für die es bisher weder direkte Nachweise noch eine gut gesicherte Theorie gibt. Die Menge der »Dunklen Materie« im Weltall ist keineswegs klein, im Gegenteil, sie ist schätzungsweise um mindestens das Fünf- bis Sechsfache größer als die gesamte Menge der normalen Materie, aus der alles das besteht, was wir in irgendeiner Weise direkt beobachten können. Da wir die physikalische Beschaffenheit dieser Materieform absolut nicht kennen, können wir auch nicht sagen, in welcher Weise sie »Körperhaftes« repräsentiert und den Weltraum als Ganzes erfüllt, oder anders ausgedrückt, wie leer der Raum, der Weltraum, tatsächlich ist. So bleibt uns nur das zu wiederholen, was Otto von Guericke schrieb: »Im übrigen glauben wir, es werde in künftigen Zeiten nicht an feinen und scharfsinnigen Geistern fehlen, die … sich bemühen werden, anderes, vielleicht Besseres und Tieferes zu erdenken« (zit. n. Krafft 1996, S. [3]).

Abb. 3 Einer der tiefsten Blicke ins Weltall und gleichzeitig einer der eindrucksvollsten Beweise für dessen Leere: Das Licht der schwächsten erkennbaren Sternsysteme war einige Milliarden Jahre unterwegs und durchquerte doch jede Sekunde eine Strecke von 300 000 Kilometer ohne wesentlich abgeschwächt zu werden.

Katalog

Gerard Dou, Der Astronom, Gemälde um 1657.

Alte und neue Weltbilder um 1600

Otto Gericke wurde in Magdeburg am 20. November 1602 in einer Zeit des Umbruchs und der Neuorientierung geboren (Kalender alten Stils; die Schreibweise seines Namens änderte sich mit seiner Nobilitierung 1666 in »von Guericke«). Seit dem ausgehenden 14. Jahrhundert hatten sich Gelehrte und Künstler auf Werte und Formen der griechisch-römischen Antike besonnen, Philosophen, Naturforscher oder Baumeister entwickelten sie weiter und erschütterten die alten Gewißheiten des mittelalterlichen Weltbildes. Der Astronom Nicolaus Copernicus (1473 – 1543) legte seinen Berechnungen metaphysische Vorstellungen der Kreis- und Gleichförmigkeit sämtlicher Bewegungen am Himmel zugrunde und kam in seinem Werk »Von den Drehungen der Himmelssphären in sechs Büchern« 1543 zu einer unerhörten, neuen Deutung: Die Sonne steht im Mittelpunkt der Planetenbahnen, und die Eigenbewegungen der Erde und der übrigen Planeten in ihrem Umlauf um das Zentralgestirn erklären die sichtbaren Erscheinungen am Nachthimmel. Im Streit um den rechten Glauben von den Anhängern Luthers seit 1517 herausgefordert, empfand die römische Kirche das copernicanische System als neuen Angriff auf ihre alleinige Deutungsmacht in den Grundfragen menschlicher Existenz. Giordano Bruno (1548 – 1600), ein entschiedener Verfechter des heliozentrischen Weltbildes, der zugleich die Unendlichkeit des Raums mit unendlich vielen Welten postuliert hatte, endete auf dem Scheiterhaufen der Inquisition. 1616 wurde die copernicanische Lehre als schriftwidrig verboten, und 1632 stellten Ankläger im Namen des Papstes Urban VIII. Galileo Galilei unter lebenslangen Hausarrest, weil er durch eigene Fernrohrbeobachtungen das copernicanische Weltbild bestätigt fand. T. v. E.

1

Copernicanisches Weltbild

Wiedergabe des Kupferstichs aus: Otto von Guericke, Experimenta Nova (ut vocantur) Magdeburgica de vacuo spatio, Amsterdam 1672, Tf. 4

Original: Kunstmuseum Kloster Unser Lieben Frauen Magdeburg, Bibliothek

Gleich zu Beginn seines Buches Experimenta Nova diskutiert Guericke die astronomischen Weltbilder nach dem Wissensstand seiner Zeit. Er entscheidet sich für die Wahrheit des copernicanischen Weltsystems mit der Sonne als Zentralgestirn und den sie umkreisenden Planeten. Von der Merkwürdigkeit der Bahnen von Sonnenflecken abgesehen, entwickelt er das heliozentrische Weltbild weiter. Guericke erkennt, daß sich die Fixsterne in unzählbarer Menge in einem unermeßlich großen Raum verteilen. T.v.E

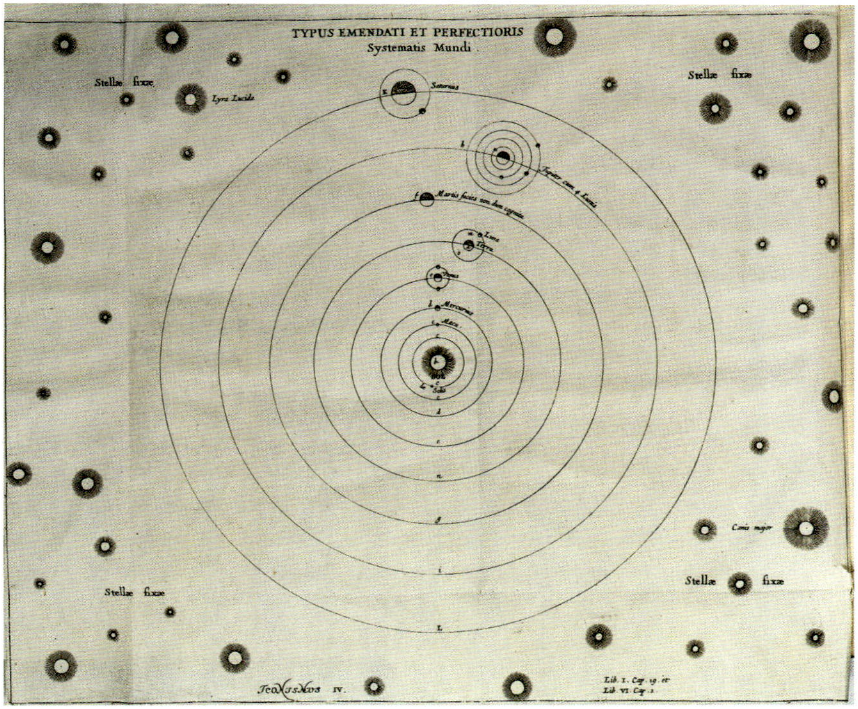

2

Armillarsphäre

2002

Konstrukteure und Techniker der Otto-von-Guericke-Gesellschaft

Nachbildung auf der Grundlage von Zeichnungen, Bildern und Funktionsbeschreibungen des 16. und 17. Jahrhunderts

Holz, Messing, Eisen; H 157 cm, B 132,6 cm, Dm der Ringkugel 84 cm

Magdeburg, Stadtsparkasse Magdeburg (Dauerleihgabe im Otto-von-Guericke-Museum Lukasklause)

Seit alter Zeit bekannt, diente die Armillarsphäre als astronomisches Gerät zur Bestimmung der Sternorte und zum Messen der Himmelskreise. Zuletzt ist seine systematische Anwendung bei Tycho Brahe nachgewiesen, über dessen Weltbild Otto von Guericke im ersten Teil seines Buches Experimenta Nova berichtet. – Das Instrument kann als Demonstrationsobjekt zur Darstellung von Sonnen- und Planetenbahnen benutzt werden. Es läßt sich auch als Hilfsmittel verwenden, um Sonnen- und Planetenbeobachtungen durchzuführen. Die drehbaren Kreise werden dabei nach den Grundkreisen der Himmelssphäre, also nach Ekliptik, Horizont und Meridian, eingerichtet. Mit einer beweglichen Visiereinrichtung kann ein Gestirn angepeilt werden. Seine Koordinaten lassen sich dann an den Kreisteilungen ablesen. D.S.

3

Der grundlegende Aristoteles-Kommentar

»Commentarii Collegii Conimbricensis Societas Jesu, in quattuor libros de coelo meteorologicos et parva naturalia Aristotelis ...«, Köln: Lazarus Zetzner 1596

Typendruck; Pergamenteinband
26,5 x 37 cm (Buch aufgeschlagen)
Besitzereintrag von 1694: Augustiner-Stift in Halberstadt
Halle, Universitäts- und Landesbibliothek, AB 153271

Aristoteles (384–322 v. Chr.) ist der einflußreichste antike Naturforscher, der sowohl die arabische als auch die abendländische Philosophie bis weit in die Neuzeit hinein prägte. Das von Aristoteles verfolgte geozentrische Weltbild fand in den Erweiterungen des Klaudios Ptolemaios (um 100–um 160) seine endgültige Ausformung. Es ist bestimmt durch die Trennung von Himmel und Erde und der Orientierung auf den Mittelpunkt der Welt, die Erde. Der gesamte Kosmos wird durch die Kristallsphäre der Fixsterne begrenzt. Auch die Himmelskörper sind an kugelförmigen Kristallsphären geheftet, die als ganzes um die Erde rotieren; ihre göttliche Natur findet Ausdruck in der Gleichförmigkeit ihrer Bewegungen. Sie sind unvergänglich. Der Raum zwischen diesen Kristallsphären kann nicht bar jeder physikalischen Eigenschaft sein, da ein Körper in einem Vakuum nicht wüßte, wie er sich zu bewegen hätte. Diese von Aristoteles behauptete und weitverbreitete Vorstellung, daß die Natur das Vakuum scheut (»Horror vacui«) und daß auch der scheinbar leere Raum von einem Medium erfüllt sein müsse, führte Otto von Guericke zu seinen Vakuumexperimenten. Die besondere Bedeutung, die der aristotelischen Naturphilosophie auch noch zu Guerickes Zeiten zukommt, zeigt die Erstellung eines grundlegenden und weitverbreiteten Aristoteleskommentars durch die Gelehrten der portugiesischen Jesuitenuniversität Coimbra, der 1592 in einer ersten Auflage erschien. G.K./J.H.

4

Streitgespräch zwischen Ptolemaios und Copernicus

In: Galileo Galilei, Dialogo ... sopra i due massimi sistemi del mondo Tolemaico e Copernicano, Florenz: Giovanni Batista Landini 1632, Titelkupfer

Kupferstich; 20,2 x 14,5 cm (Pl.)
Bez. u.r.: Stefan Dello Bella F.
Göttingen, Staats- und Universitätsbibliothek, 8 Astr I, 1170 Rara

1630 erwirkte Galilei (1564–1642) die päpstliche Erlaubnis, ein Buch über die Natur der Gezeiten zu schreiben, in dem er das helio- und das geozentrische Weltbild diskutiert. Die Genehmigung erfolgte aber unter der Auflage, daß er weder Partei ergreife noch die Allmacht Gottes anzweifle. 1632 erschien sein »Dialog über die beiden hauptsächlichen Weltsysteme« (»Dialogo sopra i due massimi sistemi del mondo«) als allgemeinverständliche und auf italienisch verfaßte Kampfschrift für das heliozentrische Weltbild, die nicht wie zu dieser Zeit üblich auf lateinisch erschien. So obliegt es dem Herrn Simplicio in der als Streitgespräch dreier Personen formulierten Abhandlung, das geozentrische Weltbild zu verteidigen, was Galilei prompt den Vorwurf der Inquisition eintrug, daß ausgerechnet der im ganzen Werk als Dummkopf dargestellte Simplicio die Allmacht Gottes betone. Auf kirchlichen Geheiß durfte das Buch seit 1632 nicht mehr vertrieben werden, die lateinische Übersetzung von 1635

verbreitete sich dennoch über ganz Europa. Ausgestellt wird der Titelkupfer der Erstausgabe. Der Kupferstich von Stefano della Bella (1610–1664) zeigt von links nach rechts Aristoteles, Ptolemaios und Copernicus mit einem Modell des heliozentrischen Systems. Ihre Lehren und Erkenntnisse werden im »Dialogo« abgewogen. J.H.

5

Weltbild 1493 – Die Erde im Zentrum

In: Hartmann Schedel, Register des Buchs der Croniken und geschichten mit figure und pildnussen von anbegin der welt bis auf diese unsere Zeit, Nürnberg: Anthon Koberger 1493, fol. V v

Holzschnitt in Buch; 28 x 23 cm
Magdeburg, Kulturhistorisches Museum, Bibliothek Bi 124

Die Schedelsche Weltchronik beginnt ihre Erzählung mit der Darstellung eines Weltbildes, dessen geschlossenes, theologisch motiviertes System sich bis in die Zeit Otto von Guerickes hielt. Quellen dieses Weltbildes waren das Alte Testament, die Apokalypse des Johannes und die antike Astronomie von Platon, Aristoteles und Ptolemaios. Der dargestellte mittelalterliche Kosmos ist endlich und hat die Gestalt einer vollkommenen Kugel mit einer festen äußeren Schale. Im Mittelpunkt steht die Erde, umgeben von konzentrischen Sphären des Wassers, der Luft, der Planetenbahnen und der Fixsternwelt mit den Sternzeichen. Dieses Diesseits wird klar vom Jenseits geschieden. Dort befinden sich, hierarchisch gegliedert, die Bewohner der »civitas dei«: Engel, Heilige und gläubige Seelen leben dort in ewigem Frieden mit dem Weltenrichter

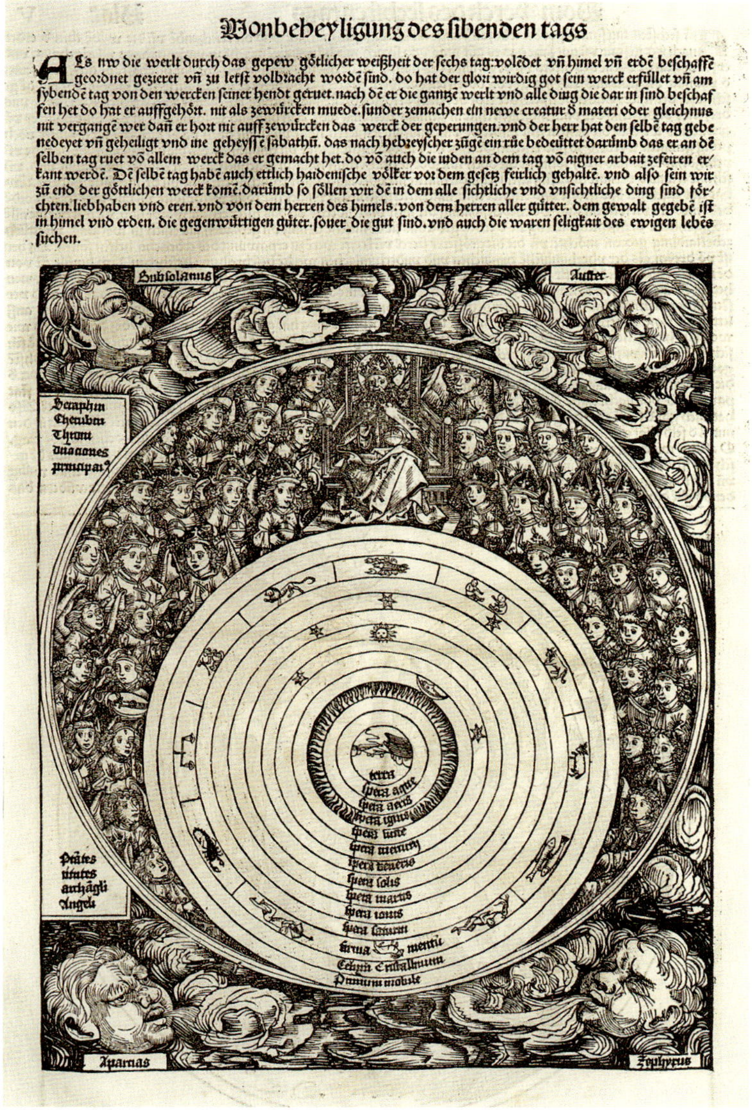
Von beheyligung des sibenden tags

ALs nw die werlt durch das gepew götlicher weißheit der sechs tag: volēdet vñ himel vñ erdē beschaffē geordnet gezieret vñ zu letst volbracht wordē sind. do hat der glori wirdig got sein werck erfüllet vñ am sybendē tag von den wercken seiner hendt geruet. nach dē er die gantzē werlt vnd alle ding die dar in sind beschaffen het do hat er auffgehört. nit als zewürcken muede. sunder zemachen ein newe creatur d materi oder gleichnus nit vergangē wer dañ er hort nit auff zewürcken das werck der geperungen. vnd der herr hat den selbē tag gebenedeyet vñ geheiligt vnd ine geheyssē sabathū. das nach hebreyscher zūgē ein rūe bedeüttet darūmb das er an dē selben tag ruet vō allem werck das er gemacht het. do vō auch die iuden an dem tag vō aigner arbait zefeiren erkant werdē. Dē selbē tag habē auch ettlich haidenische völker vor dem gesetz feirlich gehaltē. vnd also sein wir zū end der göttlichen werck komē. darūmb so söllen wir dē in dem alle sichtliche vnd vnsichtliche ding sind förchten. liebhaben vnd eren. vnd von dem herren des himels. von dem herren aller gütter. dem gewalt gegebē ist in himel vnd erden. die gegenwürtigen güter. sover die gut sind. vnd auch die waren seligkait des ewigen lebēs suchen.

Christus und mit Gott. Als von Gott geschaffene Welt hat auch diese himmlische Sphäre eine Begrenzung und somit das ganze Weltbild einen festen Platz im endlichen Raum. Umgeben von den vier Winden, ist alles untrennbar miteinander verbunden. Neue technische Erfindungen, wie das Fernrohr, und die dadurch möglichen genaueren Beobachtungen der Planetenbewegungen brachten im 17. Jahrhundert dieses Weltbild mit den undurchdringbaren starren Sphären der Planeten ins Wanken und machten die »Unzuverlässigkeit, Mißgestalt und Vernunftwidrigkeit« dieses Weltbildes, wie Otto von Guericke es formulierte, deutlich. U.S

6

Alte und neue Weltbilder

In: Athanasius Kircher, Iter exstaticum coeleste ..., 3. Auflage, Nürnberg: Johannes Andreas Endter, Wolfgang Endter d. J. Erben 1671, vor S. 37, Tf. 2

Kupferstich in Buch
21 x 33,5 cm (Buch aufgeschlagen)
Hamburg, Bibliothek Mathematik und Geschichte der Naturwissenschaft der Universität, F 1656/1[2]

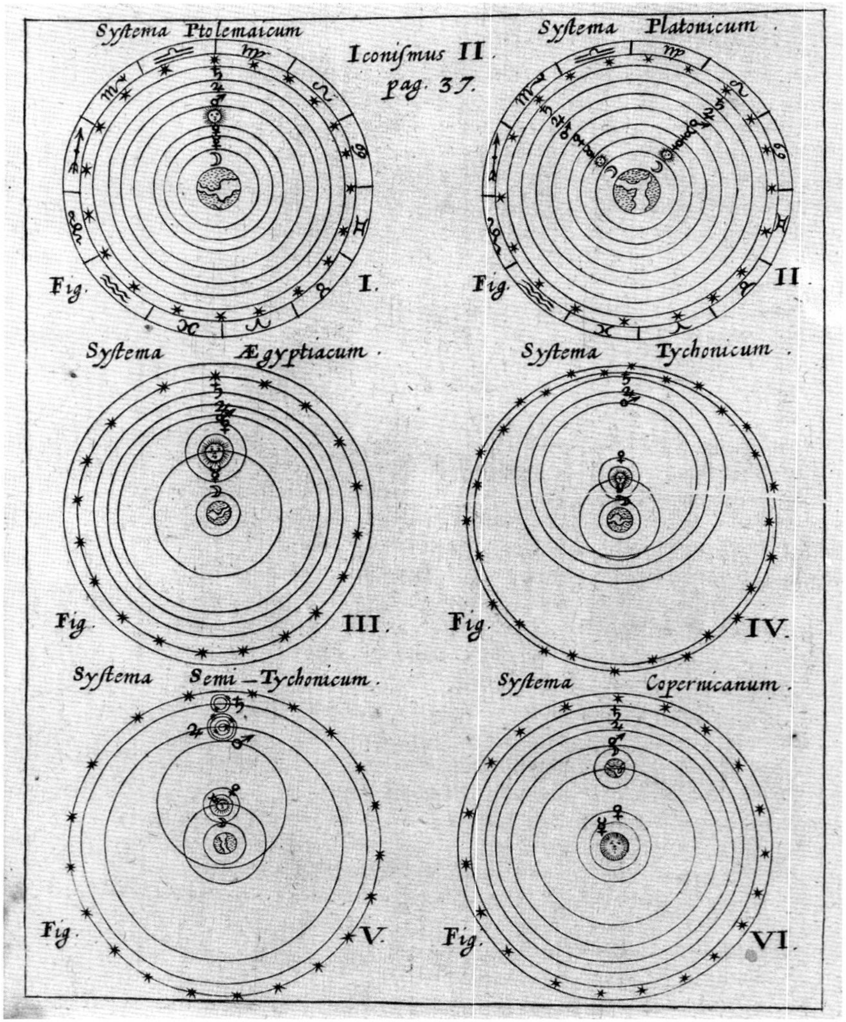

Athanasius Kircher (1602–1680), einer der größten Gelehrten seiner Zeit (Kat. 88), führt dem Betrachter die im frühen 17. Jahrhundert bekannten Weltbilder vor Augen. Das ptolemaiische System oben links hatte im Mittelalter Gültigkeit: Die Erde steht im Zentrum, Mond, Merkur, Venus, Sonne, Mars, Jupiter und Saturn umkreisen die Erde; das System ist geschlossen und wird von der Fixsternwelt begrenzt. Das System des dänischen Astronomen Tycho Brahe (1545–1601) läßt die Erde im Mittelpunkt der nun in zwei Ebenen verteilten Fixsternwelt und den Kreisbahnen von Mond und Sonne (Mitte rechts); die Sonne hingegen wird das Zentrum der Kreisbahnen der übrigen Planeten Merkur, Venus, Mars, Jupiter und Saturn. Modifikationen am tychonischen System führen zur Darstellung unten links: Jupiter und Saturn werden nun wieder um die Erde geführt; beide Planeten werden umkreist von ihren im frühen 17. Jahrhundert entdeckten Monden. Am Schluß steht rechts unten das Copernicanische Weltsystem, das die Sonne im Zentrum des Systems sieht. Nur ein Planet – die Erde – führt einen Mond mit sich; das System wird zusammengehalten von einem fest definierten Raum, in dem sich die Fixsterne befinden. Die Reihung der Systeme spiegelt auch eine neu vorgenommene Gewichtung wider, denn die Überlegungen finden im Weltbild des Nicolaus Copernicus (1473–1543) ihren Abschluß. In der ersten Auflage von Kirchers Werk stand das copernicanische Weltbild noch chronologisch an der richtigen Stelle vor Brahes Entwürfen. Doch berücksichtigt Kircher nicht das heute als einzig richtige erkannte Weltsystem des Johannes Kepler (1571–1630, Kat. 349), der die Planeten auf Ellipsenbahnen führte und die Sonne in einen Brennpunkt der Ellipse setzte. Darüber hinaus fehlen nach der heutigen Kenntnis unseres Sonnensystems die drei äußeren Planeten: Uranus wurde erst 1781 von Wilhelm Herschel entdeckt, Neptun erst 1846 von Johann Gottfried Galle und Pluto gar erst 1930 von Clyde Tombaugh. G. K.

7

Ptolemaiische Weltkarte von 1540

»Typus orbis a Ptol. descriptus«

In: Klaudios Ptolemaios, Geographia universalis vetus et nova, Basel: Heinrich Peter 1540, S. 162/163

Kupferstich
32,5 x 46,5 cm (Buch aufgeschlagen)
Magdeburg, Kunstmuseum Kloster Unser Lieben Frauen, Bibliothek I.B.b. 30.fol.

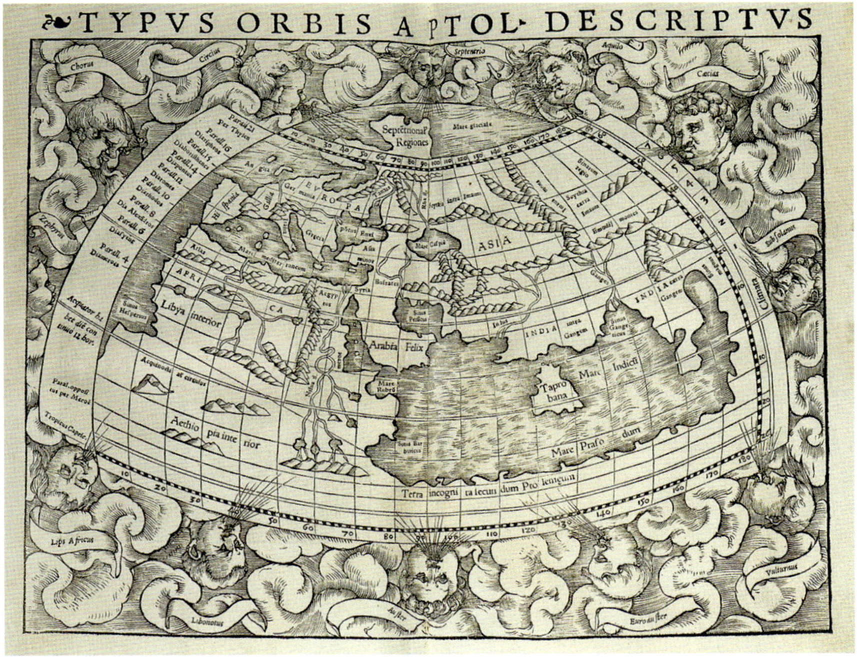

Der griechische Gelehrte und Astronom Klaudios Ptolemaios von Alexandria (um 100–um 160) faßte in seinem großen astronomischen Werk, dem Almagest, das Wissen seiner Zeit zusammen, welches bis zur Lehre des Nikolaus Copernicus (1473–1543) das Grundlagenwerk der astronomischen Forschung blieb. Wie auf dem Gebiet der Kunst und der Wissenschaft auch, hat die Kartographie mit der Wiederentdeckung des antiken Erbes im 16. Jahrhundert einen Aufschwung genommen. Die Karten des Ptolemaios bildeten dafür die wichtigste Grundlage. Diese 1540 neu aufgelegte ptolemaiische Weltkarte zeigt Europa, Asien und Afrika umgeben von der »terra incognita« und eingerahmt von den zwölf Erdenwinden. Es ist nur ein Teil der Weltkugel zu sehen. Äquator, Längen- und Breitengrade sind ebenso verzeichnet wie große Flußläufe und Gebirgszüge. Das Prinzip, ein Gradnetz der Erde auf einen Kegelmantel zu projizieren (Kegelprojektion), mit dem diese Karte gezeichnet ist, taucht erstmals bei Ptolemaios auf. Die dabei entstehenden starken Verzerrungen ließen die Karten weder flächen- noch winkeltreu erscheinen. U. S.

8

Amerika erscheint auf den modernen Weltkarten

In: Klaudios Ptolemaios, Geographicae Enarrationis libri octo, Bilibaldo Pirckeymhero interprete, annotationes Ioannis de Regio Monte in errores commissos a Iacob Angelo in translatione sua, [Straßburg: Johann Grüninger, Anton Koberger 1525], eingebunden am Schluß des Buches

1522
Holzschnitt
41,5 x 59 cm (Buch aufgeschlagen)
Bez. o.r.: DE PICTA 1522 L. F.
Halle, Universitäts- und Landesbibliothek, Cg 2501, 2°

Die neuen geographischen Kenntnisse, vor allem die Entdeckung Amerikas, erforderten im 17. Jahrhundert zunehmend eine Aktualisierung des von Ptolemaios vorgelegten und bis dahin noch gültigen Kartenmaterials. Um 1000 von den Normannen entdeckt, gelangte die »Neue Welt« Amerika aber erst mit der systematischen Erschließung und Besiedlung ab 1492 mit Christopher Columbus (1451–1506) in das Bewußtsein der Menschen. Erst mit den von Mercator (Kat. 61) in dessen winkeltreuer Zylinderprojektion verfaßten Weltkarte von 1569 wurden die Karten des Ptolemaios endgültig abgelöst. U. S.

Lit.: Fischer 1996, S. 175 f.

I. Begegnung mit den neuen Wissenschaften in Europa

Herkunft und Bildung (1602 bis 1625)

Dem jungen Otto von Guericke, Sohn einer alteingessenen Ratsfamilie, war es nicht in die Wiege gelegt, daß er einst mit seinen experimentellen Forschungen Erkenntnisse zur rationalen Welterklärung beisteuern sollte. Seine Vaterstadt Magdeburg hatte im Zeitalter der Glaubenskriege ihre Stellung als protestantische Hochburg verteidigt, und sie berief sich auf alte Privilegien aus der Zeit Kaiser Ottos des Großen, um ihren Reichtum und ihre unabhängige Stellung zu bewahren. Otto von Guericke wurde von Hauslehrern unterrichtet, hörte als Vierzehnjähriger in Leipzig die Vorlesungen der Artistenfakultät, die das Grundwissen seiner Zeit vermittelten, um dann in Helmstedt und Jena das eigentliche Fachstudium der Rechtswissenschaft aufzunehmen. Damit sollte er sich wohl nach dem Wunsch seines Vaters Hans Gericke das Rüstzeug erwerben, um ebenfalls führende Ämter im Rat der Stadt als Kämmerer, Bürgermeister oder als Schultheiß des Magdeburger Schöffenstuhls einnehmen zu können.

Als Otto von Guericke mit seinem Magdeburger Studienkollegen Andreas Rudolph im Sommer 1623 an die Universität im holländischen Leiden wechselte, galt sein Interesse jedoch vor allem der Mathematik und ihren praktischen Anwendungen in der Astronomie und Geometrie, dem Festungsbau und Vermessungswesen. Die 1600 gegründete, der Universität Leiden angeschlossene Ingenieur- und Navigationsschule vermittelte ihm den neuesten Erkenntnisstand naturwissenschaftlicher Forschungen. Auch ohne einen formalen Studienabschluß sollte Guericke Zeit seines Lebens von diesen Lehrjahren in Holland profitieren. Der junge Ingenieur besichtigte Festungswerke, er reiste nach London, und im Herbst 1624 führte ihn seine Bildungsreise nach dem Vorbild einer Kavalierstour für Herren von Stand über Calais und St. Denis nach Paris. Aufgrund von Krankheit und grassierender Pest mußte er weiterreichende Pläne, auch Rom und Wien zu besuchen, aufgeben. Die Auswirkungen des Dreißigjährigen Krieges, der 1618 mit dem Prager Fenstersturz und dem Aufstand der protestantischen Stände in Böhmen seinen Anfang genommen hatte, überschatteten Reisen und Studienaufenthalte. Guericke erlebte mit, wie sich nach der Niederlage des böhmischen Königs Friedrich V. von der Pfalz (1596–1632) das Kriegsgeschehen nach Westen verlagerte. Die niederländischen Generalstaaten nahmen ihren Kampf gegen die spanische Vorherrschaft wieder auf, und Herzog Christian von Braunschweig zog plündernd durch Westfalen, bis ihn Tilly bei Stadtlohn 1623 entscheidend schlug. Die Belagerung der befestigten Stadt Breda, die Anfang Juni 1625 von Spinola erobert wurde, blockierte Guerickes Reiseweg nach Hause. Erst Ende 1625 kam er über Amsterdam und Hamburg zurück nach Magdeburg, um von nun an seine Kenntnisse in den Wissenschaften und Künsten der »Mechanica« zum Wohle seiner Heimatstadt anzuwenden. T.v.E.

1. Magdeburger Wurzeln

9

Magdeburg vor der Zerstörung im Dreißigjährigen Krieg

Jan van de Velde (1593 – 1641)
Neudruck von Gerhard van Keulen,
Amsterdam 1710
Kupferstich von 4 Platten; 40 x 211 cm
Bez. u.m.: t Amsterdam by Gerhard van Keulen, u.r.: Jan van de Velde
Magdeburg, Kulturhistorisches Museum, Gr 46. 222

Die Ansicht zeigt die Stadt Magdeburg im Zenit wirtschaftlicher Blüte. Von Osten geht der Blick auf die prächtige Stadtanlage an der Elbe mit den Türmen des Domes, der Kirchen und Klöster. Wir sehen aber auch die Mauern und Rondelle starker Befestigungsanla-

gen. Das Häusermeer veranschaulicht, daß Magdeburg mit 30 000 Einwohnern zu Beginn des 17. Jahrhunderts neben Nürnberg, Hamburg oder Frankfurt einer der bedeutendsten Handelsplätze in Deutschland gewesen ist. Auf dem rasch ansteigenden Ufer rechts neben der Strombrücke hat die Altstadt Magdeburg ihr Zentrum: In der Ratskirche St. Johannis predigte Martin Luther 1524 und begründete Magdeburgs Stellung als Hochburg des Protestantismus, und im benachbarten Rathaus wurde der junge Guericke 1626 in sein erstes öffentliches Amt als Bauherr gewählt. Die beiden in der oberen Bildhälfte einander gegenübergestellten Wappen, der Doppeladler des Reiches und die Magdeburger Jungfrau mit dem Kranz auf dem Burgtor, bekräftigen den Anspruch Magdeburgs auf städtische Unabhängigkeit. T.v.E.

Lit.: gantz verheeret 1998, S. 158 Nr. 80

10

Der politische Raum Braunschweig-Magdeburg

»Bravnswyck et Meydburg cum terris adjacentibus«

17. Jh.
Wilhelm Janszoon Blaeu (1571–1638)
Kupferstich, koloriert; 37,5 x 49 cm
Bez. u. r.: Amsterodami, Guilielmus Blaeuso Excud.
Braunschweig, Braunschweigisches Landesmuseum, VM 8627

Bei der kartographischen Erfassung des Deutschen Reiches ging man bei der Erstellung der »Landkarten« von den Reichskreisen aus. Der Niedersächsische Kreis wurde dabei meist auf zwei Blättern dargestellt. Im südlichen Teil des Kreises der Karte stellen die Räume um Braunschweig und Magdeburg die Hauptterritorien dar. Die Grenzen wurden von der Mitte des Harzes aus gezogen und vermitteln das zeitgenössische Bewußtsein, in einer einheitlichen politischen Landschaft zu leben, die von Münden beziehungsweise Hameln bis nach Halle und Magdeburg reichte. G.B.

11

Die Schwesterstädte Braunschweig und Magdeburg

»BRUNSVICA. Braunschweig. – MAGDEBURGUM in flore«

Aus: Johann Angelius à Werdenhagen, De Rebus Publicis Hanseaticis, Frankfurt/M.: Matthäus Merian 1641

1. Hälfte 17. Jh.
Matthäus Merian d. Ä. (1595–1650)
Kupferstich; 29,4 x 54,8 cm (Pl.)
Magdeburg, Kulturhistorisches Museum, Gr 12283

Der Kupferstich zeigt die Silhouetten Braunschweigs und Magdeburgs von Osten. Eine Vielzahl von Kirchen prägen beide Stadtbilder. Braunschweig, die Geburtsstadt von Guerickes Mutter war die große Konkurrentin zur benachbarten Elbestadt, zugleich aber auch ihre Partnerin im parallelen Ringen um Unabhängigkeit vom Landesherrn – hier den Magdeburger Erzbischöfen oder Administratoren, dort den Herzögen von Braunschweig und Lüneburg und insbesondere den Wolfenbütteler Fürsten. 1528 offiziell zum evangelischen Glauben übergetreten, versuchte auch Braunschweig sich dem Einfluß eines streng katholisch gebliebenen Landesherrn, des Wolfenbütteler Herzogs Heinrich des Jüngeren (reg. 1514–1568), zu entziehen. – Magdeburg, die Heimatstadt der Familie Gericke, hatte sich wie Braunschweig im Laufe des Mittelalters durch ein florierendes Handwerk sowie durch den Groß- und Fernhandel an der Elbe zu einer bedeutenden deutschen Metropole entwickelt. In den Jahren 1524 wird Magdeburg zu einer Hochburg der Reformation. Die dichte Bebauung der Stadt (deutlich zu erkennen ist der Dom mit seiner weit aufragenden Doppelturmfassade und in der Bildmitte die Johanniskirche) wie auch die Stadtbefestigung mit der neuen, nach Osten vorgeschobenen Zollschanze zeugen vom Selbstverständnis und dem materiellen Wohlstand der Magdeburger Bürger. G.K./U.S.

Lit.: Stadt im Wandel Bd. 1, 1985, S. 59–61 Nr. 19. Magdeburg in Bildern 1997, S. 58 f.

12

Der Braunschweiger Burgplatz um 1600

Zwischen 1598 und 1604
Herzogtum Braunschweig-Wolfenbüttel
Johann Tiele und Johann Krabbe
Handzeichnung, koloriert
44,5 x 50,5 cm (Grundfläche)
Wolfenbüttel, Staatsarchiv, K 13342

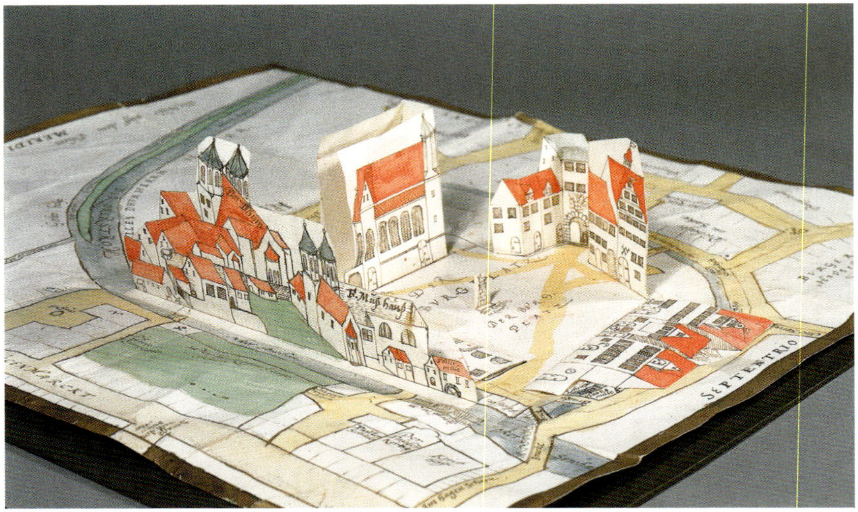

Trotz der vielen Teilungen gehörte die Stadt Braunschweig immer zu dem von allen welfischen Linien gemeinsam verwalteten Besitz. Der Klappriß der Braunschweiger Burgfreiheit sollte als Veranschaulichung für einen letztendlich 1626 aufgegebenen Prozeß der Celler gegen die Wolfenbütteler Linie der Herzöge von Braunschweig und Lüneburg vor dem Reichskammergericht in Speyer dienen und enthält deshalb viele bauliche Einzelheiten. Auch wenn die gefundene Lösung aufgrund der ungenauen Meßmethoden mit Kette und Schrittzähler »nicht eigentlich als Meßresultat, sondern lediglich als eine kontrollierte Schätzung« (Pitz 1967) zu gelten hat, überzeugt vor allem die künstlerische Umsetzung. Deutlich wird dies an der Ostseite des Platzes mit dem damals durch Brand zerstörten Palast (Burg Dankwarderode) und der Burgkapelle, die den hauptsächlichen Streitpunkt bildeten. Gut erkennbar sind auch die Blasiusstiftskirche an der südlichen Platzseite und das Burgtor im Bereich des späteren Vieweghauses (heute: Braunschweigisches Landesmuseum). Im Zentrum des Platzes wurde auch der um 1166 von Heinrich dem Löwen errichtete Braunschweiger Löwe nicht vergessen, der dem Palastkomplex zugewandt ist. G. K.

Lit.: Stadt im Wandel Bd. 1, 1985, S. 61 Nr. 20. Mertens 1978.

13

Außenflügel der Guerickeschen Familienstammtafel

1721–1724; Magdeburg
Im Auftrag Leberecht von Guerickes (1662–1737) erstellt
2 Handzeichnungen, koloriert
63,5 x 54,8 cm und 62,5 x 53,8 cm
Magdeburg, Stadtarchiv, Rep. 15.III. 3

Otto von Guerickes Enkel Leberecht ließ 1721–1724 eine Stammtafel der Familie von Guericke fertigen, die 1889 mit dem Familienarchiv der Guerickes vom Stadtarchiv Magdeburg erworben wurde. Die Stammtafel bestand aus drei Teilen, einem Mittelteil und zwei Seitenflügeln, und war ursprünglich 323 cm breit. Der Mittelteil war zu Ausstellungszwecken an das ehemalige Kaiser Friedrich Museum Magdeburg ausgeliehen und ging mit den Kunstbeständen des Museums im Zweiten Weltkrieg verloren. Zwar hatte das Stadtarchiv durch den Krieg den Verlust des Guerickeschen Familienarchivs zu beklagen, doch blieben die beiden Seitenflügel, die den direkten Bezug zu Otto von Guericke nicht mehr erkennen lassen, erhalten. Sie konnten 1992/93 umfassend restauriert werden. G. K.

Lit.: Findbuch zum Bestand Rep. 15 im Stadtarchiv Magdeburg. Neubauer 1907.

14

Leichenpredigt auf Anna von Zweydorff

»Lebens Schule … bey der Sepultur der woledlen, hochehr und tugendreichen Matronen, Fr. Annen, gebohrnen von Zweydorff, deß woledlen gestrengen Herren Hansen Gericken sel. Weyland Schultheissen und weltlichen Richters dieser Stadt nach erster, nach anderer Ehe aber des edlen, vesten und hochgelarten, Herren Christophori Schultzens J(uris) Consulti und weyland Syndici dieser Stadt sel. Nachgelassenen Wittiben, welche den 18. Septembr. a. 1666 in dem Herren Jesu selig entschlaffen, und folgenden 14. Octobris in der Kirchen SS. Ulrich und Levin allhier christlichem Gebrauch nach beygesezet worden …«, Magdeburg: Johann Müller 1667

Typendruck, Sammelband mit Halblederеinband; 19 x 35,5 cm (aufgeschlagen)
Göttingen, Staats- und Universitätsbibliothek, Conc. fun. II, 116 (25)

Otto von Guerickes Mutter Anna von Zweydorff (1580–1666) stammte aus Braunschweig und wurde vor allem von ihrem Großvater Conrad Plauen erzogen. Beide Familien – die Zweydorffs und die Plauen – gehören zu den angesehenen Patrizierfamilien in Braunschweig. Bei einem Besuch in Magdeburg, wo sie »die schönen Kirchen allhier besichtiget«, lernt Anna den Witwer Hans Gericke, Schultheiß und weltlicher Richter der Stadt, kennen und heiratet ihn etwa anderthalb Jahre später im Januar 1602. Bereits im November desselben Jahres wird das einzig überlebende Kind aus dieser Ehe, der Sohn Otto, geboren. Nach dem Tode des Hans Gericke 1620 heiratet sie 1623 in zweiter Ehe den Juristen Christoph Schultz. Mit ihm hat sie keine weiteren Kinder. Sie stirbt nach langer, schwerer Krankheit einen Tag vor ihrem 86. Geburtstag und wird neben ihrem ersten Mann in der Ulrichskirche beigesetzt. Die Leichenpredigt ist dem wohl bei der Beerdigung nicht anwesenden einzigen Enkel Otto von Guericke (1628–1704) gewidmet, der damals bereits brandenburgischer Rat und Resident in Hamburg war. G.K.

15

Wappenstein der Magdeburger Schöffen

1590; Magdeburg
Sandstein; 70 x 68 x 13 cm
Magdeburg, Kulturhistorisches Museum, 92:16

Der Vater Otto von Guerickes, Hans Gericke (1555–1620), war ab 1587 Kämmerer im Rat und Richter am berühmten Magdeburger Schöffenstuhl. Vom Haus der Magdeburger Schöffenkammer, welches 1631 zerstört wurde, hat sich dieser Reliefstein erhalten, der das ab 1364 nachgewiesene Siegel der Magdeburger Schöffen wiedergibt: Christus als Weltenrichter, auf dem Regenbogen thronend und umgeben von den Leidenswerkzeugen (drei Nägel, Lanze und Dornenkrone). Der üblichen Mandorla gleich, wird hier ein Ring mit einer Inschrift von vier Engeln emporgetragen: FAC IVSTE, VT IVSTVS SIS. PRAEMIA IVSTIS: IVSTA DIE IVSTI DEXTERA IVSTA DABIT (Tue recht, daß du gerecht seist den Gerechten. Gerechter Lohn wird den Gerechten die gerechte Rechte des gerechten Gottes geben). 1590 inschriftlich datiert, entstand der Stein während der Schöffentätigkeit von Guerickes Vater. Das Amt des Schöffen war ein «Erb-Ampt«, das nach dem Tod des Vaters auf Otto von Guericke übergehen sollte. U.S.

Lit.: Erzbischof Wichmann 1992, S. 273.

16

Leichenpredigt auf Guerickes Stiefvater Christoph Schultz

»Christliche Leich Predigt … Bey dem Begräbnuß deß … Herrn Christophori Schultzen, wolverdienten Syndici, und consiliarii der Alten Stadt Magdeburgk, …«, Magdeburg: Andreas Betzel 1643.

Typendruck, Sammelband mit Halblederеinband; 20 x 35,5 cm (aufgeschlagen)
Göttingen, Staats- und Universitätsbibliothek, 4° Conc. fun. 239/ 14 (11)

Christoph Schultz (1577–1642) entstammte einer angesehenen Juristen-, Mediziner- und Theologenfamilie aus Frankfurt/Oder, wo er auch ein Studium in den freien Künsten begann. 1596–1602 studiert er Jura in Wittenberg und Leipzig und wird danach Advokat in Köthen. 1622 zieht er nach Magdeburg und heiratet nach dem Tode seiner ersten Frau im September 1623 die Witwe des Hans Gericke, Anna von Zweydorff. Nach der Zerstörung der Stadt tritt er in die Dienste des Fürsten Ludwig von Anhalt-Köthen (1579–1650, reg. ab 1603), des schwedischen Statthalters der Stifte Magdeburg und Halberstadt. Er wird Deputierter der Stadt Magdeburg im Auftrage Ludwigs und vermittelt so seinem Stiefsohn Otto von Guericke 1632 den Auftrag, den Grundriß der Stadt als Grundlage für den Wiederaufbau zu zeichnen (Kat. 122). Sicherlich hat Schultz auch ein gutes Wort für den Stiefsohn eingelegt, als dieser dann im Mai 1632 bei Ludwig von Anhalt um Anstellung als Festungsbaumeister bat. Schultz selbst wechselt nach dem Prager Frieden 1636 in die Dienste der Stadt und bleibt bis zu seinem Tode städtischer Syndikus. G.K.

17

Löwe mit dem Wappen der Familie Alemann

17. Jh.
Sandstein; 92 x 35 x 40 cm
Magdeburg, Kulturhistorisches Museum

Das Wappen der Familie Alemann wird von einem Löwen gehalten. Es zeigt im geteilten Schild einen schreitenden, Löwen, darunter drei Wolfsangeln. – Die Alemanns gehörten zu den alteingesessenen, führenden Patriziergeschlechtern der Stadt Magdeburg und wurden 1602 vom Kaiser in den Adelsstand erhoben. Erstmals im Jahre 1281 urkundlich in Magdeburg nachgewiesen, stieg die Familie schnell in die oberste Spitze des Stadtregiments auf: 1363 wurde ein Alemann Bürgermeister der Stadt, im 16. Jahrhundert war immer mindestens ein Mitglied der Familie entweder als Bürgermeister oder als Kämmerer tätig. Erst die Umwälzungen im Stadtregiment 1630 verdrängten die Familie aus ihrer führenden Position. Nur Martin Alemann war noch einmal von 1663 bis 1677 Ratmann; er wurde 1678 Guerickes Nachfolger im Amt des Bürgermeisters, das er bis 1685 ausübte. Nicht nur Guerickes Vater, Hans Gericke (1555–1620), war in erster Ehe mit einer Alemann verheiratet. Auch Otto von Guericke heiratete in die Familie ein. 1626 vermählte er sich mit »Margaretha Alemannin« (1605–1645; Kat. 152), wie sie noch auf ihrem Grabstein genannt wird.

G.K.

Lit.: gantz verheeret 1998, S. 274f. Nr. 297. Schultze 1893, S. 80–84. Dittmar 1889, S. 135–168.

18

Magdeburg huldigt Administrator Joachim Friedrich

»Eigentliche Warhafftig vnd ordentliche Beschreibunge des Einzuges vnd Einrits des … Hochgebornen Fuersten vnd Herrn/ Herrn Joachim Fridrichen/Postulierten Administratoris des Primats vnd Ertzstiffts Magdeburg/…«

26. Oktober 1580; Johan Heusener
Flugschrift; 18,5 x 28 cm (aufgeschlagen)
Magdeburg, Kulturhistorisches Museum, Bibliothek M 226

Als Gründungsmitglied des Schmalkaldischen Bundes zur »erhaltung Christlicher warhait und fridens« und als Verteidiger protestantischer Glaubensüberzeugung gegen die militärische Übermacht bei der Belagerung Magdeburgs durch Moritz von Sachsen 1550/51 hatte Magdeburg seine unabhängige Stellung behauptet. Nach Überzeugung des Rates schuldete die Stadt nur dem Kaiser und den Gesetzen des Reiches Gehorsam. Otto von Guericke sollte noch während der Verhandlungen zum Westfälischen Frieden und auf den nachfolgenden Reichstagen darauf pochen, daß Magdeburg die Anerkennung als freie Reichstadt gebühre. Die Stadt hatte sich jedoch der Vormachtstellung Brandenburgs und Sachsens sowie der Zuständigkeit des Administrators für das Erzstift Magdeburg nie ganz entziehen können. Am 27. Oktober 1579 leisteten der Magdeburger Rat und die Bürgerschaft den Eid auf den Regenten des Erzstifts Joachim Friedrich (1546–1608) mit der allgemein gehaltenen Huldigungsformel, die Stadt werde nun dem Administrator »als dem Landesfuersten / und diesem loeblichen Ertzstifft widerumb verwandt«. T.v.E.

Lit.: Wolter 1901, S. 144 f.

19

Gold- und Silberabschlag auf die Gründung Magdeburgs

1599; Stadt Magdeburg
Gold, Silber; Dm 4,7 cm
Auf der Vorderseite jeweils die Umschrift OTTO I IM AV MAGD CIVIT FUNDAT, auf der Rückseite der Goldprägung SIT PAX INT MVROS ET PROSPE IN PALATVS TVIS, datiert 1599, auf der Rückseite der Silberprägung in der Variation SIT PAX INTRA MVROS E PROSPE I PALATV TVIS
Magdeburg, Kulturhistorisches Museum, 1948/1632; 1948/95

In der zweiten Hälfte des 16. Jahrhunderts bestritten Domkapitel und hamburgische Konkurrenz der Altstadt Magdeburg die Elbschiffahrtsrechte und stellten damit Grundlagen der Unabhängigkeit und des Wohlstands in Frage. Umso mehr betonte Magdeburg sein Selbstbild als freie Reichsstadt. Die Schaumünzen zeigen Kaiser Otto den Großen zu Pferde, der die Stadt gründete und mit Privilegien ausstattete. Auf der Rückseite unterstreicht der bekrönte Reichsadler, daß Magdeburg als reichsunmittelbare Stadt nur dem Kaiser Gehorsam schuldet. Der Anlaß der Prägungen war wohl der von einflußreichen Fürsten besuchte niedersächsische Kreistag in Magdeburg 1599, auf dem die propagandistische Botschaft mit passenden Geschenken verbreitet werden konnte. – Nach der Zerstörung Magdeburgs versuchte Otto von Guericke an die alten, von Otto dem Großen gewährten Vorrechte anzuknüpfen und führte zum Beweis der Reichsfreiheit sogar die Kaiserstatue auf dem Alten Markt an. T.v.E.

Lit.: Hasse 2001, S. 435 f.

20

Erinnerung an Luthers Thesenanschlag

1617; Nürnberg: Christian Maler (nachgewiesen um 1604–1640)
Medaille, Zinn versilbert; Dm 4,2 cm
Magdeburg, Kulturhistorisches Museum, Med 260

Magdeburg feierte am 31. Oktober 1617 den hundertsten Jahrestag der Reformation im Zeichen einer verschärften Auseinandersetzung mit der katholischen Liga. Wie Nürnberg, Speyer oder Erfurt prägte die Stadt Taler und Medaillen aus, die an Martin Luthers Thesen gegen Ablaß und Gnade erinnerten und zugleich für die eigenen politischen Standpunkte agitierten. Die Vorderseite der Medaille zeigt neben dem wehrhaften Kurfürsten mit geschultertem Schwert Martin Luther mit der Kerze in der rechten Hand, seine linke zeigt auf die Bibel. Dazu lautet die Umschrift VERBUM DOMINI MANET IN AETER(num) – das Wort des Herrn gilt in Ewigkeit. Auf der Rückseite vergleichen die Inschrift sowie die Darstellung von Ziegelofen und Schlange die Unterdrückung der Protestanten durch die römische Kirche mit den Leiden des Volkes Israel in Ägypten: WIE MOYSES ISRAEL GFÜHRT AUS DEM SCHWERN EGYPTISCHEN DIENSTE ALSO HAT MARTIN LUTHERUS UNS GFÜHRT AUS DES BABST FINSTERNIS – EGYPTUS ET ISRAEL: ANNO JUBILET 1617. T.v.E.

Lit.: gantz verheeret 1998, S. 163 Nr. 94.

21

Die neue Mode aus Frankreich

a) Spottblatt auf die französische Mode «Ordentliches INFAENDARRYUM unnd Kleyder verzeichnuß / die ein Teutscher Monsier haben soll«
2. Hälfte 17. Jh.
Holzschnitt; 36,7 x 25,6 cm (beschnitten)

b) «Spottstreit. Der alten und neuen Manns- und Weiber- Tracht«
Nach 1630
Paulus Fürst (um 1605–1666)
Kupferstich; 38 x 29,7 cm (beschnitten)
Bez. u.M.: Zu finden bey Paulus Fürsten Kunsthändlern

Magdeburg, Kulturhistorisches Museum, Gr 50.506, Gr 50.507

Die Entwicklung der Kleidung war in der zweiten Hälfte des 17. Jahrhunderts nicht nur in Magdeburg geprägt von der Ablösung traditioneller Formen durch eine neuartige, französische Mode. Die maßlose und prunksüchtige Übertreibung dieser neuen Mode durch die Bürger sorgte schon während des Dreißigjährigen Krieges für reichlich öffentlichen Spott und strenge Kleiderordnungen (Kat. 157). Beide Flugblätter belegen mit spitzfindigem Humor die Auseinandersetzung mit dem französischen Modeeinfluß. Während im Flugblatt «Infaendarryum« (a) jedes neue Kleidungsteil auf Funktion und Nutzen hin geprüft und letzten Endes lächerlich gemacht wird, treten im »Spottstreit« (b) die alte und die neue Mode selbst wortgewaltig gegeneinander an. U.S.

2. Studienjahre

22

Studienorte und Kavalierstour

Grafik; Entwurf: Kulturhistorisches Museum Magdeburg

Die Karte verzeichnet die Studienorte Otto von Guerickes und die wichtigsten Stationen seiner Kavalierstour. Dem Grundlagenstudium in Leipzig sollte 1620 ein Jurastudium in Helmstedt folgen. Der Tod des Vaters ließ Guericke jedoch das Studium nach wenigen Wochen abbrechen. Im gleichen Jahr nahm er seine juristischen Studien gemeinsam mit Andreas Rudolph in Jena wieder auf und ging 1623 mit ihm für ein Jahr nach Leiden. Die Kavalierstour sollte Guericke und Rudolph durch England, Frankreich und Italien führen. Nach London, Calais, Amiens, Saint-Denis und Paris brachen sie die Tour aufgrund einer Malariaerkrankung ab und reisten zurück nach Magdeburg. U.S.

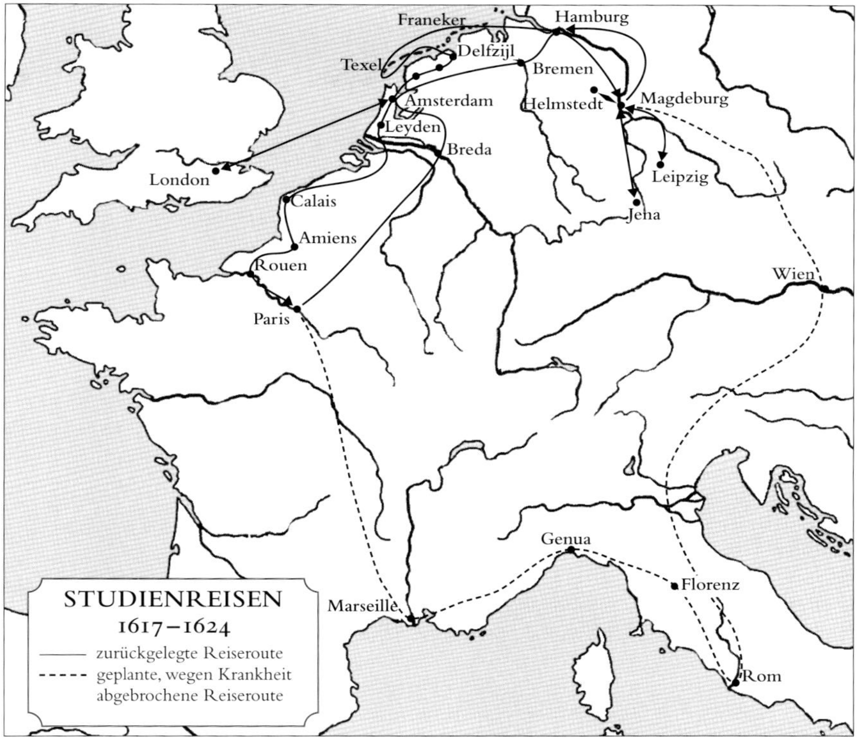

23

Der Studienbeginn in Leipzig

»Wahrhafftiger Abriß undt Controfactur der führnehmen und weitberumbten Churfürstlichen Sechsischen Handelstatt / Leipßigt verfertiget. Und ins Kupffer gebracht durch Andreas Bretschneidern Mahlern daselbst Anno 1615«

Kupferstich; 41,5 x 82,5 cm
Bez. o.m.: H Gros iunior Excu:
Leipzig, Stadtgeschichtliches Museum, Pl.-Nr. 8

Diese ungewöhnliche Ansicht Leipzigs aus der Vogelperspektive zeigt sehr schön die 1615 noch intakte dichte Bebauung der sächsischen Metropole und der angrenzenden Vorstädte, wie sie Otto von Guericke während seiner Studienzeit erlebte. Wir sehen von Nordwesten auf das Häusermeer, aus dessen Zentrum das Rathaus am großen Marktplatz sowie links davon die Thomaskirche und rechts davon die Nicolaikirche emporragen. Im Vordergrund liegt, dicht an die Stadtmauer gefügt, der Gebäudekomplex der Universität, das »Pauliner Collegium«. Die Festungswerke, die Leipzig in unregelmäßiger Form umschließen, wurden ebenso wie die Pleißenburg (links im Bild) und die Leipziger Vorstädte nach den Zerstörungen des Schmalkaldischen Krieges 1547 unter Kurfürst Moritz (1547–1553) errichtet, bei der Belagerung durch die Schweden 1632 jedoch zu großen Teilen erneut zerstört (Kat. 148). U.S.

24

Die Universität in Leipzig

»Altes Paulinum, vom Creuzgange gegen über, wo jetzt das neue Augusteum steht, anzusehen«

1830; J.C. Hessler
Aquarell; 29 x 35,5 cm
Bez. u.r.: J.C. Heßler d. 1830
Leipzig, Stadtgeschichtliches Museum, Stadtansichten 3114

Das 1830 entstandene Aquarell gehört zu einer Reihe von Ansichten der 1409 von Kurfürst Friedrich (1381–1428) gegründeten Leipziger Universität. Anfangs bestanden nur zwei Fakultäten, die theologische und philosophische, dann kam 1415 die medizinische und 1504 die juristische Fakultät hinzu. 1617 begann hier der vierzehnjährige Otto von Guericke sein Studium. Zwei Jahre an der Artistenfakultät eingeschrieben, erwarb sich Guericke ausreichende Kenntnisse in der lateinischen Sprache und das nötige Grundlagenwissen für das geplante Fachstudium der Rechtswissenschaft. Das Aquarell zeigt das Hauptgebäude der ab 1545 in den Gebäuden des ehemaligen Paulinerklosters im Norden der Stadt untergebrachten Universität. Man erkennt deutlich die noch 1830 erhaltene mittelalterliche Bausubstanz des Klostergebäudes mit den baulichen Ergänzungen des 16. Jahrhunderts (Treppenturm, Türen und Dachgeschoß). Der in die Hoffläche gezeichnete Grundriß gehört zu keinem der dargestellten Gebäude. U.S.

25

Studium in Helmstedt – Ansicht der Stadt von Norden

1641; Matthäus Merian d.Ä. (1593–1650)
Kupferstich; 27,5 x 34,5 cm
Helmstedt, Kreis- und Universitätsmuseum, He 8044

Die Ansicht zeigt Helmstedt umgeben von der mittelalterlichen Stadtmauer. Neben den Stadt- und Kirchtürmen ist das Hauptgebäude der Universität, das Juleum, deutlich zu erkennen. Ein als Ruine bezeichnetes Gebäude neben dem Rathaus ist die seit der Reformation verlassene Augustinerkirche am Markt. 1702 wurde sie auf Betreiben des Helmstedter Professors von der Hardt durch die braunschweigischen Herzöge in die zur Universität gehörende »Collegienkirche« umgebaut. Weiterhin durch seine Größe herausragend ist das Wohnhaus des Professors für Rechtswissenschaften Grünfeld. M.S.

Lit.: Ahrens 2000.

26

»Collegium in Helmstett«

1654; Frankfurt/M.
Matthäus Merian d.Ä. (1593–1650)
Kupferstich; 13,8 x 28,2 cm
Helmstedt, Kreis- und Universitätsmuseum, He 8045

Der Kupferstich zeigt das Gebäudeensemble der 1576 eröffneten Helmstedter Universität. Die beiden seitlichen Kollegienflügel mit vorgesetzten Treppentürmen entstanden um 1570 auf den Grundmauern eines mittelalterlichen Stadthofes der Zisterzienser. In der Mitte der Abbildung ist das Juleum Novum zu sehen. Mit den nicht mehr vorhandenen Bauten im Süden des Platzes bildete die Universität ein geschlossenes Ensemble in der Tradition eines Collegs.
S. Ah.

Lit.: Thies 1997.

27

Modell der Universität

Um 1900
Grundplatte: 138 x 66,5 cm, H 56 cm
Braunschweig, Braunschweigisches Landesmuseum, LMB 21691 (Dauerleihgabe in der Ehemaligen Universitätsbibliothek Helmstedt)

Das Modell zeigt eine Ansicht der Helmstedter Universitätsanlage, die, abgesehen von geringfügigen Veränderungen, bis heute erhalten ist. Die beiden Flügelbauten mit achteckigen Treppentürmen, die den langgestreckten rechteckigen Hof flankieren, entstanden 1575/1576. Das Zentralgebäude des Juleums wurde ab 1592 durch den Architekten Paul Francke (1538–1615) errichtet und beherbergt repräsentative Vorlesungs- und Bibliotheksräume. Bereits kurz nach ihrer Gründung 1576 erlangte die Universität schnell überregionales Ansehen. Als Landesuniversität des Fürstentums Braunschweig-Wolfenbüttel bildete sie bis zu ihrer Auflösung im Jahr 1810 in erster Linie Theologen und Juristen aus, die meist im Staatsdienst des Fürstentums tätig wurden.
G. B.

28

Helmstedter Konviktgeschirr

17. Jh.
Graugelbe Irdenware, transparent beigegelb glasiert; gelbe Irdenware, Bemalung unter farbloser Glasur, grüne Glasurlichter
H 9–9,3 cm, Dm 29–31,5 cm
Helmstedt, Kreis- und Universitätsmuseum, He 7840/49, He 7840/59, He 7840/65, He 7840/62

Herzog Julius stiftete der Hochschule ein Konvikt, eine Einrichtung zur Speisung talentierter, aber bedürftiger Studenten gegen eine geringe Geldsumme. Wer aufgenommen werden wollte, mußte einen tadellosen Leumund sowie seine eheliche Geburt nachweisen. Das Mindestalter betrug 20 Jahre, die Dauer der Leistung maximal vier Jahre. Das Konvikt wurde aus ehemaligen Klostergütern finanziert. Die Geschirrfunde stammen aus einem als Abfallgrube genutzten Gewölbegang auf dem Helmstedter Collegienplatz, der 1987 freigelegt wurde. S. Ah.

Lit.: Asche 1966.

29

Glocke der Helmstedter Universität

Vermutlich 18. Jh.; Gescher
Petit und Brüder Edelbrock
Bronze, gegossen; H 61 cm, Dm 57,5 cm
Bez. umlaufend: FUSA A PETIT & FRATR. EDELBROCK
Helmstedt, Kreis- und Universitätsmuseum, He 6776

Die Glocke befand sich im Turm des östlichen Kollegienflügels der Helmstedter Universität. Dort waren ein großer Hörsaal der philosophischen Fakultät sowie seit Mitte des 17. Jahrhunderts das »Theatrum anatomicum« für Sezierübungen mit »anatomischer Küche« untergebracht. S. Ah.

30

Rektormantel der Universität Helmstedt mit Hut

1575/76
Samt, Seide, Metall; H 62 cm (Mantel), Dm 35 cm (Hut)
Braunschweig, Braunschweigisches Landesmuseum, Zg 2278 a–b

Beim Ornat des ersten Rektors der Universität Helmstedt, dem damals gerade zwölfjährigen Herzog Heinrich Julius (1564–1613), handelt es sich um einen schaubenartigen Mantel und dazu gehörigem, leicht gefältelten Hut mit breiter Krempe. Beide Kleidungsstücke sind aus rotem Samt gearbeitet, der Mantel besitzt ein rötliches Seidenfutter und ist mit acht goldenen Knöpfen verziert. Dieser Ornat wurde zur Investitur von Heinrich Julius am 15.10.1576 erstmals getragen und blieb bis zur Schließung der Universität durch Jérôme Bonaparte, König von Westphalen, 1810 in Gebrauch. G.B.

31

Zwei Szepter der Universität Helmstedt

1576; Hofgoldschmied Heyne Schröder
Silber, z.T. vergoldet; L 73 cm, L 74 cm
Braunschweig, Braunschweigisches Landesmuseum, Zg 2278 c, d

Die beiden silbernen, teilweise vergoldeten Szepter wurden Herzog Heinrich Julius bei seiner Amtseinführung als Rektor der Universität Helmstedt vorangetragen. Geschaffen wurden sie 1576 vom Wolfenbütteler Hofgoldschmied Heyne Schröder. Die Jahreszahl findet sich bei beiden Szeptern am Griffstück eingraviert wieder. G.B.

32

Giordano Bruno – Ein »Gastdozent« in Helmstedt

Um 1600
Kupferstich; 13,8 x 8,4 cm
Braunschweig, Braunschweigisches Landesmuseum, LMB 2203

Giordano Bruno (1548–1600) lehrte an verschiedenen Universitäten in Frankreich, England und Deutschland, so auch im Jahr 1589 als Privatdozent an der Universität Helmstedt. Hier verfaßte er mehrere bedeutende Lehrgedichte. Bruno vertrat das heliozentrische Weltbild des Nikolaus Kopernikus und nahm an, daß die Fixsterne ihrerseits Zentren von anderen Planetensystemen seien. 1592 fiel er in Italien in die Hände der Inquisition und wurde nach über siebenjähriger Gefangenschaft 1600 in Rom als Ketzer verbrannt. G. B.

33

Unendlich viele Welten im unendlichen Raum

Giordano Bruno, De monade, numero et figura liber consequens quinque de minimo magno et mensura, Item de innumerabilibus, immenso et infigurabili, seu …, Frankfurt/M.: Johann Wechel und Peter Fischer 1591.

Typendruck; 16,5 x 23,5 cm (aufgeschlagen)
Göttingen, Staats- und Universitätsbibliothek, 8 Phil III, 1354 Rara-res (2)

Giordano Brunos Kosmosvorstellungen unterscheiden sich wesentlich von denen seiner Zeitgenossen. Für ihn liegen die Fixsterne nicht auf einer äußeren Schale um unser Sonnensystem, sondern er erkennt, daß es sich um eine Vielzahl von Sonnen handelt, die unterschiedlich weit von unserem System entfernt sind. Sein Kosmos ist unendlich, die Welt ist ein unaufhörliches schöpferisches Geschehen. Gerade diese Vorstellungen widersprechen der christlichen Weltschöpfung, die von Gott ihren Anfang nimmt, und führen auch zu Brunos Verurteilung 1600. Seine Philosophie stellt Bruno unter anderem in lateinischen Lehrgedichten vor, die er in seinen Helmstedter Jahren 1588–1590 zusammenstellt und 1591 in Frankfurt veröffentlicht. G. K.

34

Helmstedter Universitätsmatrikel

»ALBVM STVDIOSORVM INCLYTAE ACADEMIAE JVLIAE QVAE EST HELMSTETI. 1574–1647«

23. August 1620; Helmstedt
Handschrift; 35 x 45 cm (aufgeschlagen)
Wolfenbüttel, Staatsarchiv, 37 Alt 2572, fol. 65r, Nr. 23

1576 hatte Herzog Julius von Braunschweig-Wolfenbüttel in Helmstedt eine Universität gegründet, nach Rostock (gegründet 1418) die zweite Universität im Niedersächsischen Kreis überhaupt. In die Artisten- oder philosophische Fakultät dieser jungen Universität wurde »Otto Gericke« zusammen mit zwei weiteren Magdeburgern eingeschrieben: Daniel Burchard und Andreas Rudolph (»Andreas Rudloff«), mit dem er später auch die Universität Leiden besuchen sollte. Durch den überraschenden Tod seines Vaters am 4./14. September 1620 mußte Guericke allerdings sein Studium in Helmstedt bereits nach weniger als drei Wochen wieder abbrechen und kehrte nach Magdeburg zurück. G. K.

Lit.: Schneider 1995, S. 35. Späthumanismus und Landeserneuerung 1976, S. 30–101. Zimmermann 1926, S. 282.

35

Rechtsstudium in Jena – Die Stadt von Norden

Aus: Matthäus Merian, Topographia Superioris Saxoniae …, Frankfurt/M. 1650, nach S. 106, Tafel 32

1650; Caspar Merian (1627 – 1686)
Kupferstich; 20,8 x 32,1 cm (Pl.),
22,4 x 34 cm (Bl.)
Bez.: oben im Bildspiegel »Jena.«
Jena, Städtische Museen, 1602

Als Otto von Guericke 1621 in Jena immatrikuliert wird, findet er eine Stadt mit zirka 4300 Einwohnern vor, damals die siebtgrößte Stadt in Thüringen. Sie gehört zum protestantischen Herzogtum Sachsen-Weimar, die Erwerbstätigkeit der Einwohner richtet sich vor allem auf die Bedürfnisse der Universität. Der Kupferstich zeigt die Stadt, die räumlich nicht über die mittelalterlichen Grenzen hinausgewachsen ist. Innerhalb der Stadtmauer sind alle wichtigen Gebäude überhöht dargestellt – im Nordosten der Schloßbereich mit dem 1620 errichteten Residenzhaus, in der Stadtmitte die Stadtkirche St. Michael und im Südwesten die Universität, das Collegium Jenense. B. H.

Lit.: Hellmann 1992.

36

Die Universität Jena

»Erhard Weigels Math: P.P. Zur betrachtung des Himmels an führender Comet. Anno 1661.«

Aus: Erhard Weigel, Speculum Uranicum …, Jena 1661

1661; Johann Dürr (um 1640 – 1680)
Kupferstich
18,3 x 14,6 cm (Bl. beschnitten)
u.l. im Bild an Mauer: Colleg. Jenense;
u.r. im Bild auf Mantelband: Nidebo Coelos Psal. 8;
u.m.: In verlegung Thom: Matth: Götzens.;
u.r.: Johann Dürr sculpsit.
Jena, Städtische Museen, 5930

Die Jenaer Universität wurde bereits seit Gründung der »Hohen Schule« 1548 in den Gebäuden des aufgelassenen Dominikanerklosters im südwestlichen Teil der Stadt untergebracht. Im Jahr 1557 erhielt der Architekt Nikel Gromann den Auftrag, die Gebäude für den Universitätsbetrieb umzubauen. In dem umgebauten Areal sind alle zur Alma mater gehörenden Einrichtungen untergebracht, die durch Buchstaben bezeichnet sind: A = Kollegienkirche, B = Theologisches Auditorium, C = Juristisches Auditorium, D = Philosophisches Auditorium, E = Senatsstube (Konsistorium), F = Medizinisches Auditorium, G = Studierstuben, H = Bibliothek, I = Karzer, K = Hof, L = Ökonomiegebäude, M = Konviktorium, N = Buchladen, O = Wohnbereich des Inspektors, P = Medizinergarten. Bis auf die erst in den Jahren 1655/58 von Erhard Weigel errichtete astronomische Plattform auf dem Torgebäude haben die Gebäude des Collegium Jenense zu Guerickes Studienzeiten die gleichen Funktionen besessen. – Außer dem Matrikeleintrag belegt ein in den Universitätsakten überlieferter Streit den Aufenthalt Guerickes. Danach überfiel der schwedische Student Gustav Bosse seinen Magdeburger Kommilitonen und schlug ihm ins Gesicht. B. H.

Lit.: Friedrich-Schiller-Universität 1998, S. 108 – 114. Wahl 1990, S. 14 – 23. Späte 1955, S. 181.

37

Verschuldeter Jenaer Student

In: Marianus, Komische Scenen aus der akademischen Welt, zur Erinnerung für alle fidelen Brüder, Leipzig: Wilhelm Rauck 1832, Frontispiz

Radierung; 16 x 10 cm (Pl.),
17,7 x 11,1 cm (Bl.)
Bezeichnung: u.m.: Das Pech eines Jenaischen Bruder Studio. Aus einem Stambuche auf der Universitätsbibliothek zu Jena vom Jahre 1600.
Jena, Städtische Museen, B 6, 90

Das auch als »Cornelius-Szene« bekannte Motiv eines von physischem und moralischem »Katzenjammer« befallenen Studenten taucht nach dem Helden einer Komödie von Albert Wichgrev seit 1600 häufig als Stammbuchblatt und druckgrafische Illustration auf. Es zeigt einen lädierten Studenten, der auf Grund seines ausschweifenden Lebenswandels in Bedrängnis gekommen ist – an der Wand hängen zwei Schuldtafeln, seine Geliebte präsentiert ihm das uneheliche Kind, studentische Utensilien wie Buch, Spielbrett, Krug, Degen und Laute liegen zerbrochen auf dem Boden, Fenster und Ofen sind kaputt und der Pedell schreibt das »Dominus citatur ad magnificum«, die Vorladung zum Rektor, an die Tür. B. H.

Lit.: Konrad 1931, S. 20. Wichgrev 1605.

Das Pech eines Jenaischen Bruder Studio.
Aus einem Stambuche auf der Universitäts-Bibliothek zu Jena vom Jahre 1600.

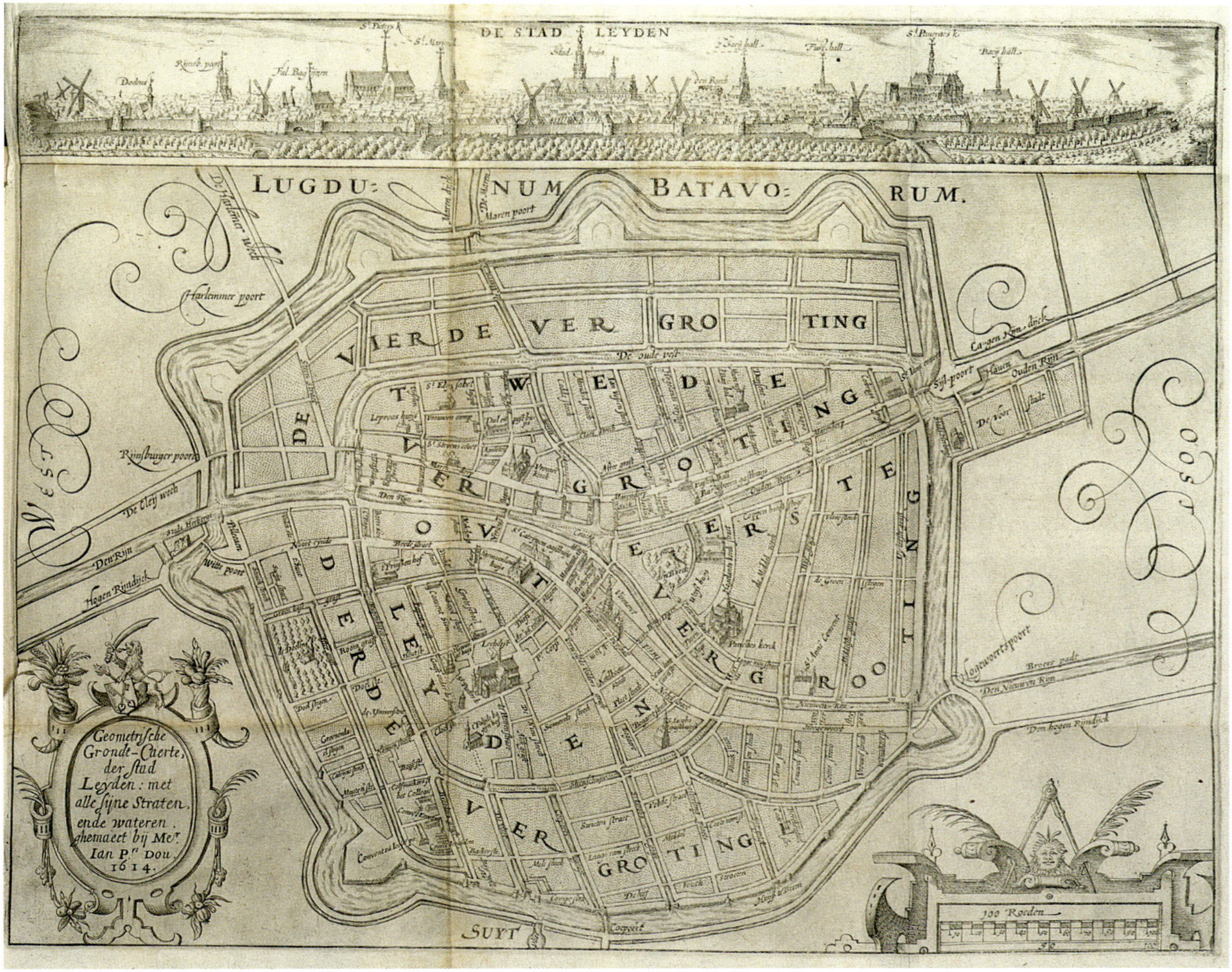
DE STAD LEYDEN
LUGDU: NUM BATAVO: RUM.
Harlemmer poort
Rijnsburger poort
Witte poort
Hoogewoerts poort
Sijl-poort
DE VIERDE VERGROTING
Geometrische Grondt-Caerte, der stad Leyden: met alle sijne Straten, ende wateren. ghemaect bij Mr. Ian Pr. Dou, 1614.
SUYT
100 Roeden

38

Studienzeit in Leiden – Plan der Stadt

»Geometrische Grondt-Caerte, der Stadt Leyden: met alle syne Straten, ende wateren, ghemaect by Mer. Ian P. Dou. 1614«

In: Jan Janszoon Orlers, »Beschrijvinge der Stadt Leyden ...«, Leiden: Abraham Comeeljin 1641, nach S. 50

Kupferstich
33 x 39 cm (Buch aufgeschlagen)
Halle, Universitäts- und Landesbibliothek, Nm 754 (1/3), 8°

Am 23. Juni 1623 wurden Otto von Guericke und sein Begleiter Andreas Rudolph an der Universität Leiden immatrikuliert. Mit der Einschreibung ist auch vermerkt, daß Guericke bei »Pieter de Witte op de breed Straat« Unterkunft fand. Der Plan zeigt das Viereck der alten Stadtanlage; die »breed Straat«, die Breite Straße, durchläuft als große Ost-West-Magistrale die ganze Stadt, und die Universität ist als bedeutende Einrichtung hervorgehoben. T.v.E.

39

Die Universitätsbibliothek Leiden

»Bibliothecae Lugduno-Batavae cum pulpitis et arcis vera ixnographia«

1610
Jan Cornelis van 't Woud (um 1570–1615), Stecher: Willem Swanenburgh
Kupferstich; 54 x 68 cm
Bez. u.l.: JC. Woudanus deliniavit., bez. u.r.: Andreas Clouqu Bibliopol. divulgavit 1610
Leiden, Universiteitsbibliotheek, COLLBN P 315 –II N 22

Nach Fakultäten getrennt, sind die Bücher an den Stehpulten der Präsenzbibliothek angekettet. Die vornehme Haltung und reiche Kleidung der Staffage-Figuren deuten an, daß das Studium in der Regel eine Angelegenheit der Herren von Stand gewesen ist. Es ist nicht überliefert, ob Guericke in Fortsetzung seiner Jenaer Studienzeit juristische Vorlesungen hörte. Er profitierte jedoch von dem Unterricht der angegliederten Ingenieurschule, der ihn in die Grundlagen der angewandten Mathematik und Landvermessung einführte. T.v.E.

40

Der Student in seinem Zimmer

17. Jh.
Kupferstich; 38 x 29 cm
Leiden, Academisch Historisch Museum

Der Blick in die Studierstube ist eine der wenigen überlieferten Bilddarstellungen vom »Studentenalltag« im 17. Jahrhundert. Neben den Büchern der umfangreichen Privatbibliothek erkennen wir im oberen Regal Erd- und Himmelsglobus. Auf dem Tisch haben aber auch Weinkrug und Tonpfeifen ihren Platz, und bei den an die Tür gehefteten Zetteln mag es sich um Zahlungserinnerungen an einen säumigen Schuldner handeln. T.v.E.

41 (Abb. S. 41)

Anatomisches Theater der Universität Leiden

»Vera anatomiae Lugduno Batavae cum sceletis et reliquiens quae ibi extant, delienatio.«

1644 (erste Auflage 1610)
Jan Cornelis van't Woud (um 1570–1615),
Stecher: Willem Swanenburgh
Kupferstich; 50 x 68 cm
Bez. u.l.: JC. Woudanus deliniavit. W. Swanenburg sculp. Anno 1610, u.r.: And. Cloucq Bibliopol. divulgavit
Leiden, Universiteitsbibliotheek,
COLLBN P 315–III N 17

Nach Ihrer Gründung durch Wilhelm von Oranien 1575 gewann die Universität Leiden rasch an Bedeutung und Ansehen. Neben der Bibliothek trugen dazu naturkundliche und ethnographische Sammlungen bei. Als Vorläufer-Einrichtung des anatomischen Kabinetts und des zoologischen Museums zeigt das »anatomische Theater« Skelette von Tieren und Menschen sowie die Sektion einer menschlichen Leiche. Vielleicht, so darf man mit Blick auf Guerickes spätere Forschungen über die Rekonstruktion eines »Einhorns« aus fossilen Knochenfunden vermuten, erhielt der junge Magdeburger Student hier erste Anregungen zu eigenen Mutmaßungen über den Körperbau von Lebewesen (Kat. 287). T.v.E.

42 **(Abb. S. 44)**

Fechtschule der Universität Leiden

1610
Jan Cornelis van't Woud (um 1570 – 1615), Stecher: Willem Swanenburgh
Kupferstich; 54,5 x 69,5 cm
Bez. u.l.: JC. Woudanus deliniavit., u.r. And. Cloucq. Bibliopol. divulgavit
Leiden, Universiteitsbibliotheek, COLLBN P 315 – II N 27a

Trotz der Verbreitung von Feuerwaffen seit dem 16. Jahrhundert behielt das Fechten seine Bedeutung als Bestandteil einer ritterlichen und vornehmen Erziehung an deutschen und europäischen Universitäten. Studenten aus adligen Familien trugen den Degen als Zeichen ihres Standes. Die Übungen an privilegierten Fechtschulen gehörten ebenso zur Vervollkommnung einer allseits gebildeten Persönlichkeit wie Tanz- oder Reitunterricht. Die Leidener Fechtschule war in der Kapelle des ehemaligen Beginenhofes untergebracht und bot den Studenten der Universität die entsprechende Unterweisung. T.v.E.

43

Bildungsreise mit Andreas Rudolph aus Magdeburg

»Gottes grosse Treu/... Bey Volckreicher und ansehnlicher Leich-Begängniß Des ... Herrn Andreae Rudolphs/Gewesenen Fürstl. Sächs. Bau-Meisters / welcher den 14. Decembr. 1679. Alt und Lebens-satt im Friede entschlaffen / ...«, Jena: Johann Nisio 1680

Typendruck; Sammelband
19,5 x 36 cm (aufgeschlagen)
Göttingen, Staats- und Universitätsbibliothek, 4° Conc. fun. 219 / 12 (17)

Die Angaben über Guerickes Studium und seine Reisen, die im Lebenslauf zu seiner Leichenpredigt genannt werden, erhalten ihre Bestätigung in der Leichenpredigt seines Kommilitonen Rudolph. Andreas Rudolph (1601 – 1679) war der Sohn des Magdeburger Baumeisters Michael Rudolph und wurde nach seiner Rückkehr nach Magdeburg 1627 zusammen mit seinem Vater Baumeister für die militärischen Bauten. Nach der Eroberung Magdeburgs 1631 tritt er wie Guericke in den Dienst Wilhelms IV. von Sachsen-Weimar und wird später Hofbaumeister Herzog Ernsts von Sachsen-Gotha. Er war unter anderem der ausführende Architekt beim Bau des 1643 – 1654 errichteten Schlosses Friedenstein in Gotha. G.K.

Lit.: Lippmann 1998, S. 276 f.

44

Ansicht von Amsterdam

In: M(artin) Z(eiller), Topographia Germaniae Inferioris daß ist die Beschreibung und Abbildung der Vornehmsten Stätten ..., in den XVII Niederländischen Provintien, Frankfurt/M.: Caspar Merian 1659, nach S. 122

Kupferstich in Buch
36,5 x 78,5 cm (Stich ausgefaltet)
Magdeburg, Kulturhistorisches Museum, Bibliothek Bi 204

Die Reise zum neuen Studienort Leiden in den nördlichen Niederlanden führte 1623 Guericke und seinen Gefährten Andreas Rudolph über die aufblühende Hafenstadt Amsterdam. Die Stadt profitierte von dem innovatorischen Schwung der aus den südlichen Provinzen geflüchteten Kaufleute und Handwerker, die sich für naturwissenschaftliche Forschungen und ihre Nutzanwendung in der Kosmographie und Schiffahrtskunde interessierten und die den Fernhandel der 1602 gegründeten Ostindischen Kompanie förderten. Nachdem Antwerpen vor der spanischen Übermacht 1585 kapituliert hatte, war nun Amsterdam zur größten Handelsmetropole an der Nordseeküste aufgestiegen, die zu der Zeit von Guerickes Studium in den Niederlanden bereits über 100 000 Einwohner zählte. T.v.E.

45

Darstellung der Stadt London

In: Gabriel Bodenehr, Force d' Europe, oder die merckwürdigst- und fürnehmste … Staette … in Europa …, Augsburg, um 1750, Plan 92

Kupferstich in Buch
20,5 x 110 cm (aufgeschlagen)

Halle, Universitäts- und Landesbibliothek, Oa 1623m, 4° (quer 8°)

Der angehende Ingenieur Guericke studierte nicht nur Mathematik, Vermessungskunde und Festungsbau, sondern er machte sich auf Reisen selbst ein Bild von den holländischen »Frontir-Plätzen«, darunter das zuvor von Spinola belagerte Bergen op Zoom, und er schiffte sich mit seinem Gefährten Andreas Rudolph sogar nach London ein. Leider ist nicht überliefert, welchen Eindruck die Themse-Stadt mit ihren Brücken und berühmten Bauwerken, dem Tower oder der Westminster Abtei, auf Guericke gemacht hat. Der hier gezeigte Stich zeigt London nach der baulichen Erweiterung in der ersten Hälfte des 18. Jahrhunderts. T. v. E.

46

Ansicht der Stadt Paris

In: Martin Zeiller, Topographia Galliae oder Beschreibung und Contrafaitung der vornehmbsten und bekantisten Oerter in dem mächtigen und grossen Königreich Franckreich …, Teil 1, Frankfurt/M.: Caspar Merian 1655, nach S. 34

Kupferstich in Buch; 33 x 70 cm
Bez. o.m.: Paris, wie solche 1620 anzusehen gewesen
Wolfenbüttel, Herzog August Bibliothek, Cd 4° 69 (1)

Im Herbst 1624 wich Guericke vor der an seinem Studienort Leiden grassierenden Pest aus und besichtigte auf einer Reise nach Frankreich Calais, St. Denis und andere Festungsplätze an der Kanalküste, um sich dann längere Zeit in Paris aufzuhalten. Die Stadt hatte sich nach den verheerenden Glaubenskämpfen des 16. Jahrhunderts unter der Regentschaft Heinrichs IV. wieder wirtschaftlich und kulturell erholt, und Guericke sah das neu vollendete Stadthaus, die Erweiterung der Tuilerien und der Bibliothek sowie den Ausbau der Seine-Kais. T. v. E.

47

Die Belagerung von Breda

1625; Jaques Callot (1592–1635)
Kupferstich von 12 Platten
149,5 x 128,5 cm (mit Rahmen)
Rastatt, Wehrgeschichtliches Museum, 007659

Im Sommer 1624 begannen spanische Truppen mit der Belagerung der befestigten Stadt Breda. Otto von Guericke, der seit 1623 im benachbarten Leiden studierte, wurde die kriegerische Praxis der an der Universität gelehrten Festungsbaukunst vor Augen geführt. Die Kämpfe verzögerten seine Rückreise nach Magdeburg, bis der spanische Feldherr Ambrogio Spinola am 2. Juni 1625 Breda eroberte und die Truppen der niederländischen Provinzen weit zurückdrängte. Callots monumentale druckgrafische Darstellung, die Diego Velázquez (1599–1660) zur Vorlage für sein berühmtes Gemälde genommen hat, zeigt das Schlachtgeschehen aus der Vogelschau, gerahmt von Staffagefiguren und Truppenteilen im Bildvordergrund.

T.v.E.

Lit.: Bußmann, Schilling Bd. 3, 1998, S. 351 ff.

48

Prager Fenstersturz 1618

In: Schaubühne der Welt oder Beschreibung der vornehmsten Welt-Geschichte ..., Frankfurt/M.: Johann David Zunnern 1699, S. 671/672

Kupferstich in Buch
36,3 x 50 cm (aufgeschlagen)
Magdeburg, Stadtbibliothek, 2°G 57 (1)

Der sechzehnjährige Guericke studierte noch in Leipzig an der philosophischen oder Artistenfakultät, deren allgemeinbildende Fächer das Studium der höheren Fachwissenschaften vorbereiteten, als 1618 der Prager Fenstersturz eine Kette verheerender Kriegshandlungen auslöste, die Mitteleuropa dreißig Jahre lang mit Tod und Zerstörung überziehen sollten. Beschwerdeführer der protestantischen Stände in Böhmen drangen mit Gewalt in den Prager Hradschin ein und warfen zwei kaiserliche Räte zum Fenster hinaus in den Burggraben. Die böhmischen Adligen verweigerten der Regierung Kaiser Matthias' den Gehorsam, vertrieben dessen Truppen und wählten Friedrich von der Pfalz zu ihrem König. Bald schien auch Leipzig von den kriegerischen Ereignissen gefährdet, so daß Guericke von den besorgten Eltern angehalten wurde, an die Universität Helmstedt zu wechseln. Die vernichtende Niederlage des »Winterkönigs« Friedrich von der Pfalz in der Schlacht am Weißen Berg 1620 beendete den böhmisch-pfälzischen Krieg, doch das scharfe Vorgehen des neuen Kaisers Ferdinand II. gegen die Protestanten führte zu einem Wiederaufflammen der Kämpfe im Westen des Reiches. T.v.E.

49

Krieg in Norddeutschland

Um 1622
Kupferstich
29,5 x 34,2 cm (Bl.)
Münster, Westfälisches Landesmuseum, K 61–32

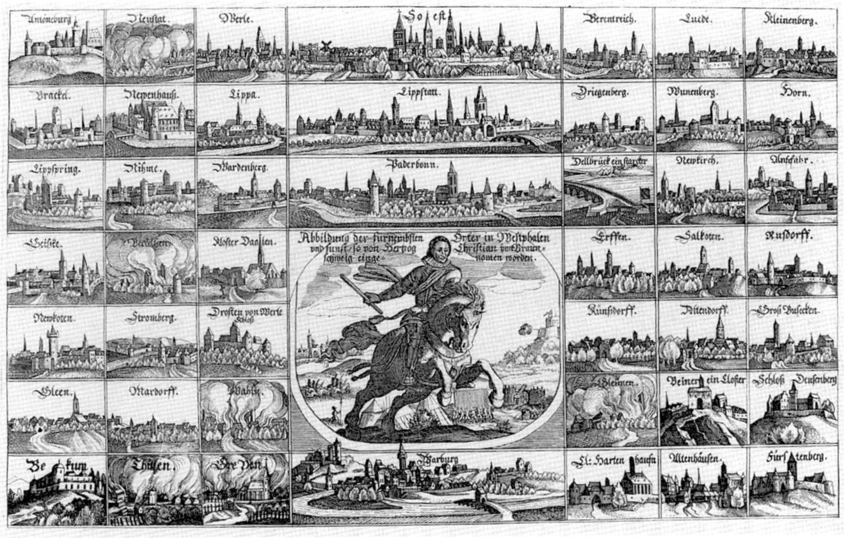

Guerickes Studienzeit in Leiden wurde von der Fortsetzung des Krieges überschattet, den nun auf protestantischer Seite Christian von Braunschweig, Administrator von Halberstadt (1599–1626), und Ernst von Mansfeld (1580–1626) in der Manier militärischer Freischärler führten. 1622 zog Herzog Christian mit seinen Söldnern plündernd durch Westfalen, raubte den Paderborner Domschatz und ließ den silbernen Liboriusschrein in die Münze schlagen. Als Friedrich von der Pfalz seinen Frieden mit dem Kaiser machen wollte, wandten sich die protestantischen Heerführer nach Holland, um auf der Seite der niederländischen Generalstaaten gegen die Spanier zu kämpfen. Herzog Christian, der »tolle Halberstädter«, unterlag jedoch dem Heer der katholischen Liga unter Tilly in der Schlacht bei Stadtlohn am 6. August 1623. – Das Blatt verherrlicht Herzog Christian von Braunschweig auf dem Höhepunkt seiner Erfolge und zeigt die

Ansichten jener 46 Orte in Hessen und Westfalen, die er von Dezember 1621 bis Mai 1622 mit seinen Truppen besetzte, brandschatzte oder bedrohte. T.v.E.

Lit.: Bußmann, Schilling Bd. 3, 1998, S. 183 f. gantz verheeret 1998, S. 172 ff.

50

Hamburger Festungsanlagen

»Hamburgum«

1644; Arnold Pitersen
Kupferstich; 57,5 x 91 cm
Hamburg, Staatsarchiv, Pl 131–1/164.41

Als Guericke 1625 über Hamburg nach Magdeburg zurückkehrte, drohte neue Kriegsgefahr. Der dänische König Christian IV. verbündete sich mit den Ständen des niedersächsischen Kreises, um gegen die Übermacht des Kaisers und die Wiederherstellung des Katholizismus in Deutschland vorzugehen. Der Hamburg-Plan zeigt die neuen hamburgischen Festungsanlagen, die der Reisende Guericke als Fachmann selbst besichtigen konnte. Der niederländische Ingenieur Johan van Valckenburgh hatte die weitausgreifende Fortifikation 1615 nach italienischen Vorbildern projektiert und dabei die Erfahrungen mit Tieflandfestungen in seiner Heimat berücksichtigt. In zehnjähriger Bauzeit wurden die rechtwinkligen Bastionen samt der Erdwälle und Gräben geschaffen. Steigendes Verkehrsaufkommen und erhöhter Warenumschlag auch während des Dreißigjährigen Krieges belegen, daß das grandiose Bollwerk den Handelsplatz nachhaltig schützte. T.v.E.

Lit.: Die Elbe 1992, S. 378 f. Loose 1986.

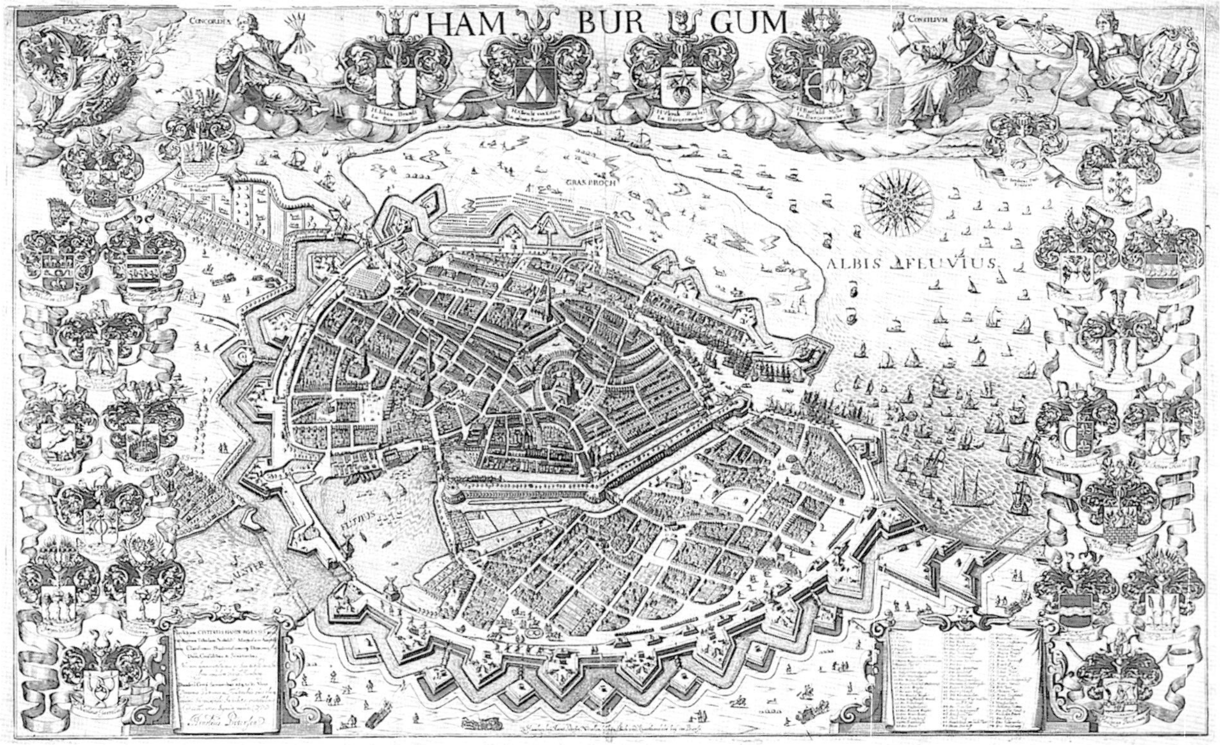

51

Die »Mechanica«, ihre Wissenschaften und Künste

In: Joseph Furttenbach, Mechanische Reißladen/das ist/Ein gar geschmeidige/bey sich verborgen tragende Laden/die aber solcher gestalt außgerüstet worden/daß/ und wofern in der eil nicht bessere/oder grössere Instrumenten in Bereitschafft stünden/..., Augsburg: Johann Schultes 1644, Titelkupfer

Joseph Furttenbach (1591–1667)
Kupferstich
16,5 x 40 cm (Buch aufgeschlagen)
Bez. m.l.: Joseph Furttenbach F.; u.r.: F. fecit.
Hamburg, Bibliothek Mathematik und Geschichte der Naturwissenschaften der Universität, P 1644 / 1

Die »Mechanica« personifiziert hier die höchste aller Künste und Wissenschaften. Ihr sind 14 Allegorien untergeordnet: Zu ihrer Linken stehen sieben weibliche Figuren, die die theorieorientierten, also mathematischen Wissenschaften verkörpern, zu ihrer Rechten symbolisieren männliche Gestalten die praxisorientierten Zweige der im 17. Jahrhundert noch jungen Ingenieurwissenschaft, die Otto von Guericke in Leiden studierte. U.S.

Lit.: Tacke 1995, S. 92–94.

II. Ingenieur und Bauherr

Überlebender der Zerstörung Magdeburgs im Dreißigjährigen Krieg (1626 bis 1641)

Otto von Guericke kehrte von seinen Bildungsreisen nach Magdeburg zurück, als Kriegsgefahr und wirtschaftliche Unsicherheit das Leben in seiner Vaterstadt bedrückten. Zwar versuchte der Rat, die Altstadt Magdeburg aus dem Konflikt zwischen der Rekatholisierungspolitik Kaiser Ferdinands II. und den Kämpfern für das Augsburgische Bekenntnis herauszuhalten, aber der Einmarsch des kaiserlichen Heerführers Wallenstein in das Erzstift Magdeburg 1625 bedrohte die Grundlagen städtischer Unabhängigkeit. Guericke richtete sich also in schwierigen Zeiten ein, als er 1626 in das Ratskollegium aufgenommen wurde und noch im selben Jahr Margarethe Alemann heiratete, die wie er selbst aus angesehener Patrizierfamilie stammte. Von Anbeginn seiner Tätigkeit als Bauherr profitierte Otto von Guericke von der Ausbildung an der Leidener Ingenieurschule. An der Schwelle zum »Goldenen Zeitalter der Niederlande« hatten Guerickes Lehrer wie Frans van Schooten (um 1581–1645) den Nutzen der angewandten Mathematik bei der Kriegsführung oder im Schiffahrtswesen betont und ihre Erfahrungen als Militärbaumeister eingebracht. Das in den Niederlanden gelernte Wissen über Fortifikationskunst, Messen und technisches Zeichnen oder über das Geschützwesen legte die Grundlagen für Guerickes praktische Arbeit. Die Leitsätze einer zweckorientierten und überprüfbaren Vorgehensweise sollten auch das Selbstverständnis des Naturforschers Guericke prägen. Der junge Ratsherr war zunächst jedoch mit den Kriegsläuften konfrontiert, als Wallenstein 1629 Magdeburg belagerte. Nach seinem Abzug schlossen die kaiserlichen Verbündeten unter Tilly und Pappenheim einen immer engeren Belagerungsring und verlangten ultimativ die Übergabe der Stadt. In Magdeburg hatten die Anhänger eines Bündnisses mit dem Schwedenkönig Gustav Adolf 1630 die alte Ratsordnung gestürzt, und Guericke, der im Gegensatz zur Mehrheit der Mitglieder des alten Rats auch im neuen mit Sitz und Stimme vertreten war, trug nach den Vorgaben des von Gustav Adolf entsandten Stadtkommandanten Dietrich von Falkenberg dazu bei, die Verteidigungsanlagen zu verbessern. In kurzer Zeit entstanden neue, pfeilförmige Geschützplattformen nach dem Bastionärsystem: das Kronwerk neben dem Heydeck, das Hornwerk beim Krökentor oder das Neue Werk an der Elbe. Doch die Anstrengungen des Ingenieurs waren ebenso vergebens wie der Einsatz des Ratsherrn für eine Verhandlungslösung. Otto von Guericke erlebte als Betroffener und Augenzeuge die Eroberung und Zerstörung Magdeburgs am 10./20. Mai 1631. Der Stil seiner überlieferten Berichte ist um Abstand bemüht und läßt doch erkennen, wie hilflos die Magdeburger der Katastrophe ausgeliefert waren. Mit knapper Not entkommen, trat Guericke ein halbes Jahr später als Festungsingenieur in schwedische Dienste. Er entwarf für Herzog Wilhelm von Sachsen-Weimar einen neuen Grundriß der Cyriaksburg bei Erfurt als bastioniertes Viereck, und nach seiner Rückkehr nach Mageburg im Frühjahr 1632 zeichnete er für den schwedischen Statthalter Ludwig I. von Anhalt-Köthen den Stadtplan Magdeburgs, um den Wiederaufbau zu planen. Auch nach dem Abzug der Schweden 1636 behielt Guericke seine Position als bestallter Festungsingenieur der Stadt, nun im kursächsischen Auftrag. Trotz der Kriegslasten einer fremden Garnison konnte Otto von Guericke die Besitzrechte seiner Familie wiederbeleben und ein neues Wohnhaus errichten, und vielleicht verhalf ihm dieser zähe Wille zu einem Neubeginn in schlechten Zeiten 1641 zur Wahl in das Amt des Kämmerers der Stadt. T.v.E.

1. Festungsbau

52

Der Ingenieur

In: Christoff Weigel, Abbildung der gemeinnützlichen Haupt-Stände von den Regenten und ihren so in Friedens- als Kriegs-Zeiten Bedienten an, bis auf alle Künstler und Handwerker …, Regensburg 1698, vor S. 29

Kupferstich in Buch
21 x 34 cm (Buch aufgeschlagen)
Hamburg, Bibliothek Mathematik und Geschichte der Naturwissenschaften der Universität, P 1698/1

Nach der Wiederentdeckung der Architektur des Altertums, vor allem verbunden mit der Verbreitung von Vitruvs Gesamtwerk durch den Buchdruck, entwickelten sich spezialisierte Berufsstände für neue, komplizierte Bauaufgaben. Die Architekten der »Architectura civilis« entwarfen Kirchen, Rathäuser, Residenzen oder andere Sakral- und Profanbauten, während der Ingenieur der »Architectura militaris« der Fachmann für militärische Belange war. Er war in der Lage, geometrische Grundrisse von Festungen so zu berechnen, daß die Verteidiger auch einem übermächtigen Angreifer erfolgreich Widerstand leisten konnten. Die Abbildung veranschaulicht, wie der Ingenieur die Übertragung des Grundrisses in die Landschaft mit Hilfe von Winkelmeßgeräten, Maßstäben und dem Abpfählen im Gelände überwacht. Als Festungsherr Magdeburgs mußte sich Otto von Guericke mit der gesamten städtischen Bebauung auskennen. Gleichwohl standen fortifikatorische Aufgaben im Mittelpunkt, und er selbst führte die Berufsbezeichnung Ingenieur. T.v.E.

Lit.: Neumann 2000, S. 146 ff., Abb. S. 153.

53

Die Bastei in Albrecht Dürers Befestigungslehre

In: [Albrecht Dürer,] Etliche underricht zu befestigung der Stett, Schloß und flecken, Nürnberg 1527, Lage C, fol. iii v

Nachdruck 2. Hälfte 16. Jh.
Kupferstich in Buch
30,5 x 60 cm (Buch aufgeschlagen)
Wolfenbüttel, Herzog August Bibliothek, 29. 2 Geom. 2° (4) angebunden

Die immer stärker werdende Feuerkraft der Artillerie erforderte nach 1500 eine neue Form der Stadtbefestigung. Zur Aufstellung stärkerer Geschütze entwickelte Albrecht Dürer (1471–1528) erstmals Rondelle (Turmwehren) und nannte diese Konstruktion von Geschützplattformen über halbkreis- oder hufeisenförmigem Grundriß Bastei. Wie der Kupferstich zeigt, besaßen Dürers Basteien nicht nur eine obere Geschützplattform sondern mehrere kasemattierte Geschützplattformen im Innern. Die toten Winkel zwischen Basteien und Kurtinen, den Verbindungsmauern, erwiesen sich jedoch als Nachteil. Deswegen wurden die Rondelle zu den pfeilspitzenförmigen Bastionen weiterentwickelt. Neben wissenschaftlichen Werken über angewandte Geometrie und Perspektive (1525) und die Proportionen des Menschen (1528) verfaßte der berühmte Nürnberger Maler und Kupferstecher Albrecht Dürer 1527 das hier im Nachdruck vorliegende Lehrbuch der Befestigungen. Der Straßburger Festungsbaumeister Daniel Specklin (1536–1589) hielt das Buch Dürers mit den qualitätvollen Plänen und Zeichnungen für so wichtig, daß er es abschreiben ließ, um es der Nachwelt zu erhalten. U.S.

Lit.: Fischer 1996, S. 48f.

54

Sechs Festungsmodelle nach Alexander von Zastrow

Um 1830
Maßstab 1:1700 oder etwas größer
Masse aus Gips, Holzschliff, Haaren und Bindemittel im Holzrahmen gefaßt und mit Ölfarbe farblich angelegt
L 39,5 cm, B 32,5 cm
Rastatt, Wehrgeschichtliches Museum, WGM 005870, WGM 005878, WGM 005876, WGM 005873, WGM 005872, WGM 005874

Schon 1827 unterstützte der preußische Kriegsminister von Haake die Herstellung von Modellen von Festungssystemen nach einem Vorschlag des königlich-preußischen Secondelieutenants von Zastrow (1801–1876). Diese Modelle sollten für Unterrichtszwecke in den Regimentsschulen bei der anschaulichen Vermittlung des Themas Festungswesen eingesetzt werden. Zastrows »Handbuch der vorzüglichsten Systeme und Manieren der Befestigungskunst welche seit der Erfindung des Schießpulvers von den vorzüglichsten Ingenieurs aufgestellt sind … durch 18 Pläne erläutert« erschien in Berlin 1828 und wurde mit zwölf Modellen für 50 Rthlr. Preuß. Courant angeboten. Diese zwölf Modelle sind noch heute in Sammlungen vorhanden. Das Wehrgeschichtliche Museum Rastatt besitzt zwei Sätze dieser Modelle. Weitere Sätze sind zum Beispiel im Landesmuseum Karlsruhe, in der Landesbibliothek Weimar, im Royal Military College Sandhurst, England, und in der Pionierschule in München nachgewiesen. – Die hier gezeigte Auswahl von sechs Modellen orientiert sich an der Fortifikationskunst, wie sie Guericke im 17. Jahrhundert studieren konnte.

a) Altitalienische Manier
2. Hälfte 16. Jh.

Das Modell veranschaulicht die altitalienische Befestigungsmanier. Der Hauptwall besteht aus einer zweischaligen Mauerwerksanlage mit Erdfüllung und einem Wallgang. Die Bastionen sind klein und die Flanken zurückgezogen (Beispiel Antwerpen 1540). Die Schwächen der altitalienischen Befestigungsmanier wurden zuerst in Deutschland durch Daniel Specklin, Straßburg, nachgewiesen und durch entsprechende bauliche Maßnahmen abgestellt. Größere Bastionen und ein Außenwerk verbesserten entscheidend die Verteidigungsfähigkeit (Beispiel Valetta 1569).

b) Altniederländische Manier
Nach Adam Freitag (1602–1664)

Die modifizierte Manier der italienischen Bauart berücksichtigte die in den Niederlanden im 16./17. Jahrhundert während der Befreiungskriege aus Bauzeit- und Kostengründen gegebenen Ge-

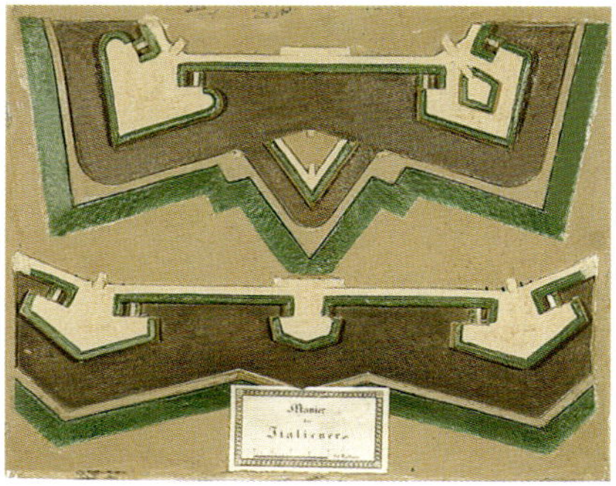

ländevorteile. Hoher Grundwasserstand, die Vielzahl der vorhandenen Kanäle und das flache Gelände wurden in das niederländische Konzept mit einbezogen. Auf Mauerwerk wurde weitgehend verzichtet, und vor den verhältnismäßig niedrigen Erdwällen und Bastionen lagen Außenwerke zur besseren Geländenutzung. Beispiele Altniederländischer Befestigungen sind Heusden, Vlissingen, die Zitadelle von Wesel, Philippsburg 1615, Berlin, der alte Hauptwall von Hamburg, Neiße und Danzig.

c) Neuniederländische Manier (Erste Manier)
Nach Menno van Coehoorn (1641–1704)

Die Altniederländische Befestigungsmanier bestimmte in ganz Europa bis zur zweiten Hälfte des 17. Jahrhunderts den Bau von vielen Befestigungen. Erst die erfolgreichen Belagerungen durch Sebastien le Prestre de Vauban (1633–1707) unter Ludwig XIV. zwangen zum Umdenken. Die Verteidiger von Festungen waren herausgefordert, mit neuen Baukonzepten ihre Verteidigungsfähigkeit zu verbessern. Menno von Coehoorn entwickelte insgesamt drei Manieren, um diesem Ziel näher zu kommen. Das Modell zeigt die Erste Manier. Beispiele für das Coehoornsche Konzept sind unter anderem Groningen, Deventer, Zuitphen, Arnheim, Nijmegen, Bergen op Zoom.

d) Erste Manier Daniel Speckle
Nach Daniel Speckle, auch Specklin (1536–1589)

Daniel Specklins Erkenntnisse im Festungsbau beruhen auf eigenen Erfahrungen in der Planung und Ausführung von Befestigungen und auf seinen gewissenhaften Studien insbesondere der italienischen und niederländischen Konzepte. Als Schwächen dieser Festungswerke spricht er besonders das Bastionärsystem der Italiener mit ihren viel zu spitzen oder auch zu stumpfen Winkeln und mit ihren zu großen Abständen zwischen den Bastionen an. Außerdem seien die Vorwerke (Ravelins) für die Aufstellung von Verteidigungsgeschützen bei Italienern und Niederländern viel zu klein. Aufgrund dieser Erkenntnisse entwickelt Specklin sein eigenes System, dessen Charakteristikum die Normalfront ist. Das Modell zeigt diese Normalfront mit vergrößerten Bastionen, aufgesetzten Kavalieren und verkürzten Flanken. Specklin beriet die Städte Straßburg, Ingolstadt, Ulm, Basel und andere. Viele seiner Vorschläge wurden erst gegen Ende des 18. Jahrhunderts wieder aufgegriffen.

e) Französische »Verstärkte Manier«
Nach Comte de Pagan (1604–1665)

Der französische General und Mathematiker Blaise François Comte de Pagan gilt als Vorläufer von Sebastian le Prestre de Vauban, des maßgebenden Ingenieurs und Generals unter Ludwig XIV. Wie Specklin stellte Pagan neue Konstruktionsmaximen auf. 1645 veröffentlichte er, bereits erblindet, »Les fortifications du Comte de Pagan«. In seinem System stehen die Bastionsflanken senkrecht zur Defensionslinie wie schon bei Specklin, und er setzt Außenwerke zur Deckung der Bastionen und der Ravelins (Contregarde) ein. Allerdings ist unter den vorgegebenen Bedingungen die Flanke bis zur äußeren Grabenwand (Contre-escarpe) der benachbarten Bastion mit 375 Metern mindestens 100 Meter länger als die wirksame Reichweite des damaligen Gewehrs.

f) Deutsche Manier
Nach Georg Rimpler (1636–1683)

Der Kriegsbaumeister Georg Rimpler erlebte 1673 die Einnahme der Festung Kandia auf Kreta. Die Erkenntnisse aus diesem Erlebnis münden bei Rimpler in mehreren Schriften und insbesondere in

Grundsätzen zum Festungsbau. Wenn seine Überlegungen auch, wie bereits bei Dürer und Specklin, auf den Erkenntnissen der Italiener und Niederländer aufbauen, so wird doch in der Fachliteratur von einer »Deutschen Schule« gesprochen, zu der man auch Rimpler zählt. Die von ihm formulierten Grundsätze beeinflußten zweihundert Jahre nach seinem Tod die fortifikatorischen Neubauten. Zu seinen Lebzeiten sind keine Festungen nach seiner Manier erstellt worden. Das Modell gibt deshalb auch nur die spätere zeichnerische Umsetzung seiner theoretischen Vorschläge wieder. UPB

Lit.: Schott 1983, S. 24/25, S. 28/29, S. 34/36, S. 40/42. Zastrow 1854, S. 61–80, Tab. II und IV, S. 102–111, Tab. V, S. 198–217, Tab. V. und X, S. 80–101, Tab. XI und XVIII, S. 139–143, Tab. VI und XV, S. 113–125, Tab. IV. Rimpler 1674. Pagan 1645. Specklin 1589.

55 **(auch Abb. S. 49)**

Schanzwerkzeug

In: Adam Freitag, Architectura militaris nova et aucta, oder Newe vermehrte Fortification von Regular-Vestungen, von irr-regular Vestungen und Aussen-wercken, Von praxi offensiva und defensiva: Auff die neweste niederländische Praxin gerichtet und beschrieben, o. O. und J.

Kupferstich in Buch
32,5 x 43 cm (Buch aufgeschlagen)
Magdeburg, Kulturhistorisches Museum, Bibliothek Bi 318

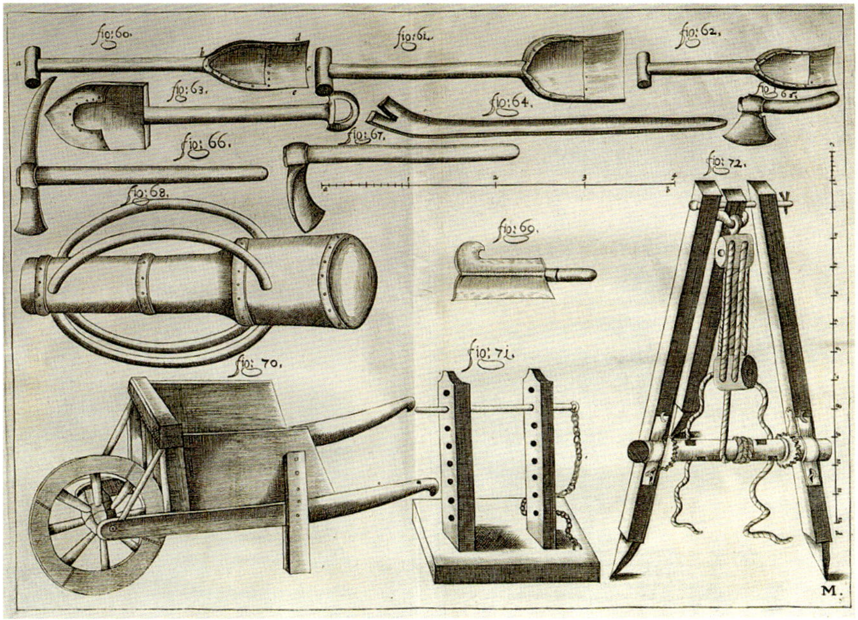

Adam Freitag entwickelte die italienischen Festungssysteme des 16. Jahrhunderts weiter und paßte sie den Gegebenheiten des niederländischen Tieflandes an. Statt Mauern sollten Erdwälle hinter breiten Wassergräben die Verteidiger schützen, ergänzt durch die vordere Verteidigungslinie eines Niederwalls und durch zahlreiche Außenwerke. Seine detaillierte Anleitung zum Bau der Festungsanlage umfaßt auch Hinweise auf eine angemessene Besatzungsstärke, Proviantierung und Bewaffnung. Im »Zimmerhoff« sollen die abgebildeten Werkzeuge bereitgehalten werden. Neben verschiedenen Spaten, Schaufeln und Hacken zeigt er eine »Stampffe« (zum Verdichten des Walls), Hackmesser (zur Anfertigung der Schanzkörbe) und Schiebkarre sowie Hebeleiter und Hebebock, um Geschützrohre bewegen zu können.

T.v.E.

56

Festungsingenieure bei der Arbeit

In: Matthias Dögen, Heutiges tages ubliche Kriges Bau=Kunst …, Amsterdam: Ludwig Elzevier 1648

Titelkupfer
31,5 x 42,5 cm (Buch aufgeschlagen)
Wolfenbüttel, Herzog August Bibliothek,
Jb 4° 36

Dögens Abhandlung zur Festungsarchitektur bietet dem Leser in schematisierter Form eine Übersicht verschiedener Festungsmanieren und zeigt anhand von Grundrissen, Schnitten und perspektivischen Ansichten, wie eine Festung in den bestmöglichen Ausbauzustand versetzt werden kann. Wie die Mehrzahl anderer Darstellungen der rasch anwachsenden Traktatliteratur im 17. Jahrhundert nimmt der Verfasser jedoch nicht Bezug auf praktisch ausgeführte Festungen. – Der Stich zeigt vier Ingenieure mit Spaten, Grundrißplan und anderen Attributen ihrer Arbeit vor einem Fenster, das den Blick auf die Baustelle einer tiefgestaffelten Fortifikationsanlage öffnet. T.v.E.

Lit.: Bußmann, Schilling Bd. 3, 1998, S. 108.

57

Aufstellung der Festungsartillerie

In: Daniel Speckle, Architectura von Vestungen. Wie die zu unsern zeiten mögen erbauwen werden, an Stätten Schlössern und Clussen, zu Wasser, Land, Berg und Thal, mit iren Bollwerken, ... Sampt den Grund Rissen, Visirungen, und Aufzügen für Augen gestellt, Straßburg: Berhart Jobin 1589

Kupferstiche im Buch, koloriert;
Holzdeckel mit schwarzem Samtüberzug, messingne Nieten, Goldschnitt
38 x 49 cm (Buch aufgeschlagen)
Wolfenbüttel, Herzog August Bibliothek, N 180. 2° Helmst.

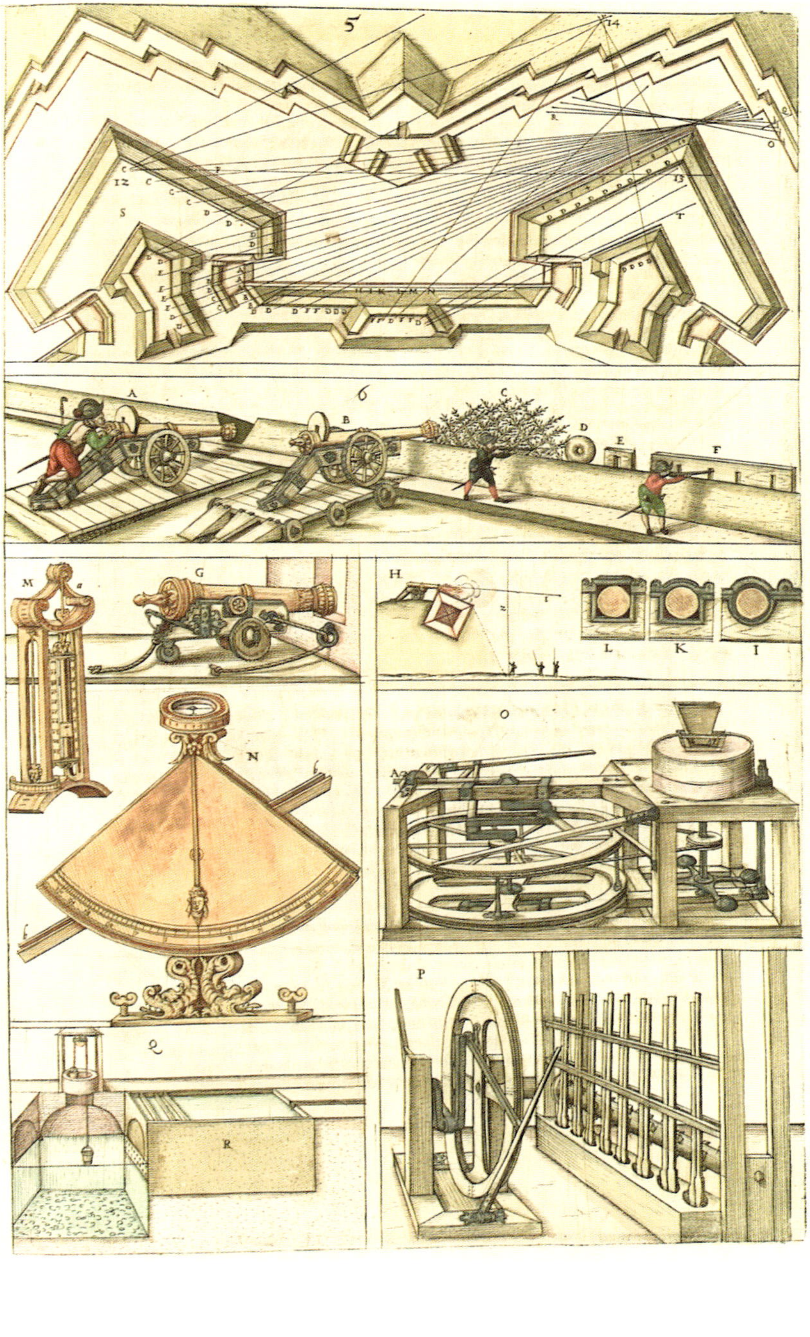

Der Straßburger Stadtbaumeister Daniel Specklin, auch Speckle (1536–1589), illustriert in seinem umfassenden Werk über Befestigungstechnik auch den Einsatz der Festungsgeschütze. Wir sehen, daß die weit vorgeschobenen Bastionen ein Bestreichen des Gegners über große Entfernungen unter Vermeidung toter Winkel ermöglicht. Die Kanonen werden hinter der Brustwehr in Stellung gebracht, ausgerannt und gegen den Rückstoß gesichert. Gewehrfeuer der Musketiere ergänzt den Einsatz der Batteriegeschütze. Groß abgebildet sind Richtinstrumente, die dem Büchsenmeister in Verbindung mit Schießtabellen und Erfahrungswissen ermöglichen, das Geschützrohr auf die für die anvisierte Schußweite richtige Erhöhung zu bringen (Kat. 88). – Specklin hat in seinem Lehrbuch neue, aus Italien stammende Erkenntnisse über die Vorteile bastionierter Fronten aufgenommen und das erste grundlegende Standardwerk über die Anlage von Stadtbefestigungen und Zitadellen in deutscher Sprache geschaffen. Das hier gezeigte Exemplar stammt aus der ersten Auflage von 1589 und beeindruckt durch die Feinheit des Druckes und der Kolorierung. Die reiche Ausstattung läßt an den Gebrauch durch Fürsten und ihre Kriegsherrn denken und paßt zur gedruckten Vorrede, mit der Specklin das Buch Herzog Julius von Braunschweig-Lüneburg widmet. Im Bücherverzeichnis der Familie Guericke ist Specklins Werk in einer Ausgabe von 1599 aufgeführt.

T.v.E.

Lit.: Neumann 2000, S. 157. Fischer 1996. Architekt und Ingenieur 1984, S. 354 f.

58

Der Festungsbaumeister Vauban

»Sébastien le Preste de Vauban Marechal de France, et Premier Ingenieur du Roy«

18. Jh.
Radierung
14,5 x 10,5 cm (Bl.)
Wolfenbüttel, Herzog August Bibliothek, Porträtsammlung A 22612

Das Bildnis zeigt Sébastien Le Prestre, Seigneur de Vauban (1633 – 1707) in lebhafter Pose auf der Höhe seines Ruhms. Er hat die rechte Hand mit dem Marschallstab auf ein Belagerungsgeschütz gelegt und weist mit der linken auf starke Festungsanlagen. – Seit 1653 als Ingenieuroffizier in französischen Diensten, perfektionierte Vauban das Bastionärsystem nach den praktischen Erfahrungen der Verteidiger und nach den Erfordernissen des jeweiligen Geländes. Mit enormer Schaffenskraft verband er den Ausbau zahlreicher Städte und Plätze zu einem gewaltigen Festungsverbund, der Frankreichs Grenzen dauerhaft sichern sollte. Sein Angriffssystem verschaffte aber auch den Belagerern neue Überlegenheit und ermöglichte es, rechnerisch zu prognostizieren, binnen welcher Zeit die Festung kapitulieren müsse. T.v.E.

59

Die Befestigungslehre nach Vauban

In: Chevalier de Cambray, Manière de fortifier de Mr. de Vauban … Die Manier von der Fortification von Monsieur de Vauban, Amsterdam: Pieter Mortier 1689

Titelkupfer
19,5 x 25 cm (Buch aufgeschlagen)
Wolfenbüttel, Herzog August Bibliothek, Jb 53

Vauban, der erfolgreichste Festungsbaumeister seiner Zeit, hat kein einziges Buch zur Fortifikationslehre geschrieben. Als Praktiker betonte er stets, daß die Kunst des Festungsbaus nicht starren Regeln folge, sondern nur der Erfahrung des gesunden Menschverstandes. Cambrays Buch erfüllte wohl die Nachfrage des Fachpublikums, das die Grundsätze Vaubans für die eigene Arbeit nutzen wollte. – Das Titelkupfer zeigt die Belagerung einer spätmittelalterlichen Festungsanlage. Pikenierhaufen marschieren auf, und die Feldartillerie hat mit der Beschießung begonnen. Im Vordergrund studieren Militäringenieure einen Grundriß, der am neuen Bastionärsystem ausgerichtet ist. T.v.E.

60

Festungsbau nach Rimpler

In: Georg Rimpler, Sämtliche Schriften von der Fortification, hg. von Ludwig Andreas Herlin, Dresden/Leipzig: Christoph Heckels Sohn und Erben 1724, Tf. 2

Kupferstich in Buch
32,5 x 75,5 cm (Buch aufgeschlagen)
Wolfenbüttel, Herzog August Bibliothek, Jb 237

Georg Rimpler (1636–1683) entwickelt bekannte Festungsmanieren weiter und bezieht sich in der hier gezeigten Darstellung der Vielecke idealtypischer Festungsbauten ausdrücklich auf die Vorbilder Adam Freitag, Blaise François Pagan oder Sebastien le Prestre de Vauban. Während das Standardwerk von Freitag die Ausbildung Guerickes zum Festungsingenieur mitbeeinflußt haben dürfte, lassen die tiefgestaffelten sternförmigen Grundrisse Rimplers an die später übliche »Tenaillen-Festung« denken, die in Magdeburg Cornelius Wallrave nach 1720 als eine Art städtebauliches Gesamtkunstwerk anlegte. T.v.E.

2. Messen und Zeichnen

61

Der Kartograph Gerhard Kremer, genannt Mercator

In: Gerhard Mercator, Atlas sive Cosmographicae Meditationes de fabrica mundi et fabricati figura, hg. Rumold Mercator, Duisburg: Albert Buyss 1595, fol. 4v

1574 Franz Hogenberg (vor 1540 – um 1590)
Kupferstich
43,5 x 58 cm (Buch aufgeschlagen)
Bez. unter dem Bildoval: … Franc. Hog. M D LXXIV
Wolfenbüttel, Herzog August Bibliothek, Cb 2° 19

Der 1574 datierte Kupferstich zeigt den bedeutenden Humanisten, Geographen und Kartographen Gerhard Kremer (1512 – 1594) im Alter von 62 Jahren. Bekannt ist er unter der latinisierten Form seines Namens: Mercator. Einen Globus vor sich und einen Tasterzirkel in der Hand, ist Mercators Bildnis als Autorenporträt seinem 1595 postum erschienenem Hauptwerk vorangestellt. Unter dem Bildoval, das von Versen des Antwerpener Kunsthändlers Jean Vivien (gest. 1598) umrahmt ist, findet sich ein Lobgedicht des Historikers Bernard Gerbrands Furmerius (1542 – 1616) auf den berühmten Kartographen. Mercator war der erste, der in Weiterentwicklung der ptolemaiischen Karten die winkeltreue Zylinderprojektion, die später nach ihm benannte Mercator-Projektion, für Karten und Globen anwandte. Er faßte die von ihm selbst gestochenen Karten systematisch zusammen und schuf damit den ersten Atlas im modernen Sinne. Kurze Zeit nach seinem Tod veröffentlichte sein Sohn Rumold (1546/48 – 1599) die hier ausgestellte, mit 107 Karten vollständige Gesamtausgabe, die in den folgenden Jahrzehnten auch in Auszügen und mit aktuellen Ergänzungen wieder aufgelegt wurde. Auch in der Bibliothek Otto von Guerickes befanden sich zwei Bände mit Werken Mercators.

U. S.

Lit.: Weber 1995, S. 26. Stadt im Wandel Bd. 1, 1985, S. 589.

62

Reißfeder mit Griffel

Um 1580; deutsch
Stahl, Messing, vergoldet; L 12,7 cm
Dresden, Mathematisch-Physikalischer Salon, A I 18

Der von Guericke gefertigte Grundrißplan der Zitadelle Cyriaksburg oder seine Magdeburger Stadtpläne von 1632 (Kat. 119, 122) belegen, daß er während seines Leidener Studiums den Gebrauch von Zeicheninstrumenten erlernte und selber Reißzeug, Graphitstifte und Ziehfeder anwendete. – Die hier gezeigte Stahlfeder, eingeschraubt in dem runden, profilierten Messinggriffel, diente dem Ausziehen von Linien mit Tusche.

T. v. E.

Lit.: Zeicheninstrumente 1990, S. 13.

63

Universaler Reduktionszirkel

Replik von Gerhard Weber
Original: 1582; Kassel:
Jost Bürgi (1552–1632)
Messing, Stahlspitze; L 26 cm
Staufenberg, Gerhard Weber

Die Bedeutung des von Jost Bürgi hergestellten universalen Reduktionszirkels liegt in seiner Vielseitigkeit. Mit ihm konnte man nicht nur vergrößern oder verkleinern (wie mit dem seit der Antike bekannten Reduktionszirkel) oder Verhältnisse abgreifen (wie mit dem seit dem 16. Jahrhundert entwickelten Proportionalzirkel), sondern man konnte mit Bürgis Zirkel auch Rechnen, was bis dahin mit einem weiteren Gerät, dem Porportionalmaßstab, erfolgte. Die Vorderseite trägt Skalen zur Teilung von Strecken und zur Kreisteilung (Konstruktion eines Vielecks im Kreis aus dem Kreisradius), mit den Skalen auf der Rückseite kann man die Seitenlängen von Quadraten und deren Flächeninhalte bestimmen. Seitliche Skalen ermöglichen die Berechnung von flächen- und volumengleichen Körpern. Die Festungsbaumeister des 17. Jahrhunderts haben dieses universale Rechen- und Zeicheninstrument des Uhrmachers und Mathematikers Bürgi zu schätzen gewußt, der 1579 in landgräflich-hessische und später dann in kaiserliche Dienste trat. G. K.

Lit.: Mackensen 1984.

64

Maßstab mit »Visier-Ruten«

1636; Friedericus Oswaldus
Messing; L 79 und 72 cm, B 1 cm (max.)
Dresden, Mathematisch-Physikalischer Salon, B I 35

Zwei ineinanderliegende, ausziehbare Maßstäbe, auf denen sich jeweils vier verschiedene Skalen befinden. Solche Visier-Ruten wurden benutzt, um die Bestimmung des Inhalts von Fässern und anderen Gefäßen zu erleichtern. Der gesuchte Faßinhalt wurde dabei meistens auf ein zylindrisches Normenmaß zurückgeführt. M. Ko.

Lit.: Maß, Zahl und Gewicht 1989, S. 133 f.

65

Anschlagmaßstab

Um 1635; vermutlich Viktor Stark, Dresden
Messing, vergoldet
Schenkellängen 29,95 cm und 28,55 cm,
Schenkelbreite 1,39 cm
Bez.: V. S. F.
Dresden, Mathematisch-Physikalischer Salon, B I 2

Die beiden ungleich langen Lineale sind durch ein Scharnier verbunden, mit einer Führungsschiene versehen und können bei einem maximalen Öffnungswinkel von 90 Grad zum Vorzeichnen rechter Winkel verwendet werden. Als Hilfsmittel zum maßstabsgerechten Zeichnen tragen die Schenkel Skalen verschiedener Längeneinheiten. Sie sind in Zoll angegeben, der als Längenmaß bei der Duodezimalteilung den zwölften, bei der Dezimalteilung den zehnten Teil eines Fußes angibt. Im einzelnen sind auf der Vorderseite Nürnberger, Dresdener, Pariser und Bayerischer Zoll abge-

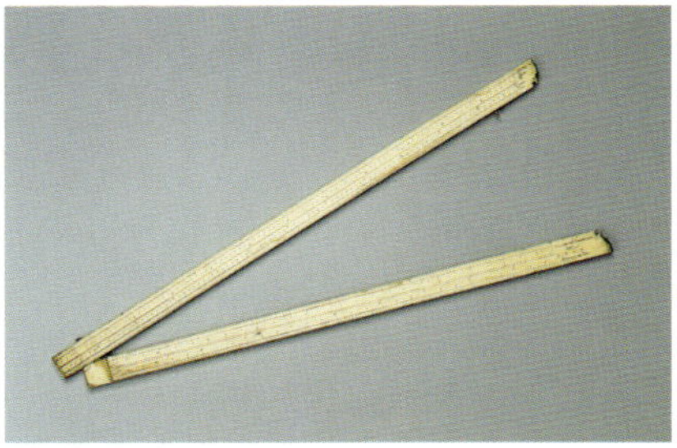

tragen, auf der Rückseite unter anderem Wiener und Straßburger Zoll. T. v. E.

Lit.: Zeicheninstrumente 1990, S. 24 f.

66

Winkelhaken

3. Viertel 17. Jh.; vermutlich niederländisch
Messing; Schenkellängen 22,2 cm und 14,8 cm, Schenkelbreite 1,75 cm
Bez. auf der Vorderseite: S T 1672;
Bez. auf der Rückseite: A van Eysden
Dresden, Mathematisch-Physikalischer Salon, B I 233

Das Instrument besteht aus zwei unterschiedlich langen Linealen, die im rechten Winkel fest miteinander verbunden sind und die jeweils drei Skalen tragen. Neben der linearen Teilung am Rand des langen Schenkels sind nichtlineare Teilungen graviert – am inneren Rand in jeweils ein Grad unterteilt, dazwischen die Unterteilung in Viertel. Am äußeren Rand des kurzen Schenkels zeigt die nichtlineare Skala eine Unterteilung in 1 Grad, am inneren Rand ist die nichtlineare Skala in Viertel eingeteilt. Dazwischen befindet sich die nichtlineare Skala 60 … 50 … 10 mit der Unterteilung in 1 Grad. Diese Skaleneinteilung des Winkelhakens ermöglichte es, Winkel mittels Strecken zu konstruieren oder zu bestimmen. T.v.E.

Lit.: Zeicheninstrumente 1990, S. 25.

67

Winkelmesser

1. Drittel 17. Jh.; sächsisch
Messing, vergoldet; Dm 10,7 cm
Dresden, Mathematisch-Physikalischer Salon, A I 115

Zu den unverzichtbaren Instrumenten technischen Zeichnens gehört der Winkelmesser zum Abtragen beliebiger Winkel. Das Gerät weist als Vollkreiswinkelmesser eine rechtsläufige Skaleneinteilung von 0 bis 360 Grad auf, unterteilt in $^1/_1$ Grad, und ist durch den Zwischensteg und ornamentale Verzierungen im unteren Innenteil charakterisiert. Ursprünglich gehörte es zu einem Reiß- und Meßbesteck, das Anfang des 17. Jahrhunderts Christoph Trechsler und dessen Schüler für den sächsischen Hof gefertigt hatten. T.v.E.

Lit.: Kostbare Instrumente 1994, S. 37.
Zeicheninstrumente 1990, S. 33.

68

Lineal mit Fortifikationsschablone

17. Jh.; deutsch
Messing
Grundlineal L 78,7 cm, B 2,36 cm,
Schablone L 13,8 cm, B 9,9 cm,
Gesamtlänge 87,95 cm
Dresden, Mathematisch-Physikalischer Salon, A I 64

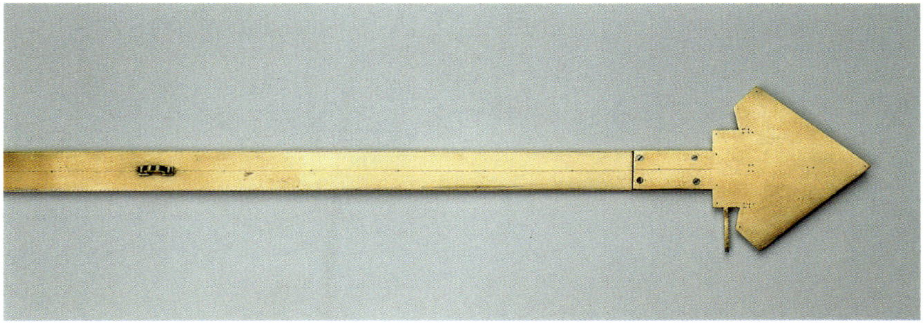

Während seines Ingenieurstudiums in Leiden lernte Guericke die Konstruktion von Bastionen als der wohl wichtigsten Neuerung in der Militärarchitektur zu Beginn des 17. Jahrhunderts kennen. Zuerst in Italien angewendet, wurden aus der Umwallung befestigter Plätze herausragende Bollwerke zum unverzichtbaren Merkmal der weiterentwikkelten Festungsmanieren. Die zwei Wallinien der Bastion, die sogenannten Facen, ermöglichen es, den Aufmarsch des Angreifers schon weit vor dem Hauptwall unter Kreuzfeuer zu nehmen. Die Fortifikationsschablone erleichtert die Konstruktion von Festungsanlagen nach einem festen Schema; die Haupt- und Eckpunkte sind mit feinen Löchern versehen, die dem raschen Abstecken oder Anreißen der Bastion dienten. T.v.E.

Lit.: Zeicheninstrumente 1990, S. 15.

69

Messen mit dem Jakobstab

In: Walter Hermann Ryff (Gualtherus H. Rivius), Der furnebsten, notwendigsten, der gantzen Architectur angehörigen Mathematischen und Mechanischen künste, eygentlicher bericht ..., Nürnberg: Johann Petreius 1547, 3. Buch, fol. 6r

Kupferstich in Buch
31,5 x 43,5 cm (Buch aufgeschlagen)
Wolfenbüttel, Herzog August Bibliothek, 30. 4 Geom. 2°

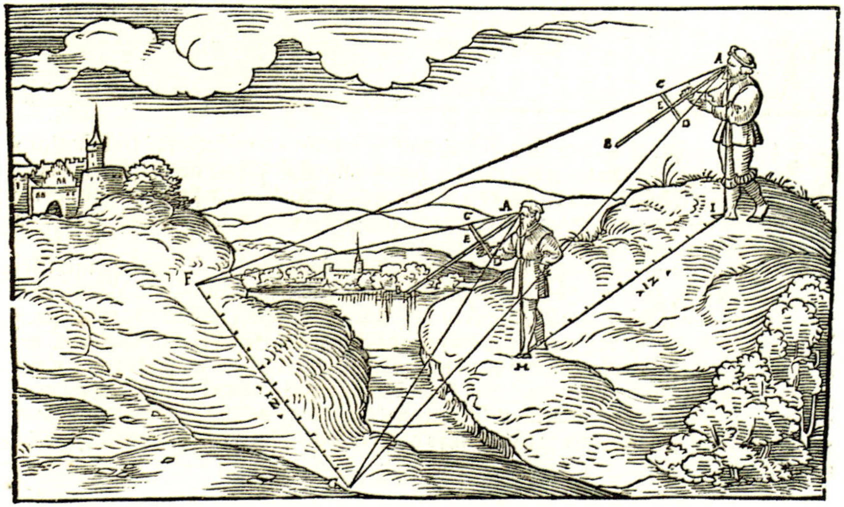

Das Bild veranschaulicht den Gebrauch des Jakobstabs als Feldmeßgerät und wie man damit Streckenlängen und Flächengrößen im Gelände errechnen kann. Mit seiner Hilfe, so erklärt Ryff, ließen sich auch Linien bestimmen, zu deren Endpunkten kein freier Zugang bestehe. Seine Unterweisung beginnt mit der Anleitung zum Selbstbau des Geräts aus einem längeren Stab, der mit einer Skalierung versehen wird. Er trägt einen verschiebbar angebrachten Querstab zum Messen des Winkelabstands der über die beiden Enden des Querstabs anvisierten Punkte. In der Zeit Guerickes wurde der Jakobstab auch für astronomische Beobachtungen genutzt und diente in der Seefahrt zur Bestimmung von Zeit und geographischer Breite. T.v.E.

70

Meßquadrant

In: Johan Sems und Johan Pietersz Dou, Practica des Landmessens: Darinnen gelehrd wirdt, wie man alle recht und krumseitige Land, Wäldt, Baumgärten und ändere Felder so wol, mit hülff des Quadranten, als auch ohne denselben messen soll..., übersetzt von Sebastianus Curtius (Sebastian Kurz), Amsterdam: Wilhelm Janß 1616, nach S. 60

Kupferstich in Buch
20 x 33 cm (Buch aufgeschlagen)
Wolfenbüttel, Herzog August Bibliothek,
28 Geom. (1) eingebunden

Der Quadrant mit ausgeführtem Viertelkreis und Bussole ist eine Weiterentwicklung des einfachen Quadrats als Meßrahmen, über dessen Gebrauch zur Längenmessung Hermann Ryff in seinem breit angelegten Werk über die angewandten mathematischen und mechanischen Künste bereits in der Mitte des 16. Jahrhunderts den Leser unterichtet hatte. – Das hier gezeigte Handbuch erschien ein halbes Jahrhundert später und wurde zunächst in niederländischer Sprache gedruckt. Guericke besaß diese Abhandlung sowie weitere Traktate über die Praxis des Landvermessens. T.v.E.

71

Meßtisch zur Erstellung maßstabsgetreuer Landkarten

In: Daniel Schwenter, Geometria Practicae novae. Tractatus III: Mensula Praetoriana, Beschreibung des nützlichen Geometrischen Tischleins ..., Nürnberg: Simon Halbmayer [1618], Abb. S. 3

Kupferstich in Buch
20,5 x 36,5 cm (Buch aufgeschlagen)
Wolfenbüttel, Herzog August Bibliothek,
24 Geom. (4) angebunden

Der Kupferstich zeigt den um 1590 von Johannes Prätorius (1537 – 1616) erfundenen Meßtisch, umgeben von allen Bestandteilen und Zeichengeräten, die zum Aufbau und Gebrauch des Meßtisches notwendig sind. Auf der über einem Stativ drehbaren Holzplatte waren zwei Visiervorrichtungen für horizontale und vertikale Messungen angebracht, die Hauptregul und die Regul, mit deren Hilfe erstmals die Erstellung maßstabsgetreuer Landkarten möglich war. Daniel Schwenter (1585 – 1636) war Schüler von Prätorius und veröffentlichte neben diesem Zeichengerät auch eigene Erfindungen feinmechanischer Geräte. Schwenters »Geometria Practicae« war in der wissenschaftlichen Büchersammlung Otto von Guerickes vorhanden. U.S.

Lit.: Recknagel 1993, S. 39.

72

Perspektivisches Zeichnen einer Festung

In: Johann Faulhaber, Newe Geometrische und Perspectivische Inventiones Etlicher sonderbahrer Instrument/die zum Perspectivischen Grundreissen der Pasteyen unnd Vestungen ... gebrauchsam seynd, Frankfurt/M.: Wolfgang Richtern (Drucker) und Anton Hummen (Verleger) 1610, S. 37

Johann Faulhaber (1580 – 1635)
Kupferstich in Buch
13 x 15,4 cm (Pl.)
Halle, Universitäts- und Landesbibliothek,
Pe 293 z / 10

Das Buch enthält zahlreiche Beschreibungen neuer Zeicheninstrumente und zeigt auf ganzseitigen Kupferstichen deren Verwendung. Der Stich C gibt »augenscheinlich und deutlich zu vernehmen«, wie durch eine neue mechanische Methode »die Perspectiv ... an allen Orthen kan gar leichtlich zu wegen gebracht werden«. Der Ingenieur hat auf dem transportablen Klapptisch einen Festungsgrundriß ausgebreitet. Mittels einer an einem Punkt im Raum fixierten Schnur und eines Maßstabes kann er die plane Darstellung auf einem im rechten Winkel dazu stehenden Blatt in eine perspektivische Ansicht umzeichnen. Die Zeitersparnis beim Arbeiten, die Maßgenauigkeit der Zeichnung und die leichte und variable Handhabung des Zeicheninstrumentes prädestinierten es vor allem für den Einsatz im Festungsbau. U.S.

73

Halbkreisgerät (Graphometer)

Vermessungsinstrument mit Wappen der Familie von Putzfeld gen. Friemersdorf

Frühes 17. Jh.
Messing, gegossen und graviert, Ziffern gepunzt, Glas, Magnetnadel
H 4,7, B 12,4, L 24,7 cm
Außenradius 10,9 cm; Kompaß Dm 4 cm
Würzburg, Mainfränkisches Museum, S. 24677

Bei der auch von Guericke ausgeübten Tätigkeit des Feldmessens, der Größenbestimmung und kartographischen Aufnahme von Grundstücken, Straßen, Plätzen oder Festungsanlagen, verwendeten schon die Ingenieure des 17. Jahrhunderts hochfeine Meßinstrumente, mit denen sich Horizontal- und Vertikalwinkel präzise bestimmen ließen, um daraus Längen- und Flächenmaße zu errechnen. Grundelemente des Graphometers sind das Lineal mit dem eingravierten Maßstab in Zoll und weiterer Unterteilung, darüber befinden sich der Gradbogen im Halbkreis mit der Einteilung von 0 bis 180 Grad und die Alhidade, der drehbare Arm mit Ablese-Einrichtung, der die Winkelmessung am Gradbogen anzeigt. Unter dem 90-Grad-Punkt liegt die Kompaßbussole zum Winkelmessen mit Hilfe der Magnetnadel. T.v.E.

Lit.: Sonnenuhren 1997, S. 236.

74

Vollkreisgerät (einfacher Theodolit)

Um 1670–1680; Choizy, Paris
Messing, graviert, vergoldet
L 16,1 cm, B 14,8 cm
Bielefeld, Stiftung Huelsmann, H-W 118

Mit dem Instrument können Horizontalwinkel gemessen werden, um Längen- und Flächenmaße zu berechnen. Obwohl der Konstruktion des Meßgeräts ein Fernrohr fehlt, um die Schenkel der zu messenden Winkel anzuvisieren, handelt es sich wohl um einen einfachen Theodoliten. Die zwei einander gegenläufigen 360-Grad-Kreise auf der Oberseite der vergoldeten Messingplatte entsprechen dem Hauptkreis sowie dem zentrisch zum Hauptkreis angebrachten und an vertikaler Achse drehbaren Zeigerkreis vergleichbarer Geräte. An der 180- und 360-Grad-Position sind jeweils feste Schlitzabsehen angebracht. Der bewegliche Kompaß in der Mitte der Grundplatte besitzt zwei Schlitzabsehen in der Art einer Alhidade; unterhalb von ihnen weisen Zeiger auf die beiden 360-Grad-Skalen. T.v.E.

Lit.: Wissenschaftliche Instrumente 1989, S. 223 f.

75

Darstellung einer Meßrute

In: Jacob Köbel, Geometrei. Von künstlichem Feldmessen, und absehen Allerhandt Höhe, Fleche, Ebne, Weitte, und Breite: ..., Frankfurt/M: Christian Egenolffs Erben 1570, Bl. 4v–5r

Holzschnitt in Buch
20 x 29 cm (Buch aufgeschlagen)
Wolfenbüttel, Herzog August Bibliothek, QuN 285 (2) angebunden

Für die Längenbestimmung benutzte der Mensch bis zur Einführung des metrischen Systems die Größen, die er von seinem Körper ableiten konnte, zum Beispiel die Länge des Fußes oder Armes, die Spannweite (die ausgebreiteten Arme bis zu den Fingerspitzen), die Breite der Hand oder der Finger. Die Meßrute gehörte zu solchen nichtme-

trischen Maßen. Sie wurde zum Messen von Entfernungen, vor allem aber zum Abmessen von Ländereien benutzt. Wie bei allen auf die menschliche Anatomie bezogenen Meßgeräten, waren die Maßeinheiten und die Methoden, mit denen man die Maße festlegte, regional sehr unterschiedlich: So betrug noch um 1900 in Preußen und Anhalt eine Rute 12 Fuß, in Bremen und Hannover dagegen 16 Fuß. Für Jacob Köbel ergab sich die Länge einer Meßrute zum Beispiel wie folgt: »Es sollen 16 Mann, klein und groß, wie sie nacheinander aus der Kirche gehen, ein jeder vor dem anderen einen Schuh stellen …«. Der Holzschnitt gibt diese Anleitung sehr anschaulich wieder. Wiederholt versuchte man, Maßeinheiten gesetzlich zu vereinheitlichen, und brachte Längenbeispiele für eine Elle oder auch Normgewichte für jedermann sichtbar an Kirchen- oder Rathauswänden an. U. S.

76

Der riesenwüchsige Mensch

a) Jacob Damman
«Iacob Dam(m)an v Pispen aus dem Land Lüneburg. Sein Spann ist 16 zoll u. er ist 96 zoll lang Kann in die Höhe reichen 126 zoll. S: Alters 22 1/2 jahr im Mon: Sep. Kam in Nürnbe. A 1613.«

17. Jh.
Flugblatt, Radierung; 15,2 x 9,2 cm (Pl.)
Bez. auf der Pulvertasche: PH fec aqua forte

b) Die Hand des Jacob Damman
»Die Länge des Spann. Jacob Damman von Pispen/aus dem Land Lünenburg/sein Spanne die ist 16. Zoll/unnd er ist 96. Zoll lang/und kan inn die höhe reichen 126. Zoll/seines alters drithalben unnd zwansig Jahr/Im Jahr 1613.«

Nach 1613
Flugblatt, Holzschnitt; 29 x 36,7 cm (Bl.)
Magdeburg, Kulturhistorisches Museum, Gr 12. 035a, Gr 12. 035b

Wie beide Flugblätter belegen, stieß 1613 der Aufenthalt des riesenwüchsigen Jacob Damman in Nürnberg auf großes Interesse bei seinen Zeitgenossen. Er war nicht nur wegen seiner enormen Körpergröße von zirka 2,33 Metern eine Sensation, sondern verwirrte die Menschen auch, denn das irdische »Maß aller Dinge« war im 17. Jahrhundert noch der Körper des Menschen (Kat. 75). Die Körpermaße des Jacob Damman belegen jedoch eindrucksvoll, wie unsicher diese Maßeinheiten waren. Trotzdem hielt sich das alte Maßsystem bis zur Einführung metrischer Maße zu Beginn des 19. Jahrhunderts. Das kleinformatige Flugblatt (a) zeigt Jacob Damman als Soldaten mit Degen, Muskete und Musketengabel. Die Darstellung der rechten Hand des «Riesen« auf dem Flugblatt (b) ist maßstabsgetreu und ermöglichte dem neugierigen und ungläubigen Käufer des Blattes den direkten Größenvergleich mit der eigenen, nur halb so großen Hand. U. S.

Lit.: Stadt im Wandel Bd. 1, 1985, S. 459f. Nr. 379.

77

Fingerzählen nach Beda Venerabilis

»Rechen Taffel vermittelst der Finger und Hände wie solche bey dem Beda entlehnet«

In: Jacob Leupold, Theatrum arithmetico-geometricum, das ist: Schau-Platz der Rechen- und Meß-Kunst …, Leipzig: Jacob Leupold und Johann Friedrich Gleditsch Sohn (Verleger), Christoph Zunkel (Drucker) 1727, Tafel 1

Kupferstich in Buch
38 x 70 cm (Buch aufgeschlagen)
Bez. u.l.: Th: Arithm.
Wolfenbüttel, Herzog August Bibliothek, Nb 2° 2

Jacob Leupold übernahm in einer Art geschichtlichen Rückblicks der Rechenkunst die Fingerzähl- und Fingerrechentechnik des angelsächsischen Historiographen Beda Venerabilis (673–735) und tauschte nach eigener Überlegung die alte Zeichengebung für 100 gegen die 1000 aus. Schon in den Hochkulturen Mesopotamiens und Ägyptens entstanden erste Zählzeichen, die die wichtige Rolle der Finger als mechanische Zählhilfe erkennen lassen. In diesem Zusammenhang sah auch Leupold die Zähltechnik des Beda, da er vermutete, daß die Gestalt der römischen Ziffern auf die ersten sieben Fingerzeichen dieser Technik zurückzuführen seien. Die Besonderheit der bei Beda zu findenden Fingerzählung beruht auf der gemeinsamen Benutzung von linker und rechter Hand. Mit unterschiedlichen Finger-, Hand- und Körperstellungen konnte so nicht nur bis zehn sondern bis eine Million sichtbar gezählt werden. Ob diese Fingerzähl- und -rechentechnik im 17. Jahrhundert, dem Zeitalter der ersten Rechenmaschinen, überhaupt noch Anwendung fand, ist ungewiß. U.S.

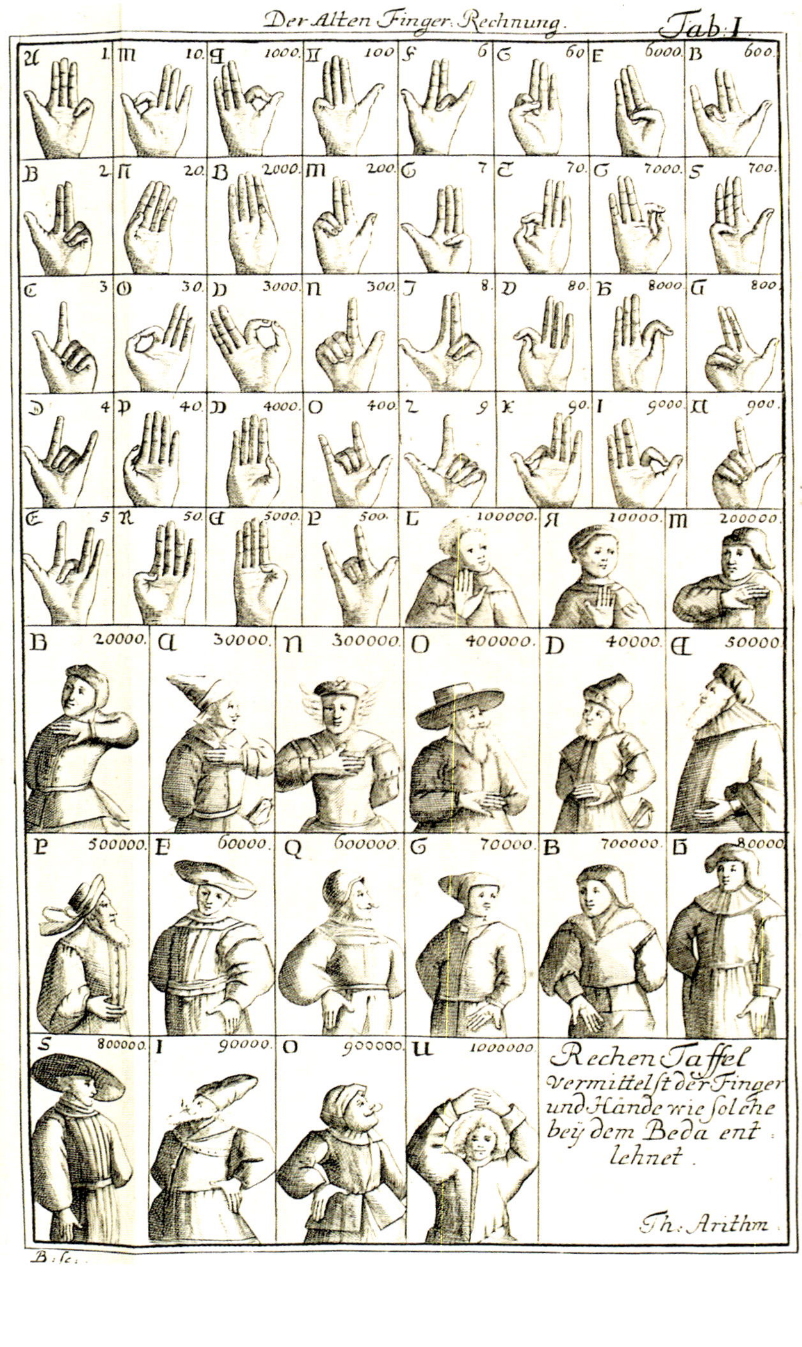

78

Funktion und Anwendung eines Schrittzählers

In: [Paul Pfintzing], Methodus Geometrica. Das ist: Kurtze wolgegründeter unnd außführlicher Tractat von der Feldrechnung und Messung, wie solche zu Fuß, Roß und Wagen, an allen Orten und Enden…zu verfertigen, Nürnberg: Valentin Fuhrmann 1598, S. XL (40) und Tafel XXXX (40)

Holzschnitt in Buch
34,5 x 42 cm (Buch aufgeschlagen)
Wolfenbüttel, Herzog August Bibliothek,
20 Geom. 2° (1) eingebunden

Nachdem über Jahrhunderte längere Wegstrecken lediglich nach der Dauer eines Fußmarsches oder Pferderittes bemessen wurden, kam im 17. Jahrhundert als weitere, neue und weitaus zeitsparendere Methode die Messung mit kleinen Zählwerken, sogenannten Schrittzählern, hinzu. Bereits aus der Antike sind solche Wegmesser bei Vitruv (um 84 – nach 27 v. Chr.) und Heron von Alexandria (um 100 n. Chr.) überliefert. Dort waren sie als Wagenwegmesser eingesetzt, und zählten jede volle Umdrehung eines Wagenrades. Im Zusammenhang mit der Wiederentdeckung der Antike erlebten unter Kurfürst August (1553 – 1586) die Schrittzähler ein Blütezeit. Mittels eines Wegmessers ließ er zum Beispiel die Reiseroute nach Regensburg mit allen geographischen Besonderheiten vermessen und kartieren. Für die Landvermessung vor allem kürzerer Strecken blieben jedoch andere Instrumente wie Quadrant, Halbkreisgerät und Jacobstab vorrangig in Benutzung. Der Holzschnitt zeigt die Anwendung eines Schrittzählers durch den Menschen. Am Gürtel befestigt, war das Gerät mittels einer Schnur mit dem Knie verbunden und zählte jede Beinstreckung beim Schritt. Hatte man das Maß von einem Schritt genommen, konnte man dieses mit der Anzahl der Schritte multiplizieren und erhielt dann die ungefähre Länge der Wegstrecke in Fuß, Elle oder Rute. U.S.

Lit.: Kostbare Instrumente 1994, S. 19.

79

Zwei Schrittzähler (Pedometer)

a) Schrittzähler mit zwei Zählscheiben bis 100 Schritt
Um 1670; wohl Augsburg
Messing, graviert, versilbert, vergoldet, Eisen; 5,9 x 3,5 x 1,6 cm
Bielefeld, Stiftung Huelsmann, H-W 122

b) Schrittzähler mit vier Zählscheiben bis 1000 Schritt
1720; Augsburg
Johann Willebrand
Messing graviert, versilbert, Glas
8,1 x 3,9 x 1,4 cm
Kassel, Staatliche Museen, Museum für Astronomie und Technikgeschichte, MAT G 188

An diesen beiden kleinen und sehr aufwendig gearbeiteten Geräten ist das Funktionsprinzip eines Schrittzählers gut zu erkennen: Der an der Schmalseite des Gehäuses zu sehende Hebel sorgt für die Übertragung der Zugbewegung einer Schnur auf ein System von Zahnrädern in dem Gehäuse. Die Schnur ist am Knie eines Trägers befestigt und wird bei jeder Beinstreckung gespannt. Jeder Zug bewegt die Zahnräder um genau einen Zahn weiter. Da die Zahnräder mit den beweglichen Zeigern der Zifferblätter verbunden sind, kann somit jeder einzelne Schritt registriert und gezählt werden. Da die Länge der Schnur je nach Träger eingestellt werden konnte, war das gleiche Gerät auch beim Pferd oder bei einem Wagen zu verwenden. U.S.

3. Geschützwesen

80

Besteckkasten eines Ingenieurs

1686; Johann Heinrich Burchart
31 Teile und einige Zubehörstücke
Überwiegend Messing, vergoldet, graviert; Schneiden aus blankem, Zirkelspitzen aus gebläutem Stahl; Kasten 51 x 32,5 x 27 cm
Signatur des Herstellers auf Vollkreisinstrument
Kassel, Staatliche Museen, Museum für Astronomie und Technikgeschichte, MAT G 24

Der Instrumentenbauer Johann Heinrich Burchart hat den Besteckkasten für den Landgrafen Karl von Hessen-Kassel angefertigt. Die Vielzahl der Geräte veranschaulicht die Breite des Wissens in den mechanischen Künsten des 17. Jahrhunderts und die Nutzanwendung sowohl für militärische als auch für zivile Zwecke. Hervorzuheben sind die Schreibutensilien, Zeicheninstrumente wie Lineale und Zirkel, Winkelmeßgeräte aber auch eindeutig auf das Kriegswesen ausgerichtete Objekte wie der Geschützaufsatz in Form eines Quadranten mit Pendellot und Visiereinrichtung, der Büchsenmeisterzirkel sowie ein Kalibermaßstab zur Bestimmung der Kugelgewichte von Blei, Eisen oder Stein. Die reiche Ausstattung des samtausgeschlagenen Eichenholzkastens unterstreicht den Status und das Prestige des höfischen Besitzers. Gleichwohl entspricht der Verwendungszusammenhang der Geräte jenem Ingenieurswissen, das Otto von Guericke erwarb, als er in den Niederlanden Feldmeßkunst und Fortifikationswesen studierte. T.v.E.

Lit.: Denis Papin 1987, S. 74 f.

81

Kalibermaßstab

1601
Messing, vergoldet; L 38,8 cm
Dresden, Mathematisch-Physikalischer Salon, B I 13

Das Kaliber bezeichnet heute den inneren Durchmesser der Läufe von Feuerwaffen in Millimeter oder Zentimeter. Früher wurde das Kaliber auch nach dem Gewicht des Geschosses in Pfund oder Zoll bestimmt. Dem Büchsenmeister diente ein Lineal mit Maßeinteilungen, Schieber und Ablesevorrichtung zur Auswahl der passenden Munition. Der Kalibermaßstab ist mit Teilungen für das Gewicht von Eisen-, Blei- und Steinkugeln versehen. Die Skalen tragen die Bezeichnungen: 0 … 14 ZOL., 0 … 125. BLEY. KVGEL. 0 … 95 STEIN. KVGEL., 0 … 125. PFVNT. EISSEN. KVGEL … Anno. 1601. T.v.E.

Lit.: Kostbare Instrumente 1994, S. 39.

82

Tasterzirkel

Um 1650; deutsch
Stahl; L 17,1 cm
Dresden, Mathematisch-Physikalischer Salon, A I 16

Die halbkreisförmig geschweiften Schenkel mit den kugelförmigen Tastern am Ende der gerade gebogenen Spitzen erlauben die Abnahme der Außenmaße von Rohren oder die Messung des Abstandes konkav gebogener Flächen. Als Gegenstück zu dem hier gezeigten Außentasterzirkel dient der Innentasterzirkel oder Lochtaster der Bestimmung der Innenmaße. T.v.E.

Lit.: Zeicheninstrumente 1990, S. 32.

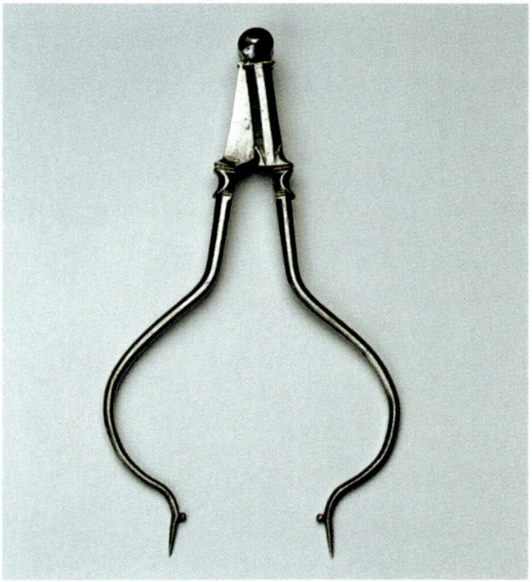

83

Büchsenmeister-Zirkel (oder Stückmeisterdolch)

Ende 16. Jh.; deutsch
Stahl, Messing; B 52 cm, T 3,4 cm
Braunschweig, Herzog Anton Ulrich-Museum, Waf 7

Das kostbare Instrument vereint verschiedene Funktionen für die kriegerische Praxis des Büchsenmeisters, dem verantwortlichen Offizier für den Einsatz und die Bedienung der Geschütze. Zusammengeklappt und in einer Scheide getragen, dient es als zweischneidiger Dolch seiner Selbstverteidigung. Geöffnet ist das Gerät als Kalibermaßstab zur Hand: Die Skalen auf den Schenkeln zeigen die verschiedenen Maße für Kugeln aus »Blei«, »Eisen« und »Stein« an sowie ein Längenmaß, so daß Kugelgewichte und Schußweiten im Vergleich mit geschützspezifischen Tabellen ermittelt werden können. Schließlich ist der Zirkel auch ein Zielgerät zum Ausrichten der Kanonen. Mit Hilfe eines Pendels samt Messingskala bestimmt der Büchsenmeister den Erhöhungswinkel der Geschützrohre. T.v.E.

Lit.: Weltenharmonie 2000, S. 273.

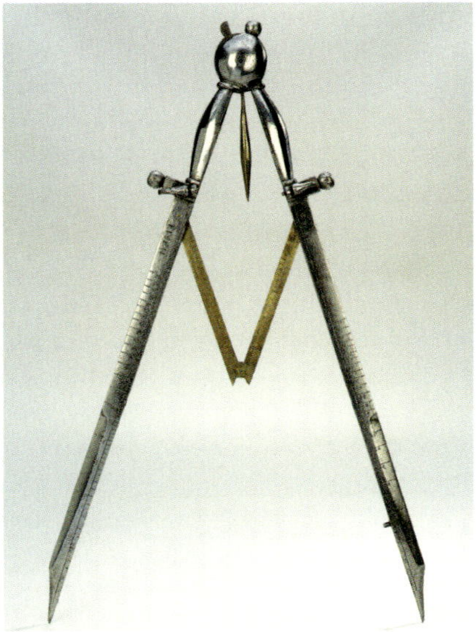

84

Kalibermaßstäbe

In: Diego Uffano, Archeley, Das ist gründlicher und eygentlicher Bericht von Geschütz und und aller Zugehör …, Zutphen: Andreas Janson 1630, tract. 3, cap. 5.

Kupferstiche in Buch
32,5 x 73 cm (aufgeschlagen)
Hamburg, Bibliothek Mathematik und Geschichte der Naturwissenschaften der Universität, P 1612 / 1

Vom 15. bis ins 17. Jahrhundert war in Deutschland Archeley oder Arkelei der Oberbegriff für das Artillerie- und Ingenieurwesen. Der hier aufgeschlagene Kupferstich zeigt unterschiedliche Methoden und Instrumente zum Kalibermessen: Handmaßstäbe, Zirkel und Schablonen. T.v.E.

85

Artilleristisches Berechnungsgerät

Anfang 17. Jh.; Süddeutschland
Messing, graviert, vergoldet
L 18,9 cm, Radius 5,1 cm
Bielefeld, Stiftung Huelsmann, H-W 137

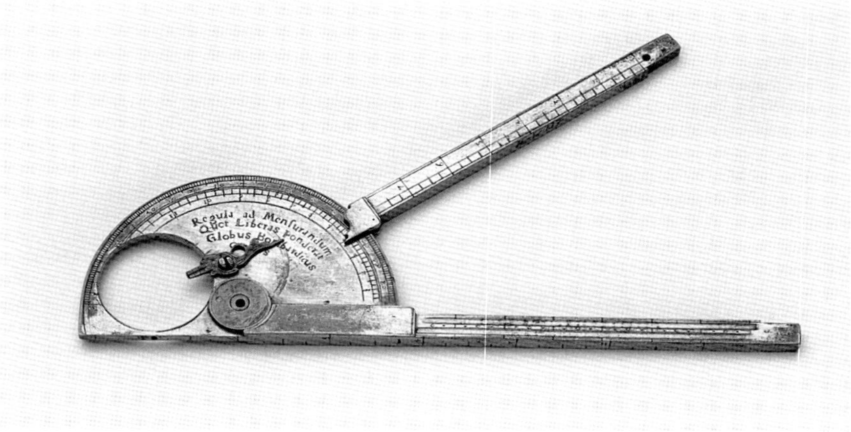

Bei dem unvollständig überlieferten Instrument handelt es sich wohl um ein Kalibermeßgerät. Es besteht aus zwei Linealen (Regeln), die an ihren Außenflächen mit Teilungen von 12 Zoll versehen sind. Das eine Lineal ist fest mit einer Halbkreisplatte verbunden, um die das andere bis zu 180 Grad gedreht werden kann. Die lateinische Umschrift verweist auf den Zweck des Geräts (Regel zur Messung, wieviel Pfund jede Kanonenkugel wiegt); am Rand dieser Halbkreisseite sind zwei Winkelskalen graviert. Auf der Rückseite sind drei Skalen für die verschiedenen Kugelarten zur Berechnung der Flugbahnen von Blei-, Eisen- und Steingeschossen abgetragen. Der freigelassene Vollkreis diente zur Aufnahme eines heute verlorenen Gegenstandes. Mit entsprechenden Absehen ergänzt, könnte das Gerät auch als Winkelauftraggerät verwendet worden sein. T.v.E.

Lit.: Wissenschaftliche Instrumente 1989, S. 211.

86

Grundplatte eines Zielgeräts für Kanonen

2. Hälfte 17. Jh.; Deutschland
Messingblech, graviert
H 11,7 cm, B 14,3 cm
Inschrift an den geraden Seiten: In Maas Gewicht und Zahl bestehn alle Sachen/ wer Gottes Ordnung hält wird alles darnach machen
Nürnberg, Germanisches Nationalmuseum, W 1127

Mit Hilfe des Winkelmessers wird die Höhe von Geschützrohren ausgerichtet. Ein – heute verlorengegangenes – Pendellot zeigte auf der 90-Grad-Skala den Neigungsgrad des Rohres an. Das Instrument ist durch seine Inschrift sowie die gravierten Bilddarstellungen auf der

Rückseite von besonderem kulturgeschichtlichen Wert. Gleichsam als Credo neuer naturwissenschaftlicher Gelehrsamkeit betont der Text, daß Maß, Gewicht und Zahl nach Gottes Ordnung die Grundlage aller menschlichen Tätigkeit bilden. Er paßt genau zu den Forschungen Guerickes, der nur empirische Versuche und quantifizierende Messungen gelten läßt, um gültige Aussagen über die Beschaffenheit der Natur zu treffen. Allerdings dient die Ingenieurskunst vor allem einer verbesserten Kriegstechnik. Auf der linken Bildseite sehen wir den Büchsenmeister mit der Feuerfahne als Abzeichen seiner Würde (Kat. 100) hinter der Bedeckung von Schanzkörben. Über der mächtigen Kanone erscheint die Festungsanlage als Angriffsziel. Das rechte Bild zeigt den Kriegsingenieur bei der Arbeit mit einem Winkelmesser, wohl um die Höhenneigung des Mörsers auszurichten. Zu seinen Füßen liegen Meßkette, Maßstab, Zirkel und Waage, die als Präzisionsinstrumente die Bedeutung von »Maas und Zahl« bei seiner Tätigkeit unterstreichen. T.v.E.

Lit.: Von teutscher Not 1998, S. 86f.

87

Geschützaufsatz

1623; Dresden: Christoph Trechsler
Messing, vergoldet
Aufsatz H 12 cm, Kalibermaß 29 cm
Bez.: C.T.S.M.F. 1623
Dresden, Mathematisch-Physikalischer Salon, CV 40

Das artilleristische Richtinstrument mit Winkelanzeige und verstellbarem Kalibermaß dient wie der vorstehende Geschützaufsatz als Zielgerät für Kanonen. Auf der Grundplatte sind kriegerische Symbole graviert. Die reiche Ornamentierung mit dem Figurenschmuck der seitlichen Voluten verweist darauf, daß Trechsler das Gerät wohl für Repräsentationszwecke des sächsischen Kurfürsten gefertigt hat. T.v.E.

Lit.: Groetsch 1978, S. 131.

88

Das Ausrichten eines Geschützrohres

In: Walter Hermann Ryff (Gualtherius H. Rivius), Vitruvius Teutsch: Nemblich des ... Römischen Architecti und Kunstreichen Werck oder Baumeisters ..., Nürnberg: Johan Petreius 1548, S. CCCXV (315)

Kupferstich in Buch
34 x 48 cm (aufgeschlagen)
Halle, Universitäts- und Landesbibliothek,
Ci 4570, 4°

Unter der Überschrift »Augenscheinlich Exempel wie ein Stuck nach dem Quadranten auf den weitesten Schuß zu richten sey« erklärt Ryff, wie mit Hilfe des Pendelrichtquadranten der Neigungsgrad des Geschützrohres optimiert wird. Die Anwendung des Quadranten zur mittelbaren Streckenmessung gehört zu seiner umfassenden Darstellung der mechanischen und mathematischen Künste. Ryff nahm dabei im Geist der Renaissance das Vorbild des römischen Kriegsbaumeisters Vitruvius Pollio auf, der ab 16 vor Christus sein Werk »De architectura« über die zivile und militärische Baukunst verfaßte. – Das Buch ist im Bücherverzeichnis der Familie Guericke in einer Ausgabe von 1614 nachgewiesen. T.v.E.

Von der Architectur/das.19.Cap. CCCXV

Augenscheinlich Exempel/wie ein Stuck nach dem Quadranten auff den weitesten schuß zu richten sey.

1972 Ruten geschossen/ ye sex schuch für ein Ruten nach Veronischer maß gerechnet/ Aber der ander so das Stück zweier puncten nidriger gericht / hat allein 1872 Ruten/ Darauß man clarlichen gesehen hat/den mercklichē vnderschid/auß der augenscheinlichen erfarnuß/ So du nun auß einem Stuck Büchsen ein schuß gethon hast / magstu mit hilff dises Instruments dasselbig Stuck alle zeit gewiß richten/nach deinem gefallen wo hin du begerst zu treffen.

89

Das Kriegsbuch des Leonhart Fronsperger

»Contrafeit deß weitberühmten und Kriegserfahrnen Leonhart Fronspergers.«

In: Leonhart Fronsperger, Kriegßbuch/erster Theil, Von Kayserlichen Kriegsknechten ..., Item/anderer Theil, Von Wagenburgk umb die Feldleger ..., Item/dritter Theil, Von Schanzen unnd Befestunngen ..., Frankfurt/M.: Sigmund Feierabend Erben 1596, Autorenbild im Vorwort

Holzschnitt
33,3 x 42 cm (Buch aufgeschlagen)
Magdeburg, Kulturhistorisches Museum, Bibliothek Bi 26

Das »Kriegßbuch« des Leonhart Fronsperger (um 1520–1575), dessen Autorenbildnis hier zu sehen ist, stellt ein einmaliges Kompendium der Kriegskunst am Ende des 16. Jahrhunderts dar. Genährt von eigenen Erfahrungen als Befehlshaber und Ratgeber bei zahlreichen Heerzügen vor allem gegen die Türken, faßt Fronsperger in seinem dreiteiligen, 1566 erstmals erschienenen Werk alle von ihm verfaßten militärischen Schriften über »Kriegßrecht, Zügen unnd Feldtschlacht« zusammen. Zahlreiche detaillierte Abbildungen von den Rangstufen des Heeres, der Kampfausrüstung und dem Zubehör, kombiniert mit genauen Beschreibungen (oft in Versform) und gefolgt von Ratschlägen über diplomatische Verhandlungen und die richtige Kriegsführung, sorgten über lange Zeit für großes Interesse an diesem Werk, das zahllose Neuauflagen erlebte. Eine Ausgabe dieses Buches war nachweislich im Besitz Otto von Guerickes. U. S.

Lit.: gantz verheeret 1998, S. 213 Nr. 180.

4. Guericke erlebt die Zerstörung 1631

90

Der Beginn des Dreißigjährigen Krieges

a) Kaiser Ferdinand II. (1578 – 1637, reg. ab 1619)
»FERDINA(n)DVS SECVNDVS DEI GRATIA ROMANORVM IMPERATOR SEMPER AVGVSTVS …«

1621; Nürnberg
Hans Troschel (1585 – 1628), verlegt bei Balthasar Caymox (1590 – 1635)
Kupferstich
29,2 x 20,4 cm (Bl. beschnitten)
Bez. u.: B. Caeymox. ex. HTröschell. fe. Normderg 1621. (HT-Ligatur)

b) Der Winterkönig Friedrich V. von der Pfalz (1596 – 1632)

1. Viertel 17. Jh.
Holzschnitt auf zwei Blättern
41 x 36,9 cm (Bl. beschnitten)
Braunschweig, Herzog Anton Ulrich-Museum, Kupferstichkabinett, P 3. 1074, P 2. 1296

FERDINĀDVS SECVNDVS DEI GRATIA ROMANORVM IMPE
RATOR SEMPER AVGVSTVS GERMANIÆ, HVNGARIÆ, BOHEMIÆ,
DOLMATIÆ CROATIÆ SCLAVONIÆ ETC REX ARCHIDVX AV:
STRIÆ, DVX BVRGVNDIÆ, STYRIÆ, CARINTHIÆ, CARNIOLÆ,
WIRTEMBERGÆ ET VTRIVSQ SILESIÆ, MARCHIO MORAVIÆ
ET IN VTRAQ LVSATIA, COMEs HABSRVRGIÆ ET TYROLIS &c.
B. Caeymox. ex. HTröschell. fe. Normderg 1621.

Die Auseinandersetzungen im Hause Habsburg um die Nachfolge in den verschiedenen Landesteilen sahen den seit 1596 Innerösterreich regierenden Ferdinand als Sieger: 1617 wurde er zum König von Böhmen, 1618 zum König von Ungarn gekrönt. Der Prager Fenstersturz am 23. Mai 1618 war die Reaktion der protestantischen Stände auf die Politik Ferdinands in Böhmen, die eine frühabsolutistische Staatsauffassung mit einem strengen Katholizismus koppelte. Ferdinands Wahl zum römischen König und zum Kaiser 1619 machte aus dem böhmischen Gegenkönig, dem Pfälzer Kurfürsten Friedrich V., einen Rebellen gegen den kaiserlichen Lehensherrn. Der Niederlage des böhmischen Heeres unter Friedrich in der Schlacht am Weißen Berge 1620 folgte die Hinrichtung der böhmischen Rädelsführer, Rekatholisierungsmaßnahmen und eine festere Einbindung Böhmens in den Gesamtverband der österreichischen Erbländer sowie die Ächtung Friedrichs V. 1621 und die Übertragung der pfälzischen Kurwürde an Bayern 1623. Auf dem Höhepunkt seiner militärischen Überlegenheit erließ Ferdinand 1629 das Restitutionsedikt, das nicht nur die protestantischen Stifte wie zum Beispiel Magdeburg in ihrer Existenz bedrohte, sondern auch den Widerstand der katholischen Reichsfürsten hervorrief, da sie die Durchsetzung eines kaiserlichen Absolutismus auf Reichsebene befürchteten. Das Eingreifen Schwedens und Frankreichs führte 1635 zum Prager Frieden, in dem der Kaiser vor allem einen Ausgleich mit Kursachsen gesucht hatte und dem sich fast alle Reichsstände anschlossen. Zugleich wurde deutlich, daß ein Frieden im Reich ohne die Mitwirkung der ausländischen Mächte nicht möglich sein würde. – Die beiden Darstellungen zeigen die Protagonisten Ferdinand und Friedrich am Beginn des Dreißigjährigen Krieges. Friedrich von der Pfalz wird von zwei Engeln mit der

Wenzelskrone zum König von Böhmen gekrönt. Das Wappen im Vordergrund und Prag im Hintergrund weisen ebenfalls auf das Königreich. Anders dagegen die Darstellung Ferdinands II. von 1621: Deutlich sind die prachtvollen Gewänder, insbesondere der bestickte Brokatmantel der kaiserlichen Majestät wiedergegeben. Bei der Krone auf dem Tisch handelt es sich wohl um die von Ferdinand dem unveräußerlichen Hausschatz hinzugefügte Insignie, die sein Vorgänger Kaiser Matthias (1557–1619, reg. ab 1612) hatte anfertigen lassen und mit der noch Kaiser Franz I. von Österreich 1805 gekrönt wurde. G. K.

91

Administrator Christian Wilhelm

»CHRISTIANVS WILHELMVS D. G. MARCHIO BRANDENBVRGENSIS: ...«

17. Jh.
Kupferstich; 17,5 x 13,4 cm (Bl.)
Magdeburg, Kulturhistorisches Museum, M 53d

Christian Wilhelm (1587–1665) regierte in den schwierigen Zeiten mit wenig Fortune. 1598 wurde der Zehnjährige als Nachfolger seines Vaters Joachim Friedrich (Administrator 1566–1598, brandenburgischer Kurfürst 1598–1608) zum Administrator des Erzstifts Magdeburg ernannt und trat 1609 dieses Amt an. Anfangs politisch unentschieden, stellte er sich ab 1625 auf die Seiten der Protestanten und agierte dabei politisch so unklug, daß ihn das Domkapitel 1628 seines Amtes enthob. Mit Unterstützung der Schweden kehrte er 1630–1631 noch einmal nach Magdeburg zurück und wurde bei der Eroberung der Stadt am 20. Mai schwer verletzt und gefangengenommen. In kaiserlicher Gefangenschaft konvertierte er 1632 zum katholischen Glauben. Für seinen Verzicht auf das Erzstift erhielt er im Prager Frieden 1635 ein jährliches Deputat zugeschrieben und wurde 1648 mit einer einmaligen Zahlung von 3000 Talern sowie geringen Einkünften aus den Ämtern Zinna und Loburg abgefunden.
G.K.

Lit.: Lupke-Niederich 1998.

92

Albrecht von Wallenstein (1583–1634)

»Albertus Hertzog von Fridtlandt etc.«

17. Jh.
Kupferstich; 29,3 x 18 cm (Bl.)
Magdeburg, Kulturhistorisches Museum, M 2 q

Wallenstein, Herzog von Friedland, ist der wohl berühmteste Feldherr des 17. Jahrhunderts. Der Generalissimus des kaiserlichen Heeres und ehrgeizige »Kriegsunternehmer« erlangte enormen Reichtum und politischen Einfluß. Früh zum katholischen Glauben übergetreten, warb er während des böhmischen Aufstands Truppen für Kaiser Ferdinand II. Als die Stände des Niedersächsischen Kreises die Rückgabe der evangelischen Stifte und Kirchengüter verweigerten, beauftragte ihn der Kaiser, eine neue Armee auszurüsten, die neben den von Tilly geführten Truppen der katholischen Liga eigenständig agieren sollte. Innerhalb kurzer Zeit gelang es Wallenstein, etwa 20000 Mann auszurüsten, nach Norddeutschland zu führen und die Gebiete um Halberstadt und Magdeburg zu besetzen. Nach seinem Sieg an der Dessauer Elbbrücke über Ernst von Mansfeld 1626 weitete er die militärische Vorherrschaft der kaiserlichen Verbündeten bis an die Ostseeküste aus und erlangte mit der Belehnung von Mecklenburg die angestrebte herzogliche Würde. Die Reichsfürsten, an der Spitze Maximilian von Bayern, fürchteten jedoch das Machtstreben des Emporkömmlings und erreichten 1630 seine Entlassung. Die Erfolge Gustav Adolfs zwangen den Kaiser, Wallenstein im Dezember 1631 wieder an die Spitze seines Heeres zu stellen. Als Generalissimus des Reiches genoß er alle Vollmachten, mit Steuern und Abgaben die Kriegskasse zu füllen; seine eigenmächtige Verhandlungspolitik führte jedoch zum endgültigen Bruch mit Ferdinand II. Kurz nach seiner Absetzung im Februar 1634 wurde Wallenstein in Eger ermordet. T.v.E.

93

Der Eroberer Magdeburgs: Graf Tilly (1559–1632)

1631; Matthäus Greuter (gest. 1638)
Kupferstich; 27,4 x 19 cm
Bez. u.: In roma 1631 per Matteo Greuter con licenca de Superiori et con Priuilegio per X. Anni
Wolfenbüttel, Herzog August Bibliothek, Porträtstichsammlung

Bis heute ist der Heerführer der katholischen Liga Johann Tserclaes Graf von Tilly als Eroberer und Zerstörer Magdeburgs im Gedächtnis der Menschen geblieben. Das Bild unter seinem Porträt verherrlicht ihn als Sieger über die protestantische Hochburg an der Elbe. Wir sehen Tilly geharnischt zu Pferde, den Generalstab in der Rechten, vor dem brennenden Magdeburg. Die Darstellung verweist jedoch auch auf seine führende Rolle als Feldherr der kaiserlichen Verbündeten seit Beginn des Dreißigjährigen Krieges. Tilly hatte dem Winterkönig Friedrich V. von der Pfalz in der Schlacht am Weißen Berg 1620 eine vernichtende Niederlage bereitet und danach die protestantischen Söldnerführer Ernst von Mansfeld und Herzog Christian von Braunschweig in entscheidenden Schlachten besiegt (Kat. 49). Tilly gelang die Eroberung befestigter Städte wie Heidelberg, Mannheim oder Hannoversch-Münden, und 1626 ebnete sein Sieg über den Dänenkönig Christian IV. bei Lutter am Barenberge Kaiser Ferdinand II. den Weg für die Rekatholisierung protestantischer Bistümer. – Der junge Festungsingenieur Otto von Guericke erlebte mit, wie der Krieg eskalierte. Anscheinend unaufhaltsam geriet seine Vaterstadt in den Brennpunkt der Auseinandersetzungen. Das kaiserliche Heer unter Wallenstein blockierte 1629 die Elbestadt, um den Forderungen nach der Wiederherstellung katholischen Eigentums sowie nach Geldzahlungen für die Truppen im Erzstift Nachdruck zu verleihen. Die Neutralitätspolitik des Rates verlor an Rückhalt in der Bevölkerung, und 1630 stürzten die Verfechter eines Bündnisses mit Schwedenkönig Gustav Adolf die alte Ratsverfassung, um unter der Führung des Administrators Christian Wilhelm von Brandenburg sowie des von Gustav Adolf gesandten Stadtkommandanten Dietrich von Falkenberg die »protestantische Freiheit« zu verteidigen.

T.v.E.

Lit.: Sammler, Fürst, Gelehrter 1979, S. 90.

94

Wolfgang Graf von Mansfeld (1575 – 1638)

»Wolff Graff von Mansfeldt«

17. Jh.
Kupferstich; 28,5 x 17 cm (Bl. beschnitten)
Magdeburg, Kulturhistorisches Museum,
02 M 1

Das Porträt zeigt General Wolf von Mansfeld im Stil der Zeit, geharnischt und mit Schärpe und Spitzenkragen zum Zeichen seines gesellschaftlichen Ranges. Der Offizier begann seine militärische Laufbahn als Oberst in kurfürstlich-sächsischen Diensten, nach seinem Übertritt zur katholischen Kirche wurde er mit dem Kommando über kaiserliche Regimenter betraut, stieg zum General auf und brachte es bis zur Würde eines Feldmarschalls und Kammerherrn. Bei der Eroberung Magdeburgs führte er von Süden her den Ansturm auf die Stadt. Während es dem mit Mansfeld um Ruhm und Ehre konkurrierenden Pappenheim rasch gelang, die nördliche Stadtbestigung, das Neue Werk an der Elbe, zu überwinden, berannten die von Mansfeld geführten Truppen zunächst vergebens die mächtige Verteidigungsstellung des Heydeck. Sie gewannen erst die Oberhand, als die kaiserlichen Verbündeten die Tore von innen öffneten. T.v.E.

Lit.: Tornau 1937, S. 125. Wolter 1901, S. 160.

95

Belagerung Magdeburgs

17. Jh.
Kolorierter Kupferstich; 18,9 x 35,5 cm (Pl.)
Magdeburg, Kulturhistorisches Museum,
A 6405

Die dramatische Szenerie von dem Vorrücken der kaiserlichen Truppen von Osten her auf Magdeburg wurde zuerst im bekannten Werk von Johann Philipp

Abelin »Theatrum Europäum« abgedruckt und hat auch als Einzelblatt weite Verbreitung gefunden. – Nach der Atempause, die der Abzug Wallensteins in Richtung Ostseeküste im September 1629 den Magdeburgern verschafft hatte, blockierten im Spätherbst 1630 neue Truppen der katholischen Liga unter Tilly und Pappenheim die Stadt. Seit März 1631 schloß sich der Belagerungsring immer enger um Magdeburg, und die Außenwerke am rechten Elbufer aufgeben, zuletzt auch die große Zollschanze. Auf Befehl des Kommandanten Falkenberg setzten sie die Vorstädte Sudenburg und Neustadt in Brand, um den Feind von den Festungswällen besser unter Feuer nehmen zu können. T.v.E.

96

Die Erstürmung Magdeburgs

Wiedergabe des Kupferstichs von Daniel Manasser

Original: 1631, Universitätsbibliothek München

Am Morgen des 10./20. Mai 1631 befahl Tilly den Angriff auf Magdeburg. Den Truppen General Pappenheims gelang es zuerst, die überraschten Wachen am Neuen Werk und am Fischerufer zu überwinden. Die späte und ungeordnete Gegenwehr der von Falkenberg und Administrator Christian Wilhelm befehligten Truppen konnte die anstürmende Soldateska nicht mehr aufhalten, die nun auf der Suche nach Beute mordend und plündernd in die Häuser drang. An verschiedenen Stellen gelegtes Feuer vereinigte sich zu einem gewaltigen Brand, der fast die ganze Stadt in Schutt und Asche legte und nur den Dom, das Kloster Unserer Lieben Frauen und wenige angrenzende Häuser verschonte. Der Kupferstich verdeutlicht das enorme Ausmaß an Gewalt und Zerstörung bei dieser Katastrophe, der über 20000 Menschen zum Opfer fielen und die zum Symbol für die Verwüstungen des Dreißigjährigen Krieges wurde. Die Inschrift des Stiches gibt den Magdeburgern selbst die Schuld an ihrem Unglück: »Sollichen Schaden niemandt als Ihrem Ungehorsam kan zugeschriben werden«. Dagegen klagten Flugschriften der Protestanten General Tilly an, er habe die völlige Vernichtung Magdeburgs angestrebt und seine Soldaten zu den Kriegsgreueln angestachelt. Diese Lesart ist seit langem in der Geschichtsschreibung widerlegt. Gleichwohl stellte der Generalissimus der kaiserlichen Truppppen militärische Ziele über die Gebote der Menschlichkeit, als er mit seinem Angriffsbefehl den Tod vieler unbeteiligter Bürger in Kauf nahm. – Otto von Guericke hatte mit einigen anderen Ratsmitgliedern noch wenige Stunden vor dem Angriff vergeblich versucht, den Stadtkomandanten Dietrich von Falkenberg von der Dringlichkeit eines Kapitulationsangebots an Tilly zu überzeugen. Die von Falkenberg hinhaltend geführten Gespräche dauerten an, als das Eindringen der kaiserlichen Soldaten alle Hoffnungen auf eine Verhandlungslösung zunichte machten. Guericke und seine Familie retteten sich mit knapper Not in das Haus Johann Alemanns. Sie wurden gegen das Angebot von Lösegeldzahlungen von einem kaiserlichen Offizier, dem General-Kriegskommissar von Walmerode, aus der brennenden Stadt geführt und gelangten schließlich über Schönebeck nach Braunschweig in Sicherheit. T.v.E.

97

Artillerieverzeichnis

»Verzaichnus derjenigen Stuck, welche sich in Eroberung der Statt Magdeburg den 20. Maii Anno 1631 auf dem Wal befunden«

1. Juli 1631; Wien

Beglaubigte Abschrift des Reichshofkanzleiregistrators G. Dietterlin

Nach dem Original des kaiserlichen Feldzeugwartes Zacharias Vincenz Liebholdt

Handschrift; 35 x 45 cm (aufgeschlagen)

Wien, Haus-, Hof- und Staatsarchiv, Kriegsakten 92, Konvolut I, fol. 371r–376v

Bei der Eroberung und Zerstörung der Stadt sind die Stadtwälle kaum beschädigt worden, wie das Verzeichnis der Artillerie deutlich macht, das vom kaiserlichen Zeugwart bereits kurz nach der Eroberung angelegt worden ist. Der Zeugwart Liebholdt erwähnt noch den »Dampf des Feuers«, der eine Bestands-

aufnahme der noch in der Stadt vorhandenen Militaria unmöglich mache. Aber er verzeichnet insgesamt 77 Geschütze verschiedenster Größe von der fünfzig Zentner schweren »Notschlange« bis zur anderthalb bis zwei Zentner schweren »Scharftinle« und auch eine Anzahl Mörser, Büchsen und die Munition. Zugleich finden sich Hinweise auf die Organisation der Stadtverteidigung, wenn auf mehreren Geschützen die Wappen von Magdeburger Zünften wie Brauer, Bäcker oder Seidenkramer erwähnt werden oder auch das bischöfliche Wappen.
G. K.

98

Festungskanone

Mitte 17. Jh.
Gußeisen; L 233 cm, Kal. 10 cm
Magdeburg, Kulturhistorisches Museum,
Mil 1324

Das Geschützrohr wurde in Magdeburg bei Ausschachtungsarbeiten auf dem Werder im Bereich Zollstraße 4 Anfang Juli 1998 ausgebaggert und konnte auf Hinweis eines Anwohners von Mitarbeitern des Kulturhistorischen Museums geborgen werden. Nachforschungen ergaben, daß der Vorbesitzer des Geländes, der angesehene Magdeburger Binnenreeder Hans Georg Strack, historische Geschütze zur Ausgestaltung seines Gartens aufgestellt hatte. Ob das Fundstück dazu gehörte, kann nach den Zerstörungen des Zweiten Weltkriegs und späterer Überbauung nicht mehr festgestellt werden. Allerdings passen der Herkunftsort nahe der früheren Zollschanze, die Datierung mit der eingeschlagenen Jahreszahl 1643 und die Konstruktionsmerkmale der Kanone sehr gut zur Situation der Stadt Magdeburg im Dreißigjährigen Krieg. Das gußeiserne Geschützrohr stammt tatsächlich aus dem 17. Jahrhundert und wurde als Festungsgeschütz eingesetzt. Zu den Neuerungen der schwedischen Waffenproduktion unter Gustav II. Adolf gehörte die Verwendung des billigen Eisengusses für die Festungs- und Schiffsartillerie, während man für Feldgeschütze weiterhin Bronze verwendete. Ob die Kanone schon zur ersten städtischen Wiederbewaffnung nach dem von Otto von Guericke in Dresden herausverhandelten Abzug der sächsischen Garnison 1646 gehörte, läßt sich nur vermuten. T. v. E.

Dank für sachverständige Auskünfte an Dr. Gerhard Quaas, Berlin, und Dr. Friedrich Scheele, Emden.

99

Modell einer Kanone

17. Jh.
Bronze, Eisen, Holz
L 67 cm, B 42,5 cm, H 28,5 cm
Magdeburg, Kulturhistorisches Museum,
Mil 410

Die Handhaben in Delphinform sowie die genieteten, schweren Beschläge der Lafette verweisen auf die charakteristischen Konstruktionsmerkmale ähnlicher Flachbahngeschütze aus der Zeit des Dreißigjährigen Krieges. Kupferstichdarstellungen in Leonart Fronspergers »Kriegßbuch« (Kat. 89) oder die gravierte Genreszene auf einem Geschützaufsatz (Kat. 86) zeigen den Einsatz der schweren Artillerie. T. v. E.

100

Luntenspieß

17. Jh.
Eisen, Holz, Hanf; L 246 cm
Magdeburg, Kulturhistorisches Museum, Mil 408

Mit dem Luntenspieß, auch Feuerfahne genannt, hielt der Geschützführer die glimmende Lunte in Bereitschaft, um dem Geschütz Feuer geben zu können. Die Stangenwaffe diente zugleich dem Artillerieoffizier, der im 16. und 17. Jahrhundert Büchsenmeister genannt wurde, zur Selbstverteidigung. Die feine Schmiedearbeit der zu Schlangenhälsen ausgeformten Luntenhalterung unterstreicht Bedeutung und Würde des Schießkünstlers, dessen Kenntnisse über die Bedienung der Geschütze das Schlachtenglück entscheiden konnten.

T. v. E.

101

Handgranate

17. Jh.; Deutschland
Stahlkugel, gegossen; Dm 7,5 cm
Magdeburg, Kulturhistorisches Museum, Mil 1326

Die hohlgegossene Handgranate wurde als Bodenfund bei Straßenarbeiten nahe des Kulturhistorischen Museums im Juli 2001 geborgen. Im 17. Jahrhundert befand sich hier der Heydeck, jenes Festungsbollwerk, das die Magdeburger am 10. Mai 1631 immer noch hartnäckig gegen die von Wolfgang von Mansfeld angeführten kaiserlichen Eroberer verteidigten, als die Stadt längst in Flammen stand. Die Handgranate könnte in Zusammenhang mit diesen Kampfhandlungen stehen. Sie entspricht nach Größe und Herstellungsart den im Zeughaus der Veste Coburg überlieferten Exemplaren aus der Zeit des Dreißigjährigen Krieges. Die Füllung solcher Sprengkörper bestand aus Schwarzpulver, in das durch die runde Öffnung der Granate ein Zünder geschoben wurde. Das harte, spröde Gußmaterial zerlegte sich bei der Explosion in viele Fragmente mit hoher Durchschlagskraft und war geeignet, zahlreiche schwere und tödliche Verletzungen zu verursachen.

T. v. E.

Lit.: Geibig 1996, S. 116f.

102

Schwere Wallbüchse

Um 1600; Suhl
Eisen Holz; L 200,4 cm, Kal. 26,2 mm
Magdeburg, Kulturhistorisches Museum, Mil 136

Wallbüchsen gehörten zu den typischen Feuerwaffen des Festungskrieges im 16. und 17. Jahrhundert. Wegen ihres Gewichts wurden sie aufgebockt oder direkt auf der Brustwehr aufgelegt, und ein fest angebrachter Haken am Schaft diente zum Abfangen des Rückstoßes. Die hier gezeigte Waffe ist im Verlauf der Jahrhunderte mehrfach umgebaut worden – das ursprüngliche Luntenschloß ersetzte wohl in der Mitte des 18. Jahrhunderts ein Steinschloßzündmechanismus und im 19. Jahrhundert wurde auf Perkussion, die Zündung durch Stoßschlag des Hahnes, umgerüstet.

T. v. E.

103

Waffengebrauch im Dreißigjährigen Krieg

Dresden, Militärhistorisches Museum, Ba 1274, Bb 3841; Ba 5728; Ba 7933; Bb 3901; Ba 5413; Bb 942; Bb 4186; Bb 4387; Bb 726

In den Zeiten ständiger militärischer Auseinandersetzungen bildeten sich im Verlauf des Dreißigjährigen Krieges starke Söldnerheere unter der Führung bedeutender Kriegsunternehmer wie zum Beispiel Mansfeld, Tilly oder Wallenstein heraus. Diese Söldnerheere bestanden im wesentlichen nur aus zwei Waffengattungen, dem Fußvolk und der

Reiterei. Der Schwerpunkt der Kampfkraft zu Beginn des Dreißigjährigen Krieges lag eindeutig beim Fußvolk, welches in der Schlacht in »Haufen« focht. Den harten Kern dieser Haufen bildeten die mit langen Spießen bewaffnete Pikeniere, an deren Flanken sich die mit Musketen ausgerüsteten Schützen befanden. Das Verhältnis zwischen Pikenieren und Schützen stand zu Beginn des Dreißigjährigen Krieges noch bei 1:1, zum Kriegsende waren die Musketiere fast doppelt so stark. Das taktische Übergewicht des Fußvolkes über die Reiterei hielt aber nicht lange an. Mit einer verbesserten Bewaffnung und Kampfesweise holte die Reiterei schnell auf.

Gustav Adolf brachte mit seiner, in zahlreichen Kämpfen um die baltische Vorherrschaft erprobten, starken schwedischen Kriegsmacht neue Elemente in Kriegskunst und Kriegsorganisation ein. Einheitliche Uniformierung, Verwendung von Rangabzeichen, Schießausbildung und manövermäßiger Drill prägten diese für damalige Verhältnisse moderne Armee. Dem taktischen Konzept Gustav Adolfs konsequent untergeordnet, wurde die Muskete zur Hauptwaffe des Fußvolkes. Die Einführung von patronierter Munition (Schwarzpulver und Bleikugel in einer Papierhülle) steigerte ihre Wirkungsweise drastisch. Der Reiterei kam die Aufgabe des Überraschungsangriffes zu. Dem Kürassier, einem gepanzerten Reiter mit schwerer Hauwaffe (Pallasch), stand der Dragoner, ein mit Feuerwaffen (Pistole und Karabiner) versehener Reiter, zur Seite, der auch zum Kampf zu Fuß befähigt war. Das machte die Reiterei zu einer vielseitig einsetzbaren Waffe, die ein hohes Maß an dynamischer Kriegsführung erlaubte. Als erster Feldherr überhaupt erkannte Gustav Adolf die Bedeutung der Feldartillerie und machte sie als feuerkraftunterstützende Komponente auf dem Schlachtfeld, neben Fußvolk und Reiterei, zur dritten wichtigen Waffengattung. Die Begegnung der kaiserlichen Armee mit den Schweden blieb nicht ohne weitreichende Folgen. Die einsetzende Neu- und Umgestaltung der Heere führte zur Entwicklung eines neuen Armeetyps und eröffnete den Weg in eine neue Epoche des europäischen Kriegswesens.

Die Exponate des Militärhistorischen Museums der Bundeswehr Dresden zeigen die charakteristische Bewaffnung der vorgestellten Waffengattungen. Lunten- und Radschloßmusketen veranschaulichen die Bewaffnung des Fußvolks. Diese Feuerwaffen benötigten als Auflage eine in den Boden gerammte Musketengabel und schossen zwischen 200 und 250 Metern weit. Die Reiterei ist mit Reitschwert und Degen vertreten. Der Radschloßkarabiner ergänzte die Bewaffnung des Dragoners, der ihn entweder vom Sattel in der ersten Phase des Gefechtes oder abgesessen im Einzelschützengefecht (Geplänkel) verwendete. Die Partisane gehörte neben Gläfe und Hellebarde zu jenen Stangenwaffen, die als Statussymbol den militärischen Führer oder Einheiten mit Sicherungs- und Personenschutzaufgaben (Guiden oder Leibwachen) kennzeichneten.

a) Luntenschloßgewehr mit Spundbajonett
1550–1570; Kursachsen
Holz, Eisen
L 152 cm (Gewehr), L 66,5 cm (Bajonett)

Das Gewehr ist typisch für die Hauptwaffe der Fußtruppen. Drückt der Schütze auf den Abzug, bewegt er damit einen Hebelarm (Hahn). Die in den Hahn geklemmte glimmende Lunte (Hanffaden in Salpeter getränkt) taucht in die Pulverpfanne und entzündet das Pulver, der Schuß bricht. Diese unkomplizierte Konstruktion ermöglichte es dem Schützen, sich voll auf sein Ziel zu konzentrieren, er mußte nicht mehr auf Lunte und Zündpulver sehen. – Die erste Form eines Bajonettes war eine dolchartige Klinge, die in das Rohr des Gewehres gesteckt wurde und dem Schützen die Möglichkeit gab, sich im Nahgefecht zu verteidigen. Der Nachteil war, daß entweder nur Schuß oder nur Stich möglich war, da das Spundbajonett im aufgepflanzten Zustand die Mündung des Rohres verschloß.

b) Radschloßgewehr
1610–1625; Kursachsen
Holz, Metall; L 153 cm

Bei dieser Schloßkonstruktion wird ähnlich wie bei einem modernen Reibradfeuerzeug der Funke erzeugt. Betätigte der Schütze den Abzug, rotierte das mit Blattfedern vorgespannte rauhe Reibrad. Im Hahn befand sich ein Stück Schwefelkies, welches am Reibrad rieb. Der entstehende Funkenflug entzündete das Pulver. Die wesentlichen Vorteile dieser Konstruktion waren zum einen die leichtere Bedienung, zum anderen konnte das Radschloßgewehr durch den Wegfall der glimmenden Lunte im geladenen Zustande mitgeführt werden.

c) Luntenschloßgewehr mit Radschloß und Spundbajonett
1585 – 1600; Frankreich
Holz, Metall
L 137 cm (Gewehr), L 51 cm (Bajonett)

Dieses sogenannte »Doppelschloßgewehr« vereinigt beide Gewehrschloßvarianten. Da das Radschloß auf Grund seiner filigranen Mechanik wesentlich störanfälliger war, konnte man im Notfall auf die »altbewährte« Zündung mit der Lunte zurückgreifen.

d) Radschloßkarabiner
1615 – 1625
Holz, Metall; L 100 cm

Ein in der Länge verkürztes Gewehr (Karabiner) war auch im Sattel bedienbar. Um diese Feuerwaffe beim Griff zur Blankwaffe und während des Reitens nicht zu verlieren, wurde sie »am Schützen befestigt«. Am Karabiner wurde eine sogenannte Reitstange angebracht, auf der sich ein Ring befand. In diesen Ring wurde der »Karabinerhaken« geklinkt, welcher sich am Schultergurt (Bandelier) des Schützen befand. Die Waffe war somit gegen Abhandenkommen gesichert.

e) Schiavona
Um 1600; venezianisch
Metall; L 104 cm

Als reines Hiebschwert erhielt sich bei der Reiterei der »Haudegen« mit gerader Klinge bis weit ins 18. Jahrhundert. Eine weitverbreitete Variante war die in Venedig aufgekommene Form dieser Reiterwaffe, die »Schiavona« mit charakteristisch engem, durchbrochenem Korbgefäß.

f) Pallasch (Reitschwert)
1590 – 1610; Kursachsen
Holz, Metall, Leder; L 114 cm

Reitschwert und Haudegen waren bei der Reiterei (Kavallerie) die hauptsächlichen Waffen für Hieb und Stich. In der Ausführung als »Pallasch« sind sie für die schwer gepanzerten Reiter, die Kürassiere, typisch gewesen. Der beiderseitige Grat verleiht der zweischneidigen Klinge dieser Waffe hohe Stabilität. Eine ausgesprochene Rarität ist die zugehörige, im Originalzustand erhaltene belederte Holzscheide mit Eisenbeschlägen.

g) Rapier (Degen)
Um 1580; Kursachsen
Metall; L 117 cm

Der Degen, wie er in der ersten Hälfte des 16. Jahrhunderts Verbreitung fand, nahm je nach Verwendungszweck die unterschiedlichsten Formen an. Das Rapier ist eine für das Fechten (vorzugsweise den Stich) optimierte Waffe und weniger für den Hieb geeignet. Diesem Umstande trägt die fast zierlich anmutende, höchst elastische Klinge Rechnung. Das ausladende Korbgefäß bot Faust und Unterarm hinreichenden Schutz vor feindlicher Waffenwirkung.

h) Partisane für Stabsoffiziere
1630 – 1650; Schweden
Holz, Metall; L 192 cm

Mit Vervollkommnung der Feuerwaffen verlor die Pike als Waffe immer mehr an Bedeutung, wurde aber andererseits in den verschiedensten Formen das Statussymbol der militärische Führer. Ihre symbolische Bedeutung als Anhalts- und Richtungspunkt im Gefecht und beim Exerzieren überwog, während der Waffencharakter nur noch eine untergeordnete Rolle spielte. E. A. L.

104

Zwei Hellebarden

2. Hälfte 16. Jh.
Eisen, Holz; L 220 cm, L 246 cm
Magdeburg, Kulturhistorisches Museum, Mil 555, Mil 590

Die Hellebarde, mittelalterlich Helmbarte, kann sowohl als Stoß- wie auch als Hiebwaffe eingesetzt werden. Während die Stoßklinge geeignet ist, Rüstungen zu durchstechen, dient das scharfe Beil zum Durchschlagen von Helm und Harnisch des Feindes. Dem Beil gegenüber befindet sich ein gekrümmter Haken, um den gegnerischen Reiter vom Pferd zu reißen. Hellebarden gehörten zur Bewaffnung der Fußtruppen im Mittelalter und wurden in der Frühen Neuzeit allmählich durch Pieken und Langspieße ersetzt. Wegen ihrer Leichtigkeit behielten Hellebarden jedoch auch im 17. Jahrhundert noch ihre Bedeutung für die städtische Verteidigung sowie als Waffe der Unteroffiziere. T.v.E.

Lit.: gantz verheeret 1998, S. 221 f.

105

Zwei Pikenierrüstungen mit Birnhelm und Zischägge

2. Hälfte 17. Jh.; vermutlich niederländisch
Eisen, geschwärzt, Zierliniendekor
Magdeburg, Kulturhistorisches Museum,
Mil 139 a, b, Mil 140 a, b

Die Brust- und Rückenstücke der Harnische sind aus einem Stück geschmiedet und durch Riemen miteinander verbunden. Die einfache Ausführung mit glatter, geschwärzter Oberfläche, dem scharfen Grat und tiefsitzendem Gansbauch, der Stiche und Kugeln abweisen soll, diente der Panzerung von Pikenieren. Während des Dreißigjährigen Krieges wurden die Rüstungen leichter, und man verzichtete weitgehend auf Arm- und Beinzeuge, Schoßstücke und weiteres Zubehör. T.v.E.

106

Zwei Landsknechte

Aus: Friedrich Hortleder, Der Römischen Keyser- und Königlichen Maiestete … Brieffe: Von Rechtmässigkeit, Anfang, Fort- und endlichen Außgang des Teutschen Kriegs, Keyser Carls deß Fünfften, wider die Schmalkaldische Bundsoberste …, Gotha: Wolfgang Endter 1645

2 Holzschnitte
14,3 x 11,7 cm (Bl. beschnitten) und
13,2 x 11,3 cm (Bl. beschnitten)
Magdeburg, Kulturhistorisches Museum,
Gr 97 09 a und Gr 97 09 b

Die beiden doppelseitigen Holzschnitte zeigen Landsknechte in verschiedenen Trachten und Stellungen, unter anderem mit Lanzen in den Händen und Hellebarden und weiteren Waffen zu ihren Füßen. Die Feldarmeen des Dreißigjährigen Krieges zählten bis zu 4000 Söldner. Das Söldnerleben erschien vor allem den ärmeren Bevölkerungsschichten als attraktive Alternative, die in den späteren Kriegsjahren jedoch für viele zunehmend in einem harten Überlebenskampf, in Verelendung, Krankheit und Tod endete. Die Abenteuer, aber auch die Probleme, die das Soldatenhandwerk mit sich brachte, sind durch literarische Zeugnisse wie Grimmelshausens »Simplicissimus« (1669) oder bildliche Darstellungen wie Jacques Callots »Misères de la Guerre« (1633) überliefert: Mit dem Handgeld reiste der angeworbene Söldner zur Musterung. Erst dort entschieden die mitgebrachten Waffen, die eigene Kleidung wie auch die körperliche Verfassung über die Aufnahme des Söldners in das Heer. Der Großteil der Landsknechte war wohl nicht in der Lage, Kleidung von jener Qualität zu erwerben oder über längere Zeit zu tragen, wie sie die Holzschnitte zeigen. U.S.

107

Musketier des frühen 17. Jahrhunderts

In: Jacob de Gheyn, Waffenhandlung von den Rören, Mvsquetten, vndt Spiessen, zuerst Den Haag 1607 (Titelei und Folgeseiten fehlen)

Kupferstich
37 x 51 cm (Buch aufgeschlagen)
Magdeburg, Kulturhistorisches Museum,
Bibliothek Bi 54

De Gheyn zeigt die Ausrüstung des Musketiers nach dem Reglement der vorgegebenen Exerzierschritte. Neben der Luntenmuskete samt Musketengabel zum Aufsetzen der zirka eineinhalb Meter langen und fünf Kilogramm schweren Waffe führte der Söldner Schießzubehör am Bandelier, einer Art Schärpe, mit sich. Dazu gehörten 10 bis 14 Pulverportionen, Pulverhorn und Zündkrautflasche, ein lederner Beutel mit den Bleikugeln sowie die Lunte zum Feuer geben. Ein gerader Degen auf Hieb und Stich, das Rapier, und ein Dolch ergänzten die Bewaffnung. De Gheyns Darstellung fand als Standardwerk über die Handhabung der Waffen rasch weite Verbreitung. Seine modern anmutenden, filmischen Bildfolgen illustrieren, wie formal eingeübte Söldner als taktische Einheiten aufmarschieren und ihre Feuerkraft soweit erhöhen, daß sie auch starke Festungen einschließen und erobern können. T.v.E.

Lit.: Neumann 2000, S. 297.

108

Die Schrecken des Krieges

2. Hälfte 17. Jh. (1683?)
Jacques Callot (1592–1635)
Neudruck von Carel Allard (1648–1709); Amsterdam
7 Radierungen; z.T. schlechte Abzüge
H 5,2–6,4 cm, B 11,2–11,5 cm (Pl.)

a) Frontispiz: »Misere de la guerre. faict Par Iacques Callot. Et mise en Lumiere par Israel Henriet. A Paris Auec Priuilege du Roy 1636.«
Abraham Bosse, 1636
Bez. u.m.: Carolus Allard Excudit

b) »Le Campement« (Das Feldlager)
Bez. u.l.: 1 Israel ex cum priuil Reg

c) »L' Attaque sur la Route« (Der Angriff auf der Straße)
Bez. u.l.: Israel excud cum priuil Reg

d) »La Dévastation d' un monastère« (Die Zerstörung eines Klosters)
Bez. u.l.: 3, u.M.: Israel ex. Cum priuil

e) »Le Pillage et l' incendie d' un village« (Die Plünderung und die Brandschatzung eines Dorfes)
Bez. u.l.: 4, u.M.: Israel ex. Cum priuil Reg

f) »La Revanche des Paysans« (Die Rache der Bauern)
Bez. u.l.: 5 Israel. ex, u.M.: priuil Reg

g) »L' Hôpital« (Das Krankenhaus)
Bez. u.l.: 6 Israel excud. cum priuil Reg.

Magdeburg, Kulturhistorisches Museum, Gr 54. 2–54. 8

Die Radierungen des lothringischen Kupferstechers Jacques Callot gehören zu den besten graphischen Arbeiten des 17. Jahrhunderts. Am bekanntesten sind die »Schrecken des Krieges«, die Callot in

einer kleinen Serie mit sechs Blättern und einer großen mit 18 Blättern vorgelegt hat. Durch ihren gemäldeartigen Charakter faszinieren die kleinen Arbeiten den Betrachter immer wieder aufs neue. Im Gegensatz zu den »Grandes Misères« wird der Betrachter bei den »Petites Misères« jedoch nicht in das Geschehen eingebunden, sondern er bleibt außerhalb der Bildebene und sieht die Szenerie wie ein Bühnenbild. Obwohl beide Serien in einem engen motivischen und inhaltlichen Zusammenhang um 1632 entstanden und auch heute noch gleichberechtigt nebeneinander stehen, erschien die kleine Folge der »Schrecken des Krieges« erst nach Callots Tod bei seinem Verleger Israel Henriet (um 1590–1661), mit dem er seit Jahren zusammengearbeitet hatte und mit dem er seit frühester Jugend bekannt war. Dies hat Henriet sicherlich auch veranlaßt, nach Callots Tod ein Frontispiz zu den vorliegenden sechs Blättern bei Abraham Bosse in Auftrag zu geben. Das Interesse, auf das die Arbeiten Callots stießen, zeigt sich auch an den zwei Kopien, die noch im 17. Jahrhundert von den sogenannten Kleinen Schrecken angefertigt wurden. Der Niederländer Carel Allard, dessen Kopien hier gezeigt werden, hat mehrere Arbeiten Callots nachgestochen, die die Faszination der Vorlagen in hervorragender Weise widerspiegeln. Als Beispiel sei hier das Blatt der Zerstörung eines Klosters vorgestellt: Im Zentrum steht das brennende Kirchengebäude, aus dem gerade der Kirchenschatz getragen wird, während ein Mann mit einer Axt das Kirchendach zerstört. Links im Hintergrund reichen Plünderer aus den Fenstern des ersten Stocks über Leitern die Beute nach unten. Vorne links will ein Reiter eine Frau auf sein Pferd ziehen, und eine eindeutig als Nonne zu identifizierende Frau versucht zu fliehen. Tote bleiben zurück, als die mit Beute beladenen Söldner abziehen. Nur selten sind die Greuel des Krieges so drastisch dargestellt worden. Callot gehört mit seinen Arbeiten zu den ersten Künstlern überhaupt, die den alle Lebensbereiche beherrschenden Krieg als Zeitgenossen derartig dokumentieren und damit auch anklagen. G. K.

Lit.: Lieure 1924 Nr. 1333–1338, S. 69–71. Ries 1981. Choné 1992.

109

Der Augenzeuge Christoph Thodänus

a) Christoph Thodänus, Threni Magdaeburgici Sindt: Drey klag- und trawer-Predigten/ uber die blutige/fewrige und erbärmliche Eroberung unnd Einäscherung der alten zuvor weitberühmten an See- und Handelstadt Magdeburg/..., Hamburg: Jacob Rebenlein 1632, S. I ii r–M iv v

Typendruck, Ledereinband
20 x 29 cm (aufgeschlagen)
Wolfenbüttel, Herzog August Bibliothek, Gm 2920

b) »Scene aus der Eroberung Magdeburg's im Jahre 1631«

2. Hälfte 19. Jh.
Stahlstich, koloriert
15 x 12,5 cm
Magdeburg, Kulturhistorisches Museum, A 6404

Der Prediger der Katharinenkirchen Christoph Thodänus war einer der wenigen Überlebenden der Zerstörung Magdeburgs. Die Darstellung des kleinformatigen Stiches gibt eine Begebenheit wieder, die in seinem Augenzeugenbericht geschildert wird: Don Joseph de Aynsa, ein Obrist der eingefallenen kaiserlichen Truppen, wollte am 20. Mai 1631 Quartier im Hause des verletzten Predigers beziehen. Angesichts der plötzlich drohenden Feuersbrunst forderte der Obrist die Frau des Predigers auf, ihn aus der Stadt zu führen. Sie nahm das Pferd des Offiziers beim Zügel und führte auch ihren verletzten Mann und ein Nachbarskind sicher aus der Stadt. Ohne den Schutz des Obristen wäre keiner den Flammen oder den meuchelnden Truppen entkommen. U. S.

110

Guericke erlebt die Zerstörung 1631

»Wahrhaftige Beschreibung von der 3. Belagerung der Stadt Magdeburg ...«

17. Jh.
Abschrift nach Otto von Guericke
Handschrift; 35 x 45 cm (aufgeschlagen)
Berlin, Staatsbibliothek – Preußischer Kulturbesitz, Ms. Boruss. Fol. 910 (Kinderlingsche Handschriften 1)

Einer der ausführlichsten Berichte, die zur Eroberung Magdeburgs überliefert sind, stammt aus der Feder Otto von Guerickes. Angelegt als dritter Teil einer Magdeburger Stadtgeschichte zu den Jahren 1629 bis 1631 beleuchtet Guericke das Geschehen von mehreren Seiten, um zu einem objektiven Urteil zu kommen. Dem ausführlichen Traktat fehlt dadurch die Dramatik des persönlichen Erlebens, die zum Beispiel Thodänus' Bericht auszeichnet. Aber Guericke teilt auch sein Schicksal in diesem Band mit. – Von Guerickes dreibändiger Stadtgeschichte ist heute nichts mehr im Original erhalten, der Text der beiden ersten ist sogar ganz verloren. Allein der Bericht zur Eroberung ist noch in einer zeitgenössischen Abschrift des 17. Jahrhunderts vorhanden, die durch die Sammlung des Magdeburger Superintendenten Johann Friedrich August Kinderling (1743–1807) nach Berlin gelangt ist. G.K.

Lit.: Magdeburger Biographisches Lexikon 2002, S. 353. Hoffmann 1887.

111

Der Augenzeugenbericht Otto von Guerickes

Hörinstallation: Kulturhistorisches Museum Magdeburg

Das unerwartete und grauenvolle Ereignis der Stadtzerstörung Magdeburgs am 20. Mai 1631 grub sich in das Gedächtnis aller Überlebenden ein. Wie Otto von Guericke versuchten auch andere (Kat. 109) das Geschehen aus ihrer jeweiligen Perspektive für die Nachwelt festzuhalten. Die in Ausschnitten zu hörende authentische Schilderung der durch die Stadt ziehenden marodierenden und völlig aus der Kontrolle geratenen Truppen und der daraus resultierenden Folgen für die Bevölkerung machen auch dem heutigen Hörer die zerstörerische Wirkung eines Krieges und die Grausamkeiten deutlich, zu denen Menschen fähig sind. U.S.

112

Magdeburger Jungfrauenhochzeit

Nach 1631
Flugblatt, Kupferstich; 12,7 x 18,5 cm (Pl.)
Magdeburg, Kulturhistorisches Museum, A 6402

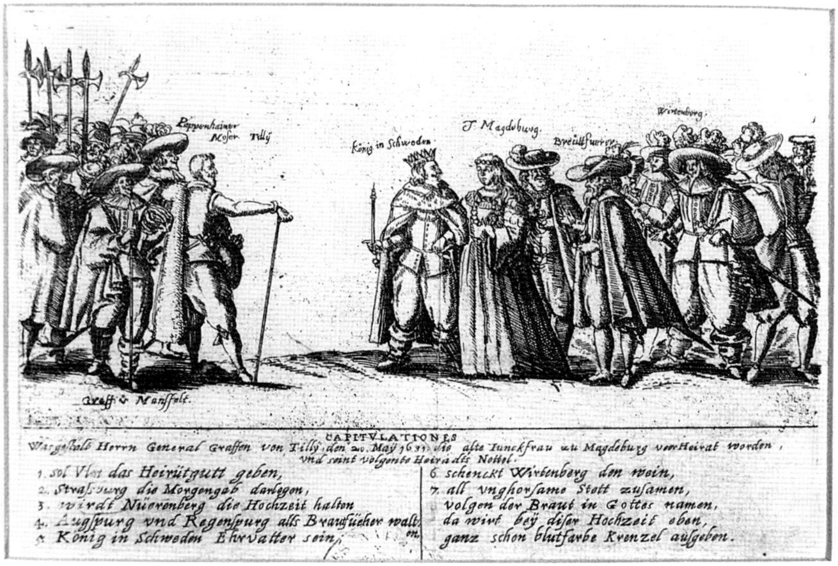

Das Motiv der Magdeburger Jungfrau mit dem Kranz, die das Stadtwappen ziert, ist in der Bildpropaganda des 16. und 17. Jahrhunderts oft verwendet worden, um die Stellung der protestantischen Hochburg Magdeburg zu charakterisieren. 1555 hatte sich die Magdeburger Braut trotz Belagerung der »Brautwerbung«, der Rekatholisierung durch Kaiser Karl V., entzogen, 1629 mußte Wallenstein die Blockade der Elbestadt ergebnislos abbrechen und sich vor dem triumphierenden Mägdelein auf dem Burgtorwappen zurückziehen. 1631 zwang jedoch der kaiserliche General Tilly die Magdeburger Jungfrau mit Gewalt zur »Magdeburger Bluthochzeit«. – Auf dem hier gezeigten Flugblatt muß Schwedenkönig Gustav Adolf die Magdeburger Jungfrau dem Bräutigam Tilly zuführen. Den anderen protestantischen Ständen wird unverhohlen mit dem Schicksal Magdeburgs gedroht. T.v.E.

Lit.: Harms, Schilling u.a. 1980, S. 400.

113

Nach dem Fall Magdeburgs 1631

»Ein kurtz: Jedoch Nachdencklich Gespräch ...«

1631; Straßburg (?)
Flugblatt, Radierung, Text graviert
14 x 18 cm (Pl.)
Magdeburg, Kulturhistorisches Museum, A 6406

Das Flugblatt kleidet die Darstellung der politischen Situation nach der Zerstörung Magdeburgs 1631 in ein Bild: Vor dem Hintergrund der rauchgehüllten Stadtsilhouette sehen wir Tiere als Allegorien auf die beteiligten Mächte. Die Katze versinnbildlicht Tilly, der sich an der Spitzmaus Magdeburg verschluckt hat. Den Heerführer verließ im weiteren Verlauf der Kampfhandlungen das Kriegsglück, er unterlag Schwedenkönig Gustav Adolf in der Schlacht bei Breitenfeld im September 1631 und starb, bei der Verteidigung des Lechübergangs tödlich verwundet, im April 1632. In dem Fuchs ist wohl Johann Georg von Sachsen zu sehen, hier noch angebunden an der Leine seiner Neutralitätspolitik. Als Tilly zum Unterhalt seiner Truppen sächsische Gebiete verwüstete, konnten die Mäuse (andere norddeutsche Territorien) den sächsischen Kurfürsten zum Eingreifen auf der Seite der protestantischen Verbündeten bewegen. T.v.E.

Lit.: Harms, Kemp 1987, S. 222.

114

»Magdenburger Laug«

Um 1631
Radierung, gravierter Text in zwei Spalten
27 x 24 (Bl.)
Magdeburg, Kulturhistorisches Museum, Gr 49. 1

Während die katholische Propaganda die Zerstörung Magdeburgs damit rechtfertigt, die Stadt habe der kaiserlichen Obrigkeit den Gehorsam verweigert (Kat. 93, 96), erklären protestantische Drucke, warum das Magdeburger Blutopfer nicht umsonst gegeben war. Hier erscheint Schwedenkönig Gustav Adolf als Arzt, der den katholischen Gefangenen eine schmerzhafte Medizin zur Läuterung verabreichen läßt. Aus der Trümmerstätte Magdeburg wird Asche herausgefahren und in Bottichen mit den Tränen der Überlebenden vermischt, um dann als Magdeburger Lauge auf den Köpfen der widerstrebenden Probanden verrieben zu werden. T.v.E.

Lit.: Harms, Kemp 1987, S. 220.

115

Magdeburg nach der Zerstörung vom 20. Mai 1631

Modell im Maßstab 1:2000
Grundfläche: 100 x 200 cm
Magdeburg, Stadtplanungsamt: 1998

Kaum weniger beklemmend als die zeitgenössische Publizistik und Augenzeugenberichte gibt das Modell trotz der sachlichen Darstellung ein entsetzliches Bild von dieser durch die Kriegsfurie mißhandelten, gepeinigten und schließlich weitgehend zerstörten Stadt. Was wunder, wenn sich gerade nach dieser Katastrophe bei den Überlebenden mehr als je zuvor ein fatalistischer Glaube an die göttliche Vorsehung, die ihr elendes Dasein beherrscht, ausbreitete. – Das Modell ist das Ergebnis einer Neubewertung der topographischen Gegebenheiten und der Vielzahl einander oft widersprechender Nachrichten über das wirkliche Ausmaß der Zerstörung. khk.

Lit.: gantz verheeret 1998, S. 248 Nr. 247.

116

Spuren der Zerstörung in Magdeburg um 1700

a) »Der Dom in Magdeburg«
Um 1700
Kupferstich; 17 x 26,5 cm (Pl.)
Bez. u.r.: Gabriel Bodenehr Sc. et Excudit Aug.

b) »St. Peters Kirche in Magdeburg«
Um 1720
Kupferstich; 16 x 26 cm (Pl.)
Bez. u.r.: Cum Gratia et Priv. Sac. Càs Mai. G. Bodenehr fec. et exc. Aug. V.

Johann Stridbeck d.J. (1665–1714)
Neudruck von Gabriel Bodenehr d.Ä. (1673–1766)

Magdeburg, Kulturhistorisches Museum, Gr 51. 1524, Gr 46. 272

Die Ansichten gehören zu einer Reihe von Stichen Johann Stridbecks, die die Spuren der Zerstörung der Stadt 1631 dokumentieren. Die Domkirche war »unter so vielen Geyst und Weltlichen Gebaüden die einzige gewesen«, die die Katastrophe von 1631 weitgehend unversehrt überstanden hatte. Um 1700 waren die meisten anderen Kirchen wiederaufgebaut, wie der Stich der Petrikirche veranschaulicht. Die Staffage deutet das in die Stadt zurückgekehrte normale Leben an, doch zeigen die Baulücken und die grasbewachsenen Ruinen und

Mauerstümpfe nach über 70 Jahren noch deutlich die Spuren der Zerstörung. Beide Druckplatten wurden von Gabriel Bodenehr für seine Veröffentlichung »Force d'Europe« 1721–1731 wiederverwendet und in der Signatur überarbeitet. U.S.

5. In schwedischen Diensten

117

Gustav II. Adolf, König von Schweden (1594–1632)

»Gustavus Adolphus d. g. rex Suec. Goth. et Vand. magnus princeps Finlandiae dux etc.«

17. Jh.; Paulus Pontius (1603–1658)
nach Anton van Dyck (1599–1641)
Kupferstich; 32 x 24,2 cm
Bez. u.l.: Paul Pontius sculp.; u.m.: Ant. van Dyck pinxit; u.r. Mart. van den Enden excudit Cum privilegio
Magdeburg, Kulturhistorisches Museum, Gr 49. 324

Im Frieden von Lübeck 1629 hatte Dänenkönig Christian IV. (reg. 1588–1648) zusichern müssen, daß er sich künftig aller Einflußnahme auf Angelegenheiten des Reiches enthalten werde. Die protestantischen Verbündeten schienen der Rekatholisierungspolitik Kaiser Ferdinand II. hilflos ausgeliefert. Allein Schwedenkönig Gustav Adolf, so hoffte man auch in Magdeburg, könnte das Kriegsglück noch einmal wenden. Gustav Adolf, der seine eigenen Großmachtpläne für die Vorherrschaft Schwedens im Ostseeraum verfolgte, griff mit der Landung auf Rügen und Usedom im Juni 1630 in das Kriegsgeschehen ein. Magdeburg konnte er mit seinen Truppen nicht mehr rechtzeitig zu Hilfe eilen, doch das Schicksal der Elbestadt förderte die Bereitschaft zögernder protestantischer Fürsten zum Bündnis. Der Vormarsch des Schwedenkönigs nach Süddeutschland geriet nach dem großen Sieg über Tilly in der Schlacht von Breitenfeld zum militärischen und propagandistischen Triumphzug. Noch im 19. Jahrhundert pflegte die protestantische Geschichtsschreibung den Mythos vom Befreier und Glaubenshelden – ein Nim-

bus, den Gustav Adolfs früher Tod in der Schlacht von Lützen 1632 erst recht gestärkt hat. T.v.E.

Lit.: gantz verheeret 1998, S. 199ff.

118

»ERPHORDIA. Erfurt« – Stadtansicht

1638; Matthäus Merian d.Ä. (1593–1650)
Kupferstich; 24,5 x 33,5 cm
Erfurt, Stadtmuseum, 29882

Als Guericke nach der Zerstörung Magdeburgs 1631 in die Dienste der schwedischen Krone trat, wird er Erfurt ähnlich gesehen haben, wie es auf dieser Ansicht dargestellt ist. Die einfache mittelalterliche Stadtbefestigung sichert ein Graben, die Stadterweiterung ist von einer zweiten Stadtmauer mit Rondellen und einem weiteren Graben umgeben. Einzig der Petersberg ist schon mit einem moderneren Kronwerk und einer Bastion befestigt. Im Südwesten der Stadt ist die Cyriaksburg noch als einfache Vierflügelanlage zu erkennen. G.K.

119

Guericke als Festungsbaumeister

1631/32; Erfurt
Handzeichnung mit handschriftlichen Notizen von Otto von Guericke; 32 x 38,5 cm (Plan); 34 x 41 cm (mit Notizen des 19. Jhs.)
Erfurt, Stadt- und Verwaltungsarchiv, 7/210–1

Die Zeichnung veranschaulicht, daß man sich häufig erst mit dem Nahen des Kriegsgeschehens oder nach der Eroberung einer Stadt Gedanken über die zum Teil völlig veralteten Befestigungen machte. Auf dem Blatt ist die alte Cyriaksburg mit ihren zwei Türmen im Zentrum eines projektierten modernen Festungssterns deutlich zu erkennen. Ob die Zeichnung von Guericke stammt, ist ungewiß. Ihm wurde die Planung aber zumindest zur Begutachtung vorgelegt, denn von seiner Hand stammt der Eintrag über die Ablehnung des Projekts (»Burgk sollte gebaut werden 1632. Habe es aber wieder rathen.«). Der Plan wurde 1830 unter alten Papieren wiedergefunden, die beim Abbruch des alten Rathauses in Erfurt verkauft worden waren, worauf die Notizen des 19. Jahrhunderts bezug nehmen. G.K.

Lit.: Hoffmann 1874, S. 20f.

120

»Erfurt, die hoch berühmte und größte Hauptstadt Thüringens«

1740; Augsburg
Matthäus Seutter (1678–1757)
Stahlstich, koloriert; 51 x 58,5 cm (Bl.)
Erfurt, Stadtmuseum, 30777

Matthäus Seutters Plan zeigt sehr deutlich die Entwicklung, die das Festungswesen im 17. und 18. Jahrhundert nimmt und wie dies umgesetzt wird. In Erfurt ist davon insbesondere der Petersberg betroffen: Wer diese Anhöhe besetzt, kontrolliert damit auch die Stadt, wie die Ansicht der Stadt unterhalb des Stadtplans deutlich zeigt. Deshalb begann der Ausbau des Petersbergs zu einer starken Festung noch in den letzten Regierungsjahren des Mainzer Erzbischofs Johann Philipp von Schönborn (reg. 1647–1673), dem Erfurter Stadtherrn seit 1664. Bastionen und Ravelins werden gebaut, und in Richtung der Cyriaksburg entsteht ein großes Hornwerk. Die Cyriaksburg ist zwar ebenfalls zu einer bastionierten Festung ausgebaut worden, doch zeigt der Vergleich mit dem Projekt von 1631/32, daß man eine wesentlich kleinere Variante gewählt hat. Guerickes Ratschlag ist also befolgt worden. G.K.

Lit.: Bußmann, Schilling Bd. 3, 1998, S. 428 f. Nr. 1232 f. Moritz 2001.

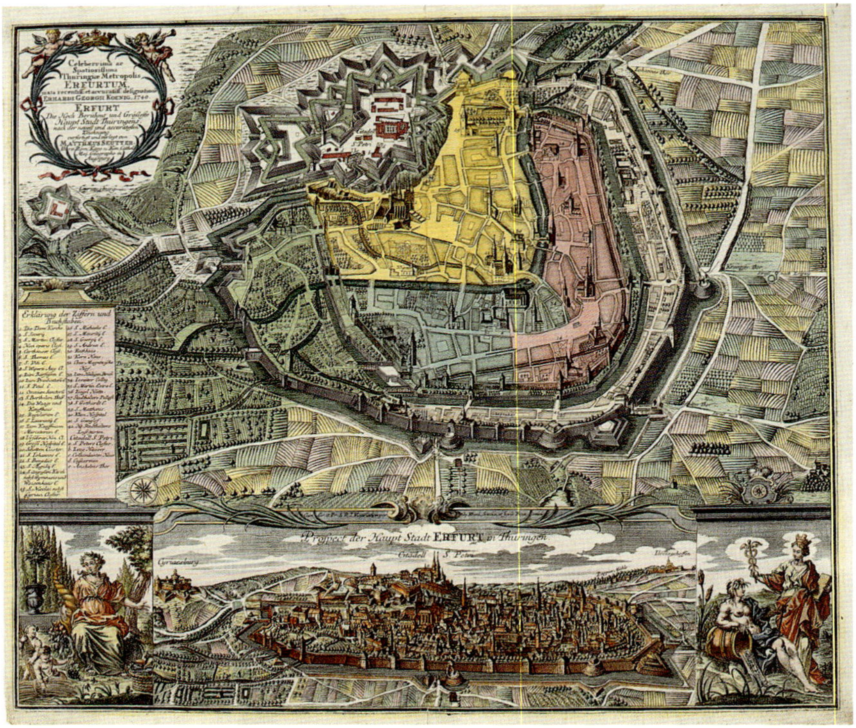

121

Schwedischer Paß für »Otto Gericke«

17. Februar 1632; Erfurt
Ausgestellt von der Kanzlei Herzog Wilhelm IV. von Sachsen-Weimar im Namen des schwedischen Königs
Typendruck mit handschriftlichen Eintragungen; 35 x 45 cm (aufgeschlagen)
Weimar, Thüringisches Hauptstaatsarchiv, A 2363, fol. 143

Der Paß belegt Guerickes Tätigkeit als Ingenieur mit einem »amtlichen« Dokument aus dem Beginn des Jahres 1632. Erhalten hat sich dieser Paß aber nur durch Zufall und in einem ganz anderen Zusammenhang: 1645–1650 versuchte Guericke das Erbe von Lehnsgütern in Allstedt und Nieder-Röblingen anzutreten, mit denen seine Familie seit 1620 belehnt war. Er, Guericke, habe lange nicht die Zeit dazu gehabt, sich um den Lehnsbesitz zu kümmern, wie er gegenüber der sächsisch-weimarischen Kanzlei angab: Als die Erbschaft anfiel, war er zum Studium im Ausland, nach seiner Rückkehr war er durch die Kriegsläufte, insbesondere durch die Zerstörung Magdeburgs und seiner anschließenden Tätigkeit als Festungsbaumeister zuerst in schwedischen, dann sächsischen Diensten, dann wiederum durch seine diplomatischen Abschickungen in Anspruch genommen. Als Beweis dafür und daß er Sachsen doch niemals geschadet habe, fügte er unter anderem den Paß als Anlage C einem Brief bei. G.K.

Lit.: Hoffmann 1874, S. 20 f.

122

Guerickes Grundriß vom zerstörten Magdeburgs

»Geometrische grund-verzeichnis der abgebranten Stadt Magdeburgk wie diselbe mitt Ihren Wallen, Mauren, Strassen, Marckten undt andern Platzen gelegen und beschaffen.«

Um 1870
Lithographie des Originals von 1632
52 x 115 cm (Bl.)
Magdeburg, Kulturhistorisches Museum, St 25 b

Der schwedische Statthalter Ludwig I. von Anhalt-Köthen beauftragte im Frühjahr 1632 Otto von Guericke, einen Grundriß der zerstörten Stadt Magdeburg anzufertigen. Trotz der Schwierigkeiten bei der Vermessung – in seinem Begleitschreiben an den Statthalter beklagt er »die unvermuthliche Vielheit der Gassen« – erarbeitete Guericke einen genauen Plan der zerstörten Stadt als eine Art Bestandsaufnahme für den Wiederaufbau. Die präzise Darstellung mit dem Maßstab holländischer Ruten weist gegenüber der tatsächlichen Stadttopographie nur geringe Verzerrungen bei den Straßenverläufen auf und ist das wohl wichtigste Zeugnis der Ingenieurskunst Guerickes. Im Mai 1632 fertigte er auf Wunsch des Statthalters zwei weitere Kopien des Grundrisses an, von denen eine über das schwedische Hauptquartier in das Kriegsarchiv nach Stockholm gelangte und dort bis heute überliefert ist. Das in Köthen und später im anhaltischen Staatsarchiv zu Zerbst aufbewahrte Exemplar, von dem die hier gezeigte Lithographie angefertigt wurde, ging jedoch nach dem Zweiten Weltkrieg verloren. T. v. E.

Lit.: gantz verheeret 1998, S. 275 f. Elsner 1997, S. 61 ff.

123

Diopter mit Bussole aus Guerickes Besitz

1632; Magdeburg
Otto von Guericke (1602–1686)
Messing vergoldet und graviert, Holz
H 27 cm, Dm 22 cm
Inschriften (oberer Ring): Gemacht in der Stad Magdeburg 1632 nach deroselben klaglichen Zerstörung, (unterer Ring) Fait par Otto D Gerike Inginieur de Magdeburg
Braunschweig, Universitätsbibliothek, 2000/16/IV

Das Instrument stammt aus Guerickes Besitz und eignet sich besonders für Messungen im Gelände: Es enthält einen Kompaß mit Gradeinteilung (Bussole) und ein Visiergerät (Diopter). Es ist vorstellbar, daß Guericke damit das Aufmaß der zerstörten Stadt Magdeburg im Auftrage des schwedischen Statthalters Ludwig von Anhalt erstellte. Laut Inschrift hat Guericke es selbst gebaut, zumindest aber den Auftrag dazu gegeben. Interessant ist auch, daß die Inschrift nachträglich verändert wurde: Zwischen »Otto« und »Gerike« wurde ein »D« (als Abkürzung für »de – von«) eingefügt. Sollte dieser Zusatz ebenfalls noch aus Guerickes Zeit stammen, kann er nur nach 1666 erfolgt sein. Das Gerät wurde neben anderen Guericke-Instrumenten aus dem Nachlaß der Familie von dem Helmstedter Professor Beireis erworben (Kat. 222), mit dessen Sammlung es Anfang des 19. Jahrhunderts in die Bestände der »Carola Wilhelmina« in Braunschweig gelangte. G. K.

Lit.: Lancelle 2002. Lichtenstein 1811.

124

Astrolabium

1589; Johannes Mellinger (1540–1603)
Messing, graviert
Braunschweig, Braunschweigisches Landesmuseum, VM 3389

Astrolabien dienten bereits bei den Griechen und Arabern für Vermessungszwecke. Seit dem 11. Jahrhundert haben sie ihre endgültige Form und Aufteilung gefunden und wurden für Zeitmessungen und die Erstellung von Horoskopen genutzt. Johannes Mellinger (1540–1603) aus Halle stellte dieses Astrolabium für August von der Asseburg her. Dies bezeugt die Inschrift »Nihil, viro, pietate doctrina confilio prudentia & rerum usu prastanti Domino AUGUSTO ab ASCHENBURG observantia ergo domo dedit author Johannes Mellinger faciebat Anno Dni 1589«. Mellinger war seit 1593 Leibarzt am Celler Hof. G. B.

125

Königin Christina von Schweden

Mitte 17. Jh.; Andreas Frölich
Kupferstich; 27,7 x 23 cm (Bl. beschnitten)
Bez. u.r.: A: fröhlich sculp:
Magdeburg, Kulturhistorisches Museum, Gr 10.076

Im Namen der schwedischen Königin Christina (1626–1689, reg. 1632–1654) erneuerte Reichskanzler Axel Oxenstierna 1633 die Privilegien für Magdeburg. – Der Kupferstich zeigt die Königin, die zu den beeindruckendsten Persönlichkeiten des 17. Jahrhunderts gehörte. Vom Todestag Gustav II. Adolfs an, der in der für die Schweden siegreichen Schlacht bei Lützen am 6. November 1632 gefallen war, wurde die sechsjährige Christina auf ihre Rolle als Thronerbin vorbereitet. Bis zu ihrer Krönung 1650 übernahm ein fünfköpfiger Rat die Regentschaft mit Oxenstierna an der Spitze. Der Rat sorgte auch für die Erziehung der Königin. Christinas Interessen waren erstaunlich und halfen ihr, sich in der Politik, der Kultur und der Wissenschaft gleichermaßen als Förderin und schöpferische Denkerin durchzusetzen. Sie konvertierte zum katholischen Glauben und dankte im Jahr 1654 als schwedische Königin ab. Nachdem sie Schweden verlassen hatte, verbrachte sie den größten Teil ihres Lebens in Rom in enger Verbindung zum päpstlichen Hof. U.S.

126

Guerickes Aufbauarbeit in Magdeburg

17. September 1633; Magdeburg
Handschrift
34,5 x 38,5 cm (aufgeschlagen)
Magdeburg, Stadtarchiv, A I UV 22, fol. 81r–82r

Als Festungsbaumeister war Guericke nicht nur für die Durchführung der konkreten Arbeiten an den Festungsanlagen zuständig, wovon diese Akte mit mehreren darin enthaltenen Abrechnungen ein beredtes Zeugnis gibt, sondern er war auch für zukünftige Planung verantwortlich. So stellt er zusammen, welche Kosten anfielen, wenn die Wachstuben (»Corps de Garde«) an den einzelnen Toren wieder instand gesetzt würden. Die Dächer waren zerstört, und es gab auch keine Tische, Bänke, Türen und Fenster in den Wachräumen. Ob dieser Vorschlag wirklich abgesandt wurde ist fraglich, denn Guericke hat die Liste zwar eigenhändig erstellt, ihr fehlt aber die Unterschrift. G. K.

Lit.: gantz verheeret 1998, S. 276f. Nr. 300.

127

Guerickes Klage über Mängel beim Festungsbau

»Memorial. An Herrn General Maior Wilhelm von Lohausen, Gouverneur und Commandeur der Stedte Magdeb: und Wißmar p.«

31. März 1635; Magdeburg
Handschrift; 35 x 45 cm
Stade, Staatsarchiv, Rep. 32 II, Nr. 77c, Bl. 89

»Der Kron Schweden bestalter Inginieur zur Festung Magdeb: Otto Gericke« beklagt in seinem drei Punkte umfassenden Schreiben insbesondere die unregelmäßig eingehenden Zahlungen: Den Arbeitern (»Walsetzern, Schachtwerkern und andern zum Festungsbau gehörigen«) sei seit 15 Wochen kein Lohn mehr bezahlt worden. Die Reparaturen an der Zollschanze seien bis zur Fertigstellung der Brustwehr vollendet worden, doch auch dort wartet »diß Arbeits-Volck sehr flehentlich umb Abstattung desselben Rests« ihres Lohnes. Zudem sei die Sicherheit der Stadt gefährdet, da die Böschungen des Stadtgrabens an der Hohen Pforte eingestürzt seien und man dort abends ohne Kontrolle ein- und ausgehen könne. G. K.

Lit.: Janicke 1886, S. 287f.

128

Reichstaler auf den Wiederaufbau Magdeburgs

1638; Stadt Magdeburg
Silber; Dm 4,5 cm
Magdeburg, Kulturhistorisches Museum, 1950/21

Mit der Ausprägung des Reichstalers von 1638 bekräftigte die Stadt Magdeburg ihren Wiederaufbauwillen sowie die Wiederherstellung alter Vorrechte und die Wiedereinrichtung der alten sozialen Ordnung. Die Vorderseite zeigt das Stadtwappen mit den Türmen der neu aufgebauten Kirchen und die Umschrift: MAGDEBURGUM RESTAURATUR ANNO MDXXXVIII; die Rückseite trägt das Bildnis Kaiser Ferdinand II. im Schild vor dem Reichsadler mit der Umschrift: DEI GRA: DIVI FERDIN: III ROM: IMP: SEMP: A G H R AUSPICIIS. Magdeburg versuchte sich gegen die Ansprüche des Administrators Herzog August von Sachsen-Weißenfels zu behaupten, dem Kaiser Ferdinand II. nach dem Prager Frieden die Herrschaft über das Erzstift Magdeburg bestätigt hatte. Herzog August schlug 1638 seine Residenz in Halle auf und verlangte die Erbhuldigung der Altstadt Magdeburg – eine Forderung, der die Magdeburger Gesandten mit dem Gelöbnis der Treue zunächst die Spitze nahmen. Otto von Guericke unterstützte das Streben des Rates nach städtischer Unabhängigkeit. Nach Abzug der Schweden 1636 setzte er seine Tätigkeit als Festungsingenieur in sächsischen Diensten fort und förderte zugleich als neu gewählter Kämmerer den mühsamen Wiederaufbau. T.v.E.

Lit.: Buchholz 1986, S. 40ff.

129

Guerickes Besitztümer

Um 1950
Handzeichnung; 11 x 13,5 cm
Magdeburg, Kulturhistorisches Museum,
Nachlaß Priegnitz

Die handgezeichnete Karte aus dem Nachlaß Priegnitz ist ein Versuch, die aus den Quellen bekannten Besitztümer Otto von Guerickes im Umland von Magdeburg zusammenfassend darzustellen. Welchen Umfang die Ländereien tatsächlich hatten, ist bisher noch nicht erschöpfend untersucht worden. Wie der Schwedische Paß (Kat. 121) zeigt, war es im Durcheinander nach dem Dreißigjährigen Krieg für Otto von Guericke bisweilen nicht einfach, den berechtigten Besitz von geerbten Ländereien oder altem Familieneigentum nachzuweisen. U.S.

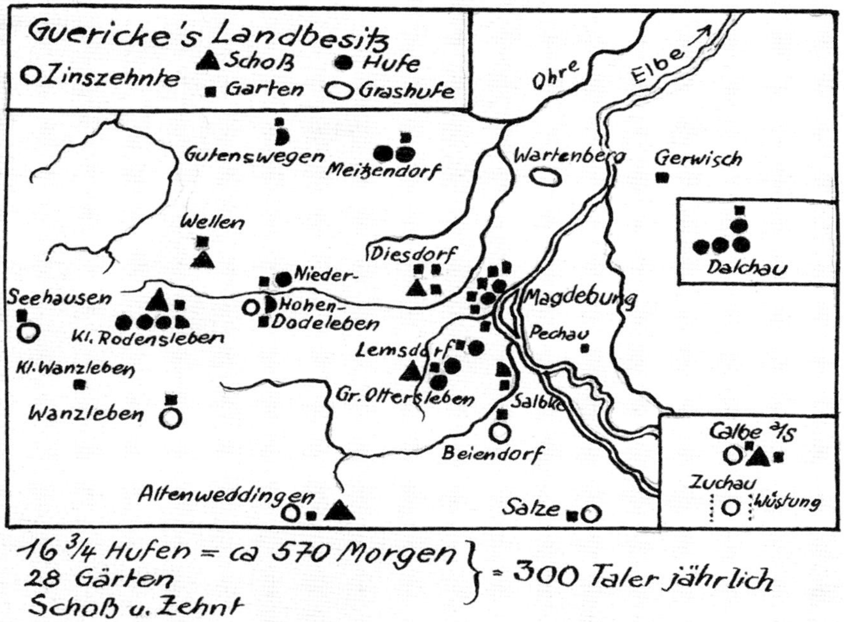

130

Otto von Guerickes Wohnhaus in der Großen Münzstraße 6

a) Portal der Hofeinfahrt

1634; Magdeburg
Zusammengesetzt aus 11 Einzelstücken
Sandstein
H 350 cm, B 390 cm (gesamtes Portal)
Magdeburg, Kulturhistorisches Museum

b) Gedenktafel auf
das ehemalige Wohnhaus

Wiedergabe einer Photographie
Original: 1936, Stadtarchiv Magdeburg

Obwohl der Aufbau der Stadt Magdeburg nach ihrer Zerstörung offiziell erst 1638 ihren Anfang nimmt, hat Guericke mit dem Bau seines eigenen Hauses schon 1634 begonnen – jedenfalls trägt der Mittelstein des Hofportals mit dem Guericke-Wappen darauf diese Jahreszahl. Die übrigen Steine des Portals zeigen eine prächtige barocke Ornamentierung mit Weinranken, Löwen und einem Blüten-Vogel-Motiv und verweisen damit auf den neuen Wohlstand des Hausbesitzers. Ein kleineres Türportal, ebenfalls aus Sandstein, ist mit floralen und muschelförmigen Ornamenten verziert. Das ehemalige Wohnhaus Guerickes wurde 1868 zur Verbreiterung der Straße abgerissen. Am Westgiebel des Hauses Große Münzstraße 5 brachte man einige Spolien sowie eine bronzene Relieftafel mit einer Darstellung des Guericke-Hauses an, die an den großen Gelehrten erinnern sollten. Die Relieftafel wurde wahrscheinlich im Januar 1945 bei dem schweren Bombenangriff auf die Stadt zerstört. Die beiden Portale wurden nach 1906, wahrscheinlich erst nach 1911, abgebrochen und im Innenhof des Kaiser Friedrich Museums präsentiert. Das Türportal befindet sich noch immer an der Westseite des Hofes, das Torportal mußte aus konservatorischen Gründen im Jahre 2000 abgenommen werden. G. K.

Lit.: Buchholz u.a. 1992, Nr. 30. Neubauer 1931, S. 319–321. Für weitere Hinweise danke ich Gerd Böttcher, Magdeburg.

131

Guericke-Becher

1640; Deutschland
Meistermarke »HS«, eventuell Hans Smelle, Stralsund
Silber vergoldet; H 12,5 cm, Dm 6,5 cm
Magdeburg, Kulturhistorisches Museum, Me 1834

Der kleine, aus Silber getriebene Trinkbecher hat die Form eines Traubenpokals. Über den drei Buckelreihen der Kuppa verläuft ein gerader Rand mit der Inschrift: OTTO GERCKE 1640. Der runde flache Fuß ist umlaufend mit einem Ornament verziert, welches an die geschlossenen Halbkugeln erinnert. Der aus mehrere Teilen zusammengesetzte Schaft ist grazil mit Buckelformen und drei s-förmigen Voluten verziert. Der Becher kam 1893 aus dem Besitz der Stadt Magdeburg in die Sammlung des Museums. S. L.

132

Tisch

Anfang 17. Jh.; Holland
Eiche; 79 x 79 x 99 cm
Magdeburg, Kulturhistorisches Museum, Mö 292

Der wuchtige sogenannte Bocktisch besteht aus einer massiven Tischplatte, unter der sich eine kastenartige große Schublade befindet. Beides ruht auf vier starken Beinen, die mehrfach in Form gedrungener und gestreckter Kugeln gedreht sind. Die gewaltigen Tischbeine sind zusätzlich kurz über dem Boden rundum mit Zargenbrettern verbunden. Das stabile Möbel diente wahrscheinlich als Arbeitstisch. S. L.

133

Armlehnstuhl

2. Hälfte 16. Jh.; Italien
Nußbaum; 122 x 60 x 52 cm
Magdeburg, Kulturhistorisches Museum, Mö 127

Seit dem frühen Mittelalter findet man die ursprüngliche Form des Armlehnstuhles oder Armlehnsessels als Thron, dem Sinnbild für weltliche und geistliche Herrschaft. Die aufwendige Möbelform einer Sitzgelegenheit mit Armlehnen hatte aber bereits im 15. Jahrhundert Eingang in den profanen Wohnraum gut situierter Familien gefunden. Dieser ungepolsterte Stuhl ist mit Renaissance-Ornamentik als Flachschnitzerei an der vorderen Zarge und der schmalen Rückenlehne verziert.

S. L.

Lit.: Kreisel, Himmelheber 1968.

134

Truhe

1620; Norddeutschland
Eiche; 50 x 99 x 51 cm
Magdeburg, Kulturhistorisches Museum, Mö 18

Die Truhe ist das älteste Kastenmöbel und diente in vielen Größen und Ausführungen in erster Linie als Lagermöglichkeit für Kleidung, Geschirr oder Hausrat aber auch als Tisch oder Bank. Unter dem flachen Deckel dieser Truhe steht in Holzbuchstaben: ALSO HAT GODT DE WERLT GELEVET. Die Vorderseite des Möbels ist als zeittypische Architekturfassade mit zwei Bogenfeldern zwischen Lisenen in flächendeckender Ornamentschnitzerei aufgeteilt. Robuste Holzmöbel dieser Art wurden oft über viele Generationen vererbt.

S. L.

Lit.: Kreisel, Himmelheber 1968.

135

Wandspiegel

Anfang 17. Jh.; Holland
Eiche; 179 x 75 x 11 cm
Magdeburg, Kulturhistorisches Museum, Mö 143

Während in älterer Zeit technisch bedingt nur kleine Spiegel produziert werden konnten, ermöglichte das im 17. Jahrhundert in Frankreich erfundene Verfahren, Glas zu gießen, die Herstellung von größeren Spiegelflächen. Durch den Rahmen wurde der Spiegel zum Möbelstück. Die geschnitzte Renaissance-Einfassung dieses Wandspiegels zeigt neben Fruchtgehängen, Tier- und Engelsköpfen je eine männliche und eine weibliche Halbfigur, ähnlich einer Karyatide und eines Atlanten als Träger der Bogenarchitektur. S. L.

Lit.: Watson 1991.

136

Kabinettschränkchen

Um 1600; Süddeutschland
Tanne, Nußbaum, Ebenholz, Elfenbein
43 x 59 x 34 cm
Magdeburg, Kulturhistorisches Museum, Mö 479

Das Kabinett ist eine in der Renaissance entwickelte Schrankform, die viele einzelne Schübe zur Aufnahme von Schreibutensilien oder Kostbarkeiten wie Münzen oder Medaillen und eine Schreibklappe hat. Es eignet sich daher besonders für Sammler und Wissenschaftler. Im 16. und 17. Jahrhundert waren Kabinettschränke sehr beliebt und wurden oft prunkvoll mit Intarsien, Marketerien und Beschlägen ausgestattet. Deshalb blieb es ein Luxusmöbel für gut betuchte Bürger. S. L.

Lit.: Winzer 1982.

137

Waschkasten oder Gießkalter

16. Jh.; Süddeutschland
Erle, Eiche, Zinn; 193 x 67 x 57 cm
Magdeburg, Kulturhistorisches Museum,
Mö 125

Lange vor der Verlegung von bequemen Wasserleitungen für fließendes Trinkwasser in jeden Haushalt, begann man mit Hilfe von Vorratsbehältern und mit speziellen Möbelstücken als Waschmöglichkeit, Wasser im Wohnbereich zu nutzen. Neben Kannen und Kesseln kam im 15. Jahrhundert im süddeutschen Raum der sogenannte Gießkalter in Mode. Er war ein schlanker hoher Schrank mit kleiner Waschschüssel oder Ablaufeimer und darüber eine »Wasserblase« aus Zinn, die verschiedene Formen hatte und nachgefüllt werden konnte. Sicher gehörte solch ein Waschkasten auch zu den Annehmlichkeiten im Alltag der Familie Guericke. S. L.

Lit.: Hinz 1989, Abb. 161–162. Kreisel, Himmelheber 1968.

III. Diplomat in Europa

Der Bürgermeister und Erfinder auf dem Westfälischen Friedenskongreß und auf Reichstagen (1642 bis 1654)

Nach der Zerstörung Magdeburgs 1631 wurde der langsame Wiederaufbau durch die weiteren Kriegsläufte behindert. Bereits 1632 belagerte die schwedische Armee die Stadt und zwang die kaiserlichen Truppen zur Kapitulation. Der nach dem Prager Frieden 1635 zwischen den ehemaligen Verbündeten Sachsen und Schweden ausgebrochene Krieg verheerte Sachsen und zog auch angrenzende Landstriche in Mitleidenschaft. Durch die 1636 erfolgte sächsische Belagerung der Stadt rückte zwar die schwedische Armee ab, doch wurden die Zustände unter dem neuen Stadtkommandanten August Adolf von Trandorf noch bedrückender als zuvor: Zu hohe Servisforderungen, Einquartierungen und die Willkür der Soldaten drangsalierten die wiederaufstrebende Gemeinde. Noch bevor die Schweden Magdeburg 1643 erneut belagern sollten, entschloß sich der Rat, mit beiden Parteien direkt zu verhandeln. Der damals vierzigjährige Ratmann Guericke schien der richtige zu sein, maßgeblich alle Verhandlungen mit dem sächsischen Kurfürsten in Dresden, dem magdeburgischen Administrator in Halle sowie den schwedischen Generälen Axel Lilljе und Lennart Torstenson in Leipzig zu führen. Schließlich hatte Guericke neben seiner Tätigkeit für die Stadt 1632 bis 1636 als Festungsingenieur zuerst in schwedischen und seit 1636 in kursächsischen Diensten gestanden und war damit beiden Kriegsparteien bekannt. Guericke erhielt ein bezahltes städtisches Amt, das des Kämmerers, und unternahm 1642 bis 1646 insgesamt sechs diplomatische Missionen im Auftrag des Rates – zum Teil unter Lebensgefahr, denn 1645/46 belagerten die Schweden ein letztes Mal das sächsische Magdeburg. Am Ende stand ein erster Erfolg: Die sächsische Besatzungsarmee zog am 24. April 1646 ab, und die Stadt konnte ihre Verteidigung wieder selbst übernehmen. Der erfolgreiche Diplomat Guericke wurde noch im selben Jahr Bürgermeister.

Nun sollte das andere große Projekt der Stadt in Angriff genommen werden: die Sicherung der Reichsfreiheit. Der Bürgermeister Guericke wurde nach Osnabrück zu den Friedensverhandlungen entsendet, doch konnte er keinen offiziellen Gesandtenstatus erlangen. Dies verhinderten die Gesandten des Erzstifts Magdeburg, denn ihrer Meinung nach gehörte die Altstadt Magdeburg zum Territorium des Stifts. Unterstützt wurden sie von Kursachsen (schließlich war der regierende Administrator der Sohn des sächsischen Kurfürsten) und von Kurbrandenburg, das die Anwartschaft auf das Erzstift nach dem Tode des derzeitigen Administrators erhoffte. Einzig die schwedischen Delegierten sprachen zugunsten der Stadt – aber wohl mehr mit Worten denn mit Taten. Zwar schien der Einsatz für Magdeburger Rechte von Erfolg gekrönt, denn der Osnabrücker Friedensvertrag vom 24. Oktober 1648 legte fest, daß Magdeburg das Ottonische Privileg bestätigt werden sollte. Doch wurde bis 1654 darum gerungen, was der Inhalt eines vom Kaiser auszustellenden Privilegs sein konnte. So folgten weitere Reisen nach Münster und Osnabrück, nach Nürnberg auf den

Friedensexekutionskonvent, der die Ausführungsbestimmungen des Westfälischen Vertrags festlegen sollte, nach Wien, Prag und schließlich auf den Regensburger Reichstag 1654. Auch hier stand Bürgermeister Guericke an der Spitze der Delegationen, doch konnte er die Niederlage der magdeburgischen Position nicht verhindern. Die Kollegien der Reichsversammlung lehnten eine Anerkennung der Reichsfreiheit für Magdeburg ab. Letzten Endes war Magdeburgs Position im Zeitalter des Absolutismus kaum durchzuhalten: Auch Braunschweig, Erfurt oder Stralsund mußten gegenüber den Territorialherren im 17. Jahrhundert kapitulieren. Wie sollte da das geschwächte Magdeburg in der Lage sein, die Reichsfreiheit durchzusetzen?

Guericke wußte seine diplomatischen Missionen zu nutzen. 1649 erlangte er von seiner Heimatstadt für sich und seine Familie ein Immunitätsprivileg, das ihn künftig von der Steuerzahlung jeglicher Art sowie vom Wachdienst und Einquartierungen befreite. Auf internationalem Parkett machte er in Regensburg als Wissenschaftler auf sich aufmerksam, als er das erste Mal Vakuumversuche vorführte. Geschickt stellte er seine Wissenschaft in den Dienst der Diplomatie und gab seinen Experimenten nicht den eigenen Namen, sondern nannte sie Magdeburger Versuche.

G. K.

1. Im Auftrag des Rates

138

Die diplomatischen Reiseziele 1642 bis 1666

Grafik; Entwurf: Kulturhistorisches Museum Magdeburg

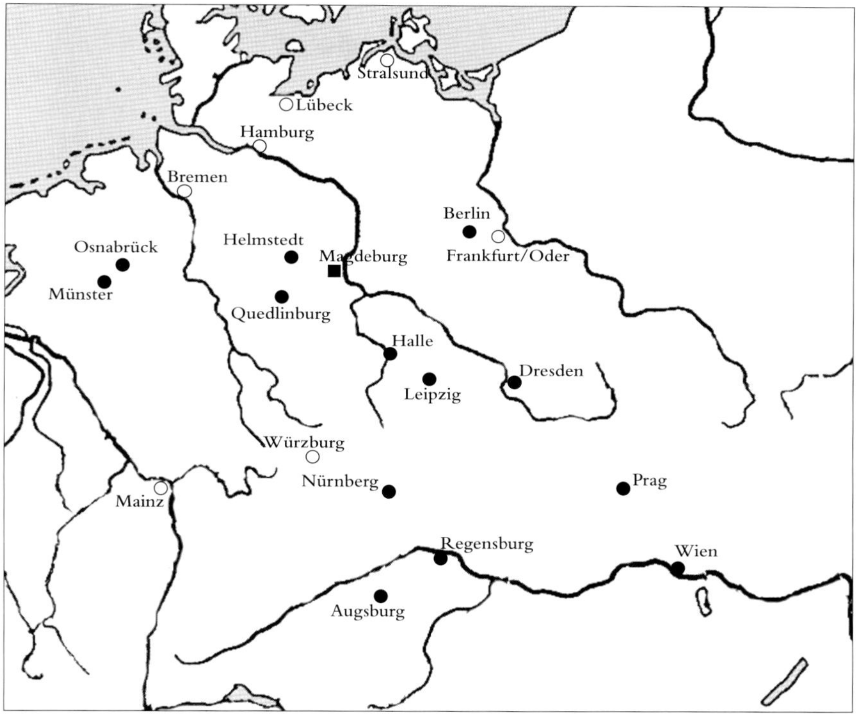

139 **(Abb. S. 64)**

Magdeburg in kursächsischer Hand

»Magdeburg Durch Accord von den Kayserisch-Chur-Sächsischen wider erobert, den 3. 13. Monats Juli 1636«

Um 1636
Kupferstich; 26,5 x 35 cm (Bl.)
Magdeburg, Kulturhistorisches Museum, Gr 49. 5

Die Zeit der schwedischen Besatzung, die im Januar 1632 mit dem Einzug der Truppen Johan Banérs begonnen hatte, endete im Juli 1636, als Kurfürst Johann Georg von Sachsen nach mehrmonatiger Belagerung den Abzug der Schweden erzwang. Der Stich zeigt Magdeburg als leere Fläche, der nur die erhaltenen Festungsanlagen eine militärstrategische Bedeutung verleihen. Er scheint zu belegen, daß Otto von Guericke nach seiner Rückkehr als Festungsingenieur in schwedischen Diensten vor allem mit der Aufgabe beschäftigt war, die zerstörten Festungswerke und Brücken wieder in einen brauchbaren Zustand zu versetzen und daß an den eigentlichen Wiederaufbau noch lange nicht zu denken war. Die Hoffnungen der Magdeburger, die neue sächsische Besatzung würde die Einwohner von harten Abgaben verschonen, erfüllten sich nicht. T.v.E.

Lit.: Schimank 1968, S. (186) ff.

140

Trandorf – sächsischer Oberbefehlshaber Magdeburgs

»AVGVSTVS ADOLPHVS BARO DE TRANTORF Serenissimi Electoris Saxoniae Generalis«

1649
Pieter de Jode d.J. (1606–1674) nach Anselm van Hulle (1601–nach 1674)
Kupferstich; 30,3 x 20,6 cm (Pl.)
Bez. u.m.: Anselmus van Hulle pinxit / Petrus de Iode sculp.
Magdeburg, Kulturhistorisches Museum, 98 M 4

Als 1638 August Adolf von Trandorf den Oberbefehl über die sächsischen Truppen übernahm, wurden die Zustände in Magdeburg unerträglich: Überhöhte Servisforderungen und Naturalabgaben, Angriffe auf Beauftragte der Stadt waren die immer wieder vorgetragenen Klagen am Dresdner Hof. Die Willkürherrschaft Trandorfs sollte beendet werden. Als Verhandlungsführer der Stadt wurde der Kämmerer Otto von Guericke eingesetzt. – Trandorfs Bildnis ist angelehnt an die Reihe der von Anselm van Hulle geschaffenen Porträts von Friedensgesandten 1648 und 1649: Das Porträt ist in einem Oval mit dem Motto des Dargestellten eingelassen (OMNIA CVM TEMPORE) und von einer Architektur umfangen, Name und Funktion finden sich in der Kartusche unter dem Porträt.

G. K.

Lit.: Wolter 1901, S. 183 f.

141

Guericke als Kämmerer der Stadt Magdeburg

»Cämmerey Rechnung ...«

1643; Magdeburg
Handschrift; 33 x 45 cm (aufgeschlagen)
Magdeburg, Stadtarchiv, Rep. 13 A I 6

Mit dem Beginn seiner diplomatischen Tätigkeit 1642 erhält Guericke auch ein bezahltes städtisches Amt: Er wird einer der Kämmerer der Stadt. Auf der Kämmereirechnung des Jahres 1642, die die städtischen Ausgaben vom 19. Februar 1642 bis zum 12. Februar 1643 verzeichnet, wird Guericke als »Ottonis Geriken« das erste Mal in dieser neuen Funktion genannt. Auch in den Ausgaben erscheint er mit seiner Reise nach Dresden: »Für einen Kahn, so H(err) Cämmerer Otto Gerike zue Dreßden kaufft, damit er herunter gefahren, an H(errn) Schlintzky zalet, ... 5 thlr.« In den folgenden Jahren taucht sein Name im Zusammenhang mit seinen diplomatischen Abschickungen immer wieder in den städtischen Rechnungen auf, so zum Beispiel bei Buchbindearbeiten in Vorbereitung seiner Mission nach Osnabrück 1646 oder für angemessene Kleidung als Bürgermeister für seine Wienreise 1659/60.

G. K.

Lit.: Schneider 2000, S. 24–26, S. 34.

142

Gesandtschaftsreisen nach Dresden

Ansicht Dresdens von der altstädter Seite im 17. Jahrhundert

Nach 1640
Unbekannnter Künstler nach
Pieter Hendricksz Schut (1618–nach 1660)
Öl/Lw.; 68 x 106,5 cm (beschnitten)
Dresden, Staatliche Schlösser und Gärten
Dresden, SB SSGD 169

Otto von Guerickes erste Gesandtschaft führte ihn 1642 zum sächsischen Kurfürsten Johann Georg I. (1585–1656) nach Dresden. Urkundlich ab 1206 erwähnt, war die Stadt an einem Elbübergang im Schnittpunkt zweier Handelsstraßen gegründet worden. Eine kontinuierliche Entwicklung zur wichtigsten Metropole Sachsens setzt jedoch erst 1485 mit der Teilung Sachsens und der Übergabe Dresdens an die albertinische Linie der Wettiner ein. Dresden ist fortan Residenzstadt. Das Gemälde bietet den Blick von der Altstädter Seite (heute Neustadt) über die Elbe auf die von den Zerstörungen des Dreißigjährigen Krieges verschont gebliebene Altstadt mit der Renaissanceresidenz, wie sie sich 1642 dem Gesandten Guericke darbot: In der Bildmitte liegt, von Sonnenstrahlen beleuchtet, der älteste Teil des Schlosses, der 1534 von Herzog Georg (1471–1539) erbaute und von Kurfürst August (1553–1586) erweiterte Georgenbau. August war es auch, der neben vielen öffentlichen Bauten die Bibliothek und 1560 die Kunstsammlung gründete, die unter Kurfürst Johann Georg I. vergrößert wurde. Gut zu erkennen sind die mächtigen Festungswerke, die, 1591 vollendet, Dresden zu einer der Hauptfestungen des Kurfürstentums Sachsen machten. U.S.

143

Kurfürst Johann Georg I. von Sachsen

2. Hälfte 17. Jh.
Kupferstich; 28,5 x 17,3 cm (Pl.)
Magdeburg, Kulturhistorisches Museum, 02 M 2

Das bekrönte Herrscherporträt zeigt Johann Georg I. (1585–1656), der nach dem Prager Friedensschluß im Bündnis mit Kaiser Ferdinand II. Magdeburg belagerte und 1636 den Abzug der schwedischen Besatzung erzwang. Allerdings versuchten die Schweden 1642 erneut, Magdeburg zu blockieren. Otto von Guericke verhandelte ab 1642 mit dem sächsischen Kurfürsten Johann Georg I., um eine Beendigung der sächsischen Besatzung und damit der schwedischen Blockade zu erreichen, was ihm im April 1646 schließlich gelang. Neben seinen eher unbedeutend scheinenden politischen Ambitionen war Johann Georg I. vor allem ein Mann der Hofkultur wie kaum ein anderer Fürst seiner Zeit. Festivitäten sowie der Kunst und der Jagd sehr angetan, versammelte er die besten Musiker, Baumeister und Künstler an seinem Hof in Dresden. Vier Jahre vor seinem Tod teilte Johann Georg das Erbe auf und übertrug seinen jüngeren Söhnen kleinere Territorien: So wurde August (1614–1680), der Administrator des Erzstifts Magdeburg, zum Herzog von Sachsen-Weißenfels.

U.S.

144

Waffen der Garde am Dresdener Hof

a) Trabantengleve unter
Kurfürst Christian I.
1586–1593 bis zirka 1630 verwendet
Kursachsen
Holz, Metall, graviert; L 225 cm

b) Radschloßgewehr der Trabantengarde von
Kurfürst Christian I.
1591; Kursachsen
Holz, Elfenbein, Horn, Metall; L 110,5 cm

Dresden, Militärhistorisches Museum,
Bb 5100, Ba 7853

Im Kurfürstentum Sachsen bestand seit dem Ende des 16. Jahrhunderts eine Trabanten-Garde. Diese Palastwachen, Paradeposten und Begleitwachen trugen als Zeichen ihrer besonderen Dienststellung kostbar verzierte Stangenwaffen mit reich geätzten und vergoldeten Eisen. Teuer in der Anschaffung, blieben sie auch nach Herrscherwechsel, meist nur unter Änderung des jeweiligen Namenszuges auf dem Blatt der Waffe, lange im Gebrauch. Die reich geschmückte Feuerwaffe zeigt Einlegearbeiten aus Elfenbein mit Darstellungen maritimer Fabelwesen und belegt den Übergang von Gebrauchs- zum Repräsentationsgegenstand.

E.A.L.

145

Die Kunstkammer in Dresden

In: Eberhard Werner Happel, Gröste Denkwürdigkeiten der Welt oder so genannte Relationes curiosae worinnen dargestellet, umb dem Probier-Stein der Vernunfft examiniret werden, die vornehmsten physikalis. Mathematis. Historische und ander merckwürdige Seltzamkeiten, welche an unserm sichtbahren Himmel, in und unter der Erden, und im Meer jemahlen zu finden oder zu sehen gewesen ..., 3. Teil, Hamburg: Thomas von Wiering 1687, vor S. 117

Kupferstich; 22 x 46 cm
Halle, Universitäts- und Landesbibliothek,
Af 5718 (3)

Kunst- und Raritätenkammern wie die hier abgebildete gehörten seit der Renaissance zu jedem großen Fürstenhof Europas. Fein säuberlich nach Gattungen gegliedert wie in diesem Fall (links Pflanzen, rechts Tiere und Kunst, in der Mitte Technik und Kriegskunst) oder bunt durcheinander waren in ihnen alle »Merckwürdigkeiten der Natur«, alle Dinge, die Neugier, Bewunderung oder wissenschaftliches Interesse erregten, versammelt. Neben Naturalien und Kunstwerken waren im 17. Jahrhundert vor allem mathematische Instrumente und mechanische Modelle von hohem Sammlerwert wie zum Beispiel Guerickes Halbkugeln und Pumpe, die er 1663 dem brandenburgischen Kurfürsten schenkte (Kat. 207, 208). Es ist zu vermuten, daß Guericke bei seinen Besuchen am sächsischen und brandenburgischen Hof die Ehre zuteil wurde, die dortigen Kunstkammern zu besichtigen. Im 1704 erschienenen »Museum Museorum« des Michael Bernhard Valentini (Kat. 289) taucht unter den großen

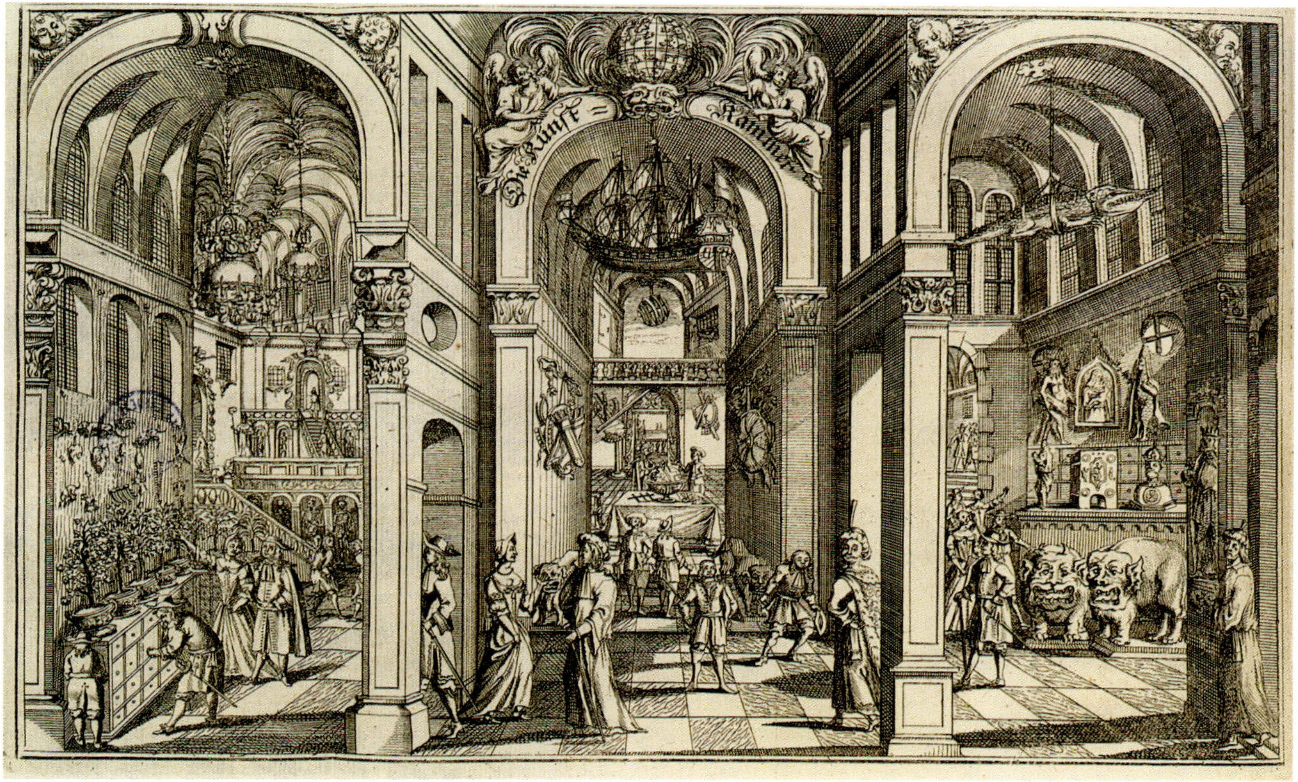

Kunst- und Naturalienkammern Europas auch die des »Herrn Otto de Guericke, Magdeburg« auf. Wie umfangreich diese Sammlung war und was Otto von Guericke dafür zusammengetragen hatte, ist unbekannt. Verschiedene technische Geräte tauchen im Nachlaß Christoph Gottfried Beireis (1730–1809) wieder auf mit dem Vermerk: »aus der Sammlung Guericke« (Kat. 222). U.S.

146

Administrator August von Sachsen-Weißenfels

»AVGVSTVS PO ADMINIS A-EPISC MAGDEBVR DVX SAX IVL CLIV MON«

1678; Elias Hainzelmann (1640–1683) nach Christian Schaeffer

Kupferstich; 56 x 48,5 cm (Pl.)
Bez. u.l.: Christian Schaeffer ad Vivum pingebat.; u.r.: Elias Hainzelmann sculps. Aug.; u.m.: DOMINO SVO CLEMENTISSIMO DD. humillim(us) cliens Joh: Moriz Richter. Architect(us) 1678.
Magdeburg, Kulturhistorisches Museum, M 54h

Der 1614 geborene Sohn des sächsischen Kurfürsten Johann Georg I. wurde bereits 1628 vom Magdeburger Domkapitel zum evangelischen Administrator des Erzstifts Magdeburg gewählt. Kaiser Ferdinand III., der seinerseits seinen Sohn Leopold Wilhelm diese Pfründe verleihen wollte, stimmte erst 1635 mit dem Prager Friedensschluß der Einsetzung des Sachsen August zu. Der Westfälische Frieden von 1648 bestätigte August noch einmal als Administrator, doch sollte das Erzstift nach seinem Tod in ein weltliches Herzogtum umgewandelt und dem Kurfürstentum Brandenburg einverleibt werden. Erst mit dem Tode Augusts im Jahre 1680 wurde diese Klausel des Vertrages umgesetzt. In Magdeburg hat August jedoch nie residiert, sondern er ließ das Schloß in Weißenfels, das er seit der sächsischen Erbteilung 1656 in Besitz hatte, zu einem repräsentativen Barockbau ausbauen und pflegte dort die barocke Hofkultur. Ausdruck dessen und der absoluten Stellung des Herzogs ist das Tragen eines Harnischs wie auf diesem Kupferstich. Das Porträt gehört zu einer Serie von fünf Kupferstichen, die beim Tode des Herrschers als Illustration der gedruckten Leichenpredigt beigebunden wurden.

G.K.

Lit.: gantz verheeret 1998, S. 323 f. Nr. 390, S. 317 Nr. 375. Neue Augustusburg 1994, S. 81 f. Nr. II.28.

147

Als Gesandter in Halle

Vier Ansichten der Stadt Halle (gegen Morgen, Abend, Mittag und Mitternacht)

Aus: Topographia Saxoniae Inferioris. Das ist Beschreibung der vornehmsten Stätte unnd Plätz in dem hoch. Nidersachs: Krayß, Frankfurt/M.: Matthäus Merians Erben 1653, nach S. 110
Kupferstich; jeweils 12 x 37 cm
Halle, Stadtmuseum Halle

Der dritte Auftrag des Rates führte Otto von Guericke mit den Ratmännern Gottfried Steinacker und Georg Kühlewein vom August 1645 an mehrfach zu Verhandlungen mit dem Administrator August von Sachsen-Weißenfels (1614–1680) nach Halle. Die vier Kupferstiche

bieten die seltene Möglichkeit, die Stadt in ihrer Gestalt von 1653 von allen vier Himmelsrichtungen aus zu betrachten. Durch beigefügte Zahlen und Legenden ist dem Betrachter die schnelle Identifizierung aller Bauten und somit eine gute Orientierung möglich. Blickt man von Abend (Westen) über die Saale hinweg auf das Panorama der Stadt, liegt in der Bildmitte der Rote Turm und die Kirche Unser Lieben Frauen. Am linken Bildrand ist das Schloß, die nach der Eroberung Halles 1478 durch den Erzbischof von Magdeburg, Ernst von Sachsen, erbaute Moritzburg zu sehen. U. S.

148

Diplomatische Reisen nach Leipzig

»Die Statt Leipzig sampt der Belägerung«

In: Johann Phillip Abelin, Theatri Europaei, … zweyter Theil, hg. Matthäus Merian, Caspar Merian und Thomas Matthias Goetzens Erben, Frankfurt/M.: Balthasar Christoph Wusten 1679, nach S. 690

Kupferstich in Buch; 29 x 35,5 cm (Pl.)
Magdeburg, Kulturhistorisches Museum, Bibliothek Bi 182

Im Zusammenhang mit den diplomatischen Missionen nach Dresden und Halle reiste Guericke 1645 und 1646 auch mehrfach nach Leipzig zum schwedischen Oberkommandanten Feldmarschall Lennart Torstenson (1603–1651), zum schwedischen Geheimen Hof- und Kriegsrat Alexander Erskein (1598–1656) und zum in schwedischen Diensten stehenden Generalmajor und Obristen Axel Lillje (1603–1662). Die Verhandlungen hatten die Aufhebung der schwedischen Blockade Magdeburgs zum Ziel. Durch seine zwei Studienjahre war Leipzig Otto von Guericke vertraut (Kat. 23, 24), doch hatte die Stadt erheblich unter den Folgen des Dreißigjährigen Krieges gelitten. 1631 von Tilly zur Übergabe genötigt, kam Leipzig noch im gleichen Jahr durch Gustav Adolfs Sieg bei Breitenfeld bis 1650 unter schwedische Herrschaft. Der Stich zeigt die Stadt von Westen während der Belagerung durch die Schweden. Detailliert sind die Belagerungstechnik wie auch die Truppenbewegung und der Fortgang des Kampfes der Schweden in den beiden rechteckigen Feldern am Bildrand und mit einer Numerierung im Bild festgehalten und erläutert. U. S.

149

Axel Lillje – Verhandlungspartner in Leipzig

»Axell Lillie auf Löfsta vnd Sietörr etc. Der königlichen May(es)th(ät) vnd Cron Schweden bestelter GENERAL MAJOR vnd Obrister zu Roß vnd Fuß …«

17. Jh.
Kupferstich
28,4 x 21,8 cm (Bl., beschnitten)
Braunschweig, Herzog Anton Ulrich-Museum, P 3. 2237

Bei seinen erfolgreichen Verhandlungen in Leipzig traf Guericke auch mit dem Gouverneur der schwedischen Krone, General Axel Gustafsson Lillje (1603–1662), zusammen. Der Befehlsstab in seiner Rechten, Harnisch, Schwert sowie Helm und Handschuh auf dem Tisch rechts verweisen auf den erfolgreichen Feldherrn. Während der Kopf fast wie ein Fremdkörper in der Darstellung wirkt – so als wäre er erst nachträglich eingefügt worden –, sind der metallische Glanz der Rüstung, aber auch die kostbaren Stoffe der Offiziersschärpe, des Spitzenkragens und der Beinkleider sorgfältig herausgearbeitet worden. Auffällig ist auch das Medail-

lon, das Lillje um den Hals trägt: Bei dem Dargestellten handelt es sich wohl um Axel Oxenstierna (1583–1654), der zu dieser Zeit die Politik Schwedens als Reichskanzler bestimmte. G. K.

Lit.: Schneider 2000, S. 25 f. Bußmann, Schilling Bd. 3, 1998, S. 394 f. Nr. 1147.

150

Der schwedische Kriegsrat Alexander Erskein

»ALEXANDER ERSKEIN S. Regiae Majest. Sueciae à Consiliis Secretioribus Aulicis et bellicis, … Pro tempore. Militiae Suedicae ad Tractatus Pacis Universalis Plenipotentiarius.«

1649
Cornelis Galle d.J. (1615–1678) nach Anselm van Hulle (1601–nach 1674)
Kupferstich; 30,7 x 19,9 cm (Pl.)
Bez. u.l. im Ornament: Anselmus van Hulle pinxit. Corn. Galle iunior sculpsit.
Magdeburg, Kulturhistorisches Museum, 98 M 2

Der aus einer schottischen Adelsfamilie stammende Alexander Erskein (1598–1656) hat an mehreren deutschen und niederländischen Universitäten studiert, darunter 1617 – im selben Jahr wie Guericke – in Leipzig. Bereits seit 1628 in schwedischen Diensten stehend, wird er 1631 schwedischer Resident in Erfurt. Spätestens zu diesem Zeitpunkt werden sich Guericke und der geheime Hof- und Kriegsrat Erskein kennengelernt haben. Anfang 1635 hielt sich Erskein in Magdeburg auf, wo er die Einweisung in die ehemals den geistlichen Institutionen gehörenden Besitztümer übernahm, die die schwedische Krone 1633 der Stadt zugesprochen hatte. Guericke hat den Kontakt zu Erskein vor allem während der Verhandlungen über den Abzug der sächsischen Truppen aus Magdeburg gesucht. Und sicherlich hat sich Guericke auch auf dem Friedensexekutionskongreß in Nürnberg an Erskein gewandt, wohin dieser als Bevollmächtigter der schwedischen Armee entsendet worden war. In Abwesenheit des schwedischen Prinzipalgesandten unterschrieb Erskein den zweiten Teil des auf der Nürnberger Burg geschlossenen Durchführungsvertrages vom 26. Juni 1650. G. K.

Lit.: Svenskt Biografiskt Lexikon 14, 1953, S. 462–476. Wolter 1901, S. 180–182. Janicke 1886.

151

Abzug der kaiserlich-sächsischen Garnison aus Magdeburg

14. April 1646; Magdeburg
Handschrift; 35 x 45 cm
Stade, Staatsarchiv, Rep. 32 II, Nr. 65, Bl. 42–43

Der Brief dokumentiert den erfolgreichen Abschluß von Guerickes erster diplomatischer Mission. Der Abzug der seit 1636 in Magdeburg stationierten kaiserlich-sächsischen Garnison beendete die Zeit der fremden Besatzungsmächte. Die Stadt war nun wieder selbst für die Sicherheit ihrer Bürger verantwortlich. Noch am Tage des Abzugs setzte Guericke den Brief an Erskein auf und beschrieb die Vorgänge des Tages im Detail. Um sieben Uhr morgens kamen 250 Mann von der Neustadt her in die Stadt, von denen 100 in die Quartiere geschickt wurden, je 50 Mann das Sudenburger und das Brücktor besetzten und 50 als Reserve auf dem Markt versammelt wurden. Die Wälle besetzten 150 Bürger. Um zehn Uhr verließ die sächsische Garnison durch das Sudenburger Tor Richtung Schönebeck die Stadt: Reiterei, Fußsoldaten, zwei Geschütze mit sich führend, und am Ende 13 Karossen und 50 Gepäckwagen (»Pagagi«). Insgesamt waren es 800 Mann und der Troß. Auch fand mittags eine formelle Verabschiedung der Offiziere und des Obersten durch die städtische Obrigkeit statt, an der Guericke ebenfalls teilnahm. Daß Guericke ganz offensichtlich ein sehr persönliches Verhältnis zur Familie des schwedischen Rats Erskein hatte, zeigt der letzte Absatz, in dem er nicht nur Erskeins Frau (»dero hertzvielgeliebten Haußehr«) grüßen ließ, sondern auch deren Besuch in Magdeburg erwartete (»die uns vermuthlich, Gott gebe mit allerseits guttem Gedeien, selbsten besuchen wirdt«). G. K.

Lit.: Schneider 2000. Janicke 1886, S. 294 f.

152

Leichenpredigt auf Margarethe Alemann (1605 – 1645)

»Christliche Leich Predigt … bey dem Begräbnüß der weyland edlen, vielehrentugentreichen Frawen, Margarethae Alemannin, Herrn Otto Geriken, Altgeschlechters, und wolverordneten Raths Cämmer Herrn, in der alten Stadt Magdeburgk, hertzlieben Hauß Frawen, welche … in der Kirchen zu S. Johann: christlich und ehrlich zur Erden bestattet worden ist …«, [Magdeburg:] Andreas Betzel 1645
Typendruck; Sammelband
19 x 31 cm (aufgeschlagen)
Göttingen, Staats- und Universitätsbibliothek, Conc. fun. II, 134 (4)

Bevor Guericke eine weitere Dresden-Reise im August 1645 antrat, an deren Ende der Abzug der sächsischen Truppen aus Magdeburg 1646 stehen sollte, war seine erste Frau Margarethe Alemann im April gestorben. Fast 20 Jahre waren die beiden verheiratet und hatten zusammen die Zerstörung der Stadt erlebt, in deren Folge der jüngere Sohn 1632 im Alter von nicht einmal zwei Jahren starb. Margarethe wird in der Familiengruft der in der Johanniskirche beerdigt, wo ihr Grabstein bei Bauarbeiten 1890 wiedergefunden wurde. In der Gruft wird er heute auch wieder präsentiert (Abb. S. 32). In der Zeit zwischen dem Tod seiner ersten Frau 1645 und seiner zweiten Heirat 1652 liegen Guerickes entscheidende diplomatische Reisen beziehungsweise die Vorbereitungen dazu. Es läßt sich nur mutmaßen, daß Guericke allein während seiner Ehelosigkeit genügend Zeit für die diplomatischen Händel fand. G. K.

153

Guerickes zweite Heirat mit Dorothea Lentke 1652

4. Mai 1652; Wien
Brief Heinrich Steygers an Otto von Guericke
Handschrift; 35 x 45 cm (aufgeschlagen)
Magdeburg, Stadtarchiv, A I UV 8^1, f. 104r

Am 11./21. März 1652 hat Guericke Heinrich Steyger, den Beauftragten der Stadt Magdeburg am kaiserlichen Hof in Wien, davon unterrichtet, daß er ein zweites Mal heiraten wolle. Heinrich Steyger gratuliert Guericke zu diesem Ereignis, entschuldigt sich aber, nicht an den Feierlichkeiten teilnehmen zu können. Unten auf dem privaten Brief an den Magdeburger Bürgermeister ist als Nachtrag ein Mandat Ferdinands III. kommentiert, das Steyger abschriftlich beifügt. Diese Notiz hat Guericke offensichtlich veranlaßt, den Brief aus seiner Privatkorrespondenz den städtischen Akten hinzuzufügen, die den Briefwechsel mit dem Vertreter der magdeburgischen Interessen in Wien enthalten. Steygers Schreiben ist wohl das einzige zeitgenössische Dokument, das Guerickes zweites Heirat belegt.
G. K.

154

Tafelaufsatz »Magdeburger Reiter«

1858; Berlin
Christof David Vollgold (1775 – 1859) und Franz Vollgold (1810 – nach 1867)
Silber, vergoldet
H 107 cm, Dm der Grundplatte 55 cm
Bez. auf oberem Stufentritt: Die Stadt Magdeburg den 6 Februar 1858; auf unterer Stufe: Gebr. Vollgold Berlin, Hop. Goldschmiede Sr. Kön. Hoh. Des Prinzen v. Preussen.
Magdeburg, Kulturhistorisches Museum, Me 2070 (Dauerleihgabe der NORD/LB Mitteldeutsche Landesbank)

Diese prachtvolle, detailgetreue Miniaturnachbildung des Magdeburger Reiters wurde 1858 von der Stadt als Hochzeitsgeschenk anläßlich des Besuches des neuvermählten preußischen Kronprinzenpaares Friedrich Wilhelm und Viktoria gefertigt. Der Tafelaufsatz zeigt das Denkmal in seinem Zustand des 19. Jahrhunderts mit der damals neu geschaffenen Balustrade. Das Vorbild stand auf dem Magdeburger Markt vor dem Rathaus in einer hohen, fast sakral wirkenden Architektur und zeigt einen jugendlichen Herrscher hoch zu Roß, begleitet von zwei Jungfrauen. Die Skulptur stammt aus der Mitte des 13. Jahrhunderts. Vermutlich handelt es sich um eine Darstellung Ottos des Großen, der als Gründer der Stadt gilt. Das Denkmal wurde von den Magdeburgern stets als Wahrzeichen städtischer Unabhängigkeit verehrt und zwanzig Jahre nach der verheerenden Zerstörung der Stadt 1651 grundlegend restauriert. Das Gehäuse, vor allem der Baldachin und die Tragefiguren der vier Kurfürsten, wurde erneuert. Als deutliches politisches Zeichen Magdeburgischer Souveränität erhielt das gesamte Denkmal eine Vergoldung. Die finanziell beteiligten Ratsmitglieder wurden mit ihren Wappenschilden auf den Sockeln der Baldachinsäulen verewigt, unter ihnen auch Otto von Guericke. Daß dem preußischen Prinzenpaar auf seiner Reise von England nach Berlin in Magdeburg ausgerechnet der Magdeburger Reiter überreicht wurde, mag für das Selbstverständnis der Magdeburger Bürger sprechen. 1965/66 wurde das Reiterstandbild aus konservatorischen Gründen durch eine Kopie aus Bronze ersetzt und das Original in das Kulturhistorische Museum Magdeburg gebracht, wo es heute im Kaiser-Otto-Saal steht. U.S.

Lit.: Hoffmann, Hertel, Hülße Bd. 2, 1885, S. 535 – 538. Schubert 1994.

155

Magdeburg postuliert seine alten Rechte

»Der Römischen Kayserlichen und Königlichen Maiestäten Privilegia, Concessiones, Confirmationes, etc. Der Löblichen Uhralten Stadt Magdeburgk Allergnädigst geeignet«, Magdeburg: Andreas Betzel (Bürger und Buchdrucker) 1640

Titelkupferstich
19,5 x 31,5 cm (Buch aufgeschlagen)
Magdeburg, Dr. Dietrich Vogt

Mit dem Neudruck städtischer Privilegien und Statuten sowie der Gerichtsordnung versucht die Altstadt Magdeburg den Traditionsbruch der Zerstörung von 1631 zu überwinden. Der Band gibt im Wortlaut die vorgeblich von Otto dem Großen gewährten Rechte einer freien Reichsstadt wieder, er enthält später gewährte Vorrechte über Kornverschiffung und Münzschlag und die von den Kaisern Ferdinand II. und Ferdinand III. zugestandenen Festungsprivilegien. Vor allem aber publiziert die Obrigkeit der »Stadt Magdeburgk Wilkühr«, die Verfassungsgrundlagen von 1625, sowie die Gerichtsordnung in der Fassung von 1626, um die städtische Selbstverwaltung und die eigene Gerichtsbarkeit auf eine gesetzliche Basis zu stellen. T.v.E.

156

Die neue Kirchenordnung der Stadt Magdeburg

14. Dezember 1652; Magdeburg
Nachträge bis zum 4. März 1820
Handschrift von 20 Blättern Pergament
33,3 x 22,7 cm
Anhängendes Stadtsiegel in Holzkapsel an rot-weißen Seidenfäden; Dm 7 cm
Magdeburg, Stadtarchiv, Urk.-S. 3

Nachdem die Stadt Magdeburg »von Jahren zue Jahren zue beßern Auffnehmen wiederumb gedeyen thut«, viele Kirchen restauriert oder zukünftig hergerichtet werden, möchten der Rat mit Otto von Guericke an der Spitze, die zwei Erbausschüsse, die Kirchenältesten und Kirchenväter der sechs Stadtkirchen die Qualität des Predigtamtes wahren. Die Kirchenordnung regelt deshalb das Wahl- und Einsetzungsverfahren der Prediger. Diesen wird außerdem untersagt, Abmahnungen oder Zwiste von der Kanzel herab zu führen. Da jeder Prediger in Magdeburg diese Ordnung anerkennen muß und sie fast 170 Jahre in Kraft bleibt, finden sich auf der Urkunde die Unterschriften aller Prediger in Magdeburg vom 14. Dezember 1652 bis zum 4. März 1820. Um alle Unterschriften unterbringen zu können, mußten an die ursprünglich zwölf Blätter umfassende Ordnung noch zweimal je vier Blätter angehängt werden. G. K.

157

Die neue Kleiderordnung von 1678

1678; Magdeburg
Handschrift; 35 x 45 cm (aufgeschlagen)
Magdeburg, Landeshauptarchiv Sachsen-Anhalt, Rep. A II 463

Im November 1678 sah sich Herzog August von Sachsen-Weißenfels (Kat. 146) genötigt, mit einer neuen Kleiderordnung gegen die «schändliche Hoffahrt, Pracht und Uebermuth in Kleidungen« vorzugehen (Kat. 21). Da für fremde Kostbarkeiten hohe Geldsummen außer Landes gebracht, viele Bürger in die Armut getrieben würden und «fast kein Stand mehr vor dem anderen zu unterscheiden« war, ließ er die Bevölkerung in neun Klassen teilen und legte fest, wem welche Art von Kleidung zusteht. Der zweiten Klasse, den Ratsmeistern, Schöffenstuhl-Assessoren und Rentmeistern, der auch Otto von Guericke angehörte, wurde zum Beispiel das Tragen von Edelsteinen, der Kleiderbesatz von Edelmetall und ausländischen Spitzen sowie kostbares Pelzfutter bei hohen Geldstrafen und »Gottes sicherem Zorn« untersagt, wie auch den Weibern die langen nachschweifenden Röcke und die Entblößung der Brüste. Die peinliche Ausführlichkeit, mit der die Stände und die Kleidungsdetails festgelegt wurden, sorgten in den folgenden Jahren für zahllose Streitigkeiten unter den Bürgern, die entweder die Zugehörigkeit zu einer bestimmten Klasse ablehnten oder andere wegen Verstoßes anzeigten.
U. S.

Lit.: Liebe 1902, S. 184–188.

2. Einsatz für Magdeburger Rechte

158

Der Gesandte Otto von Guericke

»OTTO GERICKE Patricius et Reipubl(ici) Magdeburgensis Consul, eiusdemq(ue) ad Universales Pacis Tractatus Monasterii et Osnabrugi Legatus«

1649; wohl Nürnberg
Cornelius Galle d.J. (1615–1678) nach Anselm van Hulle (1601–nach 1674)
Kupferstich; 30 x 20 cm
Bez. u.l.: Anselmus van Hulle pinxit et Corn. Galle sculpsit.
Magdeburg, Kulturhistorisches Museum, A 4918

Im Stile der umfassenden Reihe von Porträts, die die Gesandten auf den Kongressen von Münster und Osnabrück 1648 sowie Nürnberg 1649 zeigen, wurde auch Guericke 1649 dargestellt. Wie üblich findet sich über dem Dargestellten das Wappen des von ihm vertretenen Territoriums, hier die Stadt Magdeburg mit Jungfrau und Lutherrose; unten das Wappen des Porträtierten, hier der aufsteigende Löwe über der Rose im geteilten Schild; ganz unten in der Kartusche der Name und Titel, während der ovale Bildausschnitt von einem Band mit dem Motto umschlossen ist (LIBERTAS, LEGES ET PAX SVNT OPTIMA DONA. = Freiheit, Gesetze und Frieden sind die höchsten Güter). Guerickes Motto spiegelt also in idealer Weise die politische Position von Guerickes Verhandlungsführung für seine Heimatstadt Magdeburg auf den westfälischen Friedenskongressen 1647–1649 wider. Das Bildnis selbst entstand allerdings erst 1649 im Zusammenhang mit den Friedensexekutionsverhandlungen, die 1649/50 in Nürnberg geführt wurden: Guericke spricht die Anfertigung des Porträtstichs in einem Brief an den Rat vom 1.6.1649 aus Regensburg an.

G.K.

Lit.: gantz verheeret 1998, S. 300f. Nr. 347. Kuper 2000, S. 52. Dethlefs 1995, S. 95f.

159

Guerickes Konterfei im »Theatrum Europäum«

»OTTO GERICKE PATRIC(ius) ET REIP(u)B(lici) MAGDEBVRGENSIS CONSVL EIVSDEMQ(ue) AD VNIVERSALES PACIS TRACTATVS MONASTERII ET OSNABRVGI LEGATVS«

Aus: Johann Georg Schleder, Theatrum Europäum ... Bd. 6, Frankfurt/M.: Matthäus Merian Erben 1652 u.ö.

Matthäus Merian d.J. (1621–1687) nach Cornelis Galle d.J. (1615–1678)
Kupferstich; 17,5 x 13 cm (Pl.)
Magdeburg, Kulturhistorisches Museum, 98 M 1

Das Bild stellt eine seitenverkehrt gestochene Kopie des Porträts von 1649 dar, wobei auf schmückendes Beiwerk, Wappen und Motti verzichtet wurde. Einzig der Name und der Titel wurden vom Originalblatt übernommen. Die Kopie fügt sich ein in die Vielzahl von Nachstichen, die mit den Kupferstichen der Gesandtenporträts nach den Verhandlungen in Münster und Osnabrück sowie Nürnberg einsetzte. So erschien das mehrere Bände umfassende Geschichtswerk zum Zeitgeschehen des 17. Jahrhunderts, das »Theatrum Europäum«, 1652 mit einem sechsten Teil, in dem die Friedensschlüsse von 1648/50 behandelt werden. Und unter den 86 Porträts der an den Verhandlungen beteiligten Diplomaten findet sich auch das Otto von Guerickes.

G.K.

Lit.: Dethlefs 2000, S. 39.

160

Reisehandbuch mit einer Karte von Mitteleuropa

Vorgebundene Tafel, in: Martin Zeiller, Fidus Achates. Oder Getreuer Reisegefert, welcher seinen Reisgesellen nicht allein, ... die Meilen und Weite der Oerter voneinander, deßgleichen wie und wo sie gelegen, sondern auch bey vielen, was vornemlich daselbsten zu sehen ... anzeigen thut ..., Ulm: Georg Wildeisen 1653.

Kupferstich im Buch; 14,5 x 17 cm (Bl.)
Bez. o.: »M.Z. FIDVS ACHATES. Oder Getreuer Reis Gefert«; unter der Karte: »Ich wil dir den Weg zeigen, den du wandeln solt, Ich wil dich mit meinen Augen leyten Ps. 32«; Kartusche u.r.: »Ulm Im Verlag von Georg Wildeisen 1653.«
Wolfenbüttel, Herzog August Bibliothek, QuN 905 (1)

Der Band von Martin Zeiller (1589–1661) beschreibt mit Entfernungsangaben die verschiedenen Wegstrecken, auf denen man von Ort zu Ort reisen kann. Als Orientierung dienen dabei einzelne Städte, Dörfer oder andere markante Punkte, die an diesen Strecken liegen. Aus dem Süden kommend, beschreibt Zeiller zum Beispiel die zwei möglichen Reiserouten nach Magdeburg über Staßfurt oder über Schönebeck-Salzelmen. Eine Übersicht über regelmäßige Postverbindungen mit ihren Abfahrtszeiten in bestimmten Orten sowie eine grobe Übersichtskarte am Anfang des Buches geben eine erste Orientierung über einzuschlagende Reiserouten auf großen Wegstrecken. Solche Reisehandbücher zeigen, wie man sich in einzelnen Etappen durch fremde Länder bewegen konnte, auch wenn man keine einheimischen Führer zur Unterstützung hatte.

G.K.

161

»Der Neüe Allamodische Postpot«

1. Hälfte 17. Jh.
Paulus Fürst (um 1605–1666)
Kupferstich, Nachdruck 19. Jh.
32,7 x 23,2 cm (Bl.)
Bez. u.m: Paulus Fürst Excudit
Magdeburg, Kulturhistorisches Museum, Gr 47. 1345

Das Spottblatt auf den in neuer französischer Kleidung die Post austragenden Boten gehört zu den vielen bildlichen Zeugnissen der Auseinandersetzung mit den neuen Modetendenzen und dem damit verbundenen Lebensstil. Der Nürnberger Postbote, der hier die »Gute Zeitung aus Turkey und Ostindien« austrägt, ist, so teilt uns der Text unter dem Bild mit, mit den neuen Schuhen auch nicht schneller oder zuverlässiger. Begleitet von einem Hund, treibt ihn lediglich der Gedanke an vergnügliche Stunden im Wirtshaus von Ort zu Ort, keineswegs sein Pflichtbewußtsein. Der Anstecker, den der Bote über seiner Brust trägt, zeigt das Wappen der Reichsstadt Nürnberg, deren Stadtsilhouette im Bildhintergrund angedeutet ist. Trotz des im 17. Jahrhundert gut organisierten Postwesens kam es, wie auch Otto von Guericke berichtet, aufgrund der Unzuverlässigkeit der Briefboten oft zum Verlust oder zu einer erheblichen Verzögerung der Briefinformationen.

U.S.

162

Reisen mit dem Fuhrwerk

In: Johann Amos Comenius, orbis sensualium pictus ... Die sichtbare Welt / Das ist / Aller vornemsten Welt-Dinge und ..., Nürnberg: Michael Endter 1658, S. 174/175

Holzschnitt; 5,5 x 7 cm
Wolfenbüttel, Herzog August Bibliothek, 47. 7 Eth. (a)

Die gebräuchlichsten Formen des Reisens im 17. Jahrhundert waren der Ritt mit dem Pferd oder bei längeren Strekken die Fahrt mit der »vectura«, dem Wagen. Otto von Guericke war bei seinen diplomatischen Abschickungen gemeinsam mit Amtskollegen und Dienerschaft oft mit Kutschen unterwegs. Wie er selbst berichtet, war das Reisen mit Kutschen recht unbequem und zum Teil sogar gefährlich: Auf dem Weg von Osnabrück nach Münster Ende April 1649 zum Beispiel verunglückte seine Kutsche mit seinem Diener und seinen Koffern. Es waren »... alle Kleider, Acten und Geräthe sehr besudelt. Der Fuhrman selbst, ..., ist darunter zu liegen gekommen und zimlich an Beine gequetschet worden.« Guericke saß in einer zweiten Kutsche und blieb unversehrt. In dem vorliegendem Lehrbuch geben zahlreiche Abbildungen mit ihren Beschreibungen auf Latein und Deutsch einen Überblick über die wichtigsten Dinge menschlichen Lebens. Dem Reisen ist Kapitel 85 gewidmet.

U.S.

Lit.: Kuper 2000, S. 48 f.

163

Reisen mit dem Schiff

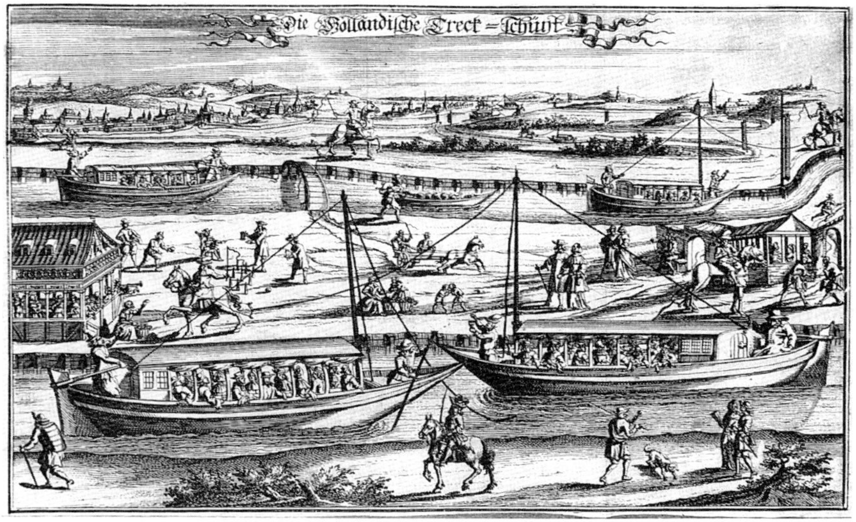

»Die Holländische Treck-Schünt«

Aus: Eberhard Werner Happel, »Gröste Denkwürdigkeiten der Welt oder so genannte Relationes curiosae ...«, 3. Teil, Hamburg: Thomas von Wiering 1687, nach S. 672

Kupferstich; 18 x 28,7 (Pl.)
Magdeburg, Kulturhistorisches Museum, Gr 51. 1149

In der Nähe von Binnengewässern oder großen Flüssen boten sich neben den Kutschen Schiffe als Transportmittel an. Größere Lastkähne nahmen ebenso Passagiere auf wie kleinere Boote, die nur für den Personenverkehr konstruiert worden waren. Otto von Guericke nutzte sicherlich 1624 bei seinen Reisen durch die niederländischen Provinzen solche Kanalschiffe, die sich großer Beliebtheit erfreuten und auch zu Vergnügungs- und Stadtrundfahrten genutzt wurden. Der Kupferstich zeigt, wie vollbesetzte Schiffe auf Kanälen von Pferden gezogen und mit Staken gelenkt werden. U.S.

164

Immerwährender Kalender in zylindrischer Form

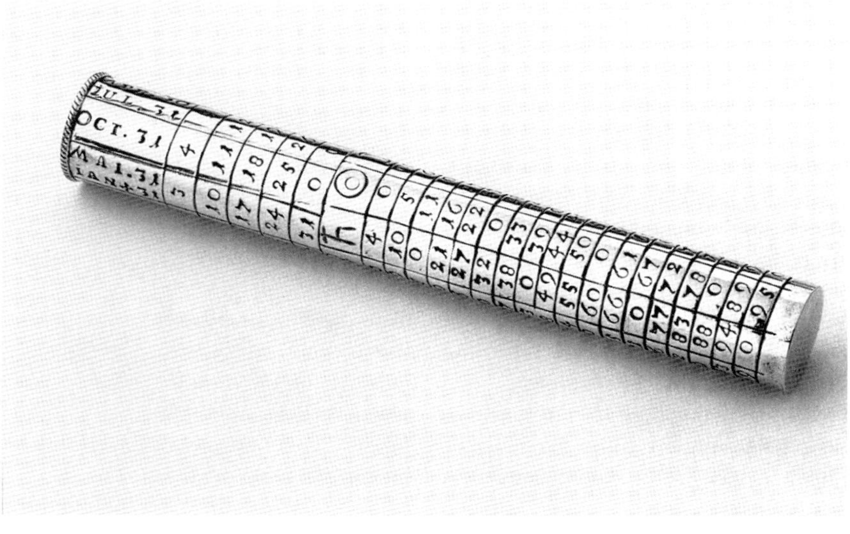

2. Hälfte 17. Jh.; Augsburg oder Nürnberg
Silber, graviert; L 10,65 cm, Dm 1,6 cm
Bielefeld, Stiftung Huelsmann, H-W 104 a, b

Guericke wurde vom Magdeburger Ratskollegium für zusätzlichen Reisekostenaufwand entschädigt (Kat. 141). Sicherlich finanzierte er davon auch Kalender, Taschen- und Klappsonnenuhren, um sich zu orientieren oder eine Reiseapotheke, um allen Eventualitäten wochenlanger Fahrten per Kutschwagen oder Schiffskahn gewappnet zu sein. – Die heute üblichen Kalender, die jeweils nur für ein Jahr gelten, kamen erst gegen Ende des 18. Jahrhunderts in Gebrauch. Das hier gezeigte handliche Exemplar eines Immerwährenden Kalenders besteht aus zwei verschieden langen Zylindern, die ineinander gesteckt werden. Auf der kürzeren Hülse sind die Monate sowie die 31 Tage des Monats graviert; die längere trägt am oberen Rand die Symbole für die Planetenregenten der jeweiligen Tage, darunter in 18 Ringen die fortlaufende Zählung von 0 bis 99. T.v.E.

Lit.: Wissenschaftliche Instrumente 1989, S. 192f.

165

Klappsonnenuhr

1649; Nürnberg
Nikolaus Miller (tätig zirka 1640–1661)
Uhr: Elfenbein, graviert; Messing, geprägt, vergoldet; 1 x 5,7 x 8,7 cm
Kasten: Holz, Leder geprägt
2,2 x 6,6 x 9,9 cm
Bielefeld, Stiftung Huelsmann, H-W 12 a, b

Sonnenuhren sind das älteste und einfachste Zeitmeßinstrument der Menschheit. Sie gehörten im 17. Jahrhundert zum wichtigsten Gepäck eines Reisenden. Kombiniert mit immer genauer werdenden Längenangaben der Reiserouten und Geländekarten, ermöglichten sie eine problemlose und schnelle Zeitbestimmung auch unterwegs und eine bessere Planung des Reiseablaufes. Bedingt durch die große Nachfrage, entstanden unzählige Ausführungen. Die ausgestellte Sonnenuhr besteht aus zwei im rechten Winkel auseinanderzuklappende Tafeln mit Markierungen der Sonnenstunden und Monate (Tierkreiszeichen) auf der vertikalen Tafel und Zeitmarkierungen in Stunden- und Halbstundeneinteilung auf der horizontalen Tafel. Von der Mitte der Schmalkanten beider Tafeln wurde der Polfaden gespannt, durch dessen Schatten dann die Zeit und der Monat angezeigt wurde. Von einfachen Sonnenuhren unterscheidet sich dieses aufwendig gearbeitete Instrument durch den in die untere Tafel eingelassenen Kompaß. Dieser gestattete an jedem Ort die genaue Justierung der Sonnenuhr und eine Ortsbestimmung. Das Loch in der oberen Tafel erlaubte auch bei geschlossener Sonnenuhr den Blick auf die Nordmarkierung des Kompasses. U.S.

Lit.: Wissenschaftliche Instrumente 1989, S. 94f. Abb. 21.

166

Taschenuhr

17. Jh.
Gehäuse: Holz, Silber; Uhrwerk: Holz, Metall; Dm 5,8 cm
Braunschweig, Herzog Anton Ulrich-Museum, Uhr 293

Die Anfang des 16. Jahrhunderts von Peter Henlein in Nürnberg entwickelte Taschenuhr mit Spindelhemmung fand rasch Verbreitung. Allerdings mußten sich die Benutzer wegen der mangelhaften Ganggenauigkeit mit der Angabe eines Zeigers begnügen, der auf die Tagesstunde wies. Erst in der zweiten Hälfte des 17. Jahrhunderts ermöglichten neue Erfindungen die genaue Zeitmessung zur Längenbestimmung auf See und zum präzisen Protokoll wissenschaftlicher Beobachtungen, wie sie Guericke durchführte (Kat. 336). T.v.E.

Lit.: Weltenharmonie 2000, S. 324.

167

Haus- und Reiseapotheke

17. Jh.
Holz, Eisen, Papier, Glas; H 19 cm
Braunschweig, Braunschweigisches Landesmuseum, R 39

Diese Haus- und Reiseapotheke weist eine aufwendige und kostspielige Ausstattung auf, wie sie bei den professionellen, zweckmäßigen Apothekerkästchen der Zeit nur selten zu finden ist. Im Hauptkasten befinden sich drei Schubladen, in die beiden schwenkbaren Seitenkästen ist je eine Schublade eingelassen. Der Mittelkasten hat sieben, die Seitenkästen haben je vier Fächer für vierkantige Arzneiflaschen. Haus- und Reiseapotheken dieser Art waren während des 17. und 18. Jahrhunderts besonders auf ländlichen Herrschaftssitzen weit verbreitet. G.B.

168

Formularhilfen für den diplomatischen Gebrauch

[Georg Philipp Harsdörffer,] Der Teutsche Secretarius: Das ist: Allen Cantzleyen, Studir- und Schreibstuben nutzliches, fast nohtwendiges und zum dritten mal vermehrtes Titular- und Formularbuch … [Teil 1], von Etlichen Liebhabern der Teutschen Sprache, Nürnberg: Wolfgang Endter d.Ä. 1656

2 Teile in einem Band
Typendruck; 16,5 x 28 x 9,5 cm
Göttingen, Staats- und Universitätsbibliothek, 8 Ling VII, 8915

Der Vorbereitung und dem täglichen Gebrauch in Kanzleien dienten Formularsammlungen, wie sie seit der Antike bekannt sind. Georg Philipp Harsdörffers (1607–1658) Band enthält neben Briefformularen für alle Lebensbereiche – von Freundschafts- über Kanzlei- und Handels- bis zu Liebesbriefen – auch Hinweise auf Rechtschreibung und Handschriftenerkennung (»Schrifftscheidung«) sowie Vorträge und Tischreden. Das erste Kapitel des »Teutschen Secretarius« ist der Anrede und der korrekten Wiedergabe des Titels eines Briefempfängers gewidmet. In einem alphabetischen Verzeichnis finden sich die aktuellen Titulaturen der Fürsten und anderer Stände. So findet man unter den Reichshofräten, die zwischen solchen adliger (»Cavallier Bank«) und bürgerlicher (»Gelehrte oder Juristen Bank«) Herkunft geschieden werden, den unter den Gelehrten an erster Stelle genannten Johann Crane, dem entschiedenen Gegner magdeburgischer Ansprüche auf kaiserlicher Seite während der Friedensverhandlungen (Kat. 174a). G.K.

Lit.: Bußmann, Schilling Bd. 3, 1998, S. 204f. Nr. 586.

169

Nach Münster und Osnabrück – Stadtansicht von Münster

Um 1675/78; Niederlande
Verlegt von Carel Allardt (1648–1709)
Kupferstich und Typendruck von vier Platten; 41,1 x 205,6 cm (Pl.)
Viersprachige Erläuterungen von Pieter van der Aa, Leiden (lateinisch, deutsch, französisch, niederländisch)
Münster, Westfälisches Landesmuseum, C-9791 AV

Nachdem die westfälischen Bischofsstädte Münster und Osnabrück 1643 als Verhandlungsorte für die Friedenskongresse festgelegt worden waren, erschienen vermehrt Ansichten und Pläne der beiden westfälischen Städte. Und auch nach dem Ende der Verhandlungen blieb das Interesse an den Orten erhalten, so daß noch bis weit in die zweite Hälfte des 17. Jahrhunderts Nachdrucke erfolgten. Die Stadtansicht zeigt Münster aus einer Vogelperspektive von Westen mit seinen gewaltigen Befestigungsanlagen; der Betrachter steht etwa im Bereich des im 18. Jahrhundert errichteten Schlosses. Im Zentrum der Stadt ist der doppeltürmige Dom zu erkennen, links davor die große eintürmige Marienkirche des Stiftes Überwasser, deren gotische Spitze aber seit 1535 fehlte. Rechts hinter dem Dom steht die Lambertikirche mit dem Kuppeldach, an deren Turm 1536 die drei Käfige mit den Leichen der hingerichteten Wiedertäufer aufgehängt worden waren (die heutige gotische Kirchturmspitze wurde erst 1887–1898 erbaut). G.K.

Lit.: Bußmann, Schilling Bd. 3, 1998, S. 272f. Nr. 765.

170

Die Gesandtenquartiere in Münster

1647; Münster (?): Simon Beckenstein (?)
Radierung und Typendruck von drei Platten; 40,5 x 70,1 cm (Bl.)
Münster, Westfälisches Landesmuseum, K 65–27

Der 1647 entstandene Plan mit den Gesandtenquartieren wurde nicht vollendet, weil nach dem Abschluß des Teilfriedens zwischen den Niederlanden und Spanien deren Gesandte die Stadt verlassen hatten (unter anderem Nr. 7, 10

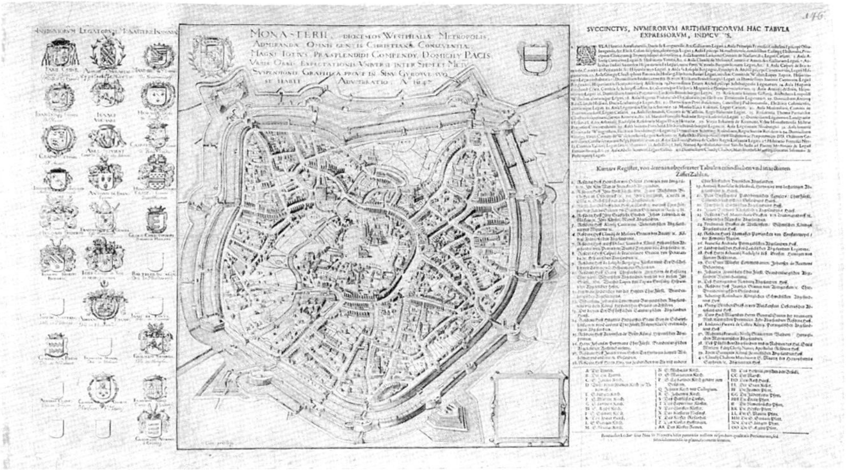

und 35). Er wurde deshalb nur in einer 1648 überarbeiteten Fassung gedruckt. Dem stark vereinfachten Grundriß der Stadt in der Mitte sind links die Wappen der wichtigsten Gesandten und rechts das Verzeichnis ihrer Quartiere beigegeben worden. Verzeichnet sind unter anderem die Residenzen der Gesandten Frankreichs Heinrich von Orléans und Claude de Mesmes (Nr. 1 und 6), Schwedens Schering Rosenhane (Nr. 33) oder Brandenburgs Johann Fromhold (Nr. 30). Deutlich wird auch, daß zum Beispiel der Kaiser mit mehreren Interessenvertretern präsent ist. So wird nicht nur der kaiserliche Prinzipalgesandte Maximilian Graf von Trautmannsdorff (Nr. 23) und auch Isaac Volmar (Nr. 22) erwähnt, sondern darüber hinaus auch der Vertreter Böhmens (Nr. 24) oder der der österreichischen Erbländer (Nr. 34).

G. K.

Lit.: Bußmann, Schilling Bd. 3, 1998, S. 194 f. Nr. 542 f.

171

Ansicht der Stadt Osnabrück

»OSNABRVGA, vel Aureliopolis, à conditore suo Imperatore Aurelio illustris, sui Episcopi sedes, magnifica, et Vetustissima Vrbs.«

Um 1633; Köln
Wenzel Hollar (1607 – 1677) zugeschrieben
Kupferstich, koloriert; 35,5 x 48,8 cm (Pl.)
Osnabrück, Kulturgeschichtliches Museum / Felix-Nussbaum-Haus 3243

Der Wenzel Hollar, einem der begabtesten und produktivsten Merian-Schüler, zugeschriebene Stich zeigt die Stadt Osnabrück von Osten. Als Grundlage diente vermutlich die 1572 angefertigte, erste topographisch exakte Osnabrücker Stadtansicht von Georg Braun (1541–1622) und Franz Hogenberg (1540–1590). Da Wenzel Hollar Osnabrück selbst nie besucht hat, enthält der Plan einige topographische Ungenauigkeiten und formale Fehler. Jedoch sprechen mehrere richtig wiedergegebene Details wie der neue überkuppelte Marktbrunnen vor dem »Rhatthaus« dafür, das Wenzel Hollar auf mündliche Schilderungen von Osnabrückern hat zurückgreifen können. – Der Stich dokumentiert die politischen Verhältnisse in der Stadt zur Zeit des Dreißigjährigen Krieges. Bischof Franz Wilhelm von Wartenberg (1593–1661) hatte den Bau einer Zitadelle veranlaßt (1628–1633). Die unvollendet gebliebene »S. Peters Burg«, links unten zu erkennen, ermöglichte es dem katholischen Bischof, den evangelischen Stadtrat militärisch zu kontrollieren, weshalb unter anderem die Stadtmauer auf der Seite der Zitadelle niedergelegt war. Mit der Einnahme der Stadt durch die Schweden im Jahre 1633 mußte der Bischof fliehen. Die Übersetzung der Titelkartusche lautet: »Osnabrück ebenso wie Aureliopolis, das nach seinem Gründer Kaiser Aurelian berühmt ist, ist sein Bischofssitz, eine großartige und sehr alte Stadt.« Der Text verweist auf die Entstehung des Stiches und seinen Auftraggeber, den Osnabrücker Weihbischof Caspar Münster. Er war mit Wartenberg nach Köln geflohen, wo sich zu dieser Zeit auch Wenzel Hollar aufhielt. Die Gleichsetzung von Osnabrück und Aureliopolis ist eine versteckte Polemik gegen die Schweden und beinhaltet den Anspruch des Weihbischofs auf das Osnabrücker Bistum.

Caspar Münster war zugleich Titularerzbischof von Aureliopolis. Den nach Kaiser Aurelian benannten Bischofssitz konnte Münster ebenfalls nicht betreten, denn die Stadt befand sich in türkischer Hand. Durch die Verleihung des Bischofstitels wurde der Besitzanspruch auf die Stadt im Land der »Ungläubigen« jedoch weiterhin erhoben. Vor diesem Hintergrund erscheinen auch die protestantischen Schweden als »Ungläubige«. T. H.

Lit.: Feldkamp 1982, S. 230–233. Kaster, Steinwascher 1993, S. 613 f.

172

Guericke in Osnabrück

7. April 1647; Osnabrück
Handschrift; 9 x 25 cm (aufgeschlagen) mit zweiteiligem blaumarmoriertem Pappschuber
Wolfenbüttel, Herzog August Bibliothek, Cod. Guelf. 233 Blankenburg, Bl. 95v

»Der Mensch weis, daß von allen Gütern, die ihm gegeben wurden, der Frieden das höchste Gut ist« (Pax optima rerum quas homini novisse datum est). Mit diesem Motto trug sich »Otto Gericke der Statt Magdeburgk Bürgerm(eister) und ietziger Zeitt zu dem algemeinen Fridenß Tractaten an hero Verordneter« in das Stammbuch des Reisenden Job von Bomstorff ein. Er drückt damit aus, was alle Menschen aus allen Ständen nach fast dreißig Jahren Krieg erhofften: Frieden. – Bomstorff hatte sein Stammbuch, heute würde es als Poesiealbum bezeichnet werden, in seiner Studienzeit 1623 begonnen. Reisen führten ihn 1647/48 in die westfälischen Verhandlungsorte Osnabrück und Münster, wo sich mehrere Gesandte in sein Erinnerungsbuch eintrugen, darunter Personen aus den Häusern Anhalt-Bernburg und Brandenburg, aber auch Johan Oxenstierna, Matthias

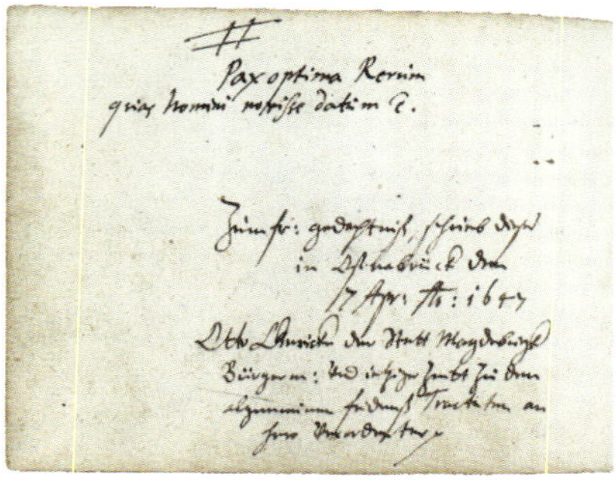

Biörenklou, Johannes Fromhold oder auch Johannes Krull. G. K.

Lit.: Blankenburger Handschriften 1966, S. 232–235.

173

Der schwedische Prinzipalgesandte Johan Oxenstierna

»Jean Comte d' Oxenstern plenipotentiaire de Suede«
Aus: Les Portraictz au naturel avec les armoires er blasons, noms et qualitez des messieurs les plenipotentiaires assemblez a Munster et Osnaburg pour la paix generale en l'année M.DC.XLVIII ..., Paris: Louis Boisseuin 1659, Nr. 12

1659; Paris
François Bignon (geb. um 1620)
Kupferstich; 20,4 x 16,3 cm (Pl.)
Magdeburg, Kulturhistorisches Museum, 98 M 3

Johan Oxenstierna, Graf von Södermöre (1611–1657), war der Sohn des schwedischen Reichskanzlers Axel Oxenstierna (1583–1654) und wie dieser Mitglied der Vormundschaftsregierung für die minderjährige Christina. Sein Vater schickte Johan als Verhandlungsführer auf den Westfälischen Friedenskongreß, wo insbesondere seine Arroganz und Großmannssucht beklagt wurde. Guericke fand in ihm einen zuverlässigen Partner, der aber dem diplomatischen Geschick des zweiten schwedischen Gesandten Johan Adler Salvius, des Bevollmächtigten der schwedischen Königin, nicht gewachsen war. – Der Kupferstich gehört zu einer Serie von 33 Blättern, die 1648 in Paris erschienen und 1659 eine zweite Auflage erlebten. Die Gestaltung lehnt sich nicht so sehr an die Gemälde, als vielmehr an die Kupferstiche an, die im Auftrage Anselm van Hulles in Münster und Osnabrück gefertigt wurden. Das Wappen, der Ochsengrind mit Hörnern, verweist auf den Namen der Familie – Oxenstierna. G. K.

Lit.: Duchhardt, Dethlefs, Queckenstedt 1996, S. 214 f.

174

Guerickes politische Gegner auf den Friedenskongressen

a) Der kaiserliche Reichshofrat Johann Krane, auch Crane (um 1600 – 1672?)

»Praenobilis ac Excell[mus] Dominus Joannes Crane, Sacrae Coes: Ma[tis] Consiliarius Imperialis aulicus, et ad tractatus Pacis vniversalis Legatus Plenipotentiarius«

Aus: Icones legatorum Monasterii et Osnabrugae existentium ..., Amsterdam: A. van Waesbergen 1644 [wohl 1648].

1648 (?) Cornelis van Dalen d.Ä. (um 1602–1665) nach Gerard Terborch (1617–1681)
Kupferstich; 14,2 x 12,7 cm (Pl.)
Bez. im Bild u.l.: C. v. Dalen sculpsit
Wolfenbüttel, Herzog August Bibliothek, Portr. I 2777

b) Der kursächsische Hofrat Dr. Johann Leuber (1588 – 1652)

»IOANNIS LEUBER in Helba Ictus. Sacri Imperialis Palatii Comes, Serenissimi Domini Electoris Saxoniae Sonsiliarius, et ad Tractatus Pacis Universalis Monasterii, et Osnabrugi Legatus Plenipoten[tiarius].«

Aus: Celeberrimi ad Pacificandvm Christiani Nominis Orbem, Legati, Monasterivm et Osnabrvgas ... Missi; ...., Antwerpen: Daniel Middeler 1648–1649.
1649; Pieter de Jode d.J. (1606–1674) nach Anselm van Hulle (1601– nach 1674)
Kupferstich; 30,4 x 19,7 cm (Pl.)
Bez. u.l.: Anselm van Hulle pinxit. u.r.: Pieter de Iode sculp.
Münster, Westfälisches Landesmuseum, C-500922 PAD

c) Der kurbrandenburgische Geheime Rat Johann VIII. Graf von Sayn-Wittgenstein (1601–1657)

»IOHAN(N)ES COMESDE SAIN ET WITTGENSTEIN Etc; Sereniss. Electoris Brandeburgici Concil. intimus, Eiusd; nomine ad Tractatus Pacis Vniv. Legatus et Plenip.
Primarius etc.«

Aus: Johann Georg Schleder, Theatrum Europäum ..., Bd. 6, Frankfurt/M.: Matthäus Merian Erben 1652, S. 391.

1652 (?)
Matthäus Merian d.J. (1621–1687)
Kupferstich; 16,8 x 12 cm (Bl. beschnitten)
Magdeburg, Kulturhistorisches Museum, M 933 b

d) Der erzstiftisch-magdeburgische Unterhändler Lizensiat Johannes Krull (1610 – 1668)

»IOHANNES KRULL I(uris) C(onsul)t(us) ARCHIEPIS-copat(us) Magdeburgensis Consiliarius Intimus et Cancellarius, ad presentia Comitia Legatus. M.DC.LXVI.«

1666
Kupferstich; 15,5 x 10,7 cm (Pl.)
(17. Jh.): Johannes Krull ao. 1659. Ex dona(ti)o(n)e d(omi)ni Authoris
Magdeburg, Kulturhistorisches Museum, M 103

Die vier Bildnisse präsentieren die wichtigsten politischen Gegner, die sich einer Lösung für die zerstörte Stadt Magdeburg in den Weg stellten. Der Rat der Altstadt lastete der kaiserlichen

Partei zumindest die moralische Schuld für die Zerstörung Magdeburgs durch den kaiserlichen General Tilly an; zugleich sollten die Gesandten veranlaßt werden, beim Kaiser für die Reichsfreiheit und das für die Stadt so wichtige Befestigungsrecht vorstellig zu werden. Konnte Magdeburgs Bürgermeister Guericke dafür die schwedische Partei mit ihrem Prinzipalgesandten Johann Oxenstierna gewinnen (Kat. 173), so mußten zwangsläufig die gegenwärtigen Stadtherren oder die, die sich Hoffnung auf eine zukünftige Stadtherrschaft machten, als heftigste Gegner einer solchen Privilegierung Magdeburgs auftreten. Während zum Beispiel der kaiserliche Gesandte Isaac Volmar durchaus als Gesprächspartner Guerickes erscheint, berichtet Guericke über den kaiserlichen Hofrat Krane den Satz: »Herr Cran ist unß so hefftigk zu wieder«. Der sächsische Gesandte Leuber schrieb eine Abhandlung über die Privilegien der Stadt Magdeburg (Kat. 193), worin er die Politik des magdeburgischen Administrators, einem Sohn des regierenden Kurfürsten Johann Georg I., vertrat. Kurbrandenburg wiederum sollte am Ende der Friedensverhandlungen erreichen, daß es die Anwartschaft auf das Erzstift Magdeburg nach dem Tode des gegenwärtigen Administrators erhielt. So konnte weder Brandenburg noch das Erzstift Magdeburg Interesse daran haben, daß die wichtigste Stadt des Stifts – die Altstadt Magdeburg – die Reichsfreiheit erlangte. G. K.

Lit.: Duchhardt, Dethlefs, Queckenstedt 1996, S. 200 f., S. 248 f., S. 254 f. Mortzfeld 1986, A 4057.

175

Kalenderblatt mit Gesandtenporträts

Nach 1648
Matthäus Borrekens (1615 – 1670) nach Anselm van Hulle (1601 – nach 1674)
13 Kupferstiche, montiert; 37,4 x 30,9 cm
Osnabrück, Kulturgeschichtliches Museum / Felix-Nussbaum-Haus, A 5197

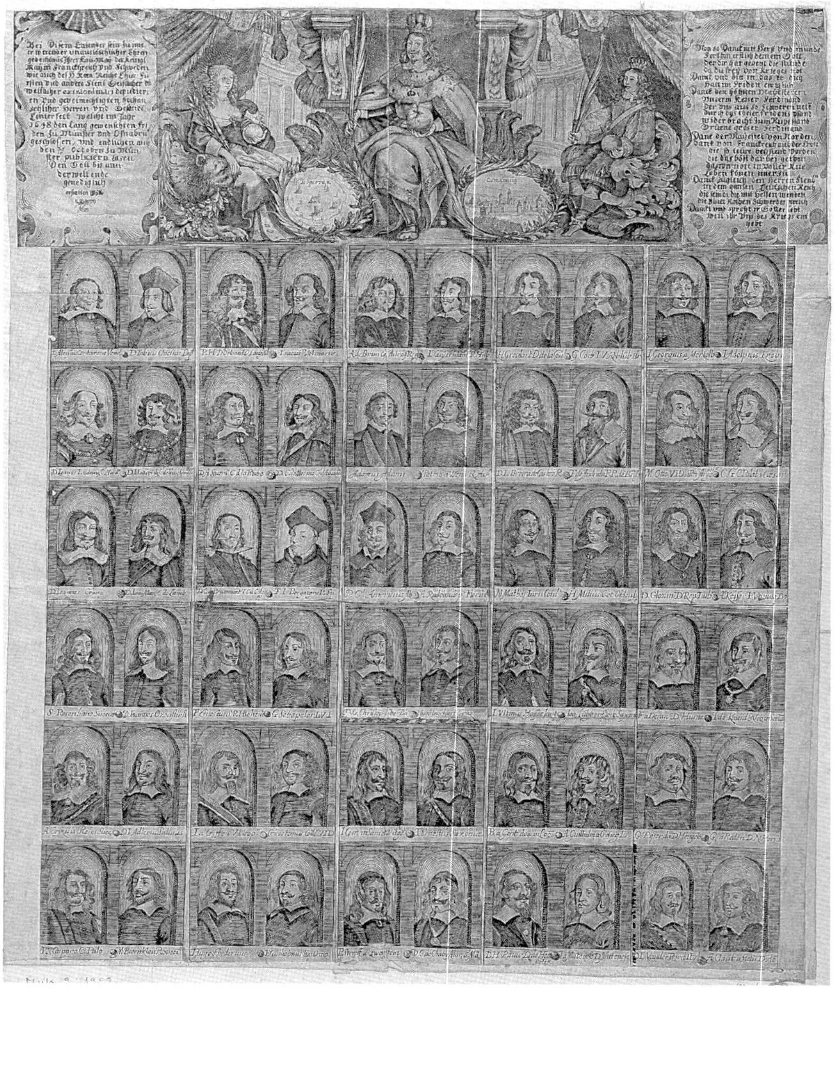

Die von dem flämischen Kupferstecher Matthäus Borrekens (1615 – 1670) geschaffene Arbeit gehört zu einer breiten Publizistik, die den Westfälischen Friedensschluß von 1648 als den – laut Bildlegende – »Lang gewenschten Friden« optisch publik machte. Das Gesamtbild ergibt sich aus der Montage von insgesamt 13 Einzelblättern. Oben in der Mitte sind Kaiser Ferdinand III. (1608 – 1657) sowie Christina von Schweden (1626 – 1689) und Ludwig XIV. von Frankreich (1638 – 1715) als Garanten des Friedensschlusses dargestellt. Sie sind durch zwei mit Lorbeer umkränzte Miniaturansichten der beiden Kongreßstädte Münster und Osnabrück miteinander verbunden. Die Darstellung ist links und rechts eingerahmt durch zwei weitere Stiche mit einer Legende beziehungsweise Dankesversen. Darunter schließen sich zehn zirka 13,5 × 5,5 cm große Blätter mit jeweils sechs Gesandtenporträts an. Borrekens hat die 60 Konterfeis nach den Arbeiten von Anselm van Hulle geschaffen. Letzterer weilte als Porträtspezialist seit 1646 im Auftrag des Prinzen Friedrich Heinrich von Oranien in Münster und zeitweise auch in Osnabrück, um die dort versammelten Gesandten zu porträtieren. – Trotz der äußerlich wenig spektakulären Aufmachung dokumentiert die Kupferstichmontage das Vertragswerk von Münster und Osnabrück als erfolgreiches Ergebnis diplomatischer – wenn auch langwieriger – Bemühungen. T. H.

Lit.: Bußmann, Schilling Bd. 3, 1998, S. 278. Durchhardt, Dethlefs, Queckenstedt 1996, S. 156f.

176

Vorfrieden zwischen dem Kaiser und den Schweden

1648; Osnabrück
Aus den Akten der sachsen-altenburgischen Gesandtschaft
Handzeichnung mit Bleistift und Tinte
42,5 x 32,7 cm (aufgeschlagen)
Gotha, Staatsarchiv, Geheimes Archiv Gotha A VIII, Nr. 12, fol. 354–355

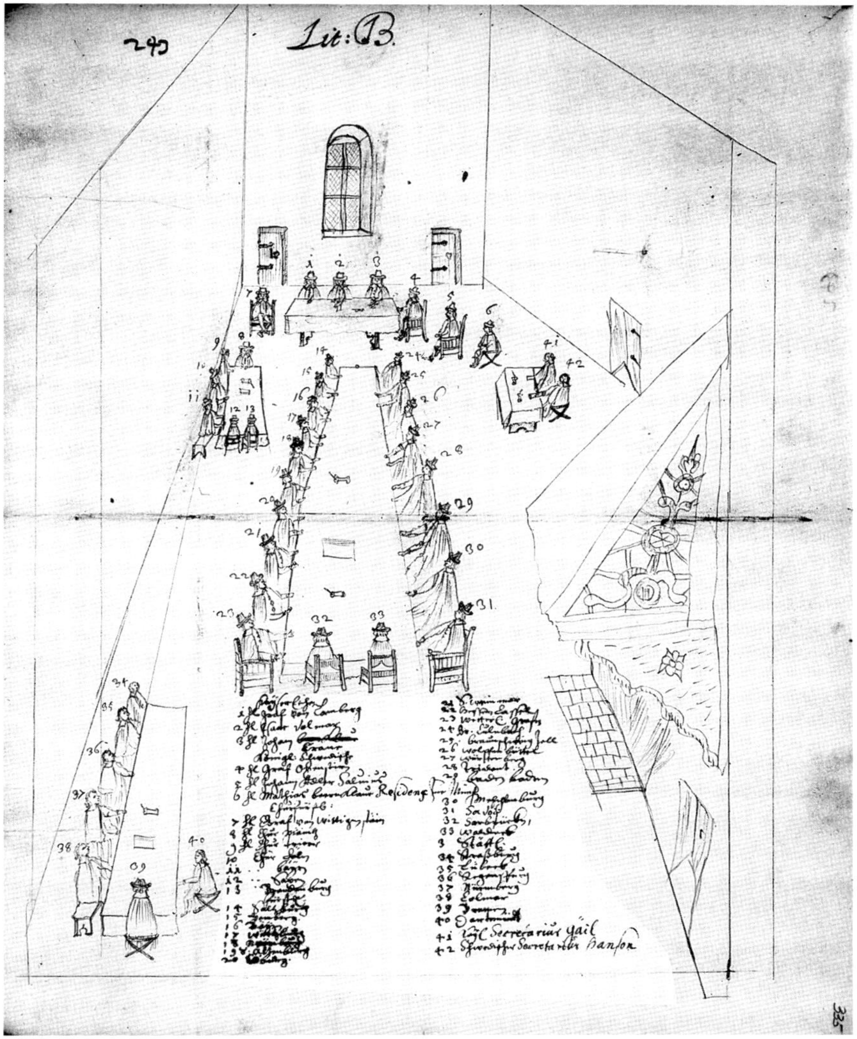

Nach jahrelangen Verhandlungen fanden die kaiserlichen und reichsständischen Gesandten einerseits sowie die schwedischen andererseits einen Kompromiß, der von beiden Seiten getragen werden konnte. Am 6. August 1648 wurde dieser Vertrag in Gegenwart der beteiligten Diplomaten für unveränderlich und geschlossen erklärt. Der Osnabrücker Friedensvertrag sollte jedoch erst unterschrieben werden, wenn sich Kaiser und Reich ebenfalls auf einen Vertrag mit Frankreich geeinigt hätten. Am 24. Oktober 1648 war es soweit: In Osnabrück und Münster besiegelten die Westfälischen Friedensverträge das Ende des Dreißigjährigen Krieges. Die Handskizze in den Gothaer Akten zeigt den

Saal im Gesandtschaftshaus des schwedischen Prinzipalgesandten Johan Oxenstierna (4), in dem der Vertrag verlesen wurde. Die Hauptkontrahenten – auf kaiserlicher Seite Lamberg, Volmar und Krane (1–3), auf schwedischer Seite Oxenstierna, Salvius und Biörenklou (4–6) und für Brandenburg Sayn-Wittgenstein (7) – sitzen separiert vom Kurfürstentisch (9–13) und dem Tisch der Reichsfürsten (14–33). Vorne links, also im Saal ganz hinten rechts, steht ein weiterer Tisch mit den Vertretern der Reichsstädte (34–40); hier – so hoffte die Stadt Magdeburg noch immer – würden in Zukunft auch ihre Interessen vertreten werden. G.K.

Lit.: Bußmann, Schilling Bd. 3, 1998, S. 398 f. Nr. 1157.

177

Kurfürstenkrug

1602; Raeren bei Aachen
Steinzeug, Salzglasur, Emailbemalung
H 37 cm
Magdeburg, Kulturhistorisches Museum, Ke 300

Das Motiv des Kurfürstenfrieses findet sich seit dem 16. Jahrhundert sehr häufig auf Keramik. Die Darstellung spiegelt die Zusammensetzung des Kurfürstenkollegiums, dem seit der Goldenen Bulle von 1356 als wichtigstes Recht die Wahl des römisch-deutschen Königs und Kaisers zustand, vor den Umwälzungen des Dreißigjährigen Krieges wider. Die Kurfürsten werden durch ihre hier zum Teil falsch tingierten Wappen bezeichnet: die Erzbischöfe von Trier (goldenes Kreuz in rot, korrekt rotes Kreuz in Silber), Köln (weißes Kreuz in schwarz, korrekt schwarzes Kreuz in Silber) und Mainz (weißes Rad in schwarz, korrekt in rot) sowie der König von Böhmen (goldener Löwe in beige, korrekt silberner Löwe in rot), der Pfalzgraf (goldener Löwe in dunkelbraun, korrekt in schwarz), der Herzog von Sachsen (geteiltes Schild mit gekreuzten Kurschwertern sowie schwarze und gelbe Balken mit grünem Rautenkranz) und der Markgraf von Brandenburg (weißer Adler in blau, korrekt roter Adler in Silber). G.K.

Lit.: gantz verheeret 1998, S. 161 f. Nr. 91.

178

Kaiser und Reich nach 1648

Nach 1654; Caspar Merian (1627–1686)
Kupferstich; 22,6 x 34,7 cm (Pl.)
Bez. u.r.: Caspar Merian fecit.
Braunschweig, Herzog Anton Ulrich-Museum, P 3.2415

Das Reich ist durch den doppelköpfigen, gekrönten Adler gekennzeichnet; den Rumpf, das Zentrum, bildet das ovale Porträt Leopolds I. Um die Schultern des Adlers und um das Oval des Porträts geführt, trägt der Kaiser als Hinweis auf seine Stellung als Kurfürst und König von Böhmen die Kette mit dem Orden vom Goldenen Vlies. Auf des Adlers rechten Flügel sind auf ovalen Schilden die Wappen der drei geistlichen Kurfürsten (Mainz, Köln, Trier) angeordnet, auf dessen linkem Flügel die Wappen der vier weiteren weltlichen Kurfürsten von Bayern, Sachsen, Brandenburg und der Pfalz. Die Reichsinsignien trägt der Adler: über dem Halsansatz des doppelköpfigen Adlers die Kaiserkrone, in seiner rechten Klaue Szepter und Zeremonialschwert, in der linken Reichsapfel und Lorbeerzweig. Die Darstellung knüpft an die sogenannten »Quaternionenadler« an, die auf ihren Schwungfedern je vier Vertreter der Reichsstände mit ihren Wappen abbildeten. Das Blatt wird sicherlich im Zusammenhang mit der Krönung Leopolds entstanden sein, worauf das jugendliche Aussehen des damals 18jährigen Kaisers hinweist. G.K.

3. Wissenschaft im Dienste der Diplomatie

179

Das Immunitätsprivileg für Otto von Guericke

12. Juni 1649; Magdeburg
Magdeburger Ratskanzlei
Handschrift; 36,5 x 46 cm (aufgeschlagen)
Magdeburg, Stadtarchiv, A I UV 6[2],
fol. 83r–84v

Guericke hat sich lange gesträubt, eine weitere diplomatische Abschickung für den Rat zu übernehmen. Am 12. Juni 1649 richtet er eine Eingabe an den Rat, man möge ihn »mit diesen schwären Publicis fürder verschonen und zu den bürgerlichen Iustitienwesen hinführo gebrauchen«. Der Rat will aber nicht auf Guericke verzichten und erteilt ihm deshalb am selben Tag, und weil es »der Stadt sonst an Mitteln ermangelt«, das lang ersehnte Immunitätsprivileg, das ihn und seine Familie »von allen bürgerlichen Beschwerden, Uflagen, Contributionen, Hauß und andern Schoßen, Accisen, Wachten, Nachtbahrrechte, Diensten« und weiteres befreit. Das Original des Privilegs ist im Zweiten Weltkrieg verloren gegangen, doch hat sich das Konzept in den städtischen Akten erhalten. Augenfällig ist damit der Zusammenhang zwischen der Erteilung des Immunitätsprivilegs an Guericke und dessen diplomatischen Missionen. Guericke ist dann einen Monat später zu den Verhandlungen nach Nürnberg aufgebrochen. G.K.

Lit.: Kuper 2000, S. 55. gantz verheeret 1998, S. 306 Nr. 359.

180

Ratsinstruktion für Guericke

»Instructio oder Memorial. Deßen so bey der Röm(isch-)Keyserl(ichen) auch zu Hungarn und Böheimb königl(iche) May(estä)t allerunterthenigst anzubringen, der Stadt Magdeburgk Abgesandten Herrn Otto Gericken, Bürgermeistern daselbst mitgegeben, den 13. Julii Anno 1649.«

13. Juli 1649; Magdeburg
Magdeburger Ratskanzlei/Heinrich Steyger
Handschrift; 34,5 x 44,5 cm (aufgeschlagen)
Magdeburg, Stadtarchiv, A I UV 6[3],
fol. 26r–49r

Nachdem die Verhandlungen in Osnabrück für Magdeburg positiv ausgegangen waren, strebte die Stadt nun nach der im Friedensvertrag zugesagten Bestätigung des ottonischen Privilegs. Der Rat übergab diese Mission dem bisher so erfolgreichen Verhandlungsführer, Bürgermeister Otto von Guericke. Als der Gesandte am 17. Juli 1649 nach Nürnberg zum Friedensexekutionskongreß aufbrach, hatte er diese vierzigseitige Instruktion im Gepäck, die alle Standpunkte der Stadt zu den wichtigen Fragen des ottonischen Privilegs und des Festungsrechts mit der Viertelmeile-Regelung enthält. G.K.

181

Diplomatische Reise nach Nürnberg

»Schwedischen Friedensmahls in Nürnberg den 25. Herbstm(onats) Anno 1649.«

In: Johann Georg Schleder, Theatri Europaei … Sechster und letzter Theil …, Frankfurt/M.: Merian Erben (Verleger) und Daniel Fievet (Drucker) 1663, nach S. 938.

Matthäus Merian d.J. (1621–1687) zugeschrieben, nach einem Gemälde von Joachim von Sandrart (1606–1688)
Kupferstich, Radierung in Buch
35 x 50 cm (Buch aufgeschlagen)
Magdeburg, Kulturhistorisches Museum, Bibliothek Bi 141

Am 21. September 1649 unterzeichneten der Oberbefehlshaber der schwedischen Truppen Pfalzgraf Karl Gustav (1622–1660), der als Karl X. Gustav 1654 den schwedischen Thron besteigen sollte, und der kaiserliche General Octavio Piccolomini (1599–1656) einen vorläufigen Einigungsrezeß. Karl Gustav nahm dies zum Anlaß, am 25.9./5.10. im geschmückten Nürnberger Rathaussaal ein prächtiges Friedensmahl zu veranstalten, das bis in die frühen Morgenstunden gefeiert wurde. In der Mitte des Saales befand sich die Fürstentafel, an dessen einem Ende Karl Gustav, Piccolomini und der Kurfürst von der Pfalz Karl Ludwig (1617–1680) saßen – sie wenden auf dem Kupferstich dem Betrachter den Rücken zu. Im Hintergrund ist links die Rittertafel zu erkennen, in der Mitte ein der Bevölkerung weinspendender Löwe sowie in den vier Ecken die Musikanten. Festgehalten ist der Moment, als der Hofmarschall die ersten Speisen (Schwan und Pfau) aufträgt. Guericke, der 1649 zu weiteren Verhandlungen in der Frage des ottonischen Privilegs ebenfalls nach Nürnberg aufgebrochen war, befand sich zu diesem Zeitpunkt schon in Wien, wo ihm am 13. September 1649 eine erste Audienz beim Kaiser gewährt worden war. G.K.

Lit.: Gerstl 1999. Harms, Schilling u.a. 1980, S. 562 Nr. II, 323.

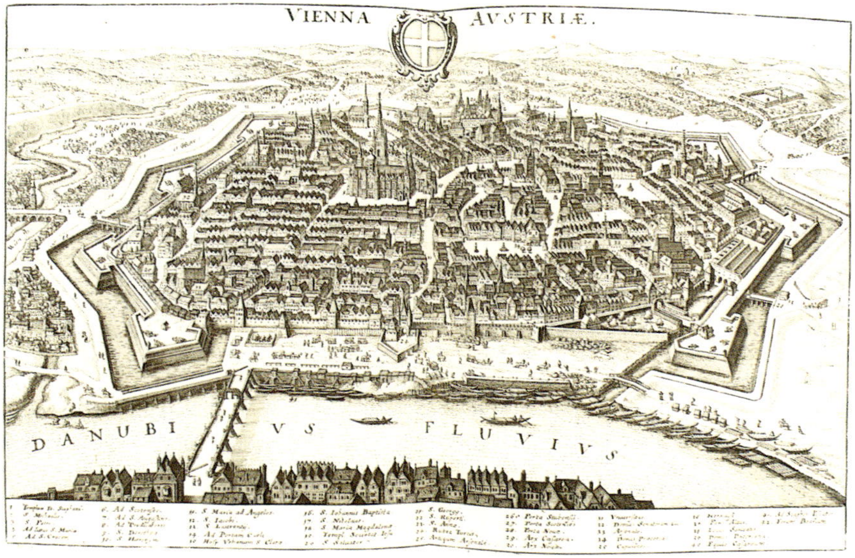

182

Guericke in Wien – Ansicht der Stadt um 1650

»VIENNA AVSTRIAE«

In: M(artin) Z(eiller), Topographia Provinciarum Austricarum Austriae, Styrorum, Carinthiae …, Frankfurt/M.: Verlag Matthäus Merian 1949, nach S. 38

Kupferstich in Buch; 21,5 x 32 cm (Pl.)
Wolfenbüttel, Herzog August Bibliothek,
Cd 4° 75 (1)

Auf dem Friedensexekutionskonvent in Nürnberg wurde deutlich, daß eine Erklärung über die Magdeburger Privilegien nicht erfolgen würde. Deshalb beauftragte der Rat seinen Bürgermeister, weiter nach Wien zu reisen und dort eine Bestätigung der Privilegien zu erlangen. Guericke fuhr am 29. August in Nürnberg ab und reiste wegen einer grassierenden Pest ab Regensburg auf der Donau nach Wien. Der Stadt Wien um 1650 fehlen noch die barocken Prachtbauten der leopoldinischen Zeit und des 18. Jahrhunderts. Der zentral gelegene Stephansdom (1) tritt deutlich hervor, während sich die im Südwesten der Stadt gelegene kaiserliche Residenz (29) noch im wesentlichen auf die ursprüngliche vierflügelige Burganlage beschränkt. Deutlich auszumachen sind auch der Marstall (40), die Kapuzinerkirche (7) und die Amalienburg (»Arx nova«, 30), die Residenz der Kaiserin, die erst unter Leopold I. (1658–1704) durch den Anbau eines langen Flügels mit der Hofburg verbunden wird. Eine Befestigungsanlage mit Bastionen und Gräben umschließt die Stadt, die zur Donau hin mit der mittelalterlichen Stadtmauer auskommt. Erst die Bedrohung durch das Osmanische Reich veranlaßte Leopold I., auch in diesem Bereich kleinere Bastionen anzulegen. 1683 standen die Türken ein letztes Mal vor den Mauern der Stadt. G. K.

Lit.: Linzmeier 2000. Kuper 2000, S. 49–51, 53–56. Schneider 1998, S. 87.

183

Kaiser Ferdinand III. (1608 – 1657, reg. ab 1637)

»FERDINA(n)DVS TERTIVS DIE GRATIA ROMANORVM IMPERATOR SEMPER AVGVSTVS …«

17. Jh.
Verlegt bei Paulus Fürst (um 1605–1666)
Kupferstich; 28,9 x 20,7 cm (Pl.)
Bez.: Paulus Fürst Excudit.
Wolfenbüttel, Herzog August Bibliothek,
Portr. III 395

Die Regierungszeit des noch zu Lebzeiten seines Vaters Ferdinand II. durch seine Wahl zum römisch-deutschen König als Nachfolger designierten Ferdinand ist vor allem durch den Westfälischen Friedensschluß von 1648 geprägt. Schien es bei Ferdinands Regierungsantritt 1637 noch so, als ob der Kaiser einen Frieden aus gefestigter Position heraus erlangen könnte, führten die Kriegshandlungen der folgenden Jahre dazu, daß Ferdinand auf den Kongressen in Münster und Osnabrück zu vielen Kompromissen bei der Verfolgung seiner politischen Ziele bereit war. Das Ansehen des Kaisers und des Hauses Habsburg sank im Reich 1648/50 vorübergehend auf einen Tiefstand, jedoch konnte der für seine Urteilskraft gerühmte Kaiser in den letzten Jahren seiner Regierung Vertrauen zurückgewinnen. Letztendlich vermochte Ferdinand III. aber weder für die Zeitgenossen noch für spätere Historiographen aus dem Schatten seines Vaters heraustreten. Das hier gezeigte Herrscherporträt scheint dies zu veranschaulichen: Man benutzte die Darstellung seines Vaters als Vorlage und tauschte nur den Kopf Ferdinands II. (Kat. 90a) gegen den Ferdinands III. aus. – Für Guericke war Ferdinand III. der entscheidende Ansprechpartner beim Kampf des Magdeburger Rates um die Privilegien. Zweimal erlangte Guericke Audienz beim Kaiser. Doch am Ende waren seine Bemühungen umsonst – der Monarch verweigerte eine Bestätigung des Ottonischen Privilegs. G. K.

Lit.: Mortzfeld 1986, A 4557.

184

Guericke als Diplomat

1650; Wien
Lucia Maria Lauch
Öl/Lw.; 112 x 91 cm (mit Rahmen)
Bez. auf Rückseite: AETAT : 48 May. Gemalat in Wien durch Junf : Lucia : Lauchin : AO 1650
Berlin, Staatsbibliothek – Preußischer Kulturbesitz (Dauerleihgabe in der Otto-von-Guericke-Universität Magdeburg)

Während seines Aufenthaltes in Wien von 1649 bis Januar 1651 lebte Otto von Guericke mit seinem Sohn im Haus der Familie Premer am Kohlmarkt mit der heutigen Nr. 16. Zu dieser Zeit ließ er sich von Lucia Maria Lauch porträtieren. Vermutlich handelt es sich bei der Künstlerin um eine Tochter des kaiserlichen Kunstkammerschatzmeisters Johann Christoph Lauch (1618–1702), der mit seiner Familie ebenfalls am Kornmarkt lebte. Von der Künstlerin ist nur bekannt, daß sie Kammerdienerin der Kaiserin Eleonore, der Gemahlin Ferdinands III., war und 1659 den in Diensten der Kaiserin stehenden Kammermaler Cornelius Stutermann heiratete. Das Porträt Guerickes entstand offensichtlich anläßlich seines 48. Geburtstages und lehnt sich in seiner Komposition an die beliebten Dreiviertelporträts vor einer Landschaft mit halb geöffnetem Vorhang an, die häufig für Herrscherporträts gewählt wurde (zum Beispiel Kat. 205). Bei Guericke soll diese Bildform gezielt seine Souveränität und Weltgewandtheit als Diplomat unterstreichen. Die anderen überlieferten Guericke-Porträts folgen dagegen einer nicht erhaltenen Vorlage Anselm van Hulles (1601–nach 1674). Lauchs Werk wurde 1835 aus dem Nachlaß Friedrich Wilhelm von Guerickes (1709–1777), des letzten männlichen Nachfahren, der Staatsbibliothek zu Berlin geschenkt.
U.S.

Lit.: Vincenti 1936, S. 146. Linzmeier 2000.

185

»Die kayserliche Bibliotheck und Raritaten Kammer«

In: Edward Brown, Durch Niederland, Teutschland, Hungarn, Servien, Bulgarien, Macedonien, Thessalien, Oesterreich, Steuermarck, Kärnthen, Carniolen, Friaul etc. gethane gantz sonderbare Reise ..., Nürnberg 1686, nach S. 242

Kupferstich in Buch
21 x 51 cm (Stich ausgefaltet)
Halle, Universitäts- und Landesbibliothek, AB 155536 (1/2)

In Wien experimentierte Guericke erstmals mit der von ihm erfundenen Vakuumluftpumpe. Vielleicht nutzte er die lange Wartezeit auf kaiserliche Audienzen, um die reichen Bücherbestände der Hofbibliothek mit ihren kostbaren und seltenen Ausgaben zu besichtigen und um seinen wissenschaftlichen Interessen nachzugehen. Der Kupferstich zeigt den großen Bibliotheksraum, durch den der Kaiser mit Gefolge in Begleitung eines Gelehrten schreitet. In Regalen, die bis unter die Decke reichen und jeden Winkel des Raumes ausfüllen, stehen unzählige Bücher. An Tischen und Bänken sind eifrige Leser zu sehen, die den kaiserlichen Buchbestand für Studienzwecke nutzen dürfen. Die große rundbogige Türöffnung läßt einen kleinen Einblick in die sich dahinter befindende Raritätenkammer zu (Kat. 145). U.S.

186

Guerickes Chiffriersystem für die diplomatische Post

20./30. Oktober 1649; Wien
Brief Otto von Guerickes an den Rat
Handschrift
36,5 x 47,5 cm (aufgeschlagen)
Magdeburg, Stadtarchiv, A I UV 6[4], fol. 98r–100v

Um die diplomatischen Verhandlungen nicht durch abgefangene Post zu gefährden, wendete man während der Friedenskongresse des 17. Jahrhunderts verstärkt Chiffriersysteme an. Guericke hatte dafür ein sehr einfaches System, das er in dem vorliegenden Brief dem Rat mitteilt: Für einzelne Personen oder Parteien verwendet er Symbole oder Zahlen, an besonders wichtigen Stellen nutzt er das »versetzte A, B, C«, das rückläufige Alphabet. Dabei setzte er das A mit dem Z gleich und das Z mit dem A. G.K.

Lit.: gantz verheeret 1998, S. 309 Nr. 364. Von teutscher Not 1998, S. 204 Nr. 584.

187

Kästchen zur Erstellung chiffrierter Botschaften

1663; Rom
Konzipiert von Athanasius Kircher (1602–1680)
Holz, Messing, Papier; 14,8 x 9,5 x 3,3 cm
Braunschweig, Herzog Anton Ulrich-Museum, Kos 502

Ein höher entwickeltes Chiffriersystem für Geheimschriften, als Guericke es benutzte, stellt das von dem Gelehrten Athanasius Kircher entwickelte Kästchen, die sogenannte Arca Steganographia, dar. Eine Kombination aus Buchstaben und arabischen Zahlen ergibt den Verschlüsselungscode. Der Nachrichtenempfänger kann die Botschaften durch ein zweites Kästchen entschlüsseln. Der an Kryptographie besonders

interessierte Herzog Ferdinand August von Braunschweig-Wolfenbüttel hatte ein solches Pärchen 1663 in Rom bei Kircher erworben, jedoch hat sich nur ein Exemplar davon bis heute erhalten.

G. K.

Lit.: Weltenharmonie 2000, S. 265 Nr. 321.

188

Der jesuitische Gelehrte Athanasius Kircher (1602 – 1680)

»IH(esu)S P(ater) ATHANASIUS KIRCHERUS FULDENSIS E SOCIETATE IESU ANNO AETATIS LXII ANNO M D C LXIV.«

Aus: Athanasius Kircher, Mundus subterraneus …, Bd. 1, Amsterdam: Johannes Jansson, Elias Weyerstraten 1665, S. 36

1663

Cornelis Bloemert (um 1603 – nach 1684) zugeschrieben

Kupferstich; 33,5 x 22,3 cm (Pl.)

Wolfenbüttel, Herzog August Bibliothek, Portr. II 2835. 1

Kircher gilt als einer der herausragendsten Universalwissenschaftler des Barock, worauf die Bücher im Hintergrund des im Jesuitenornat dargestellten Geistlichen hindeuten. Im selben Jahr wie Guericke geboren, trat Kircher mit 16 Jahren in den Jesuitenorden ein. Nach Studium der alten Sprachen und Mathematik sowie Dozententätigkeit an verschiedenen Orten, verließ er 1631 Deutschland und ging 1635 nach Rom. Dort unterrichtete er Mathematik und baute im Zentralkolleg der Jesuiten zur Erziehung und Ausbildung der Ordenselite, dem Collegium Romanum, ein naturwissenschaftlich-technisches Museum auf. Das Museum Kircherianum wurde schnell über die Grenzen Roms hinaus bekannt und vermittelte in direkter Anschauung Kirchers Auffassung von der Einheit von Wissenschaft und Religion, in der menschliche Erfahrung und Experiment die einzig mögliche Erkenntnis göttlicher Macht darstellen. Seine Studien und Schriften behandelten physikalische (Optik, Akustik, Astronomie), historische (Geologie, Archäologie, Hieroglyphik) sowie sprach- und literaturwissenschaftliche Themen (ägyptische und chinesische Lehren, Geheimschriften). Einer der Schüler Kirchers war der Jesuitenpater Kaspar Schott

(1608 – 1666), der als erster Guerickes Experimente zum Vakuum 1657 veröffentlichte (Kat. 195).

G. K.

Lit.: Morzfeld 1986, Nr. 11047.

189

Diplomatische Mission nach Regensburg 1653

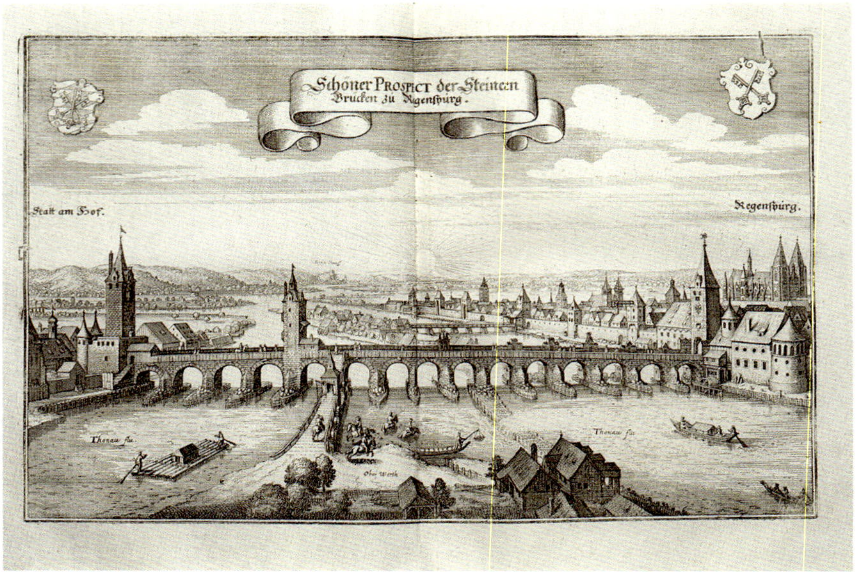

»Schöner Prospect der Steinernen Brücke zu Regenspurg«

In: Topographia Bavariae, daß ist Beschreib. und eigentliche Abbildung der vornembsten Statt ... in Ober- und Niederbayern, Frankfurt/M.: Matthäus Merian 1644, nach S. 72

Kupferstich
36,5 x 48 cm (Buch aufgeschlagen)
Magdeburg, Kulturhistorisches Museum, Bibliothek Bi 207a

Um die auf den Kongressen 1643–1648 in Münster und Osnabrück sowie 1649/59 in Nürnberg noch offen gebliebenen Fragen zu klären, rief Kaiser Ferdinand III. 1653 einen Reichstag nach Regensburg ein. Im Gegensatz zu den meisten Reichsfürsten, die nur Gesandte geschickt hatten, zog Ferdinand im Dezember 1652 unter großem Gepränge in Regensburg ein und war während der gesamten Verhandlungen zugegen. In Regensburg versuchte Guericke ein letztes Mal, die Reichsfreiheit für seine Heimatstadt zu erlangen (Kat. 155). Der Reichstag wurde von Kaiser Ferdinand 1654 vorzeitig geschlossen, um eine drohende politische Niederlage in der Steuerfrage zu verhindern. Der Kupferstich zeigt die aus dem 12. Jahrhundert stammende berühmte steinerne Brücke, die die rechts der Donau liegende freie Reichsstadt Regensburg mit der politisch selbständigen Vorstadt auf dem linken Donauufer verband. Die Vorstadt ist idealisiert wiedergegeben, denn sie war im Dreißigjährigen Krieg fast ganz zerstört worden. Am rechten Bildrand ist der Regensburger Dom deutlich hervorgehoben. G.K.

190

Krönung Ferdinands IV. zum deutschen König

»Ferdinand der Vierdte Erwehlter Römischer König Saüle deß Friedens vndt Lust deß Teutschlands. etc. Im Jahr 1653«

Wohl 1653
Matthäus Merian d.J. (1621–1687) oder Caspar Merian (1627–1686)
Radierung; 23,4 x 30,2 cm (Abb.)
Magdeburg, Kulturhistorisches Museum, Gr 51.1154

Obwohl der Westfälische Frieden die Wahl eines Thronfolgers zu Lebzeiten des Kaisers verbot, gelang es Ferdinand III., seinen ältesten Sohn am 18. Juni 1653 in Regensburg krönen zu lassen. Erst nach dem Ende der Krönungsfeierlichkeiten konnte der Regensburger Reichstag am 30. Juni beginnen, doch Guericke erreichte, daß ihn der Kaiser bereits einen Tag nach der Krönungszeremonie in Audienz empfing. Die Darstellung der Krönung Ferdinands IV. zeigt die verschiedenen Handlungen, die zur Krönungszeremonie gehörten. Im Zentrum der Darstellung (B) steht die Krönung im Regensburger Dom vor dem Altar durch den Mainzer Erzbischof Johann Philipp von Schönborn (1647–1673) und zwei assistierende Bischöfe. Der Kaiser wohnt der Zeremonie unter einem Baldachin sitzend bei. Der gekrönte König erteilt drei Männern den Ritterschlag (C) und schreitet dann unter einem Baldachin zum Festplatz (D), wo das Volk mit Getreide beschenkt (F) und mit Spanferkelbraten sowie durch einen Weinbrunnen bewirtet wird (E und G). Unter der jubelnden Menschenmenge (H) zieht der König zum Festmahl mit den Kurfürsten und nimmt seinen Platz an der Seite des Vaters ein (I). Zu sehen sind ferner die Außenansicht des Regensburger Doms (A) und der Hinweis (K) auf die Krönung (CORON. IN. REGEM ROMANORVM) sowie das Motto des Königs: PRO DEO ET POPVLO (Für Gott und Volk). G. K.

191

Magdeburg verliert den Kampf um die Reichsfreiheit

Der Reichstagsabschied vom 6./16. Mai 1654

In: Johann Gottfried von Meiern, Acta Comitialia Ratisbonensia publica, oder Regenspurgische Reichstags-Handlungen und Geschichte von den Jahren 1653. und 1654., Bd. 1, Leipzig: Michael Türpe 1738, S. 1131

Typendruck
37 x 48 cm (Buch aufgeschlagen)
Halle, Universitäts- und Landesbibliothek, Kg 2160 (1), 2°

Der sogenannte Jüngste Reichstagsabschied vom 6./16.5.1654, am Ende der Sitzung gefaßt, wiederholte zwar die Texte der Verträge von Osnabrück (1648) und Nürnberg (1650) und wurde somit Teil der geschriebenen Reichsverfassung, stellte dann aber in § 19 N II fest, daß die Altstadt Magdeburg nicht unter die freien Reichsstädte zu zählen sei. Dies bedeutete das Ende aller Magdeburger Hoffnungen. Die Altstadt hatte dem Administrator die Huldigung zu leisten. Der Reichstagsabschied blieb der letzte seiner Art, denn mit Auflösung der Versammlung und der erst neun Jahre später erfolgten Wiedereinberufung begann 1663 der Immerwährende Reichstag in Regensburg, der sich zum Abschluß der Sitzungsperioden nur vertagte und bis zum Ende des Alten Reiches 1806 fortdauerte. G. K.

192

Zurückweisung Magdeburger Ansprüche

»Warhafftige Relation auß denen in Sachen des Primat- und Ertzstiffts Magdeburg contra die alte Stadt Magdeburg, die wider rechtliche Interpretation deß Instrumenti Pacis betreffende, vor den kayserlichen Reichs-Hoff-Rath ergangenen Acten«, Halle: Johann Rappold 1654

Flugschrift; 18,9 x 11,4 cm (aufgeschlagen)
Magdeburg, Kulturhistorisches Museum, Bibliothek M 280

Die erzstiftische Regierung in Halle warb mit gutachtlichen Stellungnahmen bei Kurfürsten und Ständen erfolgreich für ihre Rechtsauffassung, daß Magdeburg keineswegs berechtigt sei, »die auf eine Viertelmeile Weges umb Magdeburg liegende Dörffer / Häuser / Acker / Wiesen / Gärten und andere Gründe mit deren Zubehörungen zu besitzen und zu genießen.« Der Westfälische Friedensvertrag bestätige nur das Festungsrecht Magdeburgs, das die Bebauung im Umkreis einer Viertelmeile vor der Stadtmauer verbietet. In diesem wie in allen anderen entscheidenden Punkten konnte sich der Administrator durchsetzten: Der Beschluß des Regensburger Reichstags vom 16. Mai 1654 legte der Altstadt Magdeburg außerdem auf, daß sie dem Landesherrn huldigen und ihre Elbschiffahrtsprivilegien aufgeben müsse. T. v. E.

Lit.: Wolter 1901, S. 187.

193

Entzug des Magdeburger Stapelrechts

Titelkupfer aus: Benjamin Leuber, Disquisitio planaria Stapulae Saxonicae … das ist Magdeburgische Stapel und Niederlage, deroselben Fueg und unfueg …, Bautzen: Christoph Baumann 1658

Kupferstich; 18 x 15 cm (Pl.)
Magdeburg, Kulturhistorisches Museum, A 6403

Nach der vollständigen diplomatischen Niederlage Magdeburgs 1654 war der Verhandlungserfolg Guerickes auf dem Westfälischen Friedenskongreß nur ein Pyrrhussieg. Trotzdem versuchte der Rat mit Hilfe von Rechtsgutachten renommierter Gelehrter, wenigstens die magdeburgischen Handelsvorrechte zu bewahren, die seit dem Mittelalter eine Grundlage des städtischen Wohlstands bildeten. Benjamin Leuber, der schon als sächsischer Gesandter auf dem Westfälischen Friedenskongreß die Herleitung magdeburgischer Ansprüche aus einem Privileg Ottos des Großen in das Reich der Legenden verwiesen hatte, wendete sich im Auftrag des Administrators gegen das Magdeburger Elbhandelsmonopol. Im Resümmee seiner ausführlichen Darstellung heißt es, die Stadt habe zu keiner Zeit die Stapel-, Niederlags- und Kornverschiffungsrechte erhalten. Das hier als Einzelblatt überlieferte Titelkupfer beeindruckt durch die figürliche Rahmung des Textes: Vis-à-vis von Kaiser Otto dem Großen steht der Patron des Magdeburger Doms, der heilige Mauritius, an eine Säule gelehnt. T.v.E.

Lit.: gantz verheeret 1998, S. 318.

194

Guericke erinnert an seine Gesandtschaften

»Relationes Derer dem herren Burgerm: Otto Von Guericken wegen gemeiner Stadt Magdeburgk 18 Jahr nach ein ander, uffgetragenen undt anvertraueten 17 unterschiedenen, mehrentheils gar langwirigen Verschickungen«

17. Jh.; Magdeburg
Otto von Guerickes Handexemplar mit eigenhändigen Korrekturen
Handschrift, Typendruck
35 x 45 cm (aufgeschlagen)
Berlin, Staatsbibliothek – Preußischer Kulturbesitz, Ms. Boruss., Fol. 922 (Kinderlingsche Handschriften 13)

Ab 1675 kam es zu Auseinandersetzungen zwischen dem Rat und Guericke um seine Privilegien, die unter anderem eine Einquartierung von Soldaten ausschlossen. Guericke führte mehrfach Beschwerde beim Rat und trat 1677 von seinem Amt als Bürgermeister zurück. Guericke rechtfertigt sein Verhalten und verweist auf seine bisherige, verdienstvolle Tätigkeit für den Rat. Er führt 17 Missionen von 1642 bis 1660 an, die von einem Tag bis zu mehr als anderthalb Jahren dauerten. Mit der Ausfertigung dieser Handschrift wurde ein Schreiber beauftragt, dessen Fassung Guericke an einigen Stellen handschriftlich korrigierte, wie zum Beispiel in dem Bericht über die diplomatische Tätigkeit in Halle und Leipzig 1646, die zum Abzug der sächsischen Truppen unter Oberst Trandorf 1646 führten. Beigebunden sind dem Bericht verschiedene Anhänge, wie zum Beispiel das 70 Seiten umfassende Verzeichnis der »Logisorte der Trandorffschen Offiziere«, das die Einquartierungen aller Soldaten bei den Magdeburger Bürgern wiedergibt. Die Handschrift wurde zusammen mit etwa 90 weiteren Handschriften aus dem Besitz des Magdeburger Geistlichen Johann Friedrich August Kinderling (1743–1807) 1862 für die Bestände der Berliner Bibliothek erworben. G.K.

Lit.: Magdeburger Biographisches Lexikon 2002, S. 353. Schneider 1998, S. 83 f. Hoffmann 1874, S. 174–184.

195

Erste Abbbildung der Magdeburger Versuche

In: Kaspar Schott, Mechanica hydraulico-pneumatica …, Würzburg 1657, vor S. 445

Andreas Frölich
Kupferstich in Buch
21,5 x 37,5 cm (Buch aufgeschlagen)
Bez. u.l.: And. Frolich sculps.
Hamburg, Bibliothek Mathematik und Geschichte der Naturwissenschaften der Universität, G 1657 / 1

Schotts Buch enthält die ersten Bilder einer Vakuumpumpe und die dazugehörige Beschreibung. Der Gelehrte stellt die Pumpe vor, die Otto von Guericke auf dem Reichstag zu Regensburg im Mai/Juni 1654 erstmals öffentlich in Funktion zeigte. Der Magdeburger Versuch im Anhang des Werkes kann als erste wissenschaftliche Veröffentlichung Guerickes gewertet werden, da sie zwischen Schott und Guericke abgestimmt war. Die Beschreibung regte Robert Boyle schon 1658/59 an, eigene Pumpen bauen zu lassen und ebenfalls Vakuumexperimente durchzuführen, deren Ergebnisse er umgehend veröffentlichte (Kat. 224). D.S.

Lit.: Schott (dt.) 1657/1986, S. 114–131.

196

Hölzerne Handfeuerspritze

17. Jh.; Herkunft aus Pretzien
Holz, Eisen, Flachs; H 85 cm, B 15 cm, L 110 cm, Dm Zylinder 6,5 cm
Schönebeck, Kreismuseum, V I 7 / 1

Hölzerne Feuerspritzen dieses Typs waren in größeren Stückzahlen in öffentlichen Gebäuden der Städte und Dörfer vorhanden. Sie wurden mit dem Pumpenzylinder senkrecht in einen Wasserbehälter (Ledereimer, Holzbottich) gesetzt, das Spritzrohr wurde auf die Flammen gerichtet und dann mit kräftigen Pumpenhüben der Wasserstrahl ins Feuer gelenkt. Solche Wasserpumpen oder messingne Handfeuerspritzen sah Otto von Guericke schon in seiner Jugend bei Stadtbränden in Magdeburg im Einsatz. D.S.

Lit.: Brachner u.a. 2002.

197

Messingne Handfeuerspritze (Stockspritze oder Strent(j)e)

2. Hälfte 16. Jh.; wahrscheinlich aus Nürnberg
Holz, Messing, Flachs (Filz) für Kolbendichtung; L 77,5 cm, Dm Zylinder zirka 6 cm
Fassungsvermögen zirka 1,6 l
Wolfenbüttel, Stadt- und Kreisheimatmuseum, Z 1037

Der seit dem 15. Jahrhundert bekannte Typ einer Feuerspritze war die Grundlage für den Bau des Vakuumpumpenzylinders bei Guericke. Zentrum des Spritzenbaus war Nürnberg mit seinen spezialisierten Rotschmieden und -drechslern. Sie exportierten die Spritzen in das gesamte Reich. Die umlaufenden Ringe ermöglichten einen festen Griff der linken Hand, um mit der rechten Hand am Holzgriff die Spritze aus einem mit Wasser gefüllten Eimer zu laden. Nun wurde der Kolbenknauf auf das Brustbein gesetzt, und mit beiden Händen der auf das Feuer gerichtete Zylinder an den Körper gezogen. Der weitreichende Wasserstrahl aus der Tülle konnte so gezielt und wirksam den Brandherd bekämpfen. D.S.

Lit.: Kluge 1986. Weigel 1698/1987, Rotschmied-Drechsler: nach S. 328.

198

Guerickes erste Vakuumpumpe

1999; Konstrukteure und Techniker der Otto-von-Guericke-Gesellschaft e.V.
Magdeburg
Holz, Messing, Glas, Wachs, Eisen, Flachs; H 85 cm, B 60 cm, L 110 cm, Dm Pumpenzylinder 7 cm, Dm Glasrezipient 28 cm
Magdeburg, Otto-von-Guericke-Museum Lukasklause, 1999 E 0004

Grundlage des funktionstüchtigen Nachbaus ist die erste Beschreibung und Abbildung von Guerickes Vakuumpumpe im Buch von Schott. Mit diesem nicht im Original erhaltenen Gerät wurde sowohl Wasser als auch Luft gepumpt. Diese Pumpe sogenannter 0. Bauart wurde schon im Mai/Juni 1654 am Ende des Reichstages von Regensburg erfolgreich durch Guericke eingesetzt. Danach erwarb sie der Mainzer Kurfürst und Bischof von Würzburg, Johann Philipp von Schönborn. Dessen Beichtvater Kaspar Schott, Professor für Philosophie und Mathematik an der Universität Würzburg, führte gemeinsam mit Melchior Cornaeus Vakuumversuche durch, die sie in ihren Veröffentlichungen diskutierten. Das war der Beginn eines fruchtbaren Streites über das Vakuum. Mit dieser Pumpe begründete Otto von Guericke die Vakuumtechnik.
D.S.

Lit.: Schott (dt.) 1657/1986, S. 114–131. Schott 1657. Cornaeus 1657.

199

Legende vom Großen Halbkugelversuch 1654

1906
Wilhelm Carl Räuber (1849–1926)
Öltempera/Lw.; 353 x 752 cm
München, Deutsches Museum, 6583

Das Gemälde illustriert den berühmten Versuch Otto von Guerickes, mit dem er die Existenz eines luftleeren Raums, eines Vakuums in der Natur, nachweisen konnte. Das Bild ist von großem kunsthistorischen sowie auch von wissenschaftshistorischem Interesse. 1906 im Stil der Historienmalerei des 19. Jahrhunderts von Wilhelm Carl Räuber, einem Schüler des Münchner Malers Wilhelm von Diez (1839–1907), in monumentaler Größe geschaffen, dokumentiert es den Stand der Diskussion um die genaue Datierung des Großen Halbkugelversuchs mit 16 Pferden. Guericke selbst hatte die Magdeburger Versuche in seinem Buch »Experimenta nova« beschrieben, aber nur eine Datierung – nämlich den Reichstag zu Regensburg 1654 – angegeben. Daraus folgerte man zunächst, daß in Regensburg auch der Halbkugelversuch gezeigt wurde. Erst mehr als zwanzig Jahre nach Vollendung des Gemäldes wies man 1929 durch eine Belegstelle in der Korrespondenz Guerickes mit Kaspar Schott nach, daß der Halbkugelversuch erstmals 1656 und 1657 in Magdeburg durchgeführt wurde. Auf dem Reichstag in Regensburg 1654, auf dem Guericke als Bürgermeister Magdeburgs die Interessen der Stadt vertrat, präsentierte er jedoch erstmals öffentlich physikalische Demonstrationsversuche, Vakuumversuche mit Hilfe der von ihm entwickelten Luftpumpe o. Bauart. E. A. M.

IV. Die Welt im leeren Raum

Der Gelehrte Otto von Guericke entwickelt seine Kosmologie (1655 bis 1676)

Die Beschlüsse des Regensburger Reichstages von 1654 hatten Guerickes Verhandlungserfolg, die Aufnahme magdeburgischer Privilegien in das Vertragswerk von Münster und Osnabrück 1648, zunichte gemacht. Im Kräftespiel zwischen Sachsen und Brandenburg sollte sich der Große Kurfürst durchsetzen und Magdeburg 1666 mit dem Vertrag von Kloster Berge neue Aufgaben als brandenburgische Festungsstadt zuweisen. Aber Guerickes Aufenthalt in Regensburg begründete zugleich seinen Ruhm als Naturforscher. Guericke hatte bereits mehrfach in privatem Kreis seine Magdeburger Versuche gezeigt und damit die Aufmerksamkeit Ferdinand III. erregt. Anfang Mai 1654 war Guericke eingeladen, die Versuche auch dem Kaiser, seinem Sohn König Ferdinand IV. sowie weiteren Reichsfürsten vorzuführen. Guericke demonstrierte unter anderem das Leerpumpen von Glasgefäßen, das Einströmen von Luft und Wasser in den leeren Raum und die Kraft des Luftdrucks, der nicht stabile Gefäße zerspringen läßt. Der berühmte Halbkugelversuch mit 16 Pferden gehörte noch nicht zum Programm. Die Vorführung faszinierte besonders den einflußreichen Fürstbischof von Würzburg, Johann Philipp von Schönborn (1605–1673), der dem Magdeburger Bürgermeister Luftpumpe und Apparaturen kurzerhand abkaufte, um an seiner Würzburger Residenz den Gelehrten Kaspar Schott damit zu beauftragen, die gesehenen Experimente zu wiederholen und zu verbessern. Schott trat mit Guericke in einen intensiven Briefwechsel und veröffentlichte 1657 die Magdeburger Versuche in seinem Buch »Mechanica hydraulico-pneumatica«. Der jesuitische Gelehrte regte die Weiterentwicklung der von Guericke erfundenen Luftpumpe an und förderte Guerickes Bemühungen um eine zusammenhängende Darstellung seiner

Joseph Wright, Vakuumversuch mit einem Vogel, Gemälde 1767/68.

Forschungsergebnisse. 1663 schloß Guericke seine Arbeit am Manuskript seines Hauptwerks »Experimenta Nova« vorläufig ab, konnte es aber erst 1672 beim holländischen Verleger Johann Jansson van Waesberge zum Druck bringen, während Schott die »Magdeburger Wunder« in seinem Buch »Technica curiosa« 1666 erneut vorstellte und in der Gelehrtenwelt bekannt machte. Guericke genoß zu dieser Zeit den höchsten persönlichen Erfolg. Kurfürst Friedrich Wilhelm von Brandenburg lud ihn 1663 ein, die Magdeburger Versuche am Hof in Berlin vorzuführen, und 1666 entsprach Leopold I. dem »Majestätsgesuch« des Bürgermeisters, der Kaiser möge ihn in den Adelsstand erheben. Guericke beschränkte sich nun in seiner politischen Tätigkeit auf die eigentlichen Verwaltungsaufgaben und ließ sich 1676 von dem turnusmäßigen Wechsel in das Amt des regierenden Bürgermeisters entpflichten. Seine quantitativ-experimentellen Forschungen fanden mit der klar gegliederten Darstellung seiner »Neuen sogenannten Magdeburger Versuche über den leeren Raum« weite Beachtung und wurden auch von der Royal Society in London aufgenommen. Guericke formuliert zu Beginn seines Buches – modern gesprochen – sein Forschungsinteresse und seine Ausgangshypothese, deren Richtigkeit er mit wiederholbaren und nachprüfbaren Versuchen erhärtet. Für Guericke steht die Frage nach der Existenz oder Nichtexistenz des Vakuums in direktem Zusammenhang mit unserer Vorstellung vom Bau der Welt. Er diskutiert das astronomische Wissen seiner Zeit, konstatiert die anscheinend unermeßliche Ausdehnung des Raumes und stellt fest: »Es hat also jegliches Ding seine Stätte im Nichts.« Die Reihe eigener Versuche beginnt mit dem Auspumpen von Wasser und von Luft, um eine Leere zu erzeugen. Guericke bedient sich dabei einer zur Luftpumpe umgebauten Feuerspritze und nutzt Kupferhalbkugeln und einfache Glaskolben als Rezipienten, um den Eigenschaften gasförmiger Körper und des atmosphärischen Luftdrucks auf die Spur zu kommen. Während sich beim sogenannten Galgenversuch genau feststellen läßt, bei welcher Gewichtsbelastung die evakuierten Halbkugeln voneinander getrennt werden, veranschaulicht der Versuch mit den großen Magdeburger Halbkugeln, daß 16 Pferde nicht in der Lage sind, die leergepumpten Kugeln gegen die Kraft des äußeren Luftdrucks auseinanderzureißen. Guericke zeigt außerdem, daß atmosphärischer Luftdruck Arbeit leisten kann – sein Hebeversuch steht am Anfang der Entwicklungslinien zur Papinschen Dampfmaschine und ähnlichen Erfindungen von Newcomen und Watt. Schließlich konstruiert Guericke eine neue Art von Windbüchse, die mit Hilfe von Unterdruck betrieben wird. Bei Messungen der »Schwere der Luft über der Erde« entdeckt Guericke die Schwankung des Luftdrucks in Abhängigkeit vom Wettergeschehen und entwickelt ein Barometer, das Guerickesche Wettermännchen. Anhand verschiedener Experimente mit einer Schwefelkugel glaubt er, kosmische Kräfte – Antrieb, Anziehung und Abstoßung der Himmelskörper – nachweisen zu können. Die von ihm beobachteten Phänomene farbiger Schatten erklärt er ebenfalls mit einer kosmischen Wirkkraft, der »Leucht- und Farbgebungskraft«. Guericke führt die Ergebnisse seiner Beobachtungen und Experimente in der Beschreibung seines Weltbildes von Erde und Mond über das Sonnensystem bis hin zur Fixsternwelt und ihrer Grenze wieder zusammen. Mögen uns auch heute manche seiner Erklärungen sonderbar vorkommen – den Fund prähistorischer Knochen bei Quedlinburg deutete er als Gerippe eines Einhorns –, so nahm Guericke doch die Ergebnisse systematischer Himmelsbeobachtung auf und entwickelte das kopernikanische Weltbild weiter. Mit seiner beharrlichen Experimentierfreude und scharfen Intelligenz widerlegte Guericke den seit Aristoteles vertretenen Grundsatz, die Natur habe eine Scheu vor dem Leeren, sondern er bewies, daß der unermeßliche Raum zwischen den Weltkörpern völlig stoffleer ist. T.v.E.

1. Etablierung als Gelehrter

200

Fürstbischof Johann Philipp von Schönborn (1605–1673)

1642–1647; Franken (?)
Öl/Lw.; 193,5 x 119 cm
Würzburg, Bayerische Schlösserverwaltung, Festung Marienberg, WüRes. G 18

1642 zum Bischof von Würzburg gewählt, gehörte Johann Philipp von Schönborn zu den aufgeklärtesten und fortschrittlichsten Fürsten des Reiches, der zum Beispiel als einer der ersten Reichsfürsten überhaupt die Hexenprozesse einstellen ließ. Seine naturphilosophischen und wissenschaftlichen Interessen überschritten die starren religiösen Grenzen, und so gehörte unter anderem der Protestant Gottfried Wilhelm Leibniz in den sechziger Jahren zu seinem Hofstaat. Mit seiner 1647 erfolgten Wahl zum Erzbischof von Mainz – und damit zum Erzkanzler des Reiches – konnte er seine friedensstiftende und -sichernde Politik durchsetzen. Insbesondere seinem Einsatz ist es zu verdanken, daß es endlich im Oktober 1648 zur Unterschreibung der Friedensverträge von Münster und Osnabrück kam. 1663 wurde der Kurfürst auch noch zum Bischof von Worms gewählt. – Das Bildnis Johann Philipps von Schönborn zeigt den Bischof im barocken Priestertalar mit dem Bischofskreuz auf der Brust. Im Hintergrund ist die Festung Marienberg in Würzburg mit ihren geplanten Befestigungsanlagen zu erkennen. Das

Gemälde entstand wahrscheinlich nach der Wahl zum Bischof von Würzburg, aber vor der zum Erzbischof von Mainz, denn Hinweise auf dieses höchste geistliche Amt fehlen. G.K.

Lit.: Grafen von Schönborn 1989, insbes. S. 186 Nr. 1.

201

Ansicht der Stadt Würzburg von Norden

»HERBIPOLIS. Würtzburg.«

Nachdruck des Originals von 1633
Frankfurt/M.
Matthäus Merian d.Ä. (1593–1650)
Radierung auf 2 Platten
28,2 x 64,6 cm (Bl.)
Würzburg, Mainfränkisches Museum, S. 67 196

Das Blatt zeigt eine Gesamtansicht Würzburgs mit der Altstadt auf dem rechten und der bischöflichen Residenz Marienberg auf dem linken Mainufer. Die Stadt ist vor allem durch die Vielzahl der Kirchtürme geprägt, in deren Zentrum der Würzburger Dom liegt. Die Profanbauten dagegen sind in der Regel nicht exakt wiedergegeben, sondern füllen nur die zwischen den Kirchen liegenden Flächen. Die Verbindung beider Mainufer stellt die Alte Mainbrücke dar, die in ihrer vollen Länge erkennbar ist. Die Festung Marienberg auf dem jenseitigen Mainufer ist leicht überhöht dargestellt und – im Gegensatz zum tatsächlichen Aussehen der Anlage seit dem frühen 17. Jahrhundert – noch deutlich als Renaissancebau stilisiert. Zeitgenössisch sind allerdings die Festungsanlagen unterhalb der Residenz, die erst die schwedische Besatzung in den dreißiger Jahren anlegen ließ. Merians Radierung wurde 1633 in Johann Philipp Abelins »Historische Chronik ... 1629 biß 1633« das erste Mal veröffentlicht und seitdem immer wieder nachgedruckt, so zum Beispiel auch im 1637 erschienenen zweiten Band des von Merian herausgegebenen »Theatrum Europaeum«. G.K.

Lit.: Feurer, Maidt 1988 S. 56f. Nr. 12.

202

Ansicht der alten Universität in Würzburg

a) »Wahrhafftige Abcontrafeyung Deß Collegii, hochen schuel vnd Kirchen Zu Würtzburg in francken ...«

b) »DEO SCIENTIARUM DOMINO. AETERNAEQUE SAPIENTIAE. S. – ACADEMIA IVLIANA WIRCEBVRGENSIS ...«
1603; Würzburg
Johannes Leypolt (gest. 1659) nach Georg Rudolph Hennenberg (gest. 1609?)
Kupferstich; 33,7 x 36,4 cm (Pl.)
Würzburg, Mainfränkisches Museum, S. 20 542 (dt. Fassung) und S. 20 543 (lat. Fassung)

Spätestens auf dem Regensburger Reichstag 1653/54 sind sich Guericke und Johann Philipp von Schönborn begegnet. Der Fürstbischof war von den Guerickeschen Experimenten zum Vakuum so beeindruckt, daß er Guericke die Versuchsapparaturen abkaufte und zwei Wissenschaftlern zur Verfügung stellte, die an der Universität Würzburg lehrten: Der Jesuit Kaspar Schott war Professor für Philosophie und Mathematik und zugleich auch Beichtvater des Fürstbischofs von Schönborn, der Jesuit Melchior Cornaeus hingegen war Professor für Philosophie. Die beiden stellten Guerickes Versuche gemeinsam nach und veröffentlichten 1657 die Ergebnisse in eigenen Schriften. Jedoch kam Cornaeus in seinem »Curriculum vitae« zu dem Schluß, daß die Existenz des Vakuums nicht bewiesen sei, während Schott in seiner »Mechanica hydraulico-pneumatica« (Kat. 195) Guerickes Forschungen bestätigte. Die Kupferstiche zeigen das erste Universitätsgebäude der 1582 neu begründeten Universität. Die Vierflügelanlage wurde 1591 mit der Einweihung der Universitätskirche im Südflügel (fast der gesamte Querbau im Hintergrund) vollendet. Die anderen Flügel dienten den Seminaren und der Universitätsbibliothek. Um Platz zu schaffen, wurden die Arkaden des Innenhofes 1720/21 durch Würzburgs großen Barockbaumeister Balthasar Neumann (1687–1753) geschlossen. Die

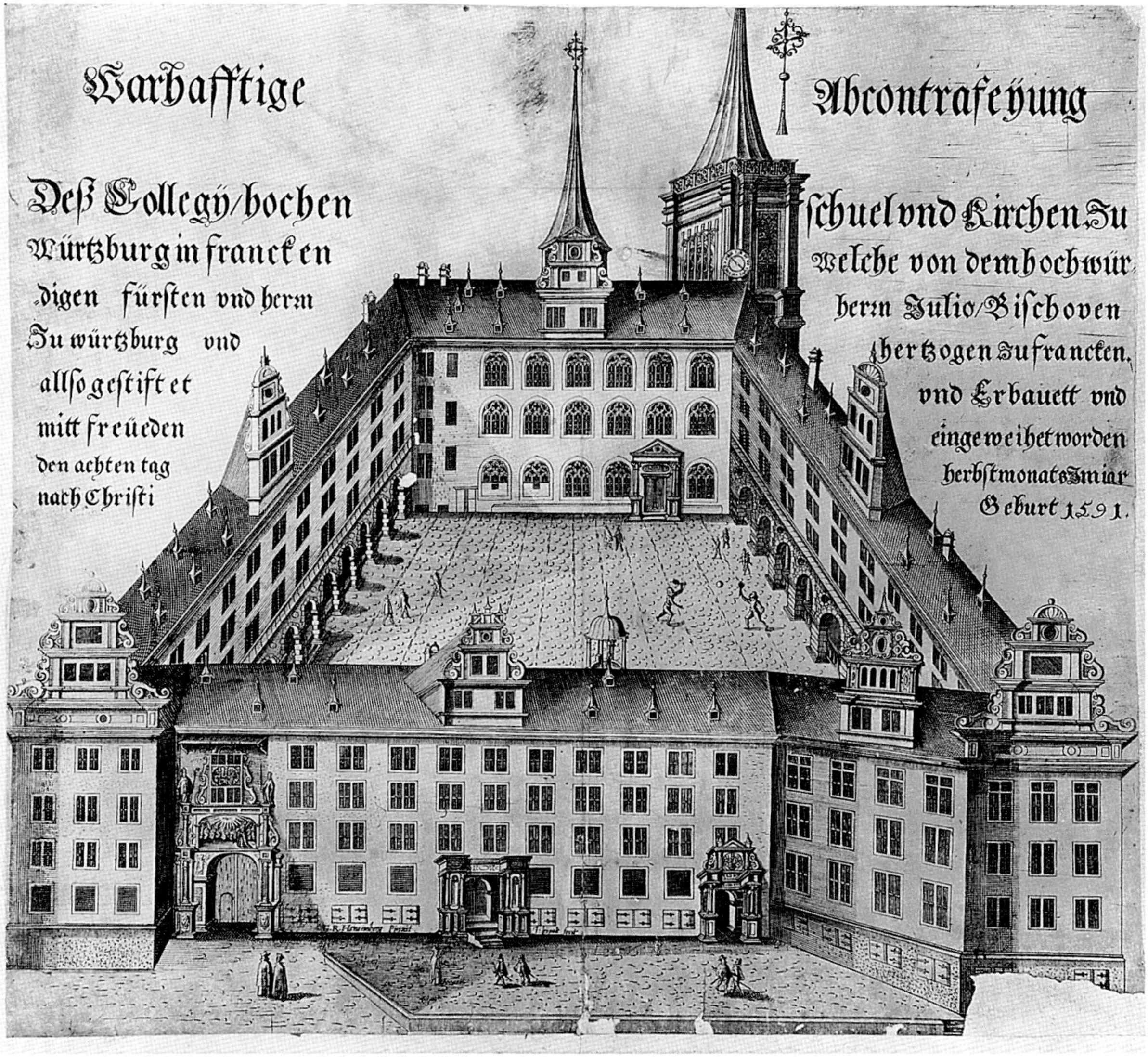

Szenerie der Universitätsansichten beleben talartragende Professoren, ballspielende Studenten und junge Kavaliere mit ihren Degen. Die Kupferstiche wurden aus Anlaß des 30. Jahrestages der Wahl beziehungsweise des Regierungsantritts des damaligen Würzburger Bischofs Julius Echter von Mespelbrunn 1603/04 zuerst publiziert. G.K.

Lit.: Muth 2000, S. 78–81 Nr. 410. Schneider 1995, S. 98–105.

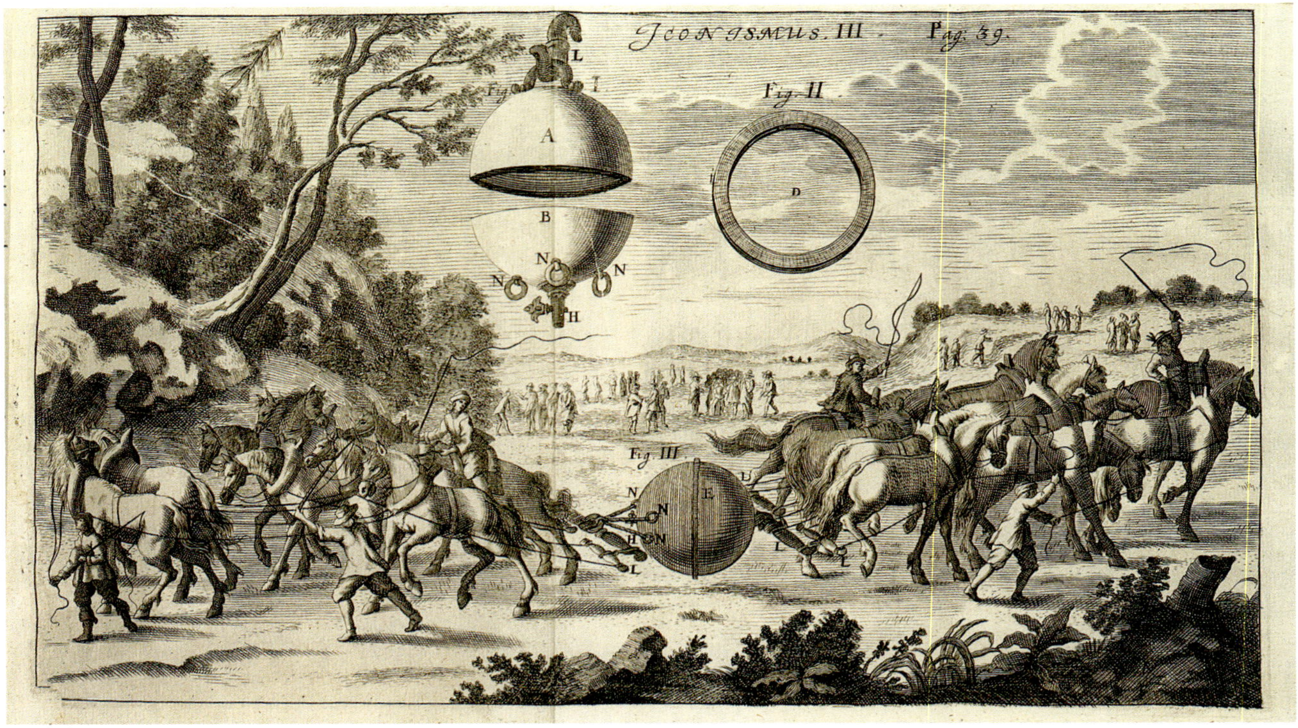

203

Versuch mit den Magdeburger Halbkugeln und 20 Pferden

In: Kaspar Schott, Technica curiosa sive mirabilia artis ..., Nürnberg: Johann Andreas Endter (Verleger), Jobus Hertz (Drucker aus Würzburg) 1664, Tafel III nach S. 38

Kupferstich in Buch
21 x 49,5 cm (aufgeschlagen)
Halle, Universitäts- und Landesbibliothek, AB 67 5 / c, 1 (1,2)

Kaspar Schott (1608–1666) veröffentlicht im ersten Buch dieses Werkes, das als zweite wissenschaftliche Veröffentlichung Guerickes gilt, erstmals die Abbildung des Versuches mit den großen Magdeburger Halbkugeln und hier 20 Pferden. Um die großen Kräfte des Luftdrucks zu demonstrieren, ersann Otto von Guericke einen leicht verständlichen Schauversuch. Die damals größte zur Verfügung stehende Zugkraft, Pferde, sollte seine Magdeburger Halbkugeln auseinanderreißen. Im Sommer 1657 ließ er nach und nach bis zu 12 Pferde beidseitig vor die entleerten Halbkugeln spannen. Doch die ersten Versuche scheiterten, weil Ösen und Geschirre den großen auftretenden Kräften nicht standhielten. Erst als die Konstruktionsmängel beseitigt worden waren, gelang es den Pferden nicht mehr, die Magdeburger Halbkugeln zu trennen beziehungsweise den Luftdruck zu überwinden. Ein kleines Kind konnte sie aber trennen, indem es den Hahn öffnete und Luft ins Kugelinnere strömen ließ. – Mit zwei Auflagen bleibt Schotts Werk das wichtigste Buch zur Vakuumtechnik bis in die Mitte des 19. Jahrhunderts. D.S.

Lit.: Schott (dt.) 1664/1986. Schimank 1968, S. 116ff.

204

Der Besuch Balthasar de Monconys bei Guericke

In: [Balthasar de Monconys,] Des Herrn de Moncony ungemeine und sehr curieuse Beschreibung seiner in Asien und das gelobte Land, nach Portugall, Spanien, Italien, in Engelland, die Niederlande und Teutschland gethanen Reisen ..., anjetzo zum erstenmahl aus der frantzösischen in die hochteutsche Sprache übersetzt von M. Christian Juncker, Leipzig-Augsburg: Andreas Zeidler 1697, S. 698–703

Typendruck, Ledereinband
21,5 x 38 cm (aufgeschlagen)
Halle, Bibliothek der Deutschen Akademie der Naturforscher Leopoldina, Ha 8 : 1188

Aus dem Nachlaß des Gelehrten und Privatlehrers Balthasar de Monconys (1611–1665) veröffentlichte dessen Sohn 1665 die zahlreichen Reiseberichte seines Vaters, die 1697 ins Deutsche übersetzt wurden. So begleitete Monconys unter anderem die Kavalierstour des Sohnes des Herzogs von Chevreuse durch Europa, um Sehenswürdigkeiten, neueste wissenschaftliche Forschungen und berühmte Persönlichkeiten kennenzulernen. Seinen einzigen Aufenthaltstag in Magdeburg am 22. Oktober 1663 verbrachte Monconys in Begleitung Guerickes. Vormittags führte Guericke die verschiedensten Experimente mit dem Luftdruck und dem Vakuum vor, nachmittags besuchten die beiden den Dom und den Hafen und danach präsentierte Guericke auch dem Herzog nochmals die Experimente. Der wissenschaftliche Ruf Guerickes hatte sich also seit der ersten Veröffentlichung bei Schott 1657 schnell über Europa verbreitet, und Guericke gehörte zu den Persönlichkeiten, denen man auf einer Kavalierstour seine Aufwartung machte. G. K.

Lit.: Moewes 1997. Balthasar de Monconsy, in: Archives biographique françaises 749, 1988. Schimank 1968, S. (46)–(49).

205

Kurfürst Friedrich Wilhelm von Brandenburg (1620–1688)

1675
Nach Jan de Baen (1633–1702)
Öl/Lw.; 127,5 x 103,5 cm
Potsdam, Stiftung Preußische Schlösser und Gärten Berlin-Brandenburg, GK I 50605

Der brandenburgische Kurfürst Friedrich Wilhelm erhob im Friedensvertrag von Münster und Osnabrück 1648 Anspruch auf das Erzstift Magdeburg und verlangte die Huldigung durch die Bürger der Stadt, die diese ablehnten. Otto von Guericke erschien im Frühjahr 1658 mit dem Consiliarius Dr. Peter Iden in Berlin vor dem Kurfürsten, um eine Rücknahme des Huldigungsverlangens zu erreichen, doch die Verhandlungen scheiterten. Im Vertrag vom Kloster Berge 1666 wurde die Aufnahme brandenburgischer Truppen in Magdeburg festgelegt, und nach dem Tod des Administrators August wurde 1681 Friedrich Wilhelm als neuem Landesherrn gehuldigt. Neben den diplomatischen Fähigkeiten Guerickes öffnete ihm vor allem sein Ruf als Wissenschaftler die Türen zum Hof Friedrich Wilhelms. So führte er dem brandenburgischen Kurfürsten während einer Privataudienz im Dezember 1663 seine Experimente mit der Vakuumpumpe vor und schenkte ihm anschließend die Geräte (Kat. 207, 208). 1666 erhielt Guericke als Anerkennung eine goldene Ehrenkette vom Kurfürsten mit dessen Bildnis und eine erneute Bestätigung seines Immunitätsbriefes von 1649. Das Gemälde zeigt nahezu lebensgroß ein Brustbild des brandenburgischen Kurfürsten in einer Prunkrüstung. Damit soll es an den Sieg Friedrich Wilhelms über die Schweden bei Fehrbellin 1675 erinnern. U. S

Lit: Der Große Kurfürst 1988.

Friedrich Wilhelm
Churfürst

206

Die kurfürstlichen Residenzen Berlin und Cölln

In: M(artin) Z(eiller), Topographia Electoratus Brandenburgici et Ducatus Pomeraniae, &c. / Das ist / Beschreibung der Vornembsten und bekantisten Städte und Plätz / in dem hochlöblichsten Chur=Fürstenthum und March Brandenburg; und dem Hertzogthum Pommeren …, Frankfurt/M.: Matthaeus Merian Erben 1652, nach S. 26f.
Kupferstich in Buch; 35 x 76 cm (Bl.)
Bez. u.l.: Casp: Merian fec.
Magdeburg, Kulturhistorisches Museum, Bibliothek Bi 103

Otto von Guericke bereiste mehrfach die Residenzstädte Berlin und Cölln, die Nachbarstädte an der Spree, und weilte am Hof des brandenburgischen Kurfürsten Friedrich Wilhelm. Von Westen her blickt man auf die vom barocken Festungsgürtel und den Seitenarmen der Spree umschlossene Stadt Cölln mit dem Schloßbereich, der großen Domkirche (H) und dem Cöllner Rathaus (L). Die 1647 angepflanzte Lindenallee führt vom Bildvordergrund auf das im Zentrum Cöllns liegende, unter Kurfürst Joachim II. (1535–1571) erbaute Renaissanceschloß. Es war neben Tangermünde und der Feste Spandau die modernste Residenz der Hohenzollern. Kurfürst Friedrich Wilhelm stattete die Repräsentations- und Wohnräume des Schlosses neu aus, das 1945 stark zerstört und dessen Reste 1953 gesprengt wurden. Links und im Hintergrund ist Berlin zu erkennen. U.S.

207

Vakuumluftpumpe dritter Bauart von Guericke

Vor Dezember 1663; Magdeburg
Auftraggeber: Otto von Guericke
Holz, Messing, Eisen, Kupfer, Blei, Glas
L 119 cm, B 80 cm, H 151 cm,
Pumpenzylinder: Dm 6,3 cm, L 46 cm
München, Deutsches Museum, 13701 a, b, c

Otto von Guericke führte im Dezember 1663 dem Kurfürsten Friedrich Wilhelm von Brandenburg vor, »was Vakuum bedeutet«. Dazu ließ er seine Vakuumpumpe dritter Bauart gemeinsam mit zwei Magdeburger Halbkugeln fertigen und nach Berlin transportieren. Sie ist die vierte und vollkommenste Vakuumpumpe Guerickes. Durch ein Hebelsystem wird der Kolben im senkrecht auf einem Dreibein stehenden Messingzylinder auf- und abbewegt. Der Glasrezipient ist durch ein Rohr und einen Hahn mit dem Zylinder verbunden. Alle Steckverbindungen werden durch gefüllte Kupferbehälter unter Wasser gehalten. Die Qualität des besten Vakuums entspricht dem Dampfdruck des Sperrmittels Wasser von etwa 20 Torr (2700 Pascal) bei Umgebungstemperatur. Guerickes Originalgeräte wurden 1907 von Kaiser Wilhelm II. dem Deutschen Museum München geschenkt. D.S.

Lit.: Kluge 1986. Pohl 1936.

208

Magdeburger Halbkugeln

Vor Dezember 1663; Magdeburg
Auftraggeber: Otto von Guericke
Eisen, Kupfer, Blei; Dm innen 45 cm
München, Deutsches Museum, 13702 a, b

Otto von Guericke läßt die Halbkugeln 1663 für den Kurfürsten Friedrich Wilhelm von Brandenburg fertigten. Aus dem Besitz der Hohenzollern gelangten sie mit der dazugehörigen Pumpe 1907 in das Deutsche Museum München. Die Halbkugeln sind aus Kupferronden getrieben. Der Flansch ist durch Auflöten von Blei so verbreitert, daß ein flacher und mit trockenem Fett eingestrichener Lederring die zusammengelegten Halbkugeln dichtet. Nach dem Evakuieren können beidseitig in wachsender Zahl Pferde davor gespannt werden, die eine Kraft von etwa 1590 Kilopond (15 600 Newton) aufbringen müssen, um die Halbkugeln zu trennen.

D. S.

Lit.: Pohl 1936.

209

Magdeburg wird zur Huldigung gezwungen

28. Mai 1666; Kloster Berge bei Magdeburg
Handschrift (20 S.)
Papier; 32,5 x 40,5 cm (aufgeschlagen)
Aufgedrücktes Siegel (Dm 4 cm),
5 Ringsiegel (je Dm 1,2 cm)
Magdeburg, Landeshauptarchiv Sachsen-Anhalt, Rep. U 1 Tit. XXII Nr. 203

Ob Guericke die Präsentation seiner Magdeburger Versuche am Hof des Großen Kurfürsten in Berlin 1663 zum Anlaß nahm, einen glimpflichen Übergang der Altstadt Magdeburg an Brandenburg vorzubereiten, ist nicht überliefert. Kurfürst Friedrich Wilhelm erzwang gleichwohl im Mai 1666 die Aufnahme einer Garnison und die Anerkennung seiner späteren Landesherrschaft mit militärischen Mitteln und zu seinen Bedingungen. Im Vertrag von Kloster Berge akzeptierte der Rat die Einquartierung der fremden Truppen und die Übernahme der damit verbundenen finanziellen Lasten. Vor allem aber stimmte er der Erbhuldigung zu. Am 24. Juni 1666 nahmen Administrator August von Sachsen-Weißenfels und Vertreter des Großen Kurfürsten auf dem Alten Markt die feierliche Anerkennung ihrer hoheitlichen Rechte über Magdeburg entgegen. Die Unterschrift Guerickes und der anderen Bürgermeister besiegelte das Ende aller Hoffnungen auf den Status einer freien Reichsstadt und die Niederlage des Abgesandten Guericke, der sich über Jahrzehnte für die magdeburgische Autonomie eingesetzt hatte. T.v.E.

210

Kaiser Leopold I. (1640–1705)

»LEOPOLDUS I. ROM(anorum) IMP(erator) SEM(per) AVG(ustus) GER(maniae) HVNG(ariae) BOH(emiae) etc. REX ARCH(idux) AVSTR(iae) DVX BVRG(undiae) COM(es) HABS(burgiae) etc.«

17. Jh.; Kysell (?)
Kupferstich; 50,1 x 43 cm
Braunschweig, Herzog Anton Ulrich-Museum, P 2.2404

Durch den frühen Tod seines älteren Bruders Ferdinand IV. 1654 (Kat. 190) wurde Leopold bereits im Alter von 14 Jahren zum Erben der österreichischen Erblande sowie 1655 zum König von Ungarn und 1656 zum König von Böhmen gekrönt. Seine Nachfolge auf dem Kaiserthron hingegen war unsicher, da vor allem der Fürstbischof Johann Philipp von Schönborn die Wahl von Ferdinands III. Bruder, Erzherzog Leopold Wilhelm (1614–1662), präferierte. Erst nach 18monatigem Interim wurde Leopold als 18jähriger im Juli 1658 gewählt. Der strenggläubige Katholik vermochte durch seine vorsichtige Politik, das Vertrauen der Reichsstände in die mit dem Westfälischen Frieden geschaffene Reichsverfassung und auch das Ver-

trauen in die habsburgische Kaiserdynastie wieder herzustellen. Am Ende seiner fast 50jährigen Regentschaft waren nicht nur im Osten die Türken besiegt, sondern auch die Hegemonialbestrebungen Frankreichs unter Ludwig XIV. (1638–1715) im Westen zurückgedrängt worden. So galt nunmehr der Kaiser mehr denn je als Garant der Reichsverfassung. G.K.

211

Krönung Leopolds I. zum Kaiser 1658 in Frankfurt

Aus: Theatrum Europaeum Bd. 8, Frankfurt/M.: Merian Erben 1667, nach S. 530

Radierung; 29,1 x 35,9 cm (Pl.)
Magdeburg, Kulturhistorisches Museum, Gr 56.335

Die Krönung Leopolds I. (1640–1705) zum Kaiser fand am 1. August 1658 in Frankfurt statt, nachdem er am 8./18. Juli gewählt worden war. Die beiden oberen Abbildungen zeigen das Geschehen in der Frankfurter Bartholomäuskirche, nämlich die Deklaration im Kreise der Kurfürsten links und die eigentliche Krönung rechts. Hier ist zudem am rechten Bildrand die zeitlich danach stattfindende Erteilung eines Ritterschlags an einen jungen Mann dargestellt, die bereits bei der Darstellung der Krönung Ferdinands IV. zum deutschen König begegnete (Kat. 190). Die weiteren einzelnen Akte der Zeremonie (Prozession unter dem Baldachin, Austeilung von Getreidegeschenken und Speisung mit Spanferkeln und Weinbrunnen) werden in einem großartigen Panorama des Frankfurter Römerplatzes präsentiert: Die auf dem Platz versammelte Menschenmenge wird durch die Präsenz von Soldaten zurückgehalten, auf den Dächern und Kranbalken der umliegenden Häuser versucht manch einer, soviel als möglich vom Geschehen zu erhaschen. Auch hier findet sich das Motto des neuen Kaisers: CONSILIA ET INDVSTRIA (Mit Klugheit und Eifer). G.K.

Lit.: Von teutscher Not 1998, S. 77 Nr. 27, S. 79 Nr. 40.

212

Guerickes Erhebung in den Adelsstand

Guerickes Majestätsgesuch:
31. Januar 1665, Magdeburg
Konzept des Adelsbriefes aus der Kanzlei Leopolds I.: 4. Januar 1666, Wien
Handschrift; 33 x 20 cm
Wien, Allgemeines Verwaltungsarchiv, Adelsarchiv, Reichsadelsakt Gericke von Guericke, fol. 1–18

Im Januar 1665 richtet Otto von Guericke ein Majestätsgesuch an Kaiser Leopold I., in dem er um Erhebung in den Adelsstand bittet. Er verweist dabei auf seine patrizische Herkunft und die Nobilitierung seines Vaters durch den polnischen König sowie auf das Versprechen von Leopolds Vater, Kaiser Ferdinand III., »mich (Guericke) mit sonderbahren kayserl. Gnaden allergnädigst anzusehen«, nachdem jenem in Regensburg 1654 Vakuumexperimente vorgeführt worden waren. Durch seine Versuche sei er – Guericke – berühmt geworden; und, um sich von anderen Gerickes zu unterscheiden und um Mißverständnisse bezüglich seines Namens zu verhindern, »weil die außwärtigen Nationen daß G-e wie ein Sch aussprächen«, bittet er um Änderung des

Namens in von Guericke. Der Adelstitel möge erblich verliehen und das alte Familienwappen durch die Aufnahme einer Krone in die Helmzier verbessert werden. Zudem möge die Familie von allen bürgerlichen Lasten eximiert werden. Dem Gesuch beigelegt ist als Muster für den gewünschten Adelsakt die Abschrift der Alemannschen Nobilitierung vom 9. Mai 1602, in dem durch Guerickes eigene Hand die zu ändernden Passagen eingefügt sind. Am 4. Januar 1666 gewährte Kaiser Leopold die Erhebung in den Adelsstand mit allen erbetenen Privilegierungen unter dem Hinweis auf den Ruhm des Petenten und dem seines in brandenburgischen Diensten stehenden gleichnamigen Sohnes. Das Original dieser Urkunde aus dem Guerickeschen Familienarchiv ging im Zweiten Weltkrieg zwar verloren, doch hat sich in der kaiserlichen Kanzlei die hier gezeigte Akte erhalten. G. K.

Lit.: Schimank 1968, S. (60)–(65). Schimank 1936, S. 33 f., S. 69 f.

2. Experimenta Nova – Auspumpen der Luft

213

Originalausgabe von Guerickes Experimenta Nova

»Ottonis de Guericke Experimenta Nova (ut vocantur) Magdeburgica de Vacuo spatio«, Amsterdam: Johann Jansson Waesberge 1672
Typendruck, Kupferstiche; Pergamenteinband

32 x 56 cm (Buch aufgeschlagen)
Magdeburg, Kunstmuseum Kloster Unser Lieben Frauen, Bibliothek VIII. C.c. 2.fol.

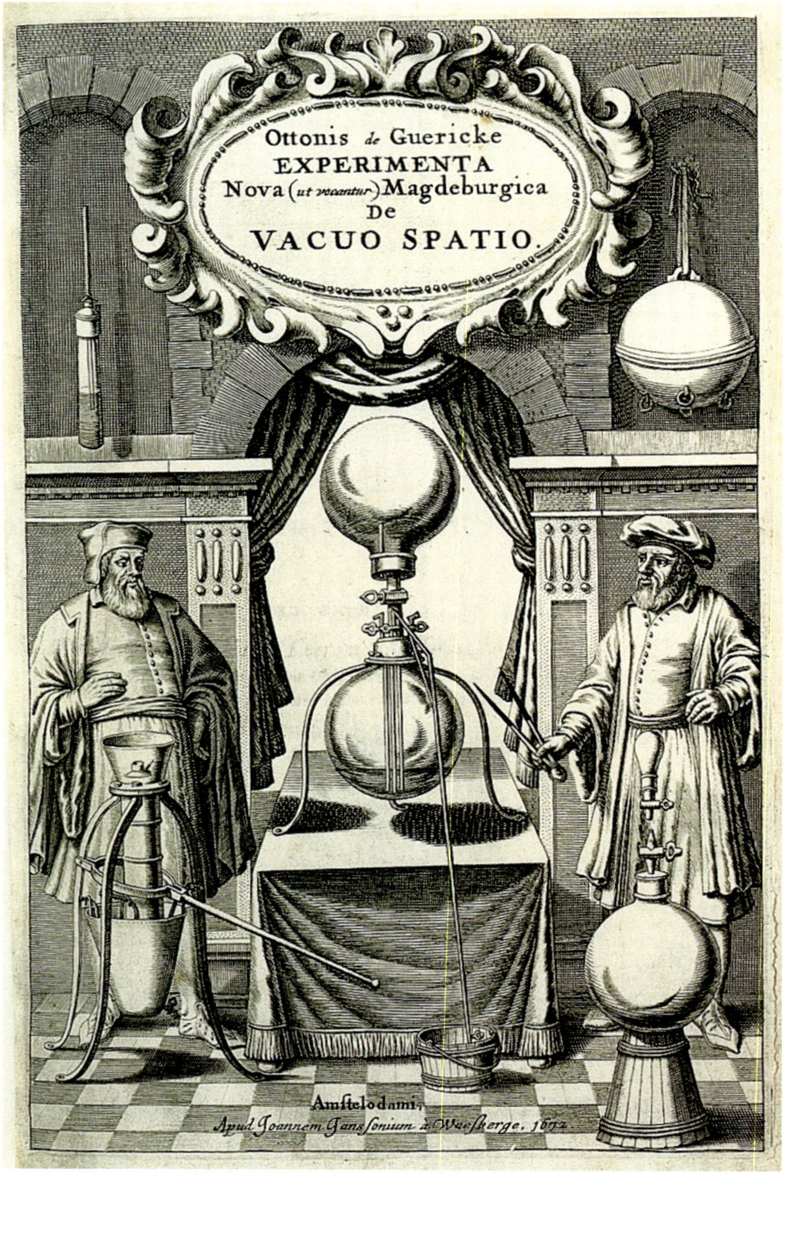

Otto von Guerickes Hauptwerk umfaßt zu etwa 75 Prozent astronomische Ausarbeitungen. Er erläutert sein vervollständigtes, erweitertes Weltbild, das unermeßlich große luftleere Weltall, die körperlichen und unkörperlichen Weltkräfte sowie deren Auswirkungen auf die Deutung astronomischer Phänomene. Da die Experimente schon von Kaspar Schott (1608–1666) veröffentlicht worden waren, sind sie nun in einer neu durchdachten Anordnung nur kurz wiedergegeben. Das Hauptwerk ist die vierte und wichtigste wissenschaftliche Veröffentlichung Guerickes. Das Titelkupfer zeigt Guerickes Erfindungen unter der Schutzherrschaft von Aristoteles (382–322 v. Chr.) links und von Archimedes (287–212 v. Chr.) rechts. Zu sehen sind links oben ein Gerät, mit dem ein hochgradiges Vakuum erreicht werden kann, rechts oben die Magdeburger Halbkugeln, vorn links seine Vakuumluftpumpe dritter Bauart und rechts die vielfach verwendbaren kleinen und großen Rezipienten. Im Mittelpunkt befindet sich das »hydraulisch-pneumatische Gerät«, das auf dem Schreibtisch seines Studierzimmers stand und mit dem er eine Vielzahl Versuche machte, so die Barometerprobe zur Bestimmung der Qualität eines Vakuums.

D.S.

Lit.: Krafft 2001. Schimank 1968, S. XI.

214

Autorenporträt aus »Experimenta Nova«

»OTTO DE GUERICKE Sereniss: ac Potentiss: Elector: Brandeb: Consiliarius' et Civitat: Magdeb. Consul:«

1670/71
Nach Cornelius Galle d.J. von 1649
Kupferstich; 27 x 17,5 cm (Pl.)
Magdeburg, Kulturhistorisches Museum, M 1a

Das Porträt ist das einzige von Guericke selbst autorisierte Bildnis seiner Person. Als Vorlage diente das Gesandtenporträt von 1649 (Kat. 158): »Daß Contrefait, welches schon einmahl Anselmus van Hull zu Antwärpen in Kupfer herauß gegeben, lasse ich ietzo ein wenigk an der kleidung endern, soll mit gelegenheit noch geschicket werden …« (Brief an den Verleger Janszoon vom 18./28.4.1670). Aus diesem Grunde zeigt das Bildnis von 1670/71 auch nicht die Züge eines 70jährigen Mannes, sondern Guericke erscheint wesentlich jünger. Das Porträt wird ergänzt durch das erst 1666 erworbene Familienwappen und durch eine halb um die Schulter gelegte Kette mit dem Porträt des Großen Kurfürsten – wahrscheinlich ein Hinweis auf eine sonst nicht dokumentierte Ernennung zum brandenburgischen Rat. In der Bildunterschrift führt Guericke stolz diesen Titel und den des Magdeburger Bürgermeisters. Guericke hatte sein wissenschaftliches Werk dem zukünftigen Magdeburger Landesherrn gewidmet.

G.K.

Lit.: Schneider 1995, S. 120f. Schimank 1968, S. (98)–(99).

215

Widmung für den Großen Kurfürsten

a) Brief Guerickes an Kurfürst Friedrich Wilhelm von Brandenburg (1620–1688)
14. April 1672; Magdeburg
Originalausfertigung

b) Antwortschreiben
22. April 1672; Cölln
Konzept des Kanzlers Otto von Schwerin

Handschrift; 35 x 22 cm
Berlin, Geheimes Staatsarchiv Preußischer Kulturbesitz, I. HA Rep. 36 Nr. 2766, fol. 34r–36r

Guericke hat sein wissenschaftliches Werk nicht nur dem Großen Kurfürsten gewidmet, sondern ein Exemplar des Buches mit einem Widmungsschreiben auch an denselben geschickt – das Buch lag also im April 1672 bereits gedruckt vor. In seinem Brief legt Guericke das Thema seiner Untersuchung dar: »von dem unmäß- undt unaußsprächlich großen Rauhm, Platz oder Begriff, darin dieses große Weldtgebaüde, sambt zugehörigen Weldt Cörpern undt Himmels Lichtern«. Die große Frage der Philosophen und Naturkundigen sei beantwortet, nämlich ob der Raum leer oder von Materie erfüllt sei. Dazu »ist nötig gewesen, solches durch gewiße Experimenta zu erfahren«, wozu er Maschinen und Instrumente entwickelt habe. Das Konzept aus der kurfürstlichen Kanzlei beweist die Echtheit eines heute verlorenen Antwortschreibens von Friedrich Wilhelm, das sich im Familienarchiv Guericke, ehemals Stadtarchiv Magdeburg, befand.

G.K.

Lit.: Schimank 1968, S. (110). Guericke 1672b.

216

Königin Christinas Dank an Guericke

In: [Johann Friedrich Reifstein,] Historische Merkwürdigkeiten der Königinn Christine von Schweden betreffend ..., 2. Teil, Amsterdam: Pierre Mortier 1752, 2. Buch, S. 151–153

Typendruck
26 x 43,5 cm (Buch aufgeschlagen)
Göttingen, Staats- und Universitätsbibliothek, 4 H Suec. 170 / 55:2

Sofort nach erscheinen der »Experimenta Nova« im Frühjahr 1672 verschickt Otto von Guericke das erste Exemplar an den brandenburgischen Kurfürsten Friedrich Wilhelm (Kat. 205). Guerickes Sohn sendet gleichzeitig ein Exemplar an die in Rom lebende Königin Christina von Schweden (Kat. 125). Die hochgebildete und naturwissenschaftlich interessierte Christina formuliert ihren Dankesbrief voll Hochachtung und Bewunderung: »all meine Unwissenheit hindert mich nicht, dies Werk als eines der allerbewundernswertesten zu erachten, die unser Jahrhundert hervorgebracht hat ... die neuen Anschauungen oder besser Vermutungen ..., sind – wie mir scheint – ganz seine eigene Leistung. Zumindest habe ich nichts dem Vergleichbares gelesen«. Eine ähnliche positive Resonanz erfuhr das Werk von vielen Seiten. U. S.

Lit.: Schimank 1968, S. (149). Trost-Schrifft 1686, S. 22.

217

»Experimenta Nova« und die Wissenschaft

a) Miscellanea curiosa medico-physica Academiae Naturae Curiosorum ..., 2. Jg., Jena: Samuel Krebs 1671, S. 460–470

b) Philosophical Transactions: giving some accompt of the present undertakings, studies and labours of the ingenious in many considerable parts of the world, Bd. 7, Nr. 88 vom 18. November 1672, London: John Martin 1672, S. 5103–5105

Typendruck
21,5 x 37 cm (Buch aufgeschlagen),
22,5 x 39,5 cm (Buch aufgeschlagen)
Halle, Bibliothek der Deutschen Akademie der Naturforscher Leopoldina, Cb 4 : 400, Cb 4 : 986

Guerickes Experimente waren seit der ersten Veröffentlichung bei Schott 1657 den Wissenschaftlern bekannt. So wundert es nicht, daß noch während der Drucklegung der »Experimenta Nova« eine der ältesten deutschen Akademien, die »Leopoldina« in Halle an der Saale, im zweiten Jahrgang ihrer wissenschaftlichen Zeitschrift »Miscellanea« auf die bevorstehende Veröffentlichung hinwies und bereits das Inhaltsverzeichnis von Guerickes Buch abdruckte. Auch die »Philosophical Transactions«, die wissenschaftliche Zeitschrift der Royal Society in London, rezensierte Guerickes Werk noch im November 1672. Besonderes Interesse fanden Guerickes Experimente mit der Schwefelkugel, die noch im November 1672 in der Royal Scoiety nachgestellt wurden. Auf das Buch hatte eines der Mitglieder, der Physiker Robert Hooke (1635–1703), die königliche Gesellschaft aufmerksam gemacht und den Kauf empfohlen. Wahrscheinlich hat die Royal Society das Buch aber nicht erworben, sondern es wurde ihr vom Autor oder seinem Sohn zugesandt. G. K.

Lit.: Schimank 1968, S. (109)-(112). Journal Books of ye Royal Society, Vol. IV (1668–1672), S. 264–268 (zit. n. Kopien in der Otto-von-Guericke-Gesellschaft, Magdeburg).

218

Versuche zur Erzeugung der Leere

a) »Erster Versuch zur Erzeugung der Leere durch Auspumpen von Wasser«

b) »Zweiter Versuch zur Erzeugung der Leere durch Auspumpen von Luft«

c) »Die Magdeburger Maschine zur Schaffung eines Vakuums, auf andere, neue und bessere Art konstruiert«

d) »Einrichtung eines Sondergerätes zur Herstellung einer Luftleere«

Wiedergabe der Kupferstiche aus: Otto von Guericke, Experimenta Nova …, Amsterdam 1672, Tafel V und VI; sowie aus: Kaspar Schott, Technica curiosa …, Nürnberg 1664, Tafel VII
Originale: Kunstmuseum Kloster Unser Lieben Frauen Magdeburg, Bibliothek sowie Universitäts- und Landesbibliothek Halle

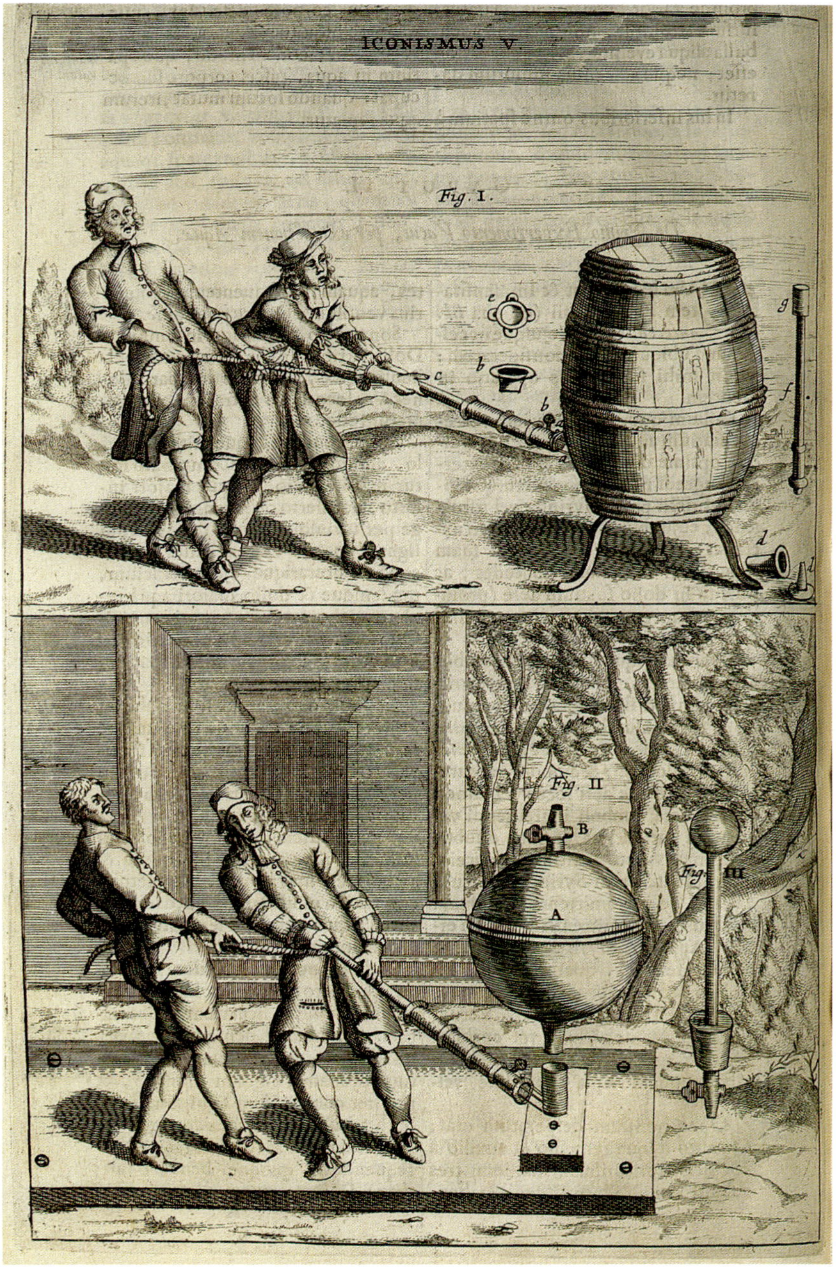

Die Erzeugung eines leeren Raumes war entsprechend der gängigen Lehrmeinung und nach Aristoteles nicht möglich. Die Natur habe eine Furcht vor dem Leeren (Horror vacui), die sich so äußern müsse: Die Wände des leergepumpten Gefäßes würden sich berühren. Otto von Guericke versuchte trotzdem, ein wassergefülltes Fass mit einer umgebauten Handfeuerspritze zu entleeren. Es gelang nicht, da Luft durch die Poren des Holzes (die Ritzen zwischen den Dauben hatte er zuvor sorgfältig abgedichtet) in das Fass kam.

Daraufhin benutzte Guericke dichtere Stoffe, Kupfergefäße. Nach großen

Schwierigkeiten gelang es ihm gemeinsam mit Magdeburger Handwerkern, zwei handgetriebene Kupferhalbkugeln zusammenzulöten und so stabil zu gestalten, daß sie den großen auftretenden Kräften standhielten. Diese Kraft erkannte Guericke als Luftdruck. Demnach hat die Luft eine Schwere, ein meßbares Gewicht. Das erste leergepumpte Gefäß bewies, daß Aristoteles nicht recht hatte. Ein leerer Raum widersprach nicht der Natur!

Nur aus der Veröffentlichung »Technica Curiosa« (Abb. S. 79) von Kaspar Schott (1608–1666) ist Guerickes Vakuumluftpumpe zweiter Bauart bekannt. Die Pumpe befand sich im Keller seines Wohnhauses, in dem die Lohnarbeiter pumpten, und war durch ein Rohr mit seinem Arbeitszimmer verbunden. Dort standen die Versuchsgeräte, mit denen der in den »pneumatischen Wissenschaften bewanderte Bürgermeister« seinen vielen Gästen Experimente vorführte. Der vergrößerte Durchmesser ermöglichte es, mit einem Pumpenhub mehr und schneller Luft zu pumpen. Die Lederventile (Ein- und Austrittsventil) waren beide an der Stirnseite des Zylinders angebracht, um den Totraum zu minimieren. Alle Steckverbindungen standen unter Wasser, um Luftzutritt zu verhindern. Die Pumpe zweiter Bauart ist Guerickes wichtigste Pumpe, da er mit ihr den größten Teil seiner Versuche durchgeführt hat.

Nachdem Kurfürst Friedrich Wilhelm von Brandenburg den Wunsch geäußert hatte, die Magdeburger Versuche zu sehen, entwarf Guericke 1663 die Vakuumluftpumpe dritter Bauart, den

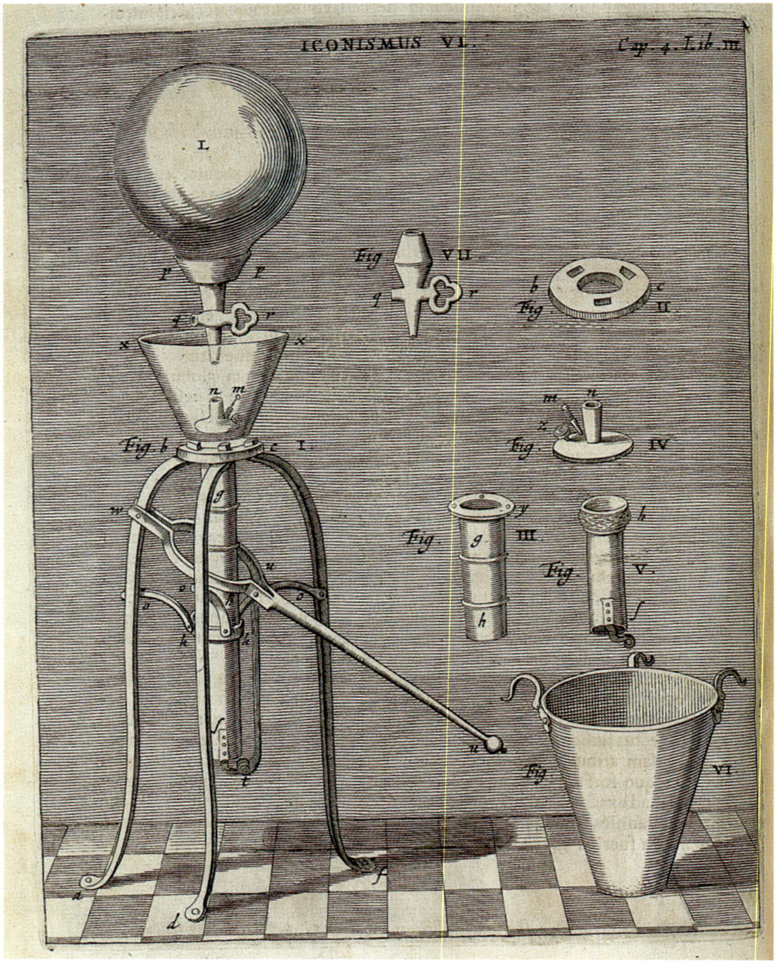

vierten und vollkommensten Typ seiner Vakuumpumpen (Kat. 207). Um den Totraum zu minimieren, legte er die Ventile auf die Stirnseite des Zylinders (siehe Figur IV). Die leichte aber stabile Konstruktion in einem Dreibein verfügte über das von der zweiten Bauart her bekannte Hebelsystem. Alle Steckverbindungen wurden durch gefüllte Kupferbehälter unter Wasser gehalten. Die Pumpe erreichte ein Vakuum von etwa 20 Torr (2 700 Pascal). Sie ist in drei, durch ständigen Gebrauch veränderten Originalexemplaren überliefert.

D. S.

Lit.: Schimank 1968, S. 81–85. Schott (dt.) 1664/1986.

219

Guerickes Vakuumluftpumpe dritter Bauart

Nach 1663; Magdeburg
Auftraggeber: Otto von Guericke
Holz, Messing, Eisen, Kupfer, Blei, Glas;
L 100 cm, B etwa 50 cm, H 156 cm,
Pumpenzylinder: Dm 6 cm, L 48 cm
Braunschweig, Universitätsbibliothek,
2000/16/I

Diese Vakuumluftpumpe dritter Bauart hat Otto von Guericke in Magdeburg nach 1663 fertigen lassen. Sie befand sich im Familienbesitz der Guerickes bis zum Kauf wesentlicher Teile der Experimentiergeräte durch Gottfried Christoph Beireis, Professor in Helmstedt. Von hier aus gelangte sie in den Besitz der Universität Braunschweig, wo sie bis heute in der Bibliothek zusammen mit weiteren Instrumenten Guerickes ausgestellt wird. D.S.

Lit.: Kluge 1986. Marx 1831.

220

Magdeburger Halbkugeln

Etwa 1657; Otto von Guericke
Aus dem Nachlaß von
Gottfried Christoph Beireis
Eisen, Kupfer, Blei; Dm innen 37,5 cm
Braunschweig, Universitätsbibliothek,
2000/16/II

Die Originalhalbkugeln sind aus Kupferronden getrieben. Der Flansch ist

durch Auflöten von Blei so verbreitert, daß ein flacher und mit trockenem Fett eingestrichener Lederring die zusammengelegten Halbkugeln dichtet. Nach dem Evakuieren können beidseitig in wachsender Zahl Pferde vorgespannt werden, die eine Kraft von etwa 1100 Kilopond (10 800 Newton) aufbringen müssen, um die Halbkugeln zu trennen. Diese Originale gelangten aus dem Familienbesitz der Guerickes über die Beireis-Sammlung an die Universität Braunschweig. D. S.

Lit.: Marx 1831.

221

Professor Gottfried Christoph Beireis (1730–1809)

Anfang 19. Jh.
Öl/Lw.; 125 x 100 cm
Helmstedt, Landkreis (Dauerleihgabe in der ehemaligen Universitätsbibliothek)

Das Gemälde zeigt Gottfried Christoph Beireis, den wohl ungewöhnlichsten Helmstedter Professor. Er besetzte 1759 den Lehrstuhl für Physik, später auch den für Medizin und Chirurgie. Bekannt war seine Kunst- und Instrumentensammlung, zu der auch ein Astrolabium, zwei Luftpumpen und Halbkugeln zählten, die zum Teil aus dem Besitz Otto von Guerickes stammten. 1805 lockten drei Automaten des französischen Mechanikers Jacques Vaucanson (1709–1782) Johann Wolfgang von Goethe nach Helmstedt. Neben zwei musizierenden automatischen Menschen gehörte dazu auch eine mechanische Ente, die auf dem Gemälde dargestellt ist. Sie konnte nicht nur mit den Flügeln schlagen, sondern auch fressen und verdauen. S. Ah.

Lit.: Merbach 1930.

222

Auktionsverzeichnis der Beireis-Sammlung

»Anton August Heinrich Lichtenstein, Verzeichniß einer ansehnlichen Sammlung von mannigfaltigen großentheils kostbaren und auserlesenen Seltenheiten aus allen Reichen der Natur und Kunst, in einem Zeitraume von sechzig Jahren sorgfältig zusammengebracht durch Christoph Gottfried Beireis …, öffentlicher ordentlicher Lehrer auf der ehemaligen

Julius-Carls-Universität zu Helmstedt ...«, Helmstedt: C. G. Fleckeisen 1811

Typendruck; marmorierter Pappeinband
17 x 22 cm (Buch aufgeschlagen)
Wolfenbüttel, Herzog August Bibliothek, Bc 106

Gottfried Christoph Beireis erwarb von den Nachfahren Otto von Guerickes einige Geräte, die er seiner Sammlung zuordnete und mit denen er seine Vorlesungen bereicherte. Ein Teil der Sammlung gelangte aufgrund des Testamentes von Beireis an das Collegium Carolinum, die heutige Technische Universität Braunschweig. Die Apparate befanden sich bei der umstrittenen Übergabe in einem teilweise zerstörten und unvollständigen Zustand. Trotzdem sind einige Geräte wie die Vakuumluftpumpe dritter Bauart, die Magdeburger Halbkugeln, eine Bussole und andere Geräte bis heute überliefert. Durch den Auktionskatalog und das Testament ist der Beweis der Echtheit der Guericke-Geräte erbracht. D.S.

223

Der englisch-irische Physiker und Chemiker Robert Boyle

»ROBERTVS BOYLE NOBILIS ANGLVS«
Aus: Robert Boyle, Opera Varia, Genf 1680, Frontispiz

François Diodati (1647–1690)
Kupferstich; 19,9 x 15,4 cm (Pl.)
Bez. u.l. und r.: Fr Diodati Sculps.
Wolfenbüttel, Herzog August Bibliothek, Portr. I 1417

Als siebter Sohn des Earl of Cork war Robert Boyle (1627–1691) zeitlebens finanziell unabhängig. Nach mehreren Bildungsreisen auf den europäischen Kontinent ging er 1668 nach London, wo er zum hochgeachteten und einflußreichen Gründungsmitglied der Royal Society of London wurde, obgleich er aus religiösen Gründen auf jegliche äußeren Ehrungen verzichtete. Er beschäftigte sich mit verschiedensten chemischen und biologischen Fragestellungen, unter anderem legte er die Grundlagen für die chemische Analytik. Unabhängig voneinander fanden er 1662 und Edme Mariotte (um 1620–1684) 1676 das nach ihnen genannte Gasgesetz, wonach sich bei gleicher Temperatur der Druck in einem Gas verdoppelt, wenn man das Volumen halbiert. Dieses Gesetz wurde Anfang des 19. Jahrhunderts zum sogenannten idealen Gasgesetz erweitert, einer einfachen Gleichung, welche das Verhalten von Gasen bei niedrigen Drücken und hohen Temperaturen vollständig beschreibt. J.H.

Lit.: Mortzfeld 1986, A 2000.

224 **(Abb. S. 86)**

Einzylindrige Luftpumpe erster Bauart nach Robert Boyle

In: Robert Boyle, Nova Experimenta physico-mechanica de vi aeris elastica & ejusdem effectibus, Facta maximam partem in Nova Machina pneumatica ..., Rotterodami: Arnold Leers 1669, Tafel

Kupferstich; 23,4 x 14,5 cm (Pl.)
Magdeburg, Kunstmuseum Kloster Unser Lieben Frauen, Bibliothek VIII. C. 5. duod.

Schon vor Guerickes Anregung von 1657 zum Vakuumpumpenbau war Robert Boyle auf der Suche nach einer Maschine zum Verdünnen und Verdichten der Luft. Sein Assistent Robert Hooke (1635–1702) entwickelte gemeinsam mit Boyle und Instrumentenmachern in Oxford 1658/59 die abgebildete Vakuumluftpumpe erster Bauart und machte mit ihr etwa 40 grundlegende Experimente. Erstmals wurde das Zahnstangengetriebe (Zahnstange, Zahnrad, Kurbel) zur Bewegung des Kolbens im Pumpenzylinder verwendet. Der Rezipient hat eine weite, aber schwer zu dichtende Öffnung, so daß größere Objekte eingebracht werden können. Originale der Pumpen Boyles sind nicht erhalten. D.S.

Lit.: Boyle (dt.) 1669/1989–2001.

225

Der niederländische Gelehrte Christiaan Huygens

»CHRISTIANUS HUYGENIUS NATUS 14 Aprilis 1629. denatus 8 Junii 1695.«

Aus: Christiaan Huygens, Opera Varia, Vol. I

1. Hälfte 18. Jh.
Leiden: Jansson van der Aa
Frederik Ottens
Kupferstich; 23 x 16,4 cm (Pl.)
Bez. u.m.: Fr Ottens sc.; LUGD(uni) BAT (avorum) Apud JANSSONIOS VAN DER Aa; Bibliopolas
Wolfenbüttel, Herzog August Bibliothek, Portr. II 2663

Der niederländische Mathematiker, Physiker und Astronom Christaan Huygens (1629–1695) wuchs in einem hochgebildeten Elternhaus auf, sein Vater war Geheimschreiber des Prinzen von Oranien und ein bekannter Dichter. Nach einem Jurastudium wandte sich Huygens den Naturwissenschaften zu und wurde zu einem der bekanntesten und angesehensten Naturforscher des 17. Jahrhunderts. Als erster Ausländer wurde er 1663 Mitglied der Royal Society, von 1666 bis 1681 stand er der neu gegründeten Academie des Sciences in Paris vor. Er verstarb 1695 in Den Haag. Huygens entdeckte mittels eines von ihm verbesserten Fernrohres den Saturn und dessen Ring (Kat. 321), erfand die Pendeluhr (Kat.337) und leitete die Stoßgesetze ab. Er erkannte als erster das Trägheitsprinzip, die physikalische Gleichwertigkeit von ruhenden und sich mit gleichbleibender Geschwindigkeit bewegenden Körpern. Auch die erste Wahrscheinlichkeitstheorie, eine Abhandlung über das Würfelspiel, geht auf ihn zurück. Huygens wichtigster Beitrag ist die Begründung der Wellentheorie des Lichtes, mittels dem nach ihm benannten Prinzip konnte er die geradlinige Ausbreitung, die Reflexion und die Brechung des Lichtes ableiten. Huygens Wellentheorie und Newtons Mechanik der Körper prägten eine Dualität der physikalischen Weltbeschreibung, die erst durch die Anfang des 20. Jahrhunderts entwickelte Quantenmechanik aufgelöst wurde. J.H.

Lit.: Mortzfeld 1986, A 10391.

226

Einzylindrige Luftpumpe von Christiaan Huygens

1661; Christiaan Huygens (1629–1695)
Handzeichnung in einer Handschrift, geführt 1661–1664
Handschrift mit Pergamenteinband
32 x 45 cm (aufgeschlagen)
Leiden, Universiteitsbibliotheek, Hug 4, fol. 24r

Durch persönlichen Kontakt mit Robert Boyle erfährt Christiaan Huygens 1661 von dessen Vakuumpumpenbau. Gemeinsam mit seinem Assistenten

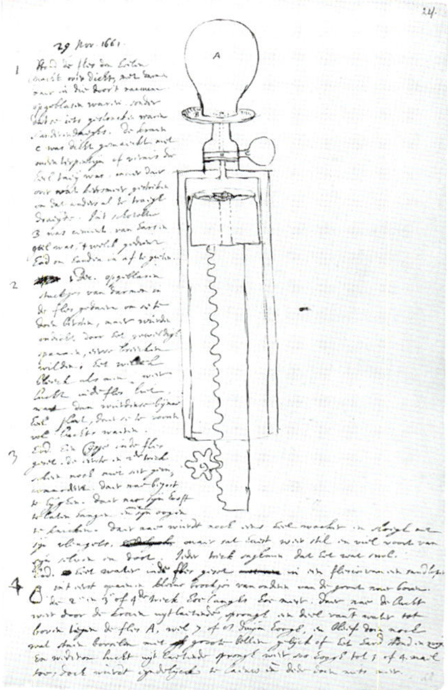

Denis Papin (1647–1712/13) entwirft er eine Vakuumpumpe. Er übernimmt das Zahnstangengetriebe sowie den Hahn von Boyle und fügt erstmals einen Rezipiententeller hinzu, dessen Erfindung wohl von Papin stammt. Die Vakuumpumpen von Huygens und Papin sind nicht im Original erhalten, sondern nur durch Beschreibungen und Bilder überliefert. D.S.

Lit.: van Gent, van Helden 1995, S. 24.

227

Einzylindrige Luftpumpe nach Wolferd Senguerd

In: Wolferd Senguerd, Philosophia naturalis …, Leiden: Daniel van Gaesbeeck 1685, 2. Auflage, Tafel 1

Kupferstich; 17 x 23,5 cm (Pl.)
Halle, Universitäts- und Landesbibliothek, Pa 668

Wolferd Senguerd (1646–1724) entwickelte zusammen mit Samuel van Musschenbroek (1639–1682) vor 1681 eine einfach benutzbare einzylindrige Vakuumluftpumpe, die Leupold und anderen als Vorbild diente. Er übernahm die Schräglage des Zylinders und die Abdichtung aller Steckverbindungen durch Wasser in entsprechenden Behältern von Guericke und die Haspel mit dem Zahnstangengetriebe von Boyle. Er veröffentlichte eine Beschreibung dieses Pumpentyps 1681 und fügte ihr 1685 eine Abbildung hinzu. Die Pumpe wurde dann zu einem der weitverbreitetsten Typen für die Vakuumforschung. D.S.

Lit.: Brachner u.a. 2002.

228

Einstieflige, liegende Pumpe von Jan van Musschenbroek

1708
Jan van Musschenbroek (1687–1748)
Holz, Messing, Eisen, Glas; L 112,5 cm, B 26 cm, H 57,5 cm, Gewicht 22,3 kg
München, Deutsches Museum, 3798

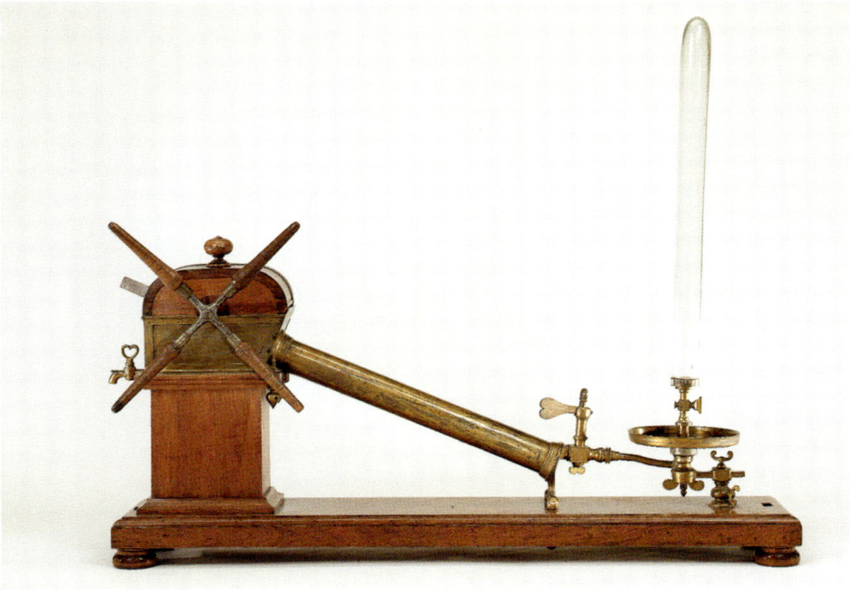

Die Musschenbroeks waren eine wichtige Instrumentenbauer- und Experimentalphysikerfamilie in den Niederlanden. Die einstieflige, schräg liegende Vakuumluftpumpe von Jan van Musschenbroek (1687–1748) gehört zu den frühen Vakuumpumpen, die bereits um 1700 eine weite Verbreitung gefunden hatten. Sie ist eine verbesserte Pumpe von Wolferd Senguerd (1646–1724) und enthält alle wesentlichen Elemente wie Kreuzhaspel, Zahnstangengetriebe mit Kolben, Messingzylinder mit Hahn und Rezipiententeller. In die aufgesetzte Glashaube konnten Experimentiergeräte oder andere Objekte gestellt werden. D.S.

229 **(Abb. S. 88)**

Zweizylindrige Pumpe von Musschenbroek

In: Petrus van Musschenbroek, Beginsels der Naturkunde, beschreeven ten dienste der landgenooten. Waar by gevogd is eene Beschryving der nieuwe en onlangs uitgevondenen Luchtpompen, met haar gebruik tot veele proefneningen door J.V.M. (Jan van Musschenbroek), Leiden: Samuel Luchtmans 1739, Tafel 1 nach S. 62

Jacob Houbraken (1698–1780)
Kupferstich in Buch
47,5 x 59 cm (Buch aufgeschlagen)
Hamburg, Bibliothek Mathematik und Geschichte der Naturwissenschaften der Universität, G 1736/1^2 a

Diese zweizylindrige Vakuumluftpumpe gleicht denen von Hauksbee und Leupold. Jan van Musschenbroek (1687–1748) treibt mit einer einfachen Haspel über ein Zahnrad gleichzeitig zwei Zahnstangen an, die jeweils mit dem Kolben eines Zylinders verbunden sind. Neu ist das klammerförmige Gestänge, das mit der Haspel verbunden die Steuerung des Hahnes selbständig ausführt. Die Pumpenzylinder stehen senkrecht in einem Schrank, auf dessen Oberseite der Rezipiententeller angebracht ist. Ein Barometer ermöglicht die Kontrolle der Vakuumqualität im Rezipienten. D. S.

230

Einzylindrige Pumpe nach Musschenbroek

In: Michael Bernhard Valentini, Neu-auffgerichtetes Rüst- und Zeughauß der Natur..., 3. Teil Musei Museorum, Frankfurt/M.: Johann David Zunners Erben und Johann Adam Jung 1714, Tafel 2 nach dem Vorwort

Kupferstich in Buch
38 x 49 cm (Buch aufgeschlagen)
Halle, Universitäts- und Landesbibliothek, Uf 601, 2° (2/3)

Michael Bernhard Valentini faßte in seinem »Rüst- und Zeughaus« das Wissen zur Vakuumtechnik des 17. Jahrhunderts zusammen. Dazu gehören neben den Luftpumpen auch das Luftschiff, die Taucherglocke und der Dampftopf Papins. Gezeigt wird die vereinfachte Vakuumluftpumpe nach der Bauweise von Jan van Musschenbroek (1687–1748). Der Pumpenzylinder ist flach auf ein Brett montiert. Der Antrieb erfolgt über die übliche Kreuzhaspel und das Zahnstangengetriebe. Alle Hähne und Verbindungen sind nicht durch ein Sperrmittel gesichert, so daß die Qualität des Vakuums nur etwa 80–90 Prozent erreichte. Diese Pumpe, die Guericke nicht kennen konnte, wählte Friedrich Reichert (gest. 1881) als Vorlage für sein Guericke-Gemälde (Kat. 246). D. S.

231 **(Abb. S. 82)**

Zweizylindrige Pumpe nach Hauksbee

In: Francis Hauksbee, Experiences physico-mechaniques sur differents sujets ... ins Französische übertragen von der Académie Royale des Sciences durch Herrn de Brémond, Paris: Cavelier und Sohn 1754, Bd. 2, Anhang Tafel 1

Kupferstich in Buch
25,5 x 51 cm (Buch aufgeschlagen)
Bez. u. r.: I.D. Cohen sculpsit.
Hamburg, Bibliothek Mathematik und Geschichte der Naturwissenschaften der Universität, G 1909/2 v. 2

Francis Hauksbee (1666–1713) untersuchte mit seinen Apparaturen auch elektrostatische Phänomene im Vakuum. Die aufgeschlagene Tafel zeigt seine zweizylindrige Vakuumpumpe kombiniert mit einer von außen betreibbaren Elektrisiermaschine im Rezipienten. So konnte er erstmals die elektrischen Kräfte im luftleeren Raum beobachten, untersuchen und beschreiben. D. S.

Lit.: Kloss 1987. Hauksbee 1719.

232

Zweistieflige, stehende Pumpe von Francis Hauksbee

1709; London
Francis Hauksbee (1666–1713)
Holz, Messing, Eisen, Glas; L 40,5 cm, B 47,5 cm, H 138 cm, Gewicht 23,5 kg
München, Deutsches Museum, 3799

Francis Hauksbee baute als einer der ersten den zweistiefligen Pumpentyp, der mehrere Jahrhunderte nur leicht verbessert als ein wichtiges Gerät in die Experimentalphysik einging. In ein Holzgestell sind zwei Zylinder stehend nebeneinander angebracht. Mit einer Kreuzhaspel und dem von Boyle und Senguerd bekannten Zahnstangengetriebe werden gleichzeitig beide Kolben in den Messingzylindern bewegt. Dadurch entfällt der Leerhub der einzylindrigen Pumpen. Auf dem oberen Tisch befindet sich der Rezipiententeller mit einer Glashaube. Die Qualität des Vakuum lag bei etwa 10 Torr (1 350 Pascal).

D. S.

Lit.: Hauksbee 1709.

233 (Abb. S. 82)s

Hauksbees Pumpe bei Wimmerstedt

In: Johannes Wimmerstedt, Dissertatio gradualis, Historiam antliae pneumaticae sitens ..., Uppsala: Wernerian 1734, Tafel nach S. 16

Kupferstich in Buch
33 x 39 cm (Buch aufgeschlagen)
Halle, Universitäts- und Landesbibliothek, 94 A 7340

Johannes Wimmerstedt legte die erste Dissertation zur Pumpengeschichte vor. Er beschrieb die »Geschichte der Luftpumpe« von Guericke bis Hauksbee. Neben einer Beschreibung der heute noch in Lund erhaltenen Originalluftpumpe Guerickes wird auch Hauksbees Pumpe mit einer Abbildung nach Jakob Leupold (1674–1727) wiedergegeben. Sie stellt eine zweistieflige, zweizylindrige Vakuumluftpumpe dar, deren zwei Zylinder senkrecht auf einen Dreifuß montiert sind. Die Bewegung der Kolben erfolgt über eine einfache Haspel und ein Gestänge. Das Umschalten des Hahnes wurde per Hand vorgenommen. Ein Quecksilber-Barometer (Barometerprobe) zeigte den im Rezipienten erreichten Druck an.

D. S.

Lit.: Erlandsson 1997. Kluge 1986. Wimmerstedt (dt.) 1734/1989.

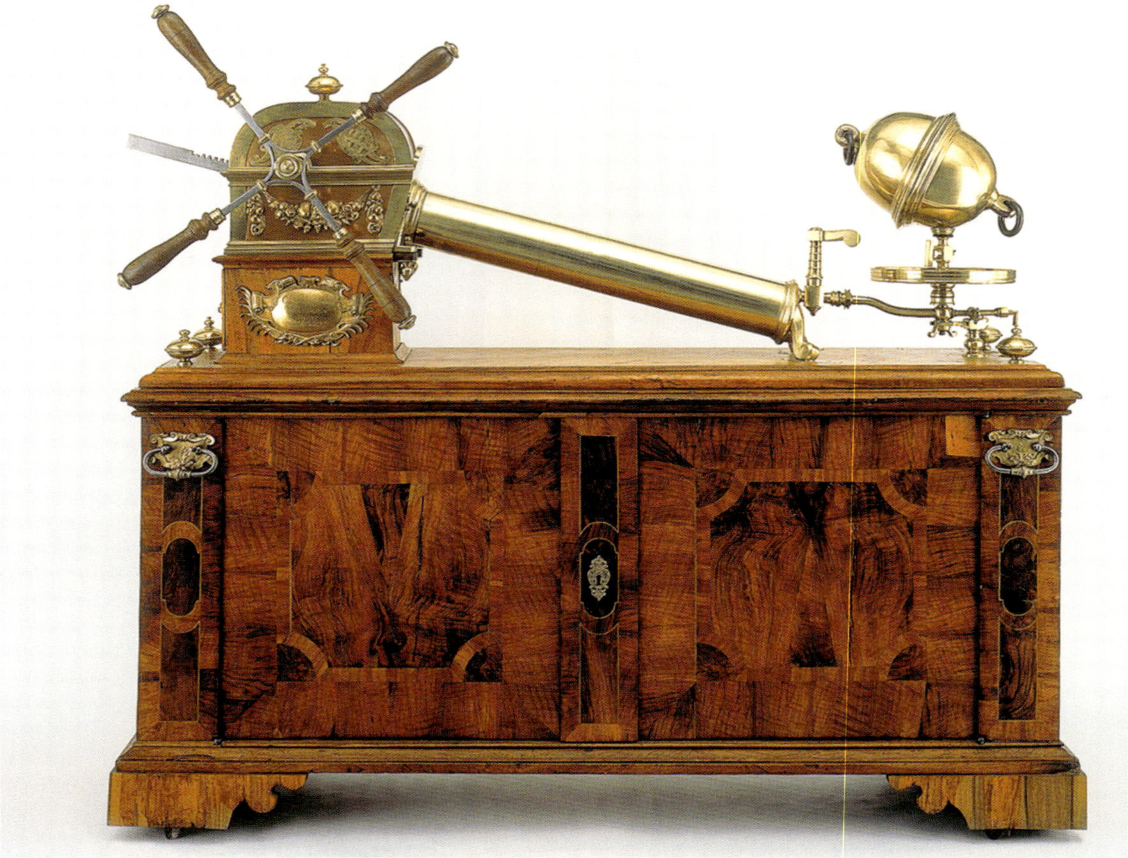

234

Vakuumkolbenpumpe von Jacob Leupold

1709; Leipzig
Werkstatt des Jacob Leupold (1674–1727)
Holz, Messing, Eisen; 146 x 176 x 45 cm
Dresden, Mathematisch-Physikalischer Salon, B II c 1

Die Vakuumkolbenpumpe wurde 1709 von Jacob Leupold gefertigt. Die Bewegung des Kolbens erfolgt mittels Haspel, Zahnrad und Zahnstange, die von einem wassergefüllten Blechgehäuse umgeben sind. Auf dem Rezipiententeller befinden sich messingene Magdeburger Halbkugeln. Aus ihnen kann durch drehen der Kreuzhaspel und Stellen des Hahnes Luft herausgepumpt werden. Der Getriebekasten ist mit dem polnischen und kursächsischen Wappen sowie mit anderen Verzierungen geschmückt. Der Holzkasten trägt Kartuschen mit der Aufschrift »EXPERIENTA VERTTATEM PARTT Lipsiae fecit Jacob Leupold Planizca Misn: Mechanicus« und »EXPERTENDO DOCEMUR Anno 1709«. Das für höfische Kreise aufwendig gearbeitete Gerät bildet mit dem intarsiengeschmückten Schrank eine harmonische Einheit. D. S.

Lit.: Kostbare Instrumente 1994, S. 40.

235

Einzylindrige Pumpe von Leupold

In: Jacob Leupold, Antlia pneumatica illustrata, oder: deutliche beschreibung der sogenandten Lufft-Pumpe, darinnen ausführlich gezeiget wird ... gantz neu-inventirten Machinen zu gebrauchen; alles in vielen deutlichen und accuraten Figuren entworfen ..., Leipzig: Christoph Zunkel 1712, Tafel II nach S. 32

Kupferstich in Buch
29,5 x 51,5 cm (aufgeschlagen)
Halle, Universitäts- und Landesbibliothek, Pon Zc 3733 (1/3), 4°

Leupolds Vakuumluftpumpe wurde zur meistgefertigten Pumpe in Mitteleuropa. Sie entspricht in ihrem Aufbau und ihrer Funktion der Pumpe von Wolferd Senguerd. Leupold bezieht sich in einem historischen Rückblick auch auf die Pumpen Guerickes und Boyles. Jacob Leupold gründete in Leipzig nach 1700 eine der ersten Instrumentenbau-Manufakturen Deutschlands. Seine Geräte, zu denen auch Vakuumluftpumpen gehörten, bot er in Katalogen und auf Messen an. D. S.

Lit.: Brachner u.a. 2002.

236

Rezeption der Guericke-Pumpen in Italien

In: Francisco de Lana Terzi, Magisterium naturae et artis, opus physico-mathematicum ..., Brixiae: Jo. Maria Ricciardus 1686, Teil 2, Tafel 13 und 14

Kupferstiche in Buch
39 x 54,5 cm (Buch aufgeschlagen)
Halle, Universitäts- und Landesbibliothek, Fb 2299, 2° (2)

Francisco de Lana (1631–1687) beschreibt in seinem dreibändigen Werk die Entwicklung der Vakuumversuche bis etwa 1680. Dazu gehören die Anfänge bei Guericke mit der Vakuumpumpe nullter Bauart (Tafel 13, Figur III) und mit der zweiten Bauart (Tafel 14, Figur I) sowie die Pumpe erster Bauart von Boyle (Tafel 13, Figur V). Lana hatte die Aufgabe, das relevante Wissen für den Jesuitenorden zu sammeln und entsprechend interpretiert für Schüler, Studenten und Naturforscher zu veröffentlichen. Er stand damit in der Nachfolge von Athanasius Kircher (1602–1680) und Kaspar Schott. D. S.

237

»Geryk-Oel-Luft-Pumpe«

Um 1904
Hersteller: Firma Arthur Pfeiffer, Wetzlar
Holz, Stahl, Kupfer; 72 x 70 x 73 cm
Magdeburg, Otto-von-Guericke-Museum Lukasklause, 1997 E 0013

Die von Henry Albert Fleuss in London 1893 patentierte Pumpe wurde nach Guericke benannt. Sie ist die weitentwickelste Vakuumkolbenpumpe ihrer Art und entstand, um Glaskolben für Glühbirnen leer zu pumpen. Der industrielle Bedarf um 1900 forderte bessere Vakua sowie schnellere und sicherere Erzeugung derselben. Das von Fleuss eingereichte Patent beschreibt die Minimierung des Totraumes durch einlaufendes Öl, das einen wesentlich höheren Siedepunkt als das Sperrmittel Wasser aufweist. Die Trennung des gepumpten Öl-Luft-Gemisches erfolgt so, daß das Öl im Kreislauf wieder in den Pumpenzylinder zurückströmt. Nach diesem Höhepunkt der Kolbenpumpenentwicklung sollten ab 1907 neue Pumpen, die Vakuum-Rotationspumpen von Wolfgang Gaede (1878–1945), die Vakuumerzeugung beherrschen. D. S.

3. Vakuum-Versuche

238

Vakuumtechnik im Bergbau

»August Hauptmann, Neues Chymisches Kunst Project und sehr wichtiges Bergk Bedencken oder die allergrösten Hauptmängel des Bergwerckes …«, Leipzig: Andreas Löffler (Verleger), Johann Bauer (Drucker) 1658

Typendruck, Kupferstich
24 x 30 cm (aufgeschlagen)
Wolfenbüttel, Herzog August Bibliothek,
93. 3 Phys. (6)

Als einer der ersten versuchte August Hauptmann 1658 aus der ersten wissenschaftlichen Veröffentlichung von Guerickes Forschungsergebnissen bei Kaspar Schott 1657 (Kat. 195), Nutzen zu ziehen. Er reflektiert die Vakuumversuche und will diese für die Wetterhaltung in Schächten des Bergbaureviers um Freiberg nutzen. Dabei geht er von richtigen Grundideen aus, kann aber in der Realität keine technisch brauchbare Konstruktion ausführen. D. S.

239

Warum es ein Vakuum nicht geben kann

»Franciscus Linus, Tractatus de corporum inseperabilitate, in quo experimenta de vacuo tam Torricelliana quam Magdeburgica et Boyliana examinatur, veraque eorum causa detecta ostenditur, vacuum naturaliter dari non posse …«, London: John Martin, James Allestry, Thomas Dicas 1661

Typendruck
19,5 x 33 cm (Buch aufgeschlagen)
Göttingen, Staats- und Universitätsbibliothek,
8 Bibl Uff 402

Die Geschichte des Streites um das Vakuum hat gegnerische Gruppierungen hervorgebracht, die sich um eine naturwissenschaftliche Beschreibung dieses Phänomens bemühten. Gegner und Befürworter fanden sich in Deutschland (Corneus und Guericke), in Frankreich (Noel und Pascal), in Italien (die Inquisition und Galilei) und in England, wo sich Franciscus Linus (Francis Hall, 1595–1675) und Robert Boyle jeweils mit ihrem Anhang gegenüberstanden. In Deutschland gestaltete sich dieser Streit sehr produktiv, während in England und Frankreich persönliche Diffamierungen vorherrschten. Linus diskutiert in seinem Buch die Ergebnisse der bisherigen Versuche von Torricelli, Guericke sowie Boyle und kommt zum Schluß, daß es kein Vakuum geben kann. D. S.

240

»Wind= oder Lufft=Proben«

In: Eberhard Werner Happel, Gröste Denkwürdigkeiten der Welt oder so genannte Relationes curiosae worinnen dargestellet, umd dem Probier-Stein der Vernunfft examimiter werden, die vornehmsten physikalis. Mathematis. Historische und ander merkwürdige Seltzamkeiten, welche an unserm sichtbahren Himmel, in und unter der Erden, und im Meer jemahlen zu finden oder zu sehen gewesen, …, 1. Teil, Hamburg: Thomas von Wiering 1683, Tafel nach S. 130

Hieronymus von Hensbergen (tätig 1660–1690)
Kupferstich in Buch
20,5 x 48 cm (aufgeschlagen)
Bez. m.r. an den Kugeln: Henssberg fec.
Halle, Universitäts- und Landesbibliothek,
Af 5718 (1)

Dieses umfangreiche Werk Eberhard Werner Happels (1647–1690) mit aufgereihten Kuriositäten aus der Mitte des 17. Jahrhunderts bringt eine Zusammenfassung der wichtigsten Versuche Guerickes und zeigt das Barometer, das Wettermännchen, den Hebeversuch und den mit den Magdeburger Halbkugeln. Gleichzeitig werden Anwendungen der Pneumatik bei der Konstruktion von Luftschiff und Taucherglocke vorgestellt. D. S.

Lit.: Happel 1990.

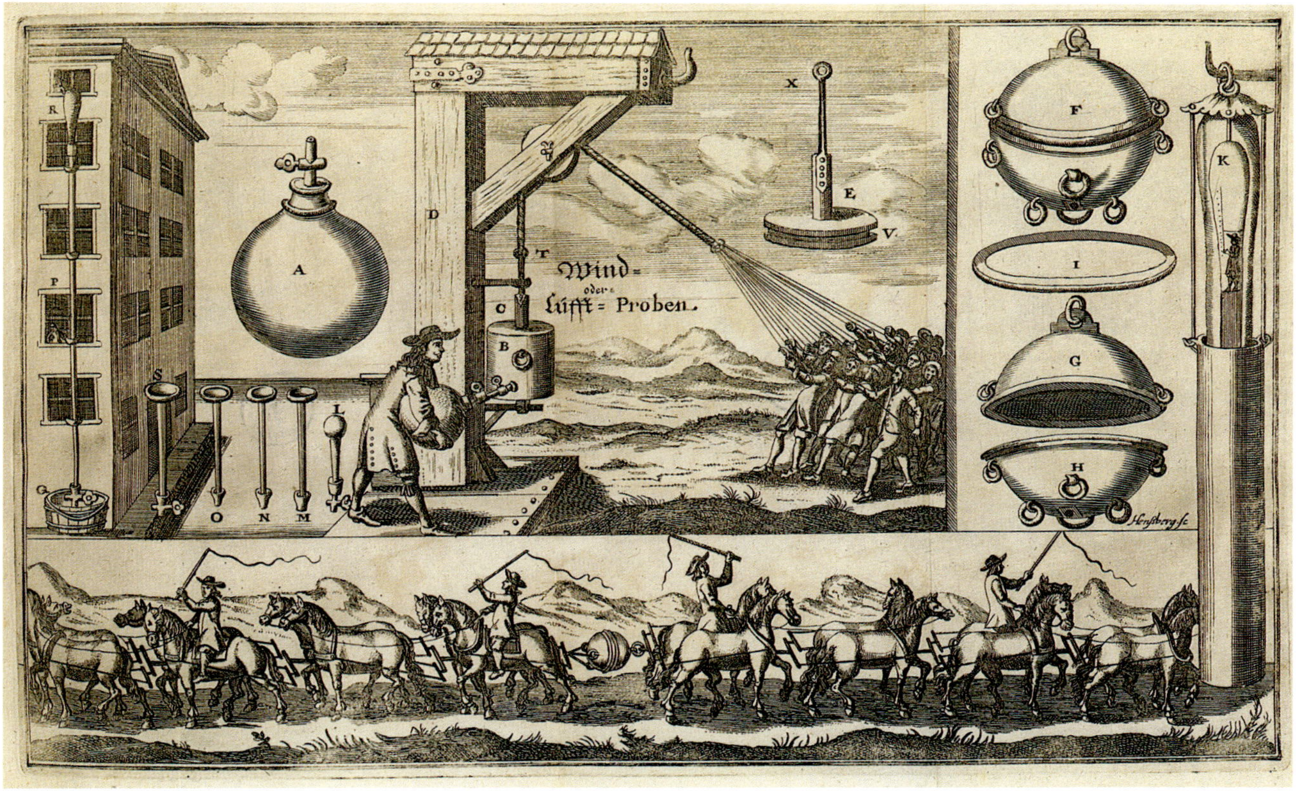

241

Weltraum und Leere in der Diskussion

Titelkupfer in: Andreas Rüdiger, Physica divina, recta via, eademque inter superstitionem et Atheismum media ..., Frankfurt/M.: Matthias Andreae 1716

Kupferstich
21,5 x 37 cm (Buch aufgeschlagen)
Halle, Universitäts- und Landesbibliothek, Fb 2309

In seiner »Physik des himmlischen Raumes« diskutiert Andreas Rüdiger (1673–1771) Guerickes Grundgedanken eines leeren Raumes, in dem sich die Himmelskörper bewegen. Noch bis ins 20. und unter den neuen Bedingungen der Elementarteilchenphysik auch im 21. Jahrhundert setzen sich Naturforscher mit diesem Problem kontrovers auseinander – akademisch an den Universitäten und praktisch in der Raumfahrt. Eine Entscheidung über die Existenz der absoluten Leere ist bis heute nicht gefallen. D. S.

Lit.: Söding 2002. Genz 2002.

242

Tierversuche im Vakuum

In: Wilhelm Jacob s' Gravesande, Physices elementa mathematica experimentis confirmata, sive introductio ad philosophiam Newtonianam, Bd. 1, Leiden: Petrus Vander 1725, Tafel 44 nach S. 324

Kupferstich; 24,5 x 61 cm (aufgeschlagen)
Hamburg, Bibliothek Mathematik und Geschichte der Naturwissenschaften der Universität, G 1720 / 1 v. 1[2]

Vor Wilhelm Jacob s' Gravesande (1688–1742) versuchten auch Guericke, Schott und Boyle zu erkunden, wie ein Vakuum auf Lebewesen wirkte. Alle kamen zur Feststellung, daß in der herausgepumpten Luft ein »Lebensstoff« enthalten sein müsse, da die Tiere im leeren Raum verendeten. Erst über 100 Jahre nach den ersten Tierversuchen im Vakuum wurde dieser Lebensstoff als Sauerstoff identifiziert. D. S.

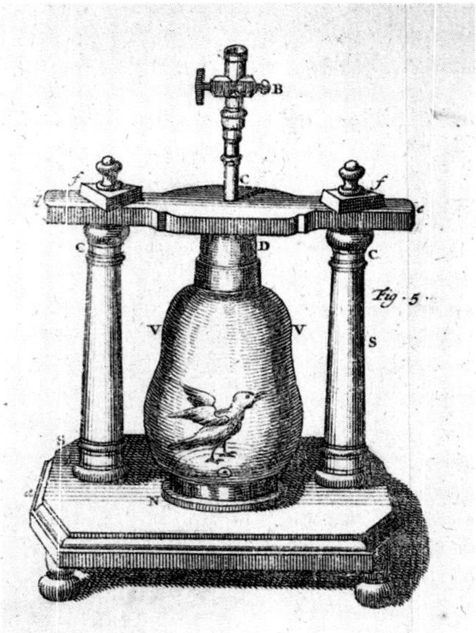

243

Vorlesungen über die Experimental-Natur-Lehre

a) »J(ean) A(ntoine) Nollet, Vorlesungen über die Experimental-Natur-Lehre. Aus dem Französischen ins Teutsche übersetzt« Band 1 und 4, Erfurt: Johann Friedrich Weber 1749 und 1751

b) »J(ean) A(ntoine) Nollet, Die Kunst physikalische Versuche anzustellen; oder Anweisung für die Liebhaber der Naturlehre in Ansehung der Wahl, der Verfertigung und des Gebrauchs ihrer Instrumente«, Band 2 und 3, Leipzig: Siegfried Lebrecht Crusius 1771

c) »J(ean) A(ntoine) Nollet, Physikalische Lehrstunden. Nach der von dem Herrn Verfasser selbst durchgesehenen Pariser Ausgabe übersetzt«, Band 5 und 6, Erfurt: Johann Friedrich Weber 1766

Typendruck, eingebundene Kupferstiche
je 12 x 19 cm
Magdeburg, Kunstmuseum Kloster Unser Lieben Frauen, Bibliothek VIII.C.c. 46.qu., VIII.C.c. 45.qu.

Abbé Jean Antoine Nollet (1700–1770) war im 18. Jahrhundert einer der bedeutendsten Experimentalphysiker Europas. Seine Lehrbücher sind in viele Sprachen übersetzt worden. Er trug zur Verbreitung des Wissens über den leeren Raum, über die Luftpumpe und der damit durchführbaren Experimente sowie über die Meßinstrumente und somit auch über Guerickes Werk wesentlich bei. So enthält der zweite Band eine spezifizierte Lösung von Guerickes Windbüchse. Das Kapitel zur Astronomie findet sich im fünften Band; hier werden Fernrohre, mechanisch betriebene Modelle vom Sonnensystem und die Elektrisiermaschinen mit den elektrischen Kräften vorgestellt. Sehr gut wird der Übergang von der Elektrisiermaschine mit Schwefelkugel nach Guerickes Bauart zur Elektrisiermaschine mit einer Glaskugel dokumentiert. – Die französische Erstausgabe erschien in drei Bänden 1743 bis 1745 bei Guerin in Paris unter dem Titel »Leçons de physique experimentale«. Eine erste deutsche Ausgabe umfaßte nur zwei Bände, doch ab 1649 erschien dann auch für den deutschen Sprachraum die komplette Ausgabe. D. S.

244

Instrumente für die Magdeburger Versuche

In: Christian Wolff, Allerhand nützliche Versuche, dadurch zu genauer Erkäntniß der Natur und Kunst der Weg gebähnet wird ..., 1. Teil, Halle/Saale: Rengerische Buchhandlung 1745, S. 274f. und Tafel 10
Typendruck, Kupferstich
17,5 x 34,5 cm (aufgeschlagen)
Magdeburg, Kunstmuseum Kloster Unser Lieben Frauen, Bibliothek VIII.C.c. 47.oct.

Das dreibändige Werk von Christian Wolff (1679–1754) über »allerhand nützliche Versuche« zeigt den Fortschritt und gleichzeitig die große Verbreitung und Bedeutung der Experimentalphysik in der ersten Hälfte des 18. Jahrhunderts. Zu den Standardversuchen gehören im ersten Band immer noch Guerickes Versuche mit den Magdeburger Halbkugeln, dem Galgenversuch, dem Hebeversuch und der Windbüchse oder auch im zweiten Band Galileis Fallversuche und Guerickes Wettermännchen. Otto von Guericke wird als erster deutscher Experimentalphysiker ausführlich gewürdigt. D.S.

245

Sogenannter Luftpumpentaler in drei Varianten

1702; vermutl. Münzstätte der Herzöge von Braunschweig-Wolfenbüttel in Goslar nach Entwurf des Herzogs Anton Ulrich
Silber; Dm 4,5 cm (Varianten 1 und 2), Dm 5,8 cm (Variante 3)
Hannover, Niedersächsisches Münzkabinett der Deutschen Bank, 02.042.038, 02.042.039, 02.038.011

Variante 1: Die Vorderseite veranschaulicht die Eintracht der fürstlichen Brüder von Braunschweig-Wolfenbüttel, Rudolf August (1627–1704) und Anton Ulrich (1633–1714). Umschrift oben: QVOD VI NON POTVIT (Was nicht mit Gewalt auseinandergebracht werden konnte). Zwei schnaubende Pferde (rechts das hannoversche und links das cellische) versuchen vergeblich, die geschlossenen Magdeburger Halbkugeln mit den Buchstaben RAV (= Rudolf August/Anton Ulrich) zu trennen. Im Hintergrund links schaut ein Einhorn, welches England symbolisiert, dem Vorgang zu. Darüber schwebt der Adler, der den Kaiser symbolisiert. Er sendet Blitze auf die Kugeln. – Die Rückseite zeigt bildhaft die Trennung der fürstlichen Brüder und die Enthebung Anton Ulrichs von der Mitregentschaft vom 18. Februar bis 18. April 1702. Text im Schriftband: DISIECTVM EST ARTE MINISTRA (ist durch die dienende List geschehen). Eine von rechts kommende Hand mit Ärmelansatz hat durch Öffnen des Absperrhahnes das Einströmen der Luft in die auf einem Tisch liegenden Halbkugeln ermöglicht, wordurch sie auseinandergefallen sind. Auf den Fingern sind Buchstaben zu erkennen, die folgende Bedeutung haben. Daumen: P = Herzog Hans Adolf von Plön, Schwiegersohn von Herzog Rudolf August; Zeigefinger: G = wahrscheinlich der Sekretär oder Rat Tobias Bernhard Grove, Mittelfinger: S = Anton Seidensticker, Drost, ein höherer Verwaltungsbeamter mit dem Titel Kaiserlicher Reichshofrat; Ringfinger: C = Wilhelm Hartwig von Campe, Inhaber des Verwaltungsamtes des Berghauptmanns;

Variante 2

Kleiner Finger: L = Johann Peter Lautensack, Intendant und Postmeister in Braunschweig. Alle diese Männer traten bei den Vorgängen 1702 als Widersacher von Herzog Anton Ulrich hervor. Sie waren zum Teil Anhänger seines Bruders Herzog Rudolf August. Unten steht die Jahreszahl MDCCII (1702).

Variante 2: Der Text im Schriftband lautet hier NON VI (nicht durch Gewalt). Der Adler wurde durch Wolken ersetzt, was mit Rücksicht auf den Kaiser geschah. – Rückseite: Der Text im Schriftband lautet jetzt SED ARTE (sondern durch Geschick). Der Daumen der Hand, die den Absperrhahn öffnet, ist mit einem Däumling (Überzug) versehen. Dadurch wird der Buchstabe P auf dem Daumen abgedeckt. Auf dem Band des Däumlings erscheinen die Buchstaben HA = Hans Adolf (Herzog von Plön) und das Schaumburg-Holsteinische Nesselblatt. Zu dieser Änderung sah sich Anton Ulrich nach eigenen Angaben veranlaßt, da zu seinem Ärger das P in der Variante 1 fälschlich auf seinen treuen Kanzler Propst von Wendhausen deutete.

Variante 3: Die Prägung ist etwas größer als die Varianten 1 und 2, und die Randstreifen sind nicht geriffelt sondern glatte Stabränder. Auf dem Rand die Inschrift WAS WAR OHNMÖGLICH ALLER MACHT DAS HAT EIN S.C.H.A.L.G ZVM STAND GEBRACHT. Die zwischen die einzelnen Buchstaben des Wortes S.C.H.A.L.G, das für Schalk steht, gesetzten Punkte deuten darauf hin, daß auch hier die Anfangsbuchstaben der bereits bei der Variante 1 genannten Namen gesetzt sind.

45 Jahre nach Guerickes erstem Versuch mit den Magdeburger Halbkugeln im Jahre 1657 in Magdeburg und nicht, wie in der Literatur auch heute noch angegeben, auf dem Reichstag zu Regensburg 1654, werden die Halbkugeln auf dem sogenannten Luftpumpentaler abgebildet. Dieser Luftpumpentaler entstand in 3 Varianten. Die unter Variante 1 und 2 beschriebenen Stücke werden in der Literatur häufig als Taler bezeichnet, während das unter Variante 3 beschriebene Stück in der Regel als Medaille benannt wird. Der verwendete Name Luftpumpentaler ist in zweifacher Hinsicht falsch. Auf ihnen sind nämlich keine Luftpumpen, sondern die Magdeburger Halbkugeln dargestellt. Es sind keine Taler, sondern Medaillen, da sie nicht als gesetzliches Zahlungsmittel geprägt wurden. Auf ihnen ist auch keine Wertangabe angegeben. Die unter Variante 1 und 2 beschriebenen Stücke wiegen in Gold zehn Dukaten und in Silber zwei Lot und werden wohl deshalb oft zu den Talern gerechnet. Die Hand, die den Absperrhahn öffnet, wurde als zarte Frauenhand angesehen und trägt bei Variante 2 und 3 das Schaumburg-Holsteinische Nesselblatt auf dem Band des Däumlings. Sie hat einige Verfasser zu folgender Interpretation veranlaßt: Die Trennung der brüderlichen Eintracht der Herzöge Rudolf August und Anton Ulrich sei durch die Gattin von Anton Ulrich, der Prinzessin Elisabeth Juliane von Holstein-Naumburg, herbeigeführt worden. E. B.

Lit.: Busch 2001 a, S. 78 ff. Fiala Bd. 6, 1907–1909, Nr. 581–583.

246

Otto von Guericke

1868; Friedrich Reichert (gest. 1881)
Öl/Lw.; 210 x 243 cm
Bez u.l.: F. Reichert 1868
Magdeburg, Kulturhistorisches Museum, G 341

Das historistische Gemälde zeigt Otto von Guericke als vornehmen Bürger und Gelehrten. Seine Kleidung ist noch an der spanischen Mode des 16. Jahrhunderts orientiert – den schlichten schwarzen Rock zieren Kragen und Manschetten aus weißer Spitze, und zu den Kniehosen passen Seidenstrümpfe und Schnallenschuhe. Eine halbhohe Holztäfelung und schwere Möbel unterstreichen das patrizische Gepräge des Raumes. Guerickes sinnender Blick geht am Betrachter vorbei in die Ferne. Die Fingerspitzen seiner rechten Hand berühren mit verhaltener Spannung die Magdeburger Halbkugeln, die er für seinen bekanntesten Vakuum-Versuch mit 16 Pferden verwendet hat. Zu seinen Füßen sehen wir eine Deichsel des Pferdegeschirrs und eine Luftpumpe. Ihre Konstruktion mit Zahnstangengetriebe weicht allerdings von den

Pumpen-Bauarten ab, die Guericke entwickelt hat. Am rechten Bildrand veranschaulichen flüchtig abgelegte Bücher sowie die Öllampe und der Glasrezipient auf dem Tisch, wie intensiv Guericke seine Forschungsarbeit betrieb. Der Magdeburger Maler Friedrich Reichert ergänzt mit seiner einfühlsamen Darstellung die wenigen authentischen Konterfeis, die von Guericke aus dem 17. Jahrhundert überliefert sind. Dabei gibt wohl nur das Gemälde von Lucia Maria Lauch den Porträtierten eigenständig wieder (Kat. 184). Den Porträtstichen sowie dem in Stockholm erhaltenen Gemälde des magdeburgischen Gesandten ist stets eine nicht überlieferte Vorlage von Anselm van Hulle zugrunde gelegt (Kat158). T.v.E.

247

Guerickes Luftgewehr

»Versuch mit einer neuen und bisher ungebräuchlichen Windbüchse«

Wiedergabe des Kupferstichs aus: Otto von Guericke, Experimenta Nova ..., Amsterdam 1672, Tafel XVI
Original: Kunstmuseum Kloster Unser Lieben Frauen Magdeburg, Bibliothek

Mit seiner Konstruktion einer Windbüchse von etwa 1661, die er 1664 erstmals veröffentlichte, nutzte Guericke das Vakuum, um zu schießen. Der Behälter L ist evakuiert. Auf ihn ist ein Rohr mit drei Öffnungen gesetzt. Öffnung a wird mit einer Lederscheibe geschlossen. Über b wird eine Verbindung mit dem Rezipienten hergestellt und mit dem Hahn abgesperrt. Nach dem direkten Visieren wird in das hintere Ende ein gut kalibriertes Geschoß gesteckt. Durch Drehen des Hahnes wird das Rohr schlagartig evakuiert. Der Luftdruck drückt das Geschoß in das leere Rohr und beschleunigt es. Das Geschoß schlägt die Lederscheibe beiseite und fliegt aufgrund der Trägheit ins anvisierte Ziel. Guericke nutzte dabei geschickt die Druckdifferenz zwischen atmosphärischem Luftdruck und Vakuum im Rohr. Eine angestrebte militärische Anwendung erfolgte trotz einiger Vorteile dieser Waffe nicht. D.S.

248

Windbüchse nach Guericke

1999; Konstrukteure und Techniker der Otto-von-Guericke-Gesellschaft e.V.
Funktionstüchtiger, vereinfachter Nachbau nach Schott 1664
Stahlrohr und -stativ, Geschoß aus Plaste, Zielscheibe aus Papier, Geschoßfang aus Stahlrohr und Plastematte; Rohr: L 220 cm, Kaliber 1,6 cm; Stativ H 150 cm
Magdeburg, Otto-von-Guericke-Museum Lukasklause, 1999 E 0007.

Die nachgebaute Guerickesche Windbüchse demonstriert eine seiner Vakuumanwendungen. Das vordere Ende eines Rohres wird mit einem Planteplättchen verschlossen. In das hintere Ende wird ein paßgerechtes Geschoß eingeführt, und das Rohr dann ebenfalls mit einer Scheibe geschlossen. Dann wird das auf das Ziel ausgerichtete Rohr evakuiert, und nun die hintere Scheibe schlagartig entfernt, und der Schuß gelöst. D.S.

Lit.: Schimank 1968, S. 124f. Guericke 1672, Buch III, Kap. 29. Schott 1664, Buch XI, Tafel XIX nach S. 882.

249

Windbüchse für die Jagd

1. Hälfte 18. Jh.
Bez.: Johan Gotfried Siegerd Olbernhau
Dresden, Wehrgeschichtliches Museum, Ba 4449

Diese Windbüchse mit dem kupfernen Vorratsbehälter, dem Reservoir für die komprimierte Luft unterhalb des Laufes, gehört zu jenem Typ der Jagdwaffen, die sich zu Beginn des 18. Jahrhunderts bei herrschaftlichen Jagdveranstaltungen großer Beliebtheit erfreuten. Elegant in der Ausführung und technisch auf dem neuesten Stand, erfüllte diese Waffe auch das Repräsentationsbedürfnis des Gastgebers gegenüber der zum Jagdvergnügen geladenen Gesellschaft. – Die Entwicklung der Windbüchse geht bis in das 15. Jahrhundert zurück. Anders als bei Guerickes Windbüchse sorgt hier der plötzliche Druckausgleich zwischen komprimierter Luft und dem atmosphärischen Luftdruck für den Geschoßantrieb. Um die Büchse schußbereit zu machen, wird mit einer Pumpe Luft in einen besonderen Behälter gepreßt, der sich im Kolben befindet oder wie hier als kugelförmiges Behältnis angebracht ist. Mit einer Füllung konnten etwa 18–20 Kugeln verschossen werden. Die Lautlosigkeit des Schusses ohne den verräterischen Pulverqualm ist der wesentliche Vorzug dieser für die Flug- und Niederwildjagd besonders geeigneten Waffe. E. A. L.

250

Sturms Vorlesung über Experimentalphysik

Die Windbüchse

In: Johann Christoph Sturm, Collegii experimentalis sive curiosi, 2. Teil, 2. Auflage, Nürnberg: Wolfgang Moritz Endter 1715, S. 242, Fig. 47

Typendruck, Kupferstich
22 x 40 cm (Buch aufgeschlagen)
Magdeburg, Kunstmuseum Kloster Unser Lieben Frauen, Bibliothek VIII.C.c. 12. qu.

In seinen in mehreren Auflagen von 1676 bis 1715 erschienenen Vorlesungsschriften hat Johann Christoph Sturm (1635–1703) Versuche, die er mit Interessierten an der Nürnbergischen Universität Altdorf im »Collegium experimentale« ausführte, beschrieben. Dazu übernimmt er besonders die Versuche von Kaspar Schott aus der »Technica curiosa«, von Robert Boyle und anderen. Ausgehend von einer an Guericke angelehnten Pumpenentwicklung präsentiert Sturm die volle Bandbreite der bekannten Experimente vom einfachen Evakuieren eines Rezipienten, über Meßinstrumente bis zu einem Luftschiff. Natürlich gehören Guerickes Versuche mit der Vakuumluftpumpe, die Sturm verbessert, mit den Magdeburger Halbkugeln und mit der Windbüchse dazu. Seine exakten Beschreibungen und die darin formulierten experimentellen Schwierigkeiten deuten darauf hin, daß die Experimente tatsächlich ausgeführt wurden. Die Demonstration erstaunlicher Naturphänomene findet im 18. Jahrhundert Eingang in die wissenschaftliche Forschung. Immer mehr Universitäten richten Lehrstühle nach dem Vorbild des Collegium experimentale ein – die Experimentalphysik wird nunmehr als nützlich erachtet. D. S.

251

Großer Luftdruckmörser

»Neu und wundersame Erfindung Eines Küpfernen Mörsels ... durch den Weltberuffenen Ingenieur Mustaphato Salicio ... = Nieuw en Wonderlijke Uytvinding Van en Koper Mortier ...«, Amsterdam: Johannes de Ram 1686

Kupferstich, Einblattdruck
29 x 40,5 cm (Bl.)
Wolfenbüttel, Herzog August Bibliothek,
Einbl. Xb FM 145

Das Flugblatt präsentiert ein neues Riesengeschütz, mit dessen Hilfe eine Hohlkugel, bemannt mit 25 Soldaten, über Festungsmauern hinweg in das feindliche Lager geschossen werden kann. Die phantastisch anmutende militärtechnische Erfindung wird mit einer vierteiligen Bildfolge in ihrer praktischen Nutzanwendung scheinbar konkret dargestellt. Erläutert wird »der betrübte Abschied unter Mann und Weib«, wir sehen, daß die Besatzung gleichwohl zuversichtlich ihr Fluggerät besteigt und daß Hilfstruppen die geschlossene Kapsel in den Mörser hieven. Eine Apparatur mit langer Eisenröhre und einem Blasebalg ermöglicht den Aufbau von Druckluft. Anstelle einer glimmenden Lunte nimmt der Erfinder und Ingenieur Salico einen Schlüssel, um den Schuß auszulösen. Prompt im Ziel gelandet, formieren sich die Soldaten auf Kommando des mitgeflogenen Offiziers zum Angriff. – Das Flugblatt befriedigt die Sensationslust des Publikums aber auch das Interesse am wissenschaftlichen Fortschritt. Die Antriebstechnik des »Kupfernen Mörsels« läßt an die pneumatischen Experimente Otto von Guerickes denken, der die Kraft des Luftdrucks anhand vieler Beispiele beschreibt und selbst eine Windbüchse konstruiert hat. T.v.E.

Lit.: Feuerstein-Herz 2000.

4. Vom Hebeversuch zur Dampfmaschine

252

»Versuch, ein ungeheures Gewicht zu heben«

Wiedergabe des Kupferstichs aus: Otto von Guericke, Experimenta Nova ..., Amsterdam 1672, Kapitel 26, 27 und 28, Tafel XIV.
Original: Kunstmuseum Kloster Unser Lieben Frauen Magdeburg, Bibliothek

Eine der zukunftsträchtigsten Leistungen Otto von Guerickes war die Hebemaschine, die hier abgewandelt vorgestellt wird. Um die Kraft des atmosphärischen Luftdruckes gegen ein Vakuum sichtbar zu machen, sollten 20 bis 30 starke Männer den Kolben am Anschlag halten, während ein Knecht den Zylinder mit einem evakuierten Behälter dicht verbindet. Die Männer wurden in dem Augenblick unwiderstehlich zum Galgen gezogen und waren nicht in der Lage, die nötige Gegenkraft aufzubringen, wenn ein Vakuum unter dem Kolben im Zylinder entsteht. Guericke demonstriert damit sehr handfest, daß atmosphärischer Luftdruck Arbeit leisten kann. Sein Hebeversuch steht damit am Anfang der Dampfmaschinenentwicklung. D.S.

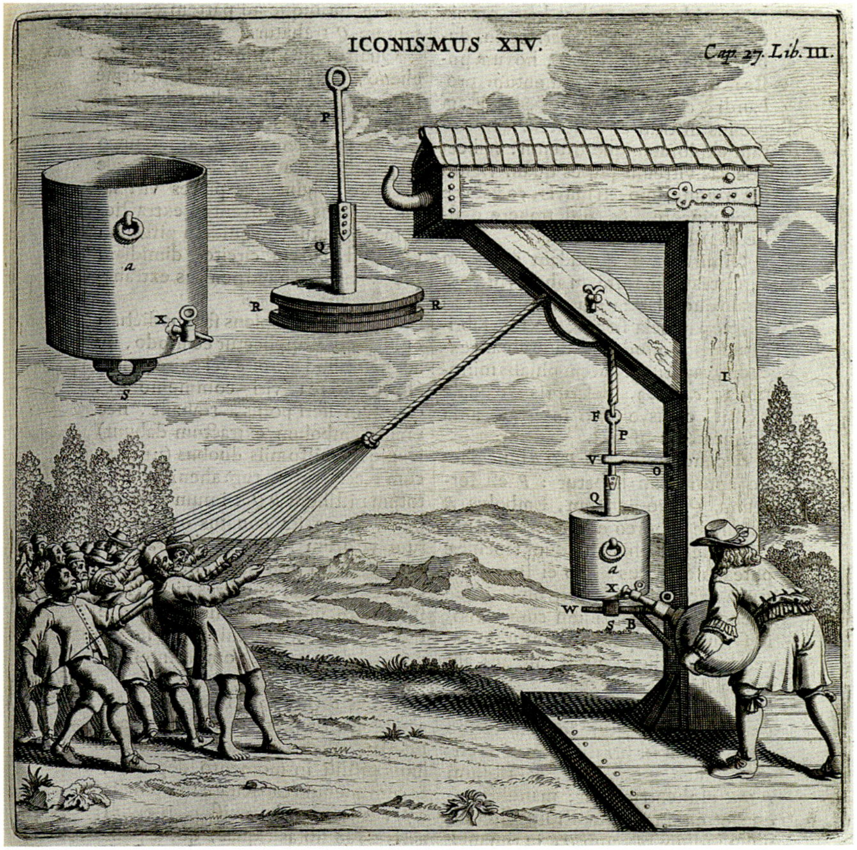

Lit.: Schimank 1968, S. 120ff.

253

Beschreibung des Hebeversuches

In: Georg Christoph Silberschlag, Ausgesuchte Closter-Bergische Versuche in den Wissenschaften der Natur-Lehre und Mathematik, Berlin: Realschul-Buchhandlung 1768, S. 72f. und Tafel 1.

Kupferstich in Buch
19 x 38 cm (aufgeschlagen)
Halle, Universitäts- und Landesbibliothek, AB 51 22 / h, 17

Georg Christoph Silberschlag (1731–1790) war einer der bedeutenden Lehrer an Magdeburger Schulen des 18. Jahrhunderts, die den naturwissenschaftlichen Unterricht einführten und populär machten. Dazu benutzte er auch Guerickes Werk und Experimente, die er beschrieb und nachbaute. Silberschlag wurde dadurch zu astronomischen Beobachtungen angeregt und ging durch die Entdeckung der Venusatmosphäre in die Astronomiegeschichte ein. Bis zum Beginn des 19. Jahrhunderts pflegten vor allem Schülervorträge und literarische Arbeiten von Lehrern zur Biographie Guerickes die Erinnerung an den bedeutenden Magdeburger Naturforscher. D. S.

254

Der hugenottische Erfinder Denis Papin

1689 (?)
Johann Peter Engelhard (gest. 1688)
Öl/Lw.; 82,5 x 67,5 cm
Bez. o.r.: Dionysius Papin M(edicinae) D(octor) Math(eseos) Prof(essor) ord(inarius) ac Reg(iae) Soc(ietatis) Lond(inensis) Socius Anno 1689
Marburg, Universitätsmuseum

Der französische Physiker und Erfinder Denis Papin (1647–1712/13) studierte an der Universität von Angers und schloß sein Studium mit einer medizinischen Prüfung ab. Von 1671 bis 1674 assistierte er Christiaan Huygens (Kat. 225) in Paris bei dessen Luftpumpenexperimenten. Es folgten Aufenthalte in London (1675–1680 bei Boyle und Hooke), Italien (1681–1684) und wieder London (1684–1687 bei der Royal Society). Nach der Aufhebung des Ediktes von Nantes war dem Calvinisten Papin eine Rückkehr nach Frankreich unmöglich. Von 1687 bis 1707 arbeitete er als Professor in Marburg und für den Landgrafen von Hessen-Kassel. Nach Streitigkeiten mit seinen Kollegen kehrte er nach London zurück, wo er unbekannt und verarmt wahrscheinlich 1713 verstarb. Sein genaues Todesdatum ist unbekannt. Papin erkannte als erster, daß man die Kraft des Dampfes für den Antrieb von Maschinen einsetzen kann, er ist damit einer der Väter der Dampfmaschine. Er konstruierte dampfgetriebene Maschinen, um Wasser zu pumpen, ersann das Sicherheitsventil und den Dampfkochtopf, arbeitete an einem Unterseeboot, einem Luftgewehr und einem Granatwerfer. Das von ihm in der Stadt Hannoversch-Münden gebaute erste Schaufelradboot wurde unter nicht geklärten Umständen 1707 zerstört. J. H.

255

Der wahrscheinlich älteste Dampfzylinder der Welt

Vor 1706; vermutlich Eisenhütte Veckerhagen an der Weser
Auftraggeber: Denis Papin (1647–1712/13)
Eisenguß; H 123 cm, Dm innen 124,9–125,2 cm
Kassel, Staatliche Museen, Museum für Astronomie und Technikgeschichte, MAT F 110

Der französische Physiker und Erfinder Denis Papin ist einer der Väter der Dampfmaschine. Er entdeckte, daß die Siedetemperatur des Wassers mit zunehmendem Druck ansteigt und konstruierte den ersten Dampfkochtopf, den er mit einem Sicherheitsventil als Berstschutz ausstattete. Das hier ausgestellte Exponat stellt wahrscheinlich den ältesten erhaltenen Dampfzylinder der Welt dar. Er wurde vermutlich in der Eisenhütte zu Veckerhagen an der Weser gegossen und in der Hochdruckdampfpumpe Papins von 1706 eingesetzt. J.H.

256

Papins atmosphärische Vakuum- und Dampfmaschine

In: Denis (Dionysius) Papin, Fasciculus dissertationum de novis quibusdam machinis etque aliis argumentis philosophicis quorum seriem versa pagina exhibit. Marburg: Johann Jodocus Kürsner Erben, für Jacob Estienne in Kassel 1695, vor dem Titelblatt

Kupferstich in Buch
31 x 31 cm (aufgeschlagen)
Wolfenbüttel, Herzog August Bibliothek, Xb 4361 (5)

Nachdem Denis Papin als Assistent von Christiaan Huygens (1629–1695) gemeinsam mit ihm Vakuumluftpumpen entwickelte, suchte er nach weiteren Anwendungsmöglichkeiten. So skizzierte er in einem Brief an die Royal Society London eine klassische Vakuummaschine mit einem Wasserradantrieb für die Vakuumpumpen, einer Vakuumleitung und mit einer Vakuumhebemaschine. Diese Maschine enthält alle Elemente der späteren klassischen Maschine. Daneben ist der »Vater« der Dampfmaschine abgebildet. In einem Zylinder ist ein Kolben dargestellt, dessen Kolbenstange durch einen Stift arretiert werden kann. Im Zylinder befindet sich Wasser, das durch Erhitzen verdampft und den Raum unter dem Kolben ausfüllt. Durch schnelles Abkühlen wird der Dampf kondensiert und verringert dabei sein Volumen erheblich. Es entsteht ein Vakuum im Zylinder, in das der atmosphärische Luftdruck den Kolben hineindrückt, der gleichzeitig über Seil und Rollen eine Last heben kann. Beide Geräte sind wichtige Vorläufer jener Maschinen, mit denen 100 Jahre später die Industrielle Revolution begann. D.S.

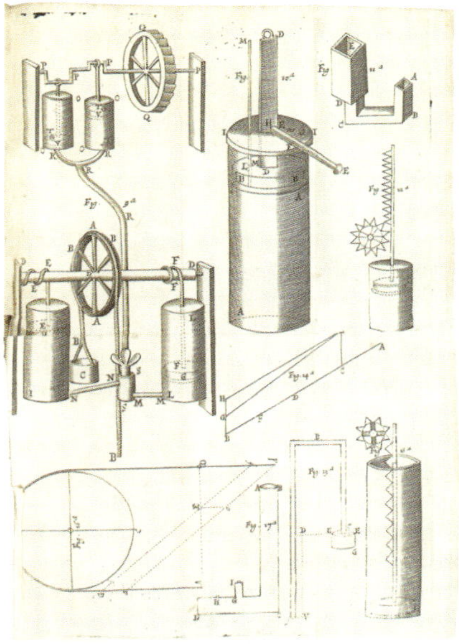

Lit.: Brachner u.a. 2002.

257

Der Papinsche Dampfkochtopf

In: (Denis) Papin, La manière d'amolir les os et de faire cuire toutes fortes de viandes en fort peu de temps, et a peu de frais, Paris: Estienne Michallet 1682, Tafel vor S. 21

Kupferstich in Buch
17,5 x 37 cm (aufgeschlagen)
Halle, Universitäts- und Landesbibliothek, Tb 2525, 8°

Dieser Dampfkochtopf von Denis Papin ist der Vorläufer für unseren heutigen Schnellkochtopf. Durch Erhöhung des Druckes wird ein schnelleres und damit schonenderes Garen von Speisen bewirkt. Die Druckerhöhung erreichte Papin durch das Verdampfen von Wasser in diesem geschlossenen Gefäß. Das Buch erschien zuerst in englischer Sprache unter dem Titel »A new digestor or engine for softening bones …« in London 1681. D.S.

258

Dampfmaschine nach Denis Papin und Thomas Savery

In: Jacob Leupold, Theatrum machinarum generale. Schau=Platz des Grundes mechanischer Wissenschafften, das ist: Deutliche Anleitung zur Mechanic oder Bewegungs=Kunst ..., Leipzig: Christoph Zunkel 1724, Tafel 54 (LIV)

Kupferstich in Buch
37 x 49,5 cm (Buch aufgeschlagen)
Magdeburg, Kunstmuseum Kloster Unser Lieben Frauen, Bibliothek VIII.C.d. 3.fol.

Jacob Leupold (1674–1727) stellt in seinem »Theatrum machinarum generale« die neue Feuermaschine vor, die er vom Franzosen Denis Papin (1647–1712/13) und dem Engländer Thomas Savery (um 1650–1715) übernimmt und verbessert. Physikalisch-technische Grundlage dieser Maschine ist auch das hydro-pneumatische Gerät Guerickes. Die von Leupold beschriebene Maschine nutzt den Unterdruck kondensierenden Wasserdampfes, um Wasser aus einem Brunnen zu heben, und den Überdruck des Dampfes im Kessel, um Wasser in einen höhergelegenen Behälter zu drücken. Der Wirkungsgrad muß sehr gering gewesen sein, da der Zylinder relativ kalt bleibt und viel Dampf besonders beim Heben des Wassers kondensierte. Diese Maschine ist ein Meilenstein auf dem Weg zur atmosphärischen und später zur Wattschen Dampfmaschine, weil Savery beide Phänomene des Wasserdampfes nutzte: die Kondensation und die Expansion. D.S.

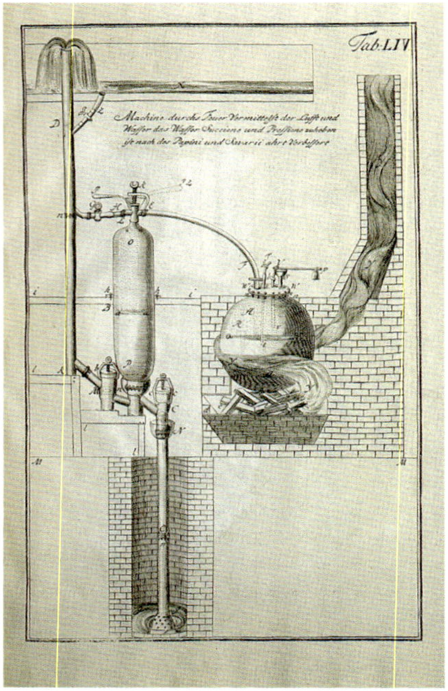

259

Der Rückstoßdampfwagen von Wilhelm Jacob s' Gravesande

a) Originalmodell des Erfinders
Um 1720
35 x 20 x 20 cm
Kassel, Staatliche Museen, Museum für Astronomie und Technikgeschichte, Mat F 485

b) Abbildung des Funktionsmodells
In: Wilhelm Jacob s' Gravesande, Physices elementa mathematica confirmata, sive introductio ad philosophiam Newtonianam, 3. Auflage, Leiden: Johannes Arnold Langeraak und Johannes und Hermann Verbeek 1742, Tafelband, Tf. LXXVIII

Kupferstich in Buch
24,5 x 43,5 cm (aufgeschlagen)
Magdeburg, Kunstmuseum Kloster Unser Lieben Frauen, Bibliothek VIII.C.c. 1.qu.

In seinem Buch zur Newtonschen Lehre ersann der niederländische Physiker Wilhelm Jacob s' Gravesande (1688–1742) den hier auch als Originalmodell gezeigten Rückstoßdampwagen, der das dritte Newtonsche Prinzip ›actio gleich reactio‹ verdeutlicht. Der Wagen basiert auf dem gleichen Prinzip wie eine Rakete. Auf ihm befindet sich ein Dampfkessel, aus dem durch eine kleine Öffnung heißer Wasserdampf austritt. Das ausströmende Gas treibt den Wagen genau in die entgegengesetzte Richtung, der Wagen würde also nicht fahren, wenn der Auslaß direkt nach oben zeigen würde. Da das austretende Gas viel leichter als der Wagen ist, muß das Gas mit hoher Geschwindigkeit, das heißt stark erhitzt, ausströmen, um den Wagen in Bewegung zu setzen. J.H.

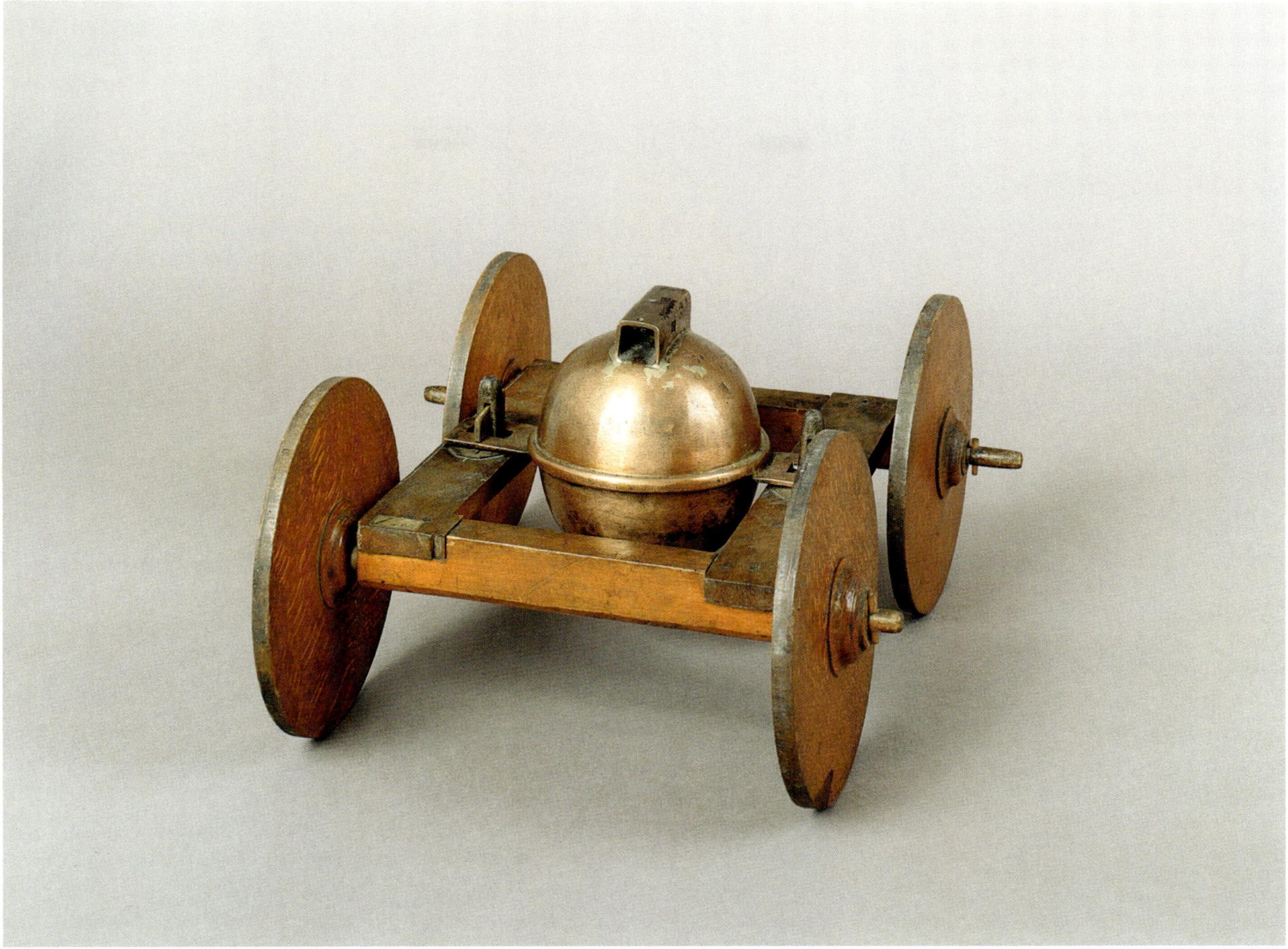

5. Das Wettermännchen – Von der Schwere der Luft

260

Messen des Luftdrucks

»Versuche, durch die der Luftdruck und der Grenzwert der Scheu vor dem Leeren nachgewiesen werden«

Wiedergabe des Kupferstiches aus: Otto von Guericke, Experimenta Nova …, Amsterdam 1672, Kapitel 20, Tafel X, Figur I bis IV
Original: Kunstmuseum Kloster Unser Lieben Frauen Magdeburg, Bibliothek

Nachdem Otto von Guericke den Luftdruck und daher die Schwere der Luft als Ursache der zerstörerischen Kräfte bei der Erzeugung eines Vakuums erkannt hatte, versuchte er dessen endliche Größe zu bestimmen. Dazu ersann er drei Meßinstrumente, nämlich 1. das etwa elf Meter lange Wasserbarometer (Figur I und II), 2. das verkürzte, etwa zwei Meter lange Wasserbarometer oder Wettermännchen (Figur IV) und 3. die Luftwaage (Figur III). Mit dem ersten konnte der absolute Luftdruck und seine Veränderungen, mit dem zweiten die relativen Luftdruckveränderungen und mit dem dritten die Dichte, deren Veränderungen und die Schwere der Luft gemessen werden. D. S.

Lit.: Schimank 1968, S. 109 ff.

261

Zum Gewicht der Luft

In: Blaise Pascal, Traitez de l'equilibre des liqueurs, et de la pensateur de la masse de l'air, 2. Auflage, Paris: Charles Savreux (Verleger), Guillaume Desprez (Drucker) 1664, Tafel vor S. 1

Kupferstich in Buch; 17 x 19 cm (Pl.)
Halle, Universitäts- und Landesbibliothek, AB 71 B 3 / c, 15

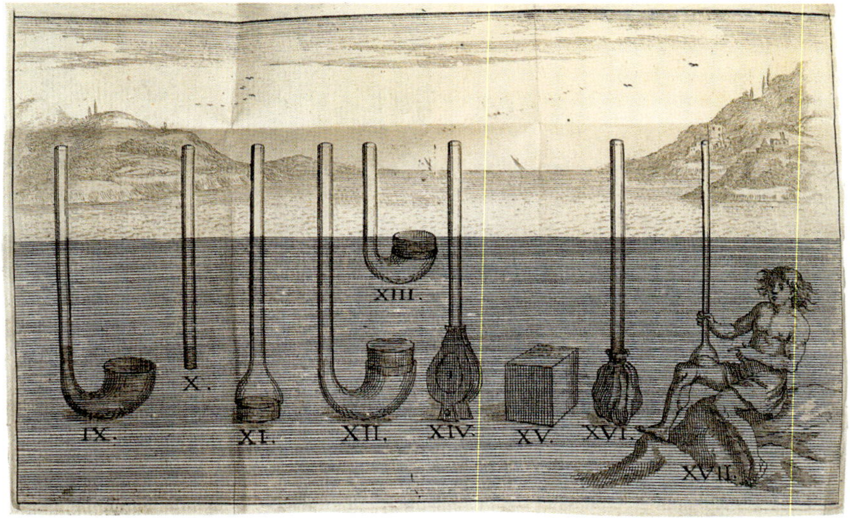

Blaise Pascal (1623–1662) untersuchte zur gleichen Zeit wie Guericke den Ursprung des Luftdruckes. Er vollzog die Experimente Evangelista Torricellis (1608–1647) nach und kam nach langen Mühen zu der Erkenntnis, daß die Wasser- oder Quecksilbersäulen in den Barometern im Gleichgewicht mit der endlich hohen Luftsäule stehen. Damit lieferte Pascal wesentliche physikalische Grundlagen für die Vakuumtechnik, Pneumatik und Hydraulik. D. S

262

Guerickes Wettermännchen

2001
Konstrukteure und Techniker der Otto-von-Guericke-Gesellschaft e.V.
Funktionstüchtiger Nachbau des Guerickeschen Gerätes von 1668
Holz, Glas, Messing, Stahl; 221 x 60 x 60 cm
Magdeburg, Stadtsparkasse Magdeburg (Dauerleihgabe im Otto-von-Guericke-Museum Lukasklause)

Der in Hamburg lebende polnische Naturforscher Stanislaus Lubienietzki (1623–1675) veröffentlicht 1668 seinen Briefwechsel mit Otto von Guericke und dessen Sohn. In diesem Briefwechsel wird die Funktion und Handhabung eines Wettermännchens beschrieben. Ein beigefügter Kupferstich dient als Vorlage für die äußere Erscheinung des Nachbaus: In einem barocken, furnierten und verzierten Holzschrank befindet sich ein Glasrohr, dessen unteres offenes Ende im Original mit einer elastischen Schweinsblase, im Nachbau mit einer Plastetüte, verschlossen ist. Das so verschlossene Rohr ist teilweise mit Wasser gefüllt. In dem wasserfreien und teilweise evakuierten Raum schwimmt das Wettermännchen. Bei hohem Luftdruck steigt es merklich und bei sinkendem Luftdruck fällt es. Die Begriffe benutzen wir noch heute beim Ablesen eines Barometers. D.S.

Lit.: Schimank 1968, S. 110 und S. (57). Guericke 1672, S. 74. Lubienietzki 1668.

263

Instrumente zur Wettervorhersage

»Comiers d'Ambrun, L'homme artificiel Anemoscope, ou prophete physique du changement des temps«
In: Acta Eruditorum anno 1684, hg. Leopoldina, Leipzig: Christoph Günther (Drucker), Erasmus Andresohn (Stecher) 1684, S. 26–28, Tafel nach S. 26
Kupferstich in Buch
21,5 x 33,5 cm (Buch aufgeschlagen)
Halle, Bibliothek der Deutschen Akademie der Naturforscher Leopoldina, Cb 8: 5

Da Guericke das Innenleben des Wettermännchens sogar in seinem Hauptwerk geheim hielt, sah sich Comiers zu eigenen Forschungen veranlaßt. Auch in den folgenden Jahrhunderten wurden eine Reihe von Lösungsversuchen vorgeschlagen und verworfen. Erst Erich Moewes (geb. 1923) gelang es durch eigene Untersuchungen und Experimente, das Geheimnis zu lösen. Er entdeckte, daß das Wettermännchen auf einer Wassersäule in einem teilweise evakuierten Raum in einer geschlossenen Glasröhre schwamm. Im nicht sichtbaren Teil war die Röhre mit einer Schweinsblase verschlossen, die auf Luftdruckänderungen flexibel reagierte, wodurch die Wassersäule steigen oder sinken konnte. D.S.

Lit.: Moewes 1991.

264

Barometer

In: Curieuser und immerwährender Astronomisch-Meteorologisch-Oeconomischer Frauenzimmer-Reise- und Hand-Calender, ... mit einer Vorrede von Mademoiselle Sidonia Hedwig Zäunemannin, verlegt von Elias Sauerländer, 7. Auflage des 1. Teils, 4. vermehrte Auflage, Erfurt: Elias Sauerländer 1758, S. 360f.
Kupferstich in Buch
17,5 x 42 cm (Buch aufgeschlagen)
Langenweddingen, Ulrich Patze

Das 1643 vom italienischen Wissenschaftler Evangelista Torricelli (1608–1647) erfundene Barometer gehörte bereits 100 Jahre später zum Allgemeinwissen, wie die Aufnahme in diesen Hauskalender zeigt. Der Beschreibung der verschiedensten Bauarten von Barometern folgt ein Text zur Herstellung eines solchen Gerätes. Der Kupferstich führt der Leserin die unterschiedlichsten Barometer vor Augen; vertreten sind alle großen Forscher, die sich mit dem Luftdruck beschäftigten: Torricelli, Robert Boyle, René Descartes, Christiaan Huygens, Otto von Guericke oder auch Robert Hooke. G.K.

265

Barometerprobe

1708
Glas, Messing; H 69,5 cm, Dm 48 cm,
Gewicht 0,73 kg
München, Deutsches Museum, 157

Unter einer Glashaube, die an eine Pumpe oder einen Rezipienten angeschlossen werden kann, befindet sich ein Quecksilberbarometer. Mit diesem kann der durch eine Vakuumpumpe erreichte Druck abgelesen, geprüft oder probiert werden. Schon Guericke überprüfte so die Qualität des mit einer Vakuumpumpe erreichten Vakuums. D.S.

Lit.: Brachner u.a. 2002.

266

Taucherglocke

In: Johann Christoph Sturm, Physica electiva sive hypothetica, Teil 1, Nürnberg: Wolfgang Moritz Endter 1697, nach S. 418

Kupferstich in Buch
21 x 54 cm (Buch aufgeschlagen)
Hamburg, Bibliothek Mathematik und Geschichte der Naturwissenschaften der Universität, G 1697 / 1 v. 1

Die Taucherglocke umschließt einen Vorrat an Atemluft und ermöglicht so dem Menschen für eine begrenzte Zeit den Aufenthalt unter Wasser. Ihre Abbildung dient hier dem Altdorfer Professor für Physik und Mathematik Johann Christoph Sturm (1635–1703) als Beispiel, um die Eigenschaften gasförmiger Körper zu veranschaulichen. Sturm fußt dabei auf den Erkenntnissen Guerickes: Gewicht und Rauminhalt der Luft lassen sich ebenso messen wie die Schwankungen des atmosphärischen Luftdrucks. Abhängig von der Eintauchtiefe der Taucherglocke, verändern sich Volumen und Dichte der eingeschlossenen Luft. Der Zeitgenosse von Guericke und Sturm, Robert Boyle (1627–1691), experimentierte systematisch über die Elastizität der Luft und entdeckte den gesetzmäßigen Zusammenhang zwischen Druck und Volumen der Gase. T.v.E.

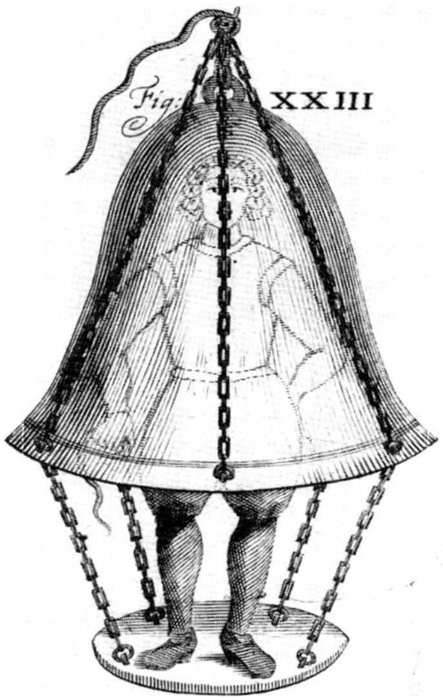

267

Ein Luftschiff mit evakuierten Kugeln

»Abbildung eines sonderbahren Lufft-Schiffes, Vermittelst dessen man in 24. Stunden durch die Lufft 200. Meilen fahren … kann«

5 Seiten aus: Michael Bernhard Valentini, Neu-auffgerichtetes Rüst- und Zeughauß der Natur …, 3. Teil des Musei Museorum, Frankfurt/M.: Johann David Zunners Erben (Verleger) und Johann Adam Jung 1714, S. 35–38

2 Kupferstiche; zweispaltiger Typendruck
31 x 44,5 cm (aufgeschlagen)
Magdeburg, Kulturhistorisches Museum, Gr 10.163

Daß Luft ein Gewicht hat, hatte Guericke erstmals experimentell bewiesen. Valentini (Kat. 289) veröffentlichte 1714 zwei Überlegungen, Luftschiffe mit Hilfe von Ballons zu bauen. Ihnen lag das Prinzip »Leichter-als-Luft« zugrunde: Ein Ballon steigt auf, wenn sein Gewicht geringer als die von ihm verdrängte Luft ist (Auftrieb). Für das erste Modell bezieht sich Valentini auf ein Experiment, das der brasilianische Jesuit Bartholomeu Laurenco de Gusmao (1685–1724) am 8. August 1709 dem portugiesischen König Johann V. und dessen Hofstaat vorführte. Gusmao verwendete wahrscheinlich einen Heißluftballon, bei dem ausgenutzt wird, daß heißes Gas sich ausdehnt und deshalb bei gleichem Volumen ein geringeres Gewicht hat als kaltes Gas. Mit einem solchen Ballon führten die Gebrüder Mongolfier am 21. November 1783 den ersten freien Flug mit Fahrgästen durch. Das andere Modell geht auf den italienischen Jesuiten Francesco Lana Terzi (Kat. 236) zurück: Ein Schiff soll mittels vier luftleer gepumpten Kugeln in den Himmel gehoben werden. Der Versuch scheitert jedoch am Gewicht, denn die Wände dieser Kugeln müßten so massiv wie die Magdeburger Halbkugeln sein.

G.K./J.H.

Lit.: Eckert 1978, S. 14–18.

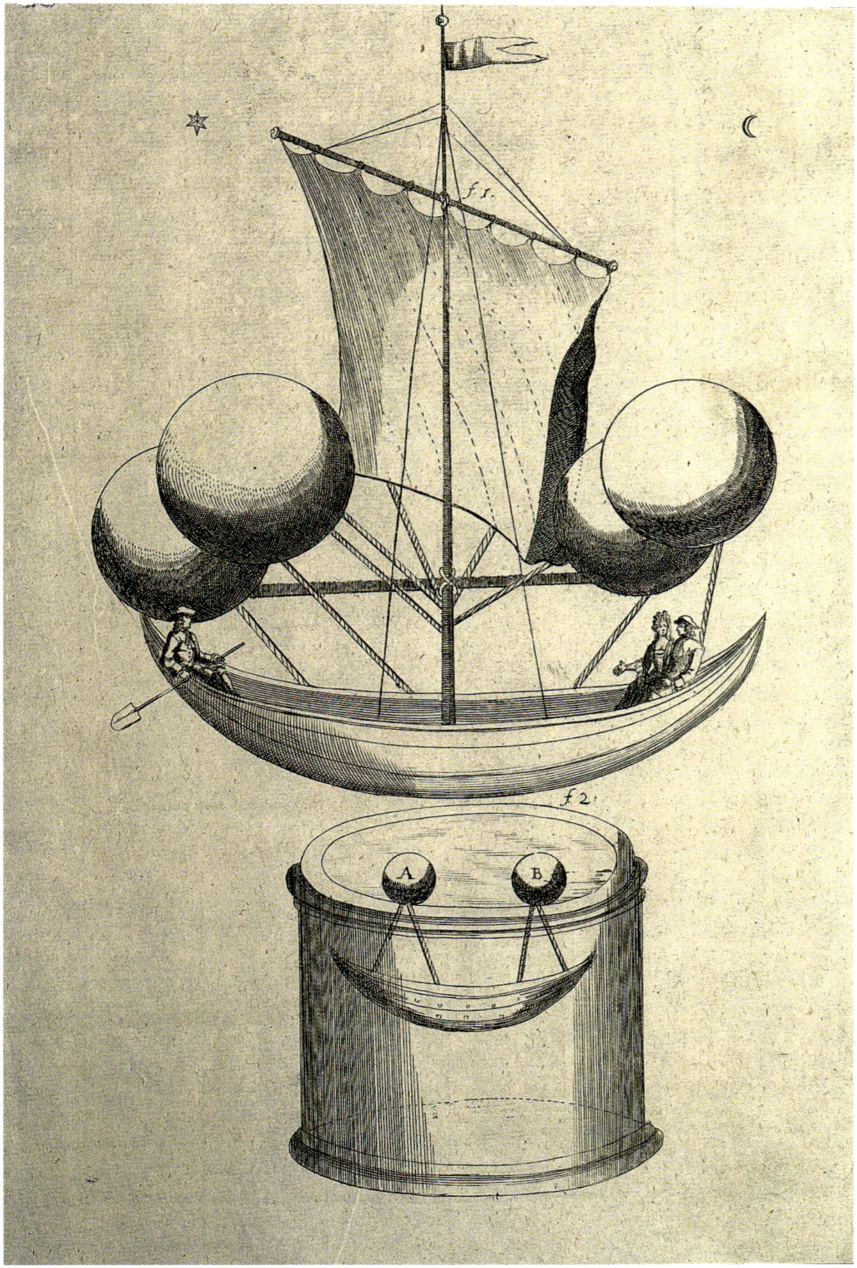

6. Mutmaßungen über kosmische Kräfte und farbige Schatten

268 **(Abb. S. 99)**

Demonstration der Anziehungskraft

»Wirkkräfte, durch Reibung an einer Schwefelkugel hervorgerufen«

Wiedergabe des Kupferstichs aus: Otto von Guericke, Experimenta Nova …, Amsterdam 1672, Kapitel 15, Tafel XVIII, Figur VI

Original: Kunstmuseum Kloster Unser Lieben Frauen Magdeburg, Bibliothek

Die Schwefelkugel ist für Otto von Guericke ein Modell der Erde (Terrella) und besteht zum großen Teil aus Schwefel und eingelagerten Gesteinsbrocken. Guericke kannte die Anziehungskraft, die kristalliner Schwefel bei Reibung entfacht. So erklärte er an seinem Erdmodell unkörperliche Kräfte, die er elektrische nannte. Diese Kräfte konnten (Figur VI) eine Daunenfeder einfangen und, immer mit der gleichen Seite zur Kugel zeigend, durch den Raum bewegen. Guericke demonstrierte so die Anziehungskräfte der Erde auf den Mond und schloß auf ähnliche Kräfte, die zwischen der Sonne und den Planeten wirken. D. S.

Lit.: Schimank 1968, S. 165 ff.

269 **(Abb. S. 113)**

René Descartes (1596–1650)

Um 1645
Öl/Lw.; 79 x 66 cm (mit Rahmen)
Bez. o.: RENATVS CARTESIVS.
Leiden, Universiteitsbibliotheek, Icones 80

Der Philosoph, Mathematiker und Naturforscher René Descartes entstammte einer französischen Adelsfamilie und besuchte von 1604 bis 1612 die Jesuitenschule in La Fléche. Von 1617 bis 1621 beziehungsweise 1625 bis 1628 war er Soldat in holländischen, bayrischen und französischen Diensten. Von 1629 bis 1649 lebte er in Holland, dem einzigen Land des 17. Jahrhunderts, das dem als Ketzer verfolgten Freidenker genügend Schutz bot. 1649 ging er auf Einladung der schwedischen Königin Christine nach Kopenhagen, wo er 1650 an den Folgen einer Erkrankung starb. Descartes ist der Begründer und maßgebliche Vertreter des Rationalismus. Für ihn ist das Denken das ausschließliche Erkenntnismittel, empirische Erkenntnisse haben in seinem Weltbild keinen Platz. Eher schüchtern und zurückgezogen lebend, entwickelte er die Grundlagen der analytischen Geometrie und der mathematischen Beschreibung der Naturvorgänge. Auf ihn geht das (cartesische) Koordinatensystem zurück, eine Methode, einen Punkt in der Ebene durch Angabe zweier Abstände zu einem beliebigen als Ursprung gewählten Punkt festzulegen. J. H.

270

Die endgültige Ausformung der Cartesischen Philosophie

Renatus Descartes, Principia philosophiae …, Amsterdam: Blaeu 1685.

Typendruck mit Autorenporträt, Pergamenteinband; 21,5 x 32 cm (aufgeschlagen)
Magdeburg, Kunstmuseum Kloster Unser Lieben Frauen, Bibliothek V.D.a. 1.qu.

»Wenn es irgendwo ein Vakuum geben kann, dann nur in Torricellis Kopf« urteilte der französische Philosoph und Mathematiker René Descartes (1596–1650) barsch. In Descartes Hauptwerk, der hier ausgestellten »Principia philosophiae« von 1644, gibt es keine Atome und kein Vakuum. Der Raum ist von einem Äther, einem fiktiven feinsten Stoff, erfüllt. Die Materie (»res extensiva«) ist gleichbedeutend mit dem

Raum, den sie einnimmt. Die Anziehung der Sonne auf die Planeten wird durch Wirbel im Äther erklärt. Körper wirken nur durch Druck und direkten Kontakt aufeinander ein, es gibt keine durch den leeren Raum wirkenden Kräfte. Selbst Tiere und Menschen sind für Descartes mechanische Maschinen, die sich nur durch die denkende Substanz (»res cogitans«) unterscheiden. Die Modelle Descartes sind vom naturwissenschaftlichen Standpunkt wenig relevant, geistesgeschichtlich sind sie aber umso bedeutender, da sie die Naturerscheinungen in ihrer ganzen Breite als rational erfaßbar und erklärbar darstellen. J.H.

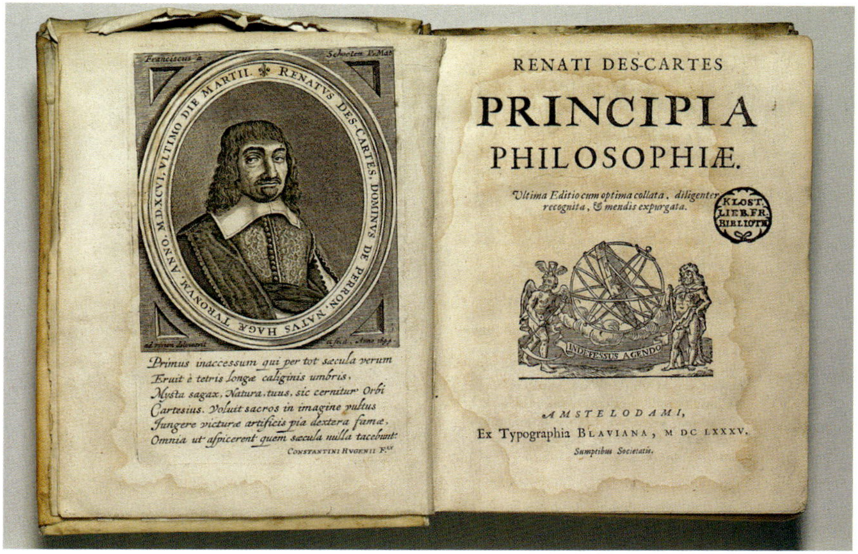

271

Elektrisiermaschine

Um 1730; Leipzig
Holz, Glas, Eisen; 40 x 55 x 30 cm
Baden-Württemberg, Privatbesitz

Während Guerickes Schwefelkugel in einem kugelförmigen Glaskolben erschmolzen wurde, den man nach der Abkühlung zerschlug, verzichtete man später auf das Zerschlagen des Glaskolbens und baute die Schwefelkugeln mitsamt dem schützenden Glas in die Elektrisiermaschinen ein. Erst als man feststellte, daß die Elektrizität auch allein durch die Reibung der Glaskugel entsteht, entstanden Elektrisiermaschinen mit einfachem Glas, wie sie mit diesem Stück präsentiert wird. Diese frühe Elektrisiermaschine von einem unbekannten Hersteller besteht aus einem hölzernen Grundgestell, in dem ein drehbares Treibrad über einen Riemen eine Glaskugel rotieren läßt, von der durch mechanische Reibung elektrische Ladung abgenommen werden kann. D.S.

272

Elektrisiermaschine nach Guericke

1906; Magdeburg
Funktionsfähiger Nachbau
Holz, Schwefel, Eisen; 36 x 18,5 x 32,5 cm, Dm Kugel 13 cm
Magdeburg, Kulturhistorisches Museum

Mit dieser in einem Holzgestell drehbar gelagerten Schwefelkugel konnte Otto von Guericke ab etwa 1660 durch mechanische Reibung elektrische Ladungen trennen und für seine vielen elektrostatischen Experimente nutzen. Damit war es ihm möglich, die elektrische Abstoßung, Anziehung und erstmals die elektrische Leitung zu beobachten und zu beschreiben. Sie werden in Guerickes Experimenta Nova unter den unkörperlichen Weltkräften als elektrische Kräfte abgehandelt. D.S.

Lit.: Moewes 1996.

273

Gottfried Wilhelm von Leibniz (1646–1716)

1787; Kopie einer nicht erhaltenen Darstellung aus dem Besitz von Leibniz
Öl/Lw.; 81 x 64 cm
Hannover, Landesbibliothek

Ende 1667 erhielt der 22jährige Jurist Leibniz eine Anstellung am Hof des Kurfürsten von Mainz, Johann Philipp von Schönborn, der bereits 1654 die Versuchsinstrumente Guerickes erworben hatte. Schönborns Beichtvater war der Jesuitenpater Kaspar Schott. Schott, selbst ein bedeutender Mathematiker und Naturforscher, hatte Guerickes »Magdeburger Versuche« in sein Werk »Technica curiosa« (1664) aufgenommen und publiziert. Zu Leibniz' frühen Entwürfen und Traktaten gehören die Schriften »Hypothesis physica nova« und »Theoria motus abstracti« – die Zusammenfassung der eigenen kosmologischen Ideen, die er den wissenschaftlichen Sozietäten in London beziehungsweise in Paris widmete und zusätzlich den berühmtesten Gelehrten seiner Zeit vorlegte. Mit der Abhandlung »Hypothesis physica nova« und seinem Schreiben vom 3. Mai 1671 eröffnete Leibniz den Gedankenaustausch mit dem Magdeburger Bürgermeister Guericke über die Weltkräfte und den leeren Raum, der mit Guerickes Korrespondenz vom 28. März 1672 nach insgesamt neun Briefen endete. khk.

274

Guerickes Briefwechsel mit Leibniz über die Schwefelkugeln

1. März 1672; Magdeburg
Handschrift; 35 x 45 cm (aufgeschlagen)
Hannover, Landesbibliothek, LBr 341, Bl. 6–8

Guericke glaubte, in den heute als elektrostatische Kräfte bezeichneten Phänomenen der Anziehung und der Abstoßung sowie der elektrischen Leitung die Wirkkräfte gefunden zu haben, die den Kosmos zusammenhalten. Der Briefwechsel zwischen Leibniz und Guericke zeigt, daß Guerickes Experimente mit der Schwefelkugel ernst genommen und als mögliches Erklärungsmodell diskutiert wurden, bevor Newton 1687 seine Gravitationstheorie formulierte. Guericke bot Leibniz die Zusendung einer von ihm selbst gefertigten »frischen« Schwefelkugel an, »dan, die schon lange durch mancherley hende gegangen, nicht so guth operiren«. Da Guerickes Buch erst im Herbst 1672 erscheinen sollte, berichtet Guericke über weitere Inhalte des Buches und schickt Leibniz auch den Probeabzug eines Kupferstiches mit den Vakuumexperimenten, der als Tafel VII in den »Experimenta Nova« veröffentlicht wurde. G.K.

Lit.: Leibniz 1926, S. 209–212 Nr. 103.

275

Die von Leibniz beschriebene Rechenmaschine

In: Gottfried Wilhelm (Baron von) Leibniz, Essais de Theodicée, Oder Betrachtung der Gütigkeit Gottes, der Freyheit des Menschen und des Ursprungs des Bösen ..., Amsterdam: Cornelius Boudestein (nach 1720), nebst: Lebens-Beschreibung Herrn Gottfried Wilhelm von Leibniz ... durch den Herrn von Fontonelle ..., in Französischer Sprache beschrieben, nunmehr ins Teutsche übersetzt, Amsterdam 1720, nach S. 118

Kupferstich in Buch
17,5 x 34 cm (aufgeschlagen)
Magdeburg, Kunstmuseum Kloster Unser Lieben Frauen, Bibliothek IX.D.e. 45.oct.

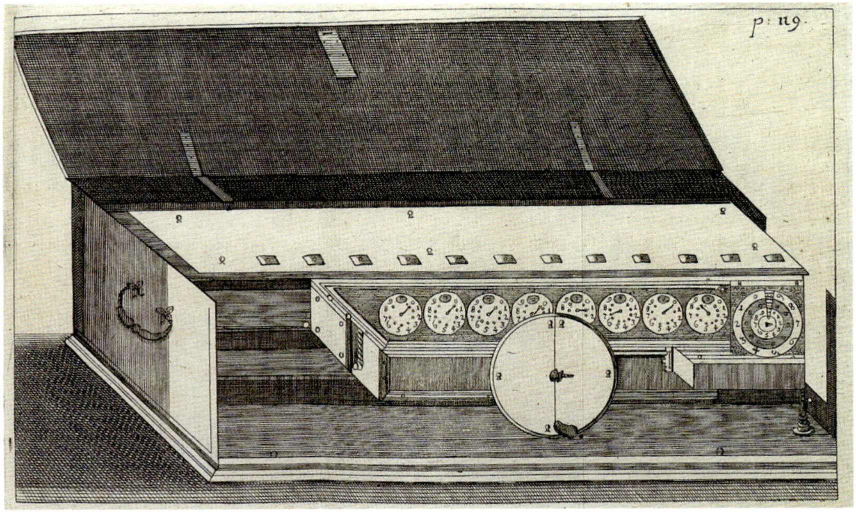

Schon vor seinem ersten Aufenthalt in Paris 1672 faßte Leibniz den Plan zum Bau einer Rechenmaschine. Ein erstes, noch unvollkommenes Modell in Holz konnte er Anfang des folgenden Jahres in London Mitgliedern der Royal Society erläutern. Doch es dauerte noch mehr als zwei Jahrzehnte und bedurfte zahlreicher Lösungsversuche, bis er dem Kurfürsten Ernst August von Hannover, seinem Dienstherrn, mitteilen konnte, die Maschine überträfe den Menschen an Schnelligkeit und Zuverlässigkeit. Von dieser älteren Maschine blieb weder der Korpus noch die Beschreibung erhalten. Das nachfolgende Exemplar war – wie Leibniz selbst klagte – besser erdacht, doch technisch längst nicht so akribisch gearbeitet und funktionierte daher nur mangelhaft. Dennoch kommt ihm das Verdienst zu, die erste Rechenmaschine der Welt für alle vier Grundrechenarten fehlerfrei erdacht zu haben, denn ein sorgfältiger Nachbau bestätigte alle Überlegungen des Gelehrten. Die Abbildung verbirgt mehr als daß sie einen wirklichen Eindruck der Maschine vermittelt. khk.

276

Guerickes Entdeckung der farbigen Schatten

Installation
Entwurf: Eckhart Seiffert, Susan Ostwald, Marco Weiser, Ramona Kramer, Susann Klotz, Stefan Kanisch, Köthen
Realisierung: Sergej Werbuk, Julia Kotilewskaja, Wittenberg

Guerickes Beobachtung des Lichtes von den Gestirnen war der Anstoß zu seinen Forschungen über das Vakuum. Ohne Vakuum zwischen den Himmelskörpern erreichte das Sonnenlicht die Erde nicht, sondern würde absorbiert. Aus der Beobachtung der Lichtquellen und der Entstehung von Farben beschrieb Guericke das Phänomen der farbigen Schatten als Teil der kosmischen Wirkkräfte in seiner Experimenta Nova: »Ebenso läßt sich ganz in der Frühe, zur Zeit der Morgendämmerung, ein vollkommen blauer Schatten auf einem weißen Blatt Papier hervorrufen, wenn man zwischen das unten befindliche Papier und eine brennende Kerze den Finger oder einen anderen Gegenstand hält, so daß er seinen Schatten auf das Papier wirft. Dann sieht dieser Schatten nicht schwarz, sondern rein blau aus.« Zwar hatten schon vor Guericke andere wie Leonardo da Vinci die farbigen Schatten beschrieben, aber Guericke war der erste, der die farbigen Schatten auf das Zusammenwirken zweier Lichtquellen zurückführte. Daher ist es berechtigt, das von ihm entdeckte und richtig beschriebene Phänomen »Magdeburger Farbschatten nach Otto von Guericke« zu nennen. E. S. / Y. L.

Lit.: Schimank 1968, S. 160. Guericke 1672, lib. 4. Kap. 12.

277

Johann Wolfgang von Goethes farbige Schatten

Installation
Entwurf: Eckhart Seiffert, Silke Schulz, Claudia Große, Andre Lange, Köthen; Yili Lu, Shanghai

Auch Goethe (1749–1832) beobachtete farbige Schatten und nahm dabei sogar auf Guericke bezug in seinem Aufsatz »Von den farbigen Schatten« (ca. 1792). »Für eine Mischung von Licht und Schatten hält Otto von Guericke den blauen Schatten wie auch die blaue Farbe des Himmels. Bei dieser letzten Meinung merke ich nur an, wie sehr die würdigen älteren Beobachter sich der richtigen Erklärung dieser Phänomene genähert.« 1777, im winterlichen Harz, erlebte Goethe die farbigen Schatten, von denen er in seiner 1810 erschienenen Farbenlehre poetisch und sachlich berichtet. E. S. / Y. L.

278

Edwin Herbert Lands farbige Schatten

Installation
Entwurf: Eckhart Seiffert, Matthias Feustel, Sabrina Bartholomäus, Nils Lange, Thomas Wadewitz, Köthen
Realisierung: Steffen Bornemann, Theresia Vogel, Christiane Thiel

Das Phänomen der farbigen Schatten blieb bis vor wenigen Jahrzehnten rätselhaft und widersprüchlich. Erst der Erfinder der Polaroidkamera Edwin Land konnte 1977 ein schlüssiges naturwissenschaftliches Erklärungsmodell liefern. In seiner grundlegenden Veröffentlichung führt er Guericke respektvoll als seinen Lehrmeister an. Nach Lands Feststellungen werden die Farben physikalisch schrittweise erfaßt: die Farbe der Lichtquelle, die Farbe des beleuchteten Körpers mit seinen speziellen Reflektionseigenschaften und das Auge als Wahrnehmungsorgan mit den drei Rezeptoren. Land wies mit seiner Retinextheorie nach, daß beim Sehen der Farben entwicklungsgeschichtlich notwendigerweise die Farbe der leuchtenden Lichtquelle abstrahiert und somit für eine Farbkonstanz gesorgt wird, unabhängig von Sonnenglut, Morgenrot oder Nebeldunst. So muß zum Beispiel die Beurteilung der Nahrung unabhängig von zufälligen Lichtverhältnissen erfolgen. Beim Phänomen der farbigen Schatten wird in einer Art Umkehrung der Farbsehprozeß überlistet, und es werden Farben gesehen, wo meßtechnisch keine sind. E. S. / Y. L.

Lit.: Land 1977, S. 60.

279

Farbige Schatten in der Kunst von Max Pechstein

»Fischkutter in Leba«

1926
Max Pechstein (1881–1955)
Öl/Lw.; 81,5 x 100 cm
Bez. u.r.: HMPechstein 1926
Hamburg, Altonaer Museum, 1969/113

Das Bild des bedeutenden expressionistischen Malers Max Pechstein zeigt eine abendliche Hafenszenerie. Den warmen leuchtenden Gelbtönen des Lichts stehen die tiefen Blautöne der Schattenpartien gegenüber. Diese Komplementärfarben erzeugen die harmonische Grundstimmung des Gemäldes, die Schatten haben wegen ihrer Farbigkeit nichts bedrohliches. Schon Goethe hatte 1792 festgestellt, daß ein farbiger Schatten »Leben und Reiz auch dahin verbreitet, wo wir sonst nur Negation, Abwesenheit des erfreulichen Lichtes zu sehen glaubten«. Künstler des Impressionismus und vor allem des Expressionismus beschäftigten sich intensiv mit Farbtheorien, experimentierten mit der Wechselwirkung von Farben und setzten neue Erkenntnisse in ihrer Kunst um. E. S./Y. L./J. S./Y. C.

280

Paradoxien – Erleben der farbigen Schatten

Installation
Entwurf: Eckhart Seiffert, Ronny Ebert, Xenia Bornack, Jens Frommherz, Köthen

Eine weiße Lichtquelle bescheint einen Gegenstand. Dieser wirft einen grauen Schatten. Eine zweite farbige Lichtquelle kommt hinzu. Sie bescheint die Hintergrundfläche, tönt diese und färbt den Schatten, der von der weißen Lichtquelle stammt. Dieser sogenannte gefärbte Schatten wird bunt in der Farbe der zweiten Lichtquelle. Auch die farbige Lichtquelle erzeugt einen Schatten des Gegenstandes. Dieser Schatten, der von der weißen Lichtquelle beschienen wird, erscheint erstaunlicherweise nicht grau-weiß sondern bunt, und zwar in der Komplementärfarbe der farbigen Lichtquelle. Das ist der sogenannte farbige Schatten. Würde man die beiden Schatten aufeinanderlegen, dann erhielte man »unbunt«: grau bis schwarz. Mithin sind beide Farben exakt komplementär. Die Photos der Installation zeigen dieses erstaunliche, paradoxe Resultat: Es treten Farben auf, für die es keine Lampe mit entsprechendem Filter gibt. E. S./Y. L.

Weißes Licht von links, grünes Licht von rechts ergibt rechts einen gefärbten Schatten in grün, links einen farbigen Schatten in rot.

281

Paradoxien – Das Messen der farbigen Schatten

Installation
Entwurf: Eckhart Seiffert, Daniel Benske, Stefan Schuhmann, Daniel Projahn, Patrick Voigt, Köthen

Mit dem Opto-Radio-Meter von MINOLTA wird die spektrale Intensität der Farbverteilung über die Wellenlänge vermessen, und zwar für 1. die Reflexion des gefärbten Schattens im Scheine der bunten Lampe, 2. die Reflexion des farbigen Schattens im Scheine der weißen Lampe und 3. den gemeinsam beschienenen Hintergrund. Die Meßergebnisse zeigen, daß die gefärbten Schatten unterschiedliche Wellenlängen aufweisen, wie die drei Kurven im unteren Bereich des Diagramms demonstrieren. Nur die drei farbigen Schatten haben denselben physikalischen Meßwert. Offensichtlich widerspricht der physikalische Meßwert der Wahrnehmung des menschlichen Auges. Das ist das paradoxe Element der farbigen Schatten. E. S./Y. L.

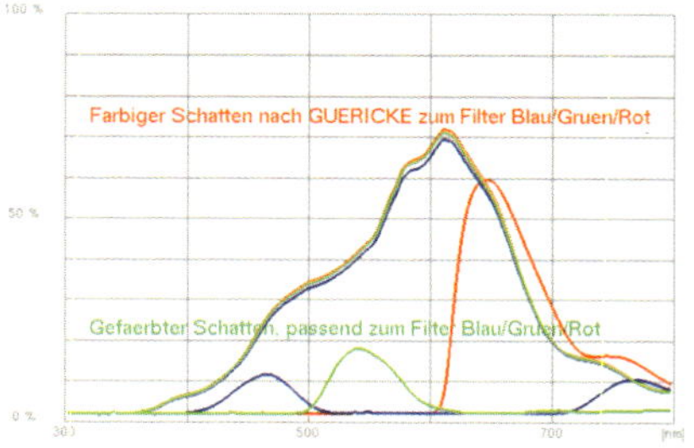

Messung farbiger (oben) und gefärbeter (unten) Schatten

282

Deutung der gefärbten Schattenfarben nach Young

Installation
Entwurf: Eckhart Seiffert, Mattes Schulze, Rene Lemke, Marcel Hildebrandt, Mirko Hildebrandt, Kristina Hempel, Christian Baumblüth, Köthen

Auf der Basis der Arbeiten von Thomas Young (1773–1829), Hermann Helmholtz (1821–1894) und James Clerk Maxwell (1831–1879) ist ein erfolgreiches physikalisch definiertes Farbsystem, die sogenannte Trichromatik, aufgebaut. Es werden die additiven Grundfarben rot, grün, blau verwendet, durch deren Mischung sich eine Vielzahl von Farben erzeugen läßt. Ihre Komponenten können physikalisch unterschieden werden, während das Auge nur das Ergebnis der Farbmischung wahrnimmt. Im Versuchsaufbau werden die drei farbigen Lichtquellen rot, grün, blau durch Überlagerung gemischt. Das geschieht durch Schattenbildung. Die Lichter treten einmal durch einen Spalt, ein anderes Mal werden sie durch einen Körper behindert. Hinter ihm vereinigen sich die Lichtstrahlen wieder. Durch gegenseitiges Abblenden entstehen Gebiete unterschiedlicher Farbmischung. Es entstehen neue Farben, Gelb, Cyan, Magenta, nicht zu vergessen Weiß und Schwarz oberhalb und unterhalb des Farbbandes. Hier handelt es sich um den Effekt additiver Farbmischung, auf dem zum Beispiel das Farbfernsehen beruht. In unserer Nomenklatur sind es »gefärbte Schatten«. E.S./Y.L.

283

Deutung von Schattenfarben nach Land

Installation
Entwurf: Eckhart Seiffert, Christian Diener, Doreen Müller, Patrick Lieske, Christian Hartwig, Rene Nebel, Köthen

Eine auf den Physiologen Hering zurückgehende Theorie des natürlichen Farbsehens von 1870 basiert auf drei elementaren Farbempfindungspaaren: den chromatischen (bunten) Paaren rot/grün, blau/gelb und dem achromatischen (unbunten) Paar schwarz/weiß. Die bunten Farben kann man sich wie die vier Himmelsrichtungen auf einer Windrose vorstellen. Wie jede Windrichtung einen Gegenwind hat, so hat auch jeder Elementarfarbeindruck einen Gegenfarbeindruck. Der Mensch kann diese Gegenfarbenpaare nicht mischen. Er kann von beiden Farben lediglich die eine Farbe sehen, oder die andere, oder unbunt. Es gibt mithin kein grünliches Rot! Woher kommt jedoch die gelbe Farbkomponente, für die es keine Rezeptoren im Auge gibt? Das Gelb wird innerhalb der Retina aus roten und grünen Farbsignalen gemischt und steht damit als Gegenfarbe zum Blau zur Verfügung. – Basierend auf Untersuchungen von Land sieht der Mensch Farbe wie folgt: Die Rezeptoren mit drei unterschiedlichen Farbempfindlichkeiten empfangen elektromagnetische Strahlung. Diese wird im Nervensystem und im Gehirn auf der Grundlage von Farbdifferenzbildung unter Heranziehung der drei elementaren Farbempfindungspaare und unter Berücksichtigung der Lichtquelle verarbeitet, dem sogenannten Weißabgleich des Sehens. Die Installation illustriert Lands Theorie: Die von zwei Lampen gemeinsam beschienene Hintergrundfläche wird durch den Prozeß der Adaptation im Sehzentrum zu weiß transformiert. Die gleiche Transformation führt bei einer grauen Fläche, also der eigentlichen Schattenfläche, zum Abzug von Farbe. So kommt es dann zu der komplementären Schattenfarbe. E.S./Y.L.

284

Ein Simulationsprogramm für farbige Schatten

Installation
Entwurf: Eckhardt Seiffert, Maik Brettschneider, Köthen
Realisierung: Jens Hartmann, Köthen

Eine Szenerie aus zwei Lichtquellen, einem Schattenspender und dem Hintergrund wird aufgeteilt in eine Vielzahl von Elementarflächen. Ein Computerprogramm berechnet mit der Radiositymethode die Farb- und Lichtverteilung in diesem Modell: Die Abstrahlung einer jeden dieser Elementarflächen hängt ab vom einfallenden Licht aller Elementarflächen. Berücksichtigt werden in diesem Modell auch die gegenseitigen Neigungen und Abstände der Elementarflächen zueinander und der dazwischenliegenden schattenspendenden Elemente. Das Lösen eines Gleichungssystems für die Beleuchtung aller dieser Elemente liefert als Ergebnis ein farbiges Bild. Dieses Bild zeigt dann 1. die zwei Lichtquellen als weiße und als bunte Lampe, 2. den Hintergrund mit den überlagerten Farben beider Lichtquellen, 3. den gefärbten Schatten von der weißen Lichtquelle im Licht der farbigen und 4. den farbigen Schatten, der nur vom weißen Licht erhellt wird. An beliebiger Stelle läßt sich die Farbe messen. Dieser Farbwert wird zu seinem Grauwert umgerechnet. Diese Modifikation wird als Differenz auf alle Pixel der Szene übertragen. So wird der ursprünglich graue Schatten in die Komplementärfarbe zu der des Meßpunktes umgerechnet. Es entsteht der uns bekannte farbige Schatten. Das Ergebnis zeigen die beiden Abbildungen im Vergleich. Hier wurde der Grauabgleich für die untere rechte Ecke vorgenommen.

E. S./Y. L.

285

Schatten und farbige Schatten in der Kunst

Installation
Entwurf: Eckhart Seiffert, Matthias Feustel, Köthen
Realisierung: Kevin Nawroth, Rainer Klockmann, Tobias Weilbeer, Köthen; Yiqiu Wie, Ling-Yun Sheng, Hangzhou/China

Erst im Impressionismus und vor allem im Expressionismus werden farbige Schatten zur Erzeugung harmonischer Bildwirkungen eingesetzt. Der physiologische Effekt der komplementären Farben kann in dieser Installation anhand einiger Gemälde veranschaulicht werden. Zwei Farbmeßpunkte werden an beliebiger Stelle des Bildes gesetzt. Alle Gebiete, die in den markierten Farben getönt sind, werden in einer Analysedarstellung analog eingefärbt, wobei der Toleranzbereich für die ausgewählte Farbdefinition vorgegeben werden kann. In einem Farbkreisschema werden die Farbmeßpunkte gemessen und angezeigt. Aus der Lage der Farbwerte im Farbkreis kann ermittelt werden, ob der Schatten im Ton seiner Umgebung, also etwa nur verdunkelt, gehalten ist, oder ob und gegebenenfalls wie er komplementär dargestellt ist. Im Gemälde von Max Pechstein »Fischkutter in Leba« sind Sonnenflecken und Schattenflächen am Ufer erstaunlich genau komplementär.

E. S./Y. L.

7. Einhornfund aus der Tiefe – Die Mannigfaltigkeit von Erde und Mond

286

Skelettrekonstruktion des Einhorns von Quedlinburg

2001, Rekonstruktion
Urs Oberli (geb. 1951), St. Gallen/Schweiz
Kunststoff mit tragender Stahlrohrkonstruktion; 340 x 110 x 265 cm
Magdeburg, Stadtsparkasse Magdeburg, 2 001 000 668 (Dauerleihgabe im Museum für Naturkunde Magdeburg)

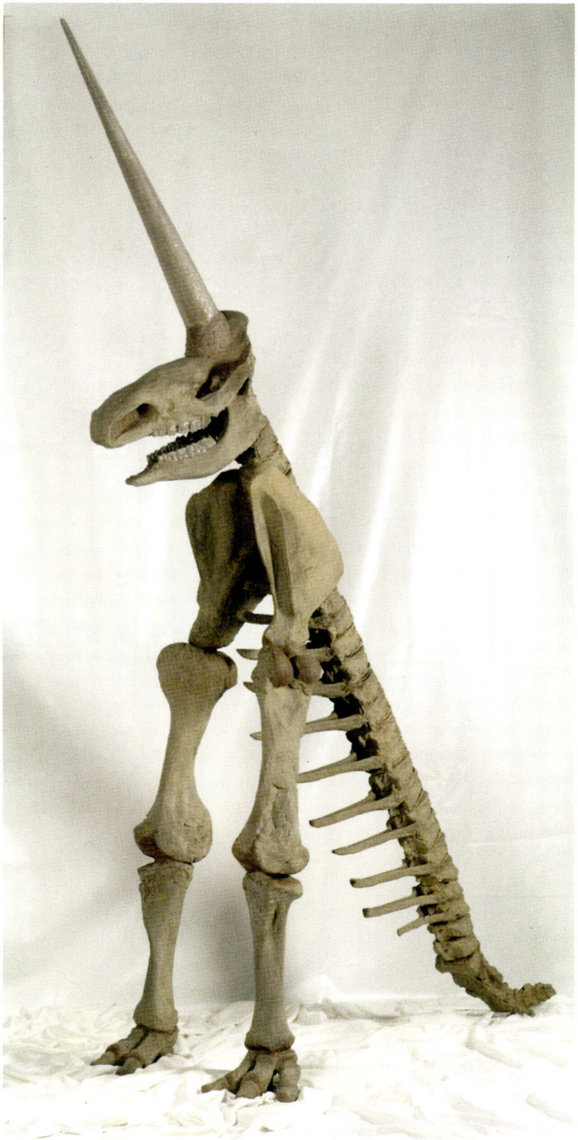

Otto von Guericke berichtet 1672 in Experimenta nova (5. Buch, 3. Kapitel) vom aufsehenerregenden Fund eines Gerippes, das beim Gipsabbau an den Seweckenbergen bei Quedlinburg 1663 gefunden wurde. Die geborgenen Knochen, zum Teil sicherlich nur noch als Fragment erhalten, und ein langgestrecktes Horn von der Dicke eines menschlichen Oberschenkels waren nach Guerickes mittelalterlichem Naturverständnis Überreste des sagenumwobenen Einhorns. Ganz der modernen Naturwissenschaft verbunden, bleibt er jedoch bei der Wiedergabe des Gerippes ausschließlich bei den Skelettfragmenten, die aus dem Gipsbruch geborgen wurden: Kopf samt Horn, einige Rippen, Wirbelsäule und (Vorder-)Beinknochen. Belegt ist diese Rekonstruktion durch die Abbildung bei Valentini (1704) und Leibniz (1749). Sie stellt als älteste bekannte Skelettrekonstruktion eines fossilen Wirbeltieres eine großartige wissenschaftliche Leistung dar, von der möglicherweise gerade wegen der Fehlinterpretation »Einhorn« eine besondere Faszination ausgeht. Bei heutiger Betrachtung der Abbildungen wird deutlich, daß das Einhorn-Gerippe aus Knochen vom ausgestorbenen eiszeitlichen Wollhaarnashorn (Schädel-Abbildung bei Valentini) und Mammut (übrige Skelettteile nach Leibniz) besteht. Dabei sind offenbar die Beinknochen aus vier Oberschenkelknochen der Hinterbeine zusammengesetzt und die eigenartigen unpaaren »Rippen« könnten Brustwirbel mit langen Dornfortsätzen sein, die falschherum gedreht worden sind. Schließlich findet die kreisförmige Bildung in der Wirbelsäule eine Entsprechung in verwachsenen Wirbeln aus dem Bereich des nicht erhalten gebliebenen Beckens. Entsprechend dieser Interpretation wurde die Rekonstruktion aus Abgüssen von Originalknochen von Wollhaarnashorn und Mammut aufgebaut, wobei das »Horn« ein Fragment vom Mammutstoßzahn ist. H.P.

287 **(Abb. S. 121)**

Das Guerickesche Einhorn

In: Gottfried Wilhelm Leibniz, Protogaea sive de prime facie telluris et antiquissimae historiae vestigiis in ipsis naturae monumentis dissertatio ex Scheidis manuscriptis, hg. Christian Ludwig Scheid, Göttingen: Johann Wilhelm Schmid 1749, S. 65, Tafel 12
Kupferstich im Buch; 34 x 20 cm (Pl.)
Halle, Universitäts- und Landesbibliothek, Oa 1155, 4°

Erst 33 Jahre nach dem Tod von Leibniz (1646–1716) wird mit der Herausgabe der »Protogaea« durch Christian Ludwig Scheid die berühmte Abbildung des bei Quedlinburg gefundenen Skelettes eines Einhorns veröffentlicht, das auf Guerickes Bericht in Experimenta Nova (1672) zurückgeht. Die Knochen lassen sich zum Teil einem Mammut zuordnen, jedoch nicht der Schädel. Dieser und die eigenartigen Füße verschließen sich einer Interpretation, wobei jedoch die Backenzähne Ähnlichkeit mit Molaren vom Mammut haben. H.P.

Lit.: Abel 1925

288

Druckplatte des Guerickeschen Einhorns

Vor 1727
Nikolaus Seeländer (um 1690–1744)
Kupferplatte; 33 x 20 cm
Hannover, Landesbibliothek, cup 4048

Der Kupferstecher Nikolaus Seeländer kam 1715 nach Hannover. Nach einem vergeblichen Versuch, am Hof in London Fuß zu fassen, wurde er auf Vorschlag von Leibniz 1716 in Hannover als Bibliotheks-Kupferstecher angestellt. Er hat zahlreiche Illustrationen zu den historischen Werken von Leibniz und anderen Autoren sowie eigene münzkundliche Veröffentlichungen angefertigt; die Kupferstichplatten sind zum Teil noch in der Niedersächsischen Landesbibliothek erhalten. Die Stiche zu dem erst 1749 veröffentlichten Werk Protogaea, darunter auch die Abbildung des Einhornskeletts, lagen bereits 1727 vor, wie ein damals aufgestelltes Verzeichnis vorhandener Kupferplatten beweist. Nochmals verzeichnet sind die Stiche in einer von Seeländer 1729 zusammengestellten Liste. Im Vorwort zum Druck der Protogaea gibt der Herausgeber Scheidt an, die in diesem Werk abgedruckten Kupferstiche seien noch zu Lebzeiten Leibniz' von Seeländer angefertigt worden. Für 9 der 12 Platten in diesem Werk lassen sich gedruckte Vorlagen nachweisen, die Seeländer gewissenhaft wiedergegeben hat. Eine Vorlage für die Einhorndarstellung konnte bisher nicht ermittelt werden.

H.P./R.O.

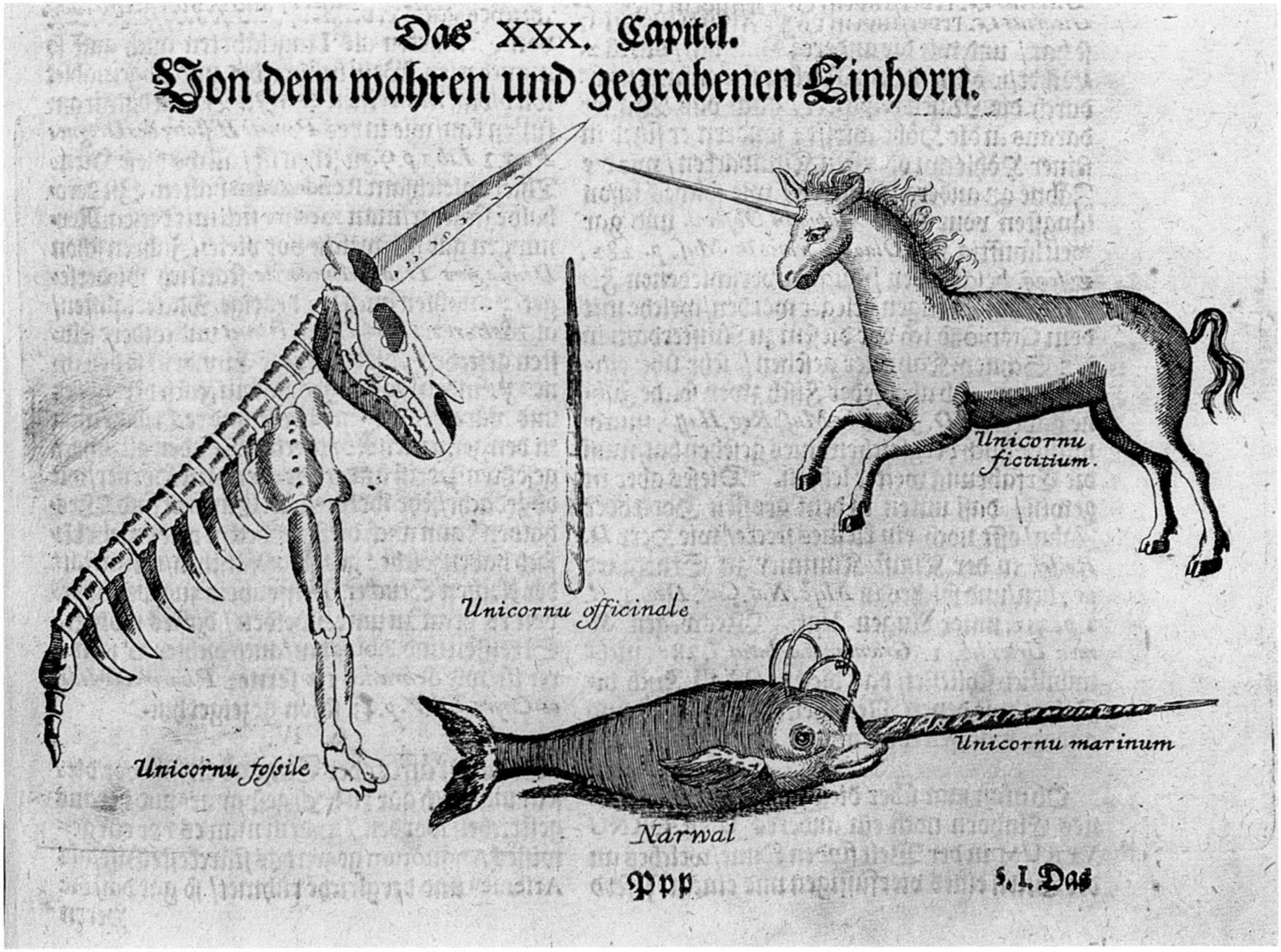

289

Von dem wahren und gegrabenen Einhorn

In: Michael Bernhard Valentini, Museum Museorum oder vollständigew Schau-Bühne aller Materialien und Specereyen …, Frankfurt/M.: Johann David Zunners 1704, Kap. 30, S. 481–483, Abbildung S. 481.

Kupferstich im Buch
39 x 49 cm (Buch aufgeschlagen)
Halle, Universitäts- und Landesbibliothek, Uf 601, 2° (1)

Zu Beginn des 30. Kapitels gibt Valentini vier Abbildungen vom Einhorn wieder. Eine davon zeigt das »Unicornu fossile« (gegrabenes Einhorn). Man erkennt in dieser skizzenhaften Skelett-Darstellung unzweifelhaft das Quedlinburger Einhorn, über das, so Valentini, der Astronom und Kämmerer in Quedlinburg, Johannes Mayer, einen Ausgrabungsbericht anfertigte. Die Zeichnung ist wesentlich ungenauer als die später in der Protogaea von Leibniz veröffentlichte Darstellung (Kat. 287, 288). Der Schädel jedoch ist eindeutig vom Wollhaarnashorn, das im 18. und 19. Jahrhundert durch Zükkert (Kat. 294) oder Giebel (Kat. 295) für die Seweckenberge durch weitere Knochenfunde eindeutig belegt werden konnte.

H.P.

290

Guerickes Notiz beweist die Existenz der Einhörner

In: David Sigismund Buttner: Rudera diluvii, i.e. Zeichen und Zeugen der Sündfluth / In Ansehung des itzigen Zustandes unserer Erd- und Wasserkugel / Insonderheit der darinnen vielfältig auch zeither in Querfurtischen Revier unterschiedlich angetroffen / ehemals verschwemten Thiere und Gewächse / von dem Lichte natürlicher Weisheit betrachtet / Und nebst vielen Abbuldungen zum Druck gegeben. Leipzig: Johann Friedrich Baunen, 1710, § 175, S. 285 f.

Typendruck
19,5 x 35 cm (Buch aufgeschlagen)
Halle, Universitäts- und Landesbibliothek, Sa 1463

Der Frage nach der realen Existenz des Einhornes geht David Sigismund Buttner nach und vermerkt im § 175 seines Werkes: »Das Einhorn ist kein Gedicht. Wer es davor hält, dichtet«. Als Beweis für etwaige Zweifler wird der Skelettfund von 1663 in den Seweckenbergen (hier Zeinicker Berge genannt) angeführt. Man fand ein Skelett »an dessen Kopfe man ein starkes gleiches Horn in der Dicke eines menschlichen Schinnbeins angetroffen«. Als Gewährsleute stehen der Herr Johannes Mayer, Astronom und Kämmerer in Quedlinburg, der es beschrieben und der Äbtissin zugeschickt hat, sowie »auch der Herr von Guericke, an welches Zeugnis niemand, so den Mann kennet, zweifeln wird«.

H.P

291

Guerickes Einhorn in der Stadtgeschichte Quedlinburgs

In: Johann Andreas Wallmann, Abhandlung von den schätzbaren Alterthümern zu Quedlinburg, die mit Anekdoten, besonders der kaiserlichen ottonischen Familie, erläutert werden. Nebst der Geschichte eines bey Quedlinburg ausgegrabenen Einhorns, Quedlinburg: Christoph August Reußner, 1776, Tafel S. 39, S. 125–133

Kupferstich in Buch
18 x 22 cm (Buch, aufgeschlagen)
Halle, Universitäts- und Landesbibliothek, Pon Yd 4266, 8°

Reichlich hundert Jahre nach dem Fund der Knochen eines »Einhorns« in den Seweckenbergen gibt Johann Andreas Wallmann, Bürgermeister der Neustadt und Inspektor des fürstlichen Gymnasiums und der Nikolaikirche zu Quedlinburg, einen zusammenfassenden Bericht über den Fund, der noch »verschiedenen Personen aus der Erzählung ihrer Voreltern bekannt« ist und auch durch Otto von Guericke bestätigt wurde. Danach war das Gerippe »in der Stellung, wie das Vieh [Einhorn] sich hinten niedersetzet, gewesen, und den Kopf mit dem Halse in die Höhe gehalten, mit den Vorderfüßen auch sich in die Höhe gestämmt, und auf den Hinterfüßen niedergesetzen; vor der Stirn aber ein fast fünf Ellen langes Horn, das unten an dem Kopfe so dick, als das Schienenbein eines Menschen und nach dem Verhältnis zugespitzt gewesen, gehabt hätte; und daß die Knochen insgesamt, welche in dem Kopfe und dem Horne und dem Rückrade, Rippen und übrige Theilen bestanden, auf das Stift, woselbst damals noch die Wohnung des Herrn Stiftshauptmann gewesen, gebracht worden«. Zur Erläuterung der Skelett-Abbildung führt Wallmann aus, »daß die Kalkgräber die Knochen der Hinterbeine, ehe sie die übrigen Theile des Gerippes gesehen, und als etwas besonderes betrachtet, abgestochen haben; daher auch der Kupferstich ohne Hinterbeine so, wie das übrige von dem Gerippe noch ganz in der Lage entdeckt ist, gemacht worden«. Einen weiteren Fund eines besonderen Tieres, von dem nur Schädel und Horn geborgen wurden, hat der Kalkbrenner Giebel 1701 gemacht. Wallmann hat dessen Sohn, ein bereits betagter Mann und damaliger Besitzer der Kalkhütte, zum Fund befragen können und gibt eine Beschreibung der gefundenen »Einhornzähne«. H.P.

292

Luftbild der Seweckenberge

Aufnahmedatum: 19. 05. 1999
Landesamt für Landesvermessung und Datenverarbeitung des Landes Sachsen-Anhalt, Luftbildsammlung
Luftbild, Maßstab 1:3. 500, Bodenauflösung
40 x 40 cm
Schwarzweißaufnahme, dot-Plot
63 x 112 cm
Magdeburg, Museum für Naturkunde, M 176

Die Seweckenberge, in früheren Zeiten auch Zeinicker, Zeuni[c]ken, Zwi[c]kenberg bzw. Kalkberg genannt, sind ein flacher Höhenzug (maximale Höhe 214,8 Meter), der sich zwischen Quedlinburg und Badeborn erstreckt. Die Luftbildaufnahme zeigt den Geländeausschnitt zwischen der südöstlichen Stadtgrenze von Quedlinburg bis zur Siedlung Gersdorfer Burg. Der Bereich der ehemaligen Gipsbrüche befindet sich nordwestlich der Gersdorfer Burg, in unmittelbarer Nähe der Seweckenwarte und ist heute dicht mit Gehölzen bewachsen. H.P.

293

Geologische Funde aus den Seweckenbergen

a) Gipsstufe mit Kristallen

b) Marienglas

2001 (Bergung)
Gipsbrüche Seweckenberge
Mineralstufe; Kalziumsulfat, wasserhaltig; 40 x 20 x 17 cm, 15 x 10 x 5 cm (mehrere Stücke)
Magdeburg, Museum für Naturkunde, Mineralogie 9525, 9524

Im Gipfelbereich der Seweckenberge tritt eine Gipslagerstätte zu Tage (Ablagerung der Trias, Mittlerer Muschelkalk, Alter 238 Millionen Jahre). Sie wurde bereits zu Guerickes Zeiten bis zum Ausgang des 19. Jahrhunderts im Tagebau ausgebeutet, um aus dem Gips nach dem Brennen den Rohstoff zur Herstellung von Estrich und Baumörtel zu gewinnen. Beim Abbau wurden immer wieder Klüfte freigelegt, in denen man Knochenreste von eiszeitlichen Wirbeltieren fand. Charakteristisch für den Gips der Seweckenberge ist die dichte, feinkörnige Struktur sowie seine bläulichgraue, zuweilen hellere Farbe. Stellenweise kommt es in der ansonsten derben Masse zur Ausbildung regelmäßiger Gipskristalle. Ebenso findet man dort Marienglas. Das durchsichtige plattige bis scheibenförmige Gipsmineral von weißer bis gelber Farbe ist teilweise so wasserklar durchsichtig, daß eine Verwechslung mit Glasbruchstücken auf den ersten Blick erfolgen könnte. Der Name Marienglas geht auf die frühere Verwendung durchsichtiger Scheiben als Schutzglas für Marienbilder zurück.
H.P.

294

Fossile Knochenfunde eines Rhinozeros 1728

In: Dr. Theol Zükkert, Beschreibung und Abbildung einiger in dem Kabinette des Herrn geheimen Finazraths, Gottfried Adrian Müller, befindlichen und ehedem bey Quedlinburg ausgegrabenen Knochen eines ausländischen Thieres, aus: Beschäftigungen der Berlinischen Gesellschaft Naturforschender Freunde, 2. Bd., Berlin: Joachim Pauli 1776, S. 340 – 346, Tafel 10

Kolorierter Kupferstich in Buch
20,5 x 59 cm (aufgeschlagen)

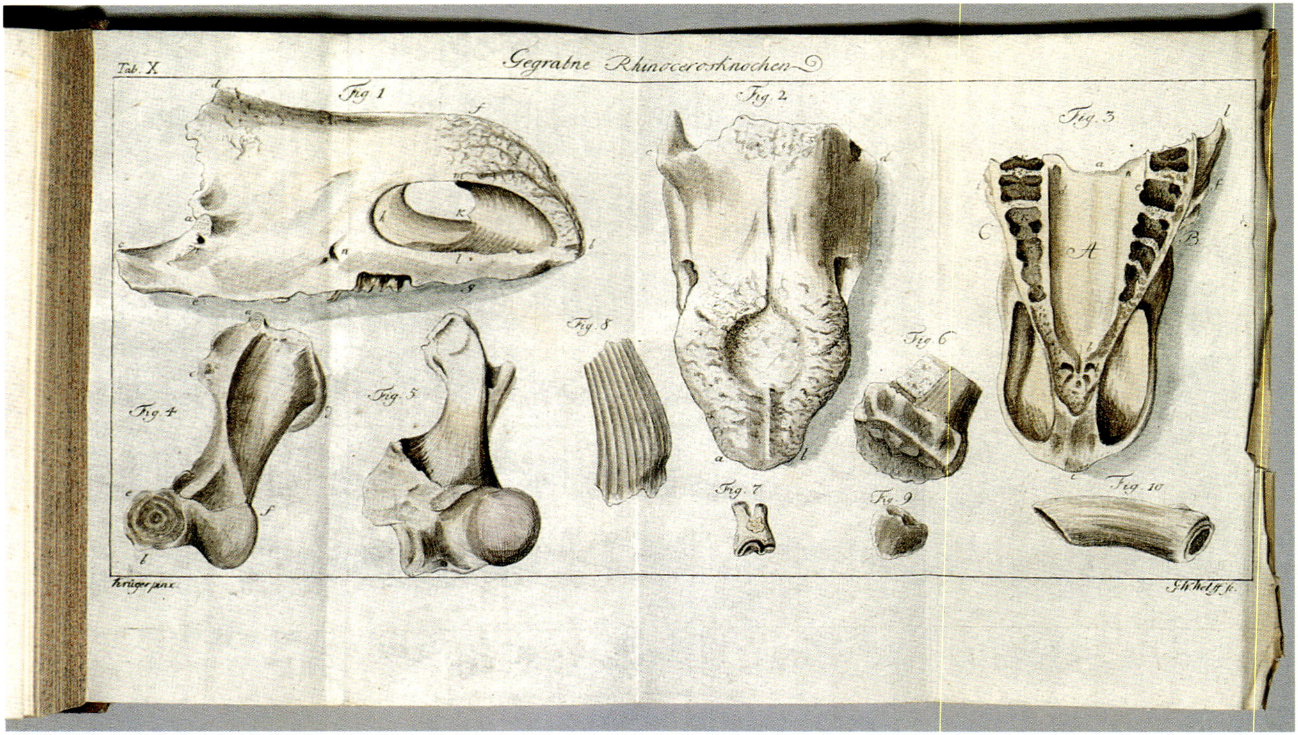

Halle, Universitäts- und Landesbibliothek, Pa 1057

Über den Verbleib der »Einhornknochen« von 1663 ist bekannt, daß sie in das Quedlinburger Stift gebracht worden sind. Nach Zükkert sollen sie auf den Boden des Quedlinburgischen Stiftsschlosses gelangt sein, »wo unser ordentliches Mitglied, der Herr Geheime Finanzrat Gottfried Adrian Müller, welcher einige Jahre in Quedlinburg wohnhaft gewesen, sich selbst einige Stücke ausgesucht, und seinem vortrefflichen und mit mancherley Seltenheiten versehenen Kunst- und Naturalienkabinett einverleibt hat«. Leider geht er in seinem weiteren Bericht auf diese Knochen nicht weiter ein, sondern berichtet ausführlich über einen neuen weiteren aufsehenerregenden Fund von 1728. Der bei der Bergung anwesende Kalkbrenner Giebel berichtet darüber, daß das Skelett »in der Kluft 15 bis 20 Ellen tief gelegen ..., und zwar auf dem Rücken und auf dem Kopfe, so daß die vier Füße nach oben gekehrt gewesen«. Offenbar war das Tier, nach den Abbildungen von Schädelfragmenten ein Wollhaarnashorn, kopfüber in die Spalte gestürzt. Weitere damals geborgene Knochen, ein ganzer Pferdekarren voll, kamen an einen Bergmann, der sie als gegrabenes Einhorn verkauft haben soll.

H.P.

295

Schädelfragmente des fossilen Wollhaarnashorns

In: Christoph Gottfried Giebel, Beschreibung und Abbildung zweier in den Gypsbrüchen des Seveckenberges bei Quedlinburg ausgegrabenen colossalen Rhinocerusschädel, Merseburg: Nulandt'sche Buchhandlung (L. Garcke) 1846, nach S. 8
Kupferstich in Buch; 27,5 x 21 cm
Magdeburg, Museum für Naturkunde, Bibliothek N 2367

Mit dem Namen Giebel ist in der ersten Hälfte des 19. Jahrhunderts die systematische wissenschaftliche Erforschung der Knochenfunde aus den Seweckenbergen eng verbunden. In dieser und in weiteren Veröffentlichungen beschreibt er, daß beim Gipsabbau stellenweise überaus reiche fossile Knochenlager angeschnitten wurden, in denen zahlreiche Wirbeltiere darunter Großsäuger wie Ren, Hirsch, Stier, Wildpferd und Mammut nachgewiesen werden konnten. In der Einleitung seiner Arbeit von 1846 nimmt er auch Bezug auf das Guerickesche »Einhorn«, ehe er sich der wissenschaftlichen Beschreibung mehrerer ausgegrabener Schädel vom Wollhaarnashorn (Rhinoceros tichorhinus Cuv.) zuwendet. H.P.

296

Knochen vom Wollhaarnashorn aus der Sammlung Giebel

1. Hälfte 19. Jh. (Fund)
Gipsbrüche der Seweckenberge
Fossile Knochen: Coelodonta antiquitatis Blumenbach, 1807, Pleistozän
a) linke Speiche (Radius sin.): L ca. 30 cm
b) linke Elle (Ulna sin.): L ca. 30 cm
c) erster Halswirbel (Atlas): 20 x 10 x 8 cm
Berlin, Museum für Naturkunde der Humboldt Universität, Paläontologie 24761, 24975, 24881

Nach historischen Quellen wurden in den Gipsbrüchen der Seweckenberge regelmäßig Knochenreste von Tieren gefunden. Es handelt sich dabei um Arten aus der Eiszeit (Pleistozän). Bis in unsere Tage sind unter anderem einige Belege vom Wollhaarnashorn aus der historischen Sammlung von Christoph Gottfried Giebel erhalten geblieben, die um 1844 für die Berliner Sammlung angekauft wurden. Aller Wahrscheinlichkeit nach stammen sie aus Schichten der Weichsel-Kaltzeit. H.P.

297

Oberschädel Wollhaarnashorn

Junges Pleistozän
Fundort: Kieswerk Magdeburg Neustadt
Fossiler Knochen: Coelodonta antiquitatis, Blumenbach, 1807; 80 x 40 x 30 cm
Magdeburg, Museum für Naturkunde, Paläontologie 14224

Gelegentlich finden sich beim Kiesabbau in der Elbaue die Überreste des am Ende der Eiszeit ausgestorbenen Wollhaarnashorns. Der in Magdeburg aufgefundene Schädel vermittelt ein authentisches Bild über die Größenverhältnisse der auch in den Seweckenbergen gefundenen Knochenreste von dieser Art. In der historischen Abbildung des Einhornskeletts von Valentini (Kat. 289) erkennt man unzweifelhaft den Schädel eines Wollhaarnashorns. H.P.

298

Unicornu fossile – das gegrabene Einhorn

Junges Pleistozän
Fundort: Kieswerk Magdeburg Neustadt
Fossiles Elfenbein; 80 x 19 x 16 cm
Magdeburg, Museum für Naturkunde, Paläontologie 14501

Die Stoßzahnreste vom eiszeitlichen Mammut finden sich gelegentlich in eiszeitlichen Ablagerungen. Im Mittelalter wurden sie dem Einhorn zugerechnet und als Unicornu fossile bezeichnet. Wallmann (Kat. 291) gibt eine Beschreibung eines solchen Hornes, daß um 1701 an den Seweckenbergen gefunden wurde. Das Horn mit der Dicke eines Schienenbeines eines Menschen hatte nach seiner Aufzeichnung fast die Farbe und Glasur von Elfenbein. Es bestand aus lauter übereinander liegenden Schichten, die man abblättern konnte und die als »Jahresringe« gedeutet wurden. H.P.

299 (Abb. S. 124)

Das echte »Einhorn« – Dürers Rhinozeros

1515; Abzug des 16. Jh.
Albrecht Dürer (1471–1528)
Holzschnitt
21 x 29,5 cm (Blatt beschnitten, ohne Text)
Bez. o.r. (dreizeilig): 1515 RHINOCERVS AD(-Monogramm)
Magdeburg, Kulturhistorisches Museum, Gr 49.326

Kaum eine Abbildung hat so sehr die Vorstellungen vom Aussehen eines Tieres geprägt wie Dürers Holzschnitt eines asiatischen Panzernashorns. Gezeigt wird das spektakuläre Geschenk eines kambodschanischen Sultans an den König von Portugal im Jahre 1515. Auf Flugblättern wurde dieses Ereignis publik gemacht. Dazu gehört Dürers Darstellung, die nach einem Brief und einer beigefügten Skizze angefertigt wurde. Die eindrucksvolle, kompakte und die Rahmung fast sprengende Darstellung ist im Detail zoologisch nicht ganz korrekt, wurde aber schon im 16. Jahrhundert mehrfach nachgedruckt. Sie diente mehr als zwei Jahrhunderte als Abbildungsvorlage auch in wissenschaftlichen Büchern, so zum Beispiel in Gessners und dessen Nachfolger Johnstons »Historiae animalium« (Kat. 304 und 305) oder in Valentinis »Museum museorum« (Kat. 289). Man erkennt in der Abbildung einen Vertreter aus der Gattung Rhinocerus, die in zwei Arten vorkommen: Panzernashorn (Rhinocerus unicornis Linné, 1758) und Javanashorn (Rhinocerus sondaicus Desmarest, 1822), wobei nur letzteres früher bis Kambodscha verbreitet gewesen ist. Beide Arten sind die einzigen Landsäugetiere, die nur ein Horn aufweisen. Dieses »eine Horn« wurde schon frühzeitig in Asien als Allheilmittel, Aphrodisiakum und Prophylaktikum gegen Gifte angeboten, und der Glaube an diese Wunderwirkungen hat sich bis auf den heutigen Tag in der chinesischen Medizin erhalten. Diese Wunderwirkung wurde später auch auf das Fabelwesen »Einhorn« des mittelalterlichen Europa übertragen, während die bildliche Darstellung hier insbesondere durch die Gestalt der Schraubenziege geprägt wurde. G.K./H.P.

Lit.: Dürers Dinge 1997, S. 238–240 Nr. 48. Meder 1932, Nr. 273.

300

Im Profil wie ein Einhorn – die Bucharische Schraubenziege

Kopftrophäe, Männchen
Zoo Halle 1958–1964
Schädel mit Hörnern; 42 x 27 x 90 cm
Halle, Martin-Luther-Universität, Institut für Zoologie, ZH-M 64/337

Der Markhor oder Marchur=Schraubenziege (Capra falconeri hepneri) aus dem asiatischen Hochgebirge hat nur schwach divergierende, korkenzieherartig gedrehte und zugleich gestreckte Hörner. Die häufigste und auffälligste

Imponierhaltung des erwachsenen Markhorbocks ist das »Breitseit-Imponieren«. Der Makhor stellt sich dann seitwärts zum Gegner und zieht das Kinn an, so daß seine Hörner senkrecht oder ein klein wenig nach vorn geneigt zum Himmel starren. Aus der Ferne beobachtet würde man dann ein Einhorn erkennen. Nach Thenius beruht das Einhorn der Antike auf zwei realen Tierarten – einerseits auf der Schraubenziege (insbesondere der Unterart jerdoni), die im Einklang mit den Einhorndarstellungen des Mittelalters steht, die alle als Paarhufer (mit gespaltenen Hufen) ausgeführt sind und andererseits auf dem asiatischen Panzernashorn. H.P.

Lit.: Thenius 1997.

301

Narwal

19. Jh. oder früher
Oberschädel des Männchens mit Stoßzahn
Knochen, Elfenbein Monodon monoceros
Linné, 1758; Stoßzahn L 196 cm,
Oberschädel 27 x 36 x 60 cm
München, Museum Mensch und Natur,
A. M. 449

Ausgewachsene Narwale, die eine Länge von bis zu fünf Metern erreichen, besitzen ein einziges Zahnpaar im Oberkiefer, der Unterkiefer ist zahnlos. Nur beim männlichen Tier wächst der linke Zahn zum geraden, in sich rechts gedrehten Stoßzahn (180–270 Zentimeter lang). Ausnahmsweise entwickeln sich auch zwei Stoßzähne. Im Mittelalter galten diese Stoßzähne als Horn des sagenhaften Einhorns. In vielen bildlichen Darstellungen hat deshalb das Einhorn auch das typisch gedrehte Horn, während der übrige Körper aus zoologischer Sicht eher an eine Ziege erinnert. Der gewundene Stoßzahn des Narwales wurde als Unicornu falsum beziehungsweise Unicornu officinale deklariert. Wegen der ihm zugeschriebenen magischen und medizinischen Kräfte war er heiß begehrt und wurde buchstäblich mit Gold aufgewogen. H.P.

302

Mittelalterliche Einhorndarstellung

In: Sebastian Münster, Cosmographia oder Beschreibung aller Länder, Herschaften, fürnemsten Stetten ..., Basel: Heinrich Peter 1550, S. MCXXIIII (1124)
Holzschnitt im Buch; 7 x 11,5 cm (Abb.)
Halle, Universitäts- und Landesbibliothek,
Oc 192, 4°

Das Einhorn wird durch Sebastian Münster in klassischer Weise dargestellt und beschrieben: eine pferdeähnliche Gestalt, so groß wie ein junges Füllen, an der Stirn ein schwarzes gedrehtes Horn, braune Fellfärbung, der Kopf fast wie ein Hirsch, der Hals mit krausen Haaren, die zur Seite hängen, der Schwanz aufgerichtet wie beim Geißbock und die Füße schwach gespalten. H.P.

303

Die Einhörner besteigen nicht die Arche Noah

In: J.F.G.M. (Johann Fischart genannt Menzner), Neue künstliche Figuren biblischer Historien, grüntlich von Tobia Stimmer gerissen; und zu gotsförchtiger ergetzung andächtiger hertzen, mit artigen reimen begriffen, durch J.F.G.M., Basel: Thoma Gwarin 1576, fol. 4v, Genes VII. Cap.

Tobias Stimmer (1539–1584)
Holzschnitt im Buch; 6 x 8,5 cm (Abb.)
Göttingen, Staats- und Universitätsbibliothek,
4 Bibl Uff 457

Die Darstellung von 1576 erzählt aus dem mittelalterlichen Verständnis heraus, warum man kein real existierendes Einhorn mehr zu Gesicht bekommen kann. Der Grund wird in der Sintflut gesehen. Alle Lebewesen, die nicht Aufnahme auf die Arche Noah gefunden haben, mußten umkommen. H.P.

304

Das See-Einhorn in Gesners Tiergeschichte

In: Conrad Gesner, Historiae animalum... Lib. III. Qui est de piscum et aquatilium animantium natura..., Zürich (Tigur): Christoph. Froschoverus 1558, S. 247

Holzschnitt im Buch; 4 x 6 cm (Abb.)
Göttingen, Staats- und Universitätsbibliothek,
2 Zool I, 7115:4 Rara

Mitte des 16. Jahrhunderts war in Mitteleuropa die Existenz eines im Meer lebenden sogenannten See-Einhorns bereits bekannt. Die bei Gesner gezeigte Darstellung ist jedoch eine reine Phantasiezeichnung. Wenn man unterstellt, daß mit dem See-Einhorn der männliche Narwal gemeint ist, so lassen sich in der Abbildung wenig Gemeinsamkeiten finden. H.P.

305

Einhorn, Waldesel, Meerwolf und Wildgeiß

In: Johannes Jonston, Historia naturalis: de quadrupetibus libri, Frankfurt/M.: Matthias Merian Erben ca. 1650 (1652?), Tafel 12 nach S. 26

Kupferstich im Buch; 17 x 29,5 cm (Abb.)
Halle, Universitäts- und Landesbibliothek,
Sc 4213, 2°

In dem naturwissenschaftlich ausgerichteten Werk von Johannes Jonston werden verschiedene Darstellungen von Einhörnern vorgestellt. Neben Einhörnern mit in sich gedrehtem Horn (Narwalzahn) gibt es andere mit glatten Hörnern. Variabel sind weiterhin Fell, Mähne, Schwanz und die Füße, die als Ziegen- oder Pferdehuf gezeigt werden oder reine Phantasiegebilde sind. Bemerkenswert in der Reihe der verschiedenen Einhornarten ist der direkte Bezug zu einer Wildziege, der unserer heutigen Vorstellung über einen realen Hintergrund für die Fabelgestalt Einhorn nahekommt. H.P.

306

Einhörner gibt es in unterschiedlicher Gestalt

In: Peter Pomet, Der aufrichtige Materialist und Specerey-Händler oder Haupt- und allgemeine Beschreibung derer Specereyen und Materialien: ... Leipzig: Johann Ludwig Gleditsch und Moritz Georg Weidmann 1717, Tafel 53, nach Sp. 471/472

Kupferstich im Buch; 20 x 29 cm (Pl.)
Halle, Universitäts- und Landesbibliothek, AB 62111, 2°

Wie bereits um 1650 von Johannes Jonston gezeigt, gibt es Einhörner in unterschiedlicher Gestalt. Diese Vorstellung wird im Werk von Peter Pomet erneut aufgegriffen. Vor dem Hintergrund dieser zeitgenössischen Einhorndarstellungen, die sämtlich von der realen Existenz dieses Tieres ausgehen, erscheint es deshalb gar nicht so abwegig, auch die Knochenfunde von den Seweckenbergen einem Einhorn zuzurechnen, zumal das wichtigste Indiz auf dieses Tier – ein Teil vom Horn – geborgen werden konnte. H.P.

307

Medizinische Anwendung des Horns vom Einhorn

In: Adam Lonicerus, Kreuterbuch, Kunstliche Conterfeytunge der Bäume, Stauden, Hekken, Kräuter, Getreyd, Gewürtze etc. ..., Frankfurt/M. 1679

Typendruck und Kupferstiche
30 x 45 cm (Buch aufgeschlagen)
Göttingen, Staats- und Universitätsbibliothek, 4 Bot I, 1140 Rara

Die medizinische Wirkung des Horns vom Einhorn war im Mittelalter allgemein anerkannt und bis heute gibt es Apotheken, die dieses Symbol verwenden (Einhornapotheke). Die hohe Wertschätzung des Horns als Arznei zeigt sich nach Adam Lonicerus, in dem es mit Gold aufgewogen wird. Die Anwendung erfolgt »wider alles Gifft, und auch wider gifftige Bissz der wütenden Hund. Item wider die schwerfallende Krankheit«. Es erscheint somit fast folgerichtig, daß vom Einhorngerippe aus den Seweckenbergen keine Reste erhalten geblieben sind, da die Echtheit im speziellen Fall durch die angesehenen Persönlichkeiten Otto von Guericke und Gottfried Wilhelm Leibniz verbürgt war. H.P.

Kreuterbuchs Letzter Theil/ C

Einhorn/ Monoceros, Vnicornu.

EInhorn hat den Namen von dē einsamen eintzigē Horn/ so an seiner Stirn wechst. Ist ein einödes wildes Thier in den wüsten Wälden in India/ mit der gestalt deß Leibs gleich einem Pferd/ den Kopff gestalt wie ein Hirtz/ an dem Halß hat es sein lange gelbe Haar/ wie ein Roßkam/ hat Füß wie ein Elephant/ sein schwantz wie an eim wilden Schwein/ mitten auß der stirn wechst jm ein starckes Horn/ gātz spitzig zwo Elen lang/ hat ein brüllende stim̄e/ die Haar seines Leibs seyn gelb.

Dieses Thier wirdt nicht lebendig gefangen/ sonder wenn es mit dem Löwen streitet/ welchem es sonderlich feindt ist/ so stellet sich der Löw wider ein Baum/ so laufft der Einhorn mit vollem Lauff zum Löwen zu/ vnd vermeynet jhn mit dem Horn vmbzubringen/ so entweicht jm der Löwe/ vnd bleibt der Einhorn mit seinem Horn in dem Baum stecken/ vnd wirdt also von dem Löwen vmbbracht.

Er hasset sein eigen Geschlecht/ verfolgt auch das Weiblin/ ohn allein zur zeit der brunst/ als dann gesellet er sich zu seinem Weiblin/ vnd nach solcher zeit verfolgt ers wider.

Er tregt sonderliche Lieb vnd wolgefallen zu den Jungfrawen vnnd Weibs Personen/ daß er sich zu jhnen gesellet/ wo er sie sichet/ vnd zam bey jnen gehet/ ruhet vnnd entschlaffet.

Sein Horn ist hoch gepreiset zur Artzeney/ vnd dem besten Golt gleich thewer geachtet.

Dieses Horn wird sehr verfälscht mit anderm gebrandtem Horn vnd Beynen/ soll hart seyn wie ein Stein/ vnd nit leicht vnnd mürb/ wie es bey vielen fälschlich gezeiget vnnd gebraucht wird/ soll einen lieblichen Aromatischen Geruch haben. D

Gifftartzney. Ist ein köstliche Artzeney wider alles Gifft/ vnd auch wider gifftige bissz der wütenden Hundt. Item wider die schwere fallende Kräncke.

Fallendsucht. Zu Venedig in S. Marx Kirchen/ sollen dieser Hörner zwey seyn. Deßgleichen wirdt eins gehalten zu Straßburg/ so gewunden oder geträhet/ ist sonst starck vnd lang.

Der König in Polen soll auch zwey haben/ so er vnder seinen Schätzen hoch helt/ sollen eines Menschen Länge haben.

Elephantenmeister/ Nasenhorn/ Rhinoceros.

RHinoceros hat den Namen von dem Horn so er auff der Nasen hat/ ist mit der Gestalt wie ein Elephant/ hat oben auß der Nasen ein grosses starckes Horn wachsen/ welchs hönisch oder spöttisch stehet anzusehen/ daher bey den Latinis die spöttischen Leute dieses Thiers Nasen werden verglichen. Mart. lib. 3. *Et pueri nasum Rhinocerotis habent.*

Dem Elephanten ist er feindt/ vnnd wann er mit dem Elephanten streitten will/ wetzet er sein Horn an einem Felsen/ vnnd füget sich zu dem Elephanten/ vnnd schicket sich daß er jhm vnder

308

Mörser

1619; Deutschland
Bronze; H 12,5 cm, Dm 14 cm
Magdeburg, Kulturhistorisches Museum,
Me 858

Ein unerläßliches Utensil für Apotheker und Alchimisten waren diese kleinen Mörser. Sie pulverisierten damit ihre Zutaten wie Kräuter, Knochenreste und andere getrocknete oder feste Bestandteile für die Herstellung von Medizin. Die schlichte Form des Gebrauchsgegenstandes ist nur durch ein umlaufendes Reliefband mit tanzendem Reigen, einem Harlekin, einem Mann und einer Frau und einem bocksfüßigen Pan, aufgelockert. Als Personifizierung der Zeugungskraft der Natur, des Universums und der Zeit könnte die Panfigur durchaus ein Hinweis auf die Zubereitung von Wundermitteln einer Alchimistenküche sein. S. L.

Lit.: Eberle 1996.

309

Der Mond – Weltkugel und »Astronomenfriedhof«

a) Mondzeichnung von Eustachio Divini (1610–1685), um 1647
Wiedergabe aus: Otto von Guericke Experimenta Nova …, Amsterdam 1672, nach S. 198
Original: Kunstmuseum Kloster Unser Lieben Frauen Magdeburg, Bibliothek

b) Mondkarte von Johannes Hevelius (1611–1687)
In: Johannes Hevelius, Selenographia: sive Lunae descriptio atque accurata tam macularum eius quam motum diversorum aliarumque …, Danzig (Gedani): Johannes Hevelius 1647, nach S. 162, Fig. R
Kupferstich
35,5 x 44,5 cm (Buch aufgeschlagen)
Bez. o.l.: Tabula selenographica phasium generalis … 1645
Hamburg, Bibliothek Mathematik und Geschichte der Naturwissenschaften der Universität, F 1647/1

c) Bezeichnung der Mondkrater und »Mondmeere« nach Riccioli und Hevelius
In: Johann Hieronymus Schroeter, Selenotopographische Fragmente zur genaueren Kenntnis der Mondfläche, ihrer erlittenen Veränderungen und Atmosphäre …, Göttingen: Johann Georg Rosenbusch 1791, Anhang, Tafel 5
Kupferstich
26,5 x 82 cm (Buch aufgeschlagen)
Bez. o. m.: TOB. MAYERI TABULA SELENOGRAPHICA.
Magdeburg, Kunstmuseum Kloster Unser Lieben Frauen, Bibliothek VII.E.c. 11.qu.

Unser Mond stand als zweithellstes Gestirn des Himmels seit den ältesten Tagen der Menschheit im Blickpunkt des Interesses. Der regelmäßige Wechsel seiner Lichtgestalten diente zu kalendarischen Zwecken, und das »Mondgesicht« war Anlaß zahlreicher Spekulationen bis hin zu Phantasien über dort existierende Lebewesen. Schon Anaxagoras (um 500–428 v. Chr.) soll eine einfache Karte des Vollmondes gezeichnet haben, doch erst mit der Einführung des Fernrohrs zu Beginn des 17. Jahrhunderts begann eine intensivere wissenschaftliche Erforschung unseres kosmischen Nachbarn. Nach den ersten

Zeichnungen der Mondoberfläche durch Galileo Galilei, die noch wenige Einzelheiten zeigten, verbesserten sich die Darstellungen mit der zunehmenden Qualität der Teleskope rasch. Die vergleichsweise detailreiche Zeichnung von Eustachio Divini, die Guericke in sein

Werk »Experimenta nova« aufnahm, ist ein überzeugender Beleg dafür. Berühmter wurde die etwa gleichzeitig entstandene zeichnerische Darstellung der Mondoberfläche durch den Danziger Ratsherrn und Astronomen Johannes Hevelius (Hewelke), der geradezu als Begründer der Mondtopographie gilt. Dank immer besserer Fernrohre kam es zur Entdeckung einer wachsenden Zahl von Objekten (Kratern und sogenannten Meeren [Mare]) auf der Mondoberfläche. Damit stellte sich auch die Frage nach deren Benennung. Hevelius hatte die Objekte seiner Karte noch nach Heiligen benannt, doch Riccioli änderte 1651 diese Nomenklatur und gab den größeren und kleineren Kratern die Namen bedeutender Persönlichkeiten aus der Geschichte der Wissenschaft. So wurde der Mond zu einem symbolischen »Astronomenfriedhof«. Im Raumfahrtzeitalter sind Bestattungen auf dem Mond übrigens tatsächlich möglich geworden. So wurde die Asche des Astronomen Eugene Shoemaker in einer Kapsel von der Größe eines Lippenstiftes 1998 an Bord der amerikanischen Sonde »Lunar Prospector« auf den Mond gebracht, so daß nun auf unserem kosmischen Begleiter wirklich ein Astronom begraben liegt. D. B. H.

310

Otto von Guericke auf dem Mond

Aufnahme des Mondes mit den Kratern »Guericke« und »Copernicus«

Foto: Henning Märtens, Astronomische Gesellschaft Magdeburg e.V. am Coudé-Refraktor der Volkssternwarte »Johannes Kepler« Magdeburg am 5. 10. 1999 um 02 Uhr 20 MEZ

Zu den bedeutendsten Mondbeobachtern der Geschichte gehörte der Berliner Astronom Johann Heinrich Mädler (1794–1874). Gemeinsam mit dem Bankier Wilhelm Beer (1797–1850) schuf er auf dessen Privatsternwarte in Berlin eine Mondkarte, die den Erdtrabanten in 104 Blättern des Formats 28×20,5 cm darstellt. Der Gesamtdurchmesser des Mondbildes beträgt 192 cm. Das in 600 Beobachtungsnächten entstandene Kartenwerk erschien in den Jahren 1834 bis 1836 unter dem Titel »Mappa Selenographica«. Die Karte gilt bis heute als »Klassiker« der Mondtopographie. Abgesehen von der in vieler Hinsicht durchgreifend besseren Darstellung der topographischen Einzelheiten gegenüber den historischen Vorläufern zeigt die Karte auch zahlreiche Details, die auf früheren Karten fehlen. Dadurch ergab sich für Mädler und Beer auch die Möglichkeit, die Nomenklatur der Objekte des Mondes zu bereichern. Unter Dutzenden von ihnen ausgewählter neuer Namen befindet sich auch der Krater »Guericke«. Das Objekt befindet sich auf der Südhälfte des Mondes und hat die selenographischen Koordinaten 11,5° S, 14,1° W. Der Durchmesser des Gebildes, das die Überreste einer Wallebene darstellt, beträgt 58 Kilometer.

D.B.H.

311

Komet über Hamburg

In: Stanislaus Lubienietz(ki), Theatrum Cometicon, 2 Teile, Amsterdam: Franciscus Cuperus 1668 und 1667 (!), Teil 1, nach S. 128

Kupferstich in Buch
38 x 50 cm (Buch aufgeschlagen)
Magdeburg, Kloster Unser Lieben Frauen, Bibliothek VII.E.c. 3.fol.

Der in Hamburg ansässige polnische Theologe und Naturforscher Stanislaus Lubienietzki (1623–1675) veröffentlichte 1667 sein Werk über den »Schauplatz der Kometen« als kritische Bestandsaufnahme bisherigen Wissens sowie aufgrund eigener Beobachtungen. Der Kupferstich zeigt die Kometenerscheinung am Nachthimmel über Hamburg vom 16. Juli 1665. Der Blick geht von Osten über die Wasserfläche der Alster und die Silhouette der Stadt. Zum rechten oberen Bildrand hin erkennen wir einen Schweifstern, den eine Linie mit dem Haus des Autors verbindet. Zwischen März 1665 und April 1666 führte Lubienietzki mit Otto von Guericke einen Briefwechsel über die Herkunft und Beschaffenheit der Kometen, den der Magdeburger Gelehrte in seinem Werk Experimenta Nova dokumentiert hat. Aus heutiger Sicht befremden Guerickes Erklärungen, bei den Kometen handele es sich um durch Stürme herausgerissene Fetzen der Erdatmosphäre. Für Guericke steht das Himmelsphänomen jedoch in direktem Zusammenhang mit der Dynamik des Wettergeschehens und mit den von ihm beschriebenen Eigenschaften des Luftdrucks und der Luftschichten.

T.v.E.

8. Systematische Himmelsbeobachtung

312

Himmelsmessung mit dem Quadranten

Wiedergabe eines Kupferstichs aus: Johannes Hevelius, Machina Coelestis ..., Danzig 1673
Original: Staats- und Universitätsbibliothek Göttingen

Der Quadrant (das Viertel eines Kreises, lat.: quadrans) zählte bereits seit der Antike zu den am häufigsten verwendeten astronomischen Beobachtungsinstrumenten. Ihre Blütezeit erlebten die Quadranten im 16. und 17. Jahrhundert. Es handelt sich um ein Meßgerät, bei dem das zu vermessende Objekt nach dem Prinzip von Kimme und Korn angepeilt wird. Die Visiere sind am Radius des Quadranten befestigt. Die von Hand gravierten Winkel können auf dem geteilten Kreis abgelesen werden. Um eine hohe Genauigkeit zu erreichen, wurden die Quadranten möglichst groß gebaut. Der Radius des Viertelkreises bei dem hier abgebildeten Holz-Quadranten von Johannes Hevelius (1611–1687) beträgt 1,7 Meter. Hevelius hat mit diesem Instrument viele Beobachtungen durchgeführt, jedoch die Unbeständigkeit des Holzes beklagt. Später verfertigte er deshalb nur noch Quadranten aus Metall.

D.B.H.

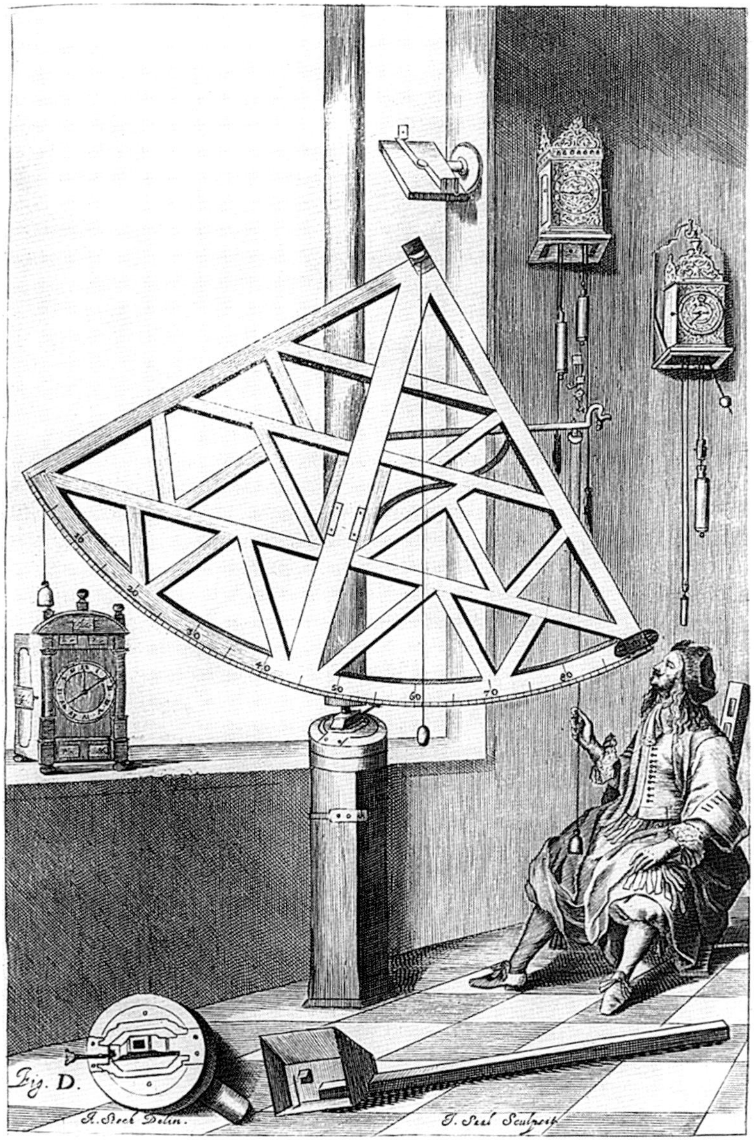

313

Armillarsphäre

1. Drittel 17. Jh.; Süddeutschland (?)
Messing, gegossen, graviert, vergoldet
H 34, Dm 17,6 cm
Bielefeld, Stiftung Huelsmann, H-W 111

Der Name Armillarsphäre bedeutet Ringkugel. Mit ihrer Hilfe läßt sich die scheinbare Bewegung des Himmelsgewölbes veranschaulichen, und sie ermöglicht dem Beobachter, die Stellung der Gestirne zu ermitteln. Das aus vergoldetem Messing gefertigte Exemplar verweist zugleich auf repräsentative Zwecke. In der Grundplatte zeigt ein Kompaß die Nordrichtung an, darüber trägt der Schaft den von vier Viertelkreisen gestützten Horizontring, in den die miteinander verbundenen Himmelskreise eingelassen sind. Wie beim Himmelsgobus verläuft der äußere Ring als Himmelsmeridian durch Zenit und Nadier, während die inneren Ringe den Äquator sowie die Wendekreise und Polarkreise bilden. Auf dem Band der Ekliptik ist der Jahreslauf Tag für Tag graviert mitsamt den Namen und Symbolen der Sternzeichen.
T.v.E.

Lit.: Wissenschaftliche Instrumente 1989, S. 59f.

314

Himmelsglobus

1645 – 1648; Amsterdam (?)
Joan Blaeu (ca. 1598 – 1673)
Nach Vorlage der Globen des Vaters
Willem Jansz. Blaeu (1571 – 1638)
Kugel aus Papiermaché mit Gipskreidegrund, aufgeklebte Kupferstichsegmente
H 110 cm, Dm Kugel 68 cm
Dresden Sammelstiftungen (Dauerleihgabe im Stadtmuseum Bautzen), L 81

Die Sternpositionen wurden nach Tafeln des Tycho Brahe aufgetragen und für das Jahr 1640 berechnet. Mehr als 300 Sterne wurden nach den Vermessungen von Friderci Houtmann auf der Südhalbkugel hinzugefügt. Da Blaeu eine zeitlang Brahes Schüler war, zeigt die Kartusche mit der Herstellerlegende im oberen Teil das Porträt von Brahe. Die von Blaeu am 18. August 1600 beobachtete Supernova im Sternbild Schwan wird in einer Legende extra erwähnt. Es werden die Sternbilder von Ptolemaios und dazu die Bilder: Antinous, Haar der Berenike, Kreuz, Taube sowie die zwölf Bilder von Plancius dargestellt. W.D.

Lit.: Dolz 1994. van der Krogt 1993.

315

Erdglobus

1645 – 1648; Amsterdam (?)
Joan Blaeu (ca. 1598 – 1673)
Nach Vorlage der Globen des Vaters
Willem Jansz. Blaeu (1571 – 1638)
Kugel aus Papiermaché mit Gipskreidegrund, aufgeklebte Kupferstichsegmente
H 110 cm, Dm Kugel 68 cm
Maßstab 1 : 18 750 000
Dresden Sammelstiftungen (Dauerleihgabe im Stadtmuseum Bautzen), L 80

Blaeus Globen zeichnen sich durch eine hohe kartographische Meisterschaft und zeitgenössische Aktualität aus. Blaeu berücksichtigte die Ergebnisse der Weltumseglung 1598 – 1601 von Oliver van Noort und die Expedition von Le Maire und Schouten 1616 im Bereich der Magellan-Straße. Auch die Entdeckungen von Tasman 1642/43 um Australien, Tasmanien und Neuseeland erfuhren eine exakte Darstellung. Das auffälligste kartographische Merkmal ist die Darstellung Kaliforniens als Insel. Diese fehlerhafte Wiedergabe stammt von frühen spanischen Seefahrern und erschien erstmals auf Karten von Ascencion 1620 und von Briggs 1625. Der Globus ist mit dekorativen Kartuschen, zahlreichen Tierdarstellungen, Seeungeheuern und Wesen der griechischen und römischen Mythologie ausgeschmückt. W.D.

316

Armillarsphäre, Erd- und Himmelsglobus

18. Jh.; Matthäus Seutter (1678 – 1757)
Kupferstich, koloriert; 50 x 58,5 cm (Pl.)
Bez. o. m.: Mattheus Seutter, Sphaerae Artificales …
Göttingen, Staats- und Universitätsbibliothek, Mapp 8825

317

Blick in die Arbeitsstätte eines Astronomen

In: Hans Sachsen, Eygentliche Beschreibung Aller Stände auff Erden …, Frankfurt/M.: Georg Raben in Verlegung Sigmund Feyerabents 1568, fol. E

Jobst Amman (1539–1591)
Holzschnitt; 8 x 6 cm (Abb.)
Bez. u.l.: I A
Göttingen, Staats- und Universitätsbibliothek, 8 Poet Germ II, 3068 Rara

Im Ständebuch von Hans Sachs (1494–1576) wird der Beruf des »Astronomus« mit dem spitzfindigen Humor des berühmten Meistersingers eher lächerlich gemacht als ernsthaft betrachtet. Der Astronom ist ein alter, über einen Globus gebeugter Mann mit langem Bart. Die in Versform beigefügte Berufsbeschreibung gibt keinen Hinweis auf eine Tätigkeit, die Nutzen bringt. Alles, was der Astronom vermag, ist »ein fruchtbar Jar oder Theuwrung und Kriegßgefahr« aus dem Lauf der Gestirne zu erkennen. Eine Grenze, die heute zwischen Astronomie und Astrologie gezogen wird, ist hier nicht spürbar. Tatsächlich waren zwar viele Astronomen damit beschäftigt, die Lebensumstände von den Stellungen der Gestirne abzulesen, doch begab sich ein anderer Teil von Wissenschaftlern wie Otto von Guericke auf die systematische Suche nach Antworten auf die naturwissenschaftlichen Fragen, die im 17. Jahrhundert neu gestellt wurden. U.S.

Der Astronomus.

318

Kartenspiel mit astronomischen Darstellungen

Um 1650/1719; Nürnberg
Georg Philipp Harsdörffer (1607–1658)
Karton, Kupferstich, die Farbzeichen oben schablonen-koloriert; je 10,5 x 5,4 cm
Helmstedt, Kreis- und Universitätsmuseum, He 3818 a–f

Der Straßburger Franziskanermönch Thomas Murner (1475–1537) fertigte als erster ein Kartenspiel an, das nicht nur unterhalten, sondern auch bilden sollte. Im 17. Jahrhundert verbreitete sich die Idee über fast ganz Europa. Dieses Nürnberger Blatt bestand ursprünglich aus 52 Karten. Die Motive stellen Sternbilder in figürlicher Form dar. Noch erhalten sind die Herz Zwei »Auriga oder der Fuhrmann« mit Peitsche und Ziegenböckchen, die Herz Drei »Serpentarius, der Schlangenmann«, die Schellen Drei »Orion«, die Blätter Zwei »Der große Beer oder Heerwagen«, der Eichel Ober »Der Wassermann« und das Eichel As »Der Raab«. S.Ah.

Lit.: Buedeler 1979/1982. Kohlmann 1982.

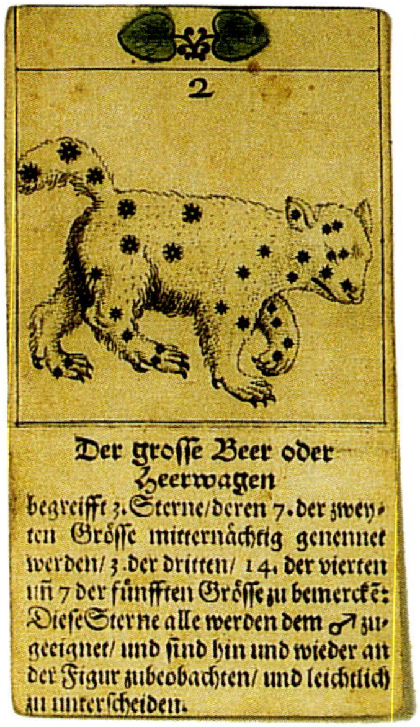
2
Der grosse Beer oder Heerwagen
begreifft 3. Sterne/deren 7. der zweyten Grösse mitternächtig genennet werden/ 3. der dritten/ 14. der vierten unn 7 der fünfften Grösse zu bemercke: Diese Sterne alle werden dem ♂ zugeeignet/ und sind hin und wieder an der Figur zubeobachten/ und leichtlich zu unterscheiden.

319

Quadrant nach Picard

Nachbildung in Originalgröße
1984; VEW Ausbildungszentrum Dortmund, Friedel Pfeiffer
Eisen, Kupfer, Messing; H 150 cm
Radius des Teilkreises 105 cm
Dortmund, Vermessungstechnisches Museum, V 1984/7

Bei diesem Quadranten handelt es sich um den originalgetreuen Nachbau des von Jean Picard in seinem Werk »Mesure de la Terre« (Paris 1669) beschriebenen Instruments. Das Gestell besteht aus Eisen, der Teilkreis aus Kupfer, während die beiden Fernrohre aus Messing gefertigt sind. Der Radius des Teilkreises beträgt 105 cm, die Höhe des gesamten Instruments 150 cm. D. B. H.

320

Quadrant von Jean Picard

Aus: Jean Picard, Mesure de la Terre, Paris 1669, nach S. 4 Tafel I

Kupferstich; 39,5 x 29,5 cm (Pl.)
Göttingen, Staats- und Universitätsbibliothek, 2 Math I, 5540 (3)

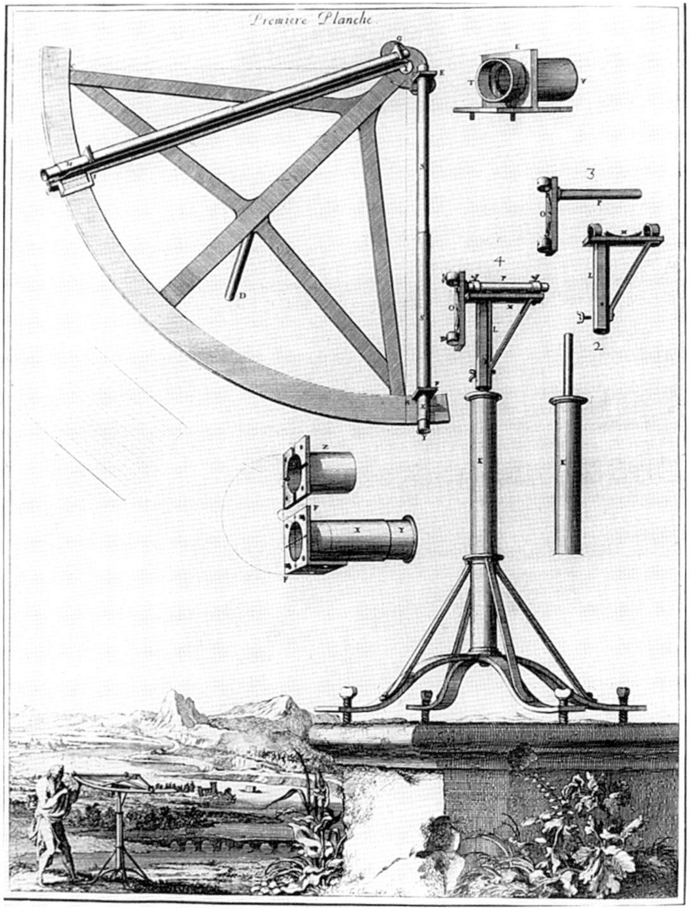

Die Genauigkeit der Winkelmessungen wurde wesentlich dadurch verbessert, daß der klassische Quadrant mit dem neu erfundenen Fernrohr verbunden wurde. Ein solches Meßgerät konstruierte unter anderem Jean Picard (1620–1682). Der hier abgebildete Quadrant von Picard besteht aus Eisen, die geteilte Fläche aus Messing. Er enthält ein festes Fernrohr an einem der Endschenkel, während sich ein zweites bewegliches Fernrohr an einer Alhidade, der Visiereinrichtung in Form eines beweglichen Lineals, befindet. Die Ablesung des gemessenen Winkels ist mit Hilfe einer Lupe auf $^{1}/_{4}$ Bogenminute möglich. Picard benutzte dieses Gerät hauptsächlich zu Erdmessungen (Polhöhenbestimmung und Triangulation). Die Höhe des Himmelspols über dem Horizont entspricht der geographischen Breite des jeweiligen Beobachtungsortes. Die Bestimmung von Positionswinkeln bei der Landesvermessung erfolgte mit waagerecht gestelltem Teilkreis (siehe unten links im Bild). D. B. H.

321

Die Entdeckung des Saturn als Ringplanet

In: Christiaan Huygens, Systema Saturnium, sive de causis mirandorum Saturni phaenomenon, et comite ejus planeta novo, Den Haag: Adrian Vlacq 1659, S. 55

Kupferstich
20,5 x 31 cm (Buch aufgeschlagen)
Göttingen, Staats- und Universitätsbibliothek, 4 Bibl Uff 245

Zu den ersten Entdeckungen mit dem neu erfundenen astronomischen Fernrohr gehörten zwei merkwürdige Henkel oder Arme des Saturn, die man sich nicht erklären konnte. Als Christiaan Huygens (1629–1695) mit seinem selbstgebauten Fernrohr erstmals den Saturn betrachtete, entdeckte er einen Satelliten des Planeten, der später auf den Namen Titan getauft wurde. Die Beobachtung zeigte, daß sich der Satellit in derselben Ebene um den Planeten bewegt, in der sich die merkwürdigen Henkel befinden. Dabei kam Huygens die Idee, daß es sich bei den Henkeln in Wirklichkeit um einen flachen Ring handeln könne. 1656 veröffentlichte er die Entdeckung des Saturnmondes in einem Traktat. Die Ringhypothese wird hier jedoch noch nicht offen ausgesprochen, sondern in einem Anagramm verschlüsselt. Die volle Hypothese veröffentlichte Huygens erst 1659 in seinem Werk »Systema Saturnium«. Der Kupferstich aus diesem Werk zeigt das Aussehen des Ringes nach Huygens' Beobachtung sowie die Umlaufbahn des

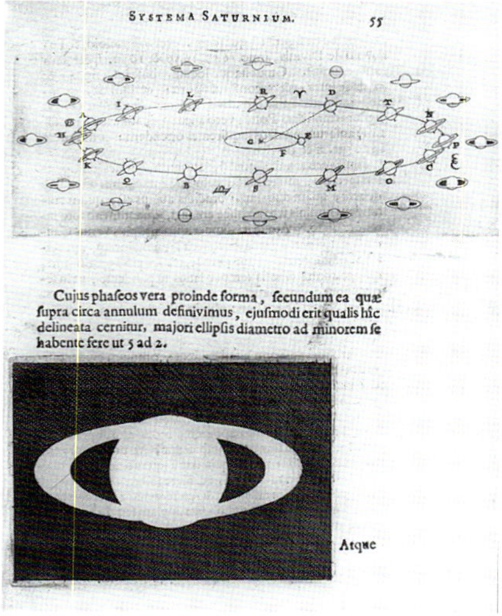
SYSTEMA SATURNIUM. 55

Cujus phaseos vera proinde forma, secundum ea quæ supra circa annulum definivimus, ejusmodi erit qualis hîc delineata cernitur, majori ellipsis diametro ad minorem se habente fere ut 5 ad 2.

Atque

Planeten um die Sonne und die unterschiedlichen Erscheinungsformen des Ringes von der Erde aus. D. B. H.

322

Planetenscheibe

Ende 16. Jh.
Holz, Pappe, bemalt; 7,6 x 56,8 cm, Dm 21,4 cm
Helmstedt, Kreis- und Universitätsmuseum

Es handelt sich hier um den Entwurf eines Gerätes zur Bestimmung der Planetenstände mit Hilfe von drehbaren Pappscheiben. Die oberste Scheibe diente zur Einstellung der Tag- und Nachtstunden sowie des Sonnenlaufs. Eine der mittleren zeigt den Tier- und Monatskreis, die Scheiben darüber sollten wahrscheinlich den Mondwechsel und die Stellungen des Mondes zur Sonne (wie bei einer Monduhr) angeben. Die drei unteren Scheiben sind nicht beschriftet, auf der Rückseite jedoch jeweils mit einem der Zeichen für Mars, Jupiter und Saturn versehen. Das Gerät ist offensichtlich nie fertig gestellt worden. S. Ah.

Lit.: Ahrens 2000.

323

Astronomie-Lehrbuch mit beweglichen Scheiben

»Thoma Blebel, De sphaera et primis astronomiae rudimentis libellus, ad usum scholarium maxime accommodatus: accurata methodo et brevitate conscriptus ac denuo editus ...«, Wittenberg: Officina Cratoniana 1603, lib. 1, S. 14f.

Kupferstichmontierung im Buch
17 x 22,5 cm (Buch aufgeschlagen)
Hamburg, Bibliothek Mathematik und Geschichte der Naturwissenschaften der Universität, F 1598/2

Das hier ausgestellte Lehrbuch der Astronomie ist die späte Ausgabe eines in mehreren Auflagen erschienenen Werkes des in Bautzen geborenen Thomas Blebelius (1539–1596), der später als Rektor im Vogtland wirkte. Es steht in der Tradition des bekanntesten und am weitesten verbreiteten Werkes dieser Art, der »Sphaera« des Johannes de Sacrobosco (gest. 1256 oder 1244). Sacroboscos Darstellung des geozentrischen Weltbildes und der aristotelischen Physik erlebte vom 13. bis in das 17. Jahrhundert hinein rund 100 Auflagen und trug wesentlich zur Durchsetzung des klassischen astronomischen Weltbildes an den Universitäten bei. Unter dem Einfluß frühkapitalistischer Verhältnisse entstand ein zunehmender Bedarf an Bildung in der Schicht der Handwerker und Ingenieure. Deshalb erschien das Buch von Sacrobosco bereits um die Mitte des 14. Jahrhunderts auch in mittelhochdeutscher Sprache. Die Nachahmer, darunter Blebelius, folgten ihrem Vorbild oft bis in die Einzelheiten. Teilweise wurden sogar dieselben Druckstöcke verwendet, die unter den Druckern ausgetauscht wurden. Das trifft auch für Blebelius bei einigen der Abbildungen und drehbaren Scheiben zu, die denen bei Sacrobosco entweder vollständig gleichen oder ihnen doch sehr ähnlich sind. Ein Beispiel dafür ist die drehbare Scheibe auf der rechten Seite der »Sphaera« von Blebelius. Sie gestattet das Ablesen der Sonnenbahn am Himmel für verschiedene geographische Breiten. Die »Sphaera« des Blebelius war ebenfalls recht erfolgreich und erlebte seit ihrem erstmaligen Erscheinen 1576 mindestens zehn Auflagen. D. B. H.

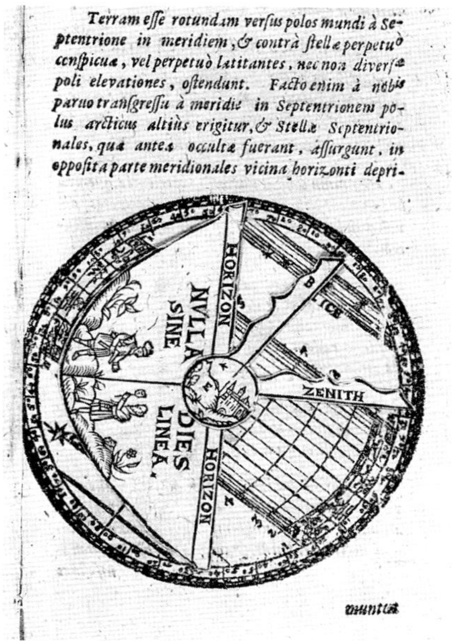

324

Mittelalterliche Himmelsbeobachtung mit »Bastelsatz«

In: Petrus Apian, Instrument Buch: Zum Ersten ist darinne begriffen ein newer Quadrant, dardurch Tag und Nacht, bey der Sonnen, Mond und anderen Planeten auch durch etliche Gestirn, die Stunden und ander Nutzung gefunden werden, zum andern ..., Ingolstadt 1533, Lage H, fol. 4r

Typendruck, Kupferstich
30,5 x 40 cm (Buch aufgeschlagen)
Göttingen, Staats- und Universitätsbibliothek, 4 Astr I, 2000

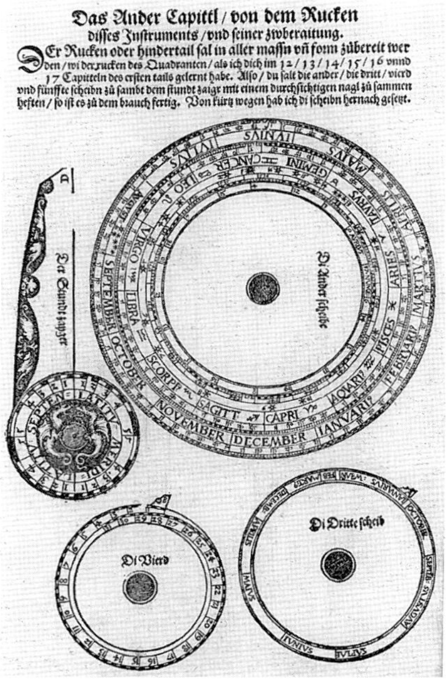

Mit seinem »Instrument Buch« verfolgte Peter Apian (1495–1552) das Ziel, astronomische Kenntnisse für die praktischen Bedürfnisse des Handwerks und des Ingenieurwesens bereitzustellen. Um die akademisch nicht gebildete »Zielgruppe« zu erreichen, ist das Buch in deutscher Sprache abgefaßt, anders als die meisten seiner Schriften. Apian beschreibt und erläutert in seinem Werk zahlreiche Instrumente und deren Gebrauch. Unter anderem liefert er auch eine förmliche Bauanleitung für die Herstellung eines Quadranten. Zu diesem Zweck sind am Schluß des Buches fünf einseitig bedruckte Bogen angefügt, die von den Benutzern nach Anweisung ausgeschnitten und aufgeklebt werden sollten, sodaß auf diese Weise das beschriebene Instrument entsteht. Apian schildert ausführlich, wie mit Hilfe des selbstgebauten Quadranten Gestirne beobachtet, die Tag- und Nachtstunden bestimmt, Gebäude vermessen oder Brunnentiefen bestimmt werden können. D. B. H.

325

Das Observatorium Georg Christoph Eimmarts

»APPARATUS URANICUS GEORGI CHRISTH: EIMMARTI; NORIMBERGAE.«

Aus: Christoph Jakob Glaser, Epistola eucharistica ad M. Martinum Knorre … qua Uraniae Noricae Templum Eimmartinum … breviter descripsit … Nürnberg 1691

1691; Georg Christoph Eimmart d. J. (1638–1705)
Kupferstich; 33,7 x 43,5 cm (Bl.)
Nürnberg, Stadtbibliothek, Will III, 849

Die hier als Einzelblatt gezeigte Darstellung astronomischer Beobachtungsgeräte illustriert im Buch von Christoph Jacob Glaser die Einrichtung der Sternwarte auf der Vestnertorbastei in Nürnberg. Georg Christoph Eimmart baute hier 1691 seine Instrumente auf, mit denen das Observatorium bis 1757 betrieben wurde. Die Umläufe der Planetenbahnen um die Sonne und die Bewegungsgesetze der anderen Himmelskörper werden mit Hilfe von Teleskopen (I, K, L, M) sowie mit Quadranten (C, E, F) und anderen Winkelmeßgeräten beforscht. Wegen ihrer Größe können manche von ihnen wie der mächtige eiserne Trient (1–3) nur von mindestens zwei Personen bedient werden. T. v. E.

Lit.: Von teutscher Not 1998, S. 208 ff.

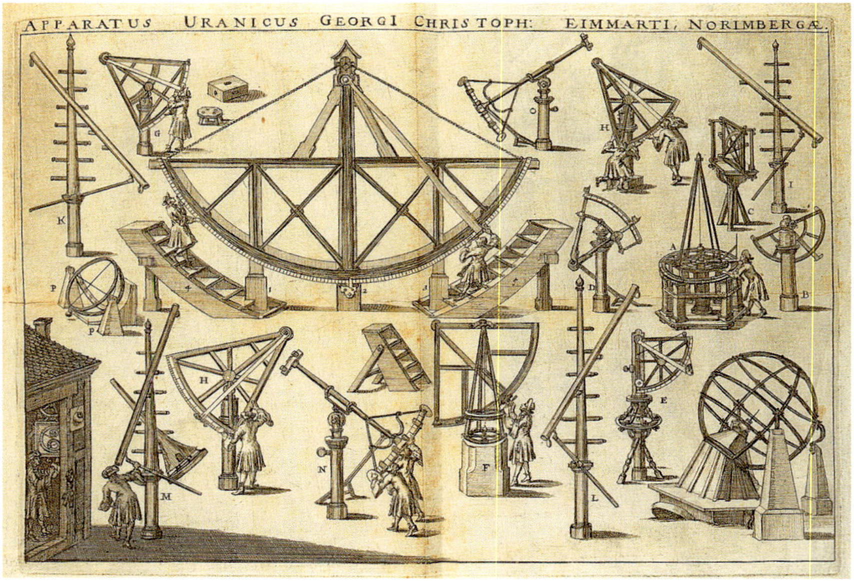

326

Riesenfernrohr des Hevelius vor den Toren von Danzig

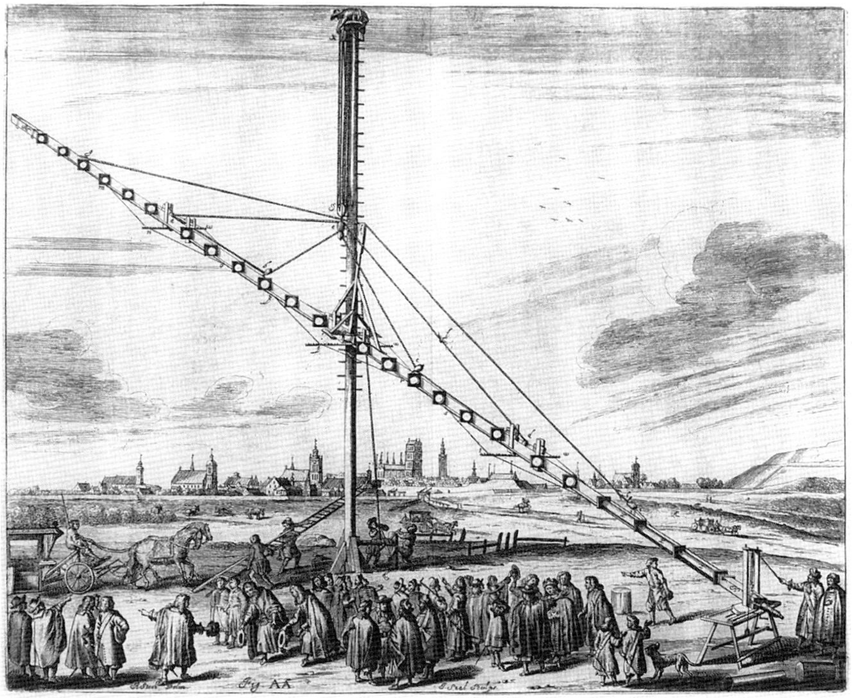

In: Johannes Hevelius, Machina Coelestis ..., Danzig: Simon Reiniger 1673, nach S. 410, Fig. AA

Kupferstich in Buch; 31,5 x 37 cm (Pl.)
Göttingen, Staats- und Universitätsbibliothek, 2 Bibl Uff 102

Das zu Beginn des 17. Jahrhunderts erfundene Fernrohr besaß zunächst noch eine Reihe von Mängeln in der Abbildungsqualität, die vor allem auf die unterschiedliche Brechung der verschiedenen Farben des Lichts zurückzuführen waren (chromatische Aberration). Außerdem entsteht eine allgemeine Unschärfe der Bilder auch dadurch, daß die von einem Lichtpunkt ausgehenden Strahlen nicht genau in einem Punkt, sondern in einer Fläche zusammentreffen (sphärische Aberration). Die frühen Praktiker des Fernrohrbaus erkannten bald, daß sich diese Mängel weitgehend ausgleichen ließen, wenn man sehr lange Brennweiten verwendete. Berühmte Beispiele riesiger Fernrohrkonstruktionen stammen von Christiaan Huygens und Johann Hevelius (1611–1687). Hevelius errichtete vor den Toren seiner Heimatstadt Danzig eine Sternwarte, zu der auch das hier abgebildete monströse Teleskop mit einer Länge von 45 Metern gehörte. Beobachtungen mit dem riesigen »Luftfernrohr« ohne geschlossenen Tubus waren allerdings nur bei völliger Windstille möglich, weil die überdimensionale Konstruktion beim leisesten Windhauch wie ein Halm auf dem Felde schwankte. D. B. H.

327 (Abb. S. 134)

Der Augsburger Fernrohrbauer Johann Wiesel

1660; Bartholomäus Kilian (1630–1696)
Radierung, 17,5 x 15,5 cm (Pl.)
Bez. u.r.: Bartholome Kilian sculp.
Wolfenbüttel, Herzog August Bibliothek, Portr. I 14558

Die Radierung Kilians zeigt den Augsburger Optiker Johann Wiesel (1583–1662) im Alter von 77 Jahren mit einem seiner schon zu Lebzeiten berühmten Fernrohre. Als erster kommerzieller Optiker in Deutschland stellte er die neuen, in Holland erfundenen optischen Instrumente in erstaunlicher Präzision her. Die Fernrohre bestanden aus bis zu zwölf Pappröhren, die auseinanderzuziehen waren und die aus venezianischem Kristallglas geschliffene Linsen enthielten. Die Qualität und die Verwendungsvielfalt seiner optischen Instrumente stießen bei den großen europäischen Königs- und Fürstenhäusern ebenso wie bei den Feldherren des Dreißigjährigen Krieges und bei den Naturforschern, darunter Otto von Guericke, auf großes Interesse. Das Gedicht von Theodorus Schaad unter dem Bild bezeugt, daß Wiesel unter seinen Zeitgenossen als bedeutendster Optiker Deutschlands galt. U.S.

Lit.: Keil 2002.

328

Auszugshandfernrohr

Um 1680
Vermutlich aus dem Besitz von Johann Hevelius (1611–1687)
L 55 – max. 202 cm, Dm 7,5 cm
Dresden, Mathematisch-Physikalischer Salon, C I F 27

Neben den größeren Teleskopen, die auf speziellen Stativen oder Gerüsten stationär betrieben wurden, waren auch sogenannte Handfernrohre in Gebrauch, die wegen ihrer Größe leicht auf Reisen mitgeführt werden konnten. Meist wurde der Strahlengang so gestaltet, daß die abgebildeten Gegenstände – anders als beim astronomischen Fernrohr – nicht auf dem Kopf stehend und seitenverkehrt abgebildet wurden. Somit waren diese Handfernrohre auch für terrestrische Beobachtungen geeignet. Das hier gezeigte Handfernrohr von 55 Zentimeter Länge läßt sich maximal auf 202 Zentimeter ausziehen und verfügt über eine Objektivlinse von 32 Millimeter Durchmesser. Die freie Öffnung beträgt jedoch nur 18,3 Millimeter. Die Brennweite des Objektivs beträgt 143 Zentimeter. Das Fernrohr konnte mit fünf verschiedenen Okularen betrieben werden und erzielte Vergrößerungen bis zu 33 mal. D.B.H.

Lit.: Kostbare Instrumente 1994, S. 38.

329

Terrestrisches Linsenfernrohr

Vermutlich 2. Hälfte 17. Jh.
L 80 – max. 250 cm, Dm 7,5 cm
Kassel, Staatliche Museen, Museum für Astronomie und Technikgeschichte, MAT F 275

Dieses geschmackvoll verzierte Fernrohr verfügt über einen Außentubus mit vier Auszügen. Die Länge in ausgezogenem Zustand beträgt 133 Zentimeter, der Objektivdurchmesser 73 Millimeter. Auf jedem Auszug ist mit Tinte eine Marke zur Scharfeinstellung angebracht. Die Endringe der Auszüge, die Fassungen, der Objektivschraubdeckel und die Okularkappe bestehen aus gedrechseltem Holz. Mit diesem Instrument sind offensichtlich Beobachtungen ausgeführt worden. Dies lassen nicht nur die angebrachten Markierungen für die Scharfeinstellung, sondern auch die Abnutzungsspuren erkennen. D.B.H.

330

Sternenuhr (Nocturnal)

2. Hälfte 16. Jh.; Deutschland
Kupfer graviert, vergoldet
Dm 10,9 cm, L des Zeigers 19,4 cm
Bielefeld, Stiftung Huelsmann, H–W 90

Zur Bestimmung der Zeit standen im 16. Jahrhundert wenige und teure Hilfsmittel zur Verfügung, die nur eingeschränkt verbreitet waren, allen voran die seit dem Beginn des 14. Jahrhunderts aufgekommenen Räderuhren mit Gewichtsantrieb. Die berühmte Taschenuhr des Peter Henlein (1480–1542) entstand um 1500. Erst nach der Mitte des 16. Jahrhunderts wurde die Unruh erfunden. Speziell zur Bestimmung der Nachtstunden waren um diese Zeit auch sogenannten Sternenuhren (Nocturnals) in Gebrauch. Die hier gezeigte Sternenuhr besteht aus zwei drehbar miteinander vernieteten flachen Kreisscheiben und einem mit den Scheiben verbundenen beweglichen Zeiger. Zur Zeitbestimmung wurde folgendermaßen vorgegangen: zunächst wurde die obere Scheibe so eingedreht, daß der längste Zacken über dem Datum des Beobachtungstages auf der unteren Scheibe lag. Dann wurde die Scheibe parallel zum Himmelsäquator gehalten und durch das Loch der Polarstern anvisiert. Nun wurde der Zeiger so eingedreht, daß der hellste Stern des Sternbildes »Große Bärin« mit der Oberkante des Zeigers zur Deckung kam. Der von der Unterkante des Zeigers dann angeschnittene Zacken gab die Zeit auf etwa 15 Minuten genau an. D. B. H.

331

Immerwährender Kalender

1680–1690; Augsburg
Johann Philipp Stenglin (1636–1706)
Silber, graviert; 20 x 17 cm
Kassel, Staatliche Museen, Museum für Astronomie und Technikgeschichte, MAT C 1

Immerwährende Kalender dienen dazu für ein beliebiges Jahr und Datum den zugehörigen Wochentag abzulesen. Bei dem hier gezeigten Kalender von Hans Philipp Stenglin (1636–1706) befindet sich die Anzeige der Wochentage in der Mitte der Platte. Die einzelnen Tage sind mit den dazugehörigen Planetensymbolen versehen. Ein ringförmiger Ausschnitt gestattet den Blick auf eine drehbar gelagerte Scheibe mit den Monatstagen 1 bis 31. Darüber ist in einer Öffnung der auf einer zweiten drehbaren Scheibe angebrachte Monatsname sichtbar. Am Kopfpunkt der Platte befindet sich ein Ring zum Aufhängen des künstlerisch mit Blatt- und Fruchtornamenten reich verzierten Kalenders. D. B. H.

332

Kalendarium

1669; Amsterdam (?)
Holz, furniert und Schildkrotteinlagen;
Messing, graviert; 90 x 63,5 x 40 cm
Dresden Sammelstiftungen (Dauerleihgabe im Stadtmuseum Bautzen), L 56

Der truhenförmige Sockel enthält zur Aufbewahrung kleinerer Gegenstände Fächer, die durch zwei Seitentüren zugänglich sind. Eine Messingtafel auf der Vorderseite trägt neben den mit der Datierung »1669« versehenen Wappen und Namen des Hans von Gersdorff und seiner Frau Anna von Logau eine »Gebrauchsanleitung« für eine dahinter eingebaute Rechenscheibe. Mit dieser konnten die Goldene Zahl, die Epakten, die Sonntagsbuchstaben und weitere Angaben zur Ermittlung der beweglichen kirchlichen Feiertage bestimmt werden. Der schmale rechteckige Aufsatz trägt vier Messingtafeln mit einem Julianischen Kalendarium. Die oben erwähnte »Rechenscheibe« erlaubte dagegen die Bestimmung von Daten »alten und neuen Calenders«. Den Namenstagen des Kalendariums sind jeweils drei Bohrungen für die Markierung durch Steckknöpfe zugeordnet. Für solche qualitätvollen Arbeiten mit geflammten Nußbaum- und Schildkrotteinlagen waren seinerzeit die Amsterdamer Tischler berühmt. In dem Aufsatz erwähnen alte Verzeichnisse »zwei Wetter-Männigen« beziehungsweise »zwei bekrönte Glaszylinder«, was auf dem Guerickeschen Barometer vergleichbare Konstruktionen schließen läßt. M. W.

Lit.: Habinger 1999. Habinger 2002.

333

Kalenderscheibe

1575; Wolfenbüttel (Heinrichstadt)
Holz, bemalt, Messing; H 74 cm, Dm (Scheibe) 62 cm, Dm (Sockelplatte) 47 cm
Helmstedt, Kreis- und Universitätsmuseum, He 3639

Dieses im Auftrag des Herzog Julius von Braunschweig-Lüneburg hergestellte Gerät trägt auf dem Sockel die Aufschrift »D(EI) G(RATIA) P(RINCEPS) IVLIUVS D(VX) BRVNS(VICENSIS) / ET LVN(EBVRGENSIS) ME (F)IERI FEC(I)T / HEINRICOPOL(I) ANNO/ 1575«. Es gelangte zu einem nicht mehr bekannten Zeitpunkt in den Besitz der Helmstedter Universität. Mit dieser Scheibe konnte vermutlich der Tag des Frühlingsbeginns genau bestimmt werden. Sie wurde wahrscheinlich für die Berechnung der beweglichen Festtage im Kirchenjahr genutzt. S. Ah.

Lit.: Ahrens 2000.

334

Pendel weisen den Weg zur Zeitmessung

In: Saggi di natura Esperienze fatte nell' Accademia del Cimento ..., 2. Auflage, Florenz: Giovanni Filippo Cecchi 1691, S. XVI – XVII

Kupferstich, Typendruck
37 x 51 cm (Buch aufgeschlagen)
Wolfenbüttel, Herzog August Bibliothek, Nc 2° 2

Die Bestimmung der geographischen Länge auf See war eindringendes Erfordernis im Zeitalter der sich rasch entwickelnden Hochseeschiffahrt. Dazu waren auch genauere Zeitbestimmungen erforderlich, weil man zur Ermittlung der geographischen Länge sowohl die aus Beobachtungen abzuleitende Ortszeit wie auch die aus dem Heimathafen »mitgenommene« Zeit benötigte. Längenunterschiede sind nämlich letztlich Ortszeitunterschiede. Die alten Räder- und Wasseruhren waren für die Lösung dieses Problems nicht genau genug. Um jedoch Pendeluhren als genauere Zeitmesser einzusetzen, war es erforderlich, den Zusammenhang zwischen den Eigenschaften eines Pendels und seiner Schwingungsdauer zu kennen. Schon Galilei (1564 – 1642) hatte auf diesem Gebiet wichtige Erkenntnisse gewonnen. So stammt von ihm die Entdeckung, daß die Schwingungsdauer eines Pendels seiner Länge proportional und der am jeweiligen Ort wirkenden Schwerkraft umgekehrt proportional ist. Auch Christiaan Huygens (1629 – 1695) beschäftigte sich mit der Schwingungsdauer von Pendeln in Abhängigkeit von verschiedenen Einflußgrößen, wie zum Beispiel der Amplitude. In Büchern des 17. Jahrhunderts zum Thema Zeitmessung findet man fast immer Kapitel und Abbildungen zum Thema Pendel. Allerdings wurden die Pendeluhren rasch durch die Einführung der Uhren mit Unruhe überholt, wie sie von Robert Hooke (1635 – 1703), aber auch von Huygens selbst eingeführt wurden.

D. B. H.

335

Uhr auf schiefer Ebene

Vor 1659; Straßburg
Isaak Habrecht (1611 – 1686)
Messing (vergoldet), Stahl, Blei, Gestell aus Ebenholz; Dm 8,6 cm, B 6,2 cm
Braunschweig, Herzog Anton Ulrich-Museum, Uhr 78

Die Durchführung wissenschaftlicher Versuche erfordert eine genaue Zeitmessung für das Protokoll der Beobachtungen im Zeitablauf. Guericke besorgte sich dafür eine Wanduhr nach der von Christiaan Huygens im Horologium 1658 vorgestellten Konstruktion. Während bei der »Guericke-Uhr« ein Endlos-Gewichtsaufzug das Räderwerk antreibt und die Ganggenauigkeit durch

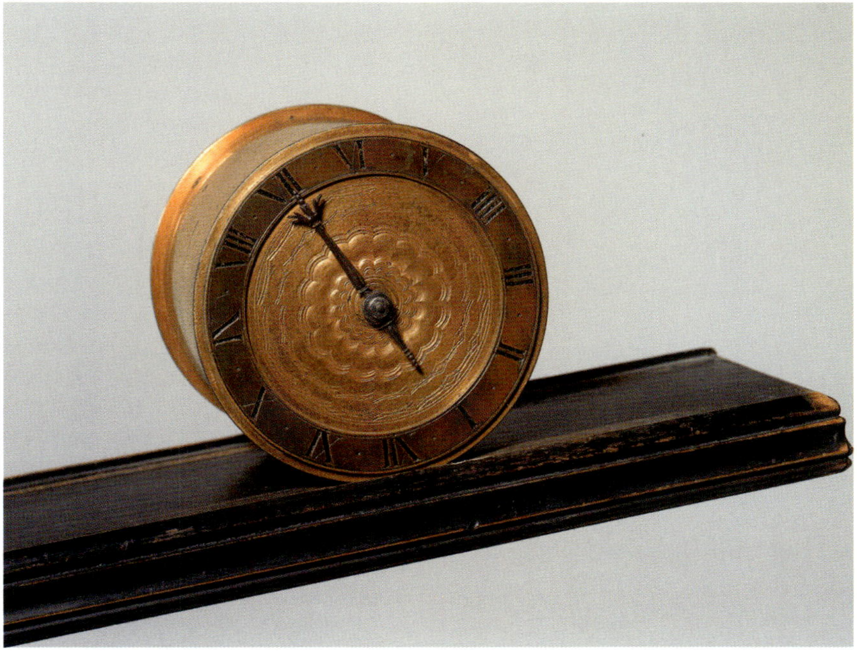

ein Pendel reguliert wird, sorgt bei der zeitgenössischen »Uhr auf schiefer Ebene« die Gravitation auf direktem Weg für einen konstanten Kraftfluß. Die Uhr mit dem walzenförmigen Gehäuse wird nur von ihrem eigenen Gewicht angetrieben und rollt auf der schiefen Ebene innerhalb von 24 Stunden langsam nach unten. Das Uhrwerk und die mit ihm starr verbundenen Zeiger sowie ein exzentrisch gelagertes Gegengewicht bleiben dabei stets in der gleichen Position. Um sie herum dreht sich das Gehäuse mitsamt den Zifferblättern unter den starren Zeigern. Eine fast identische Uhr ist im Besitz des Grafen Schönborn nachgewiesen, und vielleicht hat sich Guericke vor der Beschaffung seiner Uhr auch mit diesem Vorbild am Hof seines Würzburger Förderers auseinandergesetzt. T.v.E.

Lit.: Weltenharmonie 2000, S. 385.

336

Entwurf einer Seeuhr mit Zwischenaufzug

1664; Christiaan Huygens (1629–1695)
Handzeichnung in einer Handschrift, geführt 1663–1668
Handschrift mit Pergamenteinband
33 x 46 cm (aufgeschlagen)
Leiden, Universiteitsbibliotheek, Hug 3, fol. 7r

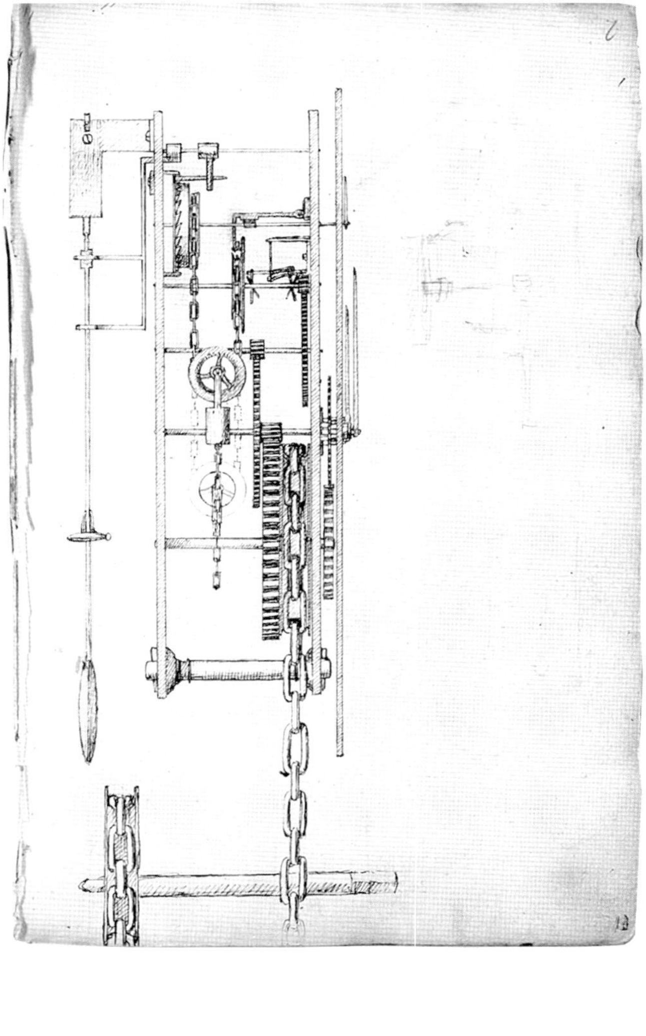

Die genaue Ortskenntnis ihrer Schiffe auf hoher See verlieh den seefahrenden Nationen politische und wirtschaftliche Macht. Schon 1530 hatte Gemma Frisius (1508–1555) vorgeschlagen, die geographische Länge mit einer genauen Uhr zu bestimmen. Sofort nach seiner Erfindung der Pendeluhr entwarf Christiaan Huygens deshalb verschiedene Seeuhren. Die Schiffsbewegung hatte aber verheerende Auswirkungen auf das Pendel und den Gewichtsantrieb. In seinem Entwurf »horloge remontoir« (1664) erfolgte der Pendelantrieb durch ein kleines Gewicht, das alle 30 Sekunden vom Hauptgewicht hochgezogen wird. Dieser Zwischenaufzug geht auf eine Erfindung des Uhrmachers Jost Bürgi (Kassel 1585) zurück. U.P

337 **(Abb. S. 147)**

Das Prinzip der Pendeluhr nach Huygens

In: Christiaan Huygens, Horologium ..., Den Haag: Adrian Vlacq 1658, nach S. 6

Kupferstich; 21 x 32,5 cm (Bl.)
Göttingen, Staats- und Universitätsbibliothek, 8 Astr I, 2342

Die Pendeluhr gehört zu den großen Erfindungen des 17. Jahrhunderts. Christiaan Huygens (1629–1695) reagierte sehr betroffen, als 1658 seine neue und schon weit verbreitete Methode der Zeitmessung einen Prioritätsstreit in Florenz auslöst. Seine Freunde rieten ihm zu einer Veröffentlichung, die unter dem Namen »Horologium« 1658 in Den Haag als kleine Schrift gedruckt wurde. Die Lehre des Galileo Galilei und das Pendel, welches die Astronomen benutzen, finden Erwähnung, dann folgt eine genaue Beschreibung von Huygens eigenem Chronometer. Bei diesem Chronometer wird die Schwingungsdauer des frei an einem Faden aufgehängten Pendels nur von der Länge und der Schwerkraft bestimmt. Außerdem gibt Huygens neuartiger Gewichtsaufzug der Hemmung immer einen konstanten Antrieb, so daß auch eine Sekundenanzeige erstmals sinnvoll wird. U.P.

338

Entwurf einer Seeuhr in gestürzter Bauweise

1672; Christiaan Huygens (1629–1695)
Handzeichnung in einer Handschrift, geführt 1668–1673
Handschrift mit modernem Einband; 34 x 37 cm (aufgeschlagen)
Leiden, Universiteitsbibliotheek, Hug 2, fol. 160r

Dieser Entwurf ist die Vorlage für die Abbildung der Seeuhr in Christiaan Huygens »großer Schrift«, die er unter dem Titel »Horologium oscillatorium« 1673 bei F. Muguet in Paris veröffentlichte. Die Schrift beinhaltet astronomische Beobachtungsuhren, Seechronometer und technische Neuerungen, unter anderem das von ihm entwickelte Zifferblatt mit den separaten Stunden-, Minuten- und Sekundenzeigern. Es ist bis in unsere Zeit für hochwertige Chronometer obligat geblieben. Bereits der Franzose Isaac Thuret benutzte 1670

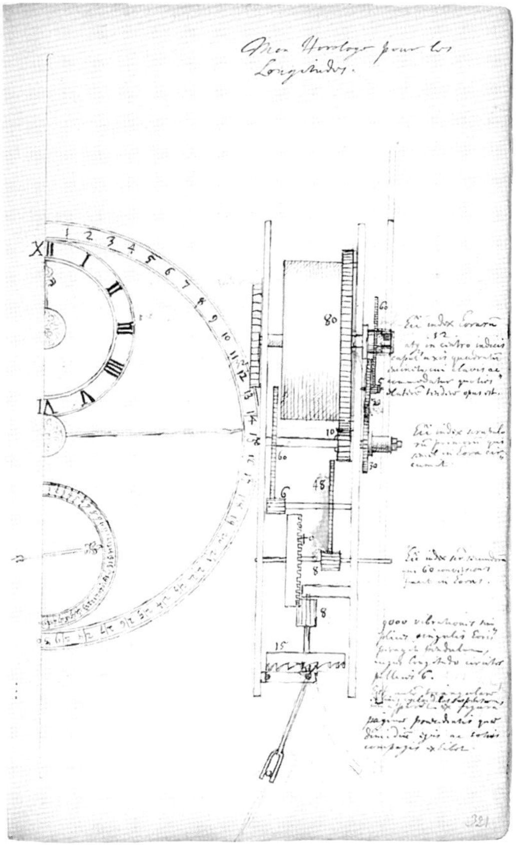

als erster dieses Chronometerblatt für einen Sekundenregulator. Huygens konstruierte dann seine bekannteste Seeuhr in »gestürzter« Bauweise, so daß die Sekunde unter dem zentralen Minutenzeiger liegt. So konnte er ein dreieckiges, zirka 15 Zentimeter langes Pendel an Zykloidenbacken unterhalb des Werkes aufhängen. Die ganze Uhr wurde in einem Gestell kardanisch aufgehängt, um den Einfluß der Schiffsbewegung fernzuhalten. U.P.

339 **(Abb. S. 142, 145)**

Uhr aus dem Hause Otto von Guerickes

Um 1660; Magdeburg
Entwurf: Otto von Guericke
Gehäuse: Obstholz, furniert, ebonisiert; Glas; 28,6 x 22,6 x 15 cm
Uhrwerk, Werkgestell sowie Ziffer- und Kalenderblätter: Messing, z.T. feuervergoldet, graviert und mit Asphalt ausgelegt; Kupfer, feuervergoldet und graviert; Ergänzungen 19. Jh. aus Messing und Stahl
Dielenuhrgehäuse: Anfang 19. Jh.; dunkles Nadelholz; 278 x 28 x 18 cm
Magdeburg, Kulturhistorisches Museum, Mö 142

Als Otto von Guericke seine astronomische Beobachtungsuhr nach holländischem Vorbild als Pendeluhr baute, gehörte sie zu den modernsten und genauesten Zeitmeßgeräten ihrer Zeit. Dennoch wurde die Uhr nach Guerickes Tod wahrscheinlich nicht mehr benutzt, denn die Umbauten machten das Uhrwerk sehr störungsanfällig. Auch setzte der technische Fortschritt, besonders die neue Ankerhemmung des Engländers William Clement, noch im gleichen Jahrhundert neue Maßstäbe für Präzisionsuhren. Diese Umstände erklären auch den schlechten Zustand, in dem sie der Magdeburger Oberbürgermeister August Wilhelm Francke (1785–1851) in den zwanziger Jahren des 19. Jahrhunderts vorfand. Aus Verehrung für seinen Amtsvorgänger Otto von Guericke ließ er die Uhr instandsetzen. Ein Dielenkasten wurde angefertigt, um die kleine Wanduhr mit dem empfindlichen Gewichtsaufzug zu schützen. Die eigentliche Uhr wird oben an dem mit Ohrmuschel- und Knorpelwerk verzierten Brett aufgehängt. Im Sitzungszimmer des Rathauses fand das neue Gehäuse mit der eingehängten historischen Wanduhr 1830 einen gebührenden Platz. U.P.

340

Bürgermeister Francke läßt die Guericke-Uhr reparieren

2. Juni 1829; Magdeburg;
sowie 20. Juni 1829; Berlin
Handakte des Magistrats der Stadt Magdeburg
Handschrift; 35 x 45 cm (aufgeschlagen)
Magdeburg, Stadtarchiv, A II U 15

Der Magdeburger Magistrat hatte den Hofuhrmacher Moellinger, einen Turmuhrenproduzenten aus Berlin, mit der Anfertigung und Aufstellung einer Normaluhr beauftragt. Moellinger war Mitglied einer angesehenen Berliner Uhrmacherfamilie mit ausgezeichneten Beziehungen zum preußischen Hof. Im Januar 1829 hielt sich Moellinger im Magdeburger Rathaus auf, wo ihm in der Registratur die alte Uhr Otto von Guerickes gezeigt wurde. Er bat »bei dieser Angelegenheit aus Achtung für den Anfertiger … und des Altertums«, diese Uhr instandsetzen zu dürfen. Mit der Auflage, »von Zeit zu Zeit vom Gange der Uhr Nachricht zu geben«, stimmte Oberbürgermeister Francke zu. Mit großer Sorge wurde die wertvolle historische Uhr zurückerwartet, doch Moellinger ließ die Uhr erst nach zwei Jahren auf mehrfache Aufforderung hin an ihren Ursprungsort zurücktransportieren. Im dazu entstandenen Briefwechsel teilte Moellinger sehr ausführlich mit, welche Mühe er mit der Herrichtung der Uhr gehabt hätte und wie umständlich die Uhr in Gang zu bringen sei. U.P.

341

Die Guericke-Uhr im Magdeburger Rathaus

1848; Magdeburg
Edmund Wodick (1816–1886)
Öl/Lw.; 60 x 72 cm
Bez. u.l.: E. Wodick
Magdeburg, Kulturhistorisches Museum, G 21

Für die Guericke-Uhr ist das Gemälde »Magistratssitzung« ein besonderes Zeitzeugnis. Mit photographischer Genauigkeit porträtierte der Maler den nach 31 Amtsjahren ausscheidenden Oberbürgermeister Francke im Kreise seiner Kollegen. Dabei überliefert er in hervorragender Weise das Interieur des Sitzungszimmers im Magdeburger Rathaus. Im Hintergrund links neben der Tür steht eine moderne Präzisionsuhr, welche die Normalzeit für die Stadt anzeigte; gegenüber, im schlanken Holzkasten, die alte Pendeluhr Otto von Guerickes zum Andenken an den größten Sohn der Stadt Magdeburg. Gerade weil zwei Uhren im Zimmer aufgestellt sind, wird die Funktion jeder einzelnen besonders unterstrichen. U.P.

9. Neue Weltbilder – Keine Furcht vor dem Leeren

342

Kaspar Schott inspiziert Brahes Weltbild

Wiedergabe des Titelkupfers aus: Athanasius Kircher, Iter exstaticum coeleste …, Nürnberg 1671
Original: Bibliothek Mathematik und Geschichte der Naturwissenschaften der Universität Hamburg

In der Zeit des Umbruchs des astronomischen Weltbildes entstand auch das »Kompromißsystem« des Tycho Brahe (1546–1601). Als Forscher der nach-copernicanischen Generation konnte sich Tycho dem heliozentrischen Weltbild des Copernicus nicht anschließen. In seinem Weltsystem bewegt sich die Sonne um die Erde – wie schon bei Ptolemaios –, während alle anderen Planeten die Sonne umlaufen. Dieses System wird hier in einer Darstellung auf der Titelseite des Werkes »Iter exstaticum coeleste« des Universalgelehrten Athanasius Kircher (1602–1680) gezeigt, mit dem auch Otto von Guericke im Briefwechsel stand. Die links mit einem Zirkel in der Hand dargestellte männliche Figur ist der Jesuitenpater Kaspar Schott (1608–1666). Der Würzburger Mathematik-Professor war zunächst Schüler von Athanasius Kircher und arbeitete später in Rom auch mit ihm zusammen. In seinem Werk »Mechanica Hydraulico-Pneumatica« (1657) beschrieb Schott unter anderem die Versuche Otto von Guerickes und trug damit wesentlich zur Verbreitung von Guerickes Ideen, Experimenten und Instrumenten bei.

D. B. H.

343

Der Astronom Nicolaus Copernicus (1473–1543)

»Nicolaus Copernicus Mathematicus«

Aus: Nicolaus Reusner, Contrafacturbuch ..., Straßburg: Bernhard Jobin 1587, S. 23

Tobias Stimmer (?)
Holzschnitt; 14,7 x 9,2 cm (Bl.)
Wolfenbüttel, Herzog August Bibliothek, Portr. I 7280 a

Nicolaus Copernicus, 1473 in Thorn geboren, entstammt einer deutschen Kaufmannsfamilie. Nach einem Studium der Medizin und des Kirchenrechtes in Krakau, Bologna, Padua und Ferrara wurde er 1512 Domherr in Frauenburg, eine Verwaltungsstelle, die sowohl juristische, politische als auch medizinische Aufgaben umfaßte. Sein astronomisches Hauptwerk »De revolutionibus orbium coelestium«, in dem er die These aufstellte, die Sonne und nicht die Erde bildet den Mittelpunkt des Sonnensystems, erschien erst im Jahr seines Todes, 1543. Obgleich dieses heliozentrische Weltbild den Beginn der modernen Astronomie einläutete, war Copernicus kein Revolutionär. Er versuchte die komplizierten Bewegungen der Himmelskörper im ptolemaiischen System, die er als Verletzung der Gleichförmigkeit der Planetenbewegung ansah, durch das geometrisches Ideal der Kreisbahnen der Planeten um die Sonne zu ersetzen. Die Lehren des Copernicus blieben zunächst auch von kirchlicher Seite unbeanstandet, erst 1616 wurde sein Werk in die Liste der Bücher aufgenommen, die nur mit besonderer kirchlicher Erlaubnis eingesehen werden durften. J.H.

Lit.: Mortzfeld 1986, A 11431.

344

Die copernicanische Revolution

»Nicolaus Copernicus, De revolutionibus orbium coelestium libri VI«, Nürnberg: Johann Petreius 1543

Typendruck; moderner Pergamenteinband
28,5 x 41 cm (Buch aufgeschlagen)
Wolfenbüttel, Herzog August Bibliothek, 21. 1 Astron. 2°

Mit dem Werk »De revolutionibus orbium coelestium« (Über die Umschwünge der himmlischen Kreise) begründete der Frauenburger Domherr Nicolaus Copernicus (1473–1543) das heliozentrische Weltbild. Der Übergang vom alten geozentrischen System zur Lehre von der Mittelpunktsstellung der Sonne gilt als Prototyp einer wissenschaftlichen Revolution und markiert den Übergang zur modernen Astronomie. Die wissenschaftlichen Untersuchungen von Galileo Galilei, Giordano Bruno und Johannes Kepler sind ohne das Werk des Copernicus undenkbar. Copernicus hatte lange gezögert, das Werk zu veröffentlichen, vermutlich, weil er mit den Resultaten bis zum Schluß nicht völlig zufrieden war. Die ersten Ideen zu seinem heliozentrischen Weltsystem stammen bereits aus dem Anfang des 16. Jahrhunderts. Als sich die Kunde von seinem Werk in Fachkreisen verbreitet hatte, reiste der junge Wittenberger Gelehrte Joachim Rheticus (1514–1576) nach Frauenburg (Frombork / Polen) und konnte Copernicus zur Veröffentlichung bewegen. Das epochemachende Opus erschien im Todesjahr seines Verfassers. Die Ausbreitung der heliozentrischen Lehre erfolgte jedoch erst allmählich in einem längeren Prozeß. Einen wissenschaftlichen Beweis für die Richtigkeit seines Systems konnte Copernicus nicht erbringen. Er blieb späteren Generationen vorbehalten. D.B.H.

345

Das heliozentrische Weltbild

In: Andreas Cellarius, Harmonia Macrocosmica seu Atlas Universalis et Novus ..., Amsterdam: Johannes Jansson 1661, nach S. 24

Kupferstich, koloriert
53 x 70 cm (Buch aufgeschlagen)
Wolfenbüttel, Herzog August Bibliothek, C Astron. 2°

Der prachtvolle kolorierte Kupferstich von Andreas Cellarius zählt zu den bekanntesten Darstellungen des heliozentrischen Weltsystems nach dem Kenntnisstand der zweiten Häfte des 17. Jahrhunderts. Die Darstellung veranschaulicht die beiden Haupterkenntnisse des Copernicus: die Erde bewegt sich um ihre eigene Achse (Rotation), wodurch die scheinbare Drehung des Sternhimmels um die Erde hervorgerufen wird. Gleichzeitig bewegt sie sich im Laufe eines Jahres um die Sonne (Revolution), die sich im Zentrum der Welt befindet und selbst keine Bewegung ausführt. Mit der Erde bewegen sich die Planeten Merkur und Venus (innerhalb der Erdbahn) sowie Mars, Jupiter und Saturn (außerhalb der Erdbahn) auf Kreisbahnen um die Sonne. Planeten jenseits des Saturn waren damals noch unbekannt. Als einziger Körper mit dem Bewegunszentrum Erde ist der Mond eingezeichnet. Das gesamte »Weltgebäude« wird nach außen von der Fixsternsphäre begrenzt, die durch die zwölf Tierkreiszeichen gekennzeichnet ist. Beim Planeten Jupiter sind entsprechend der Entdeckung von Galileo Galilei (1610) vier Monde dargestellt. Rechts unten im Bild ist Copernicus als Urheber des heliozentrischen Weltbildes zu sehen. D. B. H.

346

Himmelsglobus mit dem Porträt Tycho Brahes

1603; Amsterdam
Wilhelm Janszoon Blaeu (1571–1638)
Papier mit Gipskreidegrund und koloriertem Kupferstich, Messing, Holz ; Kugel Dm 34 cm
Hildesheim, Dommuseum, 1980–8

Wilhelm Blaeu, der bedeutende Amsterdamer Globenproduzent und Hersteller dieses kleinen Himmelsglobus, war 1595/96 Schüler und Gehilfe des berühmten Astronomen Tycho Brahe (1545–1601). Brahe hatte in jahrelanger Beobachtung der Gestirne ohne Fernrohr erstaunliche Ergebnisse vorgewiesen, die auf diesem Himmelsglobus wiederzufinden sind. Der von ihm entdeckte neue Stern im Sternbild der Kassiopeia, seine Beobachtungen des Planeten Mars und die genaue Ortsbestimmung der Sterne (Fixsterne) brachten ihm hohe Anerkennung. Berühmt wurde Brahe jedoch durch das von ihm um 1585 entwickelte Weltsystem. Brahe verneinte das heliozentrische Weltbild des Copernicus und ließ nur die Sonne um die Erde, die anderen Planeten aber um die Sonne kreisen. Dieses »Kompromißsystem« fand im 17. Jahrhundert vor allem in katholischen Kreisen Anklang. In Anerkennung der Leistungen Brahes

CANCER
LEO
Hydra
Crater

erscheint auf diesem, wie auch auf anderen Himmelsgloben um 1600, die auf seinem Sternenkatalog basieren, ein Bildnis des Astronomen, hier mit dem Wahlspruch »Non haberi sed esse«.

U.S.

Lit.: Stadt im Wandel Bd. 1, 1985, S. 592f.

347

Der große Mauerquadrant des Tycho Brahe

In: Tycho Brahe, Astronomiae instauratae mechanica, Nürnberg: Levinus Hulsius 1602, vor Lage B

Kupferstich
31 x 40 cm (Buch aufgeschlagen)
Hamburg, Bibliothek Mathematik und Geschichte der Naturwissenschaften der Universität, F 1598 / 1a

Tycho Brahe (1546–1601) war einer der bedeutendsten beobachtenden Astronomen der fernrohrlosen Zeit. Nachdem ihm der dänische König Friedrich II. die Sundinsel Hven zur Verfügung gestellt hatte, errichtete Brahe dort die erste Sternwarte der Neuzeit, eine ausschließlich für Himmelsbeobachtungen vorgesehene Stätte, die er »Uraniborg« (Himmelsburg) nannte. Nach und nach entstanden hier zahlreiche Beobachtungsinstrumente, bis schließlich um 1580 mit einem umfangreichen Beobachtungsprogramm begonnen werden konnte. Eines der berühmtesten Instrumente von Brahe war der große Mauerquadrant, bei dem ein gewaltiger Viertelkreis starr mit einer Mauer verbunden ist. Das reich verzierte Instrument war aus Messing gefertigt. Zur Ablesung wurden unmittelbar zwei Visiere benutzt. In der Maueröffnung befand sich ein vergoldeter Zylinder mit demselben Durchmesser wie die Visierplatten. Mit diesem Instrument stellte Brahe die meisten seiner Beobachtungen an. Die Beobachtungsgenauigkeit soll dank dieses Instrumentes und der von Tycho Brahe angewendeten Beobachtungsstrategie zehn Bogensekunden betragen haben – für die damalige Zeit ein Spitzenwert!

D.B.H.

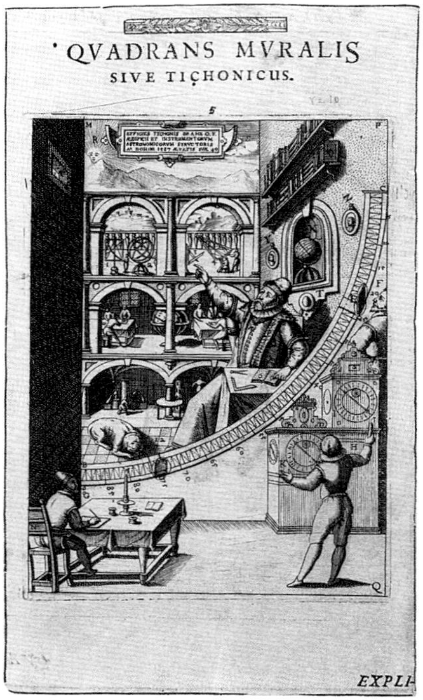

348

Tycho Brahes Observatorium auf der Insel Hven

In: Johannes Blaeu, Atlas Maior, Das ist / Welt-Beschreibung Erster Theil, in welches die Länder unter dem Noord-Polo gelegen ..., Amsterdam: Johann Wilhelm F. Blaeu 1649, Tf. 26

Joan Blaeu (ca. 1597/98–1673)
Kupferstich, koloriert; 39 x 56,5 cm (Pl.)
Dresden Sammelstiftungen (Dauerleihgabe im Stadtmuseum Bautzen), At 21

Im Blaeuschen Atlas finden sich nicht nur Landkarten, sondern auch Ansichten oder Teilausschnitte von Objekten, die für die Kartographie von besonderem Interesse sind. So gibt es im ersten Band unter den 98 Karten mehrere Abbildungen der Insel Hven mit dem Observatorium von Tycho Brahe. – Begründer der Offizin Blaeu war Willem Janszoon Blaeu (1571–1638). Zunächst wurde der Verlag durch seine Globenpaare und Segelhandbücher bekannt. Am Anfang hielt sich Blaeu von der Atlaskartographie fern, da er befürchtete, daß er sich nicht gegen den marktbeherrschenden Kartenverlag Hondius-Janssonius durchsetzen könne. Doch

1629 gelang es Blaeu, auf bisher nicht bekannte Art Druckplatten von Jodocus Hondius d. J. zu erwerben. Mit diesen Platten und eigenen Arbeiten gab er im selben Jahr seinen ersten Atlas mit dem Titel »Atlantis appendix« heraus. Danach faßte Blaeu den Entschluß, einen Universalatlas zu schaffen. Schließlich wurde mit dem »Atlas Maior«, der in seiner deutschen Ausgabe 9 Bände ein wesentlicher Teil seines Planes, nämlich die »Chorographie« realisiert. Die Bände bestechen durch prächtige Kolorierung und gehören zu den Spitzenprodukten der barocken Kartographie.

W.D.

Lit.: Goss, Clark 1990. Koeman 1967–1971. van der Krogt 2000. Wawrik 1982.

349

Keplers Planeten-Fahrpläne

Titelkupfer in: Johannes Kepler, Tabulae Rudolphinae …, Ulm: Jonas Saur 1627

Kupferstich
34 x 48 cm (Buch aufgeschlagen)
Halle, Universitäts- und Landesbibliothek, Pd 1757, 4°

Mit den »Rudolphinischen Tafeln« beabsichtigte Kepler die von ihm entdeckten Bewegungsgesetze der Planeten für die praktische Anwendung aufzubereiten und damit den Beweis zu erbringen, daß die von ihm verbesserte copernicanische Planetentheorie der ptolemaiischen überlegen war. Nach langwierigen Arbeiten erschien das Ephemeridenwerk im Jahre 1627. Das hier gezeigte Titelbild ist von Kepler selbst entworfen worden. In einem Rundtempel begegnen sich fünf Gelehrte verschiedener Zeitepochen: ein Chaldäer, Hipparch, Ptolemaios, Copernicus und Tycho Brahe. Nach den Beobachtungen des letzteren hatte Kepler die Bewegungsgesetze der Planeten entdecken und das Ephemeridenwerk fertigstellen können. Unter der Darstellung Brahes erkennt man auf einer der Flächen der Tempelbasis die Insel Hven, die Wirkungsstätte des Astronomen. Auf der Kuppel des Tempels sind drei Gestaltenpaare als Symbole von Astronomie, Mathematik und Physik zu sehen. Auf dem Sockelbild links neben der Insel Hven hat sich Kepler selbst verewigt, während an der Rückwand auf einem viereckigen Schild seine Hauptwerke aufgeführt sind.

D.B.H.

TABULÆ
RUDOLPHI
ASTRONO
MICÆ
COPERNICUS.
TYCHO
BRAHE.
INSVLA HVENNA DANIÆ
MYSTER.COSMO.
ASTR.P.OPTICA
COM.MARTIS.
EPIT.AST.COP.

350

Auf der Suche nach der Weltharmonie

In: Johannes Kepler, Harmonices Mundi, Linz: Gottfried Tampachius, Stecher: Johannes Plank 1619, lib. 5, S. 206f.

Typendruck
29 x 40 cm (Buch aufgeschlagen)
Hamburg, Bibliothek Mathematik und Geschichte der Naturwissenschaften der Universität, C – Ke 10b

Bereits in der Antike gab es die Vorstellung, daß der Kosmos nach harmonischen Prinzipien aufgebaut sei. Die musikalischen Harmonien sollten denen des Weltenbaus entsprechen. Die Pythagoreer nahmen sogar an, daß die Gestirne bei ihrer Bewegung Töne hervorbringen. Diese Lehre wurde in der Renaissance wieder entdeckt und spielte auch im Werk von Johannes Kepler eine wesentliche Rolle. Besonders in seiner »Weltharmonik« (Harmonices Mundi) unternahm Kepler den Versuch, den Kosmos als ein harmonisches Ganzes darzustellen. Dabei knüpfte er unmittelbar an die antiken Vorgänger an und betrachtete die von den Himmelskörpern hervorgebrachten Töne als »Musik für den Verstand«. Die Harmonien sollten nicht nur in den Abständen der Planeten, sondern auch in ihren Bewegungen zum Ausdruck kommen. Darüber schreibt Kepler im fünften Buch der »Weltharmonik« unter dem Titel »Die vollkommenste Harmonie in den himmlischen Bewegungen und die daher rührende Entstehung der Exzentrizitäten, Bahnhalbmesser und Umlaufszeiten«. Um den Zusammenhang zwischen den Schwingungsverhältnissen von Tönen in Stufen des Notensystems und den Bewegungsverhältnissen der Planeten zu verdeutlichen, findet man zum Beispiel im VI. Kapitel des fünften Buches seines Werkes verschiedene Notenbilder. Kepler stellt auf diese Weise die Bewegungen der Planeten in ihren exzentrischen Bahnen zwischen Perihel (sonnennächstem Punkt) und Aphel (sonnenfernstem Punkt) dar. D. B. H.

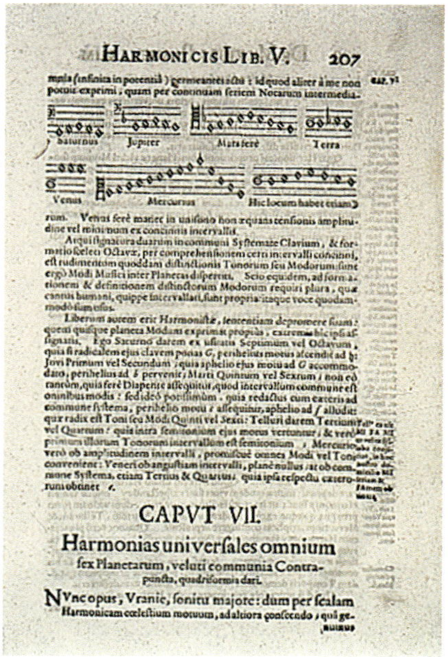
HARMONICIS LIB. V. 207

Saturnus · Jupiter · Mars ferè · Terra
Venus · Mercurius · Hic locum habet etiam

CAPVT VII.

Harmonias universales omnium sex Planetarum, veluti communia Contrapuncta, quadriformia dari.

NVnc opus, Vrania, sonitu majore: dum per scalam Harmonicam coelestium motuum, ad altiora conscendo, qua ge-

351

Geometrie und Kosmos

In: Johannes Kepler, Prodomus Dissertationum Cosmographicum ... De admiribili proportione orbium coelestium, Tübingen: Georgius Gruppenbachius 1596, nach S. 24, Tf. 3

Kupferstich in Buch
41,5 x 37,5 cm (aufgeschlagen)
Bez. u.l.: Christophorus Leib. fric. d. ff., u.m.: Excudebat Tubingiae Georgius Gruppenbachius Ao. MDXCVII.
Wolfenbüttel, Herzog August Bibliothek, 40 Astron.

Johannes Kepler (1571–1630) verfolgte mit seinen Forschungen das Ziel, vom Sein der Dinge im Universum zu den Ursachen ihres Seins vorzudringen. Schon im Frühwerk »Mysterium Cosmographicum« des erst 25jährigen kommt er zu der Ansicht, daß Gott bei der Erschaffung der Welt Geometrie getrieben habe: die Abmessungen der Planetenbahnen glaubt er in den seit Euklid bekannten fünf regelmäßigen Körpern gefunden zu haben. In dem Text, der durch den hier abgebildeten Kupferstich erläutert wird, heißt es: »Die Erde ist das Maß für alle anderen Bahnen. Ihr umschreibe ein Dodekaeder*; die dieses umspannende Sphäre ist der Mars. Der Marsbahn umschreibe ein Tetraeder*; die dieses umspannende Sphäre ist der Jupiter. Der Jupiterbahn umschreibe einen Würfel*; die diesen umspannende Sphäre ist der Saturn. Nun lege in die Erdbahn ein Ikosaeder*; die diesem einbeschriebene Sphäre ist die Venus. In die Venusbahn lege ein Oktaeder*; die diesem einbeschriebene Sphäre ist der Merkur«. Heute wissen wir, daß Keplers Vermutung nicht zutreffend war, wie schon die späteren Entdeckungen der Planeten Uranus, Neptun und Pluto zeigten, für die es keine regulären Körper mehr gibt. Doch Keplers These verdeutlicht sein Suchen nach den Konstruktionsprinzipien der Welt, das letztlich zur Entdeckung der drei heute nach ihm benannten Planetengesetze geführt hat.

D. B. H.

* Tetraeder	Vierflächner mit vier Dreiecken als Begrenzungsflächen
Würfel	Sechsflächner mit sechs Quadraten als Begrenzungsflächen
Oktaeder	Achtflächner mit acht Dreiecken als Begrenzungsflächen
Dodekaeder	Zwölfflächner mit zwölf Fünfecken als Begrenzungsflächen
Ikosaeder	Zwanzigflächner mit zwanzig Dreiecken als Begrenzungsflächen

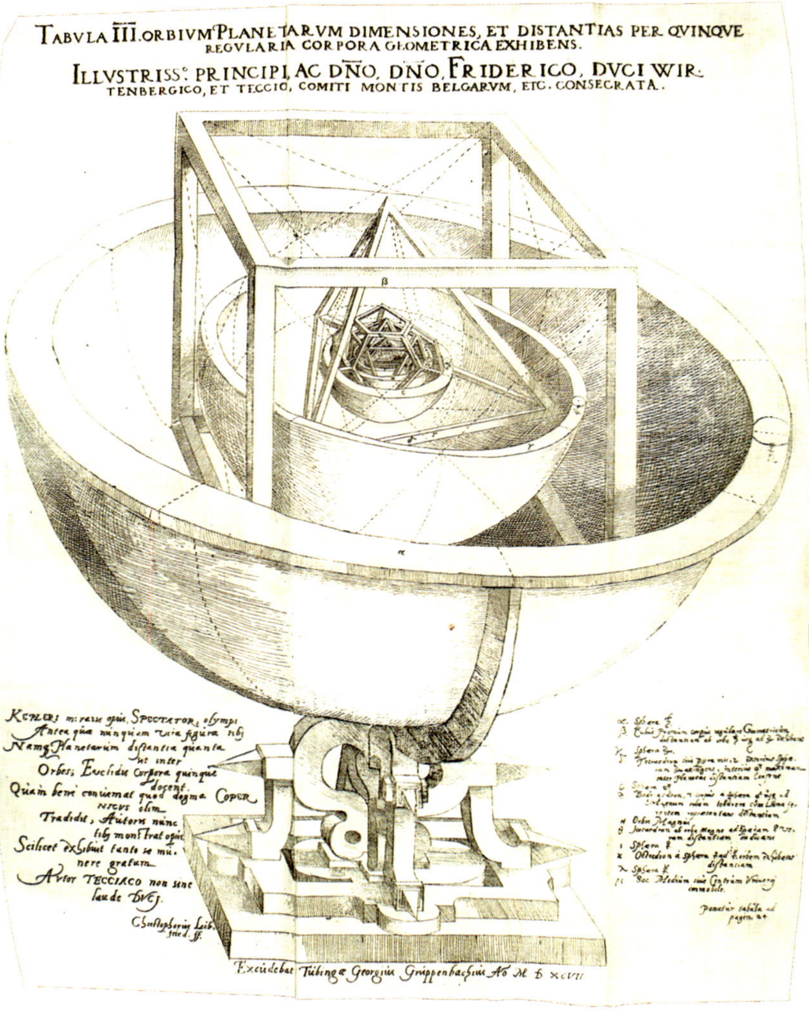

352

Galileo Galilei (1564 – 1642)

»GALILAEVS GALILAEI LYNCEVS, PHILOSOPHVS ET MATHEMATICVS SER(enissi)mi HETRVRIAE MAGNI-DVCIS«

Aus: Galileo Galilei, Systema Cosmicum ..., Straßburg: Elzevier 1635

Vor 1635
Jakob van der Heyden (1573 – 1645)
Kupferstich, Radierung
18,1 x 12,9 cm (Bl. beschnitten)

Bez. u.r.: Jac Heyden sculpsit.
Wolfenbüttel, Herzog August Bibliothek, Portr. I 4698

Galileo Galilei, der Sohn eines Florentiner Edelmannes, studierte von 1581 bis 1585 Medizin, Mathematik und Physik an der Universität von Pisa. Von 1589 bis 1610 hielt er Professuren für Mathematik in Pisa und Padua. Ab 1610 war er Professor und Hofmathematiker von Cosimo II. und dessen Nachfolger Ferdinand II. in Florenz. Galilei hat wie kein anderer zu der Entstehung der modernen Naturwissenschaften beigetragen. Er glaubte, daß der Mensch Einblick in Gottes Schöpfungsplan nehmen kann. Seine Untersuchungen zu den Wurf-, Fall- und Pendelgesetzen begründeten die Lehre von der Bewegung der Körper (Dynamik). Mit seinen astronomischen Beobachtungen, zum Beispiel die Entdeckung der Jupitermonde, lieferte er wesentliche Beweise für das Copernicanische Weltbild. Sein Eintreten für dieses Weltbild brachte ihn in Konflikt mit der katholischen Kirche. Er konnte die Verdammung der Lehre des Copernicus 1616 nicht verhindern. Seine 1632 noch mit päpstlichen Segen erschienene Gegenüberstellung des helio- und des geozentrischen Weltmodells (»Dialogo sopra«) wurde als überzeugender Beweis des copernicanischen Weltbildes gefeiert. Galilei mußte vor die Inquisition treten und seiner Lehre 1633 abschwören. Unter lebenslangen Hausarrest gestellt, verstarb er 1642.

J. H.

Lit.: Mortzfeld 1986, A 7387.

353

Der Almagest von Ptolemaios

[Klaudios Ptolemaios], »Almagestum Cl. Ptolemaei Pheludiensis Alexandrini, astronomorum principis. Opus ingens ac nobile, omnes celorum motus continens. Felicibus astris eat in lucem: Ductu Petri Liechtenstein Coloniensis Germani, anno Virginei Partus 151. die 10. Jan. Venetiis ex officina eiusdem litteraria«, Venedig: Peter Liechtenstein 1515

Typendruck, Kupferstiche, koloriert; Pergamenteinband

32 x 45 cm (Buch aufgeschlagen)

Wolfenbüttel, Herzog August Bibliothek, 13. 1 Astron. 2° (1)

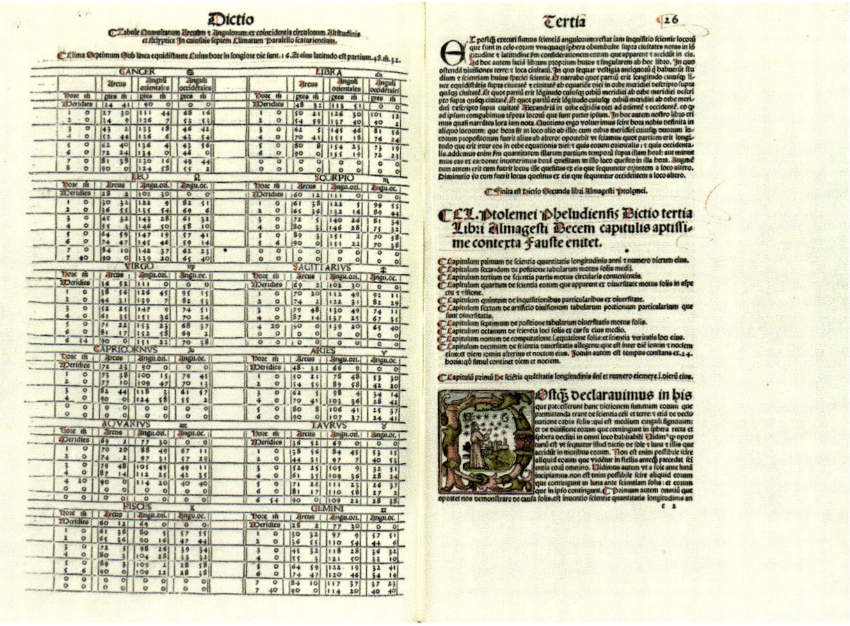
Dictio

Tertia

Ptolemei Pheludiensis Dictio tertia Libri Almagesti Decem capitulis aptissime contexta fauste enitet.

Das »Handbuch der Astronomie« des griechischen Astronomen Klaudios Ptolemaios (um 100 – um 160) zählt zu den größten Leistungen der antiken Astronomie. In diesem Werk faßt der Autor das gesamte astronomische Wissen seiner Zeit zusammen und begründet die antike geozentrische Astronomie, das heißt die Erde wird als Mittelpunkt der Welt angesehen. Auf der Grundlage eines ausgeklügelten Epizykelsystems für jeden Planeten (einschließlich Sonne und Mond) gelingt es Ptolemaios, die beobachteten Planetenbewegungen mit für seine Zeit hinreichender Genauigkeit zu beschreiben. Das Werk ist nur dank der bewahrenden Tätigkeit der Araber überliefert worden, die es nach dem Verfall der griechischen Kultur übersetzten und damit der Nachwelt er-

hielten. In der Zeit der europäischen Renaissance war man bestrebt, die Meisterwerke der griechischen Wissenschaft wieder allgemein zugänglich zu machen, weshalb man sie aus dem Arabischen ins Lateinische übersetzte. Schon Gerhard von Cremona (1114–1187) übersetzte im Auftrag Kaiser Friedrich Barbarossas insgesamt rund 70 Werke der griechischen Antike aus dem Arabischen. Auch die hier gezeigte Ausgabe des »Almagest« (so der arabische Titel des »Handbuchs«) stammt von Gerhard von Cremona. Es handelt sich um einen seltenen Druck, der ohne Angabe des Verfassers 1515 in Venedig erschienen ist. Diese und andere Übersetzungen des Almagest sorgten dafür, daß sich europäische Gelehrte mit dem Gedankengut der Griechen auseinandersetzen und es weiterentwickeln konnten. D. B. H.

354

Allegorie auf die Astronomie

Titelkupfer in: Johannis Baptista Riccioli, Almagestum novum astronomiam … Bologna: Erben Victorio Benatio 1651

Kupferstich; 32,5 x 21,5 cm (Pl.)
Zwei Lederapplikationen auf modernem Pergamenteinband
Magdeburg, Kunstmuseum Kloster Unser Lieben Frauen, Bibliothek VII.E.c. 4.fol.

Das Werk »Almagestum novum« des italienischen Mathematikers, Astronomen und Physikers Johannis Baptiste Riccioli (1598–1671) stellt eine Zusammenfassung des gesamten astronomischen Wissens aller Zeiten dar. Es gilt bis heute als eine der wichtigsten historischen Quellen für die Erforschung der Geschichte der Astronomie. Der berühmte Kupferstich auf der Titelseite des Werkes zeigt die Astronomie als eine weibliche Frauengestalt, die eine Waage in ihrer Hand hält und das neue heliozentrische Weltsystem des Copernicus gegen das (modifizierte) System des Tycho Brahe abwägen soll. Offensichtlich entscheidet sich Riccioli für Brahe, dessen Weltsystem ihm gewichtiger erscheint. Das alte geozentrische System des Ptolemaios liegt (rechts) abseits auf dem Erdboden und bleibt außerhalb der Betrachtung. Ptolemaios selbst sitzt unter der Waage auf dem Erdboden und spricht die Worte: »Ich werde aufgerichtet, indem ich verbessert werde« (Erigor dum corrigor). Das hier ausgestellte Exemplar stammt nachweislich aus Guerickes Bibliothek: Es ist nicht nur im Guerickeschen Bücherverzeichnis genannt, sondern auf dem Einbanddeckel waren zwei Wappen mit der Umschrift »OTTO. GERICKE. BVRGERM.« Eingeprägt. Nach der Restaurierung des Buches wurden die beiden Lederprägungen auf dem neuen Einband appliziert.

D. B. H.

355

Geräteunterteil mit Planetensystemen

Nach 1676; Oberlausitz (?)
Nach Anweisung durch Hans von Gersdorff gefertigt
Holz, farbig gefaßt, Intarsien
36,5 x 60 x 60 cm (ohne Randleisten)
Dresden Sammelstiftungen (Dauerleihgabe im Stadtmuseum Bautzen), L 60

Auf drei Seiten des Kastens sind Darstellungen von Planetensystemen in Gold auf blauem Grund aufgemalt. Neben den Systemen von Ptolemaios (Systema Ptolomaicvm) und Tycho Brahe (Systema Tychonicvm) ist auch das von Guericke verbesserte copernicanische System (Systema Mv(ndi Nostri Planet)arivm) zu sehen. Die Planeten selbst wurden durch inzwischen verlorengegangene Stecker in vorbereiteten Bohrungen symbolisiert. Die unmittelbare Vorlage für diese Darstellungen stammt aus dem Exemplar von Otto von Guerickes Experimenta nova, das seit 1676 in der Bibliothek des Lausitzer Gelehrten Hans von Gersdorff nachweisbar ist (Signatur I 437, nach S. 26). Die handschriftlichen Ergänzungen aus diesem Exemplar wurden auf dem hier ausgestellten Gerät als Umschrift um die einzelnen Planetensysteme »Spativm infinitvm extra hvnc mundum innvmerabilibvs corporibvs sev stellis fixis refertvm« verwendet. Gleiches belegt die am mittleren Planetensystem wiederkehrende Titulatur »Systema Mvndi Nostri Planetarivm«. Die sorgfältigen Eintragungen unterstreichen die Wertschätzung für Guerickes Werk. Gersdorff selbst hatte die Drucklegung unterstützt und die Verbindung zum Verleger Johann Jansson von Waesberge hergestellt. – Die dreiteilige Innenkonstruktion des Kastens gleicht der des Kalendariums (Kat. 332) und dürfte ebenso ein in alten Verzeichnissen als »perpetuum mobile« bezeichnetes Guerickesches Barometer enthalten haben.

M. W.

Lit.: Wilhelm 2002.

356

Porträt Sir Isaac Newton (1643–1727)

»Isacus Newton Eq(ues) Aur(atus)«

1712
John Smith (1652?–1742) nach
Godfrey Kniller (1646–1723)
Schabkunst; 34,5 x 25,4 cm (Pl.)
Bez. u.l.: G Kneller Eques pinx.;
u.r.: J Smith Fecit et ex. 1712.
Wolfenbüttel, Herzog August Bibliothek,
Portr. III 1068

Der 1643 geborene Physiker und Mathematiker Sir Isaac Newton wuchs in einfachen Verhältnissen auf. 1661 nahm er das Studium der Theologie in Cambridge auf, ließ sich aber 1667 vom Priesteramt suspendieren. 1699 wurde er königlicher Münzmeister, 1703 Präsident der Royal Society of London. Er starb hochgeehrt 1727. Der Begründer der theoretischen Physik muß ein schwieriger Charakter gewesen sein, wie seine erbittert geführten Auseinandersetzungen mit wissenschaftlichen Konkurrenten wie zum Beispiel Leibniz zeigen. Parallel zu diesem entwickelte Newton die Infinitesimalrechnung, ein Teilgebiet der Mathematik, das es erlaubt, aus den zwischen den Körpern wirkenden Kräften auf deren Bahnbewegungen zu schließen. Er erkannte, daß sich weißes Licht aus verschiedenen Spektralfarben zusammensetzt und verbesserte die zur astronomischen Beobachtung eingesetzten Fernrohre durch Konstruktion eines Spiegelteleskops. In seinem Hauptwerk, der 1687 erschienenen »Philosophiae naturalis principia Mathematica«, formulierte er die Grundlagen der klassischen Mechanik und leitete aus dem Gravitationsgesetz die Gesetze der Planetenbewegung ab. J.H.

Lit.: Mortzfeld 1986, A 15019.

357

Newtons Gravitationsgesetz

»Isaac Newton, Philosophiae naturalis principia mathematica, London: Joseph Streater 1687«

Typendruck, Kupferstiche, Ledereinband
25,5 x 42 cm (Buch aufgeschlagen)
Göttingen, Staats- und Universitätsbibliothek, 4 Bibl Uff 33

Die 1687 erschienene »Philosophiae naturalis principia Mathematica« ist das wohl einflußreichste Buch der Physikgeschichte. In ihm führt Newton ein für die weitere Entwicklung der Naturwissenschaften zentrales Konzept ein: Aus der Naturbeobachtung (zum Beispiel den Keplerschen Gesetzen der Planetenbewegung) wird auf das fundamentale Naturgesetz (das Gravitationsgesetz) geschlossen und daraus wiederum weitere Erscheinungen (zum Beispiel Ebbe und Flut als Folge der Schwerkraft des Mondes) abgeleitet. Im Newtonschen Weltbild ist der absolute, ruhende, stofflich leere Raum quasi die Bühne für das physikalische Geschehen. Die Körper wirken über Kräfte wechselseitig aufeinander ein, die allgemeingültigen Regeln dieses Wechselspiels werden in den sogenannten Newtonschen Axiomen formuliert. Das Gravitationsgesetz wird als universelles Naturgesetz postuliert, das heißt die gleiche Kraft, die die Planeten auf ihrer Bahn um die Sonne hält, läßt auf der Erde die Gegenstände nach unten fallen. Das Newtonsche Gravitationsgesetz und die daraus abgeleitete Theorie der Bahnbewegung der Planeten erfährt erst durch die Relativitätstheorie Albert Einsteins zu Beginn des 20. Jahrhunderts eine wesentliche Erweiterung. J. H.

V. Lebensende in Hamburg (1677 bis 1686)

1676 hatte Otto von Guericke seinen Ratskollegen mitgeteilt, daß er wegen seiner Altersschwäche das Amt des regierenden Bürgermeisters nicht mehr ausüben könne. Obwohl sein Rückzug aus der Verwaltung städtischer Angelegenheiten von seinem drei Jahre älteren Schwiegervater, Bürgermeister Stephan Lentke, mißbilligt wurde, ließ die Mehrheit der Ratsmitglieder seine Entschuldigung gelten. Im September 1678 wurde er endgültig von aller Amtspflicht entbunden. Als Mittsiebziger blickte Guericke nun auf ein erfülltes Leben zurück. Vor allem hatte er mit der Veröffentlichung seines Buches »Experimenta Nova« 1672 sein wissenschaftliches Lebenswerk systematisch zusammengefaßt und der Nachwelt überliefert. Stets auch auf die Wahrung seiner persönlichen Interessen bedacht, sicherten ihm und seiner Familie Privilegien des Kaisers, des brandenburgischen Landesherrn und der Stadt wirtschaftliche Unabhängigkeit. Nachdem Guericke sich geweigert hatte, weiterhin politische Ämter zu übernehmen, stellte der Rat jedoch die Fortdauer seiner Vorrechte in Frage. Ein juristisches Gutachten von Februar 1677 bestätigte, daß die Garantien seines Immunitätsbriefes eingeschränkt werden dürften. Der Zwist um Steuerzahlungen, zu denen er verpflichtet werden sollte, und um Bürgermeisterlohn, der ihm geschmälert wurde, überschattete seine letzten Lebensjahre. In seinem Memorial vom 6. Februar 1677 konstatiert Guericke bitter, er habe bei seinem Einsatz zum Wohle der Stadt sein persönliches Fortkommen vernachlässigt und »vielmehr Schaden erlitten, alß ich durch die freyheit gewonnen«. Die fortdauernden Auseinandersetzungen mögen dem alten Bürgermeister die Entscheidung erleichtert haben, im Januar 1681 wegen der im Erzstift Magdeburg grassierenden Pest seine Heimatstadt zu verlassen und mit seiner jungen Frau Dorothea Lentke in das Haus seines Sohnes Otto von Guericke d.J. nach Hamburg überzusiedeln. An der Huldigung von Rat und Bürgerschaft auf dem Alten Markt im Mai 1681 für Kurfürst Friedrich Wilhelm von Brandenburg nahm er nicht mehr teil. Die rastlose Tätigkeit des Bürgermeisters und Gelehrten für magdeburgische Eigenständigkeit und für ein rational begründetes Weltbild war nun erloschen, lange bevor er in Hamburg am 21. Mai 1686 starb. Zwar bescheinigt ihm der Lebensbericht in seiner Leichenpredigt geistige Regsamkeit bis zum Tod, aber Guericke selber hatte schon Anfang 1676 seinen Rückzug aus der aktiven Politik mit zunehmender Gedächtnisschwäche begründet. Und in seiner letzten erhaltenen wissenschaftlichen Äußerung, einem Brief an den Wittenberger Arzt und Gelehrten Georg Kaspar Kirchmaier vom 9. März 1680, kommt er einleitend auf seine Gesundheitsbeschwerden zu sprechen, die ihn an der Arbeit hinderten. Die letzten Lebensjahre erscheinen daher als »Leerstelle« seiner Biographie. Gleichwohl unterstrichen die feierliche Leichen-Prozession zu St. Nikolai in Hamburg und die Überführung Guerickes zum Begräbnis in der Vaterstadt Magdeburg die Bedeutung seiner Persönlichkeit und seines Lebenswerkes. T.v.E.

358

Leichenpredigt auf Guerickes Schwiegervater

»Bittere Zähren und Thränen/welche uber den unverhofften doch seligsten Abschied aus diesem Thränen-Thal/des hoch-edlen/vesten/hochweisen und hochbenahmten Herrn Stephani Lentkens/hochverdienten ältesten 43.jährigen Bürgermeisters der Alten Stadt Magdeburg / als auch Erb-Herrens auf Bönckenbeck und Roten-See/... vergiessen/...«, Magdeburg: Johann Daniel Müller 1985 (!)

1685
Typendruck in Sammelband
32 x 45 cm (Buch aufgeschlagen)
Göttingen, Staats- und Universitätsbibliothek, Conc. fun. 63/2 (3)

Stephan Lentke (1599–1684) gehört derselben Generation an wie Otto von Guericke, und ihr Leben ist vergleichbar verlaufen. Beide entstammten alteingesessenen Magdeburger Patriziergeschlechtern, doch war es Lentke trotz seines Wunsches nicht vergönnt, ein Studium aufzunehmen. Stattdessen erlernte er das Kaufmannshandwerk, hatte aber nach Lehrjahren in Leipzig und Hamburg wie Guericke die Möglichkeit, eine Kavalierstour durch Deutschland, den Niederlanden und England zu beginnen. Wie Guericke verliert er früh, 1621, seinen Vater. Die Zerstörung von 1631 überlebt er nur mit knapper Not und wagt nach einem Asyl in Wittenberg, Dresden, Schönebeck und Burg 1632 einen Neuanfang in Magdeburg. Er gehört wie Guericke dem ersten regierenden Rat 1633–1636 an, wird 1638 Kämmerer und 1641 Bürgermeister in seiner Heimatstadt und übt dieses Amt bis zu seinem Tode aus. Er wird gerühmt für seine Verdienste um den Wiederaufbau der Stadt, unter anderem die Restaurierung der Johannis- und der Ulrichskirche und der Herstellung des Rathauses 1656. 1652 – Guericke und Lentke führen zum vierten Mal gemeinsam das Stadtregiment als Bürgermeister – stimmt er der Heirat seiner Tochter Dorothea Lentke mit seinem Amtskollegen zu. Bald darauf scheint sich allerdings das Verhältnis der beiden getrübt zu haben, denn gemeinsam üben sie nur noch zweimal bis 1656 das Amt aus. Auch die Leichenpredigt erwähnt Guericke nur als Ehemann der Tochter Dorothea; stattdessen wird von Ärgernissen »biß auff die letzte Stunde seines Lebens« berichtet, die »ihm Nägel zu seinem Sarge gemacht« hätten. Da Lentke seine Tochter Dorothea wegen ihres Ehemannes enterbt hatte, ist nur zu vermuten, daß diese Bemerkungen auch auf Guericke zielen könnten.

G. K.

Lit.: Dittmar 1889.

359

Otto von Guericke d.J. (1628–1704)

»Der Wohlgebohrne Herr Herr Otto von Guericke Ihro Königlichen Majestät in Preussen Geheimbter Rath und im Niedersächsischen Kreyse verordneter Residente. Geb. AC 1628. 23. Oct. Gest. 1704. 26. Jan:«

1704; Hamburg
Andreas Reinhard (um 1676–1742)
Kupferstich; 35,5 x 23 cm (Pl.)
Bez. u.r.: Andreas Reinhard sculpebat Hamburgi Anno 1704
Hamburg, Staatsarchiv, Pl. 215 = GU37

Eine drohende Pest veranlaßte den 79jährigen Guericke mit seiner zweiten Frau Dorothea Magdeburg zu verlassen und zu seinem Sohn nach Hamburg zu ziehen, wo er bis zu seinem Tode 1686 blieb. Otto Guericke d.J. war als zweites Kind Guerickes und dessen erster Frau Margaretha Alemann (1605–1645) am 23. Oktober 1628 in Magdeburg geboren worden. Obwohl seine Kindheit von den Wirren des Dreißigjährigen Krieges und der Zerstörung seiner Heimatstadt geprägt war, wurde dem einzig überlebenden Sohn viel Aufmerksamkeit und eine vorzügliche Bildung zuteil. Die Tätigkeiten Otto von Guerickes hatten eine große Vorbildwirkung auf den Sohn, der den Vater bei vielen der diplomatischen Missionen begleitete. In Wien studierte er mit großem Erfolg Sprachen, Jura und Politik. Seine guten Kenntnisse befähigten ihn für den höheren Dienst. So wurde er 1654 anhaltinischer Hofrat. Nach dem Tod seiner ersten Frau Catharina Dorothea von Bunsow heiratet er 1662 die Hamburgerin Hedwig Ulcken und siedelte nach Hamburg über. Dort war er von 1663 bis zu seinem Tod kurbrandenburgischer Resident im Niedersächsischen Kreis. Der Porträtstich zeigt Otto von Guericke jun. im Alter von 76 Jahren.

U.S.

Lit.: Christliche LeichPredigt 1645, S. 41. Trost-Schrifft 1686, S. 17.

360

Akkreditierungsschreiben für Otto von Guericke d.J.

1663; Berlin-Cölln
Brandenburgische Kanzlei
Handschrift; 35 x 45 cm (aufgeschlagen)
Hamburg, Staatsarchiv, 111–1/Cl. VII Lit. Ra 1 Nr. 3 Vol. 5 Fasc. 3

Im dem Jahr, als Guericke dem Brandenburger Kurfürsten Friedrich Wilhelm seine Vakuumexperimente vorführte, wurde sein gleichnamiger Sohn zum brandenburgischen Residenten in Hamburg ernannt. Er war für die politischen Kontakte Brandenburgs zum Niedersächsischen Reichskreis verantwortlich und wurde 1681 zum brandenburgischen Hofrat ernannt. Nach dem Tode des Großen Kurfürsten 1688 bestätigte Kurfürst Friedrich III., der spätere König Friedrich I., den jüngeren Guericke in diesem Amt.

G.K.

361

St. Nikolai in Hamburg – Trauerfeier für Guericke 1686

Um 1835; Peter Suhr (1788–1857)
Handzeichnung, koloriert; 60 x 42 cm
Hamburg, Staatsarchiv, Pl 131–5 = 05/72

Die ehemalige Hauptkirche St. Nikolai überdauerte bis zu ihrer Zerstörung beim großen Hamburger Brand 1842 fast 500 Jahre. Am 21. Mai 1686 war sie Ausgangspunkt für den prunkvollen Leichenzug mit dem Sarg Otto von Guerickes. Voran schritt der hamburgische Bürgermeister Schultze in ausdrücklicher Vertretung des brandenburgischen Kurfürsten. Herolde und Diener im Trauer-Habit unterstrichen den gesellschaftlichen Rang des Verstorbenen und erhöhten zugleich die Bedeutung der nachfolgenden Residenten (unter ihnen der Sohn Guerickes), Ratsherren, Oberalten sowie einer großen Anzahl vornehmer Bürger. Nachdem die Trauerprozession dreimal um das Gotteshaus herumgeführt hatte, folgten der Einzug in die Kirche und eine anderthalbstündige Trauermusik. Der Leichnam Guerickes verblieb im Chor der Kirche, bis er im Juni 1686 per Schiff nach Magdeburg überführt wurde. T.v.E.

Lit.: Hamburg-Lexikon 1998, S. 450.
Schimank 1968, S. (156).

362

Überführung Guerickes nach Magdeburg

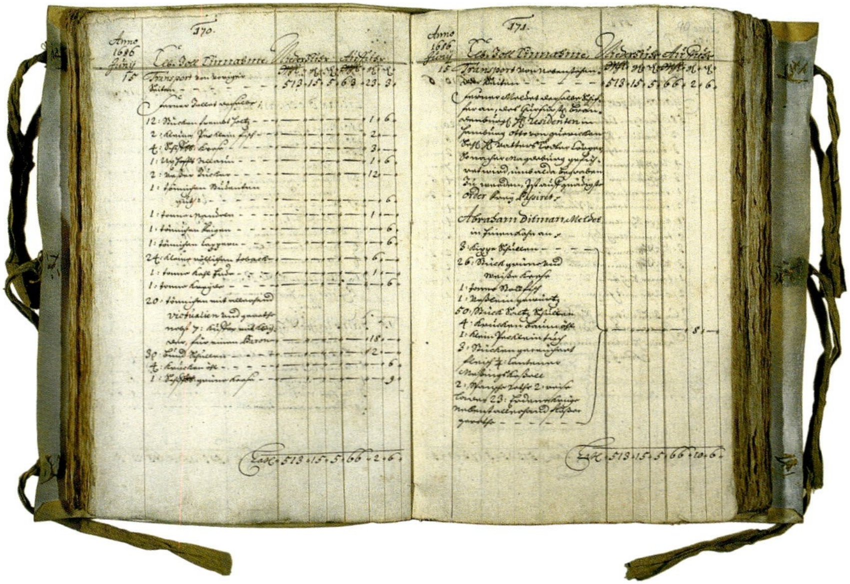

a) Bitte Guerickes d. J. um Ausstellung eines Paßbriefes für den Transport der Leiche seines Vaters
14. Mai 1686; Hamburg
Handschrift mit dem Siegel Otto von Guerickes d. J.

b) Anweisung wegen zollfreier Passage der Leiche Guerickes
22. Mai 1686; Schwerin
Handschrift mit Siegel, Ausfertigung der Fürstl. Mecklenburgischen Regierung im Auftrag des Herzogs Christian (Louis) I.

c) Dömitzer Zollbucheintrag zur Überführung der Leiche
In: »Hochfürstliche Mecklenburgische Dömitzer Elb- und Land Zols Register, über Einnahme und außgabe, Im Jahr Christi Anno 1686. Gehalten von Christoff Patow«
Handschrift, Pergament-Einband
34,5 x 49,5 cm (aufgeschlagen)

Schwerin, Mecklenburgisches Landeshauptarchiv, Gesetze und Edikte in Zivil- und Kriminalrechts- … angelegenheiten 2. 12 – 2/3, Nr. 954, Zollwesen und Elbhandel 2. 12 – 2/13, Vol. XII A, fol. 307, Zollwesen und Elbhandel 2. 12. 12 – 2/13, Vol. XII A (Zollbuch)

Bis heute ist unbekannt, wo Otto von Guericke in Magdeburg begraben liegt und ob überhaupt noch Reste der Begräbnisstätte erhalten sind. Die Archivalien aus dem Landeshauptarchiv in Schwerin belegen jedoch, daß der Leichnam tatsächlich von Hamburg nach Magdeburg überführt wurde. In seiner Eingabe vom 14./24. Mai 1686 bittet der junge Otto von Guericke den Kanzler des Mecklenburgischen Herzogs Christian (Louis) I., er möge die Elbzollstellen anweisen, daß der Sarg »ohn auffgehalten und ohne beschwerunge« passieren könne. Die Herzoglich-Mecklenburgische Regierung erteilt dem Zöllner zu Dömitz, Christoph Patow, am 22. Mai/1. Juni 1686 eine entsprechende Weisung. Patow hält sich an diesen Auftrag, als er am 15./25. Juni 1686 den Schiffer Hans Christoph Block abfertigt, die verzollte Ladung im Journal des Elbzollregisters akribisch auflistet – von Stockfisch und Tran über Feigen, Kapern und Tabak bis Öl in Kruken und grünem Käse – und hinzusetzt: »Ferner Meldet derselbe Schiffer an, des Churfürstl: Brandenburgl: H: residenten in Hamburg otto von guericken Sehl: H: Vatters Todter Cörper, So nacher Magdeburg geführet wird, ümb alda begraben zu werden. Ist auf gnädigste order Freij Passiret.« T. v. E.

Lit.: Schneider 1997b.

363

Plan der Festung Dömitz

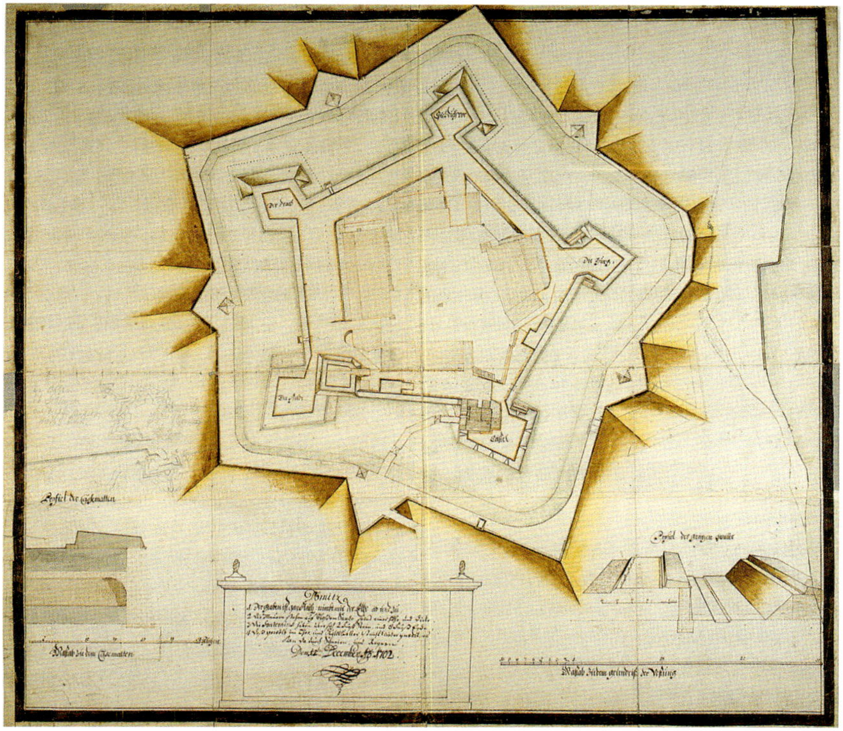

1702
Handzeichnung, koloriert
60,5 x 64,5 cm (Bl.)
Schwerin, Mecklenburgisches Landeshauptarchiv, 12. 12–2, Nr. 616

Bei der Elbzollstation Dömitz passierte der Kahn mit der Leiche Guerickes auch die mächtige Zitadelle am Flußufer. Der angehende Festungsingenieur Guericke hatte sie auf seinen Reisen 1623 und 1625 als herausragendes Beispiel einer neuen, zuerst in Italien entwickelten Festungsmanier wahrnehmen können. Für den Mecklenburger Herzog Johann Albrecht schuf der italienische Baumeister Francesco à Borneau von 1559 bis 1565 die Verteidigungsanlage als regelmäßiges Fünfeck nach dem Bastionärsystem. Der Plan zeigt auf den ersten Blick den symmetrischen Grundriß mit den sprechenden Namen der Bastionen »Sieh dich vor«, »Die Burg«, »Castel«, »Der Heldt« und »Der Drach«, ergänzt vom Profil des Walls und einer Darstellung der Kasematten. – Die Dömitzer Festung besteht bis heute als eine der wenigen erhaltenen Flachlandfestungen in Nordeuropa. T. v. E.

Lit.: Die Elbe 1992, S. 353.

364

Der Alte Markt in Magdeburg

»Eigentliche Abbildung des Marckt-Platzes in der Alten Stadt Magdeburg / wie solcher sich anietzo mit den Gebäuden präsentiret.«

1701; Magdeburg
Johann Daniel Müller
Kupferstich; 20,5 x 39 cm
Magdeburg, Kulturhistorisches Museum, Gr 47. 1341

Nachdem Otto von Guericke 1681 verbittert zu seinem Sohn nach Hamburg gezogen war, kehrte er erst nach seinem Tode 1686 in die Stadt zurück, deren Geschicke er über Jahrzehnte maßgeblich beeinflußt hatte. Der Stich zeigt das nach der Zerstörung 1631 mühsam wieder errichtete Stadtzentrum Magdeburgs. Am rechten Bildrand, für diese Darstellung um 45° verschoben, ist der 1691 begonnene Rathausneubau und das Zeughaus zu sehen. Vor dem Rathaus steht der 1651 noch als Zeichen wiedergewonnener städtischer Unabhängigkeit unter der Initiative Guerickes restaurierte und vergoldete Magdeburger Reiter (Kat. 154), und in der Mitte sieht man die Hauptwache mit Wachsoldaten, schwerem Geschütz, Schandpfahl und Galgen. Der Breite Weg verläuft rechtwinklig zum Markt und ist hier nicht zu sehen. Der perspektivisch veränderte Marktplatz wird allseits von in barocken Formen neu erbauten Häusern gesäumt. Wie die Bildlegende unter dem Stich verrät, konnten sich nur Mitglieder des Rates, wohlhabende Bürger und Kaufleute die Grundstücke im Herzen der Stadt leisten. Der Kutschenverkehr, die Marktstände (im Vordergrund die Fischer) und die zahlreichen Fußgänger zeugen von einer in die Stadt zurückgekehrten Normalität. U. S.

Lit: Magdeburg in Bildern, S. 70 f. Nr. 85

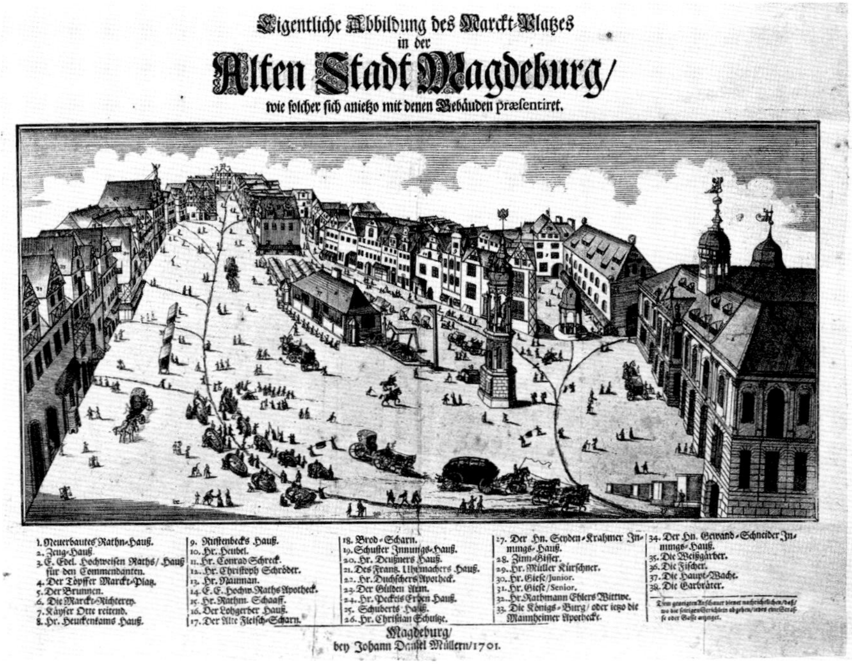

365

Glockengeläut für Guericke in der Johanniskirche 1686

In: Rechnungsbuch der Johanniskirche, »Einnahmen von denen Begräbnissen; 1686«, Eintrag 263

1686; Magdeburg
Handschrift; 35 x 45 cm (aufgeschlagen)
Magdeburg, Archiv der Evangelischen Kirche der Kirchenprovinz Sachsen

Nachdem der Leichnam Guerickes die Elbe von Hamburg herauf nach Magdeburg verschifft worden war und dabei am 15./25. Juni die Dömitzer Zollstelle passierte, wurde Guericke am 2. Juli in der Ratskirche St. Johannis beigesetzt. In Magdeburg gab es wie in Hamburg einen Leichenzug, der von einem Trauergeläut mit je einem Schlag von allen Glocken begleitet wurde, wie das Rechnungsbuch der Johanniskirche vermeldet. G. K.

366

Leichenpredigt auf Otto von Guericke

»Trost-Schrifft und sonderbahres hochschuldiges Ehren-Gedächtniß wegen sehl. Absterben des hochedelgebohrnen, gestrengen und vesten Herrn, Herrn Otto von Guericken, des durchläuchtigsten, großmächtigsten Fürsten und Herrn, Herrn Friederich Wilhelm, Marggraffen zu Brandenburg, des heiligen Röm. Reichs Ertz-Cämmerern und Chur-Fürsten etc., hochbestalten Raths und der löblichen weitberühmten Stadt Magdeburg wohlgewürdigten ältesten und 40-jährigen Bürgermeisters: …«, Hamburg: Henning Brendecke 1686

Titelkupferstich: »Ehren-Gedächtnis und Lebenslauff hoch edlen gebohrnen Herren Her-

ren Otto von Guericken Sr. Churfürstl. Durchl. zu Brandenb: wolbestalten Raths und Bürgermeistern der Stadt Magdeburg.
Bez. u.l.: Jochim Wichmann sculp. Hamb:

Joachim Wichmann (gest. 1686)
Typendruck; 35 x 45 cm (aufgeschlagen)
Hamburg, Staatsarchiv, Bibliothek A 710/804 Bd. I Nr. 19

Nach Guerickes Tod erscheint, wie im 17. Jahrhundert in Kreisen der Oberschicht üblich, eine sogenannte Leichenpredigt auf den Verstorbenen. Sie enthält neben dem Abdruck der bei der Beerdigung gehaltenen Predigt auch einen Lebenslauf des Toten. Guerickes Leichenpredigt wurde sicherlich von seinem Sohn in Hamburg in Auftrag gegeben, worauf auch der Druckort weist. Sie zeichnet sich vor allem durch die besondere Betonung der verwandtschaftlichen Beziehungen der Guerickes zu den schöffenbaren und damit rittergleichen Alemanns aus und verweist damit auf die Gleichrangigkeit der erst 1666 geadelten Familie Guericke. Der Titelkupferstich führt dies sehr anschaulich vor Augen und der Text betont die erste Ehe von Guerickes Vater mit einer Alemann, wie auch seine eigene erste Ehe mit Margaretha Alemann. G.K.

Lit.: Schimank 1968, S. (132)–(153). Rump 1912, S. 151.

367

Schlußstein der Alemannschen Kapelle

2. Hälfte 15. Jh.
Sandstein, mehrfach farbig gefaßt;
Bleianker; H 27,5 cm, Dm 45 cm
Magdeburg, Landeshauptstadt

Nach seiner Überführung aus Hamburg wurde Otto von Guericke 1686 wahrscheinlich in der Johanniskirche Magdeburg im Erbbegräbnis der Familie Alemann beigesetzt. Die am 7.5.1595 von Johann Martin Alemann erworbene Familiengrabstätte befand sich unter der westlichen Kapelle der nördlichen Seitenschiffwand und ging 1658 in den Besitz der Guerickes über. Hier wurden unter anderem 1645 Otto von Guerickes erste Frau Margarethe Alemann, 1656 deren Tante Anna Alemann, 1660 Guerickes Schwiegertochter Catharina Dorothea von Bunsow und 1704 sein Sohn Otto beigesetzt. Otto von Guerickes Enkel Leberecht erwarb am 14. Mai 1716 in der Nicolaikirche zu Magdeburg ein neues Erbbegräbnis. Die in seinem Auftrag angefertigte Ahnentafel erwähnt eine Beisetzung des Großvaters in St. Nicolai. Eine systematische Suche nach dem Grabe Otto von Guerickes blieb 1908 dort jedoch ergebnislos. Da 1807 bei Umbauten in St. Nicolai zahllose Gräber zerstört und auf dem Cracauer Anger entsorgt wurden und man 1960 die Ruine der Nicolaikirche sprengte, bleibt die Frage nach dem Verbleib der sterblichen Überreste Otto von Guerickes weiterhin ungeklärt. Nach Leberechts Tod 1737 wurde das Alemann-Guericke-Erbbegräbnis in der Johanniskirche von Dorothea Dieckmann am 6. Januar 1739 erworben und umgebaut. Bei der Zerstörung der Stadt Magdeburg 1945 wurde auch die Johanniskirche stark beschädigt und die Alemannsche Kapelle dabei völlig zerstört. – Der ausgestellte Schlußstein stammt aus dem 15. Jahrhundert und gilt als der einzige erhaltene architektonische Rest und Zeuge der qualitätvollen gotischen Architektur der Kapelle. Er hielt einst das zentrale Sternrippengewölbe der Kapelle, von dessen acht Rippenbögen die Ansätze gut zu erkennen sind. Im

Schnittpunkt aller acht Rippen ist ein Rundschild mit der Darstellung des Lamm Gottes zu sehen. Die Kreuzfahne geschultert, paßt es als das Sinnbild für Leiden, Tod vor allem aber für die Auferstehung Christi ideal an den architektonischen Kulminationspunkt einer Grabkapelle. Unter der blauen und goldenen Bemalung des 19. Jahrhunderts und zahlreichen Farbschichten liegen noch die Reste der mittelalterlichen Erstfassung. H. My./U. S.

368

Auf der Suche nach dem Grab Guerickes

a) Brief des Gustav Dick aus Chicago
b) Aktennotiz von Ernst Neubauer
Februar 1909; Chicago, Magdeburg
Akte; 29,2 x 18,5 cm (Bl.)
Magdeburg, Stadtarchiv, A II G 143 spec. Nr. 3, S. 57 – 59

Der Brief des Gustav Dick aus Chicago, geschrieben im Februar 1909, berichtet ausführlich über den Fund eines Sandsteines mit der Aufschrift «Otto von Geuricke«, den der Schreiber 1890 gemacht haben will, als er für die neue Heißluftheizung in den nördlichen Vorhallen der Johanniskirche als Arbeiter einer Baufirma tätig war. Eine kleine Skizze mit den Angaben zum Fundort ist dem Brief beigefügt. Der Bericht des Stadtarchivars Neubauer an den Oberbürgermeister August Lentze fiel nach einer Ortsbesichtigung negativ aus. Es wurde kein Stein gefunden. Offensichtlich handelte es sich um eine Verwechslung. Der Grabstein der Margarethe Alemann lag bis zu seiner Bergung 1998 in situ im Fußboden der Gruft. Offensichtlich konnte Gustav Dick damals nur den Namen ihres Mannes deutlich lesen. G.P.

369

Grabstein der Anna Alemann

1656
Sandstein; 76,5 x 50,5 x 10 cm
Magdeburg, Landeshauptstadt – Hochbauamt

Bei baubegleitenden archäologischen Ausgrabungen in der Johanniskirche wurde 1998 neben dem Grabstein der ersten Frau Otto von Guerickes, Margarethe Alemann, auch der Grabstein von deren Tante Anna Alemann (2. Juni 1588 – 29. Januar 1656) gefunden. Er lag zerbrochen in der Nordwestecke der Alemannschen Gruft mit der Schauseite nach unten, eingebettet in den Ziegelfußboden von 1739. Für die neuen Nutzer der Gruft hatten die Steine der Familie Alemann keine Bedeutung mehr. Das Auffinden des Steines korrigiert das bis dahin angenommene Sterbejahr der Anna Alemann von 1659 auf 1656.
H. My./U. S.

370

Gebrauchskeramik aus der Alemannschen Gruft

1. Hälfte 17. Jh.

a) Doppelhenkelgefäß
Irdenware, bemalt und glasiert, geklebt mit Fehlstellen; H 17,2 cm, Dm 13,5 cm

b) Topf in Fragmenten
Irdenware, Innenglasur, geklebt mit Fehlstellen; H 22,5 cm, Dm 18 cm

c) Zwei Fragmente eines Tellers
Irdenware bemalt und glasiert
8,1 x 10,2 cm, 7,4 x 7,6 cm

d) Fragment eines Gefäßes
Steinzeug, geritzt, Außenglasur
2,8 x 6,9 cm

Halle, Landesamt für Archäologie, Fundnr. 243/1, 243/2, 308/6. 1, 308/6. 2, 308/2

Die Gefäße und Keramikfragmente wurden 1998 neben Bestattungen und Bauschutt des 17. Jahrhunderts in der Verfüllung einer Grube im Bodenbereich des Alemannschen Erbbegräbnisses gefunden und zeigen das breite Spektrum der Gebrauchskeramik zu dieser Zeit. Offensichtlich gelangten sie nach der Zerstörung der Stadt 1631, während der Wiederherstellung der Kirche und vor dem Verlegen des Fußbodens um 1739, an ihren Fundort. Bei der bemalten Keramik wie dem Doppelhenkelgefäß (a) und den Tellerfragmenten (c ohne Abb.) handelt es sich um eine im 16. und 17. Jahrhundert typische und weit verbreitete Ware, die zuerst zwei- oder auch mehrfarbig mit unterschiedlichen Motiven in Engobenmalerei versehen und dann mit einer Innen- und Außenglasur überzogen wurde. Das zweite Gefäß (b) ist mit einem Rillendekor geschmückt und nur im Innern mit einer Glasur versehen, um es wasserfest zu machen. Wertvollere Keramik ist dagegen in dem Steinzeug (d ohne Abb.) zu sehen. Zur Herstellung eines wasserfesten Steinzeuggefäßes benötigte man spezielle Tone und hohe Brenntemperaturen. Aufgebrachte Glasierungen dienten hier wie die Ritzarbeiten nur der Verzierung. M.K.

371

Stifterbild für Otto von Guericke

Um 1700
Öl/Eichenholz; 80 x 65 cm
Magdeburg, Kunsthaus Magdeburg, Torsten Kölling

Das Andachtsbild zeigt Christus am Kreuz, begleitet von vier Stifterfiguren, die unter dem Kreuz betend knien. Die dunkle Bewölkung ist dem Tempelvorhang gleich in der Bildmitte auseinandergerissen und gibt den Blick auf eine Landschaft sakraler Bebauung frei. Im Hintergrund ist der Himmel von Feuer rot gefärbt. Die vier Stifterpersonen sind in schwarzer Kleidung des 17. Jahrhunderts dargestellt. Der Mann mit dem Knaben links und das Mädchen rechts vom Kreuzbalken sind mit einem kleinen Kreuz als verstorben gekennzeichnet. Der Überlieferung nach soll es sich bei diesem Andachtsbild, dessen Provenienz und Datierung bisher unklar ist, um eine Stiftung Otto von Guericke d.J. handeln. Die Personen werden demnach mit Otto von Guericke (gest. 1686), dessen verstorbener Tochter Anna Katharina, dem verstorbenen Sohn Jacob Christoph (gest. 1631), und Guerickes zweiter Frau Dorothea Lentke (gest. 1687) identifiziert. Der feuergefärbte Himmel wird als Hinweis auf Magdeburgs Zerstörung 1631 gedeutet. Das Andachtsbild gehörte offensichtlich zu einem Epitaph, dessen verloren gegangener Inschriftenteil uns über die Stifterfamilie und den genauen Entstehungszeitraum hätte informieren können. Auf solchen Epitaphien wurde überwiegend die ganze Familie – verstorbene wie noch lebende Personen – zum Zeitpunkt der Entstehung abgebildet. Durch nachträglich aufgezeichnete kleine Kreuze wurde die Darstellung aktualisiert. Bei einer Stiftung Otto von Guerickes d. J. dürfte daher weder der Stifter selbst, noch dessen Mutter Margarethe Alemann fehlen. Nach momentanem Forschungsstand sprechen nur wenige Kriterien für eine Darstellung der Familie Otto von Guerickes und keine für eine Stiftung durch Otto von Guericke d.J. U.S.

Lit.: gantz verheeret 1998, S. 350

VI. Ehrung und Traditionsstiftung

Das 19. Jahrhundert entdeckte im Zuge einer allgemeinen Rückbesinnung auf historische Wurzeln den Magdeburger Bürgermeister, Diplomaten und Wissenschaftler neu. In Magdeburg gab Bürgermeister August Wilhelm Francke (1817–1848) den Anstoß zur Erinnerung an seinen großen Amtsvorgänger. Er ließ die Guericke-Uhr restaurieren und regte den Bau eines Otto-von-Guericke-Denkmals an. Aber erst am 24. September 1907 wurde das Denkmal in Anwesenheit von Mitgliedern des Magistrats, der Militär- und Zivilbehörden, der Nachkommen Guerickes und Carl Echtermeiers (1845–1910), dem Schöpfer des Denkmals, feierlich enthüllt. Es war fortan Mittelpunkt einer jeden Guericke-Ehrung. Das Denkmal, ein zu dieser Zeit im Kaiser Friedrich Museum Magdeburg eingerichtetes Guericke-Zimmer sowie die von Wilhelm Räuber (1849–1926) für das Deutsche Museum München geschaffene monumentale Darstellung des Halbkugelversuchs bilden den Auftakt für die Guericke-Ehrungen im 20. Jahrhundert, die die jeweiligen politischen Machthaber auch für propagandistische Zwecke nutzten. Dabei verschwammen die Grenzen zwischen Wertschätzung, Überhöhung und Mißbrauch der Person Guerickes.

Im Mai 1936 fanden zum 250. Todestag des »Ahnherrn deutscher Technik« Kundgebungen und Festveranstaltungen in Magdeburg, Hamburg, Berlin und München statt. Guerickes legendärer Magdeburger Halbkugelversuch wurde erstmals wieder der Öffentlichkeit vorgeführt und war als historisches Schauspiel einer der Höhepunkte der Feierlichkeiten. Im gleichen Jahr begann Hans Schimank (1888–1979) mit der kommentierten Übersetzung der Experimenta Nova. Nach vielen Verzögerungen konnte das Hauptwerk Guerickes jedoch erst 1968 einem breiteren Publikum zugänglich gemacht werden.

Zum 350. Geburtstag stand 1952 ein anderer Aspekt im Mittelpunkt: Guerickes Einsatz für Magdeburg nach der Zerstörung 1631 sollte Vorbild sein für den Wiederaufbau Magdeburgs nach der Zerstörung im Zweiten Weltkrieg. Das Magdeburger Museum eröffnete die erste große Ausstellung zu Leben und Werk Guerickes.

Mit der Verleihung des Namens »Otto von Guericke« an die Technische Hochschule Magdeburg 1961, seit 1993 Otto-von-Guericke-Universität, wurde diese Einrichtung für lange Zeit zum wichtigsten Traditionsträger des »Guericke-Erbes«.

1986 fand die vorerst letzte große Guericke-Ehrung statt. Nachdem die DDR Guerickes Bedeutung für die materialistische Philosophie erkannt hatte, erhob sie den 300. Todestag des »Gründers der experimentellen Forschung« zu einem nationalen Ereignis im Schatten des XI. Parteitages der SED.

Heute bestimmt die 1991 aus einer Forschungsgruppe der Technischen Universität hervorgegangene Otto-von-Guericke-Gesellschaft e. V. maßgeblich Ausmaß und Form der Guericke-Ehrungen in Magdeburg mitsamt dem von ihr betreuten Guericke-Museum im historischen Gebäude der Lukasklause an der Elbe. G.P./U.S.

372

Oberbürgermeister August Wilhelm Francke

1839; Ferdinand Hartmann (1774–1842)
Öl/Lw.; 223 x 158 cm
Magdeburg, Kulturhistorisches Museum,
G 500

200 Jahre nachdem Magdeburg im Dreißigjährigen Krieg zerstört wurde, bereitete die Stadt für 1831 Gedenkfeierlichkeiten vor. Unter anderem erhielt der Berliner Bildhauer Christian Friedrich Tieck (1776–1851) den Auftrag, eine Büste Otto von Guerickes anzufertigen. Sie sollte eine Anerkennung der Leistungen des Bürgermeisters Guericke beim Wiederaufbau der Stadt im 17. Jahrhundert sein und das Andenken an den großen Wissenschaftler und Politiker bewahren. Diese heute verlorengegangene Büste hat der Maler Ferdinand Hartmann nur wenige Jahre später auf einem Porträtgemälde August Wilhelm Franckes (1785–1851) dargestellt. Francke war zu dieser Zeit Stadtoberhaupt Magdeburgs und veranlaßte die Aktivitäten zum Gedenken an den historischen Einschnitt und die bemerkenswerten Erfolge Otto von Guerickes. Mehr als 30 Jahre (1817– 1848) übte auch Francke das Amt des Oberbürgermeisters aus. Fortschritte in der Stadt wie zum Beispiel der Bau von Eisenbahnlinien und des Packhofes, die Förderung der Dampfschiffahrt, die Reformierung des Schulwesens, des Armen- und Sozialwesens, Neuerungen bei der Wasserversorgung und der Ausbau von Park- und Grünanlagen machten ihn zu einem der bedeutendsten Oberbürgermeister der Geschichte Magdeburgs. S. L.

Lit.: Paulsiek 1884, S. 112

373

Zwei Bronzereliefs des Guericke-Denkmals

1907 ?
Carl Echtermeier (1845–1910)
Bronze; je 14 x 40 cm
Magdeburg, Kulturhistorisches Museum,
Me 2091 a und b

Die Ausschreibung zur Gestaltung des Guericke-Denkmals hatte der Braunschweiger Künstler Carl Echtermeier gewonnen. Die beiden Reliefs sind kleinere Ausführungen jener Reliefs, die den Sockel des Denkmals schmücken. Sie wurden vom Künstler als Bronzetafeln geschaffen und zeigen den legendären Halbkugelversuch und Magdeburg vor der Zerstörung 1631. G.P.

374

Postkarte des Guericke-Denkmals

1910 ?
Druck; 14,1 x 8,8 cm
Magdeburg, Kulturhistorisches Museum, A 6399

Obwohl im Juni 1821 die Magdeburger Gemeinderatssitzung beschlossen hatte, Otto von Guericke »aus dem Gefühl der Dankbarkeit und Verehrung« heraus ein Denkmal zu errichten, wurde dieser Beschluß 1823 ausgesetzt und erst 1897 wieder aufgenommen. 1903 standen endlich die für die Ausführung erforderlichen Mittel in Höhe von 60 000 Reichsmark, heute wohl mehr als 500 000 Euro, zur Verfügung. Als Standort wurde der Platz an der Hauptwache bestimmt, an dem sich das August-Wilhelm-Francke-Denkmal befand. Dieses mußte weichen und wurde in den Nordfriedhof verlegt, wo Francke auch begraben liegt. Die Postkarte mit dem Guericke-Denkmal wurde kurze Zeit nach der Einweihung 1907 hergestellt und ist zugleich ein Zeitzeugnis für das Stadtbild an der Hauptwache. G.P.

375

Guericke-Feiern anläßlich des 250. Todestages 1936

»Große Feiern für Otto von Guericke«

Magdeburgische Zeitung vom 28./29. März 1936

Typendruck; 47 x 65 cm (aufgeschlagen)
Magdeburg, Stadtarchiv, Magdeburgische Zeitung März 1936

In der Magdeburgischen Zeitung werden die bevorstehenden Feierlichkeiten zum Gedenken des 250. Todestages Otto von Guerickes in den Städten Magdeburg, Hamburg, Berlin und München angekündigt. Im Mittelpunkt werde die große Festveranstaltung in Magdeburg stehen, der Geburts- und Wirkungsstätte des bedeutenden Ingenieurs. Ferner wird auf die abschließende Festveranstaltung in Hamburg hingewiesen, an der Professor Hans Schimank vom dortigen Naturwissenschaftlichen Verein teilnehmen werde. Unter dessen maßgeblicher Mitarbeit werde das wissenschaftliche Werk Guerickes »Experimenta Nova Magdeburgica De Vacuo Spacio« übersetzt und somit der Öffentlichkeit zugänglich gemacht. G.P.

376

»Die geöffneten Halbkugeln (Das Wunder)«

1936; Magdeburg
Die neue Magdeburger Volkshochschule
Photographie in Photoalbum
26,5 x 67 cm (aufgeschlagen)
Magdeburg, Kulturhistorisches Museum, Bibliothek M 400

Auf dem Turnierplatz an den Magdeburger Rennwiesen wurde der berühmte Magdeburger Halbkugelversuch erstmals als historisches Ereignis nachgestellt. Magdeburger Ingenieure und Handwerker des Krupp-Grusonwerkes schufen dafür originalgetreue Nachbildungen der Halbkugeln. 20 000 Jungen und Mädchen verfolgten das Schauspiel und sahen, daß sechzehn Pferde es nicht schafften, die Kugeln zu trennen. Groß war das Staunen über das Wunder: Ein Nichts, das Vakuum, hatte sie zusammengehalten. G.P.

377

»Otto-v.-Guericke-Gedenkfeier«

1936; Magdeburg
Plakat. Offsetdruck; 117 x 82,5 cm
Magdeburg, Kulturhistorisches Museum, St 478

Magdeburg, die Geburts- und Wirkungsstätte Guerickes, war der Mittelpunkt der Festveranstaltungen von 1936. Erstmals wurden der berühmte Magdeburger Halbkugelversuch mit 16 Pferden und der Galgenversuch nachgestellt. Eine Kranzniederlegung am Otto-von-Guericke-Denkmal fand unter Teilnahme geladener Gäste statt. Im Anschluß folgte die feierliche Eröffnung der Otto-von-Guericke-Gedächtnisausstellung im Kaiser Friedrich Museum, in der hauptsächlich Handschriften Guerickes gezeigt wurden. Eine Festveranstaltung mit großem Bankett und musikalischer Umrahmung in der Magdeburger Stadthalle beschloß die Feierlichkeiten. G.P.

378

Die Stadt stiftet Otto-von-Guericke-Plakette

1936
Entwurf: Rudolf Bosselt (1874–1938)
Hersteller: Hermann Noack, Bildgießerei Berlin-Friedenau
Bronze; Dm 9,7 cm
Magdeburg, Kulturhistorisches Museum, Med 1936

Anläßlich des 250. Todestages Otto von Guerickes wurde unter anderem die von Rudolf Bosselt entworfene Otto-von-Guericke-Plakette verliehen, um das Andenken Guerickes lebendig zu halten. Sie sollte als Ehrennadel der Stadt Magdeburg an Persönlichkeiten vergeben werden, die sich im besonderen Maße um das Gemeinwohl oder in hervorragender Weise um Wirtschaft, Wissenschaft oder Technik verdient gemacht hätten. Die Vorderseite der Plakette zeigt das Brustbild Otto von Guerickes mit den Jahreszahlen 1602 und 1686. Auf der Rückseite ist das Magdeburger Wappen mit der Umschrift »Ehrengabe der Stadt Magdeburg« eingeprägt. G.P.

Lit.: Busch 2001 a, S. 83 f.

379

Briefmarke zum 250. Todestag von Otto von Guericke

1936; Deutsche Reichspost
Entwurf: R. Klein
Rastertiefdruck, dreifarbig; Zähnung K 14; 2,5 x 2,3 cm
Magdeburg, Kulturhistorisches Museum, A 6368 g

Am 5. Mai 1936 ein Sonderpostwertzeichen mit dem Porträt Guerickes zum Wert von sechs Reichspfennig in der Farbe schwarzblaugrün (Töne) im Rastertiefdruck herausgegeben. Dem Entwurf von R. Klein liegt das Autorenbildnis in Guerickes »Experimenta Nova« von 1672 zugrunde. Abbildung im Michel-Deutschlandkatalog unter Deutsches Reich, Nummer 608. A.H.

380

Guericke-Gedenkwoche

1952
Plakat, Offsetdruck; 79 x 54 cm
Magdeburg, Eckbert Busch

Der 350. Geburtstag Guerickes 1952 war erneut Anlaß, ihn zu ehren. Nach Vorgabe der Sozialistischen Einheitspartei Deutschlands wurde Otto von Guericke vor allem als fortschrittlicher Physiker gewürdigt, dessen Forscherdrang die Magdeburger Bevölkerung sich zu eigen machen solle. Besonders herausgestellt wurde Guerickes Beitrag für den Wiederaufbau nach der Zerstörung Magdeburgs 1631, der beispielhaft für den Wiederaufbau nach 1945 sei. G.P.

Lit.: Magdeburger Volksstimme vom 1. Oktober 1952, S. 5, und vom 10. Oktober 1952, S. 4.

381

Ausstellung zum 350. Geburtstag Guerickes

1952
2 Photographien
9 x 11,8 cm, 12,3 x 17,4 cm
Magdeburg, Kulturhistorisches Museum, Priegnitz-Nachlaß

Bereits 1906 zur Eröffnung des Kaiser Friedrich Museums, dem heutigen Kulturhistorischen Museum, stand die Büste Otto von Guerickes im Hauptsaal neben den bedeutendsten »Alterthümern« der Magdeburger Geschichte. In den Vitrinen waren zudem seine Handschrift über die Zerstörung 1631, der Adelsbrief (1666) und das Privileg zur Steuerbefreiung des verdienstvollen Bürgermeisters zu sehen. Zur Sammlung gehörten zudem seit 1899 eine Luftpumpe aus Guerickes Besitz und der Nachbau seiner Schwefelkugel. Der Würdigung Guerickes zum 350. Geburtstag 1952 waren drei Ausstellungen vorhergegangen – 1931, 1936 und zuletzt 1947. Die Gedenkausstellung sieben Jahre nach dem Zweiten Weltkrieg wurde in fünf wiederhergerichteten Räumen im Obergeschoß präsentiert und ging einerseits der Frage nach, welche Bedeutung Guericke »für die moderne Wissenschaft« habe. Andererseits sollte die Schau den Beweis erbringen, daß seine Entdeckung ein wichtiges Instrument »im Kampf gegen die idealistische Philosophie« ist. khk.

382

Rektorenkette der Technischen Hochschule Magdeburg

1961; Halle, Burg Giebichenstein: Institut für künstlerische Werkgestaltung
Messing, vergoldet; 20 x 10 cm
Magdeburg, Otto-von-Guericke-Universität

Anläßlich der Umbenennung der 1953 gegründeten Hochschule für Schwermaschinenbau Magdeburg in Technische Hochschule »Otto von Guericke« Magdeburg im Jahr 1961 wurde dem Rektor Ernst Joachim Gießmann eine Amtskette überreicht. Eine erste Kette hatte der Rektor am 24. Mai 1957 vom Oberbürgermeister Magdeburgs Philipp Daub (1896–1976) erhalten. Sie wurde Anfang der sechziger Jahre nur ein wenig verändert. Das Medaillon mit einem reliefartig erhabenen Porträt Otto von Guerickes und einer durchbrochenen Umschrift wurde umgearbeitet. Die Bekrönung, bestehend aus zwei Wappen, und die Kettenglieder blieben erhalten. K. G.

Lit.: Magdeburger Volksstimme vom 27. Mai 1957. Neue Zeit vom 28. Mai 1957.

383

Otto-von-Guericke-Büste

1961
Franz Vincenz Xaver Eisele (1900–1968)
Guß: Seiler & Siebert, Schöneiche bei Berlin
Bronze; H 62 cm (ohne Sockel)
Magdeburg, Otto-von-Guericke-Universität

Im Jahre 1961 erhielt die damalige Hochschule für Schwermaschinenbau in Anerkennung ihrer Leistungen in Lehre und Forschung den Status Technische Hochschule mit dem verpflichtenden Namen »Technische Hochschule ›Otto von Guericke‹ Magdeburg«. Aus diesem Anlaß wurde die Otto-von-Guericke-Büste aus Bronze hergestellt. E. B.

Lit.: Busch 2001 b, S. 133–136.

384

Die Ehrung des Guericke-Forschers Hans Schimank

a) Hans Schimank bei seinem Festvortrag am 10. Mai 1961
Photographie; 18 x 13 cm

b) Otto-von-Guericke-Plakette mit Verleihungsurkunde für Hans Schimank
Urkunde: 10. Mai 1961; Magdeburg
Aussteller: Senat der Technischen Hochschule »Otto von Guericke« Magdeburg; Unterschrift des Rektors Gießmann; 24 x 35 cm (aufgeschlagen)
Plakette: 1959; Lauchhammer: Gerhard Lichtenfeld (1921–1978)
Gußeisen; Dm 9 cm
Umschrift (Rückseite): HOCHSCHVLE FÜR SCHWERMASCHINENBAV . MAGDEBVRG

c) Geschenk an Hans Schimank: Photoalbum der Technischen Hochschule »Otto von Guericke«
1961; Magdeburg

Montierte Photographien mit Beschriftungen im Photoalbum; 20 x 27 cm

Hamburg, Hans Schimank-Gedächtnis-Stiftung, Nachlaß Schimank

Als besonderen Gast des Festaktes, der am 10. Mai anläßlich der Namensänderung der Magdeburger Hochschule im Maxim-Gorki-Theater (das heutige Theater der Landeshauptstadt) gefeiert wurde, lud der Senat den Hamburger Guericke-Forscher Hans Schimank (1888–1979) ein. Schimank hatte bereits 1929 eine erste Studie zu Guericke vorgelegt, in der er nachwies, daß der berühmte Halbkugelversuch mit den 16 Pferden nicht auf dem Regensburger Reichstag 1654 vorgeführt worden ist. Seitdem plante Schimank die komplette deutsche Übersetzung und Kommentierung von Guerickes Werk »Experimenta Nova«, die dann 1968 erschien. Schimank hielt am 10. Mai nicht nur den Festvortrag, sondern ihm wurde in Anerkennung seiner Forschungen zu Guericke als erstem Wissenschaftler überhaupt die Otto-von-Guericke-Plakette verliehen. Angesichts der verschärften politischen Spannungen zwischen Ost- und Westdeutschland – drei Monate nach dem Festakt wurde die Berliner Mauer gebaut – wagte es aber die Magdeburger Presse nicht, Schimanks Beitrag zur Feierstunde zu würdigen: In dem einen Tag später erschienenen Zeitungsartikel der Volksstimme werden Rede und Ehrung des westdeutschen Wissenschaftlers verschwiegen. G.K.

Lit.: Schimank 1961/1992. Schmidt 1992.

385

Sonderausgabe der Zeitung »Sozialistische Hochschule«

1986; Magdeburg
Typendruck; 26 x 37 cm
Magdeburg, Klaus Werner

Das Jahr 1986 sollte unter dem kulturellen Leitthema »Otto von Guericke Ehrung der DDR« stehen. Bereits 1983 wurde ein umfangreiches Rahmenprogramm zur Durchführung der Veranstaltungen durch den Rat der Stadt Magdeburg, dem Senat der Technischen Hochschule und der Stadtleitung des Kulturbundes abgesteckt mit der Zielsetzung, den großen Gelehrten in seiner Heimatstadt gebührend zu ehren. An der Technischen Hochschule »Otto von Guericke« veröffentlichte die Leitung der Hochschulparteiorganisation der SED in der Zeitschrift »Sozialistische Hochschule« regelmäßig Beiträge zur Pflege des »Guericke-Erbes«, die zum 300. Todestag gesammelt als Sonderausgabe 9/86 erschienen. Biographische Skizzen dokumentieren den damals aktuellen Forschungsstand zu Guerickes Leben und Werk. Die Publikation widmet der Bedeutung des Experimentes als wissenschaftliches Beweismittel wie auch der Erfindung und Entwicklung der Luftpumpe im Hinblick auf die bahnbrechenden Erkenntnisse bei der Erforschung des luftleeren Raumes und der veränderten Sicht des Weltbildes des 17. Jahrhunderts mehrere Kapitel.

G.P./H.My.

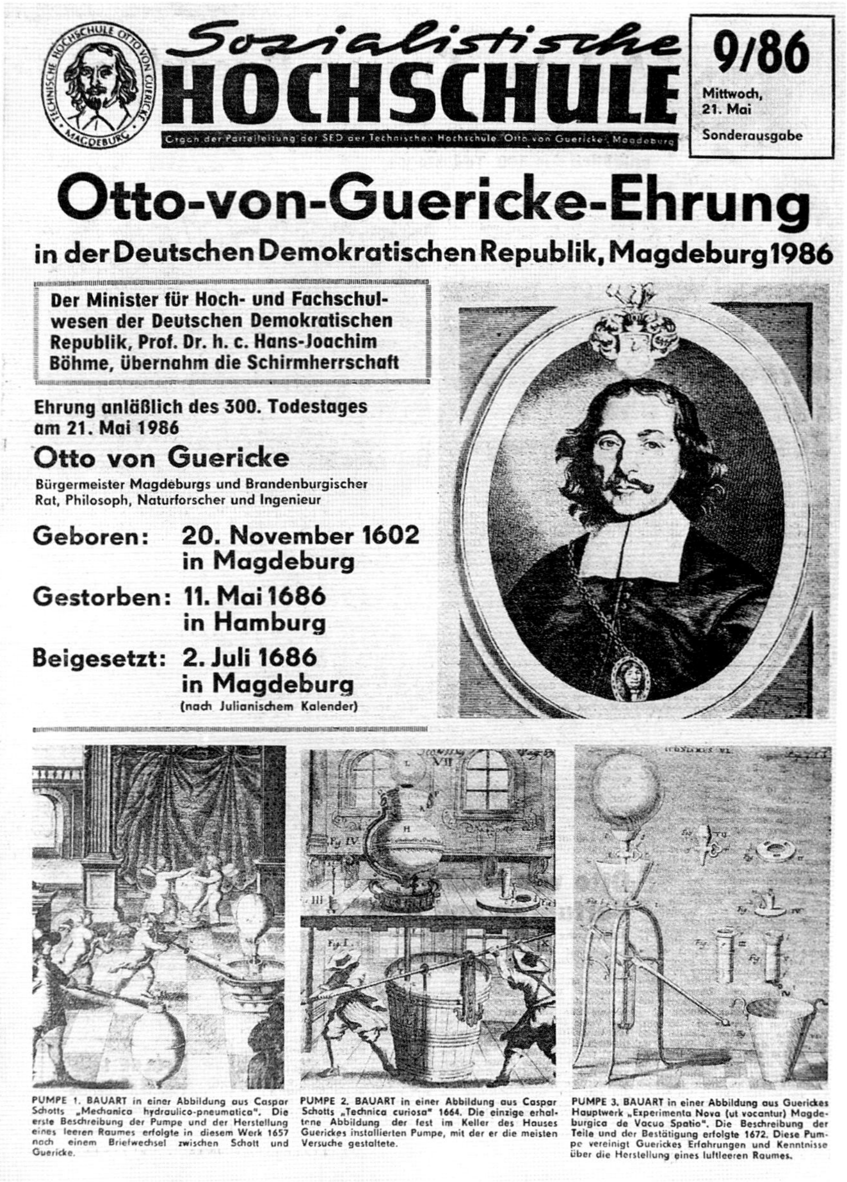

Sozialistische HOCHSCHULE

Organ der Parteileitung der SED der Technischen Hochschule „Otto von Guericke“ Magdeburg

9/86
Mittwoch, 21. Mai
Sonderausgabe

Otto-von-Guericke-Ehrung

in der Deutschen Demokratischen Republik, Magdeburg 1986

Der Minister für Hoch- und Fachschulwesen der Deutschen Demokratischen Republik, Prof. Dr. h. c. Hans-Joachim Böhme, übernahm die Schirmherrschaft

Ehrung anläßlich des 300. Todestages am 21. Mai 1986

Otto von Guericke

Bürgermeister Magdeburgs und Brandenburgischer Rat, Philosoph, Naturforscher und Ingenieur

Geboren: 20. November 1602 in Magdeburg

Gestorben: 11. Mai 1686 in Hamburg

Beigesetzt: 2. Juli 1686 in Magdeburg (nach Julianischem Kalender)

PUMPE 1. BAUART in einer Abbildung aus Caspar Schotts „Mechanica hydraulico-pneumatica“. Die erste Beschreibung der Pumpe und der Herstellung eines leeren Raumes erfolgte in diesem Werk 1657 nach einem Briefwechsel zwischen Schott und Guericke.

PUMPE 2. BAUART in einer Abbildung aus Caspar Schotts „Technica curiosa“ 1664. Die einzige erhaltene Abbildung der fest im Keller des Hauses Guerickes installierten Pumpe, mit der er die meisten Versuche gestaltete.

PUMPE 3. BAUART in einer Abbildung aus Guerickes Hauptwerk „Experimenta Nova (ut vocantur) Magdeburgica de Vacuo Spatio“. Die Beschreibung der Teile und der Bestätigung erfolgte 1672. Diese Pumpe vereinigt Guerickes Erfahrungen und Kenntnisse über die Herstellung eines luftleeren Raumes.

386

Die Hochschule wird »Technische Universität«

1987
Urkunde; 42,5 x 30,2 cm (mit Mappe)
Magdeburg, Otto-von-Guericke-Universität

Auf einer Festveranstaltung am 23. März 1987 in der Magdeburger Stadthalle wurde die Technische Hochschule »Otto von Guericke« in den Status einer Technischen Universität gehoben. Der amtierende Minister für Hoch- und Fachschulwesen der DDR Hans-Joachim Böhme nahm diesen Akt vor und überreichte dem Rektor Reinhard Probst die entsprechende Urkunde. K. G.

387

Vereinigung der drei Fakultäten

1993
Karin Lange, Otto-von-Guericke-Universität Magdeburg
Photographie
Magdeburg, Otto-von-Guericke-Universität

Am 3. Oktober vereinigten sich die Medizinische Akademie, die Pädagogische Hochschule und die Technische Universität zur »Otto-von-Guericke-Universität Magdeburg«. Auf der Festveranstaltung in der Magdeburger Stadthalle sprach der Minister für Wissenschaft und Forschung des Landes Sachsen-Anhalt Rolf Frick die entscheidenden Worte: »Ich erkläre hiermit die Otto-von-Guericke-Universität als gegründet.« Der Magdeburger Oberbürgermeister Willi Polte überreichte dem Rektor die Amtskette. Es war jene aus dem Jahr 1987. Nur das Medaillon wurde verändert. Der Rektor der Universität, Professor Jürgen Dassow, bedankte sich und umriß die zukünftigen Aufgaben der Volluniversität. K. G.

Lit.: Magdeburger Volksstimme vom 4. Oktober 1993.

388

Otto von Guericke auf Briefmarken

1969; Herausgeber: Deutsche Post der DDR; Entwurf: Klaus Hennig
Offsetdruck, mehrfarbig; Zähnung K 13:12,5; 2,5 x 6,5 cm
Magdeburg, Kulturhistorisches Museum, A 6368 b, c

Die Deutsche Post der DDR gab am 28. Oktober 1969 aus Anlaß der Nationalen Briefmarkenausstellung vom 31. Oktober bis 9. November 1969 in Magdeburg zwei Sonderpostwertzeichen heraus: eine Marke zu 20 Pfennig mit einer Zusammenstellung von Guericke-Denkmal, Dom und Hotel »International« sowie eine Marke zu 40 + 10 Pfennig mit dem Motiv des Magdeburger Halbkugelversuchs, das an historische Darstellungen angelehnt ist. Der Zuschlag wurde zugunsten der Ausstellung verwendet. Abbildungen im Michel-Deutschlandkatalog unter DDR, Nummer 1513 und 1514 A. H.

389

Die Digedags besuchen Guericke

Hannes Hegen, »Die Mission des Obristen von Ladestock« und »In des Harzes finstren Gründen«, in: Mosaik (Digedags) Heft 53 und 54, Berlin 1961

Hannes Hegen (geb. 1925)
Druck; je 24 x 33 cm (aufgeschlagen)
Magdeburg, Meier

In anschaulicher Weise werden in der Bildergeschichte »Mosaik« von Hannes Hegen mit den drei Leitfiguren Dig, Dag und Digedag die wissenschaftlichen Experimente Guerickes humorvoll, belehrend und leicht nachvollziehbar wiedergegeben. Das Heft 53 zeigt die ersten Versuche Guerickes zur Herstellung des Vakuums, des Nichts, des luftleeren Raumes. Die drei Digedags unterstützen den Bürgermeister eifrig bei seinem Experiment. Im Heft 54 wird der legendäre Halbkugelversuch auf dem Reichstag in Regensburg in Anwesenheit des Kaisers Ferdinand III. vorgeführt, natürlich geht auch dies nicht ohne die fleißige Hilfe der Digedags. G.P.

390

Guericke in der Reihe »Bedeutende Persönlichkeiten«

1977; Deutsche Post der DDR
Entwurf: E. Gerhard Stauf
Offsetdruck, zweifarbig; Zähnung K 13:12,5; 2,5 x 4,3 cm
Magdeburg, Kulturhistorisches Museum, A 6368 e

Am 8. Februar 1977 erschien eine Sonderausgabe »Bedeutende Persönlichkeiten« der Deutschen Post der DDR mit vier Werten, deren 20 Pfennig-Wert dem 375. Geburtstag Otto von Guerickes gewidmet war. Der in hellgrau-schwarzer Farbe gestaltete Entwurf folgt einer historischen Vorlage. Abbildung im Michel-Deutschlandkatalog unter DDR, Nummer 2200. A. H.

391

Medard-W.-Welch-Medaille

Preis der Amerikanischen Vakuum-Gesellschaft für George Comsa 1993

Entwurf: J. M. Lafferty
Hersteller: Brüder Weyhing in Detroit, Michigan, USA
14 Karat Gold (583er Gold); Dm 5,1 cm
Bonn, Prof. Dr. George Comsa

Der Medard-W.-Welch-Preis wird seit 1970 einmal jährlich als Auszeichnung für hervorragende theoretische und experimentelle Forschungen auf dem Gebiet der Vakuum-Wissenschaft und benachbarter Gebiete verliehen. Vorderseite der Medaille oben: THE / AMERICAN / VACUUM SOCIETY / AWARDS / THE WELCH / MEDAL / TO (Die amerikanische Vakuum Gesellschaft verleiht die Welch-Medaille an). Mitte: Schriftband, in dem der Name des Preisträgers und das Verleihungsjahr eingraviert werden (in der vorliegenden Medaille GEORGE COMSA – 1993). Unten: Abbildung des Versuches mit den Magdeburger Halbkugeln. – Rückseite: Brustbild von Medard W. Welch nach rechts, Umschrift: THE MEDARD W. WELCH AWARD (Der Medard W. Welch Preis). E. B.

Lit: Busch 2001 a, S. 88.

392

Guericke-Medaille 2002

12. Magdeburger Stadtmedaille der Stadtsparkasse Magdeburg
Ausgabejahr 2002
Entwurf: Eckbert Busch (geb. 1935), Ursula Klinger (geb. 1954)
Hersteller: EuroMint Bochum
999er Feinsilber; Dm 3,5 cm
Magdeburg, Kulturhistorisches Museum, Med 2335

Die Gedenkmedaille wurde aus Anlaß des 400. Geburtstags Otto von Guerickes herausgegeben. Die Vorderseite zeigt einen Ausschnitt aus dem Bild »Otto von Guericke« von Friedrich Reichert (1868) mit der Umschrift: OTTO VON GUERICKE/400. Geburtstag. Auf der Rückseite ist in den symbolisch dargestellten Magdeburger Halbkugeln die Lukasklause abgebildet, in der sich seit 1995 das Otto-von-Guericke-Museum befindet. Die Umschrift lautet: OTTO-VON-GUERICKE-MUSEUM IN DER LUKASKLAUSE MAGDEBURG / 2002. E. B.

Lit.: Informationsblatt der Stadtsparkasse Magdeburg zur 12. Stadtmedaille Magdeburg.

Heutige Weltbilder

Als Guericke mit seinen astronomischen Beobachtungen und Schlußfolgerungen einen Grundstein für das heutige Verständnis des Weltalls legte, waren erst sechs von den heute bekannten neun Planeten unseres Sonnensystems entdeckt. Noch immer wurde heftig diskutiert, ob die Erde oder die Sonne den Mittelpunkt des Weltsystems bildete. Neue Erfindungen ermöglichten zu jener Zeit sensationelle, manchmal auch umstrittene Entdeckungen – wer konnte aber damals ahnen, daß keine 400 Jahre später Raumschiffe ins All fliegen würden? Bis heute haben sich die Erkenntnisse vervielfacht und ein Ende der Entdeckungen ist auf Grund einer immer ausgefeilteren Technik nicht abzusehen. Amateurastronomen unterstützen dabei die »Profis« durch Langzeitbeobachtungen des Himmels und ein weltweites Meldenetz für außergewöhnliche astronomische Phänomene. Trotz vieler Veränderungen seit der Zeit Guerickes war die Ambition stets die gleiche: Man wollte damals und man will heute den Himmel entdecken und erforschen. Dies gelingt den professionellen, vor allem unter wissenschaftlichen Fragestellungen arbeitenden Astronomen natürlich in weit größerem Maße. Seit dem erfolgreichen Start des ersten Sputnik 1957 und den ersten Kosmonauten- und Astronautenflügen hat die Raumfahrt neue Beobachtungsmethoden ermöglicht. Das Hubble-Weltraumteleskop ist das wohl bekannteste Beispiel für die extraterrestrische Weltraumforschung. Einige herausragende »Meilensteine« der Astronomiegeschichte wie die »Urknall-Theorie« verdienen besondere Beachtung. Sie führten zu unserem heutigen Wissen, daß der blaue Planet Erde nicht im Zentrum des Weltgebäudes steht, sondern nur ein winziger Trabant am Rande unserer Milchstraße ist. Die Milchstraße wiederum stellt nur eine Galaxie unter unzähligen Sternsystemen dar. Allerdings kann auch die moderne Astrophysik die von Guericke gestellten Fragen nach der absoluten Leere und nach Anfang und Ende des Raumes nicht abschließend beantworten. C. H.

393

Astronomisches Wörterbuch

Installation
Entwurf: Christiane Heinemann
Photovorlagen: Museum für Naturkunde Magdeburg; NASA; Marcus Richert, Magdeburg; Uwe Wohlrab, Schönebeck; Steffen Fritsche, Hof
Magdeburg, Museum für Naturkunde

Weißt Du, wieviel Sternlein stehen? An das kindliche Staunen über den Nachthimmel denken in der heutigen Informationsgesellschaft wohl nur wenige Menschen zurück. Allerdings fehlt oft auch astronomisches Grundwissen. Wer kann schon auf Anhieb Himmelserscheinungen wie Sternschnuppen und Kometen erklären oder sich an wissenschaftliche Hypothesen über die Phänomene von Supernova, Schwarzes Loch oder Pulsar erinnern? Anhand einiger Grundbegriffe beschreibt das kleine astronomische Wörterbuch Zusammenhänge zwischen Sternen, die als »»Kernfusionsreaktoren« unter anderem Licht aussenden und Planeten, die es nur reflektieren. Außerdem ermöglicht das Glossar zum Beispiel die Unterscheidung zwischen Sternbildern, Sternzeichen und Tierkreiszeichen, und es veranschaulicht die Entfernungen und Größenverhältnisse ferner Galaxien im Vergleich zu unserer Milchstraße. C. H./J. B.

394

Zeit- und Raumdimensionen

Installationen
Entwurf: Christiane Heinemann, Rolf Rathke
Photovorlagen: Archenhold-Sternwarte Berlin; National Optical Astronomy Observatory (NOAO); NASA; Uwe Wohlrab, Schönebeck Vaihingen/Enz, Werner Mergelsberg; Magdeburg, Museum für Naturkunde; Magdeburg, Kulturhistorisches Museum

Das Auge erkennt am nächtlichen Sternenhimmel hellere und dunklere, kleinere und größere Objekte, die sich alle scheinbar in einer Ebene am Himmel befinden. In Wirklichkeit stehen die Sterne, zum Beispiel die des Sternbildes »Schwan«, Lichtjahre weit aus- und hintereinander. Dieser Tatsache trägt schon Otto von Guericke Rechnung, wenn er in seiner Experimenta Nova bei der Abbildung des copernicanischen Weltsystems die Fixsterne von den Sphärenbahnen löst und in den unendlichen, leeren Raum setzt. Heute sind wir in der Lage die Entfernungen zu anderen Sternen zu messen und zu berechnen. Die Astronomen verwenden als Maßeinheit das »Lichtjahr«. Es gibt die Strecke an, die das Licht in einem Erdenjahr zurücklegt. So braucht das Licht unserer Sonne für die Strecke von 150 Millionen Kilometer bis zur Erde 8,3 Minuten. Um sich die ungeheuren Dimensionen des Weltraums vorzustellen, kann man astronomische Objekte mit geologischen Funden unseres Planeten in Beziehung setzen: Als vor etwa 800 Millionen Jahren die ausgedehnteste Eiszeit der bisherigen Erdgeschichte herrschte, entstand der Copernicus-Krater auf dem Mond (Kat. 310). Das Licht von einem Galaxienhaufen im Sternbild »Krebs« benötigt etwa 270 Millionen Jahre, bis wir es auf der Erde wahrnehmen können. Zu jener Zeit, als das Licht ausgesandt wurde, entstand im Erdzeitalter des Perm der Sandstein, aus dem der Magdeburger Domfelsen besteht. Dagegen sind einige Sterne des Orionnebels nur etwa eine Millionen Jahre alt. Vor einer Million Jahren lebten auf der Erde schon die Mammute, deren Existenz bis zum Ende der Eiszeit durch vorgeschichtliche Funde belegt ist.
C. H./D. B. H.

Fossiler Backenzahn eines Mammuts, 1 Mio. Jahre

Amateurastronomie

395

Fernglas

Um 1970
Optik: 8 x 56; Sehfeld: 6,5°, Nr. 02122
Magdeburg, Christiane Heinemann

Mit bloßem Auge kann man in klaren Nächten und stockdunkler Umgebung ständig bis zu 4500 Sterne sehen. Mit dem Fernglas sind es viele mehr. Ab einer zehnfachen Vergrößerung wird es jedoch schwer, das Fernglas ruhig in der Hand zu halten. Dennoch bleibt es ein einfaches und leicht zu transportierendes Hilfsmittel, um sich erst einmal am Nachthimmel zu orientieren und einen Überblick zu gewinnen. Mit einem guten Fernglas kann man durchaus schon die größten Krater des Mondes und bis zu 40 000 Sterne erkennen. C. H.

396

Telementor

3. Viertel 20. Jh.
Optik: AS 63/840 auf einer parallaktischen Montierung T; Carl Zeiss Jena
Magdeburg, Astronomische Gesellschaft

Der Telementor ist ein »universell« einsetzbares transportables Fernrohr, mit dem Sonnen-, Mond- und Planetenbeobachtungen möglich sind. Es wurde von der Firma Carl Zeiss Jena speziell für den Schulunterricht entwickelt. Das Gerät ist mit einem Astro-Objektiv von 63 Millimeter Öffnung und 840 Millimeter Brennweite ausgerüstet. Zeiss baute von Ende der 1950er Jahre bis Ende der 1980er Jahre drei jeweils leicht voneinander abweichende Modelle des Telementors. C. H.

397

Spiegelteleskop

Vor 1985, Umbau 1995
Optik: 160/1440, Parabolspiegel
Magdeburg, Astronomische Gesellschaft

Dieses Teleskop ist der Eigenbau eines Mitglieds der Astronomischen Gesellschaft Magdeburg (AGM) und kam 1985 als Geschenk an die damalige Fachgruppe. 1995 wurde wiederum von einem Mitglied der AGM ein neuer Tubus dafür gebaut. Das Gerät wird für Deep Sky-Beobachtungen genutzt, also für die Betrachtung von Objekten wie beispielsweise Sternhaufen oder Nebel, die sich jenseits unseres Planetensystems befinden. C. H.

398

Sternatlas

»Otto Kohl, Gerhard Felsmann, Atlas des gestirnten Himmels für das Äquinoktium 1950«, Berlin 1956

Druck; 42,5 x 31,5 cm
Magdeburg, Harald Müller

Die Gestirne haben einen durch Himmelskoordinaten zu jedem Zeitpunkt definierbaren Standort. Das Koordinatensystem in diesem Atlas bezieht sich auf die Lage des Frühlingspunktes (des Frühlings-Äquinoktiums) am Beginn des Jahres 1950. Durch die Präzession (Beschreibung eines Doppelkegels) der Erdachse ändern sich die Koordinaten der Sterne im Laufe der Zeit. Sie erreichen erst nach ungefähr 26 000 Jahren wieder die gleiche Position. C. H.

399

Der Amateurastronom Hermann Gruson

»Hermann Gruson, Im Reiche des Lichts«, Braunschweig 1893

Druck; 24 x 16,5 cm
Magdeburg, Museum für Naturkunde, Bibliothek N 3717

Der Magdeburger Industrielle und Mäzen Hermann Gruson (1821–1895) befaßte sich schon von Kindheit an mit den Naturwissenschaften. Durch seinen Vater Louis Abraham Gruson gewann er auch Interesse an der Astronomie. An der Stelle des heutigen Roncalli-Hauses in der Max-Josef-Metzger-Straße hatte er sogar auf einem Stadtturm eine eigene Sternwarte. Gruson beschäftigte sich nach seinem Ausscheiden aus dem Vorstand seiner Fabrik unter anderem mit dem Zodiakallicht, mit der Entstehung der Sonnenflecken und mit Kometen. Niederschlag fanden seine Erkenntnisse in dem Buch »Im Reiche des Lichts«.

C. H.

400

Sternatlas mit Sternen bis zu einer Größe von 8,25

»A. A. Michailow: Swjosgnyj atlas codershaschtschij swjosdyj go 8,25 welitschiny«, hg. von der Akademie der Wissenschaften der UDSSR, Leningrad o.J.

Druck; 40,5 x 27,5 cm
Magdeburg, Harald Müller

Ein Sternatlas dient der Orientierung am nächtlichen Sternhimmel. Der Eigentümer dieser Sternkarten hat zur eigenen besseren Übersicht verschiedene Sternbilder eingezeichnet. Verzeichnet sind Sterne bis zu einer Größe von 8,25. Mit bloßem Auge sind unter absolut optimalen Bedingungen noch Sterne bis zur Größe 6 zu beobachten. »Größe« ist dabei ein Maß für die Helligkeit. Um die Informationen in diesem Sternatlas voll ausschöpfen zu können, braucht man daher ein optisches Hilfsmittel.

C. H.

401

Optik-Bausatz für ein Spiegelteleskop

1963
Bausatz Nr. 185 (A) des Deutschen Zentral-Instituts für Lehrmittel
3 Okulare (f = 0,15; 0,8; unbek.),
1 Fangspiegel (Dm 2,9 cm),
1 Hauptspiegel (Dm 12 cm) mit Holzrahmen sowie 1 Bauanleitung
Oschersleben, Thomas Heising

Der Optik-Bausatz ist nur ein kleiner, aber der wichtigste Teil eines Fernrohrs. Je besser Linsen oder Spiegel geschliffen sind, je genauer die Justierung der entsprechenden Teile möglich ist und je besser Objektive und Okulare sind, desto mehr läßt sich erkennen. Die Bauanleitung diente zum Selbstbau eines Newton-Fernrohrs mit parallaktischer Montierung, daß durch seine vielfältige Verwendbarkeit den Ansprüchen des Schulunterrichts genügte. Mit entsprechenden Zusätzen konnte es auch zu photographischen Zwecken eingesetzt werden, zur Sonnenprojektion oder zu spektroskopischen Beobachtungen. Mancher Amateurastronom baut sein Fernrohr selber, um Optik, Gewicht, Transport etc. nach seinen individuellen Ansprüchen zu gestalten.

C. H.

402

Zeichnungen vom Planeten Mars

1988
2 Poster; je 50 x 70 cm
Magdeburg, Joachim Hoppe

Die Zeichnungen wurden bei Beobachtungen durch einen Zeiss-Refraktor (80/1200) während der Opposition des Mars von Juli bis Oktober 1988 per Hand angefertigt. Aufmerksame Betrachter der Poster stellen fest, daß Süden »oben« ist und auch Ost und West vertauscht sind. Dies hängt mit dem Aufbau des Linsenfernrohrs zusammen. Zweck der Beobachtungen war aber, atmosphärische Phänomene (»das Wetter«) zu verfolgen und festzuhalten. Durch intensive und über lange Zeiträume erfolgte Aufzeichnungen konnte man Warm- und Kaltperioden auf dem roten Planeten ausmachen. Die von zahlreichen, weltweit verstreuten Amateurastronomen zusammengetragenen Daten wie auch die hier vorliegenden finden heute noch Eingang in das »Mars-Watch-Project«, dessen Zentrale sich in den USA befindet. Die Daten werden dort ausgewertet und unter anderem der NASA zur Verfügung gestellt. Die nächste Opposition des Mars findet im Jahr 2003 statt. C. H.

403

Praktica L 2

Um 1980
Kamera mit Teleobjektiv, Fernauslöser und Fernrohrhalterung
Schönebeck, Uwe Wohlrab

Für die Amateurastrophotographie empfehlen sich Spiegelreflex- oder ganz moderne CCD-Kameras. Wichtig ist, daß Blende und Belichtungszeiten entsprechend der Helligkeit, Entfernung und Art der Objekte zu wählen sind. Filmmaterial und vor allem Erfahrung machen aber den größten Teil des Erfolgs aus. Die Kamera wird meistens parallel zum Fernrohr zum Beispiel an der Gegengewichtsachse angebracht. Sie erfaßt in der Regel ein größeres Bildfeld als ein Fernrohr, welches jedoch zur genaueren Bestimmung des Objekts dient. Natürlich kann man auch ohne Montage an ein Fernrohr photographieren, in dem man die Kamera auf ein Stativ setzt, sich ein Sternfeld oder einen bestimmten Stern aussucht und Sternspuraufnahmen macht. Diese entstehen dadurch, daß die Kamera nicht die Bahn eines Sterns verfolgt, sondern statisch bleibt. Dadurch »bewegen« sich die Sterne durch das Bildfeld hindurch.

C. H.

404

Sternfeldaufnahmen

a) Photo: Vulpecula (Sternbild »Fuchs« mit Sternhaufen Collinder 399)
Pentacon 4/200, Blende 5,6, 25 min auf Kodak Technical Pan 2415 hyp., Amateursternwarte Schönebeck, 29. 06. 1995
© Uwe Wohlrab, Schönebeck

b) Photo: Aquila (Sternbild »Adler« mit Atair)
Pentacon 4/200, Blende 7, 60 min auf Kodak Technical Pan 2415 hyp., Amateursternwarte Schönebeck, 30. 06. 1995
© Uwe Wohlrab, Schönebeck

Beide Photos wurden mit der Praktica L 2 mit angeschlossenem Teleobjektiv, montiert an ein Leitfernrohr, gemacht. Hier handelt es sich um »nachgeführte« Aufnahmen. Das Fernrohr wird der durch die Erddrehung verursachten Bewegung der Sterne nachgeführt. Dies erfolgt schrittweise von Hand oder, bei längerer Aufnahmebrennweite unbedingt erforderlich, über einen Motor und Getriebe. Während der Aufnahme muß die Nachführung kontrolliert und gegebenenfalls korrigiert werden. Das geschieht über einen sogenannten Leitstern, der im Okular des Leitfernrohrs über ein beleuchtetes Fadenkreuz gelegt wird. Je nach Aufnahmebrennweite muß dann die Auslenkung des Leitsterns gegenüber dem Fadenkreuz korrigiert werden. Ob dies in ausreichendem Maß gelungen ist, zeigt sich spätestens nach der Entwicklung der Photoaufnahme: Sind zum Beispiel statt punktförmiger Sterne kleine Striche oder Ellipsen zu sehen, hat die Nachführung nicht gestimmt. U.W./C.H.

405

Reisemontierung

Photo: Deltagraph, 25 cm / Brennweite 83 cm; Leitfernrohr 80/500; 4/300, aufgenommen auf Kodak Ektacolor E 200 (6 x 6), Wutzow, 03. 02. 2002
© Uwe Wohlrab, Schönebeck

Eine gute Reisemontierung zeichnet sich durch Praktikabilität bei Transport, Auf- und Abbau aus, vor allem, weil während der Dämmerung aufgebaut, aber meistens bei Dunkelheit abgebaut wird. Soll photographiert werden, gilt es auch hier oft, die Kamera im Dunklen startbereit zu machen und zu montieren. Es empfiehlt sich, eine Taschenlampe nur bei den Auf- oder Abbauarbeiten einzusetzen. C. H.

406

Rotlichttaschenlampe

Um 2000
skylite, Rigel systems; 11 x 3,3 x 2,5 cm
Magdeburg, Christiane Heinemann

Um trotz Dunkelheit Feinjustierungen vornehmen, Kamera und Feldbuch bedienen zu können, ist der Einsatz einer Rotlichttaschenlampe sinnvoll. Das sanfte Rotlicht erlaubt es dem Auge, sich viel schneller als bei weißem Licht wieder auf die Dunkelheit einzustellen und beeinträchtigt kaum die schon an die Dunkelheit angepaßte Pupille. C. H.

407

Feldbuch

Geführt ab 2000
Kladde, DIN A 5-Format
Magdeburg, Christiane Heinemann

Gleich, ob man beobachtet oder photographiert, wichtig ist stets die Aufnahme der Beobachtungsdaten in ein Feldbuch. Abgesehen von Datum und Beobachtungsstandort ist es sinnvoll, das beobachtete Objekt mit seinen speziellen Eigenschaften schriftlich festzuhalten. Hinzu kommen die genaue Uhrzeit bei kurzlebigen Objekten (Feuerkugeln) und Ereignissen (Iridium flares), sowie die technischen Daten des Teleskops. Bei Photoaufnahmen sollten Filmart, Belichtungsdauer, Blende und Objektiv der Kamera notiert werden. Da zumeist bei klarer Witterung beobachtet wird, erübrigen sich Angaben zum Wetter; es sei denn, daß während einer Langzeitbelichtung Wolkenfetzen durch das Bild ziehen. C. H.

408

Amateursternwarte Schönebeck

Photo: 1997
© Uwe Wohlrab, Schönebeck

Wer genügend Platz, Geduld und handwerkliches Geschick hat sowie Begeisterung für sein Hobby aufbringt, kann sich selber eine Sternwarte bauen. Die Amateursternwarte in Schönebeck ist im Eigenbau von Uwe Wohlrab zwischen 1987 und 1991 entstanden. Zur Zeit sind drei Teleskope montiert: als Leitfernrohr ein Refraktor mit einem Durchmesser von 110 Millimetern und einer Brennweite (F) von 750 Millimetern, ein Refraktor (Halbapochromat) 150/2290 und ein Newton-Spiegelteleskop 250/1600. Hauptarbeitsgebiet des Amateurastronoms Wohlrab ist die Deep-Sky- und Kometen-Photographie. Die einsetzbare Technik läßt stundenlange Belichtungszeiten zu, durch die auch lichtschwache und weit entfernte Himmelskörper später auf den Photographien zu sehen sind. Trotz der stärker werdenden Lichtverschmutzung gelingen immer wieder Aufnahmen, die in verschiedenen Fachzeitschriften erscheinen. C. H.

409

Visuelle Deep-Sky-Beobachtungen

2001
2 Poster; je 50 x 70 cm im Holzrahmen
© Jens Briesemeister, Magdeburg

Für die visuelle Deep-Sky-Beobachtung ist ein dunkler Himmel die wichtigste Voraussetzung. Da solche Bedingungen in Europa immer seltener anzutreffen sind, erfolgt die Beobachtung an abgelegenen Stellen, zum Beispiel in den Alpen an hochgelegenen Standorten. Die große Höhe bringt mehrere Vorteile: hohe Luftschichten enthalten nur noch wenig lichtreflektierende Staub- und Schmutzpartikel und Wasserdampf. Damit ist die Durchsicht exzellent und liegt bei visuellen Grenzgrößen um 7,0 Magnitudo (mag) (schwächster mit bloßem Auge sichtbarer Stern). Durch die dünne Besiedlung der Bergregionen – im Vergleich zur normalen Siedlungsdichte – tritt kaum Streulicht auf. Die Poster zeigen Zeichnungen der Galaxis NGC 4236 (250/3000 Cassegrain, 86fach), der Kugelsternhaufen M92 und M13 (Feldstecher 9 × 63), der Kometen C/1995 01, Hale-Bopp (114/900 Newton, 45fach) und einer Mondfinsternis im Jupiter-System (114/900 Newton, 72fach). J. B.

410

CCD-Technologie in der Amateurastronomie

2001
Poster; 50 x 70 cm im Holzrahmen
© Christian Wennmacher, Magdeburg

»CCD« heißt Charge-Coupled Device. CCD-Kameras beinhalten einen lichtempfindlichen Silicium-Chip und sind mittlerweile anstelle einer normalen Kamera auch in der Amateurastronomie zu finden. Hier braucht man nur einige Minuten oder gar Sekunden statt Stunden zu belichten. CCD-Bilder werden im Computer gespeichert, können dort bearbeitet und auf dem Monitor betrachtet werden. Neben dem Fernrohr und der Kamera braucht man jedoch auch im Gelände einen Computer, der die Kamera steuert und die Bilder speichert. Das Poster gibt einen Überblick über die Funktionsweise eines CCD-Chips, seinen Einsatz und die Art der Bild-Nachbearbeitung. C. H.

411

Amateurastrophotographie

a) Sonnenfinsternis
11. 08. 1999; Pfälzer Wald, Oberotterbach
Koronaraufnahme um 12. 54 Uhr MESZ, Refraktor 110/750 + Barlowlinse, $F_{äqui}$ = 1600 mm, 3 Sekunden auf Agfa-Ultra 50 (Mittelformat)
© Uwe Wohlrab, Schönebeck, Marcus Richert, Magdeburg

b) Mondfinsternis
09. 01. 2001
Amateursternwarte Schönebeck
Austritt aus dem Kernschatten: 21. 54 Uhr MESZ, Refraktor 150/2290 + Barlowlinse, $F_{äqui}$ = 4000 mm, 8 Sekunden auf Fuji NHG II 800 (6 x 6)
© Uwe Wohlrab, Schönebeck

c) Sonnenuntergang am Brocken
13. 11. 1999; Sternwarte Magdeburg
Coudé-Refraktor 150/2250, 1/1000 sec, auf Kodak Elite Chrome 100
© Marcus Richert, Magdeburg

d) Polarlicht
12. 04. 2001; Barleben
2 Uhr MESZ, 2,8/24, 1 min auf Kodak Elite 400
© Marcus Richert, Magdeburg

e) Sternspuraufnahme
25. 08. 2000
Ötztal, Tiefenbachgletscher, Österreich
2,8/24, Blende 4; 30 min auf Kodak Elite 400
© Marcus Richert, Magdeburg

Die Photographien zeigen einen kleinen Querschnitt durch die Amateurastrophotographie. Alle Aufnahmen sind nicht nachgeführt, da sie einzigartige und kurzzeitige Ereignisse einfangen. Einzige Ausnahme ist die Sternspuraufnahme aus den Ötztaler Alpen, die durch ihre Ästhetik hervorsticht. C. H.

Professionelle Astronomie

412

Galaxien – fast vom Anfang der Zeit

Photo: Bild-Nr. STScI-PRC96-01a, Robert Williams and the Hubble Deep Field Team (STScI) und NASA
© NASA/STScI/RPIF/DLR

Die über 250 Einzelaufnahmen, die zu einem Photo zusammengefügt worden sind, entstanden zwischen dem 18. und 28. Dezember 1995. Auf dem Photo sind mehrere Hundert Galaxien zu sehen, die das Hubble-Space-Telescope aufgenommen hat. Die Farben erlauben, das Alter der Sterne in den Galaxien zu schätzen. Blauer erscheinende Objekte enthalten jüngere, roter erscheinende Objekte ältere Sterne. Unter anderem läßt sich daraus schließen, daß einige dieser Galaxien weniger als 1 Milliarde Jahre nach dem Urknall entstanden sind. Vor 1995 gab es keine Möglichkeit, tiefer in das All und damit in die Vergangenheit schauen zu können.

C. H.

413

Das Hubble-Weltraumteleskop

Modell; 158 x 69 x 146 cm
Noordwijk/Niederlande, European Space Agency – ESTEC

Das Hubble-Weltraumteleskop umkreist seit 1990 die Erde in etwa 600 Kilometer Höhe. Es wiegt ungefähr 11 Tonnen, ist insgesamt 13,3 Meter lang bei 12 Metern Breite und hat einen Spiegeldurchmesser von 2,40 Metern. Benannt wurde es nach dem Wegbereiter der modernen Kosmologie, Edwin Hubble. Es ist eine gemeinsame Entwicklung der ESA (European Space Agency) und der NASA (National Aeronautics and Space Administration) und mit mehreren Spezialkameras bestückt. Eine der wichtigsten Kameras gestattet unter bestimmten technischen Voraussetzungen die Aufnahme der (licht)schwächsten Objekte mit einer Helligkeit von bis zu 30 mag.

C. H.

414 (Abb. S. 181)

Das Hubble-Weltraumteleskop über der Erde

Photo: Bild-Nr. HST 44
© NASA/STScI/RPIF/DLR

Der Vorteil des Hubble-Weltraumteleskops liegt darin, daß es das Licht der Sterne und anderer Himmelskörper ungefiltert auffangen kann. Hingegen sind die Beobachtungen der erdgebundenen Teleskope durch den Staub, den Wasserdampf und die Luftströmungen in der Erdatmosphäre beeinträchtigt. Im März 2002 hat man das Weltraumteleskop in einer spannenden Space-Shuttle-Mission mit hochmodernen Instrumenten aufgerüstet und hofft jetzt auf noch mehr spektakuläre Bilder aus den Tiefen des Weltalls und daraus resultierende Forschungsergebnissen.

C. H.

415

Der Röntgensatellit »Abrixas«

Modell; 200 x 120 x 60 cm
Potsdam, Astrophysikalisches Institut

Abrixas wurde am 28. April 1999 vom südrussischen Raketenstartplatz Kapustin Yar gestartet. Seine Aufgabe lag in der Durchmusterung des Weltraums auf der Suche nach Schwarzen Löchern, Supernova-Überresten und Neutronensternen. Alle diese Phänomene machen sich durch Röntgenstrahlung bemerkbar. Abrixas' Vorgänger »Rosat« entdeckte in acht Jahren etwa 145 000 solcher Quellen. Das Ziel von Abrixas war die Erstellung einer vollständigen Röntgenkarte des Alls. Eine Störung in der Stromversorgung an Bord unterbrach jedoch den Kontakt zu dem Satelliten.

C. H.

Plejaden (Siebengestirn): Der offene Sternhaufen liegt 400 Lichtjahre von der Erde entfernt und ist 50 Millionen Jahre alt, Photo 1999.

416

Der Röntgensatellit »XMM«

Modell; 282 x 130 x 225 cm
Noordwijk/Niederlande, European Space Agency

Der europäische Röntgensatellit »XMM« (X-Ray Multi Mirror) startete am 10. Dezember 1999 vom Weltraumbahnhof Kourou in Französisch Guayana. Trägerrakete war die Ariane 5. XMM umrundet die Erde in einer zweitägigen elliptischen Umlaufbahn in einer Höhe zwischen 7000 und 114 000 Kilometern. Er ist mit drei parallel ausgerichteten »Wolter«-Teleskopen ausgestattet und soll jenseits der Erdatmosphäre schwache Röntgenquellen aufspüren. Seine technischen Möglichkeiten lassen damit Einblicke in die vergangenen 15 Milliarden Jahre zu. Inzwischen ist auch der Nachfolger »Chandra« unterwegs. Er besitzt zwar eine höhere Auflösung, kann aber nur leuchtstärkere Objekte aufnehmen.

C. H.

417

Radiokarte der Milchstraße

1990; Bonn
Druck: W. Reich, E. Fürst, P. Reich, K. Reif; 600 x 30 cm
Bonn, Max-Planck-Institut für Radioastronomie

In der Zeit von 1981–1989 wurde die Milchstraße mit dem 100-Meter-Radioteleskop kartiert. Auf einer Breite von zehn Grad, das entspricht dem 20fachen Vollmonddurchmesser, wurde die Intensität der Radiostrahlung bei einer Wellenlänge von elf Zentimetern gemessen. Bereiche mit starker Radiostrahlung sind rot, schwache Radiostrahlung ist blau dargestellt. Die stärkste Radiostrahlung kommt aus dem Zentrum der Milchstraße. Gebiete starker Radiostrahlung fernab vom galaktischen Zentrum markieren einzelne Spiralarme. Es wurden 6843 kompakte Radioquellen katalogisiert und 42 Überreste von Sternenexplosionen neu aufgefunden, die sich zumeist als schalenförmige Strukturen zeigen.

E. L.-N.

418

Crab-Nebel und Pulsar

Poster DIN A 1
Optisches Bild: European Southern Observatory/Very Large Telescope, Chile,
Pulsarsignal: Max-Planck-Institut für Radioastronomie, Bonn

Der Crab-Nebel ist der Überrest einer Sternexplosion, die von chinesischen Astronomen im Jahr 1054 beobachtet wurde. Bei einer solchen Supernova-Explosion kann ein massereicher Stern, der seinen Brennstoff verbraucht hat, kurzzeitig so hell strahlen wie die ganze Galaxie, in der er beobachtet wird. Die Supernova im Sternbild Stier erschien so hell wie der Planet Venus am Himmel und konnte etwa drei Wochen lang sogar bei Tageslicht gesehen werden. Heute sind die Überreste der Explosion mit einem Fernrohr als heller krabbenförmiger Nebel zu erkennen. Der Crab-Nebel gehört zu den stärksten Radioquellen am Himmel. Im Zentrum befindet sich ein kompakter Neutronenstern, der 30mal in jeder Sekunde um seine Achse rotiert und dabei, ähnlich wie ein Leuchtturm sein Licht, wiederkehrende Impulse aussendet.

E. L.-N.

419

Registrierung von Meßdaten

25. 02. 1974, 24./25. 11. 1990
Radioteleskop Stockert
2 Meßstreifen
Bonn, Max-Planck-Institut für Radioastronomie

Die Radioastronomen suchen systematisch das All auf interessante Phänomene ab, das heißt sie kartieren den Himmel. Ausgestellt sind zwei Meßstreifen, die einerseits Ergebnisse der Kartierung vom 25. Februar 1974 des nördlichen Himmels bei 21 Zentimetern Wellenlänge und andererseits die Messung großer Radiogalaxien bei 2,8 Zentimetern Wellenlänge am 24./25. November 1990 zeigten. Heute mißt man mit Geräten, die die Daten digital speichern.

C. H.

420

Das Radioteleskop Effelsberg

1998; Max-Planck-Institut für Radioastronomie
Poster; DIN A 1
Bonn, Max-Planck-Institut für Radioastronomie

Mit dem 100-Meter-Radioteleskop in Effelsberg forscht das Bonner Max-Planck-Institut für Radioastronomie seit 1972. Es ist eines der beiden größten vollbeweglichen Teleskope der Erde und mißt Radiostrahlung aus dem Weltraum in einem Wellenlängenbereich von 3,5 Millimeter bis 35 Zentimeter. Eingebettet in ein Tal der Eifel, ist das Teleskop vor störender irdischer Radiostrahlung weitgehend geschützt. Die Radiostrahlung, die uns aus dem Weltraum erreicht, ist äußerst gering. Ein Handy in Mondentfernung wäre die viertstärkste Radioquelle am Himmel. Neueste Empfängersysteme ermöglichen es, auch extrem schwache Quellen am Himmel zu entdecken. Mit dem Radioteleskop werden Objekte in unserer eigenen Galaxis, der Milchstraße, erforscht sowie auch weit entfernte Galaxien und Quasare. Im Zentrum der Milchstraße wird ein Schwarzes Loch vermutet, dessen Eigenschaften die Wissenschaftler untersuchen. Mit dem Effelsberger Teleskop wurden zahlreiche Sternentstehungsgebiete, Überreste von Sternexplosionen und Pulsare entdeckt. E. L.-N.

421

Das Very Large Telescope (VLT)

Modell; H 150 cm, Dm 150 cm
München, European Southern Observatory

Das größte erdgebundene Teleskop der Welt befindet sich in der chilenischen Atacama-Wüste und besteht aus vier einzelnen Spiegeln mit einem Durchmesser von je 8,2 Metern. Jeder Spiegel ist nur 17,5 Zentimeter stark, wird von 300 Stützen getragen und wiegt etwa 15 Tonnen. Das optische Auflösungsvermögen aller vier Teleskope zusammengeschaltet entspricht der eines Spiegels von 130 Metern Durchmesser. Dieses Verfahren wird Interferometrie genannt und ermöglicht von der Erde aus spektakuläre Bilder und astrophysikalische Untersuchungsergebnisse aus dem Weltraum. Der Standort liegt klimatisch optimal mit 350 Tagen wolkenlosem Himmel sowie ausgezeichneter Sichtqualität durch hohe Luftruhe und ohne Lichtverschmutzung auf 2600 Metern Höhe in einer der trockensten Gegenden der Welt. Wissenschaftler und Techniker tüfteln jedoch schon an einem Nachfolger des VLT, der OverWhelmingly Large Telescope (OWL) genannt wird. Mit dessen voller Betriebsfähigkeit wird aber nicht vor 2015 bis 2020 gerechnet. C. H.

422

Das Large Binocular Telescope (LBT)

Modell; 180 x 80 x 70 cm
Potsdam, Astrophysikalisches Institut

Das Doppelteleskop entsteht auf dem 3200 Metern hohen Mount Graham im Süden von Arizona (USA). Seine Besonderheit ist die Montierung der beiden Spiegel auf einem gemeinsamen Rahmen. Die Spiegel besitzen einen Durchmesser von je 8,30 Metern. Die Montierung ist fertig, in Mailand versuchsweise zusammengebaut und jetzt auf dem Weg in die USA. Beide Spiegel sind gegossen und müssen nun geschliffen und verspiegelt werden. Die Interferenz beider Lichtbündel in einem zentralen Fokus wird für eine bisher nicht erreichte Bildschärfe sorgen, die der eines 23-Meter-Spiegels entspricht. Das Astrophysikalische Institut Potsdam entwickelt und baut optische Einheiten, unter anderem den Wellenfrontfühler, der die Meßwerte für die Anpassung der Sekundärspiegel an die Schwankungen der Brechkraft der Atmosphäre selbst liefern soll. Dadurch können durch die Turbulenz der Atmosphäre verursachte Fehler korrigiert werden. D.-E. L.

423 **(Abb. S. 179)**

Das Linsenfernrohr der Archenhold-Sternwarte

Photo
© Archenhold-Sternwarte Berlin

Die Archenhold-Sternwarte Berlin wurde 1896 gegründet und ist die älteste und größte Volkssternwarte in Deutschland. Ihr Wahrzeichen ist das längste Linsenfernrohr der Erde mit einer Brennweite von 21 Metern. Der Objektivdurchmesser beträgt 68 Zentimeter, das Gewicht der beweglichen Masse 130 Tonnen, die Vergrößerung ist 210fach. Neben diesem 1895/1896 gebauten, für Planeten- und Mondbeobachtungen geeigneten Teleskop werden heute viele kleinere moderne Instrumente eingesetzt. Schwerpunkt der wissenschaftlichen Tätigkeit ist die Astronomiegeschichte. Zu den Komplexen »Astronomie im Mittelalter und in der Renaissance« sowie zur Geschichte der Astrophysik entstanden an der Sternwarte hunderte international anerkannte Publikationen sowie mehr als 30 Bücher.

C. H./E.R./D. B. H.

424

Das Raumschiff Sojus

a) Sojus 31 auf der Startrampe
Photo; 30 x 45 cm

b) Die Sojus-Rakete
Modell; H: 120 cm
Morgenröthe-Rautenkranz, Deutsche Raumfahrtausstellung

Das sowjetische Raumschiff Sojus bestand aus der Orbital-, der Kommando- und der Gerätesektion und besaß eine Länge von etwa 13 Metern bei einem Durchmesser von zirka drei Metern. Das Gewicht betrug ungefähr 6800 Kilogramm. Die Sojus-Raumschiffe 1 bis 40 boten Platz für bis zu drei Kosmonauten. Ab 1981 wurden verbesserte Versionen des Raumfahrzeugs zum Einsatz gebracht, die an die Raumstation MIR angekoppelt werden konnten. Am 17. Juli 1975 dockten die sowjetische Sojus und die amerikanische Apollo an die MIR an, so daß beide Mannschaften das jeweils andere Raumfahrzeug besuchen konnten. Mit Sojus bezeichnete man aber auch die für das Sojus-Raumschiff entwickelte dreistufige Trägerrakete.

C. H./I. V.

425

Der Raumflug von Sigmund Jähn

4 Photos; 13 x 18 cm und 43 x 60 cm
Morgenröthe-Rautenkranz, Deutsche Raumfahrtausstellung

Das erste Photo zeigt die beiden Kosmonauten Sigmund Jähn (geb. 1937) und Waleri Bykowski (geb. 1934) auf der Startrampe in Baikonur vor dem Abflug in das All. Sigmund Jähn war der erste Deutsche, der den Weg in den Weltraum antrat. Start war am 26. August 1978, der Flug endete am 3. September. Der Auftrag der sowjetisch-deutschen Raumschiffbesatzung lag unter anderem in der Umkreisung der Erde. Dies geschah 124mal. Außerdem wurden zahlreiche Experimente im wissenschaftlich-technischen Bereich und auf dem medizinischen und biologischen Sektor durchgeführt.

C. H.

426

Die Raumstation Salut

a) Salut über der Erde
Photo; 30 x 45 cm

b) Modell der Raumstation
Modell; 20 x 13 cm
Morgenröthe-Rautenkranz, Deutsche Raumfahrtausstellung

Die Bezeichnung Salut steht für unbemannte sowjetische Raumfahrzeuge, an die die bemannten Raumschiffe vom Typ Sojus angekoppelt wurden. Die Mehrzweckstation Salut 1 startete am 19. April 1971 und dockte am 24. April 1971 an Sojus 10 an. Das Gewicht der Salut lag bei etwa 18,5 Tonnen, die Länge bei etwa 14,5 Metern. Das bewohnbare Innenvolumen betrug ungefähr 100 Kubikmeter. Ein Orbitalkomplex setzte sich aus zwei Sojus-Raumfahrzeugen und einer Salut-Station zusammen. C.H./I.V.

427

Der 20. Juli 1969

Poster; DIN A 1
© Deutsches Zentrum für Luft- und Raumfahrt e.V., Berlin
Magdeburg, Astronomische Gesellschaft

Der Höhepunkt der bemannten Raumfahrt war die Landung des Amerikaners Neil Armstrong am 20. Juli 1969 auf dem Mond, womit zum ersten Mal ein Mensch einen anderen Himmelskörper betrat. Nur vier Monate später erfolgte die zweite Mondlandung. Insgesamt besuchten innerhalb des Apollo-Raumfahrtprogramms 6 Mannschaften den Mond. Die letzte Mission fand mit Apollo 17 im Dezember 1971 statt. Heute greift der Mensch weiter hinaus. Der erste bemannte Raumflug zum Planeten Mars befindet sich in Planung und soll noch in der ersten Hälfte des 21. Jahrhunderts stattfinden. C.H.

428

Wieviel wiegt das Vakuum?

Poster
Potsdam, Astrophysikalisches Institut

Otto von Guericke hatte im Rahmen der heliozentrischen Theorie (des Copernicanischen Weltbildes) festgestellt, daß die Dimensionen der Gestirne und des Raums, den das Sonnensystem einnimmt, alles gewohnte Maß überstiegen. Ihn bewegte daher die Frage nach dem Charakter, der Art des Zwischenraums. Seine Versuche zum Vakuum sind uns gut bekannt. Heute kennt man die Eigenschaften des Vakuums weit genauer und weiß, daß es eine konstante Dichte hat, die nicht mit der kosmischen Expansion abnimmt. Diese Dichte ist bereits größer als die der sich im Vakuum bewegenden kosmischen Materie, die mit der Expansion immer dünner wird. Das Verhältnis von Vakuum zu Materie beträgt heute 7 : 3.

D.-E.L.

Orionnebel: Ein typischer Emissionsnebel aus Wassserstoffgas, in dem neue Sterne entstehen. Er liegt im Sternbild Orion 16 000 Lichtjahre von der Erde entfernt, Photo 2002.

429

Otto von Guericke (1602–1686)

Wiedergabe des Titelkupfers aus: Otto von Guericke, Experimenta Nova ..., Amsterdam 1672
Original: Kunstmuseum Kloster Unser Lieben Frauen Magdeburg, Bibliothek

Guericke war Verfechter des copernicanischen Weltbildes. Überlegungen zu den Bewegungen der sieben Wandelsterne (Sonne, Mond und die fünf hellen Planeten), der Entfernung der Sterne und zu anderen astronomischen Phänomenen führten ihn zu dem alten Problem, welche Beschaffenheit das All haben könnte. Eine Alternative war die Existenz eines »leeren Raums«, durch dessen unendlichen Weiten sich die unendlich vielen Himmelskörper bewegen. Die andere Alternative war die Vorstellung von einer raumfüllenden Substanz, dem sogenannten wirbelnden Äther. Guericke schlußfolgerte, daß, wenn man auf der Erde künstlich ein Vakuum herstellen könne, ein solches auch im All herrschen könnte. Nach zahlreichen Experimenten gelang ihm der Nachweis des Vakuums um das Jahr 1650. C. H.

430

Stephen Hawking (geb. 1942)

Photo
Bild-Nr. fr 051, Archivierungs-Datum 16. 01. 2001, Urheber A 2585
© Deutsche Presseagentur GmbH, Berlin

Der 60jährige englische Physiker ist einer der kreativsten und berühmtesten Denker und Forscher der Gegenwart auf dem Gebiet der Kosmologie. Hawking zeigte 1969 gemeinsam mit Roger Penrose, daß es einen »Urknall«, also einen Beginn von Raum und Zeit gegeben haben muß. 1974 wies Hawking nach, daß Schwarze Löcher Strahlung aussenden können. Das Universum kann auch wesentlich komplizierter gebaut sein, als wir es erleben. Es könnte mehrere Teile geben, deren physikalische Gesetze im einzelnen verschieden sind und deren Dimensionszahl nicht einheitlich ist (Multiversum). D.-E. L.

431

Meilensteine der Astronomie und Raumfahrt

Texttafel
Entwurf: Museum für Naturkunde, Magdeburg; Rolf Rathke, Astronomische Gesellschaft Magdeburg

Vom Nachweis des Vakuums durch Otto von Guericke über die theoretischen Überlegungen zum Aufbau eines »Multiversums« bis hin zur modernen bemannten und unbemannten Raumfahrt liegen viele große und kleine Erkenntnisschritte. Auch über den Inhalt des »leeren Raums« zwischen den Sternen und Galaxien hat man Dank hochentwickelter Technik immer neue Erkenntnisse gewonnen. Mittlerweile weiß man, daß das Weltall nicht so leer ist, wie Guericke noch annehmen mußte. Strahlung und Materie wie Gas- und Staubteilchen sind im All enthalten. Sich nur gravitativ auswirkende, mit unseren heutigen Meßmethoden noch nicht direkt nachweisbare »Dunkle Materie« muß sogar mengenmäßig die »normale« Materie überwiegen. Die Zeitleiste führt einige wichtige Meilensteine der Astronomie und Weltraumfahrt seit der Zeit Guerickes auf. C. H./D.-E. L.

432

Omega oder die offene Zukunft des Universums

2002, Magdeburg
Thomas Uibel (geb. 1965)
Öl, Acryl/Lw; 150 x 80 cm
Magdeburg, Thomas Uibel

Raum und Zeit entstanden erst mit dem »Urknall«. Die Wissenschaft ist heute in der Lage, die Geschichte unseres Universums ab dem Zeitpunkt von 10^{-43} Sekunden nach dem »Big Bang« rechnerisch und über unterschiedlichste Beobachtungs- und Meßmethoden weitgehend zu rekonstruieren. Auch die »nähere Zukunft«, also die Zeit, die etwa die nächsten hundert Billionen Jahre betrifft, läßt sich noch mit einer gewissen Wahrscheinlichkeit zeichnen. Über die Zeit danach kann man nur spekulieren. Wenn vor 15 bis 20 Milliarden Jahren die Zeitrechnung begann, so werden in weiteren etwa 10 Milliarden Jahren die meisten der heutigen Sterne erloschen sein und nach einer Billion Jahre wird auch der letzte Stern zu einem roten Zwergstern geworden sein. Nach zehn Trillionen Jahren wird es keine Galaxien mehr geben. Und irgendwann könnte sich das Universum einem Zustand nähern, an dem auch die Zeit nicht mehr existiert.

C. H./D.-E. L.

433

Noch Fragen?

Texttafel

Das berühmte Hörspiel nach Herbert G. Wells (1866–1946) »War of the Worlds« machte 1938 die Frage nach intelligentem Leben auf anderen Planeten populär. Daß es auf anderen Planeten Leben geben kann, wird niemand für erstaunlich halten. Auch Otto von Guericke hat schon im 17. Jahrhundert behauptet, daß auf anderen Planeten denkende Wesen leben könnten. Ob dieses Leben unserem gleicht oder in welcher Form es erscheinen könnte, ist jedoch eine offene Frage, auch ob wir es jemals kennen lernen können. Wir sind jetzt dabei, extrasolare Planetensysteme in großer Zahl zu finden. Darunter werden auch Planeten mit einer Biosphäre sein, die eine Voraussetzung für das Leben auf der Grundlage von Kohlenstoff ist. Und was wird unsere ferne Zukunft sein? Wird die Menschheit den Schritt auf den Mars wagen und was dann? Wird es möglich sein, zum Beispiel den Mars für Menschen durch »Terraforming« bewohnbar zu machen?

D.-E. L.

Weiterführende Literatur

Hawking 2001. Herrmann 2001. Ranzini 2001. Keller 2000. Pösges, Schieber 2000. Ridpath 1999. Karkoschka 1997. Krafft 1996. Herrmann 1994. Krumbiegel, Krumbiegel 1981. Herrmann 1978. Brinkmanns Abriß der Geologie 1977. Weigert, Zimmermann 1961.

Lebenslauf Otto von Guericke

Daten nach dem Kalender neuen Stils

30. November 1602
Otto von Guericke wird als einziges Kind des städtischen Kämmerers und späteren Schultheißes am Magdeburger Schöffenstuhl Hans Gericke und dessen Frau Anna von Zweydorff in Magdeburg geboren.

21. Februar 1617
Beginn des Studiums an der Universität Leipzig, 1620 Einschreibung in Helmstedt, 1621 Studium der Rechtswissenschaft in Jena.

3. Juli 1623
Immatrikulation an der Universität Leiden (Jurastudium) sowie Studium an der mit der Universität verbundenen Ingenieurschule (Mathematik, Geometrie und Astronomie sowie Festungsbau und Vermessungswesen).

ab 1624
Bildungsreisen mit Andreas Rudolph bis nach London und Paris.

Oktober 1625
Rückkehr nach Magdeburg trotz Kriegsgefahr durch den Einmarsch des kaiserlichen Generals Wallenstein in das Erzstift Magdeburg.

28. September 1626
Heirat mit Margarethe Alemann in Magdeburg; im gleichen Jahr Aufnahme in den Rat als Bauherr der Stadt.

2. November 1628
Geburt des Sohnes Otto, der als einziges von drei Kindern das Erwachsenenalter erreicht; Otto von Guericke d. J. wird von 1663 bis 1704 kurbrandenburgischer Resident für den Niedersächsischen Kreis mit Sitz in Hamburg.

26. März 1630
Sturz der alten Ratsordnung; Guericke ist auch im neuen Rat mit Sitz und Stimme vertreten.

20. Mai 1631
Eroberung und Zerstörung Magdeburgs durch kaiserliche Truppen; Guericke gelingt die Flucht.

27. Januar 1632
Guericke kehrt nach Magdeburg zurück. Er zeichnet in schwedischem Auftrag den Plan der Stadt als Grundlage für den Wiederaufbau.

1636
Als Ingenieur in kursächsischen Diensten.

26. September 1642
Beginn der ersten Reise als Gesandter der Stadt Magdeburg nach Dresden, um bei Kurfürst Johann Georg gegen das harte sächsische Besatzungsregiment zu protestieren.

6. Mai 1645
Tod der Ehefrau Margarethe Alemann.

24. April 1646
Abzug der sächsischen Garnison aus Magdeburg.

15. September 1646
Wahl Guerickes in das Bürgermeisteramt; danach weitere Reisen als Abgesandter Magdeburgs zum Friedenskongreß in Münster und Osnabrück.

24. Oktober 1648
Der Westfälische Friedensvertrag sichert Magdeburg die Erneuerung alter Privilegien zu. Um Beschlüsse zur Ausführung wird auf dem Nürnberger Friedenskongreß 1649 und in Wien 1649 bis 1651 gerungen.

23. Mai 1652
Heirat mit Dorothea Lentke, Tochter des Ratsherrn und Amtskollegen Bürgermeister Stephan Lentke.

19. Juni 1653
Audienz bei Kaiser Ferdinand III. auf dem Regensburger Reichstag.

Mai 1654
Kurz vor Schluß des Reichstages Demonstration der »Magdeburger Versuche« vor Kaiser und Fürsten. Mit Hilfe der von ihm erfundenen Luftpumpe zeigt Guericke Kraft und Eigenschaften des Luftdrucks. Fürstbischof Johann Philipp von Schönborn erwirbt die Experimentiergeräte, um sie in Würzburg Kaspar Schott zur Verfügung zu stellen.

16. Mai 1654
Reichstagsabschied von Regenburg; endgültige Zurückweisung der Magdeburger Ansprüche auf städtische Unabhängigkeit.

1657
Kaspar Schotts Buch »Mechanica hydraulico-pneumatica« erscheint mit Guerickes »Magdeburger Wundern« als Schlußkapitel.

August 1657
Guericke führt erstmals Versuche mit den großen Halbkugeln und zwölf Pferden durch.

24. März 1663
Abschluß der Arbeit am Manuskript seines Werkes »Experimenta Nova«. Es enthält auch die Schwefelkugel-Experimente und die Darstellung der »kosmischen Wirkkräfte«.

11. Dezember 1663
Empfang Guerickes beim Großen Kurfüsten Friedrich Wilhelm in Berlin-Cölln; Vorführung der weiterentwickelten Luftpumpe.

Januar 1664
Kaspar Schott stellt die Beschreibung der Magdeburger Versuche an den Anfang seines Buches »Technica Curiosa« vor die Experimente von Robert Boyle und weitere Vakuumversuche in Italien und Frankreich.

14. Januar 1666
Kaiser Leopold erhebt Otto von Guericke und seine Nachfahren in den Adelsstand.

7. Juni 1666
Bürgermeister Guericke ist Mitunterzeichner des Vertrags von Kloster Berge; Magdeburg akzeptiert die brandenburgische Herrschaft.

1672
Guerickes Hauptwerk »Experimenta nova (ut vocantur) de vacuo spatio« (Neue sogenannte Magdeburger Versuche über den leeren Raum) erscheint bei Johann Jansson van Waesberge in Amsterdam.

16. Februar 1677
Guerickes Denkschrift erinnert an seine Verdienste als Gesandter auf Friedenskongressen und Reichstagen. Auch nach seinem Rücktritt als amtierender Bürgermeister beharrt er auf den gewährten Vorrechten der Steuerbefreiung und auf den vollen Amtslohn.

Januar 1681
Guericke weicht der im Erzstift Magdeburg grassierenden Pestwelle aus und zieht mit seiner Frau zu seinem Sohn nach Hamburg.

21. Mai 1686
Otto von Guericke stirbt im Wohnhaus seines Sohnes Otto von Guericke d. J. in Hamburg. Im Juni 1686 wird der Leichnam nach Magdeburg überführt.

Literatur

Abel 1925:
Othenio Abel, Geschichte und Methode der Rekonstruktion voreiszeitlicher Wirbeltiere, Jena 1925.

Abel 1939:
Othenio Abel, Vorzeitliche Tierreste im deutschen Mythus, Brauchtum und Volksglauben, Jena 1939.

Ahrens 2000:
Sabine Ahrens, Die alte Universität - aus der Geschichte der Academia Julia zu Helmstedt, Ausstellungskatalog Helmstedt, (Veröffentlichungen der Kreismuseen Helmstedt 4) Wolfenbüttel 2000.

Alberti 1957:
Hans-Joachim von Alberti, Maß und Gewicht, Berlin 1957.

Alemann 1909:
Eberhard von Alemann, Geschichte des Geschlechts von Alemann, Wien 1909.

Architekt und Ingenieur 1984:
Architekt und Ingenieur. Baumeister in Krieg und Frieden, (Ausstellungskataloge der Herzog August Bibliothek 42) Braunschweig 1984.

Archives biographique françaises:
Archives biographique françaises 1ff., London, München: Saur 1988 (Mikrofiche-Edition).

Asche 1966:
Marta Asche, Das Konvikt an der Universität in Helmstedt, in: Braunschweigisches Jahrbuch 47, 1966, S. 52–124.

Asmus u.a. 1975:
Helmut Asmus u.a., Geschichte der Stadt Magdeburg, Berlin 1975.

Audretsch, Mainzer 1990:
Jürgen Audretsch, Klaus Mainzer (Hg.), Vom Anfang der Welt. Wissenschaft, Philosophie, Religion, Mythos, 2. Aufl., München 1990.

Audretsch, Mainzer 1994:
Jürgen Audretsch, Klaus Mainzer (Hg.), Philosophie und Physik der Raum-Zeit, 2. Aufl., Mannheim 1994.

Audretsch, Mainzer 1996:
Jürgen Audretsch, Klaus Mainzer (Hg.), Wieviele Leben hat Schrödingers Katze? Zur Physik und Philosophie der Quantenmechanik, 2. Aufl., Heidelberg 1996.

Badisches Landesmuseum 1990:
»Klar und lichtvoll wie eine Regel«. Planstädte der Neuzeit, Ausstellungskatalog Badisches Landesmuseum Karlsruhe, Karlsruhe 1990.

Bäumer 1991:
Änne Bäumer, Geschichte der Biologie Bd. 2: Zoologie der Renaissance - Renaissance der Zoologie, Frankfurt/M. 1991.

Beck 1865:
August Beck, Ernst der Fromme, Herzog zu Sachsen-Gotha und Altenburg Bd. 1, Weimar 1865.

Becker 1973:
E. Becker, Otto von Guerickes astronomische Arbeiten, in: Wissenschaftliche Zeitschrift der Technischen Hochschule »Otto von Guericke« Magdeburg 17, 1973, S. 291–330.

Beeckmann 1618:
Isaac Beeckman, Journal tenu par Isaac Beeckman de 1604 a 1634, 4 Bde., Den Haag (The Hague) 1939–1953.

Beer 1972:
Rüdiger Robert Beer, Einhorn – Fabelwelt und Wirklichkeit, München 1972.

Behringer 2000:
Wolfgang Behringer (Hg.), Hexen und Hexenprozesse in Deutschland, 4. überarb. und aktualisierte Aufl., München 2000.

Bekker 1986:
Hans Bekker, Wilhelm Homberg, in: Wissenschaftliche Zeitschrift der Technischen Hochschule »Otto von Guericke« Magdeburg 31, 1987, Heft 1, S. 54–64.

Birch 1757:
Thomas Birch, The History of the Royal Society of London, Bd. 3, London 1757.

Blankenburger Handschriften 1966:
Die Blankenburger Handschriften, bearb. Hans Butzmann, (Kataloge der Herzog-August-Bibliothek Wolfenbüttel. Neue Reihe) Frankfurt/M. 1966.

Bobinger 1966:
Maximilian Bobinger, Die Alt-Augsburger Kompaßmacher, Sonnen-, Mond- und Sternuhrmacher, Augsburg 1966.

Bobinger 1969:
Maximilian Bobinger, Kunstuhrmacher in Alt-Augsburg, Augsburg 1969.

Böhme o.J.:
Jakob Böhme, in: Deutsche Frömmigkeit. Eine Auswahl aus den Schriften der deutschen Mystiker, Jena o.J.

Bötiger 1931/1932:
Ernst Bötiger, Leipzig als Zufluchtsort von Magdeburger Einwohnern nach der Zerstörung Magdeburgs im Jahre 1631, in: Geschichts-Blätter für Stadt und Land Magdeburg 66/67, 1931/1932, S. 68–101.

Boockmann 1987:
Hartmut Boockmann, Die Stadt im späten Mittelalter, 2. Aufl., München 1987.

Boyle 1660:
Robert Boyle, New Experiments Physico-Mechanical, touching the Spring of the Air, Oxford 1660.

Boyle 1661:
Robert Boyle, Nova Experimenta physico-mechanica viaeris elastica et jusdem efflectibus facta maximam partem, in nova machina pneumatica, Oxford 1661.

Boyle 1669:
Robert Boyle, Experimentorum novorum physico-mechanicorum continuatio prima ..., 1669 (2. Aufl., 1694).

Boyle (dt.) 1669/1990–2001:
Robert Boyle, Neue physiko-mechanische Experimente, die Elastizität der Luft und ihre Wirkungen betreffend (Teil 1–6), in: Wissenschaftliche Zeitschrift der Technischen Universität »Otto von Guericke« Magdeburg 34, 1990, Heft 8, S. 75–89; 35, 1991, Heft 1, S. 101–107; 35, 1991, Heft 2, S. 91–95; 35, 1991, Heft 5, S. 155–160; 35, 1991, Heft 7, S. 109–114; 36, 1992, Heft 5/6, S. 162–171; (Teil 7–10), in: Monumenta Guerickiana 3, 1996, S. 49–60; 5, 1998, S. 32–38; 6, 1999, 69–83; 8, 2001, S. 112–126 (weitere Teile in Vorbereitung).

Boyle 1680:
Robert Boyle, Experimentorum novorum physico-mechanicorum continuatio secunda in qua experimenta varia tum in aera compresso, tum in facti-tioo, instituta, circa ignem, animalia, &c. Una cum Descriptione machinarum continebtur, 1680 (engl. Fassung 1682).

Brachner u.a. 2002:
Alto Brachner und andere, Die Geschichte der Pumpe, München: Deutsches Museum 2002 (im Druck).

Brinkmanns Abriß der Geologie 1977:
Brinkmanns Abriß der Geologie, 2. Bd.: Historische Geologie, 10./11. Aufl., neu bearb. Karl Krömmelbein, Stuttgart 1977.

Brockhaus 1928:
Der Große Brockhaus Bd. 1, 15. Aufl., Leipzig 1928, Artikel «Astrologie II«: Titelholzschnitt von Erhard Schön zu Leohard Reymanns Nativitäts-Kalender, Nürnberg 1515.

Buchholz 1986:
Wolfgang Buchholz, Otto von Guericke als Politiker und Diplomat im Dienste seiner Vaterstadt, in: Wissenschaftliche Zeitschrift der Technischen Hochschule »Otto von Guericke« Magdeburg 30, 1986, Heft 1/2, S. 36–48.

Buchholz u.a. 1992:
Ingelore Buchholz, Maren Ballerstedt, Konstanze Buchholz, Magdeburg in alten Ansichten, Zaltbommel/NL 1992.

Buck 1992:
A. Buck, Arma et Litterae - Waffen und Bildung. Zur Geschichte eines Topos, Stuttgart 1992.

Buek 1840:
F[riedrich] Georg Buek, Genealogische und Biographische Notizen über die seit der Reformation verstorbenen hamburgischen Bürgermeister, Hamburg 1840.

Buedeler 1979/1982:
Werner Buedeler, Geschichte der Raumfahrt, Künzelsau-Thalwil-Straßburg-Salzburg 1979/1982.

Busch 2001 a:
Eckbert Busch, Otto von Guericke auf Medaillen, Münzen und Notgeldscheinen, in: Monumenta Guerickiana 8, 2001, S. 77–111.

Busch 2001 b:
Eckbert Busch, Otto-von-Guericke-Büste aus Bronze, in: Monumenta Guerickiana 8, 2001, S. 133–136.

Bußmann, Schilling Bd. 2, Bd. 3, 1998:
Klaus Bußmann, Heinz Schilling (Hg.), 1648 – Krieg und Frieden in Europa, 3 Bde., Ausstellungskatalog Münster – Osnabrück, München 1998.

Choné 1992:
Paulette Choné, Les Misères de la guerre ou »la vie du soldat«: la force et le droit, in: Jacques Callot. 1592–1635, hg. von Paulette Choné u.a., Ausstellungskatalog Musée Historique Lorrain Nancy, Paris 1992, S. 396–401.

Christliche LeichPredigt 1645:
Christliche LeichPredigt ... Der Weylandt Edlen / VielEhrenTugentreichen Frawen / Margarethae Alemannin, Herrn Otto Geriken ... HaußFrawen ..., Magdeburg 1645.

Clarke 1904:
Samuel Clarke, 4. Brief an Leibniz, in: Gottfried Wilhelm Leibniz, Hauptschriften zur Grundlegung der Philosophie Bd. 1, hg. Ernst Cassirer, Leipzig 1904.

Claude 1993:
Cäsar Claude, Vom Meereinhorn zum Narwal. Broschüre des Zoologischen Museums der Universität, Zürich 1993.

Clotz 1998:
H. Clotz, Eine Hochschule in Holland. Die Universität Leiden im Spannungsfeld von Provinz, Stadt und Kirche 1575–1619, Stuttgart 1998.

Comenius 1960:
Johann Amos Comenius, Große Didaktik, Übersetzt und hg. Andreas Flitner, Düsseldorf 1960.

Corneus 1657:
Melchior Cornaeus, Curriculum philosophiae peripateticae hoc tempore in scholis decurri solet multis figuris et ..., Würzburg (Herbipoli) 1657.

van den Daele 1977:
Wolfgang van den Daele, Die soziale Konstruktion der Wissenschaft. Institutionalisierung und Definition der positiven Wissenschaft in der zweiten Hälfte des 17. Jahrhunderts, in: Experimentelle Philosophie. Ursprünge autonomer Wissenschafts-

entwicklung, hg. Gernot Böhme, Wolfgang van den Daele und Wolfgang Krohn, Frankfurt/M. 1977.

Deneke 1911:
Günther Deneke, Beiträge zur Geschichte einiger alter Ratsgeschlechter in Magdeburg, in: Geschichts-Blätter für Stadt und Land Magdeburg 46, 1911, S. 103–118.

Denis Papin 1987:
300 Jahre Denis Papin, Naturforscher und Erfinder in Hessen, bearb. G. Schneider, Ausstellung Universitätsbibliothek Marburg und Hessisches Landesmuseum Kassel, (Schriften der Universitätsbibliothek Marburg) Marburg 1988.

Der Große Kurfürst 1988:
Der Große Kurfürst. 1620–1688. Sammler – Bauherr – Mäzen, Ausstellungskatalog Staatliche Schlösser und Gärten Potsdam-Sanssouci, 2. Aufl., Potsdam 1988.

Descartes 1644:
René Descartes, Principia philosopiae ..., 1644.

Descartes 1980:
René Descartes, Ausgewählte Schriften, (Reclam 787) Leipzig 1980.

Dethlefs 1995:
Gerd Dethlefs, Friedensboten und Friedensfürsten. Porträtsammelwerke zum Westfälischen Frieden, in: Graphische Porträts in Büchern des 15. bis 19. Jahrhunderts, hg. Peter Berghaus, (Wolfenbütteler Forschungen 63) Wiesbaden 1995, S. 87–128.

Dethlefs 2000:
Gerd Dethlefs, Otto Gericke als Pacificator. Gericke-Porträts in den Bildnisserien der Gesandten zum Westfälischen Frieden, in: Monumenta Guerickiana 7, 2000, S. 36–45.

Deutsches Geschlechterbuch Bd. 39, 1923:
Deutsches Geschlechterbuch (Genealogisches Handbuch Bürgerlicher Familien), hg. Bernhard Koerner, Bd. 39, Görlitz 1923.

Die Elbe 1992:
Die Elbe. Ein Lebenslauf, Ausstellungskatalog Deutsches Historisches Museum Berlin, Berlin 1992.

Dilcher 1996:
Gerhard Dilcher, Bürgerrecht und Stadtverfassung im europäischen Mittelalter, Köln-Weimar-Wien 1996.

Dittmar 1889:
Max Dittmar, Die Bürgermeister und Kämmerer der Stadt Magdeburg von 1213–1680, in: Geschichts-Blätter für Stadt und Land Magdeburg 24, 1889, S. 135–168.

Dittmar 1890:
Max Dittmar, Otto von Guerickes Selbstbiographie, in: Blätter für Handel, Gewerbe und sociales Leben (Beiblatt zur Magdeburgischen Zeitung) 47, 1890, S. 369–370; 48, 1890, S. 377–378.

Dolz 1994:
Wolfram Dolz, Erd- und Himmelsgloben. Sammlungskatalog, Dresden o. J. [1994].

Dürers Dinge 1997:
Dürers Dinge. Einblattgraphik und Buchillustrationen Albrecht Dürers aus dem Besitz der Georg-August-Universität Göttingen, hg. Gerd Unverfehrt, Ausstellungskatalog des Seminars für Kunstgeschichte Göttingen, Göttingen 1997.

Duchhardt, Dethlefs, Queckenstedt 1996:
Heinz Duchhardt, Gerd Dethlefs, Hermann Queckenstedt, »... zu einem stets währenden Gedächtnis«. Die Friedenssäle in Münster und Osnabrück und ihre Gesandtenporträts, hg. Karl Georg Kaster und Gerd Steinwascher, (Osnabrücker Kulturdenkmäler. Beiträge zur Kunst und Kulturgeschichte der Stadt Osnabrück 8) Bramsche 1996.

Eberle 1996:
Martin Eberle, Bestandskatalog der Sammlung unedler Metalle, Museum für Kunsthandwerk Grassimuseum Leipzig, Leipzig 1996.

Eckert 1978:
Alfred Eckert, Zur Geschichte der Ballonfahrt, in: Leichter als Luft. Zur Geschichte der Ballonfahrt, Ausstellungskatalog Westfälisches Landesmuseum Münster, Münster 1978, S. 14–128.

Ehlers, Börner 1996:
Jürgen Ehlers und Gerhard Börner (Hg.), Gravitation, 2. Aufl., Heidelberg 1996.

Ehren Gedächtniß 1686:
Ehren Gedächtniß und Lebenslauf des Hoch Edeln gebohrenen Herrn, Otto von Gueriken, Sr. Churf. Durchl. zu Brandenb. wolbestalten Raths und Bürgermeistern der Stadt Magdeburg ..., Hamburg 1686.

Einhorn 1981:
Jürgen Werinhard Einhorn, Stichwort »Einhorn«, in: Enzyklopädie des Märchens, Bd. 3, 1981, S. 1246–1256.

Einhorn 1998:
Jürgen Werinhard Einhorn, Spiritalis Unicornis – Das Einhorn in Literatur und Kunst des Mittelalters, 2. erw. Aufl., München 1998.

Eitz, Mertens 1976:
Günther Eitz, Friedrich Mertens, Magdeburg als preußische Festung um 1750. Ein Führer durch das Modell der Festung, hg. Kulturhistorisches Museum Magdeburg, Magdeburg 1976.

Elsner 1997:
Tobias von Elsner, Preußische Festung und barocke Stadtanlage – Von der Trümmerstätte des Dreißigjährigen Krieges bis zum Beginn der Industrialisierung, in: Magdeburg in Bildern 1997, S. 59–78.

Engesser u.a. 1996:
Burkart Engesser u.a., Das Mammut ... und seine ausgestorbenen Verwandten, (Veröffentlichungen aus dem Naturhistorischen Museum Basel 20) 1996.

Ennen 1983:
Edith Ennen, Die Festungsstadt als Forschungsgegenstand und die Herausbildung der Festungs- und Garnisonsstadt als Stadttyp, in: Herrmann, Irsigler 1983, S. 19–34, Diskussion S. 226f.

Ennen 1987:
Edith Ennen, Die Festungsstadt als Forschungsgegenstand, in: Gesammelte Abhandlungen zum europäischen Städtewesen und zur rheinischen Geschichte Band II.

Erlandsson 1997:
Bengt Erlandsson, Beitrag zur Geschichte der Guericke-Pumpe in Lund in: Monumenta Guerickiana 4, 1997, S. 29–33.

Erzbischof Wichmann 1992:
Erzbischof Wichmann (1152–1192) und Magdeburg im hohen Mittelalter. Stadt – Erzbistum – Reich, hg. Matthias Puhle, Ausstellungskatalog Kulturhistorisches Museum Magdeburg, (Magdeburger Museumsschriften 1) Magdeburg 1992.

Falkenburg 2000:
Brigitte Falkenburg, Kants Kosmologie, Die wissenschaftliche Revolution der Naturphilosophie im 18. Jahrhundert, (Philosophische Abhandlungen 77) Frankfurt/M. 2000.

Feenstra 1982:
Robert Feenstra, Jacobus Maestertius (1610–1658). Zijn juridisch onderwijs in Leiden en het Leuvense disputatiesysteem van Gerardus Corselius, in: Tijdschrift voor Rechtsgeschiedenis 50, 1982, S. 297–335.

Feldkamp 1982:
Michael F. Feldkamp, Anmerkungen zum Stadtplan Osnabrücks von Wenzel Hollar aus dem Jahre 1633, in: Osnabrücker Mitteilungen 88, 1982, S. 230–233.

Feuerstein-Herz 2000:
Petra Feuerstein-Herz, Sammlung Deutscher Drucke 1601–1700: Einige neuerworbene Einblattdrucke des 17. Jahrhunderts, in: Wolfenbütteler Barock-Nachrichten 27/1, 2000, S. 128–136.

Feurer, Maidt 1988:
Rudolf Feurer, Petra Maidt (Bearb.), Gesamtansichten und Pläne der Stadt Würzburg, (Kataloge des Mainfränkischen Museums Würzburg 3) Würzburg 1988.

Fiala Bd. 6, 1907–1909:
Eduard Fiala, Münzen und Medaillen der Welfischen Lande, Bd. 6: Das neue Haus Braunschweig zu Wolfenbüttel, Prag 1907–1909.

Fischer 1996:
Albert Fischer, Daniel Specklin aus Straßburg (1536–1589). Festungsbaumeister, Ingenieur und Kartograph, Stuttgart-Sigmaringen 1996.

Fontenelle 1989:
Bernard Le Bovier de Fontenelle, Philosophische Neuigkeiten für Leute von Welt und für Gelehrte. Ausgewählte Schriften, Leipzig 1989.

Friedell 1996:
Egon Friedell, Kulturgeschichte der Neuzeit. Die Krisis der europäischen Seele von der schwarzen Pest bis zum ersten Weltkrieg, München 1996.

Friedrich-Schiller-Universität 1998:
Friedrich-Schiller-Universität (Hg.), 450 Jahre Hohe Schule Jena, Jena 1998.

Früh 1993:
Margit Früh, Das Einhorn – das geheimnisvolle Fabeltier, (Mitteilungen aus dem Thurgauischen Museum 29) 1993.

Galilei 1638/1907:
Galileo Galilei, Unterredungen und mathematische Demonstrationen über zwei neue Wissenszweige, die Mechanik und die Fallgesetze betreffend (1638), aus dem Italienischen übers. und hg. Arthur Oettingen, Leipzig 1907.

gantz verheeret 1998:
»… gantz verheeret!« Magdeburg und der Dreißigjährige Krieg. Beiträge zur Stadtgeschichte und Katalog zur Ausstellung des Kulturhistorischen Museums Magdeburg, hg. Matthias Puhle, (Magdeburger Museumsschriften 6) Halle/S. 1998.

Gasser 1884:
Otto Gasser, Otto von Guericke, in: Pallas. Zeitschrift des Kunstgewerbe-Vereins zu Magdeburg 5, 1884.

Geibig 1996:
Alfred Geibig, Gefährlich und schön. Eine Auswahl historischer Waffen aus den Beständen der Kunstsammlung der Veste Coburg, Coburg 1996.

van Gent, van Helden 1995:
Rob H. van Gent, Anne C. van Helden, Een vernuftig geleerde. De technische vondsten van Christiaan Huygens, (Mededeling Museum Boerhaave 263) Leiden 1995.

Genz 2002:
Henning Genz, Das Atom und das Vakuum heute, in: Monumenta Guerickiana 9/10 (Festschrift zum Guericke-Jahr) 2002, S. 73–83.

Gerstl 1999:
Doris Gerstl, Wolfgang Kilian und die Zeichnungen nach Joachim Sandrarts »Friedensmahl«, in: Anzeiger des Germanischen Nationalmuseums 1999, S. 7–23.

Gesner 1551:
Conrad Gesner, Historia animalium Lib. I de Quadrupedibus viviparis, Zürich 1551.

Gesner, Thier-Buch 1669:
Conrad Gesner, Thier-Buch, überarb. Georg Horst, Frankfurt/M. 1669.

Gesner, Vogel-Buch 1669:
Conrad Gesner, Vogel-Buch, überarb. Georg Horst, Frankfurt/M. 1669.

Gesner 1670:
Conrad Gesner, Fisch-Buch, Frankfurt/M. 1670.

Gesner 1671:
Conrad Gesner, Schlangen-Buch, Frankfurt/M. 1671 (ND Hannover 1995).

Geurts, van Dorsten 1965:
Pieter Antoon Marie Geurts und Jan Adrianus van Dorsten, Drie redevoeringen van Bonaventura Vulcanius over de stichting van de Leidse universiteit, in: Bijdragen en Mededelingen van het Historisch Genootschap 79, 1965, S. 387–413.

Gilbert 1600:
William Gilbert, De Magnete Magneticisque Corporibus, et De Magno magnete tellure Physiologia nova, London: Peter Short 1600.

Glaser 2001:
Rüdiger Glaser, Klimageschichte Mitteleuropas, Darmstadt 2001.

Gloede 1986:
Wolfgang Gloede, Vom Lesestein zum Elektronenmikroskop, Berlin 1986.

Glossarium Artis 1990:
Glossarium Artis Band 7: Festungen: der Wehrbau nach Einführung der Feuerwaffen, München – London – New York – Paris 1990.

Goss, Clark 1990:
John Goss und Peter Clark, Blaeu der Große Atlas, London-Wien 1990.

Grafen von Schönborn 1989:
Die Grafen von Schönborn. Kirchenfürsten – Sammler – Mäzene, hg. Gerhard Bott, Ausstellungskatalog Germanisches Nationalmuseum Nürnberg, Passau 1989.

Greene 1999:
Brian Greene, Das elegante Universum: Superstrings, verborgene Dimensionen und die Suche nach der Weltformel, Berlin 1999.

Groetzsch 1978:
Helmut Groetzsch, Mathematisch-Physikalischer Salon, Leipzig 1978.

Guericke 1672:
Ottonis de Guericke Experimenta Nova (ut vocantur) Magdeburgica de vacuo spatio, Amsterdam: Johann Jansson von Waesberge 1672.

Guericke 1672 b:
Otto von Guericke an Friedrich Wilhelm, Kurfürst von Brandenburg vom 15. April 1672, Brief-Nr. 223 und 223/1, in: Wissenschaftliche Zeitschrift der Technischen Universität »Otto von Guericke« Magdeburg 35, 1991, S. 111–116.

Guericke 1686:
Brief Otto von Guerickes jun. vom 14. Mai 1686 an den Kanzler des Herzogtums Mecklenburg und dessen Orderentwurf an den Zöllner in Dömitz vom 22. 5. 1686, in: Wissenschaftliche Zeitschrift der Technischen Universität »Otto von Guericke« Magdeburg 35, 1991, S. 103–107.

Guericke 1924:
Hildebert Guericke, Geschichte der Familie Guericke, Wilhelmshaven-Braunschweig 1924.

Guth 1999:
Alan H. Guth, Die Geburt des Kosmos aus dem Nichts. Die Theorie des inflationären Universums, München 1999.

Habinger 1999:
Otto Habinger, Seltenes Kalendarium bei Ruef in München, 13. 11. 1998, in: Klassik-Uhren, Heft 1, 1999, S. 74.

Habinger 2002:
Otto Habinger, in: Stiftung und Vermächtnis – die Sammlung des Hans von Gersdorff auf Weicha und die Stadt Bautzen im 17. Jahrhundert, Bautzen 2002 (im Druck).

Hamburg-Lexikon 1998:
Hamburg-Lexikon, hg. Franklin Kopitzsch und Daniel Tilgner, Hamburg 1998.

Hammel-Kiesow 1998:
Rolf Hammel-Kiesow, Stadtherrschaft und Herrschaft in der Stadt, in: Die Hanse. Lebenswirklichkeit und Mythos, 2., verb. Aufl., Lübeck 1998, S. 446–479.

Hammer, von Schade Bd. 1, 1995:
Friedrich Hammer und Herwarth von Schade, Die Hamburger Pastorinnen und Pastoren seit der Reformation, 2 Bde., Hamburg 1995 [vervielfältigtes Manuskript].

Happel 1990:
Eberhard Werner Happel, Größte Denkwürdigkeiten der Welt oder sogenannte Relationes Curiosae ..., Nachdruck hg. Uwe Hübner und Jürgen Westphal, Berlin 1990.

Harms, Kemp 1987:
Wolfgang Harms, Cornelia Kemp (Hg.), Deutsche illustrierte Flugblätter des 16. und 17. Jahrhunderts, Bd. 4: Die Sammlung der Hessischen Landes- und Hochschulbibliothek Darmstadt, Tübingen 1987.

Harms, Schilling u.a. 1980:
Wolfgang Harms, Michael Schilling u.a. (Hg.), Deutsche illustrierte Flugblätter des 16. und 17. Jahrhunderts, Bd. 2: Die Sammlung der Herzog August Bibliothek Wolfenbüttel, München 1980.

Harsdörffer 1651:
Georg Philipp Harsdörffer, Der Mathematischen und Philosophischen Erquickstunden Zweyter Teil, Nürnberg 1651.

Hasse 2001:
Claus-Peter Hasse, Otto der Große und Magdeburg, in: Otto der Große, Magdeburg und Europa, hg. Matthias Puhle, Ausstellungskatalog Kulturhistorisches Museum Magdeburg, Bd. 1, Mainz 2001, S. 427–444.

Hauksbee 1709:
Francis Hauksbee, Physico-mechanical experiments, London 1709.

Hauksbee 1719:
Francis Hauksbee, Physico-mechanical experiments on various subjects: containing an account of several surprizing phaenomena touching light and electricity ..., 2. Aufl., London 1719.

Hawking 1998:
Stephen W. Hawking, A Brief History of Time: From the Big Bang to Black Holes, 10. Aufl., London 1998.

Hawking 2001:
Stephen W. Hawking, Das Universum in der Nußschale, Hamburg 2001.

Heberle 1996:
Hans Heberle, Aus dem Zeytregister, in: Deutsche Geschichte in Quellen und Darstellung, Bd. 4: Gegenreformation und Dreißigjähriger Krieg 1555–1648, Stuttgart 1996.

Heesakkers 2000:
Chris Heesakkers, Een net werk aan de basis van de Leidse universiteit: het album amicorum van Janus Dousa [1545–1604], Leiden 2000.

Heinicke 1998:
Thomas Heinicke, Die erste Pendeluhr von Christiaan Huygens, in: Klassik – Uhren, Heft 3, 1998.

van Helden 1977:
Albert van Helden, The development of compound eyepieces 1640–1670, in: Journal of the History of Astronomy 8, 1977, S. 26–37.

Hellmann 1992:
Birgitt Hellmann, Die Jenaer Stadtansichten bis 1880, Jena 1992.

Helmuth 1810:
Johann Heinrich Helmuth, Volksnaturlehre zur Dämpfung des Aberglaubens, Calförde 1788, 6. Auflage 1810.

Herrmann 1978:
Dieter B. Herrmann, Entdecker des Himmels, Leipzig-Jena-Berlin 1978.

Herrmann 1994:
Dieter B. Herrmann, Blick in das Weltall. Die Geschichte der Archenhold-Sternwarte, Berlin 1994.

Herrmann 2001:
Joachim Herrmann, Das große Lexikon der Astronomie, Niedernhausen 2001.

Herrmann, Irsigler 1983:
Hans-Walter Herrmann und Franz Irsigler (Hg.), Beiträge zur Geschichte der frühneuzeitlichen Garnisons- und Festungsstädte, (Veröffentlichungen

der Kommission für Saarländische Landesgeschichte und Volksforschung 13) Saarbrücken 1983.

Himmelein 1979:
Volker Himmelein, Die Uhren, in: Sammler, Fürst, Gelehrter 1979.

Hinz 1989:
Sigrid Hinz, Innenraum und Möbel, Berlin 1989.

Hoffmann 1874:
Friedr(ich) Wilh(elm) Hoffmann, Otto von Guericke, Bürgermeister der Stadt Magdeburg. Ein Lebensbild aus der deutschen Geschichte des siebzehnten Jahrhunderts, hg. Julius Otto Opel, Magdeburg 1874.

Hoffmann 1887:
Friedrich Wilhelm Hoffmann, Geschichte der Belagerung, Eroberung und Zerstörung Magdeburg's von Otto von Guericke, Churfürstlich-Brandenburgischem Rath und Bürgermeister besagter Stadt, 2. Aufl., Magdeburg 1887.

Hoffmann, Hertel, Hülße Bd. 1–2, 1885:
Gustav Hertel und Friedrich Hülße (Bearb.), Fr(iedrich) Wilh(elm) Hoffmanns Geschichte der Stadt Magdeburg, 2 Bde., Magdeburg 1885.

Hohrath 1996:
Daniel Hohrath, Der Bürger im Krieg der Fürsten – Stadtbewohner und Soldaten in belagerten Städten ..., in: Bernhard R. Kroener und Ralf Pröve (Hg.), Krieg und Frieden, Militär und Gesellschaft in der frühen Neuzeit, Paderborn-München-Wien-Zürich 1996.

Holstein 1874:
Hugo Holstein, Otto von Guericke's Gesandtschaftsreisen, in: Geschichtsblätter für Stadt und Land Magdeburg 9, 1874, S. 225–266.

Holstein 1902:
Hugo Holstein, Magdeburger Ratsfamilien, in: Blätter für Handel, Gewerbe und sociales Leben (Beiblatt zur Magdeburgischen Zeitung) 35, 1902, S. 275–277.

Hülße 1884:
Friedrich Hülße, Ein kaiserliches Wappen an dem Stadtthore zu Magdeburg, in: Geschichts-Blätter für Stadt und Land Magdeburg 19, 1884, S. 218–220.

Huygens 1888:
Christiaan Huygens, Oeuvres complètes, 22 Bde., Den Haag 1888–1950.

Huygens 1970:
Christiaan Huygens, Horologium 1658, Reprint des Original mit engl. Übers. von Ernest L. Edwardes, 1970.

Janicke 1867:
Karl Janicke, Verzeichnis der Magdeburger Bürgermeister und Kämmerer von 1213–1607, in: Geschichts-Blätter für Stadt und Land Magdeburg 2, 1867 (1868), S. 276–298, S. 393–406.

Janicke 1886:
Karl Janicke, Briefe Otto Gericke's an den schwedischen Geheimen Hof- und Kriegsrath Alexander Erskine, in: Geschichtsblätter für Stadt und Land Magdeburg 21, 1886, S. 283–295.

Jöcher 1750/51:
Christian Gottlieb Jöcher, Allgemeines Gelehrten-Lexicon: Darinne die Gelehrten aller Stände [...] vom Anfange der Welt bis auf ietzige Zeit [...] Nach ihrer Geburt, Leben, [...] Schrifften aus den glaubwürdigsten Scribenten in alphabetischer Ordnung beschrieben werden, 4 Bde., Leipzig 1750/51.

Johanneum 1979:
450 Jahre Gelehrtenschule des Johanneums, Hamburg 1979.

Jürß u.a. 1977:
Atomisten, Griechische Atomisten, übers. und hg. Fritz Jürß u.a., Leipzig 1977.

Kant 1979:
Immanuel Kant, Kritik der reinen Vernunft, ehemalige Karbachsche Ausgabe, hg. Raymund Schmidt, (Reclam Universalbibliothek 274) Leipzig 1979.

Kant 1983, Bd. 1, Bd. 2:
Immanual Kant, Werke in zehn Bänden, hg. Wilhelm Weischedel, Sonderausgabe der Wissenschaftliche Buchgesellschaft, Darmstadt 1983, Bd. 1: Vorkritische Schriften bis 1786, Bd. 2: Der einzig mögliche Beweisgrund zu einer Demonstration des Daseins Gottes.

Karkoschka 1997:
Erich Karkoschka, Atlas für Himmelsbeobachter, Stuttgart 1997.

Kaster, Steinwascher 1993:
Karl Georg Kaster, Gerd Steinwascher (Hg.), V.D.M.I.AE. Gottes Wort bleibt in Ewigkeit. 450 Jahre Reformation in Osnabrück, Ausstellungskatalog Osnabrück, (Osnabrücker Kulturdenkmäler. Beiträge zur Kunst und Kulturgeschichte der Stadt Osnabrück 6) Bramsche 1993.

Kauffeldt 1980:
Alfons Kauffeldt, Otto von Guericke, (Biographien hervorragender Naturwissenschaftler, Techniker und Mediziner 11) 4. Aufl., Leipzig 1980.

Keil 1995:
Inge Keil, Johann Wiesel Augustanus Opticus, in: Sterne und Weltraum 34, 1995, S. 888–890.

Keil 1999:
Inge Keil, Die Fernrohre von Herzog Ernst I., dem Frommen, von Sachsen-Gotha, in: Beiträge zur Astronomiegeschichte Bd. 2, hg. Wolfgang R. Dick und Jürgen Hamel, (Acta Historica Astronomiae 5) 1999, S. 70–79.

Keil 2000:
Inge Keil, Augustanus Opticus. Johann Wiesel (1583–1662) und 200 Jahre optisches Handwerk in Augsburg, (Colloquia Augustana 12) Berlin 2000.

Keil 2002:
Inge Keil, Der Blick in den leeren Raum. Das optische Handwerk zur Zeit Guerickes, im Besonderen Johann Wiesels in Augsburg, in: Monumenta Guerickiana 9/10 (Festschrift zum Guericke-Jahr), 2002, S. 131–138.

Keller 2000:
Hans-Ulrich Keller, Astrowissen, Stuttgart 2000.

Kepler Bd. 7, 1953; Kepler Bd. 15, 1951:
Johannes Kepler, Gesammelte Werke, Bd. 7: Epitome astronomiae Copernicanae, München 1953; Bd. 15: Briefe 1604–1607, München 1951.

Kiss 1983:
István N. Kiss, Die ökonomische und soziale Basis der Verteidigung gegen die Türken in Ungarn im 16. und 17. Jahrhundert, in: Herrmann, Irsigler 1983, S. 173–194.

Kloss 1987:
Albert Kloss, Von der Electricität zur Elektrizität. Ein Streifzug durch die Geschichte der Elektrotechnik,

Elektroenergetik und Elektronik, Basel – Boston – Stuttgart 1987.

Kluge 1986:
Rüdiger Kluge, Rekonstruktion der Luftpumpen Otto von Guerickes, in: Wissenschaftliche Zeitschrift der Technischen Hochschule »Otto von Guericke« Magdeburg 30, 1986, Heft 1/2, S. 66 – 79.

Köbler 1999:
Gerhard Köbler, Historisches Lexikon der deutschen Länder, 6. Aufl., Darmstadt 1999.

Koeman 1967 – 1971:
Cornelis Koeman, Atlantes Neerlandici, 5 Bde., Amsterdam 1967 – 1971.

König 1987:
Rudolf König, Fabeltiere, Broschüre zu einer Ausstellung des Zoologischen Museums der Universität Kiel, 2. verb. Aufl., Kiel 1987.

Kohlmann 1982:
Theodor Kohlmann u.a., Bube, Dame, König. Alte Spielkarten aus Berliner Museums- und Privatsammlungen, (Schriften des Museums für Deutsche Volkskunde Berlin 8) Berlin 1982.

Konrad 1931:
Karl Konrad, Bilderkunde des deutschen Studentenwesens, Breslau 1931.

Kopitzsch 1990:
Franklin Kopitzsch, Grundzüge einer Sozialgeschichte der Aufklärung in Hamburg und Altona, (Beiträge zur Geschichte Hamburgs 21) 2. Aufl., Hamburg 1990.

Kostbare Instrumente 1994:
Kostbare Instrumente und Uhren aus dem Staatlichen Mathematisch-Physikalischen Salon Dresden, hg. Klaus Schillinger, Leipzig 1994.

Koyré 1998:
Alexandre Koyré, Leonardo, Galilei, Pascal – Ein Meßversuch, Frankfurt/M. 1998.

Krafft 1969:
Fritz Krafft, Experimenta Nova. Untersuchungen zur Geschichte eines wissenschaftlichen Buches. I: Das Manuskript der »Experimenta nova (ut vocantur) Magdeburgica« Otto von Guerickes in den Jahren 1663 bis 1672, in: Buch und Wissenschaft. Beispiele aus der Geschichte der Medizin, Naturwissenschaft und Technik, hg. Eberhard Schmauderer, (Technikgeschichte in Einzeldarstellungen 17) Düsseldorf 1969, S. 103 – 130.

Krafft 1978:
Fritz Krafft, Otto von Guericke, (Erträge der Forschung 87) Darmstadt 1978 [mit Bibliographie der Literatur bis 1978].

Krafft 1982:
Fritz Krafft, Die Keplerschen Gesetze im Urteil des 17. Jahrhunderts, in: Rudolf Haase (Hg.), Kepler Symposion. Zu Johannes Keplers 350.Todestag, 25.– 28. September 1980 im Rahmen des Internationalen Brucknerfestes '80 Linz. Bericht, Linz 1982, S. 75 – 98.

Krafft 1996:
Fritz Krafft (Hg.), Otto von Guerickes Neue (sogenannte) Magdeburger Versuche über den leeren Raum. Mit einer einleitenden Abhandlung »Otto von Guericke in seiner Zeit«, Düsseldorf 1996.

Krafft 1999 a:
Fritz Krafft, Zwischen Aristoteles und Isaac Newton: Auf dem Weg zum Konzept einer Allgemeinen Gravitation, in: Monumenta Guerickiana 6, 1999, S. 3 – 23.

Krafft 1999 b
Fritz Krafft (Hg.), Vorstoß ins Unerkannte. Lexikon Großer Naturwissenschaftler, Weinheim usw. 1999.

Krafft 2001:
Fritz Krafft, 325 Jahre Experimenta nova (ut vocantur) Magdeburgica Otto von Guerickes. Aus der Entstehungsgeschichte eines wissenschaftlichen Buches, in: Monumenta Guerickiana 8, 2001, S. 3 – 12.

Kramer 1952:
Erich Kramer, Die »Bosse«. Beitrag zur Geschichte eines Mansfelder Rittergeschlechts und seines Sippenkreises, Glückburg/Ostsee 1952.

Krauss 1998:
Lawrence M. Krauss, The End of the Age Problem, and the Case for a Cosmological Constant Revisited, in: Astrophysical Journal 501, 1998, S. 461 – 466.

Kreisel, Himmelheber 1968:
Heinrich Kreisel und Georg Himmelheber, Die Kunst des deutschen Möbels Bd. 1, München 1968.

van der Krogt 1993:
Peter van der Krogt, Globi Neerlandici. The production of globes in the Low Countries, Utrecht 1993.

van der Krogt 2000:
Peter van der Krogt, Koeman's Atlantes Neerlandici New Edition, Goy-Houten / NL 2000.

Krumbiegel, Krumbiegel 1981:
Günter Krumbiegel und Brigitte Krumbiegel, Fossilien der Erdgeschichte, Stuttgart 1981.

Küng 1995:
Hans Küng, Existiert Gott. Antwort auf die Gottesfrage der Neuzeit, 3. Aufl., München 1978 (ND 1995).

Kuisle 1985:
Anita Kuisle, Brillen – Gläser, Fassungen, Herstellung, München 1985.

Kuper 2000:
Gaby Kuper, »Ich habe gethan, waß müglich gewesen« – Kongreßalltag aus der Sicht des Gesandten Otto von Guericke, in: Monumenta Guerickiana 7, 2000, S. 46 – 58.

Lancelle 2002:
Hasso Lancelle, Magdeburger Halbkugeln in der Universität Helmstedt, in: Landkreis Helmstedt. Kreisbuch 2002, S. 57 – 64.

Land 1977:
Edwin Herbert Land, The Retinex Theory of Color Vision, in: Scientific American, Dezember 1977, S. 39 – 62.

Leibniz 1749:
Gottfried Wilhelm Leibniz, Protogaea, aus dem Nachlaß hg. Christian Ludwig Scheid 1748; dt. Fassung: Göttingen: Johann Wilhelm Schmid 1749.

Leibniz 1875:
Gottfried Wilhelm Leibniz, Die philosophischen Schriften 1. Bd, hg. C.J. Gerhardt, Berlin 1875 (ND Hildesheim-New York 1978).

Leibniz 1926:
Gottfried Wilhelm Leibniz, Sämtliche Schriften und Briefe, hg. von der Preußischen Akademie der Wissenschaften, 2. Reihe: Philosophischer Briefwechsel, 1. Bd., Darmstadt 1926.

Leist 1939:
Hansjochen Leist, Stammbuch der Lüderwalde, Magdeburg 1939.

Leist 1939/41:
Hansjochen Leist, Die Roden. Stammtafel eines Magdeburger Ratsgeschlechts, in: Geschichts-Blätter für Stadt und Land Magdeburg 74/75, 1939/41, S. 25 – 40.

Letztes Ehren-Denckmahl 1686:
Letztes Ehren=Denckmahl / Welches Dem weyland Hoch=Edel=Gebohrnen / Gestrengen und Vesten Herren / Herrn Otto von Guericken .... gebracht wurde / So zu einigen Troste ... solte auffrichten Augustus Bohse / von Halle aus Sachsen. Gedruckt im Jahr Christi 1686.

Leupold 1707:
Jacob Leupold, Antliae Pneumaticae illustratae ..., Leipzig o. J. (1707?).

Leupold 1712:
Jacob Leupold, Antliae Pneumaticae illustratae continuation prima ..., Leipzig 1712.

Leupold 1714:
Jacob Leupold, Antliae Pneumaticae illustratae continuation secunda ..., Leipzig o. J. (1714?).

Lichtenstein 1811:
Anton August Heinrich Lichtenstein, Verzeichnis einer ansehnlichen Sammlung von mannigfaltigen großentheils kostbaren und auserlesenen Seltenheiten ... zusammengebracht durch Christoph Gottfried Beireis ..., Helmstedt: C.G. Fleckeisen 1811.

Liebe 1902:
G(eorg) Liebe, Die Kleiderordnungen des Erzstifts Magdeburg, in: Geschichtsblätter für Stadt und Land Magdeburg 37, 1902, S. 177 – 189.

Lieure 1924:
J[ules] Lieure, Jacques Callot, 5 Bde., Paris 1924 – 1929 (ND: New York 1969 in 8 Bänden).

Lindborg 1965:
Rolf Lindborg, Descartes i Uppsala. Striderna om »Nya Filosofien 1663 – 1689«, Stockholm 1965.

Linde 1993:
Andrei Linde, Elementarteilchen und inflationärer Kosmos. Zur gegenwärtigen Theoriebildung, Heidelberg 1993.

Linzmeier 2000:
Alexandra Linzmeier, Otto Gericke und das Wien um 1650, in: Monumenta Guerickiana 7, 2000, S. 66 – 75.

Lippmann 1998:
Wolfgang Lippmann, Architektur zur Zeit des Dreissigjährigen Krieges: Kirchen und Schlösser im deutschsprachigen Raum, in: Bußmann, Schilling Bd. 2, 1998, S. 271 – 279.

Löber 1994:
Ulrich Löber, Da guckste! Technik- und Kulturgeschichte der Brille, Koblenz 1994.

Lonitzer 1679:
Adam Lonitzer, Kreuterbuch, Ulm 1679 (ND München 1962).

Loose 1986:
Hans-Dieter Loose, Die Bedeutung des Festungsbaus 1616 – 1626 für Hamburgs Stadt- und Hafenerweiterung, in: Reiner Postel, Jürgen Ellermeyer, Stadt und Hafen, (Arbeitshefte zur Denkmalpflege in Hamburg 8) Hamburg 1986, S. 54 – 57.

Losman 1980:
Arne Losman, Carl Gustaf Wrangel och Europa, Stockholm 1980.

Lubienietzki 1667/68:
Stanislaus Lubienietzki, Theatrum cometicum ..., 2 Bde., Amsterdam 1667 – 1668.

Lupke-Niederich 1998:
Nadja Lupke-Niederich, Der erfolglose Kampf um Anerkennung - Eine biographische Skizze über Christian Wilhelm von Brandenburg, in: gantz verheeret 1998, S. 45 – 51.

Lutteroth 1902:
Mathilde Lutteroth, Das Geschlecht Lutteroth, Hamburg 1902.

Mackensen 1984:
Ludolf von Mackensen, Der universale Reduktionszirkel zum Umzeichnen und Umrechnen. Seine Entwicklung und sein Gebrauch bis ins 17. Jahrhundert, in: Architekt und Ingenieur 1984, S. 118 – 123.

Mackensen 1988:
Ludolf von Mackensen, Die erste Sternwarte Europas mit ihren Instrumenten und Uhren – 400 Jahre Jost Bürgi in Kassel, München 1988.

Magdeburg in Bildern 1997:
Magdeburg in Bildern von 1492 bis ins 20. Jahrhundert, hg. Matthias Puhle, (Magdeburger Museumsschriften 5) Magdeburg 1997.

Magdeburger Biographisches Lexikon 2002:
Magdeburger Biographisches Lexikon 19. und 20. Jahrhundert, hg. Guido Heinrich und Gunter Schandera, Magdeburg 2002.

Magdeburger Ratsfamilien 1876:
Magdeburger Ratsfamilien, in: Blätter für Handel, Gewerbe und sociales Leben (Beiblatt zur Magdeburgischen Zeitung) 45, 1876, S. 355 – 356.

Magni 1647:
Valerianus Magni, Admiranda de vacuo silicet demonstratio ocularis de possibilitate ..., Warschau 1647.

Mainzer 1988:
Klaus Mainzer, Symmetrien der Natur, Berlin 1988.

Mainzer 1996:
Klaus Mainzer, Materie. Von der Urmaterie zum Leben, München 1996.

Mainzer 2000:
Klaus Mainzer, Hawking, (Spektrum Meisterdenker) Freiburg 2000.

Mainzer 2002:
Klaus Mainzer, Zeit. Von der Urzeit zur Computerzeit, 4. Aufl., München 2002.

Marx 1831:
Carl Michael Marx, Die physikalische Sammlung des herzoglichen Collegii Carolini in Braunschweig, Braunschweig 1831.

Maß, Zahl und Gewicht 1989:
Maß, Zahl und Gewicht: Mathematik als Schlüssel zum Weltverständnis und Weltherrschung, (Ausstellungskataloge der Herzog August Bibliothek 60) Weinheim 1989.

Meder 1932:
Joseph Meder, Dürer-Katalog, Wien 1932.

Merbach 1930:
Paul Alfred Merbach, Gottfried Christoph Beireis, Mühlhausen/Th. 1930.

Mertens 1978:
Jürgen Mertens, Der Burgplatz am Ende des 16. Jahrhunderts, (Arbeitsberichte aus dem Städtischen Museum Braunschweig 28) Braunschweig 1978.

Meursius 1625:
Johannes Meursius, Athenae Batavae: de Urbe Leidensi et Academia, virisque claris, qui utramque ingenio suo atque scriptis illustrarunt ..., Leiden: Andreas Cloucq und Elzevier 1625.

van Mieris 1762:
Frans van Mieris, Beschryving de Stad Leyden, Teil 1, Leiden 1762.

Militzer 1996:
Klaus Militzer, Ratsverfassungen und soziale Schichtungen, in: Hanse – Städte – Bünde. Die sächsischen Städte zwischen Elbe und Weser um 1500, Bd. 1, hg. Matthias Puhle, (Magdeburger Museumsschriften 4) Magdeburg 1996, S. 152–162.

Militzer 1998:
Klaus Militzer, Die soziale Gliederung in den Hansestädten, in: Die Hanse. Lebenswirklichkeit und Mythos, hg. Jörgen Bracker, Volker Henn und Rainer Postel, 2. verb. Aufl., Lübeck 1998, S. 411–446.

Moewes 1991:
Erich Moewes, Das Guerickesche Wettermännchen oder Anemoskop, in: Wissenschaftliche Zeitschrift der Technischen Universität »Otto von Guericke« Magdeburg 35, 1991, Heft 6, S. 102–111.

Moewes 1996:
Erich Moewes, Otto von Guerickes Versuche mit der Schwefelkugel – ein Beitrag zur Geschichte der Elektrizitätslehre in: Monumenta Guerickiana 3, 1996, S. 34–42.

Moewes 1997:
Erich Moewes, Der Aufenthalt des Herzogs von Chevreuse in Magdeburg und sein Besuch bei Otto von Guericke, in: Monumenta Guerickiana 4, 1997, S. 50–54.

Molhuysen 1913:
Philip Christiaan Molhuysen (Hg.), Bronnentot de geschiedenis der Leidsche Universiteit, Teil 1: 1574- 7. Februar 1610, (Rijks geschiedkundige publicatiën 20) 's Gravenhage 1913.

Moller 1744:
Johann Moller, Cimbria literata: Sive Scriptorum ducatus utriusque Slesvicensis et Holsatici historia literaria tripartita, 3 Bde, Kopenhagen 1744.

Monconys 1665/66:
Baltasar de Monconys, Journal des voyages, 2 Bde., Lyon 1665–1666.

Monconys 1697:
(Balthasar de Monconys,) Des Herrn de Monconys ungemeine und sehr curieuse Beschreibung Seiner In Asien und das gelobte Land / nach Portugall / Spanien / Italien / in Engelland / die Niederlande und Teutschland gethanen Reisen / Worinne Er allerhand artige und nicht gemeine / so chymische als medicinische mechanische und physicalische Experimenta ... angeführet. Vierdte Abtheilung / welche desselben Reisen in Teuschtland und in Italien in sich begreiffet ..., Leipzig-Augsburg 1697.

Moritz 2001:
Horst Moritz, Die Festung Petersberg unter Kurmainz 1664–1802, hg. Stadtmuseum Erfurt »Haus zum Stockfisch«, Erfurt 2001.

Mortzfeld 1986:
Peter Mortzfeld (Bearb.), Die Porträtsammlung der Herzog August Bibliothek Wolfenbüttel. Biographische und bibliographische Beschreibungen mit Künstlerregister Bd. 1ff., (Katalog der Graphischen Porträts in der Herzog August Bibliothek Wolfenbüttel 1500–1850, Reihe A) München-New Providence-London-Paris 1986ff.

Moureau, Tetel 1984:
François Moureau, Marcel Tetel (Hg.), Jean Tarde. A la rencontre de Galilée. Deux voyages en Italie, Genf 1984.

Mulder 1996:
Theo Mulder, Blaise Pascal und der Puy de Dôme, in: Mitteilungen der Österreichischen Gesellschaft für Wissenschaftsgeschichte 16, 1996, S. 101–114.

Murphy 1995:
Daniel Murphy, Comenius: A Critical Reassessment of his Life and Work, Blackrock 1995.

Musschenbroek 1765:
Jan van Musschenbroek, Beschreibung der doppelten und einfachen Luftpumpe ..., Übersetzung von Johann Christoph Thenn, Augsburg 1765.

Muth 2000:
Hanswernfried Muth (Bearb.), Ansichten aus dem alten Würzburg Teil III, Würzburg 2000.

Negrelli 1993:
Giorgio Negrelli, L' Europa tra tardo Cinquecento e Settecento, in Ausstellungskatalog: Palmanova fortezza d'Europa 1593–1993, Venedig 1993, S. XXV.

Neubauer 1889:
Ernst Neubauer, Johann Alemann, der »Verräther«, in den Jahren 1625–1631, in: Blätter für Handel, Gewerbe und sociales Leben (Beiblatt zur Magdeburgischen Zeitung) 1889, S. 331–332, 337–339.

Neubauer 1892:
Ernst Neubauer, Die Häupter der kaiserlichen Partei in Magdeburg 1630, in: Geschichts-Blätter für Stadt und Land Magdeburg 27, 1892, S. 324–329.

Neubauer 1906:
Ernst Neubauer, Magdeburgs Buchdruck und Buchhandel bis 1631, in: Montagsblatt. Wissenschaftliche Wochenbeilage der Magdeburgischen Zeitung, 1906, S. 406–408.

Neubauer 1907:
Ernst Neubauer, Otto v. Guerickes Geschlecht, in: Montagsblatt. Wissenschaftliche Wochenbeilage der Magdeburgischen Zeitung 24–26, 1907, S. 189–191, S. 199f., S. 207f.

Neubauer 1931:
Ernst Neubauer (Bearb.), Häuserbuch der Stadt Magdeburg, Bd. 1, (Geschichtsquellen der Provinz Sachsen und des Freistaates Anhalt N.R. 12) Magdeburg 1931.

Neue Augustusburg 1994:
300 Jahre Vollendung der Neuen Augustusburg – Residenz der Herzöge von Sachsen-Weißenfels, Ausstellung zum Weißenfelser Schloß und zur

barocken Hofkultur, hg. Museum Weißenfels, Weißenfels 1994.

Neumann 1988:
Hartwig Neumann, Festungsbaukunst und Festungsbautechnik, Koblenz 1988.

Neumann 2000:
Hartwig Neumann, Festungsbau-Kunst und -Technik. Deutsche Wehrbauarchitektur vom XV. bis XX. Jahrhundert, Bonn 1988 (ND Augsburg 2000).

Neumann 2000 b:
Hans-Rudolf Neumann (Hg.), Historische Festungen im Mittelosten der Bundesrepublik Deutschland, Stuttgart 2000.

Newton 1687:
Isaac Newton, Philosophiae naturalis principia mathematica, London 1687.

Nollet 1751:
Jean Antoine Nollet: Vorlesungen über Experimental-Natur-Lehre, Erfurt 1751.

Oekentorp 1994:
Klemens Oekentorp, Fossilien in Mythos und Volksglauben: Einhorn und Mammut, in: Natur- und Landschaftskunde 30, 1994, S. 60–66.

Oestreich 1982:
G. Oestreich, Neostoicism and the Early Modern State, Cambridge 1982.

Opel 1867:
Julius Otto Opel, Otto von Guerickes Bericht an den Magistrat von Magdeburg über seine Sendung nach Osnabrück und Münster 1646/47, in: Neue Mittheilungen aus dem Gebiet historisch-antiquarischer Forschungen des Thüringisch-Sächsischen Vereins für Erforschung des vaterländischen Alterthums und Erhaltung seiner Denkmale ... 11, 1867, S. 23–94.

Otterspeer 2000 a:
Willem Otterspeer, Het bolwerk van de vrijheid. De Leidse universiteit 1575–1672, Amsterdam 2000.

Otterspeer 2000 b:
Willem Otterspeer, De lezend Pallas. Het dubbeltalent van de Leidse universiteit, Den Haag 2000.

Pagan 1645:
Blaise François Comte de Pagan, Les Fortifications ..., Paris 1645.

Papin 1674:
Denis Papin, Nouvelles experiences du vuide, Paris 1674.

Papin nach 1677:
Denis Papin, Neue Experimente vom luftleeren Raum, zusamt der Beschreibung derer-jenigen Maschinen, mit denen diese Experimente zu vollziehen. Nürnberg ohne Jahr (nach 1677).

Papin 1707:
Denis Papin, Nouvelle maniere pour lever l'eau par la force du feu, Cassel 1707.

de Parival 1661:
J(ean) N(icolas) de Parival, Abregé de l'histoire de ce siecle de fer, ... contenant les miseres et calamitez des deniers temps, 3 Bde., 4. Aufl., Brüssel: Vivien 1661.

Pascal 1663:
Blaise Pascal, Traités de l'équilibre des liqueurs et de la pesenteur de la masse de l'air, Paris 1663.

Paulsiek 1884:
Paulsiek, Vortrag über die Feier der 200jährigen Wiederkehr der Zerstörung Magdeburgs 1831, in: Geschichtsblätter für Stadt und Land Magdeburg 19, 1884, S. 112.

Peters 1902:
Otto Peters, Magdeburg und seine Baudenkmäler, Magdeburg 1902.

Plomp 1979:
R. Plomp, Spring-driven Dutch pendulum clocks 1657–1710, Schiedam / NL 1979.

Pösges, Schieber 2000:
Gisela Pösges und Michael Schieber, Das Rieskrater-Museum Nördlingen, München 2000.

Pohl 1936:
Robert Wichard Pohl, Otto von Guericke als Physiker, in: Deutsches Museum. Abhandlungen und Berichte 8, Heft 4, Berlin 1936.

Pomarius 1587:
Johannes Pomarius, Summarischer Begriff Der Magdeburgische Stadt Chroniken, Magdeburg 1587.

Porter 1996:
Roy Porter, Die wissenschaftliche Revolution und die Universitäten, in: Geschichte der Universität in Europa. Band II. Von der Reformation zur Französischen Revolution (1500–1800), hg. Walter Rüegg, München 1996.

Ranzini 2001:
Gianluca Ranzini, Astronomie. Ein Führer durch die unendlichen Weiten des Weltalls, Klagenfurt 2001.

Recknagel 1993:
Hans Recknagel, Die nürnbergische Universität Altdorf, hg. Archiv der Stadt Altdorf b. Nürnberg, Altdorf b. Nürnberg 1993.

Reich 1974:
Klaus Reich, Der einzig mögliche Beweisgrund im Lichte von Kants Entwicklung zur Kritik der reinen Vernunft, Einleitung, in: Immanuel Kant, Der einzig mögliche Beweisgrund zu einer Demonstration des Daseins Gottes, (Philosophische Bibliothek 47 II) Hamburg 1974 (unveränd. ND der 1. Aufl. von 1963).

Reich 1975:
Klaus Reich, Kants Behandlung des Raumbegriffs in den »Träumen eines Geistersehers« und im »Unterschied der Gegenden im Raum«, Einleitung, in: Immanuel Kant, Träume eines Geistersehers – Der Unterschied der Gegenden im Raume, (Philosophische Bibliothek 286) Hamburg 1975.

de Rheita 1645:
Anton Maria Schirleus de Rheita, Oculus Enoch et Eliae ..., Antwerpen 1645.

Riccioli 1651:
Giambattista Riccioli, Almagestum novum astronomiam veterem novamque complectens, observationibus aliorum, et propriis novisque theorematibus, problematibus, ac tabulis promotam ..., Bologna 1651.

Ridpath 1999:
Ian Ridpath, Der große BLV-Himmelsführer, München-Wien-Zürich 1999.

Riedenauer 1968:
Erwin Riedenauer, Kaiserliche Standeserhebungen für reichsstädtische Bürger 1519–1740, in: Deutsches Patriziat 1430–1740, hg. Hellmuth Rössler, Limburg/Lahn 1968, S. 27–98.

Riekher 1990:
Rolf Riekher, Fernrohre und ihre Meister, 2. stark bearbeitete Aufl., Berlin 1990.

Ries 1981:
Heide Ries, Jacques Callot: Les Misères et les Malheurs de la Guerre, Diss. phil. Tübingen 1981 (masch.).

Riess 1998:
Adam G. Riess, Observational Evidence from Supernovae for an Accelerated Universe and a Cosmological Constant, in: Astronomical Journal 116, 1998, S. 1009–1038.

Rimpler 1674:
Georg Rimpler, Befestigte Festung, Artillerie und Infanterie mit drey Treffen in Bataille gestellt, Frankfurt/M. 1674.

Roeck 1991:
Bernd Roeck, Als wollt die Welt schier brechen, München 1991.

Röd 1999:
Wolfgang Röd (Hg.), Geschichte der Philosophie, Bd. 7: Die Philosophie der Neuzeit. Von Francis Bacon bis Spinoza, 2. verb. u. erg. Aufl., München 1999.

Roth 1959:
Fritz Roth, Restlose Auswertung von Leichenpredigten und Personalschriften für genealogische und kulturhistorische Zwecke, Boppard/Rh. 1959.

Rump 1912:
Ernst Rump, Lexikon der bildenden Künstler Hamburgs, Altonas und der näheren Umgebung, Hamburg 1912.

Sala 1990:
Giovanni B. Sala, Kant und die Frage nach Gott, Gottesbeweise und Gotteskritik in den Schriften Kants, in: Kantstudien, Ergänzungshefte im Auftrage der Kant-Gesellschaft in Verbindung mit Ingeborg Heidemann (†) hg. Gerhard Funke und Rudolf Malter 122, Berlin-New York 1990.

Sammler, Fürst, Gelehrter 1979:
Sammler, Fürst, Gelehrter – Herzog August zu Braunschweig und Lüneburg 1579–1666, (Ausstellungskataloge der Herzog August Bibliothek 27) Wolfenbüttel 1979.

Schielicke 1988:
Reinhard Schielicke, Astronomie in Jena, Jena 1988.

Schiller 1995:
S. Schiller, »...deur het cleyn verstaende, watter in groot moet gedaen sijn, ...« Die Ausbildung von Ingenieuren an der Duytschen Mathematique zu Leiden 1600–1681, Leiden 1995 (masch.).

Schimank 1928:
Hans Schimank, Zur Geschichte der exakten Naturwissenschaften in Hamburg. Von der Gründung des Akademischen Gymnasiums bis zur ersten Hamburger Naturforschertagung, Hamburg 1928.

Schimank 1936:
Hans Schimank, Otto von Guericke, Bürgermeister von Magdeburg. Ein deutscher Staatsmann, Denker und Forscher, hg. von der Stadt Magdeburg, (Magdeburger Kultur- und Wirtschaftsleben 6) Magdeburg o.J. (1936).

Schimank 1961/1992:
Hans Schimank, Otto von Guericke – Sein Leben, seine Leistung und seine Wirkung [Tonbandprotokoll des Festvortrages vom 10. Mai 1961], in: Monumenta Guerickiana 2, 1992, S. 45–57.

Schimank 1968:
Hans Schimank (Hg.), Otto von Guerickes Neue (sogenannte) Magdeburger Versuche über den leeren Raum. Nebst Briefen, Urkunden und anderen Zeugnissen seiner Lebens- und Schaffensgeschichte, übersetzt und hg. von Hans Schimank, unter Mitarbeit von Hans Gossen (†), Gregor Maurach und Fritz Krafft, Düsseldorf 1968.

Schmidt 1992:
Willi Schmidt, Der Guericke-Forscher – Hans Schimank (1888–1979), in: Monumenta Guerickiana 2, 1992, S. 39–44.

Schmidtchen 1981:
Volker Schmidtchen, Von den Mauern Jerichos zur neuzeitlichen Festung, Befestigung als technische, ökonomische und soziale Reaktion auf militärische Bedrohung im Verlauf der Geschichte, in: Schriftreihe Festungsforschung – Eine Zukunft für unsere Vergangenheit, (Vorträge des 1. Kolloquiums zur Festungsforschung Band 1) Wesel 1981, S. 9–33.

Schneider 1987:
Ditmar Schneider, Zum Tagungsverlauf, in: Wissenschaftliche Zeitschrift der Technischen Hochschule »Otto von Guericke« Magdeburg 31, 1987, Heft 1, S. 89–92.

Schneider 1992:
Ditmar Schneider, Otto von Guericke. Biographische Skizze anhand überlieferter Quellen, Köln 1992.

Schneider 1995:
Ditmar Schneider, Otto von Guericke. Ein Leben für die Alte Stadt Magdeburg. Unter Verwendung zeitgenössischer Dokumente und Bilder, (Einblicke in die Wissenschaft) Stuttgart-Leipzig-Zürich 1995.

Schneider 1997:
Ditmar Schneider, Otto von Guericke. Ein Leben für die Alte Stadt Magdeburg, 2. durchgesehene Auflage, Leipzig 1997.

Schneider 1997 b:
Ditmar Schneider, Überführung Otto von Guerickes, in: Monumenta Guerickiana 4, 1997, S. 63–73.

Schneider 1998:
Ditmar Schneider, »... vielmehr Schaden erlitten alß ich durch die freyheit gewonnen ...« Die diplomatischen Abschickungen Otto Gerickes durch den Rat der Alten Stadt Magdeburg von 1642 bis 1666, in: gantz verheeret 1998, S. 80–91.

Schneider 2000:
Ditmar Schneider, Die diplomatischen Missionen Otto Gerickes für die Alte Stadt Magdeburg von 1642 bis 1666, in: Monumenta Guerickiana 7, 2000, S. 22–35.

Schöppenchronik 1869:
Die Magdeburger Schöppenchronik, hg. durch die Historische Commission bei der Königlichen Academie der Wissenschaften, Leipzig 1869.

Schott 1657:
Kaspar Schott, Mecanica hydraulico-pneumatica ..., Würzburg (Herbipoli) 1657, S. 444–484.

Schott (dt.) 1657/1986:
Kaspar Schott, Mechanica hydraulico-pneumatica, in: Wissenschaftliche Zeitschrift der Technischen Hochschule »Otto von Guericke« Magdeburg 30, 1986, Heft 1/2, S. 114–131.

Schott 1664:
Kaspar Schott, Technica curiosa sive mirabilia artis ..., Nürnberg: Endter Erben 1664.

Schott (dt.) 1664/1986 – 2000:
Kaspar Schott, Technica Curiosa (Teil 1), in: Wissenschaftliche Zeitschrift der Technischen Hochschule »Otto von Guericke« Magdeburg 30, 1986, Heft 1/2, S. 132 – 163; (Teil 2 – 5), in: Monumenta Guerickiana 3, 1996, S. 92 – 99; 4, 1997, S. 92 – 99; 6, 1999, S. 84 – 92; 7, 2000, S. 88 – 99.

Schott 1689:
Kaspar Schott, Technica curiosa, 2. Aufl., Würzburg (Herbipoli) 1689.

Schott 1983:
Rudolf Schott (Bearb.), Alexander von Zastrow, Geschichte der beständigen Befestigung, Neudruck der 3. Aufl. Leipzig 1854, (Bibliotheca Rerum Militarium. Quellen und Darstellungen zur Militärwissenschaft und Militärgeschichte 47) 1983.

Schott 1984:
Rudolf Schott (Bearb.), 16 Modelle nach Alexander von Zastrow, (Die Sammlungen des Wehrgeschichtlichen Museums im Schloß Rastatt Reihe 4: Festungswesen – Teil I Festungssysteme und -manieren) Rastatt 1984.

Schrader-Rottmers 1989:
Wilhelm Schrader-Rottmers, Geschichte und Stammfolge des Geschlechts von Syborg (-burg) in Magdeburg und verwandter Familien, bearb. Clemens Steinbicker, in: Archiv für Sippenforschung 55, Heft 113, März 1989, S. 1 – 66.

Schröder 1851 – 1883:
Hans Schröder, Lexikon der hamburgischen Schriftsteller bis zur Gegenwart, 8 Bde, Hamburg 1851 – 1883.

Schubert 1994:
Ernst Schubert, Der Magdeburger Reiter, (Magdeburger Museumshefte 3) Magdeburg 1994.

Schultze 1893:
Ernst Schultze, Magdeburger Geschlechterwappen aus dem 16. und 17. Jahrhundert, in: Geschichts-Blätter für Stadt und Land Magdeburg 28, 1893, S. 63 – 99.

Senguerd 1685:
Wolferd Senguerd, Philosophia naturalis, quatuor partibus, 2. Auflage, Leiden (Lugduno-Batava) 1685 (1. Aufl. 1681).

Senguerd 1699:
Wolferd Senguerd, Inquisitiones experimentales, 2. Aufl., Leiden 1699.

Shapin, Schaffer 1985:
Steven Shapin und Simon Schaffer, Leviathan and the Air-Pump. Hobbes, Boyle, and the Experimental Life, Princeton 1985.

Sicken 1983:
Bernhard Sicken, Residenzstadt und Fortifikation, Probleme und Perspektiven der barocken Neubefestigung Würzburgs, in: Herrmann, Irsigler 1983, S. 124 – 151.

Simpson 1985:
Allen D.C. Simpson, Richard Reeve – the ›English Campani‹ – and the origins of the London telescope-making tradition, in: Vistas in Astronomy 28, 1985, S. 357 – 365.

Simpson 1992:
Allen D.C. Simpson, James Gregory and the Reflecting Telescope, in: Journal of the History of Astronomy 23, 1992, S. 79 – 92.

Sippenverband 1935 – 1938:
Sippenverband Ziering-Moritz-Alemann, Nr. 1 – 3 1935 – 1938.

Sobel, Andrewes 1999:
Dava Sobel und William J. H. Andrewes, Längengrad, Berlin 1999.

Söding 2002:
Paul Söding, Die Suche nach elementaren Teilchen, in: Monumenta Guerickiana 9/10 (Festschrift zum Guericke-Jahr), 2002, S. 65 – 72.

Sonnenuhren 1997:
Sonnenuhren und wissenschaftliche Instrumente, bearb. Gerhard G. Wagner, (Kataloge des Mainfränkischen Museums Würzburg 9) Würzburg 1997.

Späte 1955:
Helmut Späte, Das wirtschaftliche, gesellschaftliche und geistige Leben der Studenten der Universität Jena im ersten Jahrhundert ihres Bestehens (1548/58 – 1658), Diss. Phil. Jena 1955 (masch.).

Späthumanismus und Landeserneuerung 1976:
Späthumanismus und Landeserneuerung. Die Gründungsepoche der Universität Helmstedt 1576 – 1613, Ausstellungskatalog Helmstedt, (Veröffentlichungen des Braunschweigischen Landesmuseums 9) Braunschweig 1976.

Specht 1979:
Rainer Specht (Hg.), Rationalismus, in: Geschichte der Philosophie in Text und Darstellung Bd. 5, hg. Rüdiger Bubner, (Reclam Universalbibliothek 9915) Stuttgart 1979.

Specklin 1589:
Daniel Speckle (Specklin), Architectura von Vestungen, Straßburg 1589 (und weitere Auflagen 1599, 1608, Dresden 1705, 1712, 1736).

Stadt im Wandel Bd. 1, 1985:
Stadt im Wandel. Kunst und Kultur des Bürgertums in Norddeutschland 1150 – 1650, hg. Cord Meckseper, Bd. 1, Ausstellungskatalog der Landesausstellung Niedersachsen im Braunschweigischen Landesmuseum und dem Herzog Anton Ulrich-Museum, Stuttgart-Bad Cannstatt 1985.

Steckner 1997:
Cornelius Steckner, Phantastische Belege oder phantastische Lebensräume?, in: Phantastische Lebensräume, Phantome und Phantasmen, Marburg 1997, S. 33 – 76.

Stevin 2001:
Simon Stevin. Het burgherlick leven, bearb. P. den Boer, Utrecht 2001.

Stober 1993:
Karin Stober, Suggelli della moderna politica del potere. Piazzeforti stellata die secoli XVI e XVII nell'Europa centrale, in: Palmanova fortezza d'Europa 1593 – 1993, Ausstellungskatalog, Venedig 1993, S. 437 – 448.

Strüby 1986:
Walter Strüby, Die Suche nach dem Grab Otto von Guerickes, in: Wissenschaftliche Zeitschrift der Technischen Hochschule »Otto von Guericke« Magdeburg 30, 1986, Heft 1/2, S. 87 – 98.

Sturm 1675: Sturm 1685:
Johann Christoph Sturm, Collegium experimentale sive curiosum, in quo primaria speculi superioris inventa et esperimenta physico-mechanica ..., 1. Bd.: Nürnberg 1675 (2. Aufl. 1715), 2. Bd.: Nürnberg 1685 (2. Aufl. 1701).

Svenskt Biografiskt Lexikon Bd. 14, 1953:
Svenskt Biografiskt Lexikon, im Auftrage der Königlichen Akademie der Geschichts- und Altertumswissenschaften (K. Vitterhets Historie och Antikvitets Akademien) hg. Bengt Hildebrand, Bd. 14, Stockholm 1953.

Tacke 1995:
Andreas Tacke, Die Gemälde des 17. Jahrhunderts im Germanischen Nationalmuseum: Bestandskatalog, (Kataloge des Germanischen Nationalmuseums Nürnberg), Mainz 1995.

Teichmeyer 1717:
Hermann Friedrich Teichmeyer, Elementa philosophiae naturalis experimentalis, Jena 1717.

Thenius 1997:
Erich Thenius, Neues vom Einhorn - Fabelwesen oder reale Existenz? Sage oder Wirklichkeit?, in: Natur und Museum 127 Heft 1, Frankfurt/M. 1997, S. 1–11.

Thenius, Vávra 1996:
Erich Thenius und Norbert Vávra, Fossilien im Volksglauben und im Alltag, Frankfurt/M. 1996.

Thies 1997:
Harmen Thies, Das Juleum Novum, in: Paul Francke, Beiträge zur Geschichte des Landkreises und der ehemaligen Universität Helmstedt Bd. 9, Helmstedt 1997.

Thiess 1780:
Johann Otto Thiess, Versuch einer Gelehrtengeschichte von Hamburg nach alphabetischer Ordnung, mit kritischen und pragmatischen Bemerkungen, 2 Bde., Hamburg 1780.

Tornau 1937:
Otto Tornau, Münzwesen und Münzen der Grafschaft Mansfeld, von der Mitte des 15. Jahrhunderts bis zum Erlöschen des gräflichen und fürstlichen Hauses, Prag 1937 (ND Leipzig 1977).

Torricelli 1897:
Evangelista Torricelli, Esperienza dell'Argento Vivo, in: Neudrucke von Schriften und Karten über Meteorologie und Erdmagnetismus 7, hg. G. Hellmann, Berlin 1897.

Trost-Schrifft 1686:
Trost=Schrifft Und sonderbares hochschuldiges Ehren=Gedächtniß Wegen sehl. Absterben Des Hoch Edelgebohrnen / Gestrengen und Vesten Herrn / Herrn Otto von Guericken ..., Hamburg: Henning Brendecke 1686.

Tullner 1998:
Matthias Tullner, Das Trauma Magdeburg – Die Elbestadt im Dreißigjährigen Krieg, in: gantz verheeret 1998, S. 13–24.

Valentini 1714:
Michael Bernhard Valentini, Museum Museorum, Schaubühne oder Natur- und Materialienkammer, Frankfurt/M. 1714.

Vincenti 1936:
Arthur von Vincenti, Lucia Lauchs Bildnis von Otto v. Guericke, in: Montagsblatt. Das Heimatblatt Mitteldeutschlands. Wissenschaftliche Beilage der Magdeburgischen Zeitung 78, 1936, S. 146.

Vincenti 1936 b:
Arthur von Vincenti, Stammtafel der Familie Gericke, von Guericke, Freiherr von Guericke, in: Schimank 1936, Anhang.

Von teutscher Not 1998:
Von teutscher Not zu höfischer Pracht 1648–1701, hg. G. Ulrich Großmann, Ausstellungskatalog des Germanischen Nationalmuseums Nürnberg, Nürnberg 1998.

Vulpius 1702:
Johannes Vulpius, Magnificentia Parthenopolitania. Das ist der Ur-alten, Welt-berühmten Haupt- und Handel-Stadt Magdeburg Sonderbare Herrlichkeit ..., Magdeburg 1702.

de Waard 1936:
Cornelius de Waard, L'expérience barométrique. Sur antécédents et ses explications. Étude historique, Touars 1936.

Wagner 1983:
Hans Wagner (Übers.), Aristoteles. Physikvorlesungen, Berlin 1983.

Wahl 1990:
Volker Wahl, Das Bild vom Collegium Jenense und seine Schöpfer, in: Reichtümer und Raritäten, (Jenaer Reden und Schriften) Jena 1990, S. 14–23.

Watson 1991:
Lucilla Watson, Großes Buch der Antiquitäten, Köln 1991.

Wawrik 1982:
Franz Wawrik, Berühmte Atlanten – Kartographische Kunst aus fünf Jahrhunderten (Die bibliophilen Taschenbücher 299) Dortmund 1982.

Weber 1995:
Bruno Weber, Vom Sinn und Charakter der Porträts in Druckschriften, in: Graphische Porträts in Büchern des 15. bis 19. Jahrhunderts, hg. Peter Berghaus, (Wolfenbütteler Forschungen 63) Wiesbaden 1995, S. 9–42.

Weigel 1698/1987:
Christoph Weigel, Abbildung und Beschreibung der gemein-nützlichen Hauptstände (1698). Mit einer Einführung von Michael Bauer, Nördlingen 1987.

Weigert, Zimmermann 1961:
A. Weigert und H. Zimmermann, Brockhaus ABC der Astronomie, Leipzig 1961.

Weinberg 1993:
Steven Weinberg, Der Traum von der Einheit des Universums, München 1993.

Weltenharmonie 2000:
Weltenharmonie. Die Kunstkammer und die Ordnung des Wissens, Ausstellungskatalog Herzog Anton Ulrich-Museum Braunschweig, Braunschweig 2000.

Westfall 1977:
Richard S. Westfall, The Construction of Modern Science: Mechanisms and Mechanics, Cambridge 1977.

Westphal 1963:
Wilhelm H. Westphal, Physik – Ein Lehrbuch, 22.–24. Aufl., Berlin-Göttingen-Heidelberg 1963.

Westra 1992:
F. Westra, Nederlandse ingenieurs en de fortificatiewerken in het eerste tijdperk van de Tachtigjarige Oorlog 1573–1604, Groningen 1992.

Wettengel 1990:
Michael Wettengel, Die Geschichte der wissenschaftlichen Gesellschaften in Hamburg unter besonderer Berücksichtigung der Mathematischen Gesellschaft in Hamburg von 1690, in: Mitteilungen der Mathematischen Gesellschaft in Hamburg, Bd. XII, Heft 1, 1990, S. 61–205.

Wichgrev 1605:
Albert Wichgrev, Cornelius relegatus, Magdeburg 1605 (dt. Ausgabe).

Wiesenfeldt 2002:
Gerhard Wiesenfeldt, Leerer Raum in Minervas Haus. Experimentelle Naturlehre an der Universität Leiden, Amsterdam 2002.

Wilhelm 2002:
Matthias Wilhelm, in: Stiftung und Vermächtnis – die Sammlung des Hans von Gersdorff auf Weicha und die Stadt Bautzen im 17. Jahrhundert, Bautzen 2002 (im Druck).

Willach 1995:
Rolf Willach, Schyrl de Rheita und die Verbesserung des Linsenfernrohres Mitte des 17. Jahrhunderts, in: Sterne und Weltraum 34, 1995, S. 102–110, S. 186–192.

Wimmerstedt 1734:
Johannes Wimmerstedt, Dissertatio gradualis, Historiam antliae pneumaticae sitens; ..., Uppsala: Wernerian 1734.

Wimmerstedt (dt.) 1734/1989:
Johannes Wimmerstedt, Geschichte der Luftpumpe, in: Wissenschaftliche Zeitschrift der Technischen Universität »Otto von Guericke« Magdeburg 33, 1989, Heft 2, S. 116–126.

Wind 2001:
Edgar Wind, der Raum und die Metaphysik. Zur Auflösung der kosmologischen Antinomien, hg. und mit einem Nachwort v. Bernhard Buschendorf, eingeleitet von Brigitte Falkenburg, Frankfurt/M. 2001.

van Winter 1988:
P. J. van Winter, Hoger beroepsonderwijs avant-la-lettre. Bemoeiingen met de vorming van landmeters en ingenieurs bij de Nederlandse universiteiten van de 17e en 18e eeuw, Amsterdam 1988.

Winzer 1982:
Fritz Winzer, Du Mont's Lexikon der Möbelkunde, Köln 1982.

Wissenschaftliche Instrumente 1989:
Wissenschaftliche Instrumente und Sonnenuhren, bearb. Dirk Syndram, (Kataloge der Kunstgewerbesammlung der Stadt Bielefeld – Stiftung Huelsmann 1) München 1989.

Wittich 1874:
Karl Wittich, Magdeburg, Gustav Adolf und Tilly, Bd. 1, Berlin 1874.

Wolff 1983:
Christian Wolff, Der vernünftigen Gedancken von Gott, der Welt und der Seele des Menschen, auch allen Dingen überhaupt, Anderer Theil, bestehend in ausführlichen Anmerckungen, in: Christian Wolff, Gesammelte Werke, hg. u. bearb. J. École, H.W. Arndt, Ch.A. Corr u.a., 1. Abteilung: Deutsche Schriften, Bd. 3, hg. Charles A. Corr, Hildesheim-Zürich-New York 1983 (ND der 4. Auflage, 1740).

Wolfrom 1936:
Erich Wolfrom, Die Baugeschichte der Stadt und Festung Magdeburg, (Magdeburger Kultur- und Wirtschaftsleben 10) Magdeburg (1936).

Wolter 1891:
Ferdinand Albert Wolter, Die Alemänner im Rath und im Schöffenstuhl der Stadt Magdeburg, in: Blätter für Handel, Gewerbe und sociales Leben (Beiblatt zur Magdeburgischen Zeitung) 1891, S. 163–165.

Wolter 1898:
Ferdinand Albert Wolter, Responsum pro libero Reipublicae Parthenopolitanae Statu Redditum a Johanne Dauth jcto. sen., in: Geschichts-Blätter für Stadt und Land Magdeburg 33, 1898, S. 1–25.

Wolter 1901:
F(erdinand) A(lbert) Wolter, Geschichte der Stadt Magdeburg von ihrem Ursprung bis auf die Gegenwart, 3. Aufl., Magdeburg 1901 (ND Magdeburg 1996).

Zastrow 1854:
Alexander von Zastrow, Geschichte der beständigen Festung, 3. Aufl., Leipzig 1854.

Zeicheninstrumente 1990:
Zeicheninstrumente. Katalog, bearb. Klaus Schillinger, Staatlicher Mathematisch-Physikalischer Salon Dresden Zwinger, Dresden 1990.

Zeyer 1983:
Reinhold Zeyer, Diskussionsbeitrag zum Vortrag Sicken, in: Herrmann, Irsigler 1983, S. 151.

Zimmermann 1926:
Paul Zimmermann (Bearb.), Album Academiae Helmstediensis Bd. 1 (1574–1636), (Veröffentlichungen der Historischen Kommission für Niedersachsen und Bremen 9/1) Hannover 1926.

Zittel 1899:
Karl Alfred von Zittel, Geschichte der Geologie und Paläontologie bis Ende des 19. Jahrhunderts, München-Leipzig 1899.

Zorn 1994:
Wolfgang Zorn, Augsburg. Geschichte einer europäischen Stadt, 3. Aufl., Augsburg 1994; 4. überarb. und erg. Aufl., Augsburg 2001.

Aufsatzautoren

Maren Ballerstedt, Dr. phil., Magdeburg
Studierte Geschichte, Russisch, Pädagogik, Promotion 1986, seit 1985 wissenschaftliche Mitarbeiterin im Stadtarchiv Magdeburg, Publikationen überwiegend zu stadtgeschichtlichen Themen, Mitglied der Otto-von-Guericke-Gesellschaft und der Arbeitsgemeinschaft Genealogie Magdeburg

Uwe-Peter Böhm, Dipl.-Ing., Gaggenau
Studierte Maschinenbau und Geschichte, Direktor Wehrgeschichtliches Museum Rastatt von 1984 bis 1994, Referent für hessische Heeresgeschichte in der Gesellschaft für Heereskunde, freier Museumsberater mit Projekten integrativer Militärgeschichte an verschiedenen Museen

Dirk Brietzke, Dr. phil., Hamburg
Studierte Geschichte und Philosophie an der Universität Hamburg (Promotion 1996), Wissenschaftlicher Mitarbeiter am Institut für Sozial- und Wirtschaftsgeschichte der Universität Hamburg, Veröffentlichungen zur Sozial- und Regionalgeschichte der Frühen Neuzeit, insbesondere zur Sozialdisziplinierung und Geschichte der Armenfürsorge

Annemarie Burchardt, Magdeburg
Rentnerin, ehrenamtliche Mitarbeiterin der Evangelischen Kirchenbuchstelle Magdeburg, Mitglied der Arbeitsgemeinschaft Genealogogie Magdeburg, Veröffentlichungen zu genealogischen Themen

Rahlf Hansen, Dipl.-Phys., Hamburg
Studierte Physik und Philosophie, Wissenschaftliche Mitarbeit an der Sternwarte Bergedorf und dem Philosophischen Seminar Hamburg, Dozent im Planetarium Hamburg

Jan-Martin Hertzsch, Dr. rer. nat., Potsdam
Diplom-Physiker am Institut für Mineralogie der Humboldt Universität Berlin

Karlheinz Kärgling, Dr. phil., Magdeburg
Studierte Kulturwissenschaften, Literaturwissenschaft und Ästhetik, Promotion 1992, Leiter des Bereichs Öffentlichkeitsarbeit / Museumspädagogik der Magdeburger Museen

Inge Keil, Dipl.-Math., Augsburg
Studium in München, Autorin verschiedener Arbeiten zur Geschichte der Astronomie und Optik und der Hersteller von wissenschaftlichen Instrumenten in der Freien Reichsstadt Augsburg

Fritz Krafft, Prof. Dr. phil. em., Marburg
Studierte Klassische Philologie, Geschichte der Naturwissenschaften und Physik, Promotion 1962, Habilitation 1968, Professor für Geschichte der Naturwissenschaft in Mainz von 1970 bis 1988 und Marburg von 1988 bis 2000, Leiter des Instituts für Geschichte der Pharmazie. Zahlreiche Publikationen zur allgemeinen Wissenschaftsgeschichte, zur Geschichte der exakten Naturwissenschaften und der Pharmazie, Gründer und Herausgeber der Zeitschrift Berichte zur Wissenschaftsgeschichte

Karl Gottfried Lindecke M. A., Magdeburg
Oberstleutnant a. D. Deutsche Luftwaffe, danach Studium der Geschichte, Anglistik und Politikwissenschaft, Magisterprüfung 2001

Bernhard Mai, Dr.-Ing., Magdeburg
Studierte Bauingenieurwesen und Ingenieurpädagogik, Promotion 1973, Referatsleiter im Ministerium für Wohnungswesen, Städtebau und Verkehr des Landes Sachsen-Anhalt, verschiedene technikgeschichtliche Publikationen

Klaus Mainzer, Prof. Dr. phil., München
Studierte Mathematik, Physik und Philosophie, Promotion 1973, Habilitation 1979, Heisenberg-Stipendium 1980, Professor für Grundlagen und Geschichte der exakten Wissenschaften an der Universität Konstanz 1981–1988, Lehrstuhl für Philosophie und Wissenschaftstheorie, Direktor des Instituts für Philosophie und des Instituts für Interdisziplinäre Informatik an der Universität Augsburg seit 1988

Willem Otterspeer, Prof. Dr., Leiden
Studierte Geschichte und Philosophie, seit 1980 Direktor des Universitätsmuseums in Leiden, seit 1997 Professor für Universitätsgeschichte.

Ulrich Patze, Dipl.-Ing., Langenweddingen
Meß- und Regelungsmechaniker, Diplomingenieur (TU Dresden), Fachrichtung Thermischer und hydraulischer Maschinenbau, Tätigkeit im Dieselmotorenbau

Achim Rost, Dr. phil., Belm
Studium der Archäologie (Ur- und Frühgeschichte), Kunstgeschichte und Ethnologie, Promotion 1988, Tätigkeit in der Denkmalpflege, Konzeption von kulturgeschichtlichen Ausstellungen

Ditmar Schneider, Dr.-Ing. Dipl.-Phil., Magdeburg
Studierte Chemischen Apparatebau in Magdeburg und später Geschichte der Technikwissenschaften in Dresden, Promotion 1982, Lehrtätigkeit zur Technikgeschichte seit 1983, zu Leben und Werk Otto von Guerickes seit 1990, wissenschaftlicher Leiter an der Otto-von-Guericke-Gesellschaft e.V. Magdeburg, Redaktion der Monumenta Guerickiana, Autor zahlreicher Arbeiten zu Otto von Guericke

Paul H. Söding, Dr. rer. nat., Königs Wusterhausen
Physiker, Promotion 1963, Em. leitender Wissenschaftler beim Deutschen Elektronen-Synchrotron DESY, Professor an der Universität Hamburg, Honorarprofessor an der Humboldt-Universität zu Berlin, Experimentelle Arbeiten in der Physik der Elementarteilchen

Gerhard Wiesenfeldt, Dr. rer. nat., Jena
Studierte Physik, Philosophie und Geschichte der Naturwissenschaften, Promotion 1999, Wissenschaftlicher Mitarbeiter am Ernst-Haeckel-Haus der Friedrich-Schiller-Universität Jena

Helmut Zimmermann, Prof. Dr. rer. nat. em., Jena
1946 Studium Mathematik, Physik und Astronomie, 1951 Diplom-Mathematiker, im Fach Astronomie 1957 promoviert und 1969 habilitiert, 1991 emeritiert, Assistent und Tätigkeit an der Friedrich-Schiller-Universität Jena

Katalogautoren
(mit Namenskürzeln)

Sabine Ahrens, Helmstedt (S.Ah.)
Gerd Biegel, Braunschweig (G.B.)
Uwe P. Böhm, Rastatt (UPB)
Jens Briesemeister, Magdeburg (J.B.)
Eckbert Busch, Magdeburg (E.B.)
Yves Charnay, Paris (Y.C.)
Wolfram Dolz, Dresden (W.D.)
Tobias von Elsner, Magdeburg (T.v.E.)
Karin Grünwald, Magdeburg (K.G.)
Thorsten Heese, Osnabrück (T.H.)
Christiane Heinemann, Magdeburg (C.H.)
Birgitt Hellmann, Jena (B.H.)
Dieter B. Herrmann, Berlin (D.B.H.)
Alfred Höltge, Magdeburg (A.H.)
Jörg Hoffmann, Göttingen (J.H.)
Karlheinz Kärgling, Magdeburg (khk)
Michael Korey, Dresden (M.Ko.)
Michael Krecher, Magdeburg (M.K.)
Gaby Kuper, Magdeburg (G.K.)
Elisabeth Lahr-Nilles, Bonn (E.L.-N.)
Dierck.-E. Liebscher, Potsdam (D.-E.L.)
Sabine Liebscher, Magdeburg (S.L.)
Eugen A. Lisewski, Dresden (E.A.L.)
Yili Lu, Schanghai (Y.L.)
Eva A. Mayring, München (E.A.M.)
Hella Meyer, Magdeburg (H.My.)
Reinhard Oberschelp, Hannover (R.O.)
Gudrun Pape, Magdeburg (G.P.)
Ulrich Patze, Langenweddingen (U.P.)
Hans Pellmann, Magdeburg (H.P.)
Eckehard Rothenberg, Berlin (E.R.)
Ditmar Schneider, Magdeburg (D.S.)
Eckhart Seiffert, Köthen (E.S.)
Uta Siebrecht, Magdeburg (U.S.)
Jianming Song, Schanghai (J.S.)
Marita Sterly, Helmstedt (M.S.)
Ingrid Vulturius, Morgenröthe-Rautenkranz (I.V.)
Matthias Wilhelm, Bautzen (M.W.)
Uwe Wohlrab, Schönebeck (U.W.)

Redaktionelle Hinweise

Die in der Frühen Neuzeit oft uneinheitlichen Namensformen sind in den Katalogtexten weitgehend angeglichen. Besonders erwähnt sei Otto von Guericke, der vor seiner Erhebung in den Adelsstand 1666 Otto Gericke hieß. Gleichwohl wird die neue Schreibweise seines Namens auch für die Zeit vor 1666 benutzt.

Nach der Kalenderreform durch Papst Gregor XIII. 1582 galt in vielen protestantischen Territorien des Reiches weiterhin der alte julianische Kalender. Im 17. Jahrhundert differierten alter und neuer Kalender um zehn Tage. Die Datierung im Katalog folgt in der Regel dem Kalender neuen Stils. Guerickes Geburtstag fällt also auf den 30. November 1602.

Maßangaben sind in den Texten ausgeschrieben. Lediglich im Katalogteil werden die technischen Daten zu den Objekten abgekürzt. Dabei gilt Höhe x Breite x Tiefe in Zentimetern. Abweichende Angaben sind gekennzeichnet.

Bildnachweis

Berlin
Archenhold-Sternwarte Berlin-Treptow: S. 179
Deutsches Zentrum für Luft- und Raumfahrt e.V.: S. 181
Staatsbibliothek zu Berlin - Preußischer Kulturbesitz: S. 109; Dauerleihgabe in der Otto-von-Guericke-Universität Magdeburg, Reinhard Hentze/Halle: S. 311

Bielefeld
Stiftung Huelsmann: S. 244, 250, 297, 298, 390, 399

Bonn
Professor Dr. George Comsa: S. 443

Braunschweig
Braunschweigisches Landesmuseum, Ilona Döring: S. 215; Ingeborg Simon: S. 216, 274, 299; Peter Sierigk: S. 213
Herzog Anton Ulrich-Museum, Bernd-Peter Keiser: S. 401; J. Streitfellner: S. 254, 255, 289, 307, 331; Michael Lindner: S. 249, 299, 312
Universitätsbibliothek der Technischen Universität: S. 273, 339

Derby
Museum and Art Gallery: S. 12

Dresden
Sammelstiftungen des Bezirkes Dresden, Jürgen Matschie/Bautzen: S. 391, 400, 411, 417
Staatliche Kunstsammlungen, Mathematisch-Physikalischer Salon, Jürgen Karpinski: S. 346; P. Müller: S. 239, 240, 241, 249, 398
Staatliche Schlösser und Gärten: S. 285

Erfurt
Haus zum Stockfisch, Dirk Urban: S. 272
Stadt- und Verwaltungsarchiv: S. 271

Gotha
Thüringisches Staatsarchiv: S. 305

Göttingen
Niedersächsische Staats- und Universitätsbibliothek: S. 77, 94, 124, 125, 126, 127, 128, 129, 143, 198, 384, 385, 389, 392, 393, 394, 395, 397

Halle
Landesamt für Archäologie Sachsen-Anhalt, Reinhard Hentze: S. 429
Stadtmuseum: S. 288
Universitäts- und Landesbibliothek Sachsen-Anhalt, Reinhard Hentze: S. 39, 74, 79, 121, 219, 243, 252, 287, 326, 349, 362, 377, 380, 385, 412

Hamburg
Altonaer Museum: S. 371
Hans Schimank-Gedächtnis-Stiftung, Locker/Magdeburg: S. 439; Jutta Rödling/Magdeburg: S. 438
Museum für Hamburgische Geschichte: S. 150
Staatsarchiv: S. 226, 422, 423, 427
Universität, Fachbereich Mathematik, Bibliothek: S. 82, 88, 200, 227, 230, 317, 350, 364, 395, 406, 410, 423

Hannover
Niedersächsische Landesbibliothek: S. 368
Niedersächsisches Münzkabinett der Deutschen Bank: S. 351

Helmstedt
Kreis- und Universitätsmuseum, Annegret Adelmund: S. 214, 394; Peter Sierigk/Braunschweig: S. 392, 400
Landkreis Helmstedt: S. 340

Hildesheim
Dom-Museum, Christian Tepper: S. 409

Jena
Stadtmuseum: S. 218

Kassel
Staatliche Museen, Museum für Astronomie und Technikgeschichte, Ute Brunzel: S. 247, 248, 358, 361

Leiden
Academisch Historisch Museum: S. 221
Universiteit, Universiteitsbibliotheek: S. 41, 44, 81, 113, 220, 342, 402, 403

Leipzig
Stadtgeschichtliches Museum: S. 212

London
National Gallery: S. 320
The Royal Society: S. 85, 168

Magdeburg
Astronomische Gesellschaft e.V.: S. 387
Johanniskirche, Reinhard Hentze/Halle: S. 25, 32
Kulturhistorisches Museum: S. 72, 204, 277, 284, 294, 434, 437, 441; Dieck: S. 142, 145; Reinhard Hentze/Halle: S. 1, 199, 208, 233, 260, 277, 278, 292, 306, 309, 314, 353, 365, 433, 435; Jutta Rödling: S. 58, 64, 209, 210, 258, 265, 267, 269, 270, 275, 280, 286, 288, 297, 303, 316, 405, 426, 432, 436
Kunsthaus Kölling, Reinhard Hentze/Halle: S. 430
Kunstmuseum Kloster Unser Lieben Frauen, Reinhard Hentze/Halle: S. 2, 49, 51, 78, 86, 99, 101, 153, 197, 201, 334, 337, 338, 357, 360, 367, 369, 386, 388, 416
Landeshauptarchiv Sachsen-Anhalt: S. 331
Landeshauptstadt Magdeburg, Reinhard Hentze/Halle: S. 269, 428
Ulrich Meier, Jutta Rödling: S. 442
Museum für Naturkunde, Reinhard Hentze/Halle: S. 446; Uwe Wohlrab/Schönebeck: S. 453
Otto-von-Guericke-Universität, Reinhard Hentze/Halle: S. 438
Stadtarchiv: S. 30
Stadtsparkasse Magdeburg, Reinhard Hentze/Halle: S. 375
Klaus Werner, Jutta Rödling: S. 440

Marburg
Bildarchiv Foto Marburg: S. 115
Universitätsmuseum, Bildarchiv Foto Marburg: S. 358

München
Deutsches Museum: S. 319, 329, 330, 343, 345
Museum Mensch und Natur: S. 383

Münster
Westfälisches Landesmuseum: S. 225, 301

Nürnberg
Germanisches Nationalmuseum: S. 251
Stadtbibliothek: S. 396

Osnabrück
Kulturgeschichtliches Museum: S. 304

Potsdam
Stiftung Preußische Schlösser und Gärten Berlin-Brandenburg, Michael Lüders: S. 328

Rastatt
Wehrgeschichtliches Museum: S. 224, 231, 232

Schönebeck
Uwe Wohlrab, Marcus Richert/Magdeburg: S. 458, 444

Schwerin
Landeshauptarchiv: S. 155, 424, 425
Staatliches Museum, Bröcker: S. 194

Stockholm
Statens Konstmuseer: S. 62, 68, 70

Wien
Österreichisches Staatsarchiv, Allgemeines Verwaltungsarchiv: S. 332

Wolfenbüttel
Herzog August Bibliothek: S. 53, 134, 223, 234, 235, 236, 238, 241, 244, 246, 247, 257, 296, 302, 309, 313, 342, 356, 359, 408, 414, 415, 418
Museum im Schloß Wolfenbüttel, Susanne Hübner: S. 318
Niedersächsisches Staatsarchiv, Otto Hoppe/Braunschweig: S. 206

Würzburg
Bayerische Schlösserverwaltung, Festung Marienberg, Dorothea Zwicker-Berberich/Gerchsheim: S. 323
Mainfränkisches Museum: S. 325

Fotos aus Privatbesitz: S. 14, 110, 122, 158, 159, 163, 165, 188, 191, 193